LEIBNIZ-INSTITUT
FÜR JÜDISCHE GESCHICHTE UND KULTUR –
SIMON DUBNOW

Schriften des Dubnow-Instituts
Herausgegeben von Yfaat Weiss

Band 36

Martin Jost

Erwartungen an Évian

Jüdische Positionen zur Flüchtlingspolitik 1938

Vandenhoeck & Ruprecht

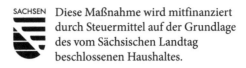 Diese Maßnahme wird mitfinanziert durch Steuermittel auf der Grundlage des vom Sächsischen Landtag beschlossenen Haushaltes.

Das vorliegende Werk wurde durch den Publikationsfonds für Monografien der Leibniz-Gemeinschaft gefördert.

Bibliografische Information der Deutschen Bibliothek:
Die Deutsche Nationalbibliothek verzeichnet diese Publikation in der Deutschen Nationalbibliografie; detaillierte bibliografische Daten sind im Internet über https://dnb.de abrufbar.

© 2025 Vandenhoeck & Ruprecht, Robert-Bosch-Breite 10, D-37079 Göttingen, ein Imprint der Brill-Gruppe
(Koninklijke Brill BV, Leiden, Niederlande; Brill USA Inc., Boston MA, USA; Brill Asia Pte Ltd, Singapore; Brill Deutschland GmbH, Paderborn, Deutschland; Brill Österreich GmbH, Wien, Österreich)
Koninklijke Brill BV umfasst die Imprints Brill, Brill Nijhoff, Brill Schöningh, Brill Fink, Brill mentis, Brill Wageningen Academic, Vandenhoeck & Ruprecht, Böhlau und V&R unipress.

Das Werk ist als Open-Access-Publikation im Sinne der Creative-Commons-Lizenz BY-NC-ND International 4.0 (»Namensnennung – Nicht kommerziell – Keine Bearbeitung«) unter dem DOI https://doi.org/10.13109/9783666302886 abzurufen. Um eine Kopie dieser Lizenz zu sehen, besuchen Sie https://creativecommons.org/licenses/by-nc-nd/4.0/.
Das Werk und seine Teile sind urheberrechtlich geschützt.
Jede Verwertung in anderen als den durch diese Lizenz erlaubten Fällen bedarf der vorherigen schriftlichen Einwilligung des Verlages.

Umschlagabbildung: Georg Bernhard (2. von rechts) im Austausch mit Nahum Goldmann (rechts) und weiteren Konferenzteilnehmern in Évian. Zürcher Illustrierte, Nr. 29 vom 15. Juli 1938, 868 f./Zentralbibliothek Zürich.
Bearbeitung: HawaiiF3 – Grafikbüro Leipzig.

Lektorat: André Zimmermann, Leipzig
Satz: textformart, Göttingen
Druck und Bindung: ⊕ Hubert & Co, Ergolding
Printed in the EU

Vandenhoeck & Ruprecht Verlage | www.vandenhoeck-ruprecht-verlage.com

ISSN 2626-4544
ISBN 978-3-525-30288-0

Inhalt

Vorwort 7

Einleitung 9

1. Hoffnung: Die Vorbereitung einer Flüchtlingskonferenz 33
   1.1 »Eine der größten humanitären Taten des 20. Jahrhunderts« –
       Der amerikanische Präsident lädt zu einer Konferenz 33
       Gewalt und Flucht nach der Annexion Österreichs (36) | Die amerikanische Initiative in der internationalen Flüchtlingspolitik (45) | Rechtspolitische Interventionen: WJC (53) | Hilfe durch Papiere: HIAS und JDC (56) | Eine Besprechung im Weißen Haus: Etablierung des Advisory Committee (60) | Wachsender Druck in Wien: Vertreibung und nationale Abschottung (67) | Die Flüchtlingspolitik des Völkerbunds (76) | Die Agenda für Évian (80)
   1.2 »Évian ist nur der Anfang« – Alte und neue Strategien
       jüdischer Politik 89
       Innerjüdische Konflikte: Fraktionen und Selbstverständnisse im Council for German Jewry (98) | Die ersten Memoranden-Entwürfe (109) | Politik für Palästina oder die »Verschiebung der Diaspora« (114) | Die eigene Position behaupten: JDC und WJC (129) | Personalia einer jüdischen Delegation für Évian (137) | Konsultationen mit Regierungsvertretern (149) | Letzte Vorbereitungen (152)

2. Partizipation: Jüdische Diplomatie auf der Staatenkonferenz 159
   2.1 Politik ohne gleichberechtigten Status – Beraten statt Entscheiden 159
       Die erste öffentliche Sitzung (170) | Vermeintliche Patentlösungen und konstruktive Ansätze (177) | Politikberatung abseits der Öffentlichkeit (192)
   2.2 »Die erste Etappe« – Erwartungen und Aussichten
       im Sommer 1938 202
       Das Intergovernmental Committee on Refugees: Fortschritt und Novum internationaler Flüchtlingspolitik (206) | Die Refugee Settlement Commission als Paradigma von Erfahrung und Erwartung (214) | Realpolitische Herausforderungen (226)

3. Ernüchterung und Katastrophe:
Das Scheitern der amerikanischen Initiative 239

3.1 Gegenläufige Dynamiken – Aufbau des Intergovernmental
Committee und Novemberpogrom 239

Paradoxe Bedingungen (242) | Jüdische Forderungen an Rublee (252) | Eine »radikale Lösung« und »dringende Aufgaben« (262)

3.2 Engagement ohne Erfolg – Verhandlungen mit Deutschland, Reaktivierung und Auflösung des Intergovernmental Committee 275

Kein Vertrauen in das Rublee-Wohlthat-Memorandum (278) | Perspektivwechsel: Pläne für die Nachkriegszeit (294) | Warschau und Bermuda (299)

Epilog 311

Kommentierte Personenübersicht 319

Abkürzungen 337

Quellen und Literatur 339

Archivquellen (339) | Gedruckte Quellen (341) | Forschungsliteratur (345)

Register 367

Personenregister (367) | Orts- und Sachregister (370)

Vorwort

Dieses Buch ist die überarbeitete Fassung meiner Dissertation, die von der Fakultät für Geschichte, Kunst- und Regionalwissenschaften der Universität Leipzig angenommen und am 12. Juli 2023 verteidigt wurde. Zur Entstehung dieses Buches haben viele beigetragen. An erster Stelle gilt mein herzlicher Dank meiner Doktormutter Yfaat Weiss, die meine intellektuelle und persönliche Entwicklung in den vergangenen Jahren entscheidend mitgeprägt hat. Für die Offenheit, die sie mir als Person und meinem Thema gegenüber aufgebracht hat, bin ich ihr sehr dankbar. Unsere Diskussionen über die Anlage der Arbeit und die Bedeutung der Akteure der sogenannten zweiten Reihe sowie ihre kontinuierliche und konstruktive Kommentierung der Kapitel waren substanziell für mein Nachdenken und Schreiben. Für ihre Wertschätzung meiner Forschung und die Aufnahme der Studie in die Reihe »Schriften des Dubnow-Instituts« bin ich ihr tief verbunden. Der Anstoß für die Beschäftigung mit der Konferenz von Évian geht auf Raphael Gross zurück. Ohne ihn, der mir 2015 die Chance gegeben hat, nach Leipzig zu kommen und meine Studie am Dubnow-Institut zu entwickeln, wäre das vorliegende Buch nicht entstanden. Für die Begleitung der frühen Projektphase bin ich ihm ebenso wie für das zweite Promotionsgutachten sehr dankbar.

Die gesamte Entwicklung der Arbeit hat Elisabeth Gallas auf das Engste begleitet, unermüdlich vorangetrieben und mir dabei vielfältige Erkenntnisdimensionen der jüdischen Geschichte eröffnet. Für ihre enorm konstruktive Lektüre nahezu aller Zeilen der unterschiedlichen Kapitelentwürfe und darüber hinaus danke ich ihr von Herzen.

Das Dubnow-Institut und hier vor allem das Forschungsressort »Recht« haben mir in den vergangenen Jahren einen einzigartigen Denkraum geboten. Für viele gewinnbringende formelle und informelle Gespräche sowie die angenehme Kollegialität möchte ich mich namentlich bedanken bei Nicolas Berg, Lukas Böckmann, Mandy Fitzpatrick, Philipp Graf, Monika Heinemann, Stefan Hofmann, Marcel Müller, Felix Pankonin und Momme Schwarz. Den redaktionellen Prozess vom Manuskript zum Buch hat Petra Klara Gamke-Breitschopf hervorragend betreut; André Zimmermann deckte mit seinem professionellen Lektorat jede orthografische und stilistische Schwäche auf und Felix Müller sowie Lieven Wölk und Anneke Schmidt haben den Großteil der Abbildungen recherchiert, die Register erstellt und die Bibliografie redaktionell angepasst; ihnen allen sei herzlich gedankt.

Mein früherer Kollege am Fritz Bauer Institut Jörg Osterloh hat mich während meines Studiums in sein Forschungsprojekt integriert und mir die

Grundlagen des historischen Handwerks vermittelt. Seine sorgfältige Kommentierung des gesamten Manuskripts hat mir bei der Finalisierung sehr geholfen.

Von 2017 bis 2021 habe ich das Privileg genossen, mich mittels eines Stipendiums der Studienstiftung des deutschen Volkes auf die Dissertation fokussieren zu können. Für die Ermöglichung der Archivreisen bin ich dem Dubnow-Institut und der Studienstiftung dankbar. Dass die Recherchen in Genf, New York, London und Jerusalem sehr ergiebig waren, verdanke ich nicht zuletzt den Mitarbeiterinnen und Mitarbeitern der dortigen Archive. Besonders dankbar bin ich Gary Zola und Dana Herman für die Gewährung des Loewenstein-Wiener Fellowships an den American Jewish Archives in Cincinnati, Ohio, im Winter 2018. Zusammen mit allen Mitarbeitenden waren sie hervorragende Gastgeber und der verschneite Campus bot neben faszinierendem Archivmaterial bis in die späten Abendstunden einen Ort für beste Konzentration. Wichtige intellektuelle Impulse erhielt ich in den Kolloquien von Dirk van Laak an der Universität Leipzig, von Amos Goldberg am Avraham Harman Research Institute of Contemporary Jewry an der Hebrew University of Jerusalem sowie von Lutz Fiedler, seinerzeit am Selma Stern Zentrum für Jüdische Studien Berlin-Brandenburg. Darüber hinaus waren die Gespräche mit David Jünger sehr erhellend. Die letzten Schritte bis zur Einreichung konnte ich mittels einer Anstellung im Projekt »Europäische Traditionen – Enzyklopädie jüdischer Geschichte und Kultur« bei der Sächsischen Akademie der Wissenschaften gehen.

Dass ich promovieren würde, war zu Beginn meines Studiums nicht absehbar. Meinen Eltern bin ich sehr dankbar, dass sie mich auf meinem Weg immer unterstützt haben und mir beste Bedingungen boten, mich frei entscheiden zu können, wie ich mein Leben ausfüllen möchte. Der Weg von der Konzeption des Themas bis zum fertigen Manuskript war herausfordernd, aber ich bin froh, ihn gegangen zu sein. Schreiben bedeutet Grenzen ausloten – sowohl in intellektueller als auch in persönlicher Hinsicht. Mit dem Buch geht ein Lebenstraum in Erfüllung. Maria und unseren Kindern David und Simon bin ich von ganzem Herzen dankbar, dass mir dies möglich war und sie mich immer unterstützt haben. Widmen möchte ich das Buch meiner Familie.

Martin Jost   Leipzig, Sommer 2024

Einleitung

Die Konferenz von Évian im Juli 1938 war ein diplomatisches Großereignis und zugleich ein rechtspolitisches Novum. Erstmals in der Geschichte kamen mehr als einhundert Regierungsvertreter aus 32 Staaten eigens zusammen, um über die Situation von vornehmlich jüdischen Verfolgten und – wie es offiziell hieß – »unfreiwilligen Auswanderern« zu verhandeln.[1] Ihr Schicksal war in diesem Fall kein Nebenthema einer Friedenskonferenz, sondern alleiniger Tagesordnungspunkt.[2] Dutzende Journalisten aus der ganzen Welt reisten an den Genfer See und zahlreiche nicht staatliche Organisationen schickten Emissäre, um die Diplomaten über ein umfassendes Auswanderungsprojekt aus Deutschland zu beraten. Sie agierten als Anwälte der Verfolgten auf einer internationalen Zusammenkunft, die bereits von Zeitgenossen als historisches Ereignis eingestuft wurde. Jüdische Delegationen aus Berlin und Wien berichteten unmittelbar aus dem nationalsozialistischen Herrschaftsbereich. Das American Jewish Joint Distribution Committee (JDC), der Council for German Jewry (Council), die Jewish Agency for Palestine (JA) und der World Jewish Congress (WJC) entsandten ihre Vertreter aus New York, London, Paris, Jerusalem und Genf.

Knapp dreißig Jahre später standen zwei aktive Teilnehmer der Konferenz in brieflichem Austausch darüber. Der einstige Chefredakteur der *Jüdischen Rundschau*, Robert Weltsch, der als Korrespondent von den Geschehnissen berichtet hatte, drängte den damaligen Emissär und Verfasser zahlreicher Vorlagen für die Beratungen, Salomon Adler-Rudel,[3] einen Aufsatz über Évian zu schreiben:

»Ich glaube, es handelt sich um eines der wichtigsten und interessantesten Ereignisse in dieser traurigen Geschichte der dreißiger Jahre und gibt auch eine Erklärung für viele

---

1 League of Nations Archives (LONA), R 5801/50/34596/34225, Proceedings of the Intergovernmental Committee, Evian, 6.–15. Juli 1938: Verbatim Record of the Plenary Meetings of the Committee, Resolutions and Reports, Annex IV: Resolution, 54.
2 Vgl. Von unserem nach Evian entsandten Sonderberichterstatter [Robert Weltsch], Evian-Konferenz eröffnet, in: Jüdische Rundschau, 8. Juli 1938, 1.
3 Die Schreibung des Vornamens von Adler-Rudel wechselt: In einem selbst verfassten Lebenslauf vom August 1940 gibt er Salomon an (Leo Baeck Institute New York [LBINY], AR4473, A15/8); für die Bezeichnung seines Teilnachlasses im LBINY wird Solomon verwendet, für jenen im Leo Baeck Institute Jerusalem (LBIJER) jedoch Shalom. In seinen Beiträgen im *Leo Baeck Institute Year Book* und seinen Büchern ist der Vorname mit S. abgekürzt. Zu Adler-Rudel vgl. Meier, »Keine Resignation, sondern Selbsthilfe!«

Dinge, die nachher geschehen sind. Das sollte objektiv festgehalten werden und von den jüdischen Teilnerhm [sic] sind Sie der einzige, der das tun kann.«⁴

Es verwundert nicht, dass Weltsch seinen Freund Adler-Rudel bat, über die Konferenz zu schreiben. Ab der Machtübertragung auf die Nationalsozialisten hatte Adler-Rudel im Zentrum der institutionalisierten Hilfe für die deutschen Jüdinnen und Juden in Berlin gewirkt. Nach seiner erzwungenen Emigration Ende 1935 fungierte er in London als »inoffizieller Vertreter« der Reichsvertretung der Juden in Deutschland bei jüdischen und internationalen Organisationen.⁵ Er war über die dramatische Entwicklung in Deutschland genauestens im Bilde. Zugleich wusste er um die Herausforderungen in der internationalen Flüchtlingspolitik und war mit den Konflikten zwischen den jüdischen Organisationen auf das Engste vertraut: Die Spannungen verliefen entlang politisch agierender Organisationen auf der einen und sich philanthropisch verstehender auf der anderen Seite. In ihre Vorbereitungen für Évian und ihr dortiges Wirken war Adler-Rudel maßgeblich involviert. Außerdem verfügte er nach dem Krieg noch über Dokumente aus jener Zeit, die aber – wie Weltsch betonte – »nur aus der Zeit verstaendlich« seien.⁶ Anfang 1969 erschien sein Artikel in dem von Weltsch herausgegebenen Jahrbuch des Leo Baeck Institute.⁷

Der Artikel bot eine Mischung aus Ereignisgeschichte, Dokumentation und Interpretation durch einen Zeitzeugen. Mit seiner Darlegung beeinflusste Adler-Rudel die Forschung der kommenden Jahrzehnte maßgeblich und sie ist bis heute ein zentraler Referenzpunkt für die wissenschaftliche Beschäftigung mit der Konferenz von Évian. Seine Retrospektive auf Évian prägte dabei nicht nur die Bewertung dieses besonderen Ereignisses im Juli 1938, sondern darüber hinaus den Blick auf die jüdische Emigration und Flucht in den 1930er Jahren.⁸ Er deutete die Konferenz als verpasste Chance

---

4 LBINY, AR7185/9/8, Weltsch an Adler-Rudel, 30. August 1967, 1.
5 LBINY, AR7185/9/8, Adler-Rudel an Paucker, o. D. [um den Jahreswechsel 1968/69]. Zur Reichsvertretung vgl. Kulka (Hg.), Deutsches Judentum unter dem Nationalsozialismus, Bd. 1; Weiss, Deutsche und polnische Juden vor dem Holocaust; Hildesheimer, Jüdische Selbstverwaltung unter dem NS-Regime.
6 LBINY, AR7185/9/8, Leo Baeck Institute, Protokoll der Aussprache über Archivfragen, 17. Oktober 1963, 3. Zu Adler-Rudels Quellen: LBINY, AR7185/9/8; LBIJER, 560; Central Zionist Archives (CZA), A 140.
7 Adler-Rudel, The Evian Conference on the Refugee Question; vgl. auch LBINY, AR7185/9/8, Paucker an Adler-Rudel, 21. Februar 1969. Zum Leo Baeck Institute und dessen Bedeutung: Nattermann, Deutsch-jüdische Geschichtsschreibung nach der Shoah; Miron, From Memorial Community to Research Center. Vgl. auch bes. die Beiträge von Christhard Hoffmann, Nils Roemer und Stefanie Schüler-Springorum in Hoffmann (Hg.), Preserving the Legacy of German Jewry. Zu Weltsch vgl. auch Paucker, Robert Weltsch the Enigmatic Zionist.
8 Vgl. exemplarisch aus der jüngsten Forschung Bartrop, The Evian Conference of 1938 and the Jewish Refugee Crisis, 100.

der internationalen Staatengemeinschaft, angemessen auf die Verfolgung der Jüdinnen und Juden in Deutschland reagiert zu haben. Die Gründe dafür sah er einerseits in der Fehleinschätzung der nationalsozialistischen Politik; andererseits kritisierte er, dass die vertretenen Regierungen ihre letztlich restriktiven Haltungen eher an nationalstaatlichen Interessen orientierten als am Leid der Verfolgten. Obwohl mit der Schlussresolution der Konferenz das Intergovernmental Committee on Refugees (IGCR) gegründet worden war, das ein Auswanderungsprojekt für die jüdische Bevölkerung in Deutschland und Österreich auf den Weg bringen sollte, sei für ihn und seine Kollegen die ausbleibende praktische Wirkung bereits damals absehbar gewesen. Évian sei daher eine »große Enttäuschung für die jüdischen Emissäre« gewesen, deren Hoffnungen durch die zurückhaltende Einstellung der Diplomaten zerstört worden seien.[9]

Eine Aussage Adler-Rudels unmittelbar nach Ende der Konferenz steht allerdings in auffälligem Kontrast zu seinem späteren Urteil. Im Sommer 1938 hatte er sich gegenüber einem Kollegen mit dem Ergebnis von Évian »absolut zufrieden« gezeigt; es habe seinen Erwartungen entsprochen. Insbesondere hob er die Bedeutung des neu gegründeten IGCR für ein Auswanderungsprojekt für Hunderttausende Jüdinnen und Juden aus Deutschland hervor.[10] Mit dieser Einschätzung war er damals nicht allein; viele seiner Kollegen kamen zu ähnlichen Bewertungen. Nahum Goldmann, seinerzeit Vertreter der Jewish Agency beim Völkerbund in Genf und Vorsitzender des World Jewish Congress, der für nationaljüdische Rechte und Autonomie im östlichen Europa kämpfte, sprach von Évian gegenüber Mitstreitern gar als »Erfolg« und einem »Fortschritt« in der Lösung der jüdischen Flüchtlingskrise.[11] Diese positiven Einschätzungen stehen in Spannung zum etablierten Bild von Évian. Demnach scheint die Konferenz zeitgenössisch anders wahrgenommen worden zu sein als nach dem Krieg. Man erkannte hier einen möglichen Auftakt zu einem mehrjährigen Emigrationsprojekt, dessen Umsetzung durch die Gründung des Intergovernmental Committee realistisch schien.

In diesen exemplarischen Aussagen Adler-Rudels und Goldmanns ist – ähnlich einer Zeitkapsel – ein unverstellter Blick auf rechtspolitische Initiativen zur Durchsetzung jüdischer Emigration aus Deutschland *vor* dem Zweiten Weltkrieg bewahrt. Die präzedenzlose Vernichtung der europäischen

---

9 Adler-Rudel, The Evian Conference on the Refugee Question, 259.
10 Adler-Rudel an Schäffer, 26. Juli 1938, in: Adler-Rudel, Das Auswanderungsproblem im Jahre 1938, 192 f.
11 LBINY, AR7183/5/22, Goldmann, Zweiter Bericht über die Evian-Konferenz, Genf, 20. Juli 1938, 2; American Jewish Archives, Cincinnati, Oh. (AJA), MS-361/A27/1, Goldmann an Wise, 16. Juli 1938, 2. Auf die Spannung zwischen zeitgenössischer und retrospektiver Einschätzung in diesen beiden Fällen hat bereits David Jünger hingewiesen. Vgl. ders., Jahre der Ungewissheit, 22 f.

Juden ließ frühere Analysen und Einschätzungen verblassen, da sich im Nachhinein alle Rettungsbemühungen als unzureichend erwiesen hatten. Vielmehr stellte sich angesichts der nach Évian eingetretenen Katastrophe retrospektiv die Frage, was dort alles hätte unternommen werden können, um sie zu verhindern. Damit einher ging nicht nur eine Neubewertung des Konferenzergebnisses, sondern dies hatte Einfluss auf die einstige Agenda, sprich: das zu Verhandelnde und die damit verbundene Dringlichkeit. Die einst in Évian dargelegten Positionen der Regierungsvertreter und die Erwartungen der jüdischen Emissäre erschienen Adler-Rudel und Weltsch in den 1960er Jahren kaum mehr verständlich.[12] Sich diese Transformation der Perspektive bewusst zu machen, ist eine Voraussetzung, um sich dem historischen Ereignis auf neue Weise annähern zu können. In Évian scheint sich ein weitgehend verlorener Moment politischer Handlungsfähigkeit jüdischer Akteure abzubilden. Verbunden damit ist eine Rekonstruktion jüdischer Perspektiven auf den Nationalsozialismus vor dem Zweiten Weltkrieg, die die Unvorstellbarkeit der späteren Verbrechen bezeugen. Zugleich rücken unterschiedliche jüdische Erfahrungsbestände und Lebenswelten sowie damit korrespondierende Zukunftserwartungen in den Vordergrund, die das jüdische Handeln prägten. Um die positiven Einschätzungen Adler-Rudels und Goldmanns zum Ausgang der Konferenz nachvollziehen zu können, bedarf es einer Kontextualisierung in ihrer Entstehungszeit, vor dem Horizont also eines noch offenen Geschichtsverlaufs. Die Rekonstruktion des ereignis- und erfahrungsgeschichtlichen Referenzrahmens von Évian sowie die zeitgenössischen Wahrnehmungen der Konferenz und des Intergovernmental Committee durch jene, die in die Geschehnisse selbst involviert gewesen waren und damals als die Experten jüdischer Migrationshilfe und internationaler Flüchtlingspolitik galten, stehen im Zentrum der vorliegenden Arbeit. Dadurch wird ein Bild der späten 1930er Jahre gezeichnet, das Évian nicht auf das Sinnbild des Scheiterns verengt, sondern den zeitgenössischen Kontext wieder aufruft und damit nicht zuletzt jüdische Perspektiven und Handlungsräume freilegt, die durch den Holocaust unwiederbringlich zerstört wurden.

Adler-Rudel stellte in seinem Aufsatz von 1969 die Konferenz von Évian in den Zusammenhang internationaler Hilfsanstrengungen für die in Deutschland verfolgten Jüdinnen und Juden: Unmittelbar nach der Machtübertragung im Januar 1933 hatten die Nationalsozialisten begonnen, die jüdische von der nichtjüdischen Bevölkerung zu separieren. Antijüdische Gewalt und Schikane wurden zum Alltag. Binnen weniger Wochen wurden Jüdinnen und Juden aus zahlreichen Berufen verdrängt; der organisierte Boykott jüdischer Geschäfte im April markierte den Beginn der Exklusion jüdischer Unterneh-

---

12 Vgl. exemplarisch LBINY, AR7185/9/8, Weltsch an Adler-Rudel, 24. Oktober 1967; außerdem Wiese, Das »dämonische Antlitz des Nationalismus«.

mer aus dem Wirtschaftsleben.¹³ Zusammen mit der brutalen Unterdrückung jeglicher politischen Opposition und einem Kampf gegen ein vermeintlich »entartetes« Kulturleben und dessen Künstlerinnen und Künstler lösten die Nationalsozialisten eine Fluchtwelle Zehntausender in andere Staaten aus.¹⁴ Waren unter den ersten ins Exil Geflüchteten auch Tausende Nichtjuden, so betraf die Auswanderung in den Monaten und Jahren danach in erster Linie Jüdinnen und Juden. Dennoch reagierte die jüdische Gemeinschaft in Deutschland auf den Nationalsozialismus und dessen Politik weder mit Panik noch einem weitverbreiteten Gefühl der Dringlichkeit einer Emigration.¹⁵ In den folgenden Jahren verließen zwischen 20 000 und 25 000 Jüdinnen und Juden jährlich das Land; auch die Nürnberger Rassengesetze vom September 1935, die der jüdischen Bevölkerung Deutschlands die politischen Rechte entzogen und die staatsbürgerliche Gleichberechtigung aberkannten, führten nicht zu einem Exodus.¹⁶ Die Mehrzahl wog zwischen Gehen und Bleiben ab; dabei war die Entscheidungsfindung von einem komplexen Geflecht an Faktoren bestimmt, die sich ständig veränderten.¹⁷ Für die Mehrheit der deutschen Judenheit waren es »Jahre der Ungewissheit«.¹⁸

Die Erwägung der Emigration war von formalen, ökonomischen und persönlichen Gründen bestimmt: Waren die Verfolgten anfangs in den westlichen Demokratien auf Sympathie und Hilfsbereitschaft getroffen, so wandelte sich die Einstellung der dortigen Bevölkerungen im Lauf der Jahre hin zu einer Politik der Restriktion. Die Nachwirkungen der Weltwirtschaftskrise von 1929 ließen Abwehrhaltungen wegen angeblicher Konkurrenz auf dem Arbeitsmarkt aufkommen, denen nationalistische Einstellungen und Xenophobie vorausgingen. Außerdem dominierten insbesondere gegenüber den jüdischen Immigranten Ressentiments, die sich mitunter in offenem Antisemitismus artikulierten.¹⁹ Die unterschiedlichen Einwanderungsbestimmun-

---

13 Für die Darstellung der antijüdischen Politik des nationalsozialistischen Regimes dienten folgende Überblickswerke als Grundlage: Friedländer, Das Dritte Reich und die Juden, Bd. 1: Die Jahre der Verfolgung 1933-1939; ebd., Bd. 2: Die Jahre der Vernichtung 1939-1945; Cesarani, »Endlösung«; Longerich, Politik der Vernichtung; Herbst, Das nationalsozialistische Deutschland 1933-1945; Adam, Judenpolitik im Dritten Reich.
14 Adam, Judenpolitik im Dritten Reich, 46-71. Aus der neueren Forschung vgl. Friedländer, Das Dritte Reich und die Juden, Bd. 1: Die Jahre der Verfolgung 1933-1939, 21-128; Osterloh, »Ausschaltung der Juden und des jüdischen Geistes«; Röder u. a. (Hgg.), Biographisches Handbuch der deutschsprachigen Emigration nach 1933-1945.
15 Vgl. Friedländer, Das Dritte Reich und die Juden, Bd. 1: Die Jahre der Verfolgung 1933-1939, 82.
16 Rosenstock, Exodus 1933-1939, 377 f.
17 Heimat und Exil.
18 Jünger, Jahre der Ungewissheit; vgl. hierzu auch Schlör, Jüdische Migration und Mobilität.
19 Einen Überblick bieten Caestecker/Moore (Hgg.), Refugees from Nazi Germany and the Liberal European States; exemplarisch vgl. Wyman, Paper Walls, bes. 10-23; Caron, Uneasy Asylum, 3-9.

gen bildeten oftmals Hürden, die die Migration derjenigen verkomplizierten oder gar verhinderten, die sich durchgerungen hatten, ihre einstige Heimat tatsächlich zu verlassen. Ende der 1930er Jahre standen jenen, die emigrieren wollten, nicht in ausreichendem Maße geeignete Einwanderungsmöglichkeiten offen. Die Ursache für die unfreiwillige Auswanderung lag jedoch zweifellos in der deutschen Politik, die maßgeblich zu den Schwierigkeiten beitrug, Deutschland legal zu verlassen und rechtmäßig in ein anderes Land einzuwandern: Um alle erforderlichen Papiere zu erhalten, musste ein schikanöser Gang durch verschiedene Behörden absolviert werden. Entscheidender war jedoch, dass im Lauf der 1930er Jahre immer geringere Vermögenswerte ins Ausland transferiert werden durften; dieser Umstand verkomplizierte die Suche nach Einwanderungsorten zusätzlich. Die meisten Staaten verlangten einen Nachweis über die individuelle oder familiäre Existenzsicherung; ob der Aufbau einer solchen überhaupt gelang, hing in vielen Fällen von demografischen Faktoren wie Alter und Beruf ab.[20] Jüdischen Organisationen kam daher eine Schlüsselrolle zu. Sie unterstützten diejenigen, die ihrer Lebensgrundlage beraubt worden waren und dennoch in Deutschland blieben, und leisteten die organisatorische, finanzielle und ideelle Unterstützung für jene, die emigrierten oder dies zumindest beabsichtigten.

1933 lebten etwa 560 000 Jüdinnen und Juden in Deutschland. Von ihnen verließen bis Anfang 1938 140 000 das Land. Die meisten hatten in den Vereinigten Staaten, Palästina und südamerikanischen Ländern eine dauerhafte Aufenthaltsgenehmigung erhalten oder gar eine neue Staatsangehörigkeit erlangt. Rund 32 000 Menschen war eine gesicherte Zukunft aber seit Jahren verwehrt geblieben. Sie harrten als Flüchtlinge besonders in den an Deutschland grenzenden Ländern Frankreich, Belgien, den Niederlanden und der Tschechoslowakei aus.[21] Ihre Situation war auch deshalb prekär, weil sie zunächst keine Schutzrechte geltend machen konnten. Internationales Flüchtlingsrecht war Anfang der 1930er Jahre erst rudimentär entwickelt und auf spezifische nationale Gruppen festgelegt, die aufgrund bestimmter Ereignisse zur Flucht ins Ausland gezwungen gewesen waren: Russinnen und Russen, die während der bolschewistischen Revolution geflohen waren, und die Überlebenden des Genozids an der armenischen Bevölkerung bildeten in den 1920er Jahren die bekanntesten Flüchtlingsgruppen.[22] Ab 1933 gab es eine internationale Konvention, die ihre Situation in den Zufluchtsländern formal

---

20 Vgl. Dwork/van Pelt, Flight from the Reich; Wetzel, Auswanderung aus Deutschland.
21 Vgl. Adler-Rudel, The Evian Conference on the Refugee Question, 236; Rosenstock, Exodus 1933–1939; Strauss, Jewish Emigration from Germany (I); ders., Jewish Emigration from Germany (II).
22 Vgl. Gatrell, The Making of the Modern Refugee; Watenpaugh, The League of Nations' Rescue of Armenian Genocide Survivors and the Making of Modern Humanitarism, 1920–1927.

regelte. Die deutschen Flüchtlinge – Juden wie Nichtjuden – waren vom Geltungsbereich dieses Abkommens jedoch nicht erfasst.[23] Mit befristeten Aufenthaltsgenehmigungen, sofern sie derlei überhaupt besaßen, blieb ihnen der Zugang zum legalen Arbeitsmarkt verwehrt. Ihre ökonomische Lage war daher meist desaströs und die Aussicht, in einem anderen Land Aufnahme zu finden, verschwindend gering.

Zur Unterstützung der Geflüchteten war bereits im Oktober 1933 auf Initiative westeuropäischer Staaten durch den Völkerbund die High Commission for Refugees (Jewish and Other) Coming from Germany (HCR) eingerichtet worden. Deren Leitung übernahm James Grover McDonald, ein Anwalt aus den Vereinigten Staaten. Allerdings war die High Commission »autonom«. Einerseits hätte Deutschland, das damals noch Mitglied im Völkerbund war, ihrer Einbindung in diesen nicht zugestimmt, andererseits setzten die übrigen Regierungen zu diesem Zeitpunkt auf Appeasement; sie wollten jede Form der Konfrontation mit der deutschen Regierung aus diplomatischen Erwägungen vermeiden.[24] Ohne die nötige Autorität war der Handlungsspielraum der High Commission aber äußerst begrenzt und selbst das auf Administration beschränkte Budget musste von jüdischen Organisationen aufgebracht werden. Nach zwei Jahren hatte McDonald kaum etwas erreicht und Ende 1935 trat er desillusioniert zurück. Mit seinem weltweit in Tageszeitungen publizierten und an den Völkerbund gerichteten appellativen *Letter of Resignation* dokumentierte er die antijüdische Vertreibung und forderte die westlichen Demokratien und die Staaten des amerikanischen Doppelkontinents auf, die Immigration in ihre Länder zu vereinfachen und insgesamt mehr Verfolgte aufzunehmen.[25]

Die High Commission wurde nach McDonalds Demission als Institution des Völkerbunds reorganisiert. Der Brite Sir Neill Malcolm übernahm 1936 den vakanten Posten und war in erster Linie beauftragt, eine internationale Konvention für die aus Deutschland Geflüchteten auszuhandeln. Zunächst gelang es Malcolm und seinen Mitarbeitern, ein vorläufiges Abkommen zu erreichen, das elementare Aufenthalts- und Schutzrechte vorsah; so hatte Frankreich 1936 in Kooperation mit dem Völkerbund alle bis dahin ins Land Geflohenen amnestiert und ihren Aufenthalt legalisiert.[26] Im Februar 1938 unterzeichneten dann sieben Staaten die Konvention betreffend den Status

---

23 Zur rechtlichen Situation von Geflüchteten in der Zwischenkriegszeit vgl. den zeitgenössischen, noch immer instruktiven Text von Holborn, The Legal Status of Political Refugees, 1920–1938.
24 Burgess, The League of Nations and the Refugees from Nazi Germany, 42 f.
25 Vgl. ebd., 155–164 und 173 f.; Penkower, Honorable Failures against Nazi Germany; McDonald, Letter of Resignation Addressed to the Secretary General of the League of Nations.
26 Vgl. Caron, Uneasy Asylum, 7.

von Flüchtlingen aus Deutschland, die zumindest de jure einen Meilenstein für die Geflüchteten bildete. Sie garantierte Freizügigkeit innerhalb der Vertragsstaaten, eröffnete einen Zugang zum Arbeitsmarkt und machte Abschiebungen in der Praxis nahezu unmöglich.[27] Allerdings hatte dieses Abkommen keinerlei Auswirkungen auf die Einwanderungsbestimmungen der Länder – die Bevölkerungspolitik als konstitutives Element von Souveränität blieb uneingeschränkt.[28] Ebenso hatte die Regelung keinen Einfluss auf die Situation im Deutschen Reich.

Zu diesem Zeitpunkt war die Verfolgung, Beraubung und Isolierung der jüdischen Bevölkerung in Deutschland seit fünf Jahren Regierungspolitik.[29] Jenseits der unmittelbar Betroffenen richtete sich die Aufmerksamkeit jedoch auf andere Themen und Problemkomplexe.[30] Die Annexion Österreichs im März 1938 und die brutalen Ausschreitungen gegen die jüdische Bevölkerung in Wien lösten allerdings weltweit Bestürzung aus und bewogen den amerikanischen Präsidenten Franklin D. Roosevelt zur Einberufung einer internationalen Flüchtlingskonferenz. Vom 6. bis 15. Juli 1938 versammelten sich Regierungsvertreter aus West- und Nordeuropa, den Ländern des amerikanischen Doppelkontinents sowie Australien, um Möglichkeiten der erleichterten Auswanderung aus Deutschland zu diskutieren; das Deutsche Reich als Verursacher der Krise war nicht eingeladen worden. Mehr als vierzig nicht staatliche Organisationen präsentierten auf der Konferenz Vorschläge für Emigrationsprojekte: Sie reichten Memoranden ein und waren berechtigt, vor einem Unterausschuss der Konferenz ihre Sicht der Dinge darzulegen.[31]

Die öffentlichen Erklärungen der Diplomaten waren von Nüchternheit geprägt. Die Regierungen verwiesen auf ihre bisherige Bereitschaft zur Aufnahme der Verfolgten und beriefen sich auf die geltenden Gesetze ihrer Länder, die unter bestimmten Voraussetzungen und meist in begrenztem Maß Einwanderung zuließen. Letztlich wurden in Évian keine unmittelbaren Hilfen auf den Weg gebracht. Zwar wurde mit der Schlussresolution das permanente Intergovernmental Committee gegründet, aber – so schrieb Adler-Rudel dreißig Jahre später – die jüdischen Emissäre hätten bereits damals »instinktiv gewusst, was die Regierungsvertreter vorgaben, nicht zu

---

27 Vgl. o. A., Convention Concerning the Status of Refugees Coming from Germany, 10 February 1938. Eine exemplarische zeitgenössische Reaktion des beteiligten Gerhart Moritz Riegner (1911–2001), Sekretär im Genfer Büro des WJC: AJA, MS-361/A8/5, Riegner, Bericht über die Staatenkonferenz zur Annahme eines endgültigen Statuts für die deutschen Flüchtlinge, Genf, 14. Februar 1938.
28 Vgl. Ben-Nun/Caestecker, Modern Refugees as Challengers of Nation-State Sovereignty.
29 Vgl. Friedländer, Das Dritte Reich und die Juden, Bd. 1: Die Jahre der Verfolgung 1933–1939, 81 f.
30 Vgl. Adler-Rudel, The Evian Conference on the Refugee Question, 235 f.
31 Vgl. Bartrop, The Evian Conference of 1938 and the Jewish Refugee Crisis, 83–89; Adler-Rudel, The Evian Conference on the Refugee Question, 253–257.

sehen«: dass die avisierten Verhandlungen über die jüdische Auswanderung zwischen dem IGCR und Deutschland zu keinem Ergebnis kommen würden.³² Obwohl es im Februar 1939 tatsächlich zu einem Abkommen zwischen den beiden Seiten kam, markierte der Beginn des Zweiten Weltkriegs das praktische Ende aller Bemühungen, der jüdischen Bevölkerung einen legalen und organisierten Ausweg aus dem deutschen Herrschaftsbereich zu ermöglichen. Die im März 1938 mit großer Hoffnung gestartete Initiative war gescheitert.

Die Konferenz von Évian ist in zahlreichen Darstellungen zur jüdischen Emigration und Flucht aus dem nationalsozialistischen Deutschland bereits intensiv thematisiert und befragt worden. Dabei begann ihre Historisierung unmittelbar, vor allem durch beteiligte Zeitgenossen: Schon während des Zweiten Weltkriegs und danach befassten sich einstige Akteure wie Adler-Rudel und Goldmann, Norman Bentwich und Martin Rosenblüth sowie jene, die wie Weltsch für Zeitungen davon berichtet oder damals zum erweiterten Kreis der Hilfe für Geflüchtete gehört hatten, mit diesem Ereignis.³³ In ihren Arbeiten verschwimmen Zeitzeugenschaft und historische Forschung; zugleich weisen die Texte einen gewissen Rechtfertigungs- und Selbstvergewisserungscharakter auf hinsichtlich der eigenen Bemühungen angesichts der jüdischen Katastrophe. Ihre Rolle in Évian beschrieben die einstigen Emissäre – wenn überhaupt – passiv und vage. Das in Évian gegründete Intergovernmental Committee fand meist nur am Rande Erwähnung. Der Großteil dieser »ersten Schriften« ganz unterschiedlicher Genres – wissenschaftliche Texte, Memoiren und ein Roman – entstand in den 1950er und 1960er Jahren und prägte das Narrativ über die Konferenz. Dabei war das Schreiben der Zeitzeugen über die von ihnen erlebte Vergangenheit maßgeblich durch zwei dem Ereignis nachgelagerte Aspekte geprägt: die Erfahrung des Holocaust und die Gründung des Staates Israel.

Die eminente Bedeutung dieser Ereignisse für ihr Nachdenken und ihre historische Einordnung von Évian lässt sich exemplarisch an Adler-Rudels bereits eingeführtem Aufsatz von 1969 verdeutlichen. Seine Darstellung der Konferenz ist bestimmt von einer teleologischen Perspektive, in der die nationalsozialistische Verfolgungs- und Vertreibungspolitik gegenüber Jüdinnen und Juden in den 1930er Jahren als Vorgeschichte ihrer späteren systemati-

---

32 Adler-Rudel, The Evian Conference on the Refugee Question, 259.
33 In chronologischer Reihenfolge: Bentwich, Wanderer between Two Worlds; Tartakower/ Grossmann (Hgg.), The Jewish Refugee; Wischnitzer, To Dwell in Safety; ders., Die jüdische Wanderung unter der Naziherrschaft 1933–1939; Bentwich, They Found Refuge; Rosenbluth, Go Forth and Serve; Bentwich, My 77 Years; Adler-Rudel, Vor 25 Jahren; Habe, Die Mission; Adler-Rudel, Die Enttäuschung von Evian; ders., The Evian Conference on the Refugee Question; Grossmann, Emigration; Goldmann, Staatsmann ohne Staat; Meir, Mein Leben; Goldmann, Mein Leben als deutscher Jude (Goldmanns Darstellung von Évian unterscheidet sich in der Autobiografie aus dem Jahr 1970 nicht von der späteren Fassung).

schen Ermordung gedeutet wird.³⁴ Adler-Rudel konstatierte deshalb: »Heute, dreißig Jahre später, die Konferenz von Évian ist vom Horror der ›Endlösung‹ überschattet, erinnern wir Évian als eine Episode im Kampf um die Rettung von Juden in der tragischsten Periode ihrer Geschichte.«³⁵ Gemäß dieser Lesart sahen sich die Teilnehmenden der Konferenz mit elementaren Fragen der Rettung von Jüdinnen und Juden vor der physischen Vernichtung konfrontiert.³⁶ Da in Évian keine unmittelbare Aufnahme der Verfolgten in Zufluchtsländern beschlossen worden war, kam er, wie bereits gesagt, retrospektiv zu dem Schluss, damals sei eine Chance verpasst worden, Hunderttausende, ja gar Millionen Jüdinnen und Juden vor dem Holocaust zu retten.

Auch die Staatsgründung Israels im Mai 1948 beeinflusste die Betrachtung der Vergangenheit. Die erlangte Souveränität markierte einen in seinen Dimensionen kaum zu erfassenden Wendepunkt der jüdischen Geschichte.³⁷ Sie hatte auch unmittelbare Auswirkungen für jüdische Geflüchtete allgemein, im Besonderen aber auf die Situation der jüdischen Displaced Persons (DPs), jener Überlebenden des Holocaust, die sich Ende der 1940er Jahre noch in Europa befanden.³⁸ Zugleich veränderte die Tatsache der geglückten Staatsgründung die Wahrnehmung von Flüchtlingsfragen der davorliegenden Vergangenheit. So konstatierte Adler-Rudel: »Rückblickend kommt man um den Gedanken nicht herum, zu welchen Ergebnissen die Konferenz wohl geführt hätte, wenn es zu diesem Zeitpunkt bereits einen jüdischen Staat gegeben hätte.«³⁹ Diese retrospektive Sicht hatte auch Auswirkungen auf die Einschätzungen des einstigen Status jüdischer Emissäre auf der Konferenz von Évian. Die meisten Beteiligten bezeichneten ihre Anhörung vor der Konferenz rückblickend als »Farce« und verknüpften damit den Vorwurf an die Regierungsvertreter, den Repräsentanten der Opfer keinen adäquaten Platz eingeräumt zu haben.⁴⁰

Verbunden mit diesen Einschätzungen ist die kaum überraschende Tendenz, Évian als exemplarischen Ort zu werten, an dem die bedrohten Juden-

---

34 Exemplarisch drückt sich diese Teleologie auch in den Kapitelüberschriften in Yehuda Bauers Geschichte des JDC von 1914 bis 1938 aus: Die Abschnitte zu den späten 1930er Jahren in Deutschland, Polen und weiteren ostmitteleuropäischen Staaten sind mit »Prelude to the Holocaust« und »The Beginning of the End« überschrieben. Vgl. ders., My Brother's Keeper, 180 und 223.
35 Adler-Rudel, The Evian Conference on the Refugee Question, 260.
36 Zu dieser Verengung der Perspektive auf die 1930er Jahre bes. Jünger, Verzerrte Erinnerung, 424.
37 Vgl. Biale, Power and Powerlessness in Jewish History.
38 Zeitgenössisch vgl. Wischnitzer, To Dwell in Safety, XIII; aus der jüngeren Forschung Patt, Finding Home and Homeland; Diner, Elemente der Subjektwerdung.
39 Adler-Rudel, The Evian Conference on the Refugee Question, 260.
40 Vgl. bes. Goldmann, Staatsmann ohne Staat, 218; Meir, Mein Leben, 157; in der jüngeren Forschung auch Dwork/van Pelt, Flight from the Reich, 97–118.

heiten mit einer ablehnenden bis feindseligen Weltgemeinschaft konfrontiert gewesen seien.[41] Bereits drei Jahre vor Ausbruch des Zweiten Weltkriegs hatte Chaim Weizmann, die prominenteste und einflussreichste Persönlichkeit der zionistischen Bewegung in der Zwischenkriegszeit, die Welt als zweigeteilt beschrieben: Während die einen Länder ihre jüdische Bevölkerung zu vertreiben suchten, seien die anderen nicht bereit, Juden aufzunehmen. Seine Aussage war allerdings in erster Linie auf die Situation in Ostmitteleuropa bezogen und er spitzte bewusst zu. Weizmann wollte gegenüber seinen innerjüdischen Gegnern die Ziele zionistischer Politik untermauern, die – in Abwendung von der prekären Situation in Europa – auf eine sichere und letztlich souveräne Heimstätte in Palästina abzielte.[42] Nach dem Holocaust schien sich die der zionistischen Weltanschauung zugrunde liegende Katastrophenerwartung für die Diaspora auf grausame Weise bestätigt zu haben.[43] Zusammen mit der etablierten Souveränität in Palästina kam der zionistischen Perspektive für die Betrachtung der Vergangenheit fortan zentrale Bedeutung zu: Sowohl der Ort Palästina/Israel – neben den Vereinigten Staaten das neue Zentrum jüdischen Lebens – als auch die im wahrsten Sinne des Wortes erkämpfte Position der Stärke prägen den retrospektiven Blick auf die einst nahezu schutzlosen Judenheiten in Europa.[44] Die in Évian durchaus erhobene Forderung der Jewish Agency nach Öffnung Palästinas erschien deshalb in der Rückschau als Gebot der Stunde, das Hunderttausenden unmittelbar eine sichere Zuflucht hätte ermöglichen können.[45] An dieser Stelle lässt sich zeigen, wie sich Ereignisgeschichte und retrospektive Deutung vermischten: Mit ihrer Palästinapolitik standen die Zionisten 1938 im Konflikt mit den Interessen der britischen Mandatsmacht. Letztere regulierte die Immigration nach strengen Kriterien, da ihr in erster Linie an einer Befriedung der jüdisch-arabischen Konfrontation gelegen war. Weitgehend übersehen wird, dass die Forderungen der Zionisten langfristig angelegt waren und ihnen ein klares Profil der Einwanderer vorschwebte. Jenseits politischer Rhetorik stand die Jewish Agency keineswegs für eine Masseneinwanderung aus Deutschland nach Palästina. Außerdem ist wichtig, dass die zionistische

---

41 Vgl. hierzu bes. Meir, Mein Leben, 158f.; auch Feingold, The Politics of Rescue, 33; Weingarten, Die Hilfeleistung der westlichen Welt bei der Endlösung der deutschen Judenfrage; aus der neueren Forschung Aly, Europa gegen die Juden.
42 Vgl. Diner, Die Katastrophe vor der Katastrophe, 142.
43 Sehr deutlich bei Rosenbluth, Go Forth and Serve. Zur zionistischen Katastrophenerwartung vgl. Segev, Die siebte Million, 136; Diner, Bolschewismus ohne Kommunismus.
44 Vgl. Biale, Power and Powerlessness in Jewish History, 145f.
45 Für diese Perspektive vgl. Bauer, From Diplomacy to Resistance; Porat, The Blue and the Yellow Stars of David. Die Komplexität zionistischer Bestrebungen und die Situation des Jischuw in Palästina rekonstruieren in zeitgenössischer Perspektive Reinharz/Shavit, The Road to September 1939. Für die Zeit des Zweiten Weltkriegs vgl. bes. Friling, Arrows in the Dark.

Position innerjüdisch umstritten war. Dennoch hat sich in der Forschung der Vorwurf etablieren können, auf der Konferenz hätten sich die übrigen jüdischen Organisationen geweigert, »sich hinter dem zionistischen Banner zu vereinigen«.[46] Was andere Organisationen jedoch davon abhielt, sich mit der Jewish Agency zu einer gemeinsamen Delegation zusammenzuschließen, wurde nicht erörtert. Jüdische Positionen, die nicht auf alleinige Rettung nach Palästina gedrängt hatten, gerieten in Vergessenheit.

Dieser Konnex und die von den Zeitzeugen geprägten Perspektiven bildeten ab Mitte der 1960er Jahre das zentrale Narrativ der Forschung und des historischen Gedächtnisses von Évian. In den Vereinigten Staaten von Amerika fand dies Eingang in eine von einer jüngeren Generation Forschender angestoßenen Debatte über die vermeintliche Passivität der Elterngeneration angesichts des Holocaust.[47] Ausgehend von Arthur Morses Studie mit dem provozierenden Titel *While Six Million Died. A Chronicle of American Apathy* entstanden Ende der 1960er und Anfang der 1970er Jahre grundlegende Arbeiten von David Wyman, Saul Friedman und Henry Feingold zur alliierten, insbesondere aber US-amerikanischen Rettungspolitik für die europäischen Jüdinnen und Juden.[48] Die Titel dieser Arbeiten wie *Paper Walls* und *No Haven for the Oppressed* deuten eine politisch motivierte Geschichtsschreibung an, die Züge einer moralischen Anklage trug: Die Autoren kritisierten die Vereinigten Staaten und andere mögliche Zufluchtsländer dafür, dass sie in den 1930er und 1940er Jahren den mit dem Tod Bedrohten keinen adäquaten Schutz geboten hätten. Mit mehrheitlicher Zustimmung der nationalen Bevölkerungen hätten die Regierungen Einwanderungsbestimmungen und vermeintliche Unwägbarkeiten während des Kriegs angeführt, um keine effektive Hilfe erbringen zu müssen.[49] Den Höhepunkt dieser Debatte bildete Ralph Weingartens Buch *Die Hilfeleistung der westlichen Welt bei der Endlösung der deutschen Judenfrage*. Darin wirft der Autor den alliierten Regierungen Verantwortungslosigkeit vor und leitet daraus eine Mitschuld am Tod der Jüdinnen und Juden in Europa ab.[50] Die Einladung zur Konferenz von Évian im März 1938 bildet in diesen Arbeiten den Auftakt für die rückblickend unzureichende amerikanische Rettungspolitik. In zeitlicher

---

46 Feingold, The Politics of Rescue, 34.
47 Zu diesem Generationenkonflikt in der Wahrnehmung der Rolle der Vereinigten Staaten und der amerikanischen Jüdinnen und Juden während des Holocaust vgl. Diner, We Remember with Reverence and Love; auch Sinkoff, From Left to Right.
48 Morse, While Six Million Died; Wyman, Paper Walls; ders., Das unerwünschte Volk; Feingold, The Politics of Rescue; Friedman, No Haven for the Oppressed.
49 Zur öffentlichen Meinung vgl. die grundlegende Arbeit von Katz, Public Opinion in Western Europe and the Evian Conference of July 1938.
50 Weingarten, Die Hilfeleistung der westlichen Welt bei der Endlösung der deutschen Judenfrage, 204; vgl. für diese Perspektive auch Schubert, Der Fleck auf Uncle Sams weißer Weste; Laffer, The Jewish Trail of Tears; ders., The Evian Conference of July 1938.

Verengung wird hier ein Konnex zwischen Konferenz und nachfolgender nationalsozialistischer Vernichtungspolitik hergestellt, der fortan die Wahrnehmung prägen sollte. Eine Arbeit, die heraussticht, ist jene von Barbara Stewart McDonald, der Tochter des einstigen High Commissioners for Refugees Coming from Germany. Sie untersuchte die Aktivitäten amerikanischer Regierungsstellen bereits für die frühen und mittleren 1930er Jahre und stellt Évian daher in eine längere Entwicklung; ihre Darstellung endet mit Ausbruch des Zweiten Weltkriegs.[51]

Diese in den Vereinigten Staaten entstandenen Studien bauten auf den frühen Darstellungen der Zeitzeugen auf.[52] Zugleich rekonstruierten sie detailliert die internen Entscheidungsprozesse auf Regierungsebene. In den folgenden Jahren entstanden ähnlich angelegte Arbeiten zur Haltung Großbritanniens, Kanadas, Australiens und Frankreichs, die ebenfalls an der Konferenz von Évian teilgenommen hatten.[53] 2013 erschien die Studie *FDR and the Jews*, die versucht, ein ausgewogenes und differenziertes Bild US-amerikanischer Rettungspolitik zu zeichnen. Richard Breitman und Allan J. Lichtman unterteilen Roosevelts Handlungsspielraum in verschiedene Phasen und zeigen, wie seine Bemühungen zugunsten jüdischer Verfolgter von jeweiligen (innen)politischen Konstellationen abhingen.[54] Ihre in der Tendenz positive Bilanz von Roosevelts Einsatz ist in Teilen der Forschung jedoch umstritten.[55]

---

51 McDonald Stewart, United States Government Policy on Refugees from Nazism 1933–1940.
52 Eine Übersicht der verwendeten Werke bei Wyman: Tartakower/Grossmann (Hgg.), The Jewish Refugee; Wischnitzer, To Dwell in Safety; ders., Visas to Freedom. Bei Feingold: Wischnitzer, To Dwell in Safety; ders., Visas to Freedom; Tartakower/Grossmann (Hgg.), The Jewish Refugee; Habe, Die Mission. Bei Friedman: Tartakower/Grossmann (Hgg.), The Jewish Refugee; Habe, Die Mission. Bei McDonald Stewart: Bentwich, Wanderer between Two Worlds; ders., They Found Refuge; ders., My 77 Years; Habe, Die Mission; Tartakower/Grossmann (Hgg.), The Jewish Refugee; Wischnitzer, To Dwell in Safety; ders., Jewish Emigration. Bei Weingarten: Adler-Rudel, The Evian Conference on the Refugee Question; ders., Das Auswanderungsproblem im Jahre 1938; Grossmann, Emigration; Rosenstock, Exodus 1933–1939; Tartakower/Grossmann (Hgg.), The Jewish Refugee.
53 Sherman, Island Refuge; London, Whitehall and the Jews, 1933–1948; Dirks, Canada's Refugee Policy; Blakeney, Australia and the Jewish Refugees, 1933–1948; ders., Australia and the Jewish Refugees from Central Europe; Bartrop, Australia and the Holocaust 1933–45; ders. (Hg.), False Havens; ders., The Holocaust and Australia; Maga, America, France, and the European Refugee Problem, 1933–1947; Picard, Die Schweiz und die Juden 1933–1945; Caron, Uneasy Asylum; Caestecker, Alien Policy in Belgium, 1840–1940; Bradlow, South African Policy and Jewish Refugee Immigration in the 1930s; Caestecker/Moore (Hgg.), Refugees from Nazi Germany and the Liberal European States; Tucci Carneiro, Weltbürger.
54 Breitman/Lichtman, FDR and the Jews; hierzu auch Marrus, FDR and the Holocaust. Für eine differenzierte Betrachtung vgl. auch Mashberg, American Diplomacy and the Jewish Refugee, 1938–1939; ders., America and the Refugee Crisis; Breitman/Kraut, American Refugee Policy and European Jewry, 1933–1945; Ne'eman Arad, America, Its Jews, and the Rise of Nazism.
55 Zur Gegenposition vgl. bes. Medoff, The Jews Should Keep Quiet.

Im Gegensatz zur Konferenz wurde dem aus ihr hervorgegangenen Intergovernmental Committee und insgesamt den rechtspolitischen Kontexten, wie etwa den Standards des Flüchtlingsrechts in dieser Zeit, wenig Aufmerksamkeit entgegengebracht. Feingold und Weingarten untersuchten die Verhandlungen zwischen dem Committee und dem Deutschen Reich, evaluierten diese aber als von beiden Seiten nicht ernsthaft betriebenes Unterfangen.[56] Tommie Sjöberg analysierte das Committee von seiner Gründung bis zur Auflösung 1947, widmete den Entscheidungen in US-amerikanischen und britischen Regierungsstellen für die Gründung desselben viel Platz und hob die Neuerungen in der Struktur des Intergovernmental Committee im Vergleich zu den High Commissions des Völkerbunds hervor. Jedoch blendete er in seiner politikwissenschaftlich angelegten Studie die jeweiligen historischen Bedeutungszusammenhänge nahezu komplett aus; Évian erwähnte er lediglich als Gründungsort.[57] Die heute – zumindest in der deutschsprachigen Forschung – zum Standardwerk avancierte umfangreiche Darstellung zur Konferenz von Évian und dem Intergovernmental Committee hat 2002 der Historiker Fritz Kieffer vorgelegt.[58] Darin untersucht er ausländische Reaktionen auf die Vertreibungspolitik des NS-Regimes zwischen 1933 und dem Ausbruch des Zweiten Weltkriegs und historisiert diese stärker als die ihm vorausgegangene Forschung. Indem er seinen Fokus auf Probleme des Kapitaltransfers aus Deutschland und die eingeschränkten finanziellen Ressourcen jüdischer Organisationen legt, verengt Kieffer die Problematik jüdischer Emigration und Flucht allerdings vorrangig auf ein »Finanzproblem«. Insgesamt gesehen sind die staatlichen Positionierungen in Évian mittlerweile umfangreich dokumentiert, und Paul Bartrop hat das Geschehen der Konferenz entlang der überlieferten Redebeiträge detailliert dargestellt.[59] Die vorliegende Studie baut auf dieser umfangreichen Forschung auf.

Zum 80. Jahrestag 2018 fand die Konferenz von Évian nicht nur in der akademischen Forschung, sondern auch in einer breiteren Öffentlichkeit große Resonanz. Neben eindeutig moralisierenden Einschätzungen wie jener, dass »die Welt« in Évian »die Juden« verraten habe,[60] wurden vor allem die Möglichkeiten und Grenzen des Vergleichs zwischen 1938 und den Flucht-

---

56 Vgl. Feingold, The Politics of Rescue, 45–89; Weingarten, Die Hilfeleistung der westlichen Welt bei der Endlösung der deutschen Judenfrage, 91–209; auch Dwork/van Pelt, Flight from the Reich, 104–112.
57 Sjöberg, The Powers and the Persecuted.
58 Kieffer, Judenverfolgung in Deutschland – eine innere Angelegenheit?; außerdem ders., Die Flüchtlings-Konferenz von Evian 1938.
59 Bartrop, The Evian Conference of 1938 and the Jewish Refugee Crisis; vgl. auch Marrus, Art. »Evian«.
60 Thieß, Evian 1938; Afoumado, Indésirables; Delpard, La conférence de la honte. Zur veröffentlichten Meinung 2018 vgl. exemplarisch Leggewie, »Keiner will sie«; Jones, Refugee

bewegungen um die Jahre 2015/16 ausgelotet.⁶¹ Parallelen zwischen Gegenwart und Vergangenheit waren auch Ausgangspunkt der im gleichen Jahr in Berlin eröffneten Ausstellung »Geschlossene Grenzen. Die internationale Flüchtlingskonferenz von Évian«. Neben Vorgeschichte, Verlauf und Nachwirkung der Konferenz lag ihr Schwerpunkt auf der Darstellung der Regierungsdelegationen, ihren Mitgliedern und den Einwanderungsbestimmungen der beteiligten Länder.⁶² Dabei reproduzierte die Ausstellung im Kern das etablierte Narrativ, wonach Évian für ein Symbol des Scheiterns stehe.

Obwohl die Ereignisse der Konferenz bereits Gegenstand intensiver Forschung geworden sind, ist der unmittelbare historische Kontext bislang also kaum beachtet worden. Noch seltener kamen das Handeln jüdischer Akteure und deren Positionierung zu den damaligen Entwicklungen zur Geltung. Eine gewisse Ausnahme bildeten die Debatten innerhalb der Jewish Agency im Vorfeld der Konferenz und das Auftreten zionistischer Organisationen ebendort.⁶³ Somit zeigt sich eine deutliche Forschungslücke: Die Einnahme einer jüdischen und explizit zeitgenössischen Perspektive auf die Ereignisse verbunden mit einer angemessenen Historisierung der Konferenz vor dem Hintergrund allgemeiner Flüchtlings- und Migrationspolitik der Zwischenkriegszeit bilden noch immer ein Desiderat. Adler-Rudels eingangs zitierte positive Einschätzung der Konferenz legt nahe, dass das Erkenntnispotenzial von Évian noch nicht vollständig ausgeschöpft ist. Die Geschichte scheint komplexer zu sein als jene etablierte Metapher, in der Évian als Symbol des Scheiterns und verpasster Möglichkeiten gilt. Es lohnt sich daher, die Geschichte der Konferenz um neue Perspektiven zu erweitern, um die Hand-

---

Rhetoric Echoes 1938 Summit Before Holocaust, UN Official Warns; für eine analytische Perspektive auf diese Urteile vgl. Schlecht, »Öffnen sich die Tore?«, 125 f. Auf Basis von Habes Roman *Die Mission* (1965) entstand 2019 eine Graphic Novel. Vgl. Hopp/Gosdek, Die Flüchtlingskonferenz von Évian 1938.

61 Vgl. hierzu bes. die Beiträge, die aus einem im September 2018 vom Zentrum für Antisemitismusforschung veranstalteten Symposium in Berlin hervorgegangen sind: Gruner, Vertreibungen, Annexionen, Massenauswanderungen; Kaplan, The Évian Conference and the Americas; Bartrop, Learning the Lessons of Évian; Meyer, Mission Bestseller; Bank, Die Bedeutung der Évian-Konferenz für den Flüchtlingsschutz nach dem Zweiten Weltkrieg.

62 Bonnesoeur u. a. (Hgg.), Geschlossene Grenzen.

63 Vgl. hierzu Reinharz/Shavit, The Road to September 1939, 130–145; Diner, Ein anderer Krieg, bes. 95–108; Weiss, Deutsche und polnische Juden vor dem Holocaust, 159–167; auch Kieffer, Judenverfolgung in Deutschland – eine innere Angelegenheit? Vgl. auch die gegenüber der Führung des Jischuw äußerst kritische, aber sehr detailliert aus den Quellen gearbeitete Studie von Beit Zvi, Post-Ugandan Zionism on Trial. Die Aktivitäten anderer jüdischer Organisationen wurden im Rahmen von Gesamtdarstellungen lediglich gestreift: Zum JDC vgl. Bauer, My Brother's Keeper; zur Hebrew Immigrant Aid Society (HIAS) vgl. Wischnitzer, Visas to Freedom; zur Organisation – Rehabilitation – Training: Union der Gesellschaften für handwerkliche und landwirtschaftliche Arbeit unter Juden (ORT) vgl. Shapiro, The History of ORT.

lungsräume jüdischer, aber auch nichtjüdischer Akteure in der Zeit analysieren zu können. Évian fand in einem Moment des Übergangs nicht staatlicher Interessenvertretung statt. Obwohl es sich um die letzte große internationale Konferenz ohne etablierte Standards für die Einbeziehung von nicht staatlichen Akteuren vor dem Zweiten Weltkrieg handelte, war Akteuren jüdischer Politik dennoch eine gewisse Mitsprache eingeräumt worden – damals ein Novum jüdischer Diplomatiegeschichte. Darüber hinaus wird in dieser Studie der Bezugsrahmen der Flucht- und Migrationspolitik in der Zwischenkriegszeit geschärft und über die Fokussierung auf das nationalsozialistische Deutschland hinaus erweitert. Damit werden zentrale Aspekte untersucht, die bisher nicht oder nur unzureichend mit Évian verbunden sind.

Im Vordergrund dieser Arbeit stehen bisher wenig beleuchtete zeitgenössische Kontexte der Konferenz, die entlang der Perspektiven jüdischer Emissäre erschlossen werden, die in Évian als Repräsentanten der Verfolgten auftraten. Im Vergleich zur bisherigen Forschung bedarf es dafür eines doppelten Wechsels der Perspektive. Die Studie schließt daher an eine Entwicklung innerhalb der jüngeren Forschung zur jüdischen Geschichte der 1930er Jahre an: Zum einen wird die Konferenz von Évian in ihrer Zeit betrachtet. Die Jahre ab 1933 werden nicht als bloße »Vorgeschichte« der nationalsozialistischen Vernichtungspolitik gedeutet, sondern als Ereigniszeitraum sui generis verstanden.[64] Dieses Vorgehen verspricht großes Erkenntnispotenzial, da Wahrnehmungen *vor* der Katastrophe ins Zentrum des Interesses rücken, die es ermöglichen, Évian in größeren Zusammenhängen jüdischer Erfahrung der Zwischenkriegszeit zu konturieren und nicht auf Fragen von Emigration und Flucht vor dem NS-Regime zu verengen. Das bedeutet, die Erwartungen und Ereignisse im Sommer 1938 vor dem Horizont einer noch offenen Zukunft zu analysieren.[65] Damit einher geht die Vermeidung einer Teleologie, die eine scheinbare Linie von Évian nach Auschwitz konstruiert.[66] Somit rücken Fragen im Umgang mit Geflüchteten, das Verhältnis von Flucht und Migration sowie Konstellationen der internationalen Politik und des Völkerrechts der Ereigniszeit in den Vordergrund. Der Referenzrahmen der Akteure war vom internationalen Umgang mit Vertreibung und Emigration aus Deutschland ab 1933 geprägt. Die Reaktionen der internationalen Staatengemeinschaft

---

64 Vgl. zu dieser neuen Perspektive auf die 1930er Jahre bes. Jünger, Verzerrte Erinnerung; ders., Jahre der Ungewissheit; Reinharz/Shavit, The Road to September 1939; Burgess, The League of Nations and the Refugees from Nazi Germany; Wünschmann, Before Auschwitz; Gallas/Graf/Mecklenburg (Hgg.), Schwerpunkt »Forced Migration and Flight«; Jünger/Ullrich, Introduction.
65 Die in dieser Arbeit verwendeten Begriffe von Erfahrung und Erwartung sind an das Konzept von Reinhart Koselleck angelehnt. Vgl. ders., »Erfahrungsraum« und »Erwartungshorizont« – zwei historische Kategorien.
66 Vgl. exemplarisch für eine solche Deutung Matthews, How the World Allowed Hitler to Proceed with the Holocaust.

waren wiederum in erster Linie durch die Erfahrungen am Ausgang des Ersten Weltkriegs und in den 1920er Jahren bestimmt gewesen; Handlungsmuster reichten mitunter bis ins 19. Jahrhundert zurück.

Zum anderen stehen erstmals in der Forschung nicht die in Évian versammelten Diplomaten der Regierungen im Fokus der Darstellung, sondern die Vertreter jüdischer Organisationen. Ihre Vorschläge und Positionen – als Repräsentanten der Verfolgten und jahrzehntelange Experten für Migration – bieten einen Zugang zu den Herausforderungen und Möglichkeiten der Zeit.[67] Die Emissäre werden in dieser Arbeit als Akteure mit selbstbestimmter Agenda begriffen.[68] Dieser Ansatz bietet die Möglichkeit, die facettenreiche Geschichte jüdischer Politik Ende der 1930er Jahre stärker zu profilieren als bisher. Durch den genauen Blick auf die Akteure und ein offenes Auge für Details treten historische Konfliktlagen sowie Ressentiments hervor. Darüber hinaus erscheinen die Spannungen zwischen alten und neuen Strategien nicht staatlicher Interessenvertretung sowie die Situation des Jischuw (die vorstaatliche jüdische Ansiedlung in Palästina) in ihrer ganzen Komplexität.

Erfahrungen von Verfolgung, Rechtsverlust und prekären Lebensbedingen waren in dieser Zeit nicht auf die Jüdinnen und Juden in Deutschland beschränkt. Vielmehr standen ihre Emigrationsabsichten in einem gewissen Konkurrenzverhältnis zu jenen der jüdischen Bevölkerung in Polen und dem weiteren östlichen Europa.[69] Dabei ging es nicht nur um notwendige Unterstützungsmittel und adäquate Einwanderungsmöglichkeiten, sondern auch um die Neugestaltung jüdischer Zukunft. Die Anwesenheit von 21 jüdischen Organisationen auf der Konferenz legt nahe, dass es verfehlt wäre, in Évian von *einer* jüdischen Position auszugehen. Vielmehr zeigt sich, dass die beteiligten Organisationen, die das gesamte Spektrum jüdischer Politik in den 1930er Jahren repräsentierten, auch miteinander rivalisierten. Dies resultierte aus unterschiedlichen jüdischen Selbstverständnissen, denen für die Betrachtung von Évian bisher zu wenig Bedeutung zugekommen ist.[70] Sie reichten

---

67 Vgl. zu diesem Ansatz Diner, Die Katastrophe vor der Katastrophe, bes. 139.
68 Vgl. zu diesem Ansatz auch Friedla, Juden in Breslau/Wrocław 1933–1949; Jünger, Jahre der Ungewissheit. Vgl. auch Kauders, Agency, Free Will, Self-Constitution.
69 Vgl. zu dieser Konstellation Weiss, East European Jewry as a Concept and Ostjuden as a Presence in German Zionism, 84; Jünger, Beyond Flight and Rescue.
70 Zu unterschiedlichen jüdischen Selbstverständnissen vgl. Diner, Zweierlei Emanzipation; Miron, The Waning of Emancipation; ders., Emancipation and Assimilation in the German-Jewish Discourse of the 1930s; Weiss, Deutsche und polnische Juden vor dem Holocaust; dies., Polish and German Jews Between Hitler's Rise to Power and the Outbreak of the Second World War; grundlegend auch Sorkin, Jewish Emancipation; Birnbaum/Katznelson (Hgg.), Paths of Emancipation; Katz, Jewish Emancipation and Self-Emancipation; zu unterschiedlichen zionistischen Selbstverständnissen vgl. Shumsky, Beyond the Nation-State; ders., Zweisprachigkeit und binationale Idee; Weiss, Central European Ethnonationalism and Zionist Binationalism.

von einem staatsbürgerlichen Konzept, das mit einer Akkulturation an die Umgebungsgesellschaft einherging, hin zu nationaljüdischen Entwürfen, die in Form des politischen Zionismus territoriale Ambitionen hegten oder sich für rechtliche Gleichstellung mit kultureller Autonomie in der Diaspora einsetzten. Die damit verbundenen differenten Analysen der Situation der europäischen Judenheiten, der politischen Entwicklung und die in Évian eingebrachten Forderungen sind zentraler Bestandteil der folgenden Darstellung, da sie Zugang zu einer pluralen jüdischen Lebenswelt in Europa eröffnen, die der Holocaust unwiederbringlich zerstört hat. Durch diesen zweifachen Perspektivwechsel lässt sich das etablierte Narrativ erweitern und »Évian« erhält in seiner historischen Bedeutung andere Konturen.

Den Ausgangspunkt für die Rekonstruktion des Referenzrahmens und der Aktivitäten jüdischer Organisationen bildet eine Auswahl der von ihnen eingereichten Memoranden. In Vorbereitung auf Évian hatten leitende Funktionäre innerhalb der jüdischen Organisationen mögliche Ziele für die Konferenz identifiziert und Strategien zu deren Darstellung erwogen. Die Ergebnisse der intern, aber auch zwischen den Organisationen geführten Debatten flossen in unterschiedliche Denkschriften ein, die den teilnehmenden Regierungsvertretern bereits vorab oder während der Konferenz übermittelt wurden. Zusätzlich eröffnete sich den in Évian anwesenden Repräsentanten jüdischer Organisationen die Möglichkeit, ihre Positionen vor einem Ausschuss der Konferenz mündlich zu erläutern. Die Fokussierung auf die jüdischen Aktivitäten vor, während und nach der Konferenz lässt sich methodisch begründen: Zwar reichten auch nichtjüdische Organisationen Denkschriften ein, diese fokussierten aber in der Regel auf spezifische Belange politisch Verfolgter oder der im Exil ausharrenden Geflüchteten, deren Anliegen originärer Gegenstand der High Commission for Refugees beim Völkerbund waren.[71] Als zentrale Agenda von Évian kristallisierte sich bereits im Vorfeld die Suche nach erleichterten Migrationsbedingungen für die noch im deutschen Herrschaftsbereich lebenden Jüdinnen und Juden heraus. Daher kommt den Memoranden der Jewish Agency, des World Jewish Congress, des Council for German Jewry, der Reichsvertretung sowie der Erklärung des American Jewish Joint Distribution Committee, aber auch den Vorschlägen der revisionistischen New Zionist Organization (NZO) und anderen jüdischen Organisationen zentrale Bedeutung für den konkreten Verhandlungsgegenstand der Konferenz zu.[72] Doch die Memoranden allein reichen nicht aus, um die Ent-

---

71 Zum Beispiel The National Archives (TNA), FO 919/3, Fédération des emigrés provenant d'Autriche, Memorandum for the International Conference on Refugee Questions at Évian; Internationales Büro für Asylrecht und Flüchtlingshilfe, Propositions, 6. Juli 1938.
72 Die Memoranden von JA, WJC, Council und Reichsvertretung sind veröffentlicht in Tartakower/Grossmann (Hgg.), The Jewish Refugee, 529–555; Adler-Rudel, The Evian Conference on the Refugee Question, 261–271; die Erklärung des JDC oder die Denkschriften

stehung und Bedeutung dieser erhaltenen »Zeitkapseln« sowie die damit verbundenen jüdischen Handlungsräume und Perspektiven zu rekonstruieren.

Die Verfasser der Memoranden waren vornehmlich Funktionäre aus der sogenannten zweiten Reihe. Im Zentrum der Darstellung stehen deshalb heute häufig vergessene Personen wie Adler-Rudel und Bentwich, Rosenblüth und Georg Landauer, Nathan Katz und Alfred Jaretzki junior. Aber auch Protagonisten wie Goldmann, der eher der »ersten Reihe« zuzurechnen ist, da seine Aufgaben im Wesentlichen auf politische Repräsentation und öffentliches Handeln abzielten, schrieben an Memoranden mit. Ihren Wahrnehmungen und politischen Positionen kommt besonderes Gewicht zu, da sie seit Jahrzehnten mit unterschiedlichen jüdischen Lebenswelten, den Herausforderungen von antijüdischer Gewalt und Vertreibung sowie den rechtlichen Rahmenbedingungen von Flucht und Migration vertraut waren und in diesem Tätigkeitsfeld wirkten.[73] Ihre Arbeit erfolgte dabei weniger auf öffentlichen Podien, stattdessen in Geschäftsstellen, Büros und verrauchten Sitzungszimmern. Sie waren sowohl innerhalb philanthropischer Organisationen wie dem American Jewish Joint Distribution Committee oder der Hebrew Immigrant Aid Society (HIAS) als auch in politischen wie dem World Jewish Congress oder der Jewish Agency eminent wichtige Akteure, da sie für die praktische Umsetzung der Pläne und Projekte zuständig waren und deshalb im ständigen Austausch mit staatlichen Behörden standen. Im Kontext der Konferenz von Évian war ihr Status von einer scheinbaren Widersprüchlichkeit geprägt: Einerseits waren sie als Experten anerkannt und ihre Kooperation bei der Umsetzung eines Migrationsprojekts aus dem Deutschen Reich wurde von Regierungsseite notwendigerweise vorausgesetzt. Andererseits war ihre Mitwirkungsmöglichkeit auf die Rolle von Politikberatern beschränkt.

der NZO konnten in Archiven recherchiert werden. Für die meisten zentralen Organisationen dieser Studie liegen Darstellungen zu Entstehung, Geschichte und Wirken vor: Segev, The World Jewish Congress during the Holocaust; ders., Immigration, Politics and Democracy; Reinharz/Shavit, The Road to September 1939; Silberklang, Jewish Politics and Rescue; Porat, The Blue and the Yellow Stars of David; Patt u. a. (Hgg.), The JDC at 100; Bauer, My Brother's Keeper; Shapiro, The History of ORT. Allgemeiner zur Perspektive jüdischer Organisationen auf die Krisenerfahrung der 1930er Jahre Wendehorst, British Jewry, Zionism, and the Jewish State, 1936–1956; Weiss, Deutsche und polnische Juden vor dem Holocaust; Bauer, Jewish Reactions to the Holocaust; ders., Jews for Sale?

73 Einige der Protagonisten dieser Studie haben nach dem Zweiten Weltkrieg Autobiografien vorgelegt, in denen die Emigrationshilfe in den 1930er Jahren sehr unterschiedliches Gewicht einnimmt. Die Beteiligung an der Konferenz von Évian ist meist sehr grob beschrieben, gänzlich ausgespart oder retrospektiv verzerrt. Diesen Ego-Dokumenten kommt für die Rekonstruktion der Ereignisgeschichte daher wenig Bedeutung zu: Goldmann, Staatsmann ohne Staat; ders., Mein Leben als deutscher Jude; Bentwich, My 77 Years; Rosenbluth, Go Forth and Serve. Zum Phänomen der Aussparungen und Umdeutungen in autobiografisch geprägten Darstellungen der 1930er Jahre vgl. Jünger, Verzerrte Erinnerung.

Nach dem Zweiten Weltkrieg und der Erlangung jüdischer Souveränität im Mai 1948 ist die Beteiligung jüdischer Emissäre in Form der Anhörung vor einem Unterausschuss der Konferenz heftig kritisiert worden. Adler-Rudel beschrieb sie retrospektiv als ein »demütigendes Prozedere«, auf das »niemand vorbereitet« gewesen sei.[74] Diese Einschätzung verwundert, denn die Emissäre können in ihrer überwiegenden Mehrzahl zweifellos als Veteranen der nicht staatlichen Interessenvertretung charakterisiert werden. Außerdem war ihnen auf der internationalen Staatenkonferenz ein offizieller Status eingeräumt worden – eine Neuerung in der jüdischen Diplomatiegeschichte.[75] Es scheint daher lohnenswert, die ab Mitte des 19. Jahrhunderts etablierten Muster moderner jüdischer Diplomatie – wobei einzelne Sachverständige abseits der Öffentlichkeit Politikberatung zu betreiben suchten – auch für Évian zu untersuchen. Darüber hinaus stellte sich die Frage, ob dort auch neue Strategien nicht staatlicher Interessenvertretung erprobt wurden, die auf mehr öffentliche Sichtbarkeit drängten und einen quasisouveränen Anspruch vertraten. Goldmann repräsentierte den World Jewish Congress, der nach dem Zweiten Weltkrieg zum Kreis jener zählte, die im Rahmen der Vereinten Nationen die moderne internationale Nichtregierungsorganisation (NGO) und deren Arbeitsweise etablierten.[76] Die Arbeit mittels Ausschüssen und Unterkommissionen entsprach einem Vorgehen, das bereits während der Pariser Friedenskonferenz nach dem Ersten Weltkrieg intensiv praktiziert worden und im Völkerbund seit dessen Bestehen fest etabliert war.[77] Dort war die Mitarbeit von nicht souveränen Akteuren gängig; in Ausschüssen verfügten sie in gewissem Umfang über Rederecht und die Möglichkeit, Beratungs-

---

[74] Adler-Rudel, The Evian Conference on the Refugee Question, 255.
[75] Zum Begriff »jüdische Diplomatie« vgl. Graf, Die Bernheim-Petition 1933, bes. 13f. Zur vormodernen Praxis der Fürsprache (Shtadlanut) und deren Übergang zu neueren Formen jüdischer Interessenvertretung vgl. einführend Thulin, Art. »Shtadlanut«; zur Geschichte moderner jüdischer Diplomatie vgl. auch Diner, »Meines Bruders Wächter«; Kirchhoff, Einfluss ohne Macht. Zum Übergang von nicht staatlicher zu souveräner Politik vgl. Giladi, Jews, Sovereignty, and International Law; ferner auch Bialer, Israeli Foreign Policy. Zum Spannungsverhältnis zwischen jüdisch-diasporischer Politik auf internationaler Ebene und israelischer Politik vgl. Kurz, Jewish Internationalism and Human Rights after the Holocaust.
[76] Die meisten der hier behandelten Organisationen erfüllten bereits in den 1930er Jahren die Kriterien, um als NGO anerkannt zu werden: Sie waren dauerhaft eingerichtet, mittels ihrer Organe handlungsfähig, nicht gewinnorientiert und verfolgten ausschließlich ideelle Ziele. Hierzu Delbrück, Nichtregierungsorganisationen. Zur historischen Genese von NGOs und ihrem Status innerhalb der internationalen Beziehungen vgl. Davies, NGOs; ders. (Hg.), Routledge Handbook of NGOs and International Relations; vgl. auch Loeffler, »The Famous Trinity of 1917«, 217; ders., Rooted Cosmopolitans; Graf, Die Bernheim-Petition 1933, 35.
[77] MacMillan, Die Friedensmacher, 210; zur Entstehung der Ausschüsse (»Committees«) im System des Völkerbunds, deren Bedeutung sowie ihrem innovativen Potenzial vgl. Chaudhri, Origin, Composition and Function of the Sixth Committee.

vorschläge einzubringen.[78] So waren auch die meisten der in Évian anwesenden jüdischen wie nichtjüdischen Organisationen im Liaison Committee organisiert, einem im Völkerbund akkreditierten Gremium, das die High Commission for Refugees beriet und auch an der Flüchtlingskonvention von 1938 mitgewirkt hatte. Verschiedene Formen nicht staatlicher Interessenvertretung im Vorfeld, während der Konferenz und dann später im Intergovernmental Committee bilden die Rahmengeschichte der vorliegenden Arbeit.

Sowohl zur Rekonstruktion der jüdischen Aktivitäten als auch zur Erschließung der historischen Bedeutungszusammenhänge der Memoranden bedurfte es organisationsinterner Korrespondenzen, Sitzungsprotokolle, erster Entwürfe der Denkschriften und vieles mehr. Die diesbezügliche Quellenüberlieferung kann als sehr gut bezeichnet werden. In den Central Zionist Archives in Jerusalem liegen die Akten der Jewish Agency und des Central Bureau for the Settlement of German Jews; auch Nachlässe von Adler-Rudel, Bentwich und Ruppin konnten hier erforscht werden. Die American Jewish Archives in Cincinnati, Ohio, verwahren den umfangreichen Bestand des World Jewish Congress, der für die späten 1930er Jahre sehr ergiebig und in seiner Bedeutung für die Geschichtsschreibung dieser Epoche noch nicht vollständig erschlossen ist.[79] Das Center for Jewish History in New York bietet Zugang zu den im Archiv des YIVO und des Leo Baeck Institute liegenden Akten der HIAS/HICEM sowie zu denen des von Roosevelt zur Vorbereitung der Konferenz initiierten Advisory Committee und der Freeland League for Jewish Territorial Colonisation. Ebenfalls in New York hat der 1914 gegründete JDC seinen Hauptsitz; sein Archiv bietet einen facettenreichen Zugang zur jüdischen Geschichte im 20. Jahrhundert. Für die Arbeit des Council for German Jewry waren die Bestände der London Metropolitan Archives und der dortigen Wiener Holocaust Library unerlässlich.

Die Standorte der Archive verweisen auf einen zentralen Aspekt dieser Arbeit: Im Zentrum der Darstellung stehen jüdische Organisationen, die ihren Hauptsitz und zum Teil auch ihr Wirkungsfeld außerhalb des Deutschen Reichs hatten. Obwohl sie formal in Großbritannien, Frankreich oder den Vereinigten Staaten registriert waren, agierten sie in der Praxis international – eine Folge der transterritorialen jüdischen Kondition. Neben der Tatsache, dass sie letztlich die jüdische Präsenz in Évian dominierten, begründet sich die Fokussierung in erster Linie durch das Vorhandensein jüdischer Handlungsspielräume jenseits des nationalsozialistischen Herrschaftsbereichs. Die

---

78 Delbrück, Nichtregierungsorganisationen, 7.
79 Im Rahmen des von der Sächsischen Akademie der Wissenschaften zu Leipzig finanzierten Projekts »Europäische Traditionen – Enzyklopädie jüdischer Kulturen« erarbeitet Momme Schwarz (Leipzig) eine Quellenedition zur Frühphase des WJC: »Transformations of European-Jewish Diplomacy in the 1930s. The Case of the Early World Jewish Congress« (Arbeitstitel).

Jewish Agency oder der JDC konnten ihre Agenda weitgehend selbst bestimmen; die Situation und Zukunft der deutschen und österreichischen Jüdinnen und Juden war dabei ein Teil ihrer Agenda. Ihre Forderungen gingen aber mitunter über den deutsch-jüdischen Kontext hinaus. Für die Reichsvertretung der Juden können im Jahr 1938 kaum noch Handlungsspielräume im nationalsozialistischen Deutschland konstatiert werden. Deren Bestrebungen waren nahezu ausschließlich und erzwungenermaßen auf die Emigration und eine Zukunft außerhalb des Deutschen Reichs ausgerichtet.

Das etablierte Bild zur Emigration der deutschen Judenheit in den 1930er Jahren ist maßgeblich von der panikartigen Flucht zwischen dem Novemberpogrom 1938 und dem Beginn des Zweiten Weltkriegs geprägt.[80] Die Debatten innerhalb jüdischer Organisationen sowie in Regierungskreisen waren sowohl im Vorfeld von Évian als auch auf der Konferenz selbst – so die grundlegende These dieser Studie – nicht von der Wahrnehmung einer unmittelbar notwendigen Evakuierung oder Flucht bestimmt, sondern vielmehr von langfristigen Perspektiven geprägt, die einen geordneten und legalen Emigrationsprozess vorsahen. Dieser Prozess sollte in einem Zeithorizont von mehreren Jahren den gesicherten Existenzaufbau im Ausland ermöglichen. Das Intergovernmental Committee war daher mit der Absicht gegründet worden, ein solches Migrationsprojekt zu entwickeln, mit dem Deutschen Reich zu verhandeln und adäquate Einwanderungsmöglichkeiten auf der ganzen Welt zu erschließen. Dieses Vorgehen basierte auf der grundlegenden Annahme, dass sich die Probleme von rund einer halben Million »unfreiwilliger Auswanderer« mittels Verhandlungen zwischen Staaten und durch das Engagement nicht staatlicher Akteure lösen ließen. Es ist anzunehmen, dass für die beteiligten Regierungen weniger humanitäre Aspekte handlungsleitend waren, sondern in erster Linie die Vermeidung chaotischer Fluchtbewegungen wie nach der Annexion Österreichs. Diese Annahme erstreckte sich aus vielfältigen Gründen sehr wahrscheinlich auch auf die jüdischen Funktionäre. Die unmittelbare Rettung der Verfolgten schien im Sommer 1938 noch nicht notwendig und war in Évian kein Thema. Der Novemberpogrom, der eine starke Dynamik in Richtung Flucht sowie eine über Inhaftierungen erzwungene Emigration auslöste, war in dieser Form nicht vorhersehbar gewesen. Vielmehr waren die zeitgenössischen Erwartungen von der damaligen Gegenwart und jüngeren Vergangenheit geprägt. Die rechtspolitischen Kontexte der 1920er und 1930er Jahre – etwa der Umgang mit Geflüchteten nach dem Ersten Weltkrieg und sogenannte Bevölkerungstransfers zwischen Staaten – gewinnen somit an Relevanz. Ihre Bedeutung ist im Zusammenhang mit Évian bisher unterbelichtet.[81]

---

80 Vgl. Marrus, Die Unerwünschten, 150.
81 Eine Ausnahme bildet Diner, Die Katastrophe vor der Katastrophe.

Neben dem völkerrechtlichen Bezugsrahmen spielten auf der Konferenz auch machtpolitische Faktoren und Herausforderungen der internationalen Politik eine nicht zu unterschätzende Rolle. Die Annahme der Regierungsvertreter, mit dem Deutschen Reich verhandeln und zu einem verbindlichen Abschluss kommen zu können, mag rückblickend naiv und als ein von Anfang an zum Scheitern verurteilter Weg erscheinen. Das nationalsozialistische Regime hatte sich 1933 aus dem Völkerbund zurückgezogen und in den Jahren danach internationale Vereinbarungen und Verträge gebrochen, dennoch waren Großbritannien und Frankreich zur Revision weiter Teile des Versailler Vertrags bereit und an einer friedlichen Beilegung der geopolitischen Konflikte interessiert. Es liegt nahe, dass die Probleme der Geflüchteten und Verfolgten wirtschaftlichen und militärischen Erwägungen nachstanden. Sowohl die britische als auch die französische Regierung waren 1938 bestrebt, einen europäischen Krieg zu vermeiden – nicht zuletzt zur Sicherung der kolonialen Überseegebiete.[82] Die schwindende Bedeutung der europäischen Großmächte war bereits im Ersten Weltkrieg sichtbar geworden. Allerdings hatten sich die Vereinigten Staaten von Amerika, die neue Weltmacht, nach den Pariser Friedenskonferenzen aus der europäischen Politik zurückgezogen. Trotzdem deuteten sich die transatlantische Machtverschiebung und die neue amerikanische Führungsrolle in der internationalen Politik bereits in den 1920er und 1930er Jahren an und die Fühlung zum Völkerbund war nicht gänzlich abgebrochen. Mit Évian erhielt die Rückkehr amerikanischer Interventionen auf dem europäischen Schauplatz dann ihren sichtbaren Ausdruck.[83]

In der Rückschau auf internationale Konferenzen interessiert in den meisten Fällen das Ergebnis: die verabschiedete Resolution, der geschlossene Vertrag oder die gegründete Organisation. Die vorangegangenen Verhandlungen ziehen im Nachhinein meist wenig Aufmerksamkeit auf sich und bleiben selten in Erinnerung. Bei der Konferenz von Évian verhält es sich umgekehrt. Die zurückhaltenden Erklärungen der Diplomaten und das Ausbleiben sofortiger Hilfen für die Verfolgten prägen als vermeintliches Ergebnis der Konferenz das Gedächtnis. Die Gründung des Intergovernmental Committee ist heute kaum noch bekannt. Dabei wurde dieses von Zeitgenossen als Fortschritt wahrgenommen, existierte über die Zäsur des Zweiten Weltkriegs und

---

82 Zur internationalen Politik in Europa in der Zwischenkriegszeit vgl. bes. Steiner, The Lights that Failed; dies., The Triumph of the Dark; ferner auch Gassert, Der unterschätzte Aggressor. Zur Verbindung britischer Appeasement- und Empirepolitik vgl. Diner, Ein anderer Krieg; Niedhart, Appeasement. Tim Bouverie liefert eine fast minutiöse Rekonstruktion der britischen Außenpolitik gegenüber Deutschland aus zeitgenössischer Perspektive, ders., Mit Hitler reden.
83 Vgl. hierzu auch McDonald Stewart, United States Government Policy on Refugees from Nazism 1933–1940, 267.

des Holocaust hinaus und war letztlich eine Vorgängerinstitution des 1950 geschaffenen Amts des United Nations High Commissioner for Refugees. Auch wenn das Emigrationsprojekt nach dem Novemberpogrom kaum noch realistisch schien und der Beginn des Zweiten Weltkriegs praktisch alle diesbezüglichen Bemühungen zum Erliegen brachte, ist es erkenntnisfördernd, die Geschichte des Intergovernmental Committee bis zu seiner Auflösung im Juni 1947 einzubeziehen. An der Bermuda-Konferenz 1943, auf der das IGCR seitens der Vereinigten Staaten und Großbritanniens nach einer inaktiven Phase »reaktiviert« wurde und alliierte Rettungsbemühungen angesichts des Holocaust erwogen wurden, lässt sich ein entscheidender Wandel der Wahrnehmung festmachen. Diesem historischen Moment inmitten der jüdischen Katastrophe kommt zentrale Bedeutung für die retrospektive Einschätzung der Bemühungen im Sommer 1938 und der Bewertung der Konferenz von Évian nach Ende des Kriegs zu.

1. Hoffnung:
Die Vorbereitung einer Flüchtlingskonferenz

1.1 »Eine der größten humanitären Taten des 20. Jahrhunderts« – Der amerikanische Präsident lädt zu einer Konferenz

Am 24. März 1938 unterrichtete der amerikanische Außenminister Cordell Hull die Presse von einer neuen Initiative in der internationalen Flüchtlingspolitik: Die Regierung der Vereinigten Staaten unter Präsident Roosevelt habe 29 europäische und amerikanische Regierungen eingeladen, sich an der Gründung eines Sonderkomitees zu beteiligen, das die Emigration von »political refugees« aus Österreich und »vermutlich« aus Deutschland fördern solle.[1] Es sei, so erklärte Hull, in dieser dringenden Lage notwendig, auf Regierungsebene schnell und gemeinsam zu handeln.[2] Diese Initiative, die schließlich in die Einladung zu einer Konferenz mündete, war die direkte Reaktion der amerikanischen Regierung auf die antijüdische Verfolgung in Österreich nach dem Einmarsch der Nationalsozialisten einerseits und auf eine in der Folge antizipierte Fluchtwelle aus dem deutschen Herrschaftsbereich andererseits.[3] Die Aussicht auf erleichterte Emigration bezog sich in erster Linie auf »potenzielle Flüchtlinge«, also jene, die ihr Land noch nicht verlassen hatten. Einen Tag später bekräftigte Präsident Roosevelt noch einmal persönlich die Absicht einer internationalen Konferenz für die deutschen und österreichischen Flüchtlinge.[4]

Sowohl in den Vereinigten Staaten als auch in Europa wurde dieser überraschende Vorstoß begrüßt. Die Befürworter sahen in der Anerkennung der

---

1 Die Einladungen gingen an Argentinien, Australien, Belgien, Bolivien, Brasilien, Chile, Costa Rica, Dänemark, die Dominikanische Republik, Ecuador, Frankreich, Großbritannien, Guatemala, Haiti, Honduras, Italien, Kanada, Kolumbien, Kuba, Mexiko, Neuseeland, Nicaragua, die Niederlande, Norwegen, Schweden, die Schweiz, Südafrika, Panama, Paraguay, Peru, Uruguay und Venezuela.
2 Franklin D. Roosevelt Presidential Library and Museum (FDRL), Official File 3186/Political Refugees Jan–May 1938, Department of State, For the Press, No. 142, 24. März 1938. Vgl. Bartrop, The Evian Conference of 1938 and the Jewish Refugee Crisis, 15–17; Kieffer, Judenverfolgung in Deutschland – eine innere Angelegenheit?, 168; McDonald Stewart, United States Government Policy on Refugees from Nazism 1933–1940, 271 f.
3 Vgl. Diner, Die Katastrophe vor der Katastrophe, 154.
4 Vgl. FDRL, Press Conference #445, 25. März 1938, 248–255, bes. 248 f.; Breitman/Lichtman, FDR and the Jews, 102 f.

Flüchtlingsfrage als Problem internationaler Politik einen wichtigen Schritt und die Verfolgten schöpften neue Hoffnung auf die konkrete Verbesserung ihrer Situation.[5] Es verwundert daher nicht, dass Hulls Ankündigung auch von den mit diesen Fragen befassten jüdischen Organisationen euphorisch aufgenommen wurde. Der Präsident des 1936 gegründeten World Jewish Congress und des seit 1916 bestehenden American Jewish Congress, Stephen Samuel Wise, schrieb direkt an Roosevelt: »Sie werden kaum ermessen können, was es für Millionen Heimatlose bedeutet [...], dass sich die größte aller Nationen kümmert, denn Sie haben deutlich gemacht, dass Amerika sich kümmert. Es war eine großartige Sache, die getan werden musste, und Sie haben sie getan.«[6] Drei Tage vor diesem Ereignis hatte der World Jewish Congress beim Völkerbund eine formelle Petition gegen die Annexion Österreichs und die Verfolgung der dort lebenden Jüdinnen und Juden eingereicht, über deren »realen Wert« aber keine Illusionen bestanden.[7] Durch Roosevelts Einladung änderte sich die politische Lage. Vor diesem Hintergrund muss Wises Brief verstanden werden. Darüber hinaus stand er mit seiner Einschätzung nicht allein. Der Vorstand der Hebrew Sheltering and Immigrant Aid Society, einer der größten jüdischen Hilfsorganisationen mit Sitz in New York, bezeichnete Hulls Ankündigung öffentlich als »eine der größten humanitären Taten des 20. Jahrhunderts«.[8] In dieser Einschätzung kommt eine besondere Dankbarkeit zum Ausdruck; sie kann aber zugleich als sanfter Druck verstanden werden, den Worten Taten folgen zu lassen. Viele Juden außerhalb Deutschlands beschrieben den amerikanischen Impuls mit symbolträchtigen Metaphern wie »Lichtstrahl« und »Wunder«.[9] Diese euphorische Resonanz war sicherlich auch durch die sehr offene Erklärung Hulls begründet, wo-

---

5 Vgl. Kieffer, Judenverfolgung in Deutschland – eine innere Angelegenheit?, 168–170; Feingold, The Politics of Rescue, 24; McDonald Stewart, United States Government Policy on Refugees from Nazism 1933–1940, 271; Sagi/Lowe, Research Report, 392, 397 f.; Mashberg, American Diplomacy and the Jewish Refugee, 1938–1939, 340. Zeitgenössisch sehr einflussreich Thompson, Refugees. A World Problem, 377, 386 f.; dies., Flüchtlinge – Anarchie oder Organisation?, 76 f.
6 FDRL, President's Personal File/3292, Wise an Roosevelt, 28. März 1938; vgl. auch McDonald Stewart, United States Government Policy on Refugees from Nazism 1933–1940, 275. Zum Verhältnis zwischen Roosevelt und Wise vgl. Breitman/Lichtman, FDR and the Jews, 100; FDRL, President's Personal File/3292, Wise an Roosevelt, 11. Januar 1938; auch AJA, MS-361/A6/9, Kommuniqué »Dank des Juedischen Weltkongresses an die amerikanische Regierung«, 29. März 1938.
7 AJA, MS-361/A15/4, Informatorische Sitzung des JWK, 17. März 1938, 4.
8 YIVO Institute for Jewish Research, Archives (YIVO), RG 245.1/9, Minutes of a Special Meeting of the Board of Directors of HIAS, 25. März 1938, 130–132 (Zitat 131).
9 Vgl. z. B. AJA, MS-361/A14/4, Jacob Lestschinsky, Wer führt uns?, in: Pariser Haynt, 3. Juni 1938 (Abschrift). Bentwich bezeichnete die Erwartung als »Messianic hopes«. Ders., They Found Refuge, 36.

durch unterschiedlichste Erwartungen auf das bevorstehende Ereignis projiziert werden konnten.

Grundsätzlich ist zu fragen, was den Vorstand der HIAS bewog, diese Initiative – noch bevor sie richtig anlief oder gar erste praktische Resultate zeitigen konnte – als eine der größten humanitären Taten des 20. Jahrhunderts zu qualifizieren? Die Erklärung dieser Zuversicht ist mit zwei unterschiedlichen Zeithorizonten verbunden. Zum einen war die Ankündigung eine unmittelbare Antwort auf das Ausmaß der Gewalt, die sich nach der Annexion Österreichs gegenüber den Juden in Wien entladen hatte. So gesehen bot sie Aussicht auf direkte humanitäre Hilfe für die Notlage der Verfolgten und Gedemütigten. Zum anderen konnte man in dem avisierten Komitee ein rechtspolitisches Instrument erahnen, das eine langfristige Regelung für die geordnete und legale Migration Hunderttausender Jüdinnen und Juden aus Deutschland und Österreich zu ermöglichen schien. Sowohl durch die tatsächliche Flucht als auch den zu erwartenden Ansturm Tausender auf die ausländischen Konsulate in Wien war die Judenverfolgung im Deutschen Reich zum Problem internationaler Politik geworden.

Die Tatsache, dass die akute Notlage so vieler Menschen nicht zur unmittelbaren Öffnung von Schutzräumen in den benachbarten Ländern führte, sondern auf Gewalt und Vertreibung mittels formaler und geordneter Migration reagiert wurde, entsprach dem damaligen Umgang mit Flüchtlingskrisen. Flucht und Migration als völlig unterschiedlich motivierte Bewegungen von Menschen über Staatsgrenzen hinweg klar voneinander zu trennen und dafür je eigene rechtliche Rahmenbedingungen zu etablieren, war ein Aushandlungsprozess internationaler Politik, der damals noch am Anfang stand. Die Gründe, warum Menschen ihr Land verlassen mussten, lagen auf der rein formellen Ebene außerhalb der Zuständigkeit der internationalen Staatengemeinschaft. Das Prinzip der Souveränität und vermeintlich nationale Angelegenheiten standen konträr zu effektiven und präventiven Schutzmechanismen. Weder gab es für die aus Österreich Flüchtenden international anerkannte Schutzrechte, noch betrachtete es die internationale Staatengemeinschaft als ihren Aufgabenbereich, humanitäre Hilfe zu leisten. Die Unterstützung der Verfolgten – sowohl im Herrschaftsbereich der Nationalsozialisten als auch in Zufluchtsländern – mussten nicht staatliche Organisationen übernehmen. Besonders jüdischen Organisationen wie der JDC, der HIAS und dem WJC kam hier eine Schlüsselrolle zu.

Im Folgenden werden drei Themenkomplexe miteinander verwoben, um die Bedeutung der Einladung des amerikanischen Präsidenten aus jüdischer Perspektive zu erfassen: Für den Zusammenhang bedeutsam ist erstens die Chronologie einschneidender Ereignisse wie der Pogrome in Wien. Zweitens ist die rechtspolitische Konstellation bedeutsam, denn die amerikanische Initiative kam zu einer Zeit, als die Flüchtlingspolitik des Völkerbunds grundsätzlich zur Debatte stand und die zunehmende internationale Dimension der Fluchtbewegung mit nationaler Abschottung in Konflikt geriet. Drittens kommt dem vielfältigen Engagement philanthropischer und politischer jüdischer Organisationen in der Flüchtlingspolitik in zweifacher Hinsicht Bedeutung zu: Versuchten sie einerseits, durch Eingaben beim Völkerbund oder durch die Zusammenarbeit mit staatlichen Stellen Einfluss auf den Fortgang der Ereignisse zu nehmen, so spiegeln ihre Aktivitäten andererseits den Stand des damaligen Flüchtlingsregimes sowie das Verhältnis von staatlicher und nicht staatlicher Interessenpolitik wider. In der Einsetzung und Arbeit des Advisory Committee on Political Refugees in Washington laufen diese drei Stränge zusammen. Dieses Beratungsgremium und die dort erarbeitete Agenda für Évian stehen für die »allgemeinen« Vorbereitungen der Konferenz. Anschließend werden die konkreten Erwartungen und Ziele jüdischer Organisationen für diese internationale Zusammenkunft untersucht.

Die euphorischen Reaktionen von Juden in Amerika, Frankreich und Großbritannien auf die Einladung der amerikanischen Regierung wurden innerhalb des NS-Machtbereichs nicht in gleichem Maße geteilt. Viele Jüdinnen und Juden mögen individuell neue Hoffnung auf Auswanderung oder zumindest eine Verbesserung ihrer prekären Situation gehegt haben, aber die Berichterstattung in der *Central-Verein-Zeitung*, dem wichtigsten Presseorgan der akkulturierten deutschen Juden, und der zionistischen *Jüdischen Rundschau* war zunächst zurückhaltend – wahrscheinlich auch wegen der sehr allgemeinen Formulierungen. Ob »wirkliche Bereitschaft« zur Hilfe vorhanden sei, so hieß es in der *Jüdischen Rundschau*, und welche konkreten Ergebnisse der Bekanntmachung letztlich folgen würden, bleibe abzuwarten.[10] Die Skepsis war wohlbegründet und Ausdruck einer unterschiedlichen Wahrnehmung von Dringlichkeit. Wurden von außen Ordnung und Legalität als Maßstäbe für internationales Handeln angelegt, so waren diese für die Jüdinnen und Juden im deutschen Herrschaftsbereich im Frühjahr 1938 nur noch ferne Ideale.

Gewalt und Flucht nach der Annexion Österreichs

Was am 12. März 1938 von Tausenden Österreichern und Österreicherinnen als sogenannter Anschluss an das Deutsche Reich frenetisch bejubelt wurde, bedeutete für die etwa 185 000 österreichischen Jüdinnen und Juden den

---

10 K. L., Der Weg in die Welt; o. A., Das Echo des Roosevelt-Vorschlags. Zur Berichterstattung der *Jüdischen Rundschau* und der *CV-Zeitung* zur Konferenz von Évian vgl. Schlecht, »Öffnen sich die Tore?«; Koch, Reaktionen der jüdischen Öffentlichkeit auf die Konferenz von Évian 1938. In Österreich waren seit der Annexion alle jüdischen Zeitungen verboten. Vgl. Rabinovici, Instanzen der Ohnmacht, 100.

unmittelbaren Ausschluss und in der Folge die Vertreibung aus ihrer Herkunftsgesellschaft.[11] Auch Zehntausende, die nach dem Ersten Weltkrieg vor antijüdischer Gewalt aus dem mittleren und östlichen Europa geflohen waren und sich in Österreich eine neue Existenz aufgebaut hatten, sahen sich mit erneuter Vertreibung konfrontiert.[12] Der in Ungarn geborene Journalist, Völkerbund-Korrespondent und Schriftsteller Hans Habe (János Békessy), der die Annexion seiner »eigentlichen Heimat« über das Radio in Genf miterlebte, kam rückblickend zu der Erkenntnis, dass mit diesem Tag der Krieg nicht erst kommen würde – »er war schon da«.[13] Noch bevor das NS-Regime die antijüdische Gesetzgebung des »Altreichs« auf die neue »Ostmark« übertrug, wurden die jüdischen Österreicher von einem Tag auf den anderen gewaltsam zu einer schutzlosen Minderheit herabgewürdigt und ihrer Menschenwürde beraubt.[14] Habe erfuhr in der Schweiz, dass seine ersten beiden Romane öffentlich verbrannt wurden und ihm die österreichische Staatsbürgerschaft aberkannt worden sei.[15]

In Wien brachen zur gleichen Zeit zivilisatorische Schranken zusammen. »Der Mob genoß die öffentlichen Schauspiele der Erniedrigung« und die Polizei schritt nicht ein.[16] Der amerikanische Radioreporter William Lawrence Shirer ging während des Pogroms durch die Straßen Wiens, wo etwa 176 000 Jüdinnen und Juden lebten, und war fassungslos angesichts des Ausmaßes öffentlicher Demütigung und Zerstörung der jüdischen Lebenswelt. Da es Shirer – er war zu diesem Zeitpunkt der einzige ausländische Rundfunkreporter in der Stadt – verwehrt wurde, aus einem Studio vor Ort zu senden, und er nicht davon ausging, dass man ihm dies in Berlin erlauben

---

11 Zur Annexion Österreichs und dem anschließenden Pogrom in Wien vgl. Hecht/Lappin-Eppel/Raggam-Blesch, Topographie der Shoah; Fritz/Hammerstein, Antijüdische Gewalt nach dem »Anschluss«; Cesarani, »Endlösung«, 196–200; Friedländer, Das Dritte Reich und die Juden, Bd. 1: Die Jahre der Verfolgung 1933–1939, 262 f.; Rabinovici, Instanzen der Ohnmacht, 39 und 57–60; Rosenkranz, Verfolgung und Selbstbehauptung, 22–28.
12 Mark Wischnitzer konstatierte, dass es vielen Jüdinnen und Juden in Österreich – im Vergleich zur jüdischen Bevölkerung in Deutschland – leichter gefallen sei, zu emigrieren, da viele bereits eine Migration erlebt hatten. Vgl. ders., To Dwell in Safety, 193. Vgl. zum Kontext auch Veidlinger, Mitten im zivilisierten Europa.
13 Habe, Ich stelle mich, 304 f.
14 Vgl. Hecht/Lappin-Eppel/Raggam-Blesch, »Anschluss«-Pogrom in Wien, 16 f.; Dok. 18: Karl Sass schildert die Stimmung in Wien im Frühjahr 1938 und den Anschluss Österreichs, in: VEJ 2 (2009), 116–123.
15 Vgl. Habe, Ich stelle mich, 305. Bei seinen verbrannten Büchern handelte es sich um *Drei über die Grenze* (1937) und *Eine Zeit bricht zusammen* (1938).
16 Friedländer, Das Dritte Reich und die Juden, Bd. 1: Die Jahre der Verfolgung 1933–1939, 262; vgl. Hecht/Lappin-Eppel/Raggam-Blesch, »Anschluss«-Pogrom in Wien, 20. Rosenkranz kam zu dem Urteil: »Niemand, der den Durchschnittswiener bis damals kannte, würde glauben, daß er auf eine solche Stufe sinken konnte.« Ders., Verfolgung und Selbstbehauptung, 43.

würde, flog er am Morgen des 12. März über Amsterdam nach London, wo er gegen Mitternacht eintraf. Sein Bericht löste im Ausland Entsetzen aus und hatte nachhaltige Wirkung auf die öffentliche Meinung in den Vereinigten Staaten.[17]

Die antijüdischen Ausschreitungen dauerten wochenlang an. Größter Erniedrigung waren insbesondere solche Jüdinnen und Juden ausgesetzt, die als Orthodoxe oder durch ihre elegante Kleidung als dem gehobenen Bürgertum zugehörig erkennbar waren. Bei sogenannten Reibpartien ging es neben der Verletzung religiöser Gefühle um aus wirtschaftlichem Neid erwachsene Erniedrigung, die sich in ersten Formen der »Zwangsarbeit« entlud.[18] Unter der Schadenfreude der umstehenden Bevölkerung mussten Jüdinnen und Juden Parolen des zum Rücktritt gezwungenen Schuschnigg-Regimes für ein unabhängiges Österreich von Straßen und Wänden entfernen.[19] Diese Unabhängigkeit, die den Jüdinnen und Juden ihre staatsbürgerlichen Rechte und damit ihre Lebensgrundlage garantiert hatte, war dem wütenden Mob, in dessen Reihen sich mehr und mehr Nationalsozialisten zu erkennen gaben, Ausdruck einer verhassten Vergangenheit.[20] Zu den Aktionen wurden Menschen von der Straße verschleppt und willkürlich aus ihren Wohnungen gerissen. Der Einbruch in die privaten Rückzugsräume – oft einhergehend mit Plünderungen und Zerstörungen – und damit der Verlust jeglicher Sicherheit hatten zusammen mit dem Gefühl der Demütigung in den meisten Fällen zwei Reaktionen zur Folge: Flucht oder Selbstmord. Die frühere »Märchenstadt« war für ihre jüdischen Einwohner zur »Hölle« geworden.[21] Ein briti-

---

17 Vgl. Shirer, Berliner Tagebuch, 94–103, 107 und 111.
18 Sexualisierte Gewalt war Teil dieser »Reibpartien«, vgl. Hecht/Lappin-Eppel/Raggam-Blesch, »Anschluss«-Pogrom in Wien, 20–27; Gruner, Zwangsarbeit und Verfolgung, 25–31; Gold, Geschichte der Juden in Wien, 77 f.
19 Vgl. Rosenkranz, Verfolgung und Selbstbehauptung, 22 f., 43.
20 »Jewish survival in Austria depended on the existence of an independent Austrian state«, Freidenreich, Jewish Politics in Vienna 1918–1938, 202. Ferner auch Hacohen, Jacob & Esau, 372. Zum Judenhass in Österreich vor 1938, wo er sich besonders in Wien ab Ende des 19. Jahrhunderts als politische Kategorie durchgesetzt hatte, vgl. das Standardwerk von Pulzer, Die Entstehung des politischen Antisemitismus in Deutschland und Österreich 1867 bis 1914; auch Anderl, »Departure from a Sinking World«; Rabinovici, Instanzen der Ohnmacht, 37 f. und 50–56; Friedländer, Das Dritte Reich und die Juden, Bd. 1: Die Jahre der Verfolgung 1933–1939, 262 f.; ein individueller Erfahrungsbericht: Dok. 17: David Schapira berichtet über die Misshandlung von Wiener Juden nach dem Anschluss, in: VEJ 2 (2009), 113–116, bes. 114.
21 Ein namentlich nicht genannter jüdischer Flüchtling sandte dem WJC einen Artikel über die Verfolgungen mit dem Titel *Wien, die sterbende Märche[n]stadt*. Vgl. AJA, MS-361/A17/11, Knöpfmacher an Shultz, 21. Juni 1938. Vgl. auch die Beschreibung des Schriftstellers Carl Zuckmayer in seiner Autobiografie *Als wär's ein Stück von mir*, 71 f., und den Bericht des zionistischen Emissärs Leo Lauterbach, The Situation of the Jews in Austria, April 1938, submitted to the Executive of the Zionist Organization, in: Arad/Gutman/Margaliot (Hgg.), Documents on the Holocaust, 92 f.; auch Rabinovici, Instanzen der Ohnmacht, 59 f.

scher Korrespondent, der seit vielen Jahren in Wien lebte, schrieb in einer der frühesten Darstellungen des Wiener Pogroms: »Es war einfach unmöglich, irgend jemand außerhalb Österreichs verständlich zu machen, mit welcher resignierten Sachlichkeit die österreichischen Juden damals von Selbstmord als einem alltäglichen Ausweg aus ihrer entsetzlichen Lage sprachen.«[22] In der Tat verzeichnete die Selbstmordstatistik der Israelitischen Kultusgemeinde Wien (IKG) einen gravierenden Anstieg. Die Wiener Jüdinnen und Juden standen vor den Trümmern ihrer wirtschaftlichen und ideellen Existenz. Eine solche Verzweiflungstat war eine drastische Reaktion auf die Demütigungen und Verletzungen durch die »kürzlich noch freundlichen Nachbarn«.[23]

Bereits in der Nacht vor dem Einmarsch der Wehrmacht hatten Plünderungen begonnen sowie Massenverhaftungen jüdischer Persönlichkeiten und der Führungskräfte jüdischer Institutionen, die bis auf das Krankenhaus sowie ein Altenheim sämtlich geschlossen wurden. Alle jüdischen Zeitungen mussten ihr Erscheinen sofort einstellen und wurden verboten. Sämtliche Beamte jüdischer Herkunft verloren mit dem 15. März ihre Ämter, da ihnen grundsätzlich verweigert wurde, den neuen Amtseid auf Adolf Hitler zu leisten; auch aus anderen Berufen wurden Juden in rascher Folge verdrängt.[24] Diese Aktionen und Bestimmungen dienten der Einschüchterung und zielten darauf ab, die jüdische Bevölkerung außer Landes zu drängen.[25] Leo Lauterbach von der Zionistischen Organisation und Sir Wyndham Deedes vom Council for German Jewry, einem 1936 von englischen und amerikanischen Organisationen gegründeten Dachverband für die Auswanderung deutscher Juden, charakterisierten bereits in ihren ersten Berichten die große und traditionsreiche jüdische Gemeinde als in ihren »Grundfesten erschüttert«.[26] Somit wurde auch den jüdischen Zeitgenossen außerhalb Österreichs sehr schnell bewusst, dass mit der Annexion und den Pogromen in Wien eine neue Stufe der Gewalt gegen Jüdinnen und Juden in der Mitte Europas erreicht worden war. Am 21. März erhielt der WJC den »ersten vertrauenswürdigen Bericht«, der den schlimmsten Eindruck bestätigte: »Die österreichischen Juden werden weitaus grausamer behandelt, als es die Juden in

---

22 Gedye, Als die Bastionen fielen, 292; zu einem öffentlichen Suizid vgl. Shirer, Berliner Tagebuch, 108.
23 Rabinovici, Instanzen der Ohnmacht, 59; vgl. Gedyes Bericht in *The New York Times* vom 20. März 1938, auszugsweise abgedruckt in Hecht/Lappin-Eppel/Raggam-Blesch, »Anschluss«-Pogrom in Wien, 29; vgl. Offenberger, The Jews of Nazi Vienna, 1938–1945, 50 f.
24 Vgl. Rabinovici, Instanzen der Ohnmacht, 60–64; Rosenkranz, Verfolgung und Selbstbehauptung, 31–35.
25 Vgl. AJA, MS-361/A19/11, Bericht von Zuckerman an Goldmann, 27. März 1938; Hecht/Lappin-Eppel/Raggam-Blesch, »Anschluss«-Pogrom in Wien, 16, 18 f. und 36; Rosenkranz, Verfolgung und Selbstbehauptung, 27 f.
26 Rosenkranz, Verfolgung und Selbstbehauptung, 41; vgl. auch Lauterbach, The Situation of the Jews in Austria.

Deutschland in den schlimmsten Jahren des Naziregimes je wurden.«²⁷ Das Ausmaß der Gewalt und die Geschwindigkeit, mit der der jüdischen Bevölkerung die Lebensgrundlage entrissen wurde, stellten bis zum Novemberpogrom eine »österreichische Besonderheit« dar.²⁸ Die Enteignung ihrer Geschäfte erfolgte, anders als in Deutschland, nicht in einem jahrelangen, wenn auch immer radikaleren Prozess, sondern begann unmittelbar mit der Annexion. Die österreichische Judenheit verlor ihre wirtschaftliche Existenz und ihre Bürgerrechte zur selben Zeit.²⁹

Roosevelt reagierte mit seiner Einladung unmittelbar auf diese Situation und Hitlers Antwort folgte sogleich. Bei einer öffentlichen Rede in Königsberg sagte er mit bitterem Hohn, das NS-Regime sei bereit, »diesen Ländern [alle Jüdinnen und Juden] zur Verfügung zu stellen«.³⁰ Was dies in der Praxis bedeutete, erfuhr Bentwich zeitgleich in Wien. Dorthin war der bekannte Flüchtlingsexperte, der einst Generalstaatsanwalt im britischen Mandatsgebiet Palästina und später Stellvertreter des ersten High Commissioners for Refugees Coming from Germany gewesen war, im Auftrag des Council for German Jewry gereist. In einer Rede hörte er Hermann Göring vor jubelnder Menge verkünden, dass alle Jüdinnen und Juden Österreich verlassen müssten.³¹ Der damals bereits in der jüdischen Öffentlichkeit Berlins bekannte Adolf Eichmann, der vom Sicherheitsdienst der SS (SD) nach Wien entsandt worden war, entwickelte sich rasch zur zentralen Person einer systematischen Vertreibung.³² Innerhalb kürzester Zeit verkörperte er die nationalsozialistische Judenpolitik gegenüber den Vertretern der IKG und war für diese der ranghöchste Nazi, mit dem sie direkt in Kontakt standen – entsprechend stieg auch Eichmanns Bekanntheit.³³ Umgehend forderte er von Vertretern der noch nicht wieder eingesetzten Gemeinde und des Zionistischen Landesverbands die Auswanderung von 20 000 »mittellosen Juden« vom 1. April 1938

---

27 AJA, MS-361/A1/6, World Jewish Congress, Circular Letter, Nr. 7, Paris, 28. März 1938, 6.
28 Hecht/Lappin-Eppel/Raggam-Blesch, »Anschluss«-Pogrom in Wien, 17 und 28. Vgl. auch Friedländer, Das Dritte Reich und die Juden, Bd. 1: Die Jahre der Verfolgung 1933–1939, 262. Zur Bedeutung der Wiener Pogrome für die Radikalisierung der nationalsozialistischen Judenpolitik insgesamt vgl. Diner, Die Katastrophe vor der Katastrophe, 143–147.
29 Wischnitzer bilanzierte: »What the Jews of the Third Reich suffered over a period of five years, the Austrian Jews experienced in the course of a few weeks.« Ders., To Dwell in Safety, 192; vgl. Fritz/Hammerstein, Antijüdische Gewalt nach dem »Anschluss«, 10; Rosenkranz, Verfolgung und Selbstbehauptung, 28.
30 Zit. nach Kieffer, Judenverfolgung in Deutschland – eine innere Angelegenheit?, 209.
31 Vgl. Bentwich, My 77 Years, 145.
32 Vgl. Stangneth, Eichmann vor Jerusalem, 29 f.
33 Vgl. ebd., 32 f. Zur zeitgenössischen Wahrnehmung vgl. exemplarisch Rosenblüth an Landauer, 17. Mai 1938, abgedruckt in: Kulka (Hg.), Deutsches Judentum unter dem Nationalsozialismus, Bd. 1, 381; AJA, MS-361/A6/11, Sitzung der Exekutive des Jüdischen Weltkongresses, 10. April 1938, 7.

bis zum 1. Mai 1939. Dies sollte mittels Kooperation mit jüdischen Organisationen im Ausland erreicht werden.[34] Zeitgleich beschlagnahmten die neuen Machthaber im österreichischen Burgenland das Vermögen der jüdischen Bevölkerung, verhafteten willkürlich Personen, zerstörten das gesamte Geschäftsleben und begannen eine systematische Vertreibung aus der Region.

Diese Ereignisse und die gleichzeitigen Drohungen wertete die Exekutive des World Jewish Congress als »Versuch einer systematischen Vernichtung [...] wie die Welt sie noch nie zuvor gesehen hat«.[35] Wenige Wochen zuvor hatte dessen Vorstandsvorsitzender Goldmann, einer der Mitbegründer des WJC und zugleich dessen zentrale Figur in Europa, noch mit Blick auf die jüdische Situation in Polen betont, dass niemand das Recht habe, Juden zur Auswanderung zu zwingen, schon gar nicht mit Gewalt.[36] Goldmann war es damals grundsätzlich um die Verteidigung der jüdischen Position in der Diaspora gegangen, die elementar mit der Unverletzlichkeit staatsbürgerlicher Rechte im jeweiligen Land verbunden war. Die Deutschen hatten jedoch in Österreich unmittelbar nach ihrem Einmarsch Fakten geschaffen, die innerhalb des WJC zu der Einsicht führten, ein Appell zur Einhaltung von Rechten und internationalen Abkommen sei »bei der jetzigen politischen Lage keine wirksame Reaktion«.[37] Der Vorstand des World Jewish Congress reichte eine formelle Petition beim Völkerbundrat ein, auch wenn dieser Weg wenig zielführend schien – andere Mittel standen ihm nicht zur Verfügung. Unterdessen wurde die Situation der österreichischen Jüdinnen und Juden aufgrund der deutschen Maßnahmen unhaltbar.

Das Verlassen der früheren Heimat war jedoch schwierig, wenn nicht gar unmöglich. Obwohl binnen kürzester Zeit die Lebensgrundlage von fast 200 000 Menschen zerstört wurde, eröffnete sich nur den Wenigsten ein Weg ins Ausland. In dieser verzweifelten Situation wurde die amerikanische Initiative als Wendepunkt gefeiert; seither wird sie in der Forschung als unmittelbare Reaktion auf die antijüdischen Verbrechen in Wien gedeutet.[38] Für die Initiative war aber nicht allein das Entsetzen über die Gewalt ausschlaggebend, mindestens ebenso waren es die daraus resultierenden zwischenstaatlichen Probleme von Flucht und Vertreibung, Aus- und Einwanderung.

---

34 Zu Eichmanns unmittelbaren Zwangsmaßnahmen in Wien vgl. Cesarani, Adolf Eichmann, 92–94; Rosenkranz, Verfolgung und Selbstbehauptung, 49 f. und 71–73; Stangneth, Eichmann vor Jerusalem, 31–34.
35 AJA, MS-361/A4/14, Wise/Jarblum an President and Members of the Council of the League of Nations, 13. April 1938. Zur Situation im Burgenland vgl. Longerich, Politik der Vernichtung, 164; Rosenkranz, Verfolgung und Selbstbehauptung, 45–47.
36 Vgl. AJA, MS-361/A6/11, Protokoll der Sitzung der Exekutive des Jüdischen Weltkongresses, Donnerstag, 10. Februar 1938, 16 Uhr (Paris), Confidential, 33.
37 Vgl. AJA, MS-361/A15/4, Informatorische Sitzung des JWK, 17. März 1938, 4; Adam, Judenpolitik im Dritten Reich, 201.
38 Vgl. exemplarisch Wischnitzer, Visas to Freedom, 152.

Die Grenzen zur Tschechoslowakei und der Schweiz waren nah, die spontane Flucht war aber nur wenige Tage möglich, da beide Länder fortan ein Visum verlangten; konnten die Schutzsuchenden das entsprechende Papier nicht vorlegen, wurden sie zurückgeschickt. Einige Hundert gelangten nach Italien und Jugoslawien, die überwiegende Mehrheit versuchte nach Frankreich, Großbritannien oder in die Vereinigten Staaten zu gelangen.[39] Bis zum 1. April 1938 wurden aber auch 6000 Visumsanträge für Australien eingereicht. Da die Zahl der jährlich verfügbaren Visa jedoch in nahezu allen Ländern begrenzt war, sahen sich binnen kürzester Zeit viele Bewerber mit der Tatsache konfrontiert, dass sie auf ihre Einwanderungsgenehmigung drei, vier oder mehr Jahre warten mussten.[40] Der von den Deutschen forcierten Auswanderung standen keine ausreichenden Einwanderungsmöglichkeiten gegenüber, was dramatische Konsequenzen hatte.[41] Die Folgen waren illegale Grenzübertritte, »Menschenschmuggel« und von den Deutschen initiierte Vertreibungen nach Frankreich, Belgien und in die Niederlande, die rasch zu einem systematischen Programm entwickelt wurden.[42] Diese Länder wurden so in die österreichische Flüchtlingskrise hineingezogen und reagierten oftmals mit Härte: Den Flüchtlingen drohte die Abschiebung zurück in die Gewalt des NS-Regimes, was Inhaftierung oder Internierung in Konzentrationslagern bedeutete. Die HIAS und der JDC versuchten in solchen Fällen, die sofortige Weiterreise in ein anderes Land zu ermöglichen und damit Abschiebungen zu verhindern.[43] Auch der Ausgang einer zunächst geglückten Flucht aus Österreich war höchst unsicher, da für die Geflüchteten kein internationaler Schutzstatus existierte, auf den sie sich im Zufluchtsland hätten berufen können. Zugleich wurde die Situation in den überfüllten Konsulaten immer bedrückender. Der legale und geordnete Weg in die Sicherheit erforderte

---

39 Vgl. Zuckmayer, Als wär's ein Stück von mir, 74 f. und 79. Die Schweiz verlangte ab dem 29. März das obligatorische Visum. Vgl. Rosenkranz, Verfolgung und Selbstbehauptung, 56 f.; Friedländer, Das Dritte Reich und die Juden, Bd. 1: Die Jahre der Verfolgung 1933–1939, 285 f.; Kapralik, Erinnerungen eines Beamten der Wiener Israelitischen Kultusgemeinde 1938/39, 54.
40 Vgl. Rabinovici, Instanzen der Ohnmacht, 79 f.; McDonald Stewart, United States Government Policy on Refugees from Nazism 1933–1940, 392 f.; Breitman/Lichtman, FDR and the Jews, 102; Marrus, Die Unerwünschten, 193.
41 Vgl. Diner, Die Katastrophe vor der Katastrophe, bes. 139 und 142.
42 Vgl. Rosenkranz, Verfolgung und Selbstbehauptung, 57; Toury, Ein Auftakt zur »Endlösung«, 176.
43 Im Mai wurde ein »special grant« über 25 000 US-Dollar bereitgestellt »to cover the transportation of 300 Austrian refugees, stranded in Belgium and threatened with expulsion to Germany«. YIVO, RG 245.1/9, Minutes of a Regular Meeting of the Board of Directors of HIAS, 14. Juni 1938, 142–145, hier 144. Zur nicht immer konfliktfreien, dennoch wirksamen Zusammenarbeit von HIAS und JDC vgl. Bazarov, HIAS and HICEM in the System of Jewish Relief Organisations in Europe, 1933–41, bes. 74–76. Zur KZ-Haft von Jüdinnen und Juden in den 1930er Jahren vgl. Wünschmann, Before Auschwitz.

viel Zeit, die jedoch durch die brutale Verfolgung und die prekären Lebensbedingungen nicht gegeben war. Die Häufung illegaler Grenzübertritte und die unzureichenden Einwanderungsmöglichkeiten bei gleichzeitig wachsender humanitärer Not bildeten die Faktoren, die die Situation Hunderttausender österreichischer Jüdinnen und Juden zu einem Problem der internationalen Politik werden ließen.[44]

Die renommierte amerikanische Journalistin Dorothy Thompson, die Deutschland aus eigener Erfahrung kannte und zahlreiche Kontakte zu Emigranten pflegte, stellte diese dramatische Konstellation in ihrem im April 1938 erschienenen Aufsatz *Flüchtlinge. Ein Weltproblem* in den Kontext der »europäischen Krise«:[45] Durch die Ereignisse in Wien sei Zentraleuropa in Aufruhr geraten. Gleichzeitig verwies sie auf weitere akute oder sich andeutende Konfliktherde. Großbritannien und Frankreich prüften, ob sie die Tschechoslowakei vor zunehmender deutscher Aggression schützen und den Völkerbund retten sollten. Rumänien »experimentierte« mit antisemitischen Gesetzen. In Polen war die »jüdische Frage« seit Jahren ein »chronisches« Problem. In Spanien tobte der Bürgerkrieg im dritten Jahr und es sei unklar, so Thompson, welche Seite gewinnen werde.[46] Nur ein Fakt sei aus ihrer Sicht bei all diesen Konflikten gewiss: Das ohnehin bestehende Problem der Flüchtlinge werde größer.

Der Waffenstillstand von 1918 hatte eine Zeit der Kriege zwischen Staaten im westlichen Europa beendet; die Umwälzungen in Ost- und Südosteuropa nach dem Weltkrieg und der Russischen Revolution waren allerdings keinesfalls friedlich verlaufen und in ihren Auswirkungen bis in die späten 1930er Jahre wahrnehmbar.[47] Darüber hinaus hatten der italienische Krieg gegen das unabhängige Kaiserreich Abessinien 1935/36, der japanische Überfall auf die Mandschurei und die Schlacht um Schanghai im Sommer 1937 große Wirkung auf die internationale Politik.[48] Thompson veröffentlichte ihren Aufsatz im einflussreichen amerikanischen Politikjournal *Foreign Affairs* und erreichte damit enorme öffentliche Resonanz.[49] Die deutschen und österreichischen Jüdinnen und Juden standen im Zentrum ihrer Aufmerksamkeit, gleichzeitig machte sie deutlich, dass Hitler mit deren Entrechtung »einen

---

44 Zeitgenössisch hierzu Hirschberg, Gedanken für Evian; Dow Biegun, Die Hoffnung auf Évian, in: Selbstwehr. Jüdisches Volksblatt (Prag), 1. Juli 1938.
45 Thompson, Refugees. A World Problem.
46 Zur Unterscheidung von »akuter« und »chronischer« Krise vgl. Weiss, Deutsche und polnische Juden vor dem Holocaust, bes. 164–167; zum Spanischen Bürgerkrieg vgl. Payne, The Spanish Civil War.
47 Vgl. Böhler, Civil War in Central Europe, 1918–1921; Gerwarth, Die Besiegten; Veidlinger, Mitten im zivilisierten Europa; Mazower, Dark Continent, bes. 40–76.
48 Einführend zum Japanisch-Chinesischen Krieg Beevor, Der Zweite Weltkrieg, 72–79.
49 Allgemein zu Thompsons Biografie und ihrem publizistischen Wirken in Amerika vgl. Schebera, Einleitung.

Krieg erklärte, in dem die Juden der ganzen Welt zu potenziellen Opfern der Aggression wurden«; Millionen von Juden seien in Gefahr, »Parias« zu werden und ihre Heimat zu verlieren.[50] Um eine Katastrophe abzuwenden, sei ein Kurswechsel nötig: »Bisher wurde das Problem weitestgehend als eines internationaler Wohltätigkeit [*charity*] betrachtet. Nun muss es als Problem der internationalen Politik betrachtet werden.«[51] Es sei Zeit für eine neue internationale Flüchtlingsorganisation, die Finanzmittel akquirieren, mit Deutschland und potenziellen Einwanderungsländern verhandeln könne und die Hilfsorganisationen eng in ihre Arbeit einbeziehe. Pessimisten entgegnete sie im Voraus: »Der Zeitpunkt ist politisch nicht ungünstig. Gerade die Dringlichkeit der europäischen Krise liefert Argumente für eine solche Institution.«[52]

Unabhängig von der Frage, welche Bedeutung Thompsons Artikel für die Entscheidungsfindung innerhalb der Roosevelt-Administration hatte,[53] gewähren ihr Beitrag sowie ihr Anfang Juni 1938 erschienenes Buch *Refugees. Anarchy or Organization?* bedeutsame Einblicke in die seinerzeit aktuelle Debatte über eine zukünftige Flüchtlingspolitik.[54] Während sich in Europa und besonders im von Deutschland beherrschten Teil die Ereignisse überschlugen, stand die zukünftige Flüchtlingspolitik des Völkerbunds grundsätzlich zur Debatte. Die Auflösung des 1930 eingesetzten Nansen International Office for Refugees wie auch die des 1933 etablierten High Commissioner for Refugees Coming from Germany waren auf den 31. Dezember 1938 terminiert. Bei Gründung der jeweiligen Organisation war man noch davon ausgegangen, das Flüchtlingsproblem werde zum avisierten Auflösungsdatum gelöst sein.

---

50 Thompson, Refugees. A World Problem, 382 und 376; vgl. auch Arendt, Wir Flüchtlinge (1943).
51 Thompson, Refugees. A World Problem, 377.
52 Ebd., 378; vgl. auch Sallinen, Intergovernmental Advocates of Refugees, 291 f.
53 Thompsons Beitrag erschien nach Hulls Ankündigung vom 24. März 1938; dennoch rühmten sich Thompson sowie der Herausgeber von *Foreign Affairs*, Hamilton Fish Armstrong, Roosevelts Initiative angestoßen zu haben, da es bereits im März Kontakt zwischen der Autorin und dem State Department gegeben hatte. Hierzu Dwork/van Pelt, Flight from the Reich, 98; McDonald Stewart, United States Government Policy on Refugees from Nazism 1933–1940, 271 f.; Feingold, The Politics of Rescue, 23 und 336, Anm. 6.; Kieffer, Judenverfolgung in Deutschland – eine innere Angelegenheit?, 171–173. Ferner Sjöberg, The Powers and the Persecuted, 111 und 124 f.; Breitman/Kraut, American Refugee Policy and European Jewry, 1933–1945, 57; Mashberg, American Diplomacy and the Jewish Refugee, 1938–1939, 341; Wyman, Paper Walls, 44. Hingegen räumen Richard Breitman und Allan J. Lichtman Thompsons Publizistik im Rahmen der Entscheidungsfindung zu Évian keinen Platz ein. Vgl. dies., FDR and the Jews.
54 Thompson, Refugees. Anarchy or Organisation? In den Vorbereitungsunterlagen des State Department und des Präsidenten befinden sich u. a. je ein Exzerpt von Recht, The Right of Asylum, und Macartney, Refugees. Vgl. FDRL, Official File 3186//Political Refugees Jan–May 1938.

Da sich bereits 1937 das Gegenteil abgezeichnet hatte, war innerhalb des Völkerbunds ein Komitee einberufen worden, das Pläne für internationalen Flüchtlingsschutz über das Jahresende hinaus entwickeln sollte.[55] Zusätzlich begannen Mitte April in Amerika die Vorbereitungen für die von Roosevelt initiierte internationale Konferenz.

Die amerikanische Initiative zielte grundsätzlich auf langfristige Lösungen, die zunächst zwischen Staaten verhandelt werden mussten.[56] Die Vorbereitung der Konferenz und das sorgfältige Abwägen der Agenda blieben dabei zwangsläufig hinter der Dynamik antijüdischer Verfolgung im deutschen Herrschaftsbereich zurück. Diese gegenläufige Entwicklung spiegelte sich bereits in Thompsons Schriften und fiel weiteren Zeitgenossen auf. So gab etwa der zionistische Funktionär Landauer, der Augenzeuge der Wiener Ereignisse geworden war, seinem Kollegen Rosenblüth vom Central Bureau for the Settlement of German Jews in London am 7. Mai 1938 folgende Einschätzung:

»Wenn die gegenwärtige Politik der deutschen Regierung den österreichischen Juden gegenüber deren definitiven Kurs darstellt, dann ist mit einer schnellen und vollständigen Vernichtung dieser großen und wertvollen Judenheit in kürzester Zeit zu rechnen; d. h.: dann würde das von General Göring verkündete Ziel, Wien im Lauf von vier Jahren judenfrei zu machen, schon in wenigen Monaten erreicht sein.«[57]

Der Wiener Korrespondent der Londoner *Times* kam kurz darauf zur gleichen Einschätzung und schlussfolgerte: »Die Behörden fordern eine rasche und unmögliche Auswanderung. Die Juden würden eine Evakuierung begrüßen, aber für die meisten ist sie unmöglich.«[58] Das Fehlen eines etablierten internationalen Schutzmechanismus offenbarte sich hier als eklatantes Problem und war zugleich der Anlass, auf die Zukunft gerichtete neue Lösungswege zu beschreiten. Der Artikel schloss deshalb: »Die ganze Hoffnung der Juden und ›Nicht-Arier‹ in Österreich ist auf die Konferenz gerichtet, die die Regierung der Vereinigten Staaten [...] einberufen hat.«[59]

Die amerikanische Initiative in der internationalen Flüchtlingspolitik

In dieser Situation zeigte die amerikanische Initiative einen grundsätzlichen Wandel US-amerikanischer Außenpolitik an. Nachdem sich die Vereinigten Staaten kurz nach Ende des Ersten Weltkriegs und den Pariser Friedensver-

---

55 Vgl. AJA, MS-361/A1/2, League of Nations, International Assistance to Refugees, Genf, 25. August 1938.
56 Vgl. Breitman/Lichtman, FDR and the Jews, 107 f.
57 Zit. nach Rabinovici, Instanzen der Ohnmacht, 91.
58 O. A., Nazism and the Jews – The Austrian Drive – Looking to the Evian Conference, 16.
59 Ebd.

trägen weitestgehend aus der europäischen Politik zurückgezogen hatten, kündigte Hulls Presseerklärung nun angesichts der politischen und humanitären Krisen ein verstärktes Engagement in Europa an, das große Bedeutung für die Flüchtlingspolitik insgesamt zu haben schien.[60] Hulls Text enthielt neben der im Zentrum stehenden Einladung drei Zusätze, in denen sich der Status quo internationaler Flüchtlingspolitik im Frühjahr 1938 spiegelte: Erstens sollte jegliche Finanzierung der Auswanderung von den Betroffenen selbst oder Hilfsorganisationen in den jeweiligen Ländern geleistet werden; zweitens wurde von keiner Regierung erwartet, mehr Einwanderer aufzunehmen, als es die jeweils nationale Gesetzeslage zuließ; und drittens war es nicht die Absicht der amerikanischen Regierung, die bereits von internationalen Institutionen geleistete Arbeit zu beeinträchtigen.[61] Mit dem letzten Zusatz reagierte Hull proaktiv auf mögliche Kritik einer Dopplung der Arbeit und betonte, dass jeglicher Konflikt zwischen dem neuen Komitee und der bereits vom Völkerbund eingesetzten High Commission for Refugees Coming from Germany vermieden werden sollte. Der Punkt der Finanzierung war wichtig, wenn auch für die jüdischen Organisationen nicht überraschend, denn staatliche Mittel waren in der Flüchtlingshilfe der Zwischenkriegszeit nicht üblich und die Mehrheit der Regierungsvertreter setzte voraus, dass ausreichend Mittel aus privater Hand bereitgestellt würden.[62]

Der Punkt zur Aufnahme von Einwanderern gemäß gültiger Rechtslage war diffizil. Die von der amerikanischen Regierung mit Bedacht defensiv formulierte Anfrage, ob weitere Regierungen für ein groß angelegtes Auswanderungsprojekt kooperationsbereit wären, muss einerseits mit Blick auf die Struktur internationaler Politik und andererseits vor dem Hintergrund flüchtlingsfeindlicher Stimmungen in vielen Bevölkerungen verstanden werden. Die mögliche Einschränkung staatlicher Souveränität durch internationale Verträge barg hohes Konfliktpotenzial. Der von den Pariser Friedensverhandlungen 1918/19 und der Etablierung des Völkerbunds ausgegangene »staatszentrierte Internationalismus des europäischen Völkerrechts« schrieb die Souveränität der Einzelstaaten eher fest, als dass er sie einschränkte.[63] An den Vorbehalten der ohnehin wenigen Staaten, die die vom Völkerbund

---

60 Vgl. McDonald Stewart, United States Government Policy on Refugees from Nazism 1933–1940, 267; vgl. Auch Bon Tempo, The United States and the Forty Years' Crisis, 179; Mashberg, American Diplomacy and the Jewish Refugee, 1938–1939, 340.
61 Vgl. FDRL, Official File 3186/Political Refugees Jan–May 1938, Department of State, For the Press, No. 142, 24. März 1938.
62 Vgl. hierzu bes. JDC Archives (JDCA), 255, Meeting at Professor Chamberlain's Home, 1. April 1938; vgl. auch Frings, Das internationale Flüchtlingsproblem 1919–1950, 19.
63 Payk, Frieden durch Recht?, bes. 661–663; vgl. auch Loeffler, Rooted Cosmopolitans, 59; Fisch, Das Selbstbestimmungsrecht der Völker, 166 f.; Haddad, The Refugee in International Society, 102–107, 110; Arendt, Elemente und Ursprünge totaler Herrschaft, 422–452.

initiierten Flüchtlingskonventionen von 1933 und 1938 unterzeichnet hatten, zeigt sich, wie Regierungen ihre (innen)politischen Handlungsspielräume zu Ungunsten der Geflüchteten verteidigten. Besonders sozialen Rechten wie der Gewährung einer Arbeitserlaubnis wurde seitens der meisten Staaten nur äußerst restriktiv zugestimmt.[64] Dies war in den meisten Fällen eine Reaktion auf den Druck nationaler Öffentlichkeit. Flüchtlings- und einwanderungskritische Positionen waren nicht nur in Frankreich, den Niederlanden und Belgien, sondern auch in den Vereinigten Staaten wirkmächtig und zum Teil auch von offenem Antisemitismus begleitet.[65] Vor diesem Hintergrund hatte Roosevelt – parallel zu seiner Bekräftigung einer Flüchtlingskonferenz – allen Forderungen nach einer Liberalisierung der Einwanderungsbestimmungen der Vereinigten Staaten eine Absage erteilt.[66] Die europäischen Regierungen wiederum erwarteten, dass durch die anvisierte internationale Kooperation bereits von ihnen aufgenommene Geflüchtete nach Übersee (weiter)emigrierten. Wäre die Teilnahme der Staaten an einem Flüchtlingskomitee also von vornherein an die Bedingung geknüpft worden, nationale Einwanderungsgesetze zu liberalisieren, hätte das Vorhaben vermutlich wenig Unterstützung erfahren. Es wäre als Eingriff in innere Angelegenheiten wahrgenommen und mit Verweis auf die nationalstaatliche Souveränität zurückgewiesen worden.

Der in der Presseerklärung von Hull verwendete Begriff »Flüchtling« beschrieb seinerzeit all jene, die aus »politischen Gründen« ihr Land verlassen hatten und daher nicht mehr den diplomatischen Schutz oder die Hilfe des Landes in Anspruch nehmen konnten, dessen Staatsbürgerschaft sie besaßen.[67] Die Definition bezog sich also nicht nur auf politische Oppositionelle; sie benannte aber auch die spezifische Verfolgungssituation, der sich die Jüdinnen und Juden in Deutschland ausgesetzt sahen, nicht genauer.[68] Vielmehr basierte diese allgemeine Definition auf dem Verhältnis von Staatsbürgerschaft und den qua Verfassung garantierten Rechten durch eine Regierung. Diese Definition von Geflüchteten war zum damaligen Zeitpunkt nicht in ein universales Flüchtlingsrecht übersetzt. Dennoch gab es ab den frühen 1920er Jahren anerkannte Flüchtlingsgruppen, für die

---

64 Vgl. Holborn, The Legal Status of Political Refugees, 1920–1938, 690 und 696; AJA, MS-361/A8/5, Riegner, Bericht über die Staatenkonferenz zur Annahme eines endgültigen Statuts für die deutschen Flüchtlinge, Genf, 14. Februar 1938, bes. 7.
65 Vgl. Wyman, Paper Walls, bes. 3, 10, 13f. und 210; Caron, Uneasy Asylum, 3–5, 8f. und 172–174; Kausch, Zuflucht auf Zeit, 44 und 92f.; für einen Überblick Caestecker/Moore (Hgg.), Refugees from Nazi Germany and the Liberal European States.
66 Vgl. Breitman/Lichtman, FDR and the Jews, 105; McDonald Stewart, United States Government Policy on Refugees from Nazism 1933–1940, 278f.
67 Vgl. einführend Holborn, The Legal Status of Political Refugees, 1920–1938, 680.
68 Vgl. Diner, Elemente der Subjektwerdung, 239f.; Mashberg, American Diplomacy and the Jewish Refugee, 1938–1939, 339, 342 und 346.

verschiedene Abkommen und Konventionen auf internationaler Ebene verankert worden waren, die ihnen elementare Rechte zusicherten. Dieses sich langsam etablierende internationale Flüchtlingsrecht war in allen Fällen ad hoc entwickelt und zeitlich befristet worden: Es entstand als Reaktion auf eine bereits eingetretene Gefahrenlage und war gruppenspezifisches Recht, das an bestimmte nationale Zugehörigkeiten geknüpft war. Darüber hinaus ging man in den 1920er und frühen 1930er Jahren davon aus, dass die Probleme der Geflüchteten grundsätzlich auf zwei Arten gelöst werden könnten: entweder durch die Integration im Zufluchtsland oder durch die Rückkehr ins Heimatland, sobald sich dort politische Konstellationen zu ihren Gunsten ergeben würden. Flüchtlingsgruppen galten somit als vorübergehende Anomalie internationaler Beziehungen, die infolge des Ersten Weltkriegs und des Zerfalls der Vielvölkerstaaten Österreich-Ungarn, Osmanisches Reich und Russisches Reich aufgetreten waren. Ein universales Flüchtlingsrecht war aus dieser Perspektive nicht notwendig.[69]

Vier Wochen vor der Annexion Österreichs hatten am 10. Februar 1938 sieben Staaten die Convention Concerning the Status of Refugees Coming from Germany in Genf unterzeichnet.[70] Eingeladen zu dieser Konferenz hatten der Völkerbund und Sir Neill Malcolm, der High Commissioner for Refugees Coming from Germany. Ein Verhandlungsbeteiligter des World Jewish Congress bezeichnete die Konvention als »wesentlichen Fortschritt gegenüber der [...] bisher geltenden Rechtslage«.[71] Nach fünf Jahren nationalsozialistischer Herrschaft und einer im Herbst 1933 etablierten Flüchtlingskonvention, die den Status der sogenannten Nansen-Flüchtlinge kodifiziert hatte,[72] bildete sie eine völkerrechtlich verbindliche Grundlage zur Definition und Behandlung der Flüchtlinge aus Deutschland und eine deutliche Erweiterung des »Vorläufigen Abkommens« von 1936.[73] Ihr Geltungsbereich erstreckte

---

69 Vgl. Holborn, The Legal Status of Political Refugees, 1920–1938, 681. Zur Enstehung des internationalen Flüchtlingsregimes vgl. Gatrell, The Making of the Modern Refugee; Sallinen, Intergovernmental Advocates of Refugees; Haddad, The Refugee in International Society; Skran, Refugees in Inter-War Europe; Ben-Nun, From Ad Hoc to Universal.

70 Die Signatarstaaten waren Belgien, Dänemark, Großbritannien, Frankreich, die Niederlande, Norwegen und Spanien. Vgl. o. A., Convention Concerning the Status of Refugees Coming from Germany, 10 February 1938.

71 AJA, MS-361/A8/5, Riegner, Bericht über die Staatenkonferenz zur Annahme eines endgültigen Statuts für die deutschen Flüchtlinge, Genf, 14. Februar 1938, 8, auch 4; weitere Reaktionen: YIVO, RG 245.1/9, Minutes of the Twenty-Ninth Annual Meeting of the Hebrew Sheltering and Immigrant Aid Society of America, Held at the Hotel Astor, New York City, 20. März 1938, 125–129, bes. 127 f.; vgl. auch Penkower, Dr. Nahum Goldmann and the Policy of International Jewish Organizations, 148.

72 Zu den sogenannten Nansen-Flüchtlingen (in erster Linie Russen und Armenier) sowie dem »Nansen-Pass« vgl. einführend Marrus, Die Unerwünschten, 20–23.

73 Vgl. Holborn, The Legal Status of Political Refugees, 1920–1938, 691–695; Skran, Historical Development of International Refugee Law, bes. 26–35.

sich auf deutsche Staatsbürger und all jene, die als Staatenlose deutsches Staatsgebiet verlassen mussten. In beiden Fällen war für die Anerkennung entscheidend, dass die Geflüchteten keinen Schutz – »*in law or in fact*« – seitens der deutschen Regierung erhielten.[74] Die Vertreter des World Jewish Congress hatten sich auf der Konferenz in Genf für die spezifische Situation der ursprünglich meist aus dem östlichen Europa stammenden Staatenlosen und ein generelles Verbot der Abschiebung eingesetzt.[75] Obwohl letztlich kein »absolutes Ausweisungsverbot« erreicht werden konnte, wurden die diesbezüglichen Rechte der Staaten »sehr weitgehend eingeschränkt«.[76] Der Erfolg dieser jüdischen Aktivität wurde aber wenige Wochen später geschmälert, denn die Konvention erfasste nicht ohne Weiteres die jüdischen Flüchtlinge aus Österreich. Obwohl sie das Land aufgrund rassistischer Verfolgung, die gegen sie als Kollektiv gerichtet war, verlassen mussten, gab es keine Konvention, auf die sie sich als Angehörige einer jüdischen Nation oder als österreichische Staatsbürger hätten berufen können. Tausende waren somit auf die Duldung der Staaten angewiesen, in die sie geflüchtet waren; ein Recht auf Asyl konnten sie nicht einklagen. Allerdings war der völkerrechtliche Status Österreichs nach dem 12. März – unabhängiger Staat mit nationalsozialistischer Regierung oder ein »Land« des Deutschen Reichs – zunächst unklar.[77]

Drei Entscheidungen markierten im Frühjahr 1938 die De-facto-Anerkennung der Annexion Österreichs durch das Deutsche Reich seitens der Großmächte. Zum einen wandelten Frankreich, Großbritannien und die Vereinigten Staaten bereits kurz nach der deutschen Invasion ihre Wiener Botschaften in Konsulate um.[78] Diese Herabstufung der Auslandsvertretungen war aus ihrer Sicht folgerichtig, da Angelegenheiten »Österreichs« in Zukunft über die Berliner Botschaft und mit den entsprechenden deutschen Stellen verhandelt würden. Der US-amerikanische Generalkonsul John Cooper

---

74 Vgl. o. A., Convention Concerning the Status of Refugees Coming from Germany, 10 February 1938, 269.
75 Zum Problem der Staatenlosigkeit in der Zwischenkriegszeit vgl. Arendt, Elemente und Ursprünge totaler Herrschaft, 564–625.
76 AJA, MS-361/A8/5, Riegner, Bericht über die Staatenkonferenz zur Annahme eines endgültigen Statuts für die deutschen Flüchtlinge, Genf, 14. Februar 1938, 6; vgl. auch AJA, MS-361/A5/1, Report on the Political Activity of the World Jewish Congress from September 1937 to August 1938, 4f.
77 In der Moskauer Deklaration von 1943 wurde der »Anschluss« für »null und nichtig« erklärt. Dennoch blieb umstritten, ob Österreich zwischen 1938 und 1945 als Subjekt des Völkerrechts fortexistiert hatte oder ob es annektiert und damit als eigenständiger Staat verschwunden war. Vgl. einführend Hoke, Österreichische und deutsche Rechtsgeschichte, bes. 501–503. Zeitgenössisch Garner, Questions of State Succession Raised by the German Annexation of Austria; Wright, The Legality of the Annexation of Austria by Germany.
78 Vgl. Garner, Questions of State Succession Raised by the German Annexation of Austria, 422; Hoke, Österreichische und deutsche Rechtsgeschichte, 497.

Wiley fasste dies so: »Früher konnten wir hier [in Wien] die Auswirkungen der deutschen Außenpolitik spüren. Jetzt haben diese Auswirkungen nur noch mit inneren Angelegenheiten zu tun.«[79] Die Konsulate in Wien waren damit nicht länger Repräsentanzen in einer Hauptstadt, sondern Anlaufstellen für Migrationsangelegenheiten im NS-Herrschaftsbereich ähnlich wie die Konsulate in Stuttgart oder Hamburg. Die zweite Entscheidung war Roosevelts öffentliche Ankündigung vom 25. März, die deutsche und österreichische Einwanderungsquote zu verschmelzen, da Österreich im Deutschen Reich aufgegangen sei.[80] Bis zum Ersten Weltkrieg waren die Vereinigten Staaten das bevorzugte Einwanderungsland für Millionen von Juden und Nichtjuden aus Europa gewesen. Damit wirkte Amerika als eine Art Ventil europäischer Massenmigration, die über den gesamten Kontinent verteilt und aus unterschiedlichsten Gründen motiviert gewesen war. Die Möglichkeit, aufgrund von Verfolgung oder aus wirtschaftlicher Not in die »Neue Welt« gehen zu können, hatte dazu geführt, dass es »Flüchtlingskrisen« im eigentlichen Sinne bis Anfang der 1920er Jahre nicht gab. Die gesetzliche Beschränkung der Einwanderung in die Vereinigten Staaten 1921 und 1924 mittels Quoten, die an nationalstaatliche Zugehörigkeit gebunden waren, minimierte die transatlantische Migration in der Folge drastisch.[81] Die Zusammenlegung der deutschen und österreichischen Quote bedeutete daher pro Jahr für insgesamt 27 370 Menschen die Möglichkeit der Einwanderung, wenn sie eine der beiden Staatsangehörigkeiten vorweisen konnten. Zwischen gewöhnlicher Migration und Flucht wurde dabei nicht unterschieden – Verfolgte erhielten keinen erleichterten Zugang. Diesen Umstand interpretierten Zeitgenossen im Vergleich zu anderen Staaten mit Blick auf die Zukunftsperspektiven sowie den Existenzaufbau in Amerika aber durchaus als Vorteil. Die Verleihung der amerikanischen Staatsbürgerschaft ermöglichte die Teilhabe an einem Rechtssystem und den Zugang zu einem wieder prosperierenden Arbeitsmarkt. In vielen anderen Ländern verharrten die Geflüchteten über Jahre in einem prekären Status.[82] Die sogenannte »likely to become a public charge«-Klausel, die die Belegung der US-Quoten in der Vergangenheit stark reduziert hatte, war bereits 1937 aufgehoben worden, was die HIAS als deutlichen Fortschritt für die jüdische Einwanderung einschätzte.[83] Einer-

---

79 FDRL, John Wiley Papers/Box 2, Wiley an Messersmith, 3. Juni 1938.
80 Vgl. FDRL, Press Conference #445, 25. März 1938, 248–255, bes. 248 f.
81 Zur transatlantischen jüdischen wie nichtjüdischen Migration vom Ende des 19. bis zur Mitte des 20. Jahrhunderts vgl. Zahra, The Great Departure; Marrus, Die Unerwünschten, 35–40, 50 und 77 f.; Sanders, Shores of Refuge; auch Wischnitzer, To Dwell in Safety; Kulischer, Europe on the Move.
82 Vgl. Waldeck, The Great New Migration, 545.
83 Vgl. YIVO, RG 245.4.2./Folder II/9, Activities of the HIAS-JCA Emigration Association (HICEM) during the Year 1937, 5; auch McDonald Stewart, United States Government

seits akzeptierte Roosevelt mit seiner Entscheidung die geopolitische Realität der österreichischen Annexion; anderseits kann die Zusammenlegung der Quoten auch als eine Form humanitärer Hilfe für die österreichischen Juden gelesen werden. Da die österreichische Quote viel kleiner war als die deutsche, stiegen – zumindest theoretisch – die Chancen der Österreicher, nach Amerika zu gelangen. Allerdings war klar, dass sich diese Änderung erst in den kommenden Jahren voll auswirken würde. Für diejenigen, die Österreich bereits verlassen, aber noch nicht dauerhaft Zuflucht gefunden hatten, führte erst die dritte Entwicklung zu einer Verbesserung ihrer rechtlichen Situation. Am 14. Mai 1938 akzeptierte der Rat des Völkerbunds den Vorschlag der britischen Regierung, das Mandat der High Commission for Refugees auch auf jene anzuwenden, die »aus dem Gebiet kommen, das früher Österreich darstellte«.[84] Damit war der Geltungsbereich der Flüchtlingskonvention von 1938 erweitert worden, auch wenn die formale Zustimmung der Generalversammlung des Völkerbunds noch ausstand, und die Regierungen und der Völkerbund akzeptierten den Untergang des österreichischen Staats.

Die Ausweitung des Geltungsbereichs wurde seitens nicht staatlicher jüdischer Organisationen begrüßt. Dennoch kam ihrer Arbeit weiterhin zentrale Bedeutung für die Versorgung und Unterstützung sowohl der tatsächlich Geflüchteten als auch jener zu, die sich erst auf die Emigration vorbereiteten. Diese doppelte Aufgabe stellte die jüdischen Funktionäre ab 1933 vor massive Herausforderungen. Sie nahmen die Initiative der Roosevelt-Administration auch deshalb euphorisch auf, weil sie dazu angelegt war, über die Situation der bereits Geflüchteten hinauszugehen: Die anvisierte Förderung der Auswanderung von »potenziellen Flüchtlingen«, also jenen, die aus denselben Gründen ihr Land würden verlassen müssen wie die bereits Geflohenen, entwickelte sich zum Kern der Konferenz in Évian. Auswanderungswillige oder zur Emigration gezwungene waren gemäß Definition des Völkerrechts keine Geflüchteten. Da sie die Grenzen ihrer staatsrechtlichen Zugehörigkeit nicht überschritten hatten, galten sie (noch) nicht als Angelegenheit der internationalen Staatengemeinschaft. Vielmehr wurde ihre Situation als nationale Angelegenheit klassifiziert, was sich grundsätzlich aus der Wahrung der Souveränität ableiten lässt. Die bevorstehende Auswanderung der Verfolgten sollte jedoch erleichtert werden und geordnet sowie legal erfolgen. Sowohl die Zahl organisierter Vertreibungen als auch illegaler Grenzüber-

---

Policy on Refugees from Nazism 1933–1940, 265 f. und 261. Zum US-amerikanischen Einwanderungssystem Burgess, The League of Nations and the Refugees from Nazi Germany, 15 f.; Friedman, No Haven for the Oppressed, 20–24; Wyman, Paper Walls, 3 f. und 43 f.

84 Vgl. Holborn, The Legal Status of Political Refugees, 1920–1938, 698; LONA, R 5800/50/34702/33941, League of Nations, Refugees Coming From the Territory Which Formerly Constituted Austria, 9. Juni 1938; LONA, R 5800/50/34702/33941, Note by the High Commissioner for Refugees Coming from Germany (Jewish and Other), Annex 1 und 2.

tritte sollten somit verringert werden. Kurzum: Eine bestehende und sich potenziell ausweitende Flüchtlingskrise sollte mit diplomatischen Mitteln in eine langfristige Auswanderungsbewegung transformiert werden. Diese Aussicht nährte bei jüdischen Funktionären die Hoffnung auf Lösungen. Allerdings war die Agenda damit von Anfang an durch die komplizierte Vermengung von Migration und Flucht bestimmt. Die internationale Anerkennung einer Gefahrensituation und die Ausweitung von Schutzrechten mussten dabei nicht notwendigerweise mit einer Flexibilisierung nationaler Einwanderungsgesetze einhergehen.

Die amerikanische Initiative kann als Versuch gelesen werden, in einer Krisensituation Ordnung und Stabilität auf internationaler Ebene zu sichern und bestehende rechtspolitische Instrumente weiterzuentwickeln. Sie ist Ausdruck des Bewusstseins dafür, dass es die internationale Staatengemeinschaft mit Hunderttausenden »potenziellen Flüchtlingen« zu tun hatte. Mit dem neuen Komitee sollte das Flüchtlingsproblem nicht länger allein humanitären Organisationen überlassen werden oder der High Commission des Völkerbunds, deren Tätigkeit auf die Überwachung der Einhaltung der Flüchtlingskonvention beschränkt war und die zum Ende des Jahres aufgelöst werden sollte. Die Verfolgten in Deutschland wurden fortan zum Gegenstand internationaler Politik.[85] Jüdische Organisationen wie der WJC, die HIAS, der JDC oder die Jewish Colonization Association (JCA)[86] boten der amerikanischen Regierung und dem einzuberufenden Komitee sogleich ihre volle Unterstützung an.[87] Ihre Aktivitäten richteten sich aber ebenso auf die unmittelbare Verbesserung der Situation der Wiener Jüdinnen und Juden. Damit umfassten die Aufgabenbereiche der jüdischen Organisationen sowohl die Gegenwart als auch die Zukunft. Ihre jeweiligen Strategien waren dabei durch unterschiedliche Selbstverständnisse und Aufgabengebiete begründet. Während der World Jewish Congress in erster Linie auf einer politisch-rechtlichen Ebene agierte, um ein sofortiges Ende der Gewalt und die Wiederherstellung elementarer Rechte zu erreichen, leisteten HIAS und JDC konkrete Hilfe vor Ort und Unterstützung bei der Vorbereitung der Auswanderung.

---

85 Vgl. exemplarisch die zeitgenössische Forderung von Thompson, Refugees. Anarchy or Organisation?, 73.
86 Zur Geschichte der JCA vgl. Lehmann, The Baron; ders., Baron Hirsch, the Jewish Colonization Association and the Future of the Jews; Adler-Rudel, Moritz Baron Hirsch.
87 Die Pressemitteilung von HIAS kündigte bereits die Kooperation der JCA an. YIVO, RG 245.1/9, Minutes of a Special Meeting of the Board of Directors of HIAS, 25. März 1938, 130–132, hier 131; vgl. auch AJA, MS-361/A1/6, World Jewish Congress, Circular Letter, Nr. 7, Paris, 28. März 1938, 9; JDCA, 255, Baerwald an Hull, 29. März 1938; Breitman/Lichtman, FDR and the Jews, 104f.

Rechtspolitische Interventionen: WJC

Der World Jewish Congress reagierte noch vor Hulls Presseerklärung mit zwei Eingaben auf die Annexion Österreichs: Am 14. März verurteilte er diesen Gewaltakt in einer öffentlichen Protestnote. Stellvertretend für diejenigen, die ihre Stimme nicht erheben könnten, rief er als politische Repräsentanz der Juden die Regierungen der »zivilisierten Staaten« und den Völkerbund auf, sich gegen die »mittelalterliche Barbarei« zu stellen und ihre »Pflicht« zur Wahrung der österreichischen Souveränität zu erfüllen.[88] Seitens der Staaten protestierte allein der mexikanische Delegierte öffentlich beim Völkerbund gegen die bewaffnete Invasion und die Verletzung der Unabhängigkeit Österreichs. Das Aufbegehren war Ausdruck zweier Prinzipien, denen sich die mexikanische Außenpolitik verpflichtet fühlte: Nichteinmischung in die inneren Angelegenheiten anderer Länder und die Solidarität mit unterdrückten Völkern; beides war insbesondere auf die Erfahrung von Interventionen seitens der Vereinigten Staaten auf dem amerikanischen Doppelkontinent zurückzuführen.[89] Eine Woche nach der mexikanischen Protestnote legte der World Jewish Congress mit einer formellen Petition beim Völkerbund nach.[90] Damit setzte er ein etabliertes rechtspolitisches Instrument der Zwischenkriegszeit ein, mit dem Einfluss auf staatliche Entscheidungen genommen werden sollte. Allerdings war den Verantwortlichen bewusst, dass sie in diesem Fall wenig Erfolg haben würden.[91]

Der World Jewish Congress verstand sich als »Gesamtvertretung des Weltjudentums« in politischen, wirtschaftlichen und sozialen Fragen.[92] Diesem Anspruch lag ein Verständnis von Juden als transterritorialer Nation zugrunde. In der Grundidee entsandten die organisierten Judenheiten aus ihren jeweiligen Ländern demokratisch gewählte Vertreter in den Congress, die

---

88 AJA, MS-361/A1/6, World Jewish Congress, Circular Letter, Nr. 7, Paris, 28. März 1938, 6; vgl. auch MS-361/A19/11, Bericht von Zuckerman an Goldmann, 27. März 1938, und die dringende Aufforderung seiner Wiener Gesprächspartner, die Juden im Ausland zu unterrichten und sie nicht zu vergessen.
89 Vgl. o. A., Der mexikanische Protest und seine Vorgeschichte; Mexican Delegation to the Secretary-General, March 19th, 1938.
90 Vgl. AJA, MS-361/A4/14, Petition des Vorstands des WJC an Völkerbundrat, 21. März 1938.
91 Zu ähnlichen Petitionen gegen die Verletzung international garantierter Minderheitenrechte vgl. Graf, Die Bernheim-Petition 1933; Scheuermann, Jüdische Petitionen vor dem Völkerbund.
92 AJA, MS-361, A3/5, Statut des Juedischen Weltkongresses, August 1936. Zur Gründung des WJC und seiner Arbeit in den 1930er Jahren vgl. Segev, The World Jewish Congress, the League of Nations, and the United Nations; ders., The World Jewish Congress during the Holocaust; zu den ideellen Grundlagen bes. Jilek, Nation ohne Territorium, bes. 362-435; Penkower, Dr. Nahum Goldmann and the Policy of International Jewish Organizations; Kubowitzki, Unity in Dispersion.

den Vorstand wählten und ihm damit ein Handlungsmandat verliehen. Der Vorstand des WJC fungierte sowohl in der Selbsteinschätzung als auch in der Praxis als Zentralbüro für jüdische Fragen in internationalen Angelegenheiten.[93] Der Fokus seiner Arbeit lag erstens auf rechtlicher Gleichstellung der Juden überall auf der Welt; dieses Ziel war mit dem Völkerbund als »Garant unumstößlicher Rechtsprinzipien« verbunden. Zweitens setzte sich der WJC kontinuierlich gegen antisemitische Verfolgungen ein und suchte drittens mittels diplomatischer Arbeit eine jüdische Zukunft zu sichern, was sowohl die Diaspora als auch die Etablierung einer nationaljüdischen Heimstätte in Palästina umfasste.[94] Das nach dem Ersten Weltkrieg eingeführte Mandatssystem, das für die Entwicklung des Jischuws unter britischer Verwaltung entscheidende Bedeutung hatte, und die Einführung des Minderheitenschutzes in Osteuropa nach 1919 hatten langfristig »die Normalisierung des jüdischen Status« versprochen, der traditionell durch die transterritoriale Verteilung der Jüdinnen und Juden sowie fehlende Souveränität geprägt und verkompliziert war.[95] Allerdings war die demokratische Struktur auch zwei Jahre nach der formellen Gründung des WJC 1936 noch im Werden begriffen. Dies zeigt sich besonders deutlich an den Berichten über die Organisation des »Polish-Jewish Congress«, der ein Äquivalent zum American Jewish Congress bilden sollte.[96] Im Sinne der Kollektivvertretung hatte der WJC unmittelbar nach seiner Etablierung versucht, einen völkerrechtlichen Status beim Völkerbund zu erhalten. Dieser Versuch, sich als Subjekt internationaler Politik zu etablieren, misslang.

Dessen ungeachtet begriff sich der World Jewish Congress als autorisierter Akteur, die Rechte von Jüdinnen und Juden einzuklagen und zu verteidigen. Im Fall Österreichs belegen dies sowohl die öffentliche Protestnote als auch die Petition. Zur Erreichung dieser Ziele bedienten sich seine Funktionäre nach eigener Einschätzung der »gegenwärtigen Methoden moderner Politik«. Diese umfassten Diplomatie – was insbesondere die Pflege eines Netzwerks politischer Entscheidungsträger voraussetzte – und basierten auf der Annahme, ein Anrecht auf die Einbeziehung in staatliche Entscheidungsprozesse zu haben, wenn diese mit jüdischen Angelegenheiten verbunden waren. Um den Forderungen Nachdruck zu verleihen, setzte man im WJC

---

93 Vgl. AJA, MS-361/A4/20, The Political Action Open to the World Jewish Congress before the League of Nations Under Present Conditions of International Law and Treaties (1936).
94 Vgl. AJA, MS-361/A5/1, Report on the Political Activity of the World Jewish Congress from September 1937 to August 1938, 15. August 1938, 1f.; Segev, The World Jewish Congress during the Holocaust, 3f.
95 Vgl. Loeffler, Rooted Cosmopolitans, 60.
96 Vgl. AJA, MS-361/A1/6, World Jewish Congress, Circular Letter, Nr. 5, 15. Januar 1938, 1f.; AJA, MS-361/A20/5, Baruch Zuckermann, Report on the Work in Poland, Confidential, 25. Februar 1938; AJA, MS-361/A20/6, Zuckermann an Goldmann, 1. Juni 1938.

auf die Mobilisierung der Öffentlichkeit mittels Kundgebungen und intensiver Pressearbeit.[97] Gemäß dem eigenen Selbstverständnis, die Rechte von Jüdinnen und Juden vor Ort zu erkämpfen und zu verteidigen, gehörte Auswanderungshilfe nicht zur Arbeit des WJC; ein entsprechendes Budget gab es daher nicht. Insgesamt waren die finanziellen Mittel der europäischen Büros des World Jewish Congress in Paris, Genf und London äußerst knapp. Für alles, was über die üblichen Vorgänge hinausging, sei es die Erstellung der Petition nach der Annexion Österreichs oder die Vorbereitung der kommenden Flüchtlingskonferenz, mussten zusätzliche Gelder beim American Jewish Congress in New York beantragt werden.[98] Der Anspruch des World Jewish Congress, eine offizielle und sichtbare nationaljüdische Vertretung zu sein, war auf das Engste damit verbunden, die jüdische Situation in Osteuropa öffentlich zu Gehör zu bringen und gleichzeitig dafür einzutreten, die bevölkerungsreichsten Judenheiten in Entscheidungsprozesse einzubeziehen. Damit stand der World Jewish Congress aber in Spannung zum staatsbürgerlich akkulturierten Selbstverständnis der Mehrheit der deutschen und österreichischen Jüdinnen und Juden.

Da es den »Glaubensgenossen und Brüdern in Österreich« nicht selbst möglich sei, beim Völkerbund zu intervenieren, sah es der Vorstand als »sein Recht und seine Pflicht, in ihrem Namen« auf die Einhaltung internationaler Abkommen zu drängen.[99] In der Petition des WJC wurde aus den vom Völkerbund garantierten Rechten im Vertrag von Saint-Germain von 1919 zitiert, die sich sowohl auf die Gleichbehandlung aller österreichischen Staatsbürger (Art. 63 und Art. 64) als auch auf jene bezog, die als Österreicher zugleich »rassischen, religiösen oder sprachlichen Minderheiten« angehörten (Art. 67).[100] Der letzte Teil der Petition betonte die Unabhängigkeit Österreichs, die zu respektieren Deutschland im Vertrag von Versailles (Art. 80) verpflichtet worden sei und die zu garantieren sich der Völkerbund verpflichtet habe.[101] Trotz dieser schlüssigen Argumentation, die im Einklang

---

97 Vgl. AJA, MS-361/A5/1, Report on the Political Activity of the World Jewish Congress from September 1937 to August 1938, 15. August 1938, 2.
98 Goldmann bekannte: »In Bezug auf Geldsammeln [gemeint sind Spendenaufrufe für die österreichischen Jüdinnen und Juden oder Évian] können wir nichts tun.« AJA, MS-361/A6/11, Sitzung der Exekutive des Jüdischen Weltkongresses, 10. April 1938, 12; vgl. auch AJA, MS-361/A13/17, Telegramm Delisraels an Wise, 10. April 1938; zum Finanzproblem des WJC vgl. Segev, The World Jewish Congress during the Holocaust, 5 f.
99 AJA, MS-361/A4/14, Petition des Vorstands des WJC an Völkerbundrat, 21. März 1938.
100 Zu Minderheitenrechten in der Zwischenkriegszeit vgl. Fink, Defending the Rights of Others; Graf, Die Bernheim-Petition 1933; Nesemann, Jüdische Diplomatie und Minderheitenrecht; Scheuermann, Minderheitenschutz contra Konfliktverhütung?
101 Vgl. Herbst, Das nationalsozialistische Deutschland 1933–1945, 187; AJA, MS-361/A4/14, Petition des Vorstands des WJC an Völkerbundrat, 21. März 1938, 3.

mit internationalem Recht stand, reagierte der Völkerbundrat indifferent und offenbarte damit seine machtlose Position. Als die deutsche Regierung dem Generalsekretär des Völkerbunds, Joseph Avenol, am 18. März mitteilte, dass mit der Bekanntmachung des Gesetzes über die Wiedereingliederung Österreichs in das Deutsche Reich vom 13. März der frühere Bundesstaat Österreich aufgehört habe, ein Mitglied des Völkerbunds zu sein, antwortete Avenol lediglich mit einer Eingangsbestätigung und der Mitteilung, dass er das Schreiben an die übrigen Mitglieder weiterleiten werde.[102] Damit waren die Bestimmungen des Vertrags von Saint-Germain de facto gegenstandslos geworden. Der Völkerbund reagierte offiziell weder auf den Protest der mexikanischen Delegation noch auf die Petition des WJC.[103] Die Weiterleitung der deutschen Note und die Ausdehnung der Flüchtlingskonvention können vor diesem Hintergrund als stille Akzeptanz geopolitischer Realität verstanden werden. Die Bemühungen des World Jewish Congress sollten eine sofortige Veränderung der Lage und eine Beruhigung der akuten Krise in Wien herbeiführen, denn erst Letzteres hätte ermöglicht, eine langfristige Perspektive für die geordnete Auswanderung Hunderttausender Menschen zu erarbeiten. Allerdings agierte der World Jewish Congress dabei als ungleicher Partner auf der Ebene internationaler Diplomatie. Da die politische Konstellation für die Petition nicht günstig war und keine Unterstützung seitens Großbritanniens oder Frankreichs fand, blieb sie letztlich wirkungslos.[104]

Hilfe durch Papiere: HIAS und JDC

Die philanthropischen Organisationen konzentrierten sich auf die lebensnotwendige Versorgung im Alltag und die Unterstützung bei der Emigration. Dabei waren die Handlungsspielräume der HIAS und des JDC abhängig von vorhandenen Finanzmitteln. Privaten Geldgebern kam in der gesamten Auswanderungsunterstützung und Flüchtlingsversorgung der 1930er Jahre elementare Bedeutung zu. Der Vorstand der HIAS stellte – zusätzlich zu seiner euphorischen Adresse über Roosevelts Initiative – öffentlich in Aussicht, dass »die amerikanische Judenheit« das zu etablierende Komitee »mit den zusätzlichen Mitteln, die unter den Bedingungen notwendig sein werden, ver-

---

102 Vgl. o. A., Situation of Austria in Relation to the League of Nations.
103 Der WJC erfuhr jedoch, dass der Völkerbundrat die Petition aus »politischen Gründen« nicht behandeln werde, obwohl der Generalsekretär diese für zulässig erklärt hatte. AJA, MS-361/A1/6, World Jewish Congress, Circular Letter, Nr. 9, 31. Mai 1938, 4.
104 Zur Asymmetrie staatlicher und nicht staatlicher Interessenvertretung und den Bedingungen erfolgreicher jüdischer Diplomatie vgl. Kirchhoff, Einfluss ohne Macht; Diner, »Meines Bruders Wächter«; Beker, Diplomacy without Sovereignty, 343 f.; Biale, Power and Powerlessness in Jewish History.

sorgen wird«.¹⁰⁵ Dies war eine starke Reaktion, offenbarte aber zugleich eine grundlegende Paradoxie auf internationaler Ebene, mit der sich die jüdischen Organisationen konfrontiert sahen: Sie sollten für die Finanzierung der Emigration Hunderttausender sorgen; zum Komitee, das die Auswanderung koordinieren sollte, waren aber nur Regierungsvertreter eingeladen. Ergänzend zu dieser vorausgesetzten Arbeit nicht staatlicher Organisationen startete die HIAS auch eigene Initiativen.

Nach der Schließung sämtlicher jüdischer Organisationen in Wien, darunter auch der Büros des JDC und der HIAS, wurden alle individuellen Gesuche um Emigrationshilfe direkt an die Zentrale in New York gesendet. Innerhalb weniger Wochen gingen dort Tausende Briefe ein und die HIAS musste für deren Bearbeitung neue Mitarbeiter einstellen.¹⁰⁶ Dabei kümmerten sich die Beschäftigten auch um die Bereitstellung von Affidavits. Diese Bürgschaftserklärungen amerikanischer Staatsangehöriger waren für die Immigration notwendig, da ihre Unterzeichner garantierten, im Notfall für die Neueinwanderer zu sorgen. Nach erfolgreicher Einwerbung organisierte der HIAS-Vorstand beim amerikanischen Außenministerium die »sichere Zustellung von Affidavits« an die Auswanderungswilligen in Österreich durch die »Diplomatenpost«.¹⁰⁷ Doch mit der sicheren Weiterleitung war es nicht getan. Sowohl dem Europavertreter der HIAS in Paris, James Bernstein, als auch der Exekutive in New York war die katastrophale Situation im amerikanischen Konsulat in Wien bekannt. Über den steigenden Druck auf die Gesandtschaft berichtete der dortige Konsul Wiley wiederholt nach Washington. Die Visaabteilung führe täglich um die 500 Gespräche mit »Ausreisewilligen [*would-be emigrants*]« und nehme mittlerweile fast das gesamte Gebäude ein. Wenn das Außenministerium hingegen an der im April angedachten Reduzierung der Mitarbeiter festhalte, bleibe keine andere Option, so Wiley, als das Konsulat zu schließen: »Dann wird natürlich ein Sturm über uns hereinbrechen.«¹⁰⁸ Um eine solche Entwicklung zu vermeiden, unterbreitete Bernstein ein Angebot: Die HIAS würde dem Konsulat ein Darlehen zur Verfügung stellen, um mehr Mitarbeiter einstellen sowie Räume anmieten zu können, sodass die

---

105 YIVO, RG 245.1/9, Minutes of a Special Meeting of the Board of Directors of HIAS, 25. März 1938, 130–132, hier 131.
106 Vgl. YIVO, RG 245.1/9, Minutes of a Meeting of the Board of Directors of HIAS, 12. April 1938, 133–137, hier 135. Zu dem effektiven Netzwerk zwischen HIAS, JDC und lokalen Hilfsorganisationen in ganz Europa vgl. Bazarov, HIAS and HICEM in the System of Jewish Relief Organisations in Europe, 1933–41.
107 YIVO, RG 245.1/9, Minutes of a Meeting of the Board of Directors of HIAS, 17. Mai 1938, 138–141, hier 140.
108 FDRL, John Wiley Papers/Box 2, Wiley an Messersmith, 3. Juni 1938. Zur Informationsübermittlung des amerikanischen Konsulats nach Washington vgl. Offenberger, The Jews of Nazi Vienna, 1938–1945, 40 f.

Visaverfahren beschleunigt werden könnten.[109] Ähnliches sei bereits 1920 im amerikanischen Konsulat in Warschau als Reaktion auf antijüdische Pogrome praktiziert worden.[110] Ob die HIAS tatsächlich ein solches Darlehen bereitstellte, ist ungewiss. Die Zahl der Konsulatsbeschäftigten erhöhte sich jedoch im Sommer 1938.[111] Diese Initiativen beleuchten den Aktionsradius philanthropischer Organisationen und verdeutlichen die Bedeutung finanzieller Ressourcen in der praktischen Migrations- und Flüchtlingspolitik. Die HIAS konnte an den amerikanischen Einwanderungsquoten nichts ändern, aber sie konnte im Rahmen der gesetzlichen Bestimmungen und in Kooperation mit staatlichen Stellen helfen, Visaanträge überhaupt erst vollständig einzureichen und deren Bearbeitung zu beschleunigen.

Unterstützte die HIAS die Auswanderungsbemühungen Tausender, so war dennoch offensichtlich, dass dies allein nicht ausreichen würde, um mit der Situation »adäquat« umzugehen. Schon die ersten Berichte an jüdische Organisationen im Ausland spiegelten die Notwendigkeit neuer Ansätze in der Flüchtlingspolitik. Nach Roosevelts Initiative fanden die jüdischen Aktivitäten in einem veränderten politischen Klima statt; das amerikanische Engagement schien grundlegend neue Möglichkeiten zu eröffnen. Vor Hulls Pressekonferenz hielt Baruch Zuckermann in einem Bericht an den WJC fest, dass die jüdische Bevölkerung Wiens hoffe, Italien könne beim NS-Regime ein sofortiges Ende der Gewalt vermitteln.[112] Mit Blick auf frühere Interventionen Mussolinis zugunsten von Jüdinnen und Juden im deutschen Herrschaftsbereich war diese Erwartung nicht abwegig.[113] Eine Radikalisierung der faschistischen Politik verschärfte jedoch mittlerweile die Situation von Jüdinnen und Juden in Italien und die Allianz mit Deutschland hatte zu einer Zurückweisung der amerikanischen Einladung zur Flüchtlingskonferenz geführt.[114]

---

109 YIVO, RG 245.1/9, Minutes of a Regular Meeting of the Board of Directors of HIAS, 14. Juni 1938, 142–145, hier 143; zur Rolle der HICEM/HIAS-JCA beim Erwerb von Visa insgesamt vgl. Bazarov, HIAS and HICEM in the System of Jewish Relief Organisations in Europe, 1933–41, 72.

110 YIVO, RG 245.1/9, Minutes of a Regular Meeting of the Board of Directors of HIAS, 14. Juni 1938, 143. Zu den Pogromen 1918/19 und der Entsendung einer amerikanischen Untersuchungskommission vgl. Engel, Art. »Morgenthau Commission«.

111 YIVO, RG 245.1/9, Minutes of a Meeting of the Board of Directors of HIAS, 19. Juli 1938, 146–150, hier 147 f.

112 Vgl. AJA, MS-361/A19/11, Bericht von Zuckerman an Goldmann, 27. März 1938, 3.

113 Zu Mussolinis Interventionen zugunsten der Juden im Saargebiet vgl. Goldmann, Staatsmann ohne Staat, 198–209; Deonna, Art. »Jüdischer Weltkongress«, 265.

114 Zur Zuflucht für Tausende deutsche Jüdinnen und Juden in Italien und der dortigen antijüdischen Gesetzgebung im Sommer 1938 vgl. Klein, Italy's Jews from Emancipation to Fascism, 84–96; Schlemmer/Woller, Der italienische Faschismus und die Juden 1922 bis 1945, 174–180; Voigt, Zuflucht auf Widerruf, 26 f., 35 und 42. Zur Außenpolitik vgl. Michaelis, Mussolini and the Jews, 143–146; Burgwyn, Italian Foreign Policy in the Interwar Period 1918–1940, 166–169; Villari, Italian Foreign Policy under Mussolini, 35, 113 und 186–192.

Bezüglich eines Einschreitens Großbritanniens oder der Vereinigten Staaten war man Mitte März in Wien sehr skeptisch gewesen.[115] Die bisherige Distanz der Vereinigten Staaten zur europäischen Politik ließ wenig erwarten. Die britischen Bemühungen zielten darauf ab, mit Deutschland zu einem pragmatischen Interessenausgleich zu gelangen, der eine einseitige Aufrüstung Deutschlands verhindern sollte; ein gewisses Verständnis für deutsche Revisionsforderungen ging mit dieser Politik einher.[116]

Diese Konstellationen prägten die Erwartungen in den jüdischen Organisationen. Vor diesem Hintergrund erklärt sich einerseits die Überraschung der rooseveltschen Einladung sowie andererseits die Bedeutung, die ihr von jüdischer Seite zugeschrieben wurde. In einer Situation tiefster Furcht und Demütigung ergriffen die Vereinigten Staaten, *das* Einwanderungsland europäischer Jüdinnen und Juden schlechthin, die Initiative und stellten ein internationales Komitee für die Emigration Hunderttausender »potenzieller Flüchtlinge« in Aussicht. Damit nahm sich eine der führenden Mächte des Schutzes und der Zukunft der Jüdinnen und Juden an und versprach durch politische Autorität sowie wirtschaftliche Macht die Aussicht auf einen Ausweg aus akuter Not.[117] Eröffnete der Vorstoß »neue Wege der Hoffnung«, bürdete er den jüdischen Organisationen aber zugleich große Verantwortung auf – besonders in finanzieller Hinsicht.[118] Allerdings schienen sich mit der Konferenz und dem geplanten Komitee günstigere Bedingungen für die jüdische Diplomatie zu ergeben, als sie in den Jahren zuvor im Völkerbund bestanden hatten. Im Detail jedoch waren noch zahlreiche Eckpunkte der kommenden Konferenz unklar. Somit hieß es abwarten, was von Regierungsseite als Nächstes angekündigt würde und welche Möglichkeiten sich den jüdischen Vertretern eröffnen würden, ihre Positionen einzubringen. Zugleich versuchten sie, über ihre politischen Kontakte möglichst viel über die Initiative in Erfahrung zu bringen und die Agenda der Konferenz bereits im Vorfeld konstruktiv mitzugestalten.

---

115 AJA, MS-361/A19/11, Bericht von Zuckerman an Goldmann, 27. März 1938, 3.
116 Zu den britisch-deutschen Beziehungen vgl. Niedhart, Appeasement; Herbst, Das nationalsozialistische Deutschland 1933–1945, 140–147, 178 und 184; Diner, Ein anderer Krieg, 68 f.; zur zeitgenössischen Wahrnehmung vgl. Fodor, Finis Austriæ, 587.
117 Vgl. Adler-Rudel, The Evian Conference on the Refugee Question, 238. Die Vereinigten Staaten hatten bereits 1902 gegen judenfeindliche Gesetzgebung in Rumänien und 1903 nach dem Pogrom im bessarabischen Kischinjow für rechtliche Gleichstellung im Zarenreich interveniert. Allerdings waren diese zwischenstaatlichen Proteste nur sehr begrenzt wirksam. Vgl. Engel, Art. »Hay-Note«.
118 Zu dieser Spannung vgl. JDCA, 255, Baerwald an Hull, 29. März 1938; JDCA, 255, Telegramm JDC an Jewish National Welfare Fund, San Francisco, Calif., 28. März 1938.

Eine Besprechung im Weißen Haus: Etablierung des Advisory Committee

Waren die Erwartungen an die Konferenz bereits groß, so stand deren Planung noch ganz am Anfang. Der Name des kleinen französischen Kurorts Évian-les-Bains am Genfer See war seit einer Besprechung am 13. April in Washington im Gespräch.[119] Zunächst war Genf – als Zentrum internationaler Politik nach dem Ersten Weltkrieg – anvisiert worden. Die schweizerische Regierung sagte zwar ihre Teilnahme an der Konferenz zu, verweigerte jedoch Genf als Austragungsort und folgte damit einem zur gleichen Zeit verkündeten außenpolitischen Kurswechsel, der eine Rückkehr zur strikten Neutralität vorsah und damit de facto einem Rückzug aus dem Völkerbund gleichkam.[120] Évian bot sich aufgrund seiner Nähe zu Genf an: Separiert von den politischen Konflikten in Europas Hauptstädten, konnte die Infrastruktur des Völkerbunds genutzt werden; außerdem bot der Kurort spontan ausreichend Übernachtungsmöglichkeiten für Hunderte Teilnehmende. Die Regierung Léon Blums (1872–1950) genehmigte, dass die Konferenz auf französischem Staatsgebiet stattfand. Wenige Wochen später hätte die neue, in der Flüchtlingspolitik wesentlich restriktivere französische Regierung unter Édouard Daladier (1884–1970) dem wahrscheinlich nicht mehr zugestimmt.[121]

Roosevelt hatte für die Besprechung 14 Persönlichkeiten ins Weiße Haus geladen, um die Grundsätze seiner Initiative zu erläutern und den Grundstein für ein Beratergremium – das spätere Advisory Committee on Political Refugees – zu legen. Dieses sollte als Mittler zwischen dem zukünftigen zwischenstaatlichen Komitee und Privatpersonen sowie Organisationen in den Vereinigten Staaten fungieren.[122] Von Regierungsseite waren neben dem Präsidenten selbst unter anderen Außenminister Hull, dessen Stellvertreter Sumner Welles und der Assistant Secretary George Strausser Messersmith anwesend. Letzterer war in den 1930er Jahren Generalkonsul zuerst in Berlin

---

119 Vgl. JDCA, 193, Memorandum on White House Conference on Refugees; auch FDRL, Official File 3186/Political Refugees Jan–May 1938, 12-Punkte-Memorandum zur Vorlage für Roosevelt, vermutlich 11. April 1938, 2; vgl. auch FDRL, Official File 3186/Political Refugees Jan–May 1938, Begleitschreiben von Welles an FDR's Sekretär Stephen Early, 11. April; Bartrop, The Evian Conference of 1938 and the Jewish Refugee Crisis, 24 f.
120 Vgl. Walters, A History of the League of Nations, 771. Die Schweiz hatte die Flüchtlingskonvention von 1933 und 1938 nicht unterzeichnet. Vgl. Picard, Die Schweiz und die Juden 1933–1945, 296.
121 Vgl. Caron, Uneasy Asylum, 182.
122 Vgl. die wortgleichen Einladungsschreiben zu »Vorüberlegungen über die wirkungsvollste Weise der Zusammenarbeit«, FDRL, Official File 3186/Political Refugees Jan–May 1938, z. B. Roosevelt an Morgenthau, Sr., 8. April 1938. Ein Journalist der *The New York Times* sah hier die »Grundlage« der amerikanischen Initiative geschaffen, o. A., President Confers on Aid to Refugees.

und dann in Wien gewesen und galt innerhalb des World Jewish Congress als »ein ausgezeichneter Mann [...], der auch die ganzen Leute persönlich kennt«.[123] Zu den Privatpersonen zählten der Präsident der Rockefeller Foundation, Raymond Blaine Fosdick; James McDonald, der erste High Commissioner for Refugees Coming from Germany, der Ende 1935 aus Protest über seine geringen Handlungsmöglichkeiten zurückgetreten war; Joseph Perkins Chamberlain, Professor für öffentliches Recht an der Columbia University, ehemals amerikanischer Vertreter im Beirat der HCR unter McDonald und seit 1934 Vorsitzender des National Coordinating Committee for Refugees and Emigrants Coming from Germany[124] sowie drei Vertreter der christlichen Kirchen.[125] Schließlich kamen zu dem Treffen noch zwei Personen, die die jüdische Perspektive vertreten sollten und deshalb hier besondere Aufmerksamkeit verdienen: Stephen Samuel Wise und Henry Morgenthau senior (Abb. 1).

Dieses Treffen im Weißen Haus und die Etablierung eines Beratergremiums waren nach Hulls Presseerklärung die nächsten Schritte in der Vorbereitung von Évian. Notwendig war die Besprechung, da es der Roosevelt-Administration zu diesem Zeitpunkt an einem konkreten Plan oder einer Konzeption des avisierten Flüchtlingskomitees mangelte. Aus Sicht der Regierung sollten in erster Linie private Akteure die Grundlagen für die Arbeit der internationalen Konferenz beisteuern.[126] Die hier Versammelten kannten sich fast alle seit Jahren oder gar Jahrzehnten, hatten bereits zusammengearbeitet und waren zum Teil persönlich befreundet. Entscheidend ist jedoch, dass hier ein Muster internationaler Flüchtlingspolitik in den 1930er Jahren erkennbar ist: Politische Entscheidungsträger, potenzielle Finanziers und Experten für Migrations- und Flüchtlingspolitik kamen zusammen an einen Tisch und agierten. Die Rockefeller Foundation finanzierte zum Beispiel die ab Ende 1937 am Londoner Royal Institute of International Affairs von Sir

---

123 AJA, MS-361/A6/11, Sitzung der Exekutive des Jüdischen Weltkongresses, 10. April 1938, 8.
124 Im National Coordinating Committee waren alle amerikanischen Flüchtlingshilfsorganisationen vertreten und darüber hinaus viele der hier eingeladenen Personen. Der JDC stellte umfangreichste Mittel bereit. Vgl. YIVO, RG 278/30, 1476f., The German Emigres in the United States, June 1938, 2; YIVO, RG 278/30, 1472, Board of the NCC; LONA, R 5722/50/7564/7564, Legation of the United States of America, Bern an Avenol, Generalsekretär des Völkerbunds, 24. November 1933.
125 Vgl. FDRL, Official File 3186/Political Refugees Jan–May 1938. Teilnehmerliste vgl. JDCA, 193, Memorandum on White House Conference on Refugees. Zu dem Treffen auch Breitman/Lichtman, FDR and the Jews, 105f.
126 Vgl. Kieffer, Judenverfolgung in Deutschland – eine innere Angelegenheit?, 178; FDRL, Official File 3186/Political Refugees Jan–May 1938, 12 Punkte Memorandum zur Vorlage für Roosevelt, vermutl. 11. April 1938.

Abb. 1: Henry Morgenthau senior (links) und Stephen Samuel Wise verlassen nach einer von Präsident Roosevelt einberufenen Besprechung am 13. April 1938 das Weiße Haus. Library of Congress, Prints & Photographs Division, photograph by Harris & Ewing, LC-DIG-hec-24470, <https://www.loc.gov/resource/hec.24470/>.

John Hope Simpsons erarbeitete Studie zum Status quo der Flüchtlinge in Europa, die als Entscheidungsgrundlage der zukünftigen Flüchtlingspolitik des Völkerbunds gedacht war und im Sommer 1938 in vorläufiger Fassung in Évian vorlag.[127] McDonald und Chamberlain brachten sowohl durch ihre

---

127 Vgl. YIVO, RG 245.4.4./IV-7, Refugee Survey. Preliminary Report, Walter Adams (Chatham House), 27. Mai 1937; YIVO, RG 245.4.4./IV-7, HICEM, Paris an HIAS, NYC, 28. Juni 1937; JDCA, 254, Katz an Felix M. Warburg, 5. Oktober 1937, 2. JDC, Rockefeller Foundation und Simpson standen im Austausch über die Inhalte des Reports und die daraus zu ziehenden Schlussfolgerungen. Vgl. den Bestand JDCA, 413.

akademischen und publizistischen Tätigkeiten als auch durch ihre praktische Arbeit mit Flüchtlingen unentbehrliches Expertenwissen mit und waren allseits anerkannt.[128] Morgenthau stand darüber hinaus geradezu paradigmatisch für philanthropisches Engagement in Europa.[129] Als amerikanischer Botschafter im Osmanischen Reich hatte er während des Ersten Weltkriegs Hilfsgelder für Juden in Palästina gesammelt und die Gründung des JDC mitangestoßen.[130] Bekanntheit erlangte er aber besonders durch das auf seine Initiative hin gegründete Armenian Atrocities Committee zur Unterstützung armenischer Flüchtlinge, die den Genozid überlebt hatten, und die Morgenthau Commission, die Pogrome an der jüdischen Bevölkerung während der Phase der polnischen Staatsgründung nach dem Ersten Weltkrieg untersucht hatte.[131] Die Anwesenheit von Stephen Wise erklärt sich in erster Linie durch seine Rolle als öffentliche Person und seinen Einfluss auf das jüdische Leben in Amerika als Präsident des American Jewish Congress und der Zionist Organization of America sowie durch seine Bedeutung als Reformrabbiner, der 1922 das Jewish Institute of Religion in New York gegründet hatte.

Roosevelt wiederholte am 13. April eingangs die Rahmenbedingungen seiner Idee und bestätigte, dass bis auf Italien alle eingeladenen Länder ihre Teilnahme erklärt hätten. Außerdem kündigte er die Konferenz für Anfang Juni an; die Ernennung des amerikanischen Vertreters stehe unmittelbar bevor. Den Terminus der »politischen Flüchtlinge« wollte er im weitesten Sinne verstanden wissen: Er solle alle umfassen, die aufgrund politischer Bedingungen aus ihren Ländern fliehen müssten. Im Protokoll ist vermerkt, dass Roosevelt offensichtlich die Spezifizierung »jüdische Flüchtlinge« vermeiden wollte.[132] Zugleich bekräftigte er, dass der Fokus auf der erleichterten Auswanderung der noch in Deutschland befindlichen Verfolgten lag. Da abzusehen war, dass der Kongress der Vereinigten Staaten der gesamten Causa gegenüber kritisch eingestellt war, herrschte in der Runde weitgehend Konsens, dass vor Évian keine voreiligen Überlegungen oder gar Kontroversen über staatliche Unterstützung von Flüchtlingen oder eine Anhebung der Einwanderungsquote in die Öffentlichkeit getragen werden sollten. Da auf-

---

128 Vgl. Breitman/Lichtman, FDR and the Jews, 105. Zu Chamberlain: o. A., Joseph Perkins Chamberlain. Zu McDonald: Burgess, The League of Nations and the Refugees from Nazi Germany, bes. 9 und 29–31; Breitman/McDonald Stewart/Hochberg (Hgg.), Refugees and Rescue; Shafir, Taylor and McDonald; Genizi, James G. McDonald.
129 1933 hatte Morgenthau McDonald als High Commissioner for Refugees bei Hull vorgeschlagen. Vgl. Bauer, My Brother's Keeper, 142.
130 Vgl. ebd., 3 f.; Estraikh, Art. »Joint Distribution Committee«, 211.
131 Vgl. Wehse, Between Armenian Praise and Zionist Critique; Fiedler, Art. »Armenian Atrocities Committee«; Engel, Art. »Morgenthau Commission«.
132 Vgl. JDCA, 193, Memorandum on White House Conference on Refugees, 1; Breitman/Lichtman, FDR and the Jews, 106; Bauer, My Brother's Keeper, 232.

fällig war, dass kein Vertreter des JDC anwesend war, die wirkmächtigste und finanzstärkste jüdisch-philanthropische Organisation der Zeit also in dieser Runde fehlte, kam man zu dem Schluss, ihren Vorsitzenden Paul Baerwald in das neue Beratungskomitee zu berufen.[133]

Dieser Vorschlag entbehrt nicht einer gewissen Paradoxie, wenn man sich die Auswahl der Teilnehmer für den 13. April ansieht: Messersmith hatte Chamberlain Ende März gebeten, eine Liste mit Privatpersonen – keine Organisationen – für ein Treffen mit dem Präsidenten vorzuschlagen. Am 1. April hatten sich daher unter anderem Georg Lewis Warren vom Außenministerium und hochrangige Vertreter des JDC – Baerwald, sein Stellvertreter Joseph Charlap Hyman und Katz, der eigentlich im Pariser Büro des JDC arbeitete – in Chamberlains Privaträumen getroffen und diskutiert, wer infrage kommen könnte.[134] Dass Chamberlain diese Angelegenheit mit Baerwald und Hyman beriet, ist auf ihre enge Zusammenarbeit der letzten Jahre zurückzuführen. Neben der inhaltlichen Expertise achtete die Runde auf ein weiteres Prinzip: Bei dem Treffen mit Roosevelt sollte die Anzahl von Persönlichkeiten jüdischer Herkunft möglichst gering sein. Die Runde sollte außerdem durch Vertreter der christlichen Kirchen, von denen man sich praktische Unterstützung erwartete, paritätisch besetzt sein.[135] Die Namen der einflussreichen JDC-Funktionäre fanden sich letztlich nicht auf der Teilnehmerliste; sie wollten sich bewusst im Hintergrund halten, um in der Öffentlichkeit nicht den Eindruck zu erwecken, es handle sich um ein rein »jüdisches« Flüchtlingsproblem.[136] Aus diesem Grund war man in der New Yorker Zentrale über die im vorherigen Jahr erfolgte Berufung Katz' zum geschäftsführenden Sekretär des Liaison Committee bei der High Commission for Refugees nicht glücklich gewesen. In diesem Gremium waren jüdische Organisationen und nichtjüdische Flüchtlingskomitees assoziiert und berieten Malcolm bei seiner Arbeit. Der Vorstand des JDC fürchtete, sein Engagement für die deutschen Flüchtlinge – und damit auch alle dazugehörigen politischen Fragen – würde so in die Öffentlichkeit rücken.[137] Im JDC setzte man auf das Prinzip, dass in diesen Belangen explizit Nichtjuden wie McDonald und Chamberlain die Führung übernehmen sollten.[138]

Der JDC war 1914 als Reaktion auf die Verwerfungen des Weltkriegs gegründet worden und fokussierte sich zunächst auf die wirtschaftliche und so-

---

133 Vgl. JDCA, 193, Memorandum on White House Conference on Refugees, 3.
134 Vgl. JDCA, 255, Baerwald an Kahn, 11. April 1938.
135 Vgl. JDCA, 255, Meeting at Professor Chamberlain's Home, 1. April 1938; vgl. Kieffer, Judenverfolgung in Deutschland – eine innere Angelegenheit?, 179; Sjöberg, The Powers and the Persecuted, 49; Masherberg, American Diplomacy, 345.
136 Vgl. JDCA, 255, Baerwald an Kahn, 11. April.
137 Vgl. JDCA, 254, Hyman an Baerwald, 22. Dezember 1937.
138 Vgl. Bauer, My Brother's Keeper, 233.

ziale Unterstützung des Jischuw und dann zunehmend in Osteuropa.[139] Eine als nicht ideologisch verstandene Hilfe zur Selbsthilfe sollte es den Glaubensgeschwistern ermöglichen, ihr Leben mit einer gesicherten Zukunftsperspektive an dem Ort fortsetzten zu können, an dem sie geboren worden waren oder Aufnahme gefunden hatten. Emigrationshilfe war bis 1933 kein Bestandteil der Arbeit des JDC gewesen, was er mit anderen amerikanischen Hilfsorganisationen gemein hatte. Dies änderte sich durch den nationalsozialistischen Terror grundlegend.[140] Der JDC wurde in den 1930er Jahren zu einer festen Adresse für philanthropische Arbeit in Europa und finanzierte dort zahlreiche Flüchtlingskomitees. Seine Arbeit folgte immer einem strikten Legalitätsprinzip: Neue Büros und die Ausweitung des Aufgabengebiets wurden zunächst mit dem amerikanischen Außenministerium besprochen und nur dann begonnen, wenn Letzteres dies unterstützte.[141] Es überrascht daher nicht, dass Warren einerseits sowie McDonald und Chamberlain andererseits auf die Expertise des JDC und etablierte Formen der Zusammenarbeit zurückgriffen.

Aus dem Treffen im Weißen Haus ging das Advisory Committee on Political Refugees hervor. Bis zu seiner nächsten Sitzung am 16. Mai 1938 veränderte sich noch die Besetzung: Der 82-jährige Morgenthau musste zu seinem Bedauern die weitere Tätigkeit ablehnen, er fühlte sich dieser Aufgabe nicht mehr gewachsen.[142] Die Erfahrungen, die er repräsentierte, blieben aber in der Arbeit des Komitees spürbar. Das Außenministerium war nun durch Messersmith, Paul Alling, dortiger Koordinator für Flüchtlingsangelegenheiten, und Robert Thompson Pell aus der Europaabteilung vertreten; neu hinzu kamen Baerwald sowie auf Roosevelts persönlichen Wunsch Hamilton Fish Armstrong.[143] Der Vorstand der HIAS beschwerte sich, dass ihre Organisation nicht berücksichtigt worden sei; Roosevelt antwortete darauf persönlich, dass das Gremium vollständig sei; er offerierte aber Gespräche mit seinem Sondergesandten in Évian.[144] McDonald wurde Vorsitzender und Warren

---

139 Das Standardwerk zum JDC in der Zwischenkriegszeit ist Bauer, My Brother's Keeper. In jüngerer Zeit erschien Bemporad, JDC in Minsk; vgl. auch Granick, The First American Organization in Soviet Russia.
140 Vgl. Bon Tempo, The United States and the Forty Years' Crisis, 180; Weiss, Deutsche und polnische Juden vor dem Holocaust, 138.
141 Vgl. Bauer, My Brother's Keeper, 8f.
142 Vgl. FDRL, Official File 3186/Political Refugees Jan–May 1938, Morgenthau an Roosevelt, 21. April 1938.
143 Vgl. YIVO, RG 278/58, First Meeting of the Advisory Committee on Political Refugees, 16. Mai 1938, 959–968, hier 960–962; FDRL, Official File 3186/Political Refugees Jan–May 1938, Welles an Roosevelt, 18. April 1938; JDCA, 255, Roosevelt an Baerwald, 18. April 1938; JDCA, 255, Baerwald an Roosevelt, 21. April 1938; auch Kieffer, Judenverfolgung in Deutschland – eine innere Angelegenheit?, 179–181.
144 Vgl. YIVO, RG 245.1/9, Minutes of a Meeting of the Board of Directors of HIAS, 19. Juli 1938, 146–150, hier 148.

geschäftsführender Sekretär. Die Kosten des Advisory Committee für Büro und Reisen sowie Warrens monatliches Gehalt von 1000 US-Dollar mussten aus privaten Mitteln beglichen werden, die – wenig überraschend – Wise und Baerwald zusagten.[145]

Ende April ernannte Roosevelt Myron Charles Taylor zum offiziellen Vertreter der amerikanischen Regierung im internationalen Komitee und verlieh ihm dafür den »ehrenamtlichen Rang eines Sonderbotschafters und Bevollmächtigten«.[146] Mit dieser Personalentscheidung erhielt die amerikanische Delegation Kontur. Taylor, der erst wenige Wochen zuvor sein Amt als Vorstandsvorsitzender von U.S. Steel aufgegeben hatte, galt als moderater Republikaner und erfahrener Verhandlungsführer und gehörte den Quäkern an. Obwohl er keine Erfahrung in internationaler Diplomatie und Flüchtlingspolitik hatte, entsprach die Auswahl erfahrener Geschäftsleute für internationale Aufgaben einer gewissen amerikanischen Tradition. So waren auch die Verhandlungen über den Young-Plan 1929 nicht in die Hände von Berufsdiplomaten gelegt worden.[147] Baerwald bezeichnete Taylor in informeller Runde als »einen der herausragenden Männer dieses Landes mit hohen moralischen Grundsätzen«.[148] Taylor waren als enge Berater Pell und George Louis Brandt, Mitarbeiter der Visaabteilung und früherer Konsul in Köln, zur Seite gestellt, die gleichzeitig als Verbindungsmänner zwischen ihm und dem Advisory Committee fungierten.[149] Aus Sicht des World Jewish Congress waren damit Experten für internationale Konferenzen und Einwanderungsfragen gewonnen.[150]

---

145 Vgl. Kieffer, Judenverfolgung in Deutschland – eine innere Angelegenheit?, 179f. Der JDC zahlte im Juni 1938 eine Ersteinlage von 4000 US-Dollar bei der Chase National Bank ein, wodurch das Advisory Committee ein Konto eröffnen konnte. Vgl. JDCA, 255, Baerwald an Wise, 14. Juni 1938. Der JDC übernahm auch die Reisekosten für McDonald und Warren nach Évian. Vgl. JDCA, 331, Telephone Conference with McDonald, 14. Juni 1938.
146 FDRL, Official File 3186/Political Refugees Jan–May 1938, Roosevelt an Taylor, 26. April 1938; die Zusage, FDRL, Official File 3186/Political Refugees Jan–May 1938, Taylor an Roosevelt, 30. April 1938; vgl. auch Breitman/Lichtman, FDR and the Jews, 106f.; zum Gespräch zwischen Roosevelt und Taylor am 29. April vgl. Kieffer, Judenverfolgung in Deutschland – eine innere Angelegenheit?, 187.
147 Vgl. Weingarten, Die Hilfeleistung der westlichen Welt bei der Endlösung der deutschen Judenfrage, 48f.
148 JDCA, 255, Baerwald, 3. Juni 1938, 2.
149 Vgl. McDonald Stewart, United States Government Policy on Refugees from Nazism 1933–1940, 282–284.
150 Vgl. AJA, MS-361/A1/6, World Jewish Congress, Circular Letter, Nr. 9, Paris, 31. Mai 1938, 8.

Wachsender Druck in Wien: Vertreibung und nationale Abschottung

Parallel zu diesen Vorbereitungen der Konferenz in Évian ging der Terror gegen die jüdische Bevölkerung in Österreich und Deutschland weiter. In den Tagen der Konstituierung des Advisory Committee ereignete sich im österreichischen Burgenland eine Tragödie, die in ihrer Zeit und bis heute symbolisch für die Schutz- und Rechtlosigkeit jüdischer Flüchtlinge in den 1930er Jahren steht: Deutsche Behörden hatten wie an vielen Tagen zuvor Dutzende jüdische Familien aus ihren Wohnungen und Häusern an die Grenze zur Tschechoslowakei vertrieben. Am 16. April wurden dabei 51 Menschen inmitten der Donau auf einer Mole ausgesetzt – im »No-Mans-Water«, wie die Londoner *Times* es bezeichnete.[151] Die tschechoslowakischen Behörden, die bis dato großzügig Asyl für Schutzsuchende aus Deutschland gewährt hatten, verweigerten in diesem Fall die Zuflucht, da dies »höchstwahrscheinlich zu einer öfteren Wiederholung solcher Fälle seitens Deutschlands Anlass geben würde«.[152] Die Flüchtlinge wurden alsbald zur ungarischen Grenze gedrängt, die ihnen aber ebenfalls verschlossen blieb. Daraufhin wurden die meisten zurück nach Österreich abgeschoben, wo sie umgehend inhaftiert wurden.[153] Einige jüdische Flüchtlinge fanden Zuflucht auf dem französischen Donauschlepper Sena, der von der jüdischen Gemeinde Bratislava gepachtet wurde und, nach diplomatischen Interventionen, unter strengster Bewachung am ungarischen Ufer ankern durfte. Die Gemeinde versorgte die Geflüchteten mit dem Nötigsten.[154] In diesem Dreiländereck waren die Flüchtlinge zu einem internationalen Problem geworden.[155] Im *Prager Tagblatt* hieß es: »Dieses schwimmende Asyl soll solange an Ort und Stelle bleiben, bis es

---

151 O. A., Nazism and the Jews – The Austrian Drive – Looking to the Evian Conference, 15. Zum »Niemandsland« vgl. Frankl, No Man's Land; zur antijüdischen Verfolgung im Burgenland vgl. Rosenkranz, Verfolgung und Selbstbehauptung, 45–47.

152 AJA, MS-361/A13/12, Viktor Fisch, i. V. des Abgeordneten Angelo Goldstein, Jüdische Partei der Tschechoslowakei, an Kate Knöpfmacher, 27. April 1938. Zur Praxis des Asyls in der Tschechoslowakei vgl. Čapková/Frankl, Unsichere Zuflucht, 49 f.

153 Vgl. o. A., 51 Jews Cast Adrift by Nazis in Mid-Danube. Bernard Wasserstein wählte für diese Abfolge willkürlicher Abschiebungen von einer Grenze zur nächsten den fragwürdigen Begriff des »Refugee Tennis«. Ders., On the Eve, 364–366.

154 Vgl. o. A., Wandering Jews; o. A., 15 Danube Refugees Find Shelter on French Boat; JDCA, 448, Report From Marie Schmolka, Director of HICEM in Prague, about Her Visit to the Boat on July 10th, 1938. Tara Zahra bezeichnet diese Tragödie als »mini-St. Louis«. Dies., The Great Departure, 149; vgl. zu diesem Ereignis auch McDonald Stewart, United States Government Policy on Refugees from Nazism 1933–1940, 317 f.; Rosenkranz, Verfolgung und Selbstbehauptung, 47 und 90 f.; Morse, While Six Million Died, 205.

155 LONA, R 5720/50/33213/7100, Union für Recht und Freiheit, Prag an Sekretariat des Völkerbunds, 3. Mai 1938, 3.

gelingt, eine internationale Lösung für die Flüchtlinge zu erreichen. Diesbezügliche Schritte sind bereits im Gange.«[156]

Doch die Interventionen von jüdischer und nichtjüdischer Seite schlugen zunächst fehl: Nachdem Stephen Wise bei Messersmith angefragt hatte, ob es möglich wäre, »dass unser Vertreter in Jugoslawien schon vor einer Flüchtlingskonferenz um vorübergehende Aufnahme dieser Menschen [...] bittet«, erhielt er eine Absage. Messersmith konstatierte, dass es »ein Prinzip« der amerikanischen Regierung sei, »nicht in irgendeiner Weise in die inneren Angelegenheiten eines anderen Landes einzugreifen«. Außerdem, so schrieb er weiter, »würde das von Ihnen vorgeschlagene Vorgehen zumindest indirekt eine Verpflichtung unserer Regierung begründen, diese Menschen von der jugoslawischen Regierung zu übernehmen«.[157] Obwohl sich das State Department gerade in der Vorbereitung einer Flüchtlingskonferenz befand, schien für den Diplomaten diese konkrete Hilfsaktion nicht im Rahmen des Möglichen. Einige Mitglieder des französischen Parlaments versuchten, bei der tschechoslowakischen Regierung Asyl zu erwirken, diese lehnte aus »prinzipiellen Gründen« ab. Auch das Angebot des JDC, der garantierte, für die Geflüchteten zu sorgen und deren Emigration zu organisieren, wenn sie an Land gehen dürften, wurde zurückgewiesen.[158] Die mittellosen Flüchtlinge saßen fest und waren auf die Versorgung durch nicht staatliche (meist jüdische) Organisationen angewiesen. Diese waren die einzigen, die sich für zuständig erklärten und erst nach Monaten die individuelle Emigration in verschiedene Länder für alle Betroffenen erreichten.[159]

An den Ereignissen auf dem Donauschlepper und den Interventionen lassen sich die damals üblichen Muster und Probleme der Flüchtlingshilfe ablesen. Zum einen musste diese von nicht staatlichen Akteuren geleistet werden, sowohl finanziell als auch organisatorisch. Ob Geflüchtete überhaupt eine Unterstützung in akuter Notsituation erhielten, hing grundsätzlich von bereits institutionalisierter oder ad hoc organisierter humanitärer Hilfe ab. Zum anderen offenbarte sich hier exemplarisch die Haltung der meisten Regierungen im Frühjahr 1938, die eigenen nationalen Interessen über die Schutzansprüche der Verfolgten zu stellen.[160] Dutzende oder ein paar Hun-

---

156 Ebd., 2. Rosenkranz verknüpft die Hoffnungen derjenigen auf dem Schlepper mit der bevorstehenden Konferenz in Évian. Vgl. ders., Verfolgung und Selbstbehauptung, 47.
157 Zit. nach Kieffer, Judenverfolgung in Deutschland – eine innere Angelegenheit?, 207f.
158 Vgl. o. A., Czechs Asked to Admit 15 Burgenland Exiles; o. A., Czechoslovakia Bars Entry of Danube Tugboat Refugees.
159 Für die meisten der Flüchtlinge konnte eine Einwanderung nach Palästina ermöglicht werden. Vgl. o. A., Refugees on Danube Tug Finally Land; JDCA, 448, Report From Marie Schmolka, Director of HICEM in Prague, about Her Visit to the Boat on July 10th, 1938.
160 Vgl. London, Whitehall and the Jews, 1933–1948, 1f. und 4; Feingold, The Politics of Rescue, 329f.

dert Geflüchtete wurden akzeptiert, die Aussicht auf Tausende jedoch führte zu restriktiven Maßnahmen. Nach Großbritannien und den Vereinigten Staaten stand Flüchtlingen und Verfolgten der Weg nur über die behördlich strikt geregelten Wege der offiziellen Einwanderung offen; beide Staaten verfügten damals über keine Flüchtlingsgesetzgebung auf nationaler Ebene.[161] Außerdem verhinderten die jeweiligen geografischen Lagen jenseits des Atlantiks und des Ärmelkanals in den allermeisten Fällen »illegale« Grenzübertritte. In die an Deutschland unmittelbar angrenzenden Staaten war eine Flucht über die sogenannte grüne Grenze möglich; allerdings drohten die Regierungen, die illegal ins Land Gekommenen wieder abzuschieben. Die Flüchtlinge fielen damit praktisch in eine Lücke zwischen staatlichen Zuständigkeiten und Souveränitäten. Nach der Annexion Österreichs war die europäische Szenerie durch nationale Alleingänge dominiert.[162]

Die philanthropische und rechtspolitische Arbeit nicht staatlicher Akteure musste sich auf die tiefgreifenden Änderungen der ersten Jahreshälfte einstellen. Die im Februar 1938 unterzeichnete Konvention für Geflüchtete aus Deutschland bot trotz ihrer Erweiterung auf das ehemalige Österreich keine adäquate Antwort auf die Situation. Die bevorstehende Konferenz von Évian und die Debatten über Flüchtlingspolitik im Völkerbund stehen paradigmatisch für ein dynamisches Moment im Umgang mit der Flüchtlingskrise 1938 – wie insgesamt der Flucht von Jüdinnen und Juden sowie politischen Oppositionellen aus Deutschland. Im Gegensatz zur Fluchtwelle von Russen nach der bolschewistischen Revolution, als sich »Staaten auf internationale Verpflichtungen *nach* der Flüchtlingskrise verständigten, intervenierten politische Entscheidungsträger im Fall der Flüchtlinge aus dem [Deutschen] Reich *vor* und *während* der Krise«.[163] Zu jenen, die auf internationale Verpflichtungen und zwischenstaatliches Handeln drängten, zählten insbesondere nicht staatliche Akteure – sie waren die Fürsprecher der Verfolgten. Gerade vor dem Hintergrund wirtschaftlicher Depression, fehlender Schutzmechanismen für Geflüchtete und daraus resultierender nationaler Alleingänge, die sich in erster Linie in restriktiven Einwanderungsbestimmungen ausdrückten, kommt der rechtspolitischen Arbeit des World Jewish Congress und der Soforthilfe philanthropischer Organisationen entscheidende Bedeutung zu.[164]

Die nationalen Alleingänge in Flüchtlings- und Migrationsfragen sowie ihre unmittelbaren Auswirkungen betrafen in erster Linie die Geflüchteten

161 Vgl. London, Whitehall and the Jews, 1933–1948, 8–10 und 80.
162 Vgl. Caestecker, How the Refugees Crisis from Nazi Germany Got (Partly) Solved through International Concertation, 51 f.; Caron, Uneasy Asylum, 171–174.
163 Ben-Nun/Caestecker, Modern Refugees as Challengers of Nation-State Sovereignty, 10.
164 Vgl. Skran, Refugees in Inter-War Europe, 274 und 286; Haddad, The Refugee in International Society, 119.

selbst, in der Folge mitunter aber auch die unterstützenden Organisationen. Wenige Wochen nachdem Wise für die Flüchtlinge auf dem Donauschlepper interveniert hatte, erreichte ihn am 17. Mai 1938 ein Brief von Goldmann aus Paris mit einer alarmierenden Nachricht: In den Pariser Büros des World Jewish Congress hatte die französische Polizei eine Razzia durchgeführt. Die Situation war für den Congress bedrohlich, da er eine Reihe von Mitarbeitern beschäftigte, die nicht über die regulären Arbeitsgenehmigungen verfügten.[165] Die breit angelegte Polizeiaktion im Großraum Paris führte zur Festnahme und Abschiebung Hunderter Ausländer und war ein öffentlichkeitswirksamer Ausdruck des unter dem neuen Premierminister Daladier einsetzenden Kurswechsels in der Flüchtlings- und Einwanderungspolitik. Nach dem Sturz der Volksfrontregierung unter Blum Anfang April führten wirtschaftliche und sicherheitspolitische Erwägungen vor dem Hintergrund der Annexion Österreichs, der sich immer weiter verschlechternden Situation der deutschen Judenheit und der drohenden Gefahr eines jüdischen Massenexodus aus Osteuropa zur Blockierung der Grenzen sowie zur drohenden Abschiebung sogenannter illegaler und unerwünschter Ausländer.[166] Während Goldmann und seine Kollegen für die Umsetzung elementarer Schutzrechte für Geflüchtete kämpften und in Genf auf die Einhaltung nationaler Minderheitenrechte in Osteuropa drängten, benötigten plötzlich ihre Mitarbeiter Unterstützung aus Amerika. Goldmann bat Wise darum, an »welches französische Ministerium es sich auch immer als notwendig erweisen mag« zu schreiben, um eine »kollektive Arbeitsgenehmigung für die gesamte Mitarbeiterschaft« zu erhalten. Dafür schlug er vor, alle diplomatischen Register zu ziehen, und setzte besonders auf die persönliche Wirkung von Wise: Sowohl dessen Rang als Offizier der französischen Ehrenlegion als auch die enge Verbindung von World Jewish Congress und American Jewish Congress durch seine Person trage zu »einem großen Teil zu den guten Beziehungen zwischen Frankreich und den Vereinigten Staaten« bei.[167] Im Grunde war dies aber ein Ausdruck von Verzweiflung und es unterstreicht – neben den finanziellen Engpässen des WJC – die grundsätzlich prekäre Arbeitssituation von Goldmann und seinen Kollegen, die sich von einem auf den anderen Tag ändern konnte – sogar in Frankreich. Ob es letztlich zu einer Ausnahmeregelung für den WJC kam, lässt sich aus den Akten nicht mehr rekonstruieren.

Die unter Daladier eingeführte restriktive Flüchtlingspolitik kann nicht ohne ihren Kontext bewertet werden. Sie war auf nationale Interessen ausgerichtet, dabei allerdings eine Reaktion auf die deutsche Judenverfolgung im Nachbarland. Deren Maßnahmen – sei es auf »gesetzlichem« Weg, mit blan-

---

165 Vgl. AJA, MS-361/A17/11, Goldmann/Knöpfmacher an Wise, 17. Mai 1938, 1.
166 Vgl. Caron, Uneasy Asylum, 171–179.
167 AJA, MS-361/A17/11, Goldmann/Knöpfmacher an Wise, 17. Mai 1938, 1 f.

kem Terror oder durch Ausweisung sowie Abschiebungen – hatten nur ein Ziel: die rücksichtslose Vertreibung der Juden aus dem Deutschen Reich.[168] In Wien war der SD bereits die dominierende Macht in der Judenverfolgung und ordnete alle Vorgehensweisen dem Ziel der forcierten Austreibung unter.[169] Zwischen April und Juni 1938 kam es neben Österreich auch in der deutschen Provinz und in einigen Großstädten, darunter Frankfurt am Main, Magdeburg, Stuttgart und Berlin, zu zahlreichen antisemitischen Ausschreitungen gegen Einzelpersonen, Synagogen und Geschäfte.[170] Im Ausland wurde dieses Vorgehen sehr wohl wahrgenommen.[171] Rosenblüth schrieb an Landauer, in Frankfurt habe es einen »Anblick [gegeben], den man dort schon jahrelang nicht mehr hatte«. Eine Phase prekärer Ruhe und vermeintlicher Rechtssicherheit für die Jüdinnen und Juden in Deutschland war endgültig vorbei.[172] Rosenblüth konstatierte, die Nationalsozialisten hätten begonnen, »nach der Wiener Methode jetzt auch in Deutschland zu arbeiten«.[173] Darüber hinaus hatte der SD in der ersten Jahreshälfte gegen Hunderte im Reichsgebiet lebende sowjetische und rumänische Juden »Ausweisungsaktionen« durchgeführt und die Betroffenen teils so lange in Konzentrationslagern interniert, bis sie nachweisen konnten, dass ihre Auswanderung unmittelbar bevorstehe.[174] Mitte Juni verhafteten die Nationalsozialisten dann neben Tausenden vermeintlichen »Asozialen« auch Tausende Juden, die wegen Kleinstdelikten vorbestraft waren.[175] Diese »erste Massenverhaftung« sollte

---

168 Vgl. Friedländer, Das Dritte Reich und die Juden, Bd. 1: Die Jahre der Verfolgung 1933–1939, 279; Longerich, Politik der Vernichtung, 159–161 und 165; Herbst, Das nationalsozialistische Deutschland 1933–1945, 200–204; Adam, Judenpolitik im Dritten Reich, 174–182; auch Weiss, Homeland as Shelter or as Refuge.
169 Vgl. Wildt, Volksgemeinschaft als Selbstermächtigung, 310; vgl. dazu auch Friedländer, Das Dritte Reich und die Juden, Bd. 1: Die Jahre der Verfolgung 1933–1939, 282; Longerich, Politik der Vernichtung, 170 f.
170 Vgl. Wildt, Volksgemeinschaft als Selbstermächtigung, 303–308; Longerich, Politik der Vernichtung, 172 f. und 183 f.; Roth, Radikalisierung durch Expansion, 18 f.
171 Vgl. Dok. 47: Der Botschafter der USA in Berlin informiert seinen Außenminister am 22. Juni 1938 über antijüdische Demonstrationen und Verhaftungen von Juden, in: VEJ 2 (2009), 176–179.
172 Vgl. Jünger, Jahre der Ungewissheit, 346 f.; Adam, Judenpolitik im Dritten Reich, 153 f.; zeitgenössisch Dok. 88: In einem Bericht an den JDC wird am 25. August 1938 die Situation der Juden in Deutschland resümiert, in: VEJ 2 (2009), 274–278, bes. 274.
173 Rosenblüth an Landauer, 17. Mai 1938, abgedruckt in: Kulka (Hg.), Deutsches Judentum unter dem Nationalsozialismus, Bd. 1, 381.
174 Vgl. Wünschmann, Before Auschwitz, 182 und 193 f.; Friedländer, Das Dritte Reich und die Juden, Bd. 1: Die Jahre der Verfolgung 1933–1939, 285; Longerich betont, dass der SD mit dieser »Strategie der kontrollierten Vertreibung eine Führungsrolle in der gesamten ›Judenpolitik‹« zu übernehmen suchte, ders., Politik der Vernichtung, 162, auch 161 und 164.
175 Vgl. Gruner, Zwangsarbeit und Verfolgung, 33 f.; Rosenkranz, Verfolgung und Selbstbehauptung, 87.

ebenfalls »den Auswanderungsdruck erhöhen«.[176] Die Reichsvertretung der Juden wandte sich am 17. Juni mittels einer Eingabe an die Reichskanzlei, »um, vollkommen ohnmächtig, ein ›tiefes Gefühl der Schutzlosigkeit‹ innerhalb der jüdischen Bevölkerung zum Ausdruck zu bringen«.[177] Durch die zahlreichen Berichte des Council for German Jewry, des JDC, des WJC und der HIAS bestand im Ausland über die Situation der Juden in Deutschland eigentlich kein Zweifel.[178]

Im Frühjahr und beginnenden Sommer 1938 sahen sich die jüdischen Hilfsorganisationen mit wirtschaftlicher Not im gesamten deutschen Herrschaftsbereich konfrontiert, die mit jedem Tag größer wurde. Der Druck zur Auswanderung breitete sich von Wien binnen kürzester Zeit immens aus. Gleichzeitig stagnierten oder verringerten sich gar die Möglichkeiten der Einwanderung. Dass die britische Regierung beispielsweise unmittelbar nach der Annexion Österreichs ihre Einwanderungspolitik änderte und fortan von allen deutschen und österreichischen Staatsbürgern Visa forderte, ging indirekt auf ein Schreiben von Otto Moritz Schiff an das britische Home Office zurück. Im Namen des Council for German Jewry musste Schiff mitteilen, dass die 1933 gegebene »pauschale Zusicherung« – für alle in England ankommenden jüdischen »Flüchtlinge« würde von privater Seite gesorgt – nicht länger aufrechterhalten werden konnte.[179] Die Finanzmittel des Council reichten nicht mehr aus, obwohl zwei seiner führenden Mitglieder, Lord Bearsted (Walter Horace Samuel) sowie Anthony Gustav de Rothschild, umgehend ihre Bankhäuser anwiesen, weitere Kredite zu gewähren.[180] Die angekündigte Flüchtlingskonferenz war für die konkrete Arbeit der Organisationen noch keine Hilfe. Auf der Vorstandssitzung des Council am 4. April in London, wo alle zentralen jüdischen Organisationen anwesend waren, wurde zwar über Évian gesprochen und die Teilnehmenden versicherten sich gegenseitig ihrer Kooperationsbereitschaft, allerdings kam die Runde zu dem Schluss, dass es zum gegenwärtigen Zeitpunkt noch keine weiteren Schritte zu ergreifen gäbe.[181] Viel dringender schien in diesem Moment,

---

176 Longerich, Politik der Vernichtung, 175–179 (Zitat 177). Vgl. auch Friedländer, Das Dritte Reich und die Juden, Bd. 1: Die Jahre der Verfolgung 1933–1939, 282 f.; Wildt, Volksgemeinschaft als Selbstermächtigung, 308 f.
177 Longerich, Politik der Vernichtung, 178.
178 Die IKG selbst durfte nicht ins Ausland berichten. Ende Mai/Anfang Juni 1938 wurde Löwenherz gezwungen, einen vorgefertigten Brief an den WJC zu unterschreiben, worin behauptet wurde, dass dessen »Erklärungen über die Behandlung des Judentums in Österreich nicht den Tatsachen« entsprächen. Vgl. Rabinovici, Instanzen der Ohnmacht, 91 f.
179 Vgl. London, Whitehall and the Jews, 1933–1948, 60 f.; Zahl Gottlieb, Men of Vision, 81–83.
180 Vgl. Zahl Gottlieb, Men of Vision, 81.
181 YIVO, RG 245.4.12/XII-Germany-16, Minutes of Meeting of the Executive of the Council for German Jewry, London, 4. April 1938, 2.

Soforthilfe in Wien zu leisten. Ein Berichterstatter des World Jewish Congress schrieb: »Die Not ist schrecklich. [...] Leute müssen sofort kommen, um die Hilfe verteilen zu können, denn die Juden vor Ort werden diese Arbeit nicht übernehmen können.«[182] Zunächst musste die Hilfe auf die österreichischen Flüchtlinge im Ausland begrenzt bleiben, da Mitarbeiter von JDC, HIAS und Council ein Unterstützungsnetzwerk vor Ort erst nach Wiedereinsetzung der Israelitischen Kultusgemeinde Anfang Mai aufbauen konnten.[183] Da die Gelder der IKG und auch des JDC konfisziert waren, mussten weitere Mittel durch das amerikanische und das englische Konsulat angewiesen werden.[184] Das Dringendste war jedoch die Einrichtung von Suppenküchen, die täglich Tausende mit Essen versorgten.[185]

Neben der Fürsorge war Hilfe bei der Auswanderung das bestimmende Thema. Josef Löwenherz, überzeugter Zionist und langjähriger Vizedirektor der Israelitischen Kultusgemeinde, wurde von den NS-Behörden als Amtsdirektor der IKG eingesetzt und stand somit für eine gewisse fachliche Kontinuität; die Struktur der Gemeinde war jedoch völlig verändert: »Sie war nicht mehr die selbstgewählte Repräsentation der jüdischen Gemeinde, sondern wurde zu einem Vollzugsorgan der staatlichen Behörden.«[186] Und der »Vollzug« bedeutete: Emigration. Die Rahmenbedingungen führten bei der HIAS schnell zu der Erkenntnis, dass »in vielfacher Hinsicht Deutsch-Oesterreich bezgl. der Emigration als Land sui generis anzusehen ist«.[187] Eichmanns Botschaft mit der ersten Ausgabe der *Zionistischen Rundschau* am 20. Mai war eindeutig: Die Zukunft der österreichischen Juden läge einzig in der Auswan-

---

182 AJA, MS-361/A19/11, Bericht von Zuckermann an Goldmann, 27. März 1938, 3.
183 Vgl. Rosenkranz, Verfolgung und Selbstbehauptung, 55; Bentwich, My 77 Years, 145. Der JDC war in Österreich bereits vor der Annexion in der Fürsorge engagiert. Vgl. Bauer, My Brother's Keeper, 224.
184 Vgl. Rabinovici, Instanzen der Ohnmacht, 69 und 72; AJA, MS-361/A19/11, Bericht von Zuckermann an Goldmann, 27. März 1938, 3; YIVO, RG 245.4.12/XII-Germany-16, Minutes of Meeting of the Executive of the Council for German Jewry, London, 4. April 1938, 2; YIVO, RG 245.1/9, Minutes of a Special Meeting of the Board of Directors of HIAS, 25. März 1938, 130–132, hier 132. Zur Bedeutung ausländischer Konsulate bei der Intervention gegen Diskriminierungen im nationalsozialistischen Deutschland vgl. Weiss, »Ostjuden« in Deutschland als Freiwild, bes. 231 f.
185 Vgl. YIVO, RG 245.4.12./XII-Austria-1, Annex zum Report on Vienna by James Bernstein, Mai 1938; Rabinovici, Instanzen der Ohnmacht, 73; Bauer, My Brother's Keeper, 227 f.
186 Rabinovici, Instanzen der Ohnmacht, 85. Löwenherz war für die Institution gegenüber den Deutschen allein verantwortlich und damit für alles haftbar. Vgl. ebd.; auch Rosenkranz, Verfolgung und Selbstbehauptung, 73 f.
187 YIVO, RG 245.4.12./XII-Austria-1, maschinengeschriebenes Dokument, in dem vermutlich Bernstein nächste Schritte vorschlägt. Darüber hinaus war jegliche Kooperation zwischen jüdischen Institutionen in Wien und Berlin verboten. Vgl. Anderl/Rupnow, Die Zentralstelle für jüdische Auswanderung als Beraubungsinstitution, 100.

derung.[188] Um die nötigen Berufsumschulungen, Dokumente für die Ausreise sowie Vorzeigegelder für das Immigrationsland organisieren zu können, reisten Löwenherz und Alois Rothenberg (1889–?) am 7. Juni nach London; Eichmann hatte diese Reise nach einer Besprechung mit Bernstein von der HIAS genehmigt. Es gelang ihnen, vom Council und dem JDC eine Zusage über 100 000 US-Dollar zu erhalten.[189] Diese Summe war allerdings nicht mehr als ein Anfang, denn die Erfahrung der zurückliegenden Jahre hatte gezeigt, dass die Auslagen für einen mittellosen Emigranten etwa 400 US-Dollar betrugen.[190]

Der Vorsitzende des Council, Lord Samuel (Herbert Louis Samuel), der von 1920 bis 1925 erster High Commissioner for Palestine and Trans-Jordan gewesen war und dort britische Interessen vertreten hatte, die nicht zwangsläufig mit zionistischer Politik harmonierten, war sich vollumfänglich bewusst, dass die bereitgestellte Summe »nur für einen kleinen Bruchteil derjenigen reiche, die gehen wollen« (Abb. 2). Im Nachgang der Konsultation mit Löwenherz stelle er klar, dass es für eine »effektive Auswanderung« notwendig sei, dass die Emigranten nach Übersee eigenes Kapital mitbrächten.[191] Dieser bedrückenden Einschätzung fügte Samuel einen deutlichen Appell hinzu:

»Schließlich ist es auch unumgänglich, dass die [Emigrations-]Bewegung richtig organisiert ist. Sie kann nicht unter Bedingungen durchgeführt werden, die zu einer ungeordneten Auswanderung führen. In diesem Fall können wir uns nicht beteiligen. Die jüdischen Organisationen im Ausland können der Verwendung ihrer Gelder [...] nur dann zustimmen, wenn sie sich vergewissert haben, dass die Auswanderer unter Berücksichtigung ihrer Bedürfnisse und Fähigkeiten sorgfältig ausgewählt wurden, dass ihr Zielort nach sorgfältiger Prüfung der Umstände in jedem einzelnen Fall gewählt und dass dies von einem autorisierten Gremium verantwortungsbewusster Menschen getan wurde.«[192]

In diesem Absatz sind grundsätzliche zeitgenössische Wahrnehmungen und Erwartungen erkennbar: Samuel und seine Kollegen gingen von einem sorgfältig vorbereiteten und geordneten Emigrationsprozess binnen der nächsten

---

188 Vgl. Cesarani, Adolf Eichmann, 94; vgl. auch Rabinovici, Instanzen der Ohnmacht, 100–102. Die einzige »jüdische« Zeitung in Österreich erschien bis zum 4. November 1938 in 25 Nummern. Vgl. Rosenkranz, Verfolgung und Selbstbehauptung, 75.
189 Vgl. YIVO, RG 245.5.1./France I-139, Bentwich an Löwenherz, 14. Juni 1938; YIVO, RG 245.4.12./XII-Austria-1, Annex zum Report on Vienna by James Bernstein, Mai 1938; Rabinovici, Instanzen der Ohnmacht, 107; Anderl/Rupnow, Die Zentralstelle für jüdische Auswanderung als Beraubungsinstitution, 93 und 95 f. Ein Vertreter des Hilfsvereins war fast zeitgleich zu Konsultationen bei der HIAS in New York. Vgl. YIVO, RG 245.1./9, Meeting of the Board of Directors of HIAS, 14. Juni 1938, 142–145, hier 142.
190 Der Wechselkurs von britischem Pfund zu US-Dollar betrug Ende 1937 etwa 5:1. Vgl. Kieffer, Judenverfolgung in Deutschland – eine innere Angelegenheit?, 184.
191 YIVO, RG 245.5.1./France I-139, Lord Samuel an Löwenherz, 14. Juni 1938, 2.
192 Ebd., 2 f.

Abb. 2: Lord Samuel (links) im Mai 1925, kurz vor seiner Ablösung als High Commissioner for Palestine and Trans-Jordan, im Gespräch mit Baron Edmond James de Rothschild (1845–1934) in einem Waisenhaus mit angeschlossener Landwirtschaftsschule in Meir Shfeya im Norden des Mandatsgebiets. Rothschild hatte 1899 Tausende Hektar Agrarland in Palästina erworben und an die JCA übergeben. Courtesy of Hadassah, The Women's Zionist Organization of America, Inc. Jede weitere Nutzung ist genehmigungspflichtig.

Jahre aus. Dieser würde möglicherweise durch Évian neue Impulse erhalten. Dass die Migration strikt legal organisiert und durchgeführt sein musste, war für den britischen Politiker Samuel, der in verschiedenen Kabinetten gedient hatte, aufgrund seiner Verdienste für Großbritannien in den Adelsstand erhoben worden war und im House of Lords saß, gar nicht anders denkbar. Jegliche Bemühungen mussten sich daher notwendigerweise an den Bestimmungen der möglichen Einwanderungsländer orientieren; ihre Missachtung hätte vermutlich zu einer Reduzierung der Einwanderungsmöglichkeiten geführt. Die Mitarbeiter des Council waren interessiert, ihre guten Beziehungen zu den britischen Behörden nicht aufs Spiel zu setzen, und achteten auf Einhaltung aller Vorgaben und Zusagen, wie sich in Schiffs Handlung exemplarisch zeigte. Die Vorbereitungen für die Konferenz von Évian begannen daher in den meisten Fällen auf ähnliche Weise wie in der HICEM: Dort schrieb man im Mai an die Landesbüros von HIAS und JCA und bat um detaillierte Aufstellung der jeweiligen Einwanderungsmöglichkeiten in den nächsten vier bis fünf Jahren: »Es versteht sich von selbst, dass wir anlaesslich dieser Konferenz ein Memorandum vorzubereiten gedenken [...]. Um unsere Vorschlaege so sachlich wie nur moeglich formulieren zu koennen«, brauche es alles über die notwendigen Formalia, detaillierte Beschreibungen der Situation auf dem Arbeitsmarkt und die »tatsaechliche Einstellung der leitenden Kreise ihres Landes.«[193] Die so gesammelten Informationen fanden letztlich Eingang in das Memorandum des Council for German Jewry.[194] Einige Antworten erreichten die HICEM aufgrund der geografischen Distanz der angeschriebenen Länder allerdings erst nach Beginn der Konferenz in Évian.[195]

Die Flüchtlingspolitik des Völkerbunds

Waren die philanthropischen Organisationen im April und Mai vornehmlich mit der Sicherstellung elementarer Lebensbedürfnisse von Jüdinnen und Juden im deutschen Herrschaftsbereich und der Vorbereitung von deren Auswanderung befasst, so kämpfte der World Jewish Congress für die Rechte von Geflüchteten und jüdischen Minderheiten beim Völkerbund in Genf. Seine Mitarbeiter betrieben Diplomatie: Während der 101. Tagung des Völkerbundrats vom 9. bis 14. Mai 1938 waren Goldmann, Rabbiner Maurice L. Perlzweig und Marc Jarblum in Genf und konsultierten die Außenminister Frankreichs und Rumäniens sowie die Mitglieder des Dreierkomitees für Flüchtlingsfragen. Letzteres bestand aus je einem Diplomaten aus Bolivien, Großbritannien und Frankreich, war im September 1937 von der Generalversammlung eingerichtet worden und beauftragt, einen Plan für den Umgang mit Flüchtlingen über das Jahr 1938 hinaus zu entwickeln. Somit fand sich auf der Ratstagung das zweite Forum – neben dem fast gleichzeitig in Amerika tagenden Adivsory Committee –, wo über gegenwärtige und zukünftige internationale Flüchtlingspolitik diskutiert wurde. Arthur Sweetser, der »inoffizielle Verbindungsmann« Amerikas beim Völkerbund, berichtete an seinen Freund James McDonald: »Das Flüchtlingsproblem zeichnet sich hier nun als große Sache ab.«[196] Und weiter schrieb er: »Genf war voll mit Emissären von Flüchtlingsorganisationen und sogar einzelnen Betroffenen [...].« Der World Jewish Congress konstatierte sogar, die Situation der österreichi-

---

193 YIVO, RG 245.5/II/France I-299, HICEM an Comité de Proteccion a los Inmigrantes Israelitas (Afiliado a la »Hicem«), Guayaquil, Ecuador, 19. Mai 1938.
194 YIVO, RG 245.1./9, Meeting of the Board of Directors of HIAS, 14. Juni 1938, 142–145, hier 144 f.
195 Vgl. YIVO, RG 245.5/II/France I-296, Comité de Proteccion (Guayaquil) an HICEM, Paris, 14. Juni 1938 [Eingangsstempel bei HICEM: 5. Juli 1938]; YIVO, RG 245.5/II/France I-296, Comité de Proteccion (Quito) an HICEM, Paris, 14. Juni 1938.
196 YIVO, RG 278/58, Sweetser an McDonald, 17. Mai 1938, 974. Zu Sweetser Herren/Löhr, Being International in Times of War.

»Eine der größten humanitären Taten des 20. Jahrhunderts« 77

schen Juden stehe »im Zentrum des öffentlichen Interesses«.[197] Die Initiative Roosevelts nahm in den Debatten über Flüchtlingsfragen großen Raum ein und wurde allseits begrüßt.[198] Der World Jewish Congress setzte sich beim Dreierkomitee sowohl für diejenigen ein, »die bereits das Land verlassen haben, als auch für diejenigen, die noch in Zukunft das Land werden verlassen müssen«.[199] Es ging ihm damit einerseits um »tatsächliche«, also völkerrechtlich anerkannte Flüchtlinge und andererseits um jene, die in einer ihnen feindlichen Umgebung ausharren mussten und ihrer einstigen Zukunft beraubt worden waren. Mit Blick auf die geplante Konferenz in Évian betonten Goldmann und Jarblum, dass es dort besonders um Aufnahmemöglichkeiten und erleichterte Transfers von Vermögen sowie Arbeitsmaterialien gehen müsse, damit die österreichischen Juden »in den Immigrationsländern einen möglichst guten Start haben«.[200] Dass sie auswandern mussten, stand für den WJC nicht mehr zur Debatte. Ob dies aber Angelegenheit des Völkerbunds sein würde, war fraglich.

Bis zum Ende der Ratstagung war es möglich, beim Dreierkomitee Vorschläge zur zukünftigen Flüchtlingspolitik des Völkerbunds einzureichen. Thompsons Veröffentlichung vom April ist in diesem Zusammenhang zu verorten. Waren ihr Aufsatz und ihr Buch unter dem Eindruck der Wiener Pogrome geschrieben worden, so verband sie diese mit den weiteren europäischen Krisenherden und lieferte neben einer Analyse konkrete Vorschläge für eine effektive Flüchtlingshilfe. Das Dreierkomitee selbst erarbeitete und verhandelte mit den Mitgliedsstaaten des Völkerbunds seit Jahresbeginn ein Konzept, das Sweetser zu diesem Zeitpunkt positiv resümierte:

»Der Völkerbund hatte diese Woche definitiv einen Erfolg bei seinen Flüchtlingsplänen. […] [Es wurde vereinbart], die gesamte Flüchtlingsarbeit des Völkerbunds unter einer High Commission zusammenzufassen. Sie [McDonald] können ermessen, welch ein Schritt dies in Richtung einer einheitlichen Behandlung des Problems ist, das, so vielfältig es auch sein mag, von einem Zentrum aus angegangen werden sollte.«[201]

Die neue High Commission sollte drei zentrale Aufgabenbereiche erfüllen: 1. die Überwachung der Einhaltung der Konventionen von 1933 und 1938; 2. die Koordination der Flüchtlingshilfe zwischen nicht staatlichen Organisationen und Regierungen; 3. die Unterstützung sowohl von Regierungen als auch nicht staatlichen Organisationen bei der Auswanderung und dauer-

---

197 YIVO, RG 278/58, Sweetser an McDonald, 17. Mai 1938, 974; AJA, MS-361/A1/6, World Jewish Congress, Circular Letter, Nr. 9, Paris, 31. Mai 1938, 4.
198 Vgl. YIVO, RG 278/58, Sweetser an McDonald, 17. Mai 1938, 974.
199 AJA, MS-361/A4/14, Kurzbericht über die Unterhaltungen der Mitglieder der Exekutive des JWK während der 101. Ratstagung in Genf, Confidential, 4 f.
200 Ebd., 5.
201 YIVO, RG 278/58, Sweetser an McDonald, 17. Mai 1938, 974.

haften Ansiedlung. Die Arbeit sollte durch zwei Beratungsgremien aus staatlichen und nicht staatlichen Vertretern unterstützt werden. Allerdings waren der Überwachung, Koordination und Unterstützung klare Grenzen gesetzt. Die britische Regierung stand einer internationalen Flüchtlingsorganisation kritisch gegenüber und beharrte auf ihrer Souveränität. Auch die neue High Commission durfte keinesfalls in nationalen Angelegenheiten intervenieren.[202] Trotz der Erfahrung, dass die bisherigen Flüchtlingsprobleme durch die zuständigen internationalen Institutionen nie innerhalb des zeitlichen Rahmens, der einst vorgesehen gewesen war, beigelegt werden konnten, wurde erneut eine fünfjährige Befristung festgelegt. Darüber hinaus war kein Budget für humanitäre Aufgaben vorgesehen; der Völkerbund übernahm nur die administrativen Kosten.[203] Den Vertretern des WJC war klar: »Die neue Flüchtlingsorganisation wird keine finanzielle Hilfe leisten und sich ausschließlich um die rechtliche und diplomatische Unterstützung der Flüchtlinge kümmern.«[204] Letzteres war dabei wie selbstverständlich weiterhin auf jene begrenzt, die die Grenzen ihres Staates bereits verlassen hatten. Bis auf die Zentralisierung der Arbeit und die grundlegende Tatsache, dass der Völkerbund sein Engagement für Flüchtlinge überhaupt fortsetzen würde, boten diese Vorschläge nichts Neues. Potenzielle Flüchtlinge und die Organisation eines legalen Auswanderungsprogramms waren nicht Gegenstand der Planungen. Obwohl die Jüdinnen und Juden im deutschen Herrschaftsbereich durch die im September 1935 erlassenen Nürnberger Gesetze ihrer vollen staatsbürgerlichen Rechte beraubt worden waren, gehörten sie als »Staatsangehörige« weiterhin zum Deutschen Reich.[205] Die diesbezügliche Position des Völkerbunds hatte der High Commissioner Malcolm bereits bei seinem Amtsantritt 1936 deutlich gemacht:

»Ich habe keine politische Agenda, aber die Politik des Völkerbunds besteht darin, sich mit dem politischen und rechtlichen Status von Flüchtlingen zu befassen. Das hat nichts mit der Innenpolitik in Deutschland zu tun. Das ist nicht die Sache des Völkerbunds. Wir haben mit diesen Menschen zu tun, wenn sie Flüchtlinge werden, und nicht vorher.«[206]

---

202 Vgl. London, Whitehall and the Jews, 1933–1948, 84 f.; Sherman, Island Refuge, 85–111.
203 Vgl. AJA, MS-361/A1/2, League of Nations, International Assistance to Refugees, Genf, 25. August 1938; AJA, MS-361/A1/2, League of Nations, International Assistance to Refugees, Report of the Sixth Committee to the Assembly, 28. September 1938; Sallinen, Intergovernmental Advocates of Refugees, 290.
204 AJA, MS-361/A1/6, World Jewish Congress, Circular Letter, Nr. 10, Paris, 26. Juni 1938, 5.
205 Vgl. Herbst, Das nationalsozialistische Deutschland 1933–1945, 150; Brechtken u. a. (Hgg.), Die Nürnberger Gesetze – 80 Jahre danach; Essner, Die »Nürnberger Gesetze« oder die Verwaltung des Rassenwahns 1933–1945.
206 Zit. nach McDonald Stewart, United States Government Policy on Refugees from Nazism 1933–1940, 231; vgl. auch Sallinen, Intergovernmental Advocates of Refugees, 288.

Auch zwei Jahre später waren die britische und die französische Regierung in diesem Punkt sehr vorsichtig. Das Souveränitätsprinzip musste – auch aus Eigeninteresse – gewahrt werden. Diese Haltung ist in erster Linie mit machtpolitischen und geostrategischen Erwägungen zu erklären. Die Konflikte mit dem Deutschen Reich und die Flüchtlingskrise in den 1930er Jahren unterschieden sich grundlegend von den Herausforderungen, mit denen der Völkerbund und die internationale Staatengemeinschaft Anfang der 1920er Jahre in Bulgarien, der jungen Türkei und der diplomatisch isolierten Sowjetunion konfrontiert gewesen waren. Handelte es sich damals um relativ schwache und in grundlegender Transformation befindliche Staaten an der europäischen Peripherie, bedrohte Deutschland mit seiner Aufrüstung und der militärischen Expansion die Sicherheitsarchitektur aus der Mitte Europas heraus. Besonders die britische Politik war daher von einer Doppelstrategie geprägt: einerseits Appeasement gegenüber Deutschland – was auch Flüchtlingsfragen einschloss – und andererseits die Suche nach Allianzen für einen möglichen Krieg in Europa, was insbesondere auf eine Stärkung der angloamerikanischen Beziehungen hinauslaufen sollte.[207] Auf die Situation in Deutschland hatte man von außen kaum Einfluss. Die Debatten über Flüchtlingspolitik waren in Genf allerdings noch nicht zum Abschluss gekommen; mit Spannung wurde erwartet, was die Verhandlungen auf der Konferenz von Évian erbringen würden.

Auch der Einsatz der Mitarbeiter des World Jewish Congress auf der Ratstagung des Völkerbunds für die Flüchtlinge aus Deutschland war flankiert von ihrem mindestens ebenso intensiv betriebenen Engagement für die osteuropäischen Judenheiten – sahen sie sich dort doch ebenfalls mit enormen Herausforderungen konfrontiert. Die offiziellen Resolutionen und Petitionen des WJC zeugen ebenso wie die Protokolle der Vorstandssitzungen und interne Berichte davon, dass in der ersten Hälfte des Jahres 1938 der Schwerpunkt der Arbeit im östlichen Europa lag. Als Beispiel kann hier die Pressekonferenz während der Ratstagung dienen, auf der Jarblum und Perlzweig zu etwa 50 internationalen Journalisten sprachen. Eingangs ging es kurz um Österreich, dann stellten sie zwei weitere Krisen in den Mittelpunkt: Zum einen bedrohten neue »Judengesetze« in Ungarn die wirtschaftliche Existenz Zehntausender; zum anderen drohte Hunderttausenden rumänischen Jüdinnen und Juden bei einer »Überprüfung« ihrer Staatsbürgerschaft deren Verlust – tatsächlich war dies eine antisemitische Denationalisierungs-

---

207 Vgl. Haddad, The Refugee in International Society, 106 f.; London, Whitehall and the Jews, 1933–1948, 86; McDonald Stewart, United States Government Policy on Refugees from Nazism 1933–1940, 280.

kampagne.²⁰⁸ Die Mitarbeiter des World Jewish Congress versuchten mit allen ihnen zur Verfügung stehenden Mitteln, diese Maßnahmen abzuwenden, aber der Ausgang war völlig offen. Der rumänische Außenminister berichtete Goldmann »ausführlich über seinen Plan, eine internationale Konferenz zur Lösung der Judenfrage einzuberufen. […] Es wäre eine Aufgabe des Völkerbunds, geeignete Territorien zu suchen, internationale Anleihen zu vermitteln etc.«.²⁰⁹ Etwa zur gleichen Zeit verlangte der polnische Botschafter in Washington, das zukünftige Évian-Komitee solle seine Zuständigkeit auf Osteuropa ausdehnen.²¹⁰ Eine weitere potenzielle Krise mit Hunderttausenden jüdischen Flüchtlingen war durch solche Aussagen unverkennbar; Thompson hatte ebenfalls eindrücklich vor ihr gewarnt.²¹¹ Zugleich erschwerte dieses Bedrohungsszenario die Suche nach Lösungen für die akute Situation der deutschen und österreichischen Flüchtlinge.

Die Agenda für Évian

Die Drohungen polnischer und rumänischer Regierungsvertreter waren kurz darauf auch Thema in der ersten Sitzung des Advisory Committee am 16. Mai in Washington und prägten den Fortgang der amerikanischen Initiative in den kommenden Monaten entscheidend mit.²¹² Im Protokoll ist festgehalten, dass Messersmith die bisherige Position des State Department bekräftigte:

---

208 Für diese Perspektive im Frühjahr 1938 vgl. exemplarisch AJA, MS-361/A1/6, World Jewish Congress, Circular Letter, Nr. 10, Paris, 26. Juni 1938, 2-7; ebenfalls einen guten Überblick, wenn auch unter veränderter Gesamtlage, bietet AJA, MS-361/A3/2, Report on the Jewish Situation in Europe, 14. Oktober 1938. Zum Problem der Staatsbürgerschaft der rumänischen Juden vgl. Jünger, Am Scheitelpunkt der Emanzipation.
209 AJA, MS-361/A4/14, Kurzbericht über die Unterhaltungen der Mitglieder der Exekutive des JWK während der 101. Ratstagung in Genf, Confidential, 17. Zu diesen Konflikten vgl. auch AJA, MS-361/A1/6, World Jewish Congress, Circular Letter, Nr. 9, 31. Mai 1938, 6; zur prekären Lebenssituation der Judenheiten in Osteuropa, bes. in Polen, vgl. Reinharz/Shavit, The Road to September 1939, 1-66; Mendelsohn, Zwischen großen Erwartungen und bösem Erwachen; Weiss, Deutsche und polnische Juden vor dem Holocaust, 159-167; auch Melzer, No Way Out; Mendelsohn, The Jews of East Central Europe Between the World Wars.
210 Vgl. Breitman/Lichtman, FDR and the Jews, 107; Kieffer, Judenverfolgung in Deutschland – eine innere Angelegenheit?, 222-225; Diner, Die Katastrophe vor der Katastrophe, 150-154.
211 Aus der Retrospektive bes. auch Arendt, Elemente und Ursprünge totaler Herrschaft, 443.
212 Die Presse hatte dem Advisory Committee mittlerweile das Attribut »Presidential« hinzugefügt, wogegen in der Sitzung kein Einspruch erhoben wurde. Vgl. YIVO, RG 278/58, First Meeting of the Advisory Committee on Political Refugees, 16. Mai 1938, 959-968, hier 961. De facto war es aber ein Beratungsgremium des State Department. Vgl. McDonald Stewart, United States Government Policy on Refugees from Nazism 1933-1940, 287.

Der Geltungsbereich des zukünftigen Komitees sollte auf das Deutsche Reich beschränkt werden. Alles andere könnte Regierungen dazu »ermutigen«, Druck auf ihre Minderheiten auszuüben. Dafür gäbe es bereits »berechtigte Hinweise«.[213] Vor allerdings genau diesem Hintergrund und mit besonderem Blick auf die Bevölkerungsstruktur in Europa hatte Roosevelt Taylor Ende April Instruktionen erteilt, die über das aktuelle Problem der deutschen Flüchtlinge hinausgingen: »Das weitere Ziel des Internationalen Komitees besteht darin, in den nächsten Jahren langfristige Pläne für die Lösung jener Probleme zu entwickeln, die in europäischen Ländern mit überschüssigen Bevölkerungsgruppen bestehen.«[214] Diese Spannung zwischen politischer Opportunität und präventiven Ansätzen vermittelte Pell aus der Europaabteilung des State Department in der letzten Sitzung vor Évian am 10. Juni. Er teilte mit, dass die mittlerweile vom Advisory Committee vorgeschlagene Übernahme der Flüchtlingsdefinition vom Februar 1938 – die sich ausschließlich auf Deutschland bezog – seitens des Außenministeriums für Évian bestätigt wurde. Er betonte jedoch, dass es während der Konferenz »von Wert sein« könne, eine allgemeinere Definition zu nutzen, denn bezüglich des Geltungsbereichs hätten weitere Konsultationen in Washington kein endgültiges Ergebnis erbracht. Im Sitzungsprotokoll ist festgehalten: »Es war beschlossen worden, die Tür auf jede erdenkliche Weise offen zu lassen, damit die zwischenstaatliche Konferenz auch die Probleme der Flüchtlinge aus allen Ländern berücksichtigen kann.«[215] Die letztliche Entscheidung über den Geltungsbereich sollte also in Évian gefällt werden.

Neben dieser grundsätzlichen Frage des Geltungsbereichs der anzustrebenden Flüchtlingspolitik bezog das Advisory Committee noch zu anderen Punkten Stellung. Diese hatten vorbereitenden Charakter für die amerikanische Delegation und deren Leiter Taylor. Sie prägten aber zugleich den Gesamtcharakter der Initiative. Von Mitte Mai bis Mitte Juni traf sich die Beraterrunde fünfmal und formulierte dabei einerseits Positionen zur Struktur des internationalen Komitees sowie zu dessen Kooperation mit dem Völkerbund und stellte andererseits Material zusammen, das Taylor für Évian

---

213 Messersmith sprach von »qualified indications«. YIVO, RG 278/58, First Meeting of the Advisory Committee on Political Refugees, 16. Mai 1938, 959–968, hier 960–962. Zur langfristigen Perspektive auch McDonald Stewart, United States Government Policy on Refugees from Nazism 1933–1940, 287 f.
214 FDRL, Official File 3186/Political Refugees Jan–May 1938, FDR an Taylor, 26. April 1938, 1; vgl. auch Breitman/Lichtman, FDR and the Jews, 108; Kieffer, Judenverfolgung in Deutschland – eine innere Angelegenheit?, 186 f. Zu Roosevelts geheimem Projekt M[igration], das ab 1940 geplant wurde, vgl. Heim, Projekt »M«.
215 YIVO, RG 278/59, Fifth Meeting of the Advisory Committee, 10. Juni 1938, 44–49, hier 45; vgl. auch Breitman/Lichtman, FDR and the Jews, 107; Kieffer, Judenverfolgung in Deutschland – eine innere Angelegenheit?, 186–188.

nutzen konnte. Den vertraulichen Sitzungen des Advisory Committee, dem weiterhin Wise und Baerwald angehörten, kommt insofern große Bedeutung zu, als die amerikanische Delegation in Évian letztlich mit McDonald, Pell, Brandt und Warren maßgeblich aus seinen Mitgliedern bestand.[216] Darüber hinaus spiegeln sowohl die Sitzungsprotokolle des Advisory Committee als auch interne Dokumente des JDC meist sehr ähnliche Erwartungen an die bevorstehende Konferenz in Évian. Dies belegt die enge Verflechtung und eine gewisse Interessenkongruenz zwischen der philanthropischen Organisation und dem quasi staatlichen Gremium.

Schon am Ende der ersten Sitzung hatte Messersmith die allgemeinen Erwartungen deutlich gedämpft. Zwar hätten fast alle Staaten zugesagt, aber niemand gehe das Problem mit Enthusiasmus an. Bei der gegenwärtig schwierigen Wirtschaftslage dominiere die Zurückhaltung.[217] Auch in Europa war Adler-Rudel im Mai in einem Bericht an den Council for German Jewry zu der Erkenntnis gekommen, dass die anfänglich günstige Stimmung nur von kurzer Dauer gewesen sei.[218] Messersmith ging deshalb davon aus, dass die Arbeit des Komitees sehr langsam vorwärtsgehen und nicht im nächsten Fiskaljahr (also vom 1. Juli 1938 bis zum 30. Juni 1939) zum Abschluss kommen, sondern sich über die nächsten Jahre erstrecken werde. Viele Hoffnungen auf unmittelbare Hilfsprogramme, die die Initiative in der Öffentlichkeit geweckt habe, müssten daher von vornherein enttäuscht werden.[219] Dass die Vereinigten Staaten in Évian nicht plötzlich die große Lösung für Flüchtlinge präsentieren würden, auf die einerseits besonders die Verfolgten hofften, andererseits und mit gegenteiliger Absicht aber auch ihre Verfolger, war auch Baerwald klar. Am 3. Juni konstatierte er in kleiner Runde – zu der McDonald, Chamberlain, Warren und Hyman gehörten sowie Rabbiner Jonah Bondi Wise, stellvertretender Vorsitzender des JDC, der 1933 als Chefstratege die erste große Spendenkampagne für die deutschen Jüdinnen und Juden verantwortet hatte –, dass Évian alle »Träume« zur Seite schieben und die »kontinuierliche Arbeit« im Prinzip so weitergehen werde wie in den letzten Jahren auch, aber »mit grundlegend positiven Veränderungen«.[220] Es war

---

216 Vgl. LONA, S 543/No. 1, Comite Intergouvernemental, Evian, Juli 1938, Delegations; JDCA, 255, Informal Notes of Meeting, 3. Juni 1938, Confidential.
217 Vgl. YIVO, RG 278/58, First Meeting of the Advisory Committee on Political Refugees, 16. Mai 1938, 959–968, hier 965 f.; hierzu auch Kieffer, Judenverfolgung in Deutschland – eine innere Angelegenheit?, 188; Feingold, The Politics of Rescue, 26.
218 Vgl. McDonald Stewart, United States Government Policy on Refugees from Nazism 1933–1940, 292 f.
219 Vgl. YIVO, RG 278/58, First Meeting of the Advisory Committee on Political Refugees, 16. Mai 1938, 959–968, hier 965 f.
220 JDCA, 255, Baerwald, 3. Juni 1938, 1. Zu Jonah Wise vgl. Bauer, My Brother's Keeper, 109; auch Weiss, Deutsche und polnische Juden vor dem Holocaust, 88 f.; Handlin, A Continuing Task, 68.

ein Appell, die Zeit nicht mit unrealistischen Forderungen wie Quotenänderungen zu vergeuden. Die Rahmenbedingungen der Gesetze seien fix, aber laut Baerwald lasse sich auch innerhalb dieser Grenzen einiges erreichen. Allein die Tatsache, dass sich die Staaten zu einer Konferenz träfen und damit grundsätzlich zu Informationsaustausch und Zusammenarbeit bereit seien, deutete er als ein wichtiges Signal für die Zukunft.[221] Baerwald folgerte: »Ich bin sicher, dass uns allen klar ist, dass wir hinsichtlich unserer Bemühungen in Jahren denken müssen.«[222]

Trotz dieser realistischen und langfristigen Erwartungen wurde im Advisory Committee auch die akute Situation der deutschen und österreichischen Flüchtlinge sowie unmittelbare Auswege und deren Finanzierung diskutiert. Chamberlain ging davon aus, dass im Frühjahr 1938 200 000 Menschen Österreich verlassen wollten.[223] Während der dritten und vierten Sitzung wurde ein von Bentwich übersandter »vorläufiger Plan über Wanderung und Ansiedlung« behandelt, der von ähnlichen Größenordnungen ausging. Bentwich nahm in einem Zeitraum von vier Jahren eine jährliche Auswanderung von 50 000 Juden und 15 000 bis 20 000 sogenannten »Nichtariern« an. Davon ausgehend, hatte er jährliche Aufnahmequoten für verschiedene Länder beziehungsweise Kontinente erstellt; demnach sollten jährlich 23 000 Juden und 5000 »Nichtarier« in die Vereinigten Staaten einwandern, was einer vollen Ausschöpfung der Quote entsprochen hätte. Die Zahlen für europäische Länder, Palästina, die britischen Dominions und Südamerika lagen deutlich niedriger.[224] Wenn das Advisory Committee auch darin übereinstimmte, »dass es ideal wäre, wenn jede Regierung die Verantwortung für einen angemessenen Anteil des Problems übernehmen würde«, so waren sich zugleich alle einig, dass dies »praktisch unmöglich« sei.[225] Kein Staat konnte zur Aufnahme eines bestimmten Kontingents an Verfolgten gezwungen werden; anderslautende Signale waren von den Regierungen bisher ausgeblieben. Allerdings erschienen Bentwichs Überlegungen nicht nur undurchführbar, Warren und Chamberlain kritisierten grundsätzlich, dass sein Plan der Aufnahme einer »jährlich bestimmten Zahl von Flüchtlingen« ein »großer Fehler« gewesen sei, da solche Ideen seitens einer immigrationsfeindlichen Öffentlichkeit gegen die Bemühungen in Évian genutzt werden könnten.[226]

---

221 Vgl. JDCA, 255, Baerwald, 3. Juni 1938, 2 f.
222 Ebd., 2.
223 Vgl. YIVO, RG 278/58, Second Meeting of the Advisory Committee, 19. Mai 1938, 969–973, hier 971.
224 Vgl. Kieffer, Judenverfolgung in Deutschland – eine innere Angelegenheit?, 183.
225 YIVO, RG 278/59, Warren an Pell, 8. Juni 1938, 35–38, hier 36.
226 Aus demselben Grund sollten die Zahlen zur Einwanderung in die Vereinigten Staaten, die Simpson in seinem Bericht zusammengestellt hatte, nicht vorab veröffentlicht werden.

Nicht allein die Verteilung der Einwanderer, sondern auch die Finanzierung war ein großes Problem. Bentwich hatte einen Finanzbedarf von 8 Millionen britischen Pfund (ca. 40 Millionen US-Dollar) veranschlagt: Ein in der dritten Sitzung eingeladener Finanzexperte schlug die Gründung einer Gesellschaft mit einem Kapital von 100 bis 200 Millionen US-Dollar vor.[227] Solche Annahmen mögen den tatsächlichen Anforderungen entsprochen haben, die Akquise der nötigen Mittel war jedoch völlig unrealistisch. Dabei hielt es nicht nur Baerwald für ausgeschlossen, dass die Migration allein aus den Budgets der Betroffenen und der Hilfsorganisationen finanziert werden könnte. Die Vertreter des Außenministeriums gingen auf diesen Punkt jedoch nicht ein und hielten mit dem Verweis auf die liberale Tradition der Vereinigten Staaten dagegen: Einwanderer würden eingebürgert, für ihre Existenzgrundlage seien sie aber weitgehend selbst verantwortlich.[228] Der Vorsitzende des JDC präsentierte deshalb die Idee einer überkonfessionellen Spendenaktion, die möglicherweise durch einen Aufruf Roosevelts während der Konferenz von Évian unterstützt werden könnte.[229] Darüber hinaus wurde über eine Erleichterung des Warentransfers diskutiert, ähnlich dem Ha'avara-Abkommen für Palästina, das zwischen der deutschen Regierung und der Jewish Agency im August 1933 abgeschlossen worden war.[230] Schließlich ging es um die Frage des individuellen Vermögenstransfers: Wise und McDonald waren insgesamt skeptisch, was die diesbezügliche Kooperation mit der deutschen Regierung anging. Waren die Schwierigkeiten besonders Letzterem noch aus seiner eigenen Erfahrung als High Commissioner bekannt, so war allen bewusst, dass Deedes für den Council for German Jewry bei der deutschen Botschaft in London bislang erfolglos versucht hatte, die Deutschen zu Zugeständnissen bei der Vermögensmitnahme zu bewegen. Allerdings hoffte man, dass es den Vereinigten Staaten gelingen würde, sie an den Verhandlungstisch

---

Vgl. JDCA, 413, Katz an Baerwald, 12. Januar 1938, Kopien an Rosenberg, Hyman, Kahn; JDCA, AR193344/2/2/28/255, Informal Notes of Meeting, 3. Juni 1938, Confidential; vgl. auch McDonald Stewart, United States Government Policy on Refugees from Nazism 1933–1940, 250.

227 Vgl. Kieffer, Judenverfolgung in Deutschland – eine innere Angelegenheit?, 183 f.
228 Vgl. YIVO, RG 278/58, First Meeting of the Advisory Committee on Political Refugees, 16. Mai 1938, 959–968, hier 963.
229 Vgl. YIVO, RG 278/58, Second Meeting of the Advisory Committee, 19. Mai 1938, 969–973, hier 972.
230 Vgl. Kieffer, Judenverfolgung in Deutschland – eine innere Angelegenheit?, 183 f.; JDCA, 255, Joseph C. Hyman, Memorandum Re Inter-Governmental Committee on Refugee Work, 2. Juni 1938, 9. Zum Ha'avara-Abkommen vgl. Weiss, Deutsche und polnische Juden vor dem Holocaust, 169–194; Feilchenfeld/Michaelis, Haavara-Transfer nach Palästina und Einwanderung deutscher Juden 1933–1939; zur kompakten Einführung Weiss, Art. »Ha'avara-Abkommen«.

zu drängen.²³¹ In diese Richtung ging auch die Stimmung in Genf, wo man laut Sweetser auf Fortschritte durch die neue Führungsrolle Amerikas und in deren Kielwasser auf eine »aufgeschlossenere Haltung« der lateinamerikanischen Staaten setzte.²³²

Praktikable Auswanderungspläne zu entwickeln, diese zu finanzieren und schließlich gar Zugeständnisse der deutschen Regierung zu erreichen, würde kompliziert werden, das war allen Beteiligten bewusst. Sie waren seit Jahren mit den Hürden und Problem der Migration und der internationalen Flüchtlingspolitik vertraut. Vielleicht aus dieser Erfahrung heraus herrschte im Advisory Committee Einigkeit darüber, dass das durch die Konferenz einzuberufende Intergovernmental Committee besser abseits der Öffentlichkeit arbeiten sollte. Wenn jede neue Idee auf den Titelseiten der Tageszeitungen gedruckt werde, wie Messersmith sarkastisch formulierte, könne dies seine Aktivitäten »lähmen«. Seine Gesprächspartner hatte er hinter sich.²³³ Baerwald brachte es auf den Punkt: »Wir alle wissen, dass Publicity selbst den besten Plan zum sofortigen Scheitern verurteilen würde.«²³⁴ Auch die HIAS vertrat damals die Position, dass die eigene Arbeit »nicht mit großen Schlagzeilen in der Zeitung verbreitet wird«, und hatte mit den Kongressabgeordneten jüdischer Herkunft die Übereinkunft erreicht, dass alle Gesetzesvorhaben sowie öffentliche Interventionen zugunsten der Flüchtlinge zurückgefahren würden, um die Konferenz von Évian nicht zu gefährden. Aus diesem Grund sollte es auch keine öffentlichen Deklamationen jüdischer Forderungen geben.²³⁵ In der Selbstwahrnehmung sah die HIAS ihre Arbeit als die eines »Maschinisten im Kesselraum eines Schiffes, der darauf achtet, dass die Maschine gut geölt läuft, sodass das Schiff weiter durch die stürmische See pflügen kann«.²³⁶

Die Aussicht, dass das Komitee in Évian im Rampenlicht der Öffentlichkeit gegründet, danach aber an einem anderen Ort dauerhaft und in Ruhe arbeiten würde, fand in dieser Runde allgemeine Zustimmung. Im Protokoll des Advisory Committee war daher festgehalten: Évian »ist ein guter Ort, um die Sache in Gang zu setzen; aber es ist kein guter Ort zum Arbeiten«. Für Letzte-

---

231 Vgl. JDCA, 255, Informal Note of Meeting, 3. Juni 1938, Confidential, 2.
232 Vgl. YIVO, RG 278/58, Sweetser an McDonald, 17. Mai 1938, 2, hier 974.
233 Vgl. YIVO, RG 278/58, First Meeting of the Advisory Committee on Political Refugees, 16. Mai 1938, 959–968, hier 966.
234 JDCA, 255, Baerwald, 3. Juni 1938, 1.
235 Vgl. YIVO, RG 245.1./9, Minutes of a Meeting of the Board of Directors of HIAS, 12. April 1938, 133–137, hier 133 f.
236 YIVO, RG 245.4.4./IV-14b, The German-Jewish Situation. What Is Being Done For the Refugees. The Part Played by the Hebrew Sheltering and Immigrant Aid Society (HIAS). Emigration the Only Salvation. Report by Mr. Samuel A. Telsey [Mitglied des Board of Directors der HIAS], o. D. [vermutlich 1933], 2.

res dachte die Runde an Zentren internationaler Diplomatie wie London, Paris, Den Haag oder Brüssel.[237] Am Genfer See sollte es öffentliche Sitzungen geben, wofür die Regierungsvertreter »allgemeine Statements« vorbereiteten, während Unterkomitees für unterschiedliche Themenfelder wie nationale Einwanderungsbestimmungen und Auswanderungspläne intern tagen und Berichte verfassen sollten.[238] In diesen Komitees schien sich ein Gestaltungsraum für jüdische Organisationen zu eröffnen. Die vordergründigen Ziele des State Department für Évian waren ein permanentes Komitee zu gründen, bisherige Studien und Berichte zu evaluieren, bürokratische Fragenkomplexe zu diskutieren und die Mittel der Hilfsorganisationen zu koordinieren. Trotz des Wissens um die menschlichen Tragödien würde der Auftakt in Évian ein vorsichtiger sein. Das war bereits zu diesem Zeitpunkt klar und in dieser Runde kaum anders denkbar.[239]

Neben dem vorgeschlagenen Ablauf der Konferenz musste auch die wichtige Frage geklärt werden, in welchem Verhältnis das zukünftige Komitee zu den Flüchtlingsorganisationen des Völkerbunds stehen sollte. Das Advisory Committee kam überein, dass eine Kooperation zwischen den Institutionen der einzig »weise« Weg sei.[240] Der High Commissioner Malcolm wurde offiziell eingeladen und Baerwald informierte Katz, dass das Liaison Committee, wie bereits für die Verhandlungen über die Flüchtlingskonvention im Februar 1938, eine Delegation entsenden sollte. Der Direktor des Nansen International Office, Michael Hansson, war als Vertreter Norwegens angekündigt. Aufgrund seiner Expertise eignete er sich nach allgemeinem Empfinden »exzellent« als Vorsitzender eines Unterkomitees, das sich mit Formalien der Immigration, der Gültigkeit von Pässen und Ähnlichem befassen sollte.[241]

All diese Diskussionen und Positionen hatten Pell, Brandt, Warren und McDonald maßgeblich mit geführt und vertreten; sie waren über den damals aktuellen Stand im Bilde. Um Taylor in Kenntnis zu setzen, berichteten sie

---

237 YIVO, RG 278/58, First Meeting of the Advisory Committee on Political Refugees, 16. Mai 1938, 959–968, hier 960; vgl. auch McDonald Stewart, United States Government Policy on Refugees from Nazism 1933–1940, 291.
238 Vgl. YIVO, RG 278/59, Third Meeting of the Advisory Committee, 2. Juni 1938, 31–34, hier 31 f.
239 Vgl. ebd., 34. Zu Warrens kritischer Perspektive vgl. YIVO, RG 278/59, Warren an Pell, 8. Juni 1938, 35–38, hier 37.
240 Vgl. YIVO, RG 278/58, Second Meeting of the Advisory Committee, 19. Mai 1938, 969–973, hier 970.
241 Obwohl die International Labor Organization ebenfalls in diese Themen involviert war, wurde von einer offiziellen Einladung abgesehen. Vgl. YIVO, RG 278/59, Third Meeting of the Advisory Committee, 2. Juni 1938, 31–34, hier 31 f.; YIVO, RG 278/59, Fifth Meeting of the Advisory Committee, 10. Juni 1938, 44–49, hier 46 f.; dazu auch Kieffer, Judenverfolgung in Deutschland – eine innere Angelegenheit?, 181–183.

ihm regelmäßig nach Florenz, wo er sich zu diesem Zeitpunkt aufhielt. Darüber hinaus wurde eine Liste mit Material erstellt, mittels dessen Taylor sich in die wesentlichen Punkte selbst einarbeiten konnte.[242] Diese Liste umfasste im ersten Stadium sieben Titel: Der 1935 im Zuge von McDonalds Rücktritt entstandene *Letter of Resignation* bot eine Einführung in die bedrohliche und komplexe Situation der Jüdinnen und Juden im nationalsozialistischen Deutschland sowie in die Probleme ihrer Auswanderung. Allerdings war er im Juni 1938 ebenso überholt wie der letzte Bericht der High Commission for Refugees Coming from Germany an den Völkerbund vom September 1937. Zusammen mit dem Vorläufigen Abkommen über die Rechtsstellung der Flüchtlinge aus Deutschland 1936 und der Konvention vom Februar 1938 erhielt Taylor aber so einen Überblick zum Status quo der Flüchtlingspolitik und ihrer Rechtslage. Des Weiteren enthielt die Liste die Rede Hanssons »The Refugee Problem and the League of Nations«, die dieser im Februar 1938 anlässlich der Verleihung des Friedensnobelpreises für das Nansen International Office gehalten hatte. Zwei Berichte der International Labor Organization gaben einen Einblick in Probleme von Migranten auf dem Arbeitsmarkt. Nachträglich sandte Armstrong Thompsons Artikel nach Italien.[243]

Zusätzlich folgte eine von Baerwald angeregte Dokumentation der Leistungen philanthropischer Organisationen in Amerika seit 1933, die von Stephen Wise, Chamberlain und ihm selbst erarbeitet worden war.[244] Auf Vorschlag McDonalds wurde Taylor auch das 1937 von dem Geografen Isaiah Bowman herausgegebene Buch *Limits of Land Settlement* zugesendet.[245] Der Titel spiegelt dabei die generelle Haltung der meisten Mitglieder des Advisory Committee wieder: Siedlungsprojekten stand man im Allgemeinen sehr skeptisch bis ablehnend gegenüber. Die jüdische Dimension dieses Themas scheint für das Buch zweitrangig gewesen zu sein; warum, muss an dieser Stelle offenbleiben. Allen Beteiligten war klar, dass Palästina mit seiner politischen und ideologischen Aufladung nicht von den Verhandlungen in Évian ausgeklammert werden konnte, und so sollte auch Taylor mit dem aktuellen Stand vertraut gemacht werden. Diese Aufgabe kam letztlich Bentwich und Goldmann zu.[246] Mit der Versendung der Unterlagen und den bisher dis-

---

242 Vgl. YIVO, RG 278/59, Suggested List of Material to be sent to Myron C. Taylor, 7. Juni 1938, 24.
243 Vgl. FDRL, Taylor Papers, Box 6, Armstrong an Taylor, 20. Mai 1938.
244 Vgl. YIVO, RG 278/58, Second Meeting of the Advisory Committee, 19. Mai 1938, 969–973, hier 971.
245 Bowman, Limits of Land Settlement.
246 Vgl. YIVO, RG 278/58, First Meeting of the Advisory Committee on Political Refugees, 16. Mai 1938, 959–968, hier 964 f.

kutierten Vorschlägen hatte das Advisory Committee am 10. Juni vorläufig seine Aufgabe zur Vorbereitung der Konferenz erfüllt.[247]

Am 14. Juni 1938 versandte das State Department an die eingeladenen Staaten – und zur Kenntnisnahme auch an den Völkerbund – eine vorläufige Agenda für die Konferenz von Évian. Die vier zu verhandelnden Punkte waren: 1. Langfristige Maßnahmen zur Erleichterung der Ansiedlung in anderen Ländern; 2. Soforthilfe für die dringendsten Fälle – im Rahmen der gesetzlichen Bestimmungen des Aufnahmelandes; 3. Dokumente für Flüchtlinge, die diese von ihrem Herkunftsland nicht mehr erhalten können; 4. Gründung eines dauerhaften Gremiums von Regierungsvertretern zur Erarbeitung und Durchführung eines langfristigen Programms, das »auf die Lösung oder Linderung des Problems im weiteren Sinne abzielt«.[248] Mit Blick auf die Zeit zwischen Ankündigung der Initiative und Konferenzbeginn kann man die Versendung der Agenda als spät einschätzen;[249] man kann den Zeitpunkt aber auch anders interpretieren. Die Agenda wurde in dem Moment verschickt, als die Vorbereitungen des Advisory Committee abgeschlossen waren. Einen Tag später, am 15. Juni, schifften sich Jonah Wise und seine Frau auf der Manhattan nach Europa ein. Mit demselben Schiff reisten auch Pell und Brandt nach Évian.[250] McDonald und Warren fuhren wenige Tage später nach England. Während McDonald plante, Anfang Juli in London zu sein, sollten Pell, Brandt und Warren sofort zu Taylor weiterfahren, der sich dann in Paris aufhalten würde.[251] Die weiteren Vorbereitungen der Konferenz verlagerten sich vom amerikanischen Kontinent nach Europa. McDonald hatte Jonah Wise kurz vor dessen Abreise nahegelegt, dass er die »englischen Freunde« überzeugen müsse, all ihren Einfluss bei der britischen Regierung geltend zu machen, damit diese aktiv mitwirke und die Konferenz ein Erfolg werde. Er war sicher: »Diese Konferenz in Évian wird zweifellos die erste in

---

247 Das Advisory Committee bestand über die Konferenz von Évian hinaus. Es war schon bei seiner Einberufung als dauerhafte Verbindungsinstitution zwischen nicht staatlichen und staatlichen Akteuren in Amerika einerseits und dem in Évian gegründeten IGCR andererseits konzipiert worden.
248 Vgl. McDonald Stewart, United States Government Policy on Refugees from Nazism 1933–1940, 296. Die gleichen Punkte finden sich etwas ausführlicher in der finalen Agenda der Konferenz. Vgl. LONA, R 5801/50/34596/34225, Proceedings of the Intergovernmental Committee, Evian, 6.–15. Juli 1938: Verbatim Record of the Plenary Meetings of the Committee, Resolutions and Reports, 8.
249 Vgl. McDonald Stewart, United States Government Policy on Refugees from Nazism 1933–1940, 291 und 295 f.; Weingarten, Die Hilfeleistung der westlichen Welt bei der Endlösung der deutschen Judenfrage, 53 f.
250 Vgl. JDCA, 255, Telegramm, vermutlich Baerwald an Katz, 8. Juni 1938; JDCA, 255, Telegramm Baerwald an Kahn, 14. Juni 1938.
251 Vgl. YIVO, RG 278/59, Fourth Meeting of the Advisory Committee, 7. Juni 1938, 39–43, hier 39.

einer ganzen Reihe wichtiger Konferenzen sein.« Die anstehenden Aufgaben erforderten daher »langfristige Perspektiven und Visionen«.[252] Nach Festlegung der Rahmenbedingungen ging es nun an die konkreten Vorbereitungen innerhalb der jüdischen Organisationen und eine Formulierung dessen, was sie sich von Évian erhofften.

1.2 »Évian ist nur der Anfang« – Alte und neue Strategien jüdischer Politik

Am 25. Mai 1938 las Max Kreutzberger in der Tel Aviver Tageszeitung *Haaretz*, dass die Jewish Agency eine Denkschrift für die Konferenz von Évian vorbereite. Umgehend schrieb er an seinen einstigen intellektuellen Mentor Landauer, der mittlerweile in Jerusalem Leiter des Central Bureau for the Settlement of German Jews – der sogenannten deutschen Abteilung der Jewish Agency – war, und berichtete ihm von seiner Lektüre: »Gleichzeitig höre ich von Rudel, dass auch der Council for German Jewry eine solche Denkschrift vorzulegen beabsichtigt. Es wäre vielleicht gut, wenn man diese Bestrebungen vereinheitlichen, auf jeden Fall aber gewisse Richtlinien für die Behandlung dieser Frage festsetzen würde.«[253] Es verwundert, dass Kreutzberger von einem Memorandum der Jewish Agency aus der Zeitung erfuhr, obwohl er als Generalsekretär der Hitachduth Olej Germania (Vereinigung der Einwanderer aus Deutschland) mit allen Fragen bezüglich der aus Deutschland erzwungenen Emigration von Jüdinnen und Juden auf das Engste vertraut war. Einerseits war dies vermutlich den politischen Umständen in Jerusalem geschuldet, wo seit April 1938 die britische Woodhead-Kommission die Realisierungschancen einer möglichen Teilung Palästinas infolge des Peel-Plans aus dem Jahr zuvor untersuchte. Die Exekutive der Jewish Agency war voll und ganz mit dieser Aufgabe beschäftigt. Andererseits lag es an einer Unsicherheit innerhalb der zionistischen Führung hinsichtlich dessen, was von Évian zu erwarten sei.[254] Wenige Tage später beschrieb Rosenblüth, Leiter des Central Bureau in London, die Situation mit Blick auf Évian als »so verwirrt wie nur irgend möglich«.[255]

---

252 JDCA, 255, Informal Note of Meeting, 3. Juni 1938, Confidential, 2.
253 CZA, S7/693, Kreutzberger an Landauer, 25. Mai 1938. Zur »deutschen Abteilung« vgl. exemplarisch o. A., Öffnet die Tore!
254 CZA, S7/693, Ruppin an Rosenblüth, 30. Mai 1938. Zur Woodhead-Kommission und dem Teilungsplan vgl. Reinharz/Shavit, The Road to September 1939, 69–94; Giladi, Gegenwartsarbeit in the National Home, 430–436; Segev, Es war einmal ein Palästina, 438–446 und 452 f. Zur spät einsetzenden Beschäftigung der Jewish Agency mit Évian auch Weiss, Deutsche und polnische Juden vor dem Holocaust, 162; Beit Zvi, Post-Ugandan Zionism on Trial, bes. 153–157.
255 CZA, S7/693, Rosenblüth an Goldmann, 9. Juni 1938.

Zwischen Kreutzbergers Lektüre und dem annoncierten Konferenzbeginn am 6. Juli lagen knapp sechs Wochen. Die einladende amerikanische Regierung hatte weder eine Agenda für die Konferenz veröffentlicht noch entschieden, ob die als Regierungskonferenz organisierte Versammlung nicht staatliche Organisationen anhören würde.[256] Ungeachtet dessen bereiteten parallel verschiedene jüdische Organisationen Memoranden vor. Dies entsprach einem Vorgehen, wie es auch in der Vergangenheit bei internationalen Konferenzen erprobt worden war. Sie suchten auf diese Weise ihre Stimmen und Positionen einzubringen.[257] Mit welchem Ziel und mit welcher öffentlichen Präsenz die jüdischen Emissäre aufzutreten hätten, war jedoch höchst umstritten.

Der zentrale Ort, an dem die divergierenden Positionen jüdischer Protagonisten und Organisationen ausgehandelt wurden, war London. Die britische Hauptstadt war sowohl ein Zentrum des politischen Zionismus als auch der Sitz großer Hilfsorganisationen für Flüchtlinge. Insbesondere während der Vorstandssitzungen des Council und des bei der HCR eingerichteten Liaison Committee standen die Vorbereitungen jüdischer sowie nichtjüdischer Organisationen für die Konferenz in Évian auf der Tagesordnung. Die Diskussionen wurden mit großem Selbstbewusstsein geführt. Alle Repräsentanten vertraten bestimmte »Richtlinien« *ihrer* Organisationen, deren praktische Übersetzung in eine Denkschrift jeweils individuell als die Voraussetzung für ein »gemeinsames Vorgehen« verstanden wurde.[258] Kompromissbereitschaft wurde in erster Linie von den anderen erwartet. Bei der Analyse der Vorbereitungen darf ein grundsätzlicher Unterschied zwischen dem Council und dem Liaison Committee nicht übersehen werden: Der Council war ein Dachverband jüdischer Hilfsorganisationen, während das Liaison Committee ein bei der High Commission – und damit beim Völkerbund – akkreditiertes Gremium war. Im Vorstand des JDC in New York ging man daher davon aus, dass die Delegation für Évian aus dem Liaison Committee entsendet würde.[259] Diese Einschätzung war plausibel, da diese Institution über einen internationalen Status sowie Reputation verfügte und erst wenige Monate zuvor, im Februar 1938, an der Ausarbeitung der Flüchtlingskonvention in Genf beteiligt gewesen war. Damals war zu den Regierungsverhandlungen eine kleine Delegation jüdischer und nichtjüdischer Vertreter geladen worden, in der Goldmann und Bentwich führende Rollen übernommen hatten.

---

256 Vgl. AJA, MS-361/A8/3, Knöpfmacher an Wise, 14. Juni 1938; Adler-Rudel an Schäffer, 3. Juni 1938, in: Adler-Rudel, Das Auswanderungsproblem im Jahre 1938, 171; Kieffer, Judenverfolgung in Deutschland – eine innere Angelegenheit?, 190f.
257 Vgl. exemplarisch CZA, KH4/4807/1, Rosenblüth an Landauer, 30. Mai 1938, passim.
258 Vgl. ebd.; JDCA, 255, Telegramm Baerwald an Kahn, 27. Mai 1938.
259 Vgl. JDCA, 255, Baerwald an Katz, Paris, 8. Juni 1938.

Ihre Arbeit erschien letztlich erfolgreich, da es ihnen durch ein gemeinsames Auftreten und konkrete Vorschläge gelungen war, die Resolution um wesentliche Punkte – wie etwa Regelungen für Staatenlose im Zufluchtsland – zu erweitern.[260]

Vor diesem Hintergrund überrascht es nicht, dass Bentwich innerhalb des Council zusammen mit Adler-Rudel Mitte Mai einen Vorbereitungskreis initiierte, der damit begann, Vorschläge und Material für Évian zusammenzustellen. Zu dieser Runde gehörte auch Katz vom JDC, der zugleich Generalsekretär des Liaison Committee war.[261] In diesem Kreis um Bentwich dominierte eine Auffassung, die er und Adler-Rudel auch in der Sitzung des Liaison Committee am 23. Mai 1938 vortrugen, wo es ganz konkret um die Entsendung einer Delegation nach Évian ging: Ihrer Auffassung zufolge werde es auf der »amerikanischen« Konferenz in erster Linie um die Emigration derjenigen gehen, die noch in Deutschland und Österreich seien. Sie erwarteten und befürworteten also eine Agenda, die primär potenzielle Flüchtlinge im Blick hatte, weniger die dauerhafte Unterbringung der bereits Geflohenen. Diese Position rief den Widerspruch der genuinen Flüchtlingskomitees wie der Zentralvereinigung der Deutschen Emigration hervor, die jene Flüchtlinge – meist politische im eigentlichen Sinne – unterstützten, die mitunter seit Jahren in Zufluchtsländern prekär lebten. Die Verhinderung von Abschiebungen und der Zugang zum Arbeitsmarkt waren für sie die zentralen Themen; ihre Bemühungen fokussierten sich somit auf die Einhaltung der kürzlich signierten Flüchtlingskonvention.[262] Neigten die Vertreter der transnationalen jüdischen Organisationen generell Bentwichs und Adler-Rudels Erwartung zu, so bezeichnete Rosenblüth im Namen der Jewish Agency und des World Jewish Congress die alleinige Entsendung einer Delegation des Liaison Committee als »Fehler«. Dabei ging es ihm um zwei Aspekte: Zum einen sollte die Bedeutung Évians nicht durch die Fokussierung auf tatsächliche Flüchtlinge minimiert werden. Zum anderen – und das

---

260 Vgl. AJA, MS-361/A8/5, Riegner, Bericht über die Staatenkonferenz zur Annahme eines endgültigen Statuts für die deutschen Flüchtlinge, Genf, 14. Februar 1938; aber auch YIVO, RG 245.4.12./XII-Germany-15, Minutes of the Meeting of the Liaison Committee, 23. Mai 1938, 25.
261 Vgl. London Metropolitan Archives (LMA), ACC/2793/01/01/011, Minutes of the Meeting of the Executive of the Council for German Jewry, 16. Mai 1938, Confidential, 2; The Wiener Holocaust Library (WHL), 503 (Digital: MF 54/03/840–1287), Norman Bentwich, Discussion on Friday May 20th about the Preparation of a Programme for the Governmental Conference, 24. Mai 1938, 1; CZA, KH4/4807/1, Rosenblüth an Landauer, 30. Mai 1938, 1 f.; auch Bentwich, They Found Refuge, 17 und 34.
262 Zu den unterschiedlichen Erwartungen und Schwerpunktsetzungen in Évian vgl. YIVO, RG 245.4.12./XII-Germany-15, Minutes of the Meeting of the Liaison Committee, 23. Mai 1938, bes. 18–25.

ist von zentraler Bedeutung – sprach er einer solchen Delegation indirekt das Recht ab, »die jüdische Sache vor der Konferenz in Évian zu präsentieren«, da sie qua Besetzung nicht dafür autorisiert sei.[263] Diese grundlegenden Konflikte in den Erwartungen und Strategien der beteiligten Organisationen konnten fürs Erste nicht beigelegt werden und so verständigte man sich im Liaison Committee auf einen Ausschuss, der auf weitere Entwicklungen der Évian-Initiative reagieren sollte. Zugleich planten die dort affiliierten jüdischen Organisationen ein separates Abstimmungstreffen.[264]

Den nächsten entscheidenden Schritt in den Vorbereitungen des Council wie auch des Liaison Committee bildete das Gespräch zwischen Taylor, dem von Roosevelt ernannten Sonderbotschafter für die Konferenz, und Bentwich Anfang Juni in Florenz. Taylor erreichten zahlreiche Empfehlungen, er ließ sich aus New York Publikationen über den Jischuw schicken und kannte Bentwichs Buch über Flüchtlinge aus Deutschland, das als »bestes« zum Thema galt.[265] Darüber hinaus unterstrichen Bentwichs Ämter seine Expertise: Von 1920 bis 1931 etablierte er als Generalstaatsanwalt im Mandatsgebiet Palästina das britische Rechtssystem, was ihm Kritik von arabischer Seite eingebracht hatte, da es die zionistischen Bestrebungen zu begünstigen schien. Bentwich hatte aber nicht zwangsläufig prozionistisch gehandelt; als britischer Beamter hatte seine Loyalität zuvorderst britischen Interessen gegolten. Nach seiner Ablösung als Generalstaatsanwalt hatte er 1932 eine Professur für Internationale Beziehungen an der Hebräischen Universität in Jerusalem angenommen. Kurz danach wurde er Generalsekretär des High Commissioners McDonald; nach dessen Rücktritt 1935 fokussierte sich Bentwich auf Auswanderungsfragen innerhalb des Council und des Liaison Committee. Bentwich galt folglich als *der* internationale Experte für die Situation der vor dem NS-Regime aus Deutschland Geflüchteten. Außerdem war er bestens in Regierungskreise und im britisch-jüdischen Establishment vernetzt. Taylors Einladung an Bentwich überraschte daher nicht. Sie diskutierten einerseits die Rahmenbedingungen der Konferenz, andererseits verständigten sie sich über die Teilnahme einer »kleinen Delegation« jüdischer und nichtjüdischer Organisationen. Diese sollten sich im Vorfeld auf einen gemeinsamen Plan

---

263 Ebd., 26.
264 Dieser Ausschuss bestand, wie im Februar, aus Vertretern von JDC, Council, Internationalem Asylrechtsbüro, Zentralvereinigung der Deutschen Emigration, WJC, JA, HICEM und JCA. Vgl. ebd., 28; auch AJA, MS-361/A1/6, World Jewish Congress, Circular Letter, Nr. 9, Paris, 31. Mai 1938, 8.
265 FDRL, Taylor Papers, Box 6, Fitch an Taylor, 4. Mai 1938; FDRL, Taylor Papers, Box 6, New York Public Library, Book List, 3. Mai 1938; FDRL, Taylor Papers, Box 6, Bentwich an Taylor, 22. Mai 1938; Bentwich, The Refugees from Germany; ders., The International Problem of Refugees; vgl. auch JDCA, 255, Telegramm Katz an Jointdisco, NYC, 22. Mai 1938.

einigen.²⁶⁶ Damit eröffnete sich den nicht staatlichen Organisationen auf der Konferenz von Évian die grundsätzliche Möglichkeit der Teilnahme.

Wenn man den Kreis der jüdischen Akteure insgesamt betrachtet, wird deutlich, dass um den Monatswechsel von Mai zu Juni die grundsätzliche Frage der Teilnahme einer Vertretung auf der Konferenz und die »Richtlinien« der jeweiligen Organisationen für heftige Debatten sorgten. Anders als die Tagung des Völkerbunds im Februar fand jene in Évian auf Einladung der amerikanischen Regierung statt. Ihr Format war in gewisser Weise neu, Ablauf und Choreografie nicht absehbar. Und noch ein weiterer Unterschied dürfte Anlass zu sehr unterschiedlichen Erwartungen gewesen sein: Es deutete sich an, dass die gesamte Welt auf Évian schauen und Journalisten von dieser großen Bühne der Diplomatie intensiv berichten würden. Vor diesem Hintergrund ist Rosenblüths Intervention gegen eine Delegation des Liaison Committee zu verstehen. Sprach er primär für die Jewish Agency und das Central Bureau, so sah auch die Exekutive des World Jewish Congress mit Évian eine »einzigartige Möglichkeit« gekommen, die gesamte »jüdische Frage« vor ein internationales Regierungspodium zu bringen. Neben den antijüdischen Verfolgungen in Deutschland sollte vor allem die prekäre Situation der Judenheiten im östlichen Europa zum Gegenstand der Diskussion gemacht werden, um den Problemzusammenhang als Ganzes zu unterstreichen.²⁶⁷ In diametraler Opposition hierzu befand sich der Vorstand des JDC, der jeden Eindruck zu vermeiden suchte, es handle sich bei den in Évian zu diskutierenden Themen allein um ein »jüdisches Problem«. Die Betonung der »jüdischen Aspekte«, so war aus New York übermittelt worden, sei der ganzen Sache »äußerst abträglich«.²⁶⁸ Der europäische Direktor des JDC, Bernhard Kahn, der über jahrzehntelange Erfahrung mit diesen Themen verfügte, ging so weit, von »Sabotage« an der Konferenz zu sprechen, wenn man sich anmaße, sich selbst einzuladen, um die vermeintlich dort versammelten »Ignoranten zu belehren, was zu tun sei«.²⁶⁹

---

266 Bentwich verfasste einen Bericht des Treffens für den Council, alle affiliierten Organisationen waren über den Inhalt in Kenntnis gesetzt. Vgl. WHL, 503, Norman Bentwich, Notes on Talks of N. B. with Mr. Myron Taylor at Florence 3/5th June, 1938, 5. Außerdem berichtete er während der Council-Sitzung am 7. Juni. Vgl. JDCA, 255, Telegramm Katz an Jointdisco, NYC, 7. Juni 1938; vgl. auch Bentwich, My 77 Years, 147; Kieffer, Judenverfolgung in Deutschland – eine innere Angelegenheit?, 201.
267 AJA, MS-361/A20/6, Telegramm Goldmann, Jefroykin, Jarblum, Naiditch, Lestschinsky an Wise, 19. Juni 1938.
268 JDCA, 256, Telegramm Rosenberg an Kahn, 23. Juni 1938; JDCA, 256, Jonah Wise an Executive Committee of the JDC, 5. Juli 1938.
269 YIVO, RG 245.4.12./XII-Germany-15, Minutes of the Meeting of the Liaison Committee, 23. Mai 1938, 23. Zu Kahn vgl. Bauer, My Brother's Keeper, 21 f.

Kahns Vorstellung einer Beteiligung an der amerikanischen Initiative entsprach eher einer Beratung und Kooperation, wie sie damals bereits seit mehreren Wochen in Amerika praktiziert wurde. Das Gespräch zwischen Taylor und Bentwich bildete den Auftakt zu einer Reihe von Konsultationen jüdischer Vertreter, insbesondere mit den Mitgliedern der amerikanischen Regierungsdelegationen sowie Vertretern der britischen Regierung, die besonders deshalb wichtig waren, weil sie auf dem europäischen Kontinent die Funktion erfüllten, die das gleichzeitig in Amerika tagende Advisory Committee on Political Refugees bereits angestoßen hatte. Taylor hatte von Roosevelt und seitens des Beratergremiums Instruktionen erhalten, die nun die Vorbereitungen in Europa anleiteten und die wichtige Verbindungen zu den Hilfsorganisationen herstellten.[270] Die Arbeit der jüdischen Organisationen spielte sich in der Folge auf zwei miteinander verschränkten Ebenen ab: Auf der Ebene der Gespräche nach »außen« ging es den jüdischen Vertretern darum, Informationen über den aktuellen Stand der Konferenzvorbereitungen in den Regierungskreisen zu erhalten; zudem wollten sie die Diplomaten von der jeweils eigenen Position überzeugen. Parallel dazu erfolgten die Diskussionen nach »innen«: Sowohl im Liaison Committee als auch im Council drehte es sich um Einigung. Innerorganisatorische Strategiebildungen gemäß dem eigenen Selbstverständnis und dem eigenen Anspruch waren diesen Debatten jeweils vorausgegangen.

Die Ebene nach außen war durch etablierte Muster jüdischer Diplomatie charakterisiert: Sie spielte sich meist »hinter den Kulissen« ab, entsprach einer Beratung durch »Sachverständige« und war von der Überzeugungskraft und dem Charisma einzelner Persönlichkeiten abhängig.[271] Auch wenn einzelne Vertreter des World Jewish Congress und der Jewish Agency diese Form der Diplomatie nahezu meisterlich beherrschten, stand für sie zugleich die Entwicklung neuer politischer Strategien im Vordergrund. Damit verbunden war die Frage, wie die eigenen Positionen in Évian am wirkungsvollsten vertreten werden könnten. Wenn hier von der Entwicklung »neuer« politischer Vertretungsformen die Rede ist, dann unterstellt dies nicht, dass diese Politik erst oder allein für Évian entwickelt worden wäre. Die Jewish Agency und der World Jewish Congress forderten die Anerkennung ihrer protosouveränen Position auf internationaler Ebene ein und begründeten sie mit dem Mandat einer nationalen und demokratisch organisierten Massenbasis sowie im Fall der Jewish Agency mit ihrem international verbrieften Status als Vertretung

---

270 Zu Roosevelts eher grundsätzlichen Instruktionen an Taylor vgl. Kieffer, Judenverfolgung in Deutschland – eine innere Angelegenheit?, 187.
271 Vgl. exemplarisch die sehr pointierte Beschreibung Schäffers zum Auftreten jüdischer Repräsentanten in Évian, ders., an Adler-Rudel, 29. Mai 1938, in: Adler-Rudel, Das Auswanderungsproblem im Jahre 1938, 168.

des Jischuw. Ihre politische Arbeit schloss öffentliche Aktionen, wie Massendemonstrationen und die gezielte Nutzung von Medien, mit ein. In diesem Sinne war ihre Politik »neu« und modern.[272] Neu auch besonders dann, wenn sie mit jener traditionellen »Fürsprache« (Shtadlanut) einerseits und philanthropischer Unterstützungshilfe des JDC andererseits verglichen wird, die sich ganz bewusst nicht politisch verstand und nicht die Öffentlichkeit suchte.[273] Diese neue Strategie nicht staatlicher Politik – besonders im Feld der jüdischen Politik – war in den 1930er Jahren noch in der Erprobungsphase. Generell befanden sich viele der hier aktiven Organisationen noch im Aufbau. In der zionistischen Bewegung tat man sich schwer, die damalige Situation zu erfassen, und war auf die dramatischen Veränderungen und Auseinandersetzungen ab 1933 – trotz aller Katastrophenerwartung für die Diaspora – nicht vorbereitet.[274] Mit gewissen Abstrichen galt dies auch noch für das Jahr 1938, als sich die Handlungsspielräume bereits dramatisch verengt hatten. Die Jewish Agency war im Mandatsvertrag für Palästina 1922 als Vertretung des Jischuw gegenüber den britischen Behörden eingesetzt worden. Diese Aufgabe hatte zunächst die Exekutive der Zionistischen Organisation übernommen, die auf dem XVI. Zionistenkongress 1929 insbesondere auf Drängen Weizmanns und seiner Mitstreiter zwecks Mittelakquise paritätisch um Nichtzionisten erweitert und als Jewish Agency for Palestine etabliert wurde.[275] Das 1919 für die Pariser Friedenskonferenzen gegründete Comité des délégations juives war ideeller Vorläufer des WJC; in seiner institutionalisierten Form existierte dieser aber erst seit 1936.[276] Goldmann und Perlzweig bekannten daher intern, dass der WJC erst am Anfang stehe und noch nicht über die, wie sie es ausdrückten, notwendige »Maschinerie« verfüge.[277] Der Congress war keine weltumspannende, demokratische Großorganisation, wie es sein Anspruch war, sondern glich 1938 in der Praxis eher einem Ein-Mann-Unter-

---

272 Loeffler, »The Famous Trinity of 1917«, 217.
273 Zu Fürsprache und den auch noch Anfang des 20. Jahrhunderts angewendeten und sichtbaren Formen des Shtadlanut während Bedrohungslagen für Jüdinnen und Juden in Osteuropa und dem Vorderen Orient vgl. Thulin, Art. »Shtadlanut«, bes. 476 f. Spezifisch zum JDC vgl. Patt u. a., Introduction, 7 f.; Bauer, My Brother's Keeper, 19 f.
274 Vgl. Weiss, Deutsche und polnische Juden vor dem Holocaust, 190. Das Kap. 6 »Zwischen Transfer-Abkommen und Boykott-Bewegung: Ein jüdisches Dilemma am Vorabend des Holocaust«, in: ebd., 169–194, ist in engl. Übersetzung auch als Aufsatz erschienen: dies., The Transfer Agreement and the Boycott Movement, 165; auch Fraenkel, Die Reaktion des deutschen Zionismus auf die nationalsozialistische Verfolgungspolitik, 307 f.
275 Vgl. Reinharz/Golani, Chaim Weizmann. The Great Enabler, 126; Brenner, Geschichte des Zionismus, 103 f.; Knee, Jewish Non-Zionism in America and Palestine Commitment 1917–1941, 213 f.
276 Vgl. Graf, Art. »Comité des délégations juives«.
277 AJA, MS-361/A6/5, Report on the Session of the Administrative Committee of the WJC, 19.–20. Mai 1937.

Abb. 3: Louis Lipski (links) und Nahum Goldmann während der Gründungskonferenz des World Jewish Congress 1936 in Genf. © Yad Vashem Photo Archive, Jerusalem. 4613/241. Jede weitere Nutzung ist genehmigungspflichtig.

nehmen – die prägende Persönlichkeit war Goldmann (Abb. 3).[278] Dieser war die treibende organisatorische Kraft während des dreijährigen Gründungsprozesses gewesen, mit jüdischer Politik und den dazugehörigen Konflikten vertraut, ein Kenner der internationalen Beziehungen und fähiger Diplomat. Er verkörperte geradezu den protosouveränen Anspruch und sah sich in der Rolle des gleichberechtigten Staatsmannes – rückblickend charakterisierte er sich selbst als »Staatsmann ohne Staat«.[279] Seine Bedeutung für die Arbeit des WJC ist kaum zu überschätzen, auch wenn er als Person und seine Positionen intern nicht unumstritten waren. In beiden Organisationen gab es im Vorfeld von Évian grundsätzliche inhaltliche Diskussionen, da man sich mit Dilemmata des Abwägens zwischen Selbstanspruch und praktischer Politik konfrontiert sah. Trotz oder gerade wegen dieser innerjüdischen Diskussion um eine moderne und selbstbewusste Repräsentation waren auch Weizmann und Goldmann auf der Ebene nach außen aktiv und letztlich auf diese an-

---

278 Für diese Einschätzung exemplarisch AJA, MS-361/A6/11, Protokoll der Sitzung der Exekutive des Jüdischen Weltkongresses, 17. November 1938, 11 f.; AJA, MS-361/A13/17, Wise an Shultz, 27. Dezember 1938; AJA, MS-361/A13/17, Shultz an Wise, 28. Dezember 1938; AJA, MS-361/A14/9, Bernhard an Goldmann, 29. Dezember 1936.
279 Goldmann, Staatsmann ohne Staat.

gewiesen.²⁸⁰ Sie bildete – wie auch für Kahn oder Bentwich – den Zugang zur nationalen und internationalen Sphäre souveräner, machtgestützter Politik.

Auf den ersten Blick vermochte die von Kreutzberger verfasste Notiz keine besondere Aufmerksamkeit zu gewinnen. Vor dem skizzierten Hintergrund grundsätzlicher Differenzen über die Form jüdischer Beteiligung an der Konferenz von Évian steigt jedoch deren Brisanz, die insbesondere in den Begriffen »Vereinheitlichung« und »Richtlinien« verborgen ist. Die genauere Betrachtung dieser Termini und ihres Gebrauchs ermöglicht es, sowohl die von jüdischen Organisationen für Évian entwickelten Strategien zu analysieren als auch die ihnen zugrunde liegenden Tiefenschichten divergierender jüdischer Selbstverständnisse zu profilieren. Exemplarisch lässt sich dies bereits in Kreutzbergers Notiz erkennen: Er dachte bereits über eine vereinte jüdische Delegation nach, bevor Bentwich Taylors diesbezügliche positive Resonanz übermittelte. Die jüdischen Forderungen in Évian als *eine* Stimme zu Gehör zu bringen – was praktisch sowohl ein gemeinsames Memorandum als auch eine gemeinsame Delegation voraussetzte –, war Kreutzberger also nicht nur ein arbeitsökonomisches Anliegen, sondern Ausdruck seines nationaljüdischen Selbstverständnisses. Dieses wollte er in Évian sichtbar werden lassen, um gegenüber den Diplomaten zu betonen, dass der Angriff auf die deutschen Juden nicht allein ein Angriff auf Glaubensbrüder und -schwestern, sondern einer gegen das jüdische Kollektiv als Ganzes war und diesem entschieden entgegengetreten werden sollte.

In den Strategiebildungsprozessen jüdischer Organisationen für die Konferenz von Évian verbergen sich ganz unterschiedliche Vorstellungen von Diplomatie und Repräsentation, die ein Bild des breiten Spektrums jüdischer Erfahrungen und Zukunftserwartungen vor dem Ausbruch des Zweiten Weltkriegs sowie vor der Katastrophe vermitteln. Die Vorbereitungen der jüdischen Akteure loteten einerseits die damaligen Möglichkeiten und Grenzen jüdischer Teilhabe an internationaler Politik aus und zeugten andererseits von der Spannung zwischen nationaljüdischem und staatsbürgerlich-akkulturiertem Selbstverständnis. Zugleich war diese Phase ein Moment der Transformation; traditionelle, etablierte Muster jüdischer Diplomatie sowie der Emigrationshilfe schienen immer weniger Geltung beanspruchen zu können, da die von den Nationalsozialisten geschaffene Situation neues Handeln erforderte. Die Konflikte um eine sichtbare jüdische Präsenz und die Generierung von Einfluss durch *eine* jüdische Stimme waren dabei Ausdruck des innerjüdischen Ringens um politische Mitbestimmung und die Geltung von Selbstverständnissen. Geführt wurden diese Auseinandersetzungen zwischen Newcomern und Mitgliedern des Establishments, zwischen dem neuen Typus

---

280 Vgl. Reinharz/Golani, Chaim Weizmann. The Great Enabler, 120 und 123; Segev, Immigration, Politics and Democracy, 215 f.

des Funktionärs und dem gut situierten Philanthropen. Darüber hinaus verweisen diese Konflikte auf unterschiedliche Zeit- und Krisenwahrnehmungen, die mit verschiedenen Perspektiven auf die Situation der deutschen und österreichischen Juden verknüpft waren. Fast zwangsläufig ergab sich eine Spannung zwischen den Planungen in London, Jerusalem oder auch jenen in New York, die auf mehrere Jahre, teils Jahrzehnte angelegt waren, und dem dringlichen Ruf nach effektiver Hilfe aus Deutschland. Im Folgenden sind die innerjüdischen, man kann sagen »internen« Vorbereitungen für die Konferenz zentral; konkret ist nach den Bedingungen und Konflikten zu fragen, die dazu führten, dass es im Liaison Committee erneut gelang, ein gemeinsames Memorandum zu erarbeiten, während die generellen Bemühungen um eine jüdische Delegation im Rahmen des Council for German Jewry Mitte Juni erfolglos verliefen.

Innerjüdische Konflikte:
Fraktionen und Selbstverständnisse im Council for German Jewry

Der Council for German Jewry war die zentrale Plattform der Vorbereitung jüdischer Organisationen für die Konferenz von Évian. Als Dachverband selbstständiger Organisationen war er 1936 ad hoc gegründet worden, um die Auswanderung deutscher Jüdinnen und Juden zu unterstützen. In der Praxis war er in erster Linie ein Ort der Koordination, des Informationsaustauschs und der Verteilung von Finanzmitteln. Die Organisationen blieben jedoch eigenständig, hatten ihren eigenen Vorstand und behielten die Verfügungsmacht über ihr Budget, das bei allen Institutionen nahezu ausschließlich aus Spenden generiert wurde. Im Council waren die wichtigsten Akteure der Flüchtlingshilfe und der Unterstützung der jüdischen Emigration außerhalb Deutschlands organisiert.[281] Entlang ihrer Diskussionen über ein gemeinsames Memorandum für Évian lassen sich die Konflikte über unterschiedliche Strategien und Erwartungen nachvollziehen. Diese Konflikte hatten eine Vorgeschichte, die anhand der Entscheidungen und des Handelns zentraler Akteure des Council sichtbar wird. Den Council prägten seit seiner Konstituierung drei Fraktionen, die repräsentativ für die damals dominierenden modernen jüdischen Selbstverständnisse in Westeuropa und Amerika einerseits und die damit verbundenen politischen und philanthropischen Aktivitäten andererseits standen.

---

281 Zur Gründung des Council vgl. v. a. Jünger, Jahre der Ungewissheit, 280–322, bes. 300–311; Silberklang, Jewish Politics and Rescue; Bentwich, They Found Refuge, 30–33; auch Bauer, My Brother's Keeper, 155.

Die Fraktion der »zionistischen Mitglieder« bildete zugleich den Kern des politischen Zionismus in Großbritannien.[282] Seine prominentesten Vertreter waren Angehörige der britischen Oberschicht. Weizmann und Selig Brodetsky waren erfolgreiche und angesehene Wissenschaftler und bildeten die politische Abteilung des Vorstands der Jewish Agency in London. Weizmann wirkte in erster Linie in der britischen Hauptstadt, wo seiner Einschätzung nach – neben Palästina als Ort des praktischen Aufbaus – das zweite politische Zentrum der zionistischen Bewegung lag.[283] Der Zugang zu britischen Behörden und Ministerien war elementar für sein auf Diplomatie ausgerichtetes Streben nach Herbeiführung jüdischer Staatlichkeit.[284] Darüber hinaus war Weizmann Präsident der Jewish Agency sowie der World Zionist Organization und eine über die zionistische Bewegung hinaus wahrgenommene Führungsfigur mit entsprechender Ausstrahlung. Ab Anfang der 1920er Jahre konnte er sich auf einflussreiche Mitstreiter stützen, die auch im Council eine führende Rolle einnahmen.[285] Zu diesen gehörten in erster Linie Simon Marks, einer der Gründer und Eigentümer des Kaufhauskonzerns Marks & Spencer, sowie der dort als Direktor angestellte und mit Marks' Familie durch Heirat verbundene Harry Sacher. Meriten in der zionistischen Bewegung hatte sich Sacher durch seine Mitarbeit an der maßgeblich von Weizmann erwirkten Balfour-Deklaration erworben, mit der die britische Regierung im November 1917 ihre Unterstützung für das zionistische Ziel erklärt hatte, in Palästina eine »jüdische nationale Heimstätte« zu etablieren.[286] Während der meisten Sitzungen des Vorstands des Council nahm Sacher den Platz Weizmanns ein. Zur britischen Oberschicht zu gehören, ein nationaljüdisches Selbstverständnis zu teilen und aktiv an der Verwirklichung der zionistischen Vision für Palästina zu arbeiten, bedeutete für diese Männer keinen Widerspruch.

Sacher hatte in den 1920er Jahren in Palästina gelebt, und Weizmann pendelte zwischen seinem dortigen Wohnort Rechovot und der britischen

---

282 Rosenblüth zählte u. a. Marks, Brodetsky, Sacher, Bakstansky und sich selbst zum Kreis »zionistischer Mitglieder«. Vgl. CZA, KH4/4807/1, Rosenblüth an Landauer, 30. Mai 1938, 1 f.; zum britischen Zionismus vgl. Wendehorst, British Jewry, Zionism, and the Jewish State, 1936–1956.
283 Zu dieser Einschätzung vgl. auch Laqueur, A History of Zionism, 178. Zu Weizmann vgl. bes. die dreibändige Biografie von Reinharz, Chaim Weizmann. The Making of a Zionist Leader; ders., Chaim Weizmann. The Making of a Statesman; ders./Golani, Founding Father (Hebr.); jüngst dies., Chaim Weizmann. A Biography.
284 Vgl. CZA, Z4/31844, Kann an Weizmann, 8. Dezember 1933; vgl. Brenner, Geschichte des Zionismus, 100.
285 Vgl. Reinharz/Golani, Chaim Weizmann. The Great Enabler, 111.
286 Zur Entstehung der Balfour-Deklaration Laqueur, A History of Zionism, 181–205; Schneer, The Balfour-Declaration; Stein, The Balfour-Declaration; zu den britisch-imperialen Begleitumständen vgl. einführend auch Kirchhoff, Art. »Balfour-Deklaration«.

Hauptstadt. In der Grundüberzeugung der Mehrheit der Vertreter der Jewish Agency bildete die Existenz in der Diaspora eine vorübergehende Kondition. Diese Zionisten hatten eine klare territoriale Zielsetzung, denn für sie war allein Palästina der Ort nationaler Erneuerung und Stärke; dort würde die jüdische Zukunft gestaltet, denn – so waren sie überzeugt – (volle und gesicherte) Gleichberechtigung könne nur auf der Grundlage souveräner Selbstbestimmung und im Rahmen eines jüdischen Staates erreicht werden. Allerdings war man sich auch in der Jewish Agency bewusst, dass ein solcher Staat trotz größtmöglicher Anstrengungen nie allen Jüdinnen und Juden würde Platz bieten können.[287] Daher erstreckte sich ihr Engagement neben Palästina auch auf gleiche und nationaljüdische Rechte sowie Autonomie in der Diaspora – besonders für die Judenheiten im östlichen Europa. Die beiden letzten Aspekte werden mit dem Konzept der Gegenwartsarbeit beschrieben.[288] Allerdings hatten die Gegenwartsarbeit und der Aufbau des Jischuw innerhalb der zionistischen Bewegung unterschiedliche Priorität, was aus Sicht von Stephen Wise und Goldmann die Gründung des World Jewish Congress notwendig erscheinen ließ.[289] Die Anhänger des WJC und jene des sozialistischen und antizionistischen Allgemeinen Jüdischen Arbeiterbunds, der sein Wirkungszentrum in Osteuropa hatte und insbesondere in Polen in den 1930er Jahren die stärkste politische Kraft der dortigen Judenheit bildete, waren grundsätzlich – wenn auch in unterschiedlichem Maße – von der Möglichkeit einer transterritorialen nationaljüdischen Existenz in der Diaspora überzeugt.[290] Sie kämpften in erster Linie für die Anerkennung der Juden als eigenständige nationale Minderheit, ihre rechtliche Gleichstellung sowie kulturelle Autonomie in ihren Herkunftsländern. Obwohl die politischen Prioritäten durchaus different waren, gab es programmatische Gemeinsamkeiten zwischen JA und WJC, die mitunter zu personellen Überschneidungen führten. So fungierte Goldmann damals als Diplomat der Jewish Agency und leitete deren Vertretung beim Völkerbund in Genf; zugleich war er Vorsitzender des WJC. Zu dieser Doppelfunktion ist eine interne Äußerung von

---

287 Vgl. Laqueur, A History of Zionism, 508; Segev, Immigration, Politics and Democracy, 212.
288 Zum Konzept der Gegenwartsarbeit vgl. Nesemann, Minderheitendiplomatie, bes. 151–155; ders., Jüdische Diplomatie und Minderheitenrecht, 570–572; Graf, Die Bernheim-Petition 1933, 12 f.; einführend auch Shumsky, Art. »Gegenwartsarbeit«. Loeffler bezeichnet das gleichzeitige Engagement für den Jischuw und die Diaspora als »Trinität« zionistischer Aufgaben: 1. Gleiche Rechte für Juden überall auf der Welt; 2. nationale Autonomierechte in Gebieten mit kompakter jüdischer Siedlung; 3. Aufbau einer nationalen jüdischen Heimstätte in Palästina. Vgl. ders., »The Famous Trinity of 1917«, 211; auch ders., Rooted Cosmopolitans, 60 f.; auch Giladi, Gegenwartsarbeit in the National Home.
289 Vgl. Segev, The World Jewish Congress during the Holocaust, 12; Giladi, Gegenwartsarbeit in the National Home, 438.
290 Vgl. Giladi, Gegenwartsarbeit in the National Home, 426; zum Allgemeinen Jüdischen Arbeiterbund vgl. Pickhan, »Gegen den Strom«; Blatman, For Our Freedom and Yours.

Stephen Wise vom April 1938 interessant: Goldmanns »wirkliche Interessen« lägen in Palästina, bei Fragen der Teilung und jüdischer Staatlichkeit – alles andere sei für ihn »sekundär«.[291] Innerhalb des auf Gegenwartsarbeit fokussierten WJC musste er sich daher immer wieder Kritik gefallen lassen.

In den 1920er sowie 1930er Jahren und gerade auch im Kontext der Konferenz von Évian gab es eine Reihe von Persönlichkeiten, die zwischen verschiedenen politischen Selbstverständnissen changierten. Sie können als »Zionistische Internationalisten« bezeichnet werden und zu ihnen zählten unter anderen Goldmann, Perlzweig, Stephen Wise und Bentwich.[292] Auch wenn sie kein gemeinsames Verständnis von Autonomie und Souveränität teilten, so waren sie dennoch durch zwei Gemeinsamkeiten verbunden: Zum einen verstanden sie Jüdinnen und Juden als Angehörige einer transterritorialen Nation. Als solchen stünden ihnen gleiche politische, kulturelle und soziale Rechte in den sie umgebenden Gesellschaften in Gegenwart und Zukunft zu. Zum anderen waren sie von der Notwendigkeit neuer Formen internationaler politischer Institutionen überzeugt, die der jüdischen Vertretung eine eigenständige und anerkannte Stellung gewähren würden.[293] Der World Jewish Congress stand hierfür paradigmatisch.

Der WJC war im Council formal durch Stephen Wise repräsentiert, allerdings war dieser aufgrund seines Lebens- und Wirkungsortes in Amerika so gut wie nie bei den Sitzungen in London anwesend. In der Regel wurde er durch Perlzweig vertreten, der zur politischen Abteilung des WJC in Europa gehörte und dessen Büro in London leitete. Da sich der Congress als politische Interessenvertretung der nationalen Judenheiten in der Diaspora verstand und über kein Budget für die Unterstützung von Juden in Deutschland oder deren Auswanderung verfügte, war seine Bedeutung im Council gering. Darüber hinaus widersprachen das nationale Selbstverständnis und die öffentlichkeitswirksame Politik des WJC der Haltung der Mehrheit der deutsch-jüdischen Bevölkerung sowie gewichtiger Mitglieder des Council.[294] Deren Aversionen gegenüber Wise, der in den Vereinigten Staaten als wirkmächtige Stimme des American Jewish Congress und der Boykottbewegung auftrat, fanden hier Ausgangspunkt und Bestätigung. In seinen öffentlichen Reden schlug er einen durchaus aggressiven Ton an, verurteilte die Gräueltaten der Nationalsozialisten aufs Schärfste und sah im Ha'avara-Abkom-

---

291 AJA, MS-361, A14/1, Wise an Shultz, 6. April 1938. Während des Zweiten Weltkriegs lag Goldmanns Priorität hingegen auf der Diaspora. Vgl. Diner, Ein anderer Krieg, 30–34.
292 Vgl. Loeffler, »The Famous Trinity of 1917«, bes. 211–213; vgl. auch Diner, Point and Plane.
293 Vgl. Loeffler, »The Famous Trinity of 1917«, 216f.
294 Exemplarisch Alfred Hirschberg, Chefredakteur der *CV-Zeitung*, der dem WJC jedes Recht zur Vertretung deutscher Jüdinnen und Juden absprach. Vgl. ders., Gedanken für Evian.

men einen historischen Fehler.²⁹⁵ Aus seiner Sicht trugen dessen Initiatoren und die zurückhaltende Politik der Philanthropen entscheidend zur Krise der europäischen Judenheiten bei, da sie indirekt den Kampf um rechtliche Gleichstellung in der Diaspora unterminierten. Zusätzlich war Wise als einflussreicher Rabbiner innerhalb der Reformbewegung eine Ausnahme, da er die dort dominierende Distanz zum Zionismus und die Kritik daran nicht teilte, sondern sich im Gegenteil lautstark und öffentlich für dessen Ziele einsetzte.²⁹⁶

Mit ihrem nationaljüdischen Selbstverständnis, dem Streben nach demokratischer Entscheidungsfindung – die auch zu einem Machtwechsel innerhalb der führenden jüdischen Organisationen wie dem JDC führen sollte – und öffentlicher Politik für das jüdische Kollektiv bildeten Weizmann, Marks und Wise den Gegenpol zum Selbstverständnis und Habitus der beiden anderen Fraktionen des Council. Die britisch-akkulturierte Fraktion wurde von Männern der Aristokratie dominiert: Persönlichkeiten wie Lord Samuel, Lord Bearsted, Vorsitzender des niederländisch-britischen Mineralölunternehmens Royal Dutch Shell, das sein Vater mitgegründet hatte, und Mitglied im House of Lords, Osmond d'Avigdor Goldsmid (Sir Osmond), der aus einer Bankiersfamilie stammte und in den 1930er Jahren Präsident der philanthropischen Jewish Colonization Association war, und Anthony Gustav de Rothschild, Geschäftsführer des gleichnamigen Londoner Bankhauses, übten den größten Einfluss aus. Daneben gehörte aber auch der aus Deutschland stammende Bankier Schiff zu dieser Fraktion. Er leitete das im Council assoziierte German Jewish Aid Committee, das sich um die in Großbritannien ankommenden Immigranten aus Deutschland kümmerte. Der Kern ihres Selbstverständnisses basierte auf staatsbürgerlicher Gleichheit und Akkulturation. Ihre Vorfahren und sie selbst hatten einen Prozess der Angleichung an die Umgebungsgesellschaften durchlaufen, der begleitet gewesen war von dem erfolgreichen Kampf um rechtliche Gleichstellung.²⁹⁷ Die Vorgenannten verstanden sich in erster Linie als britische Staatsbürger, die mit anderen Juden über die gemeinsame Religion verbunden waren. In sozialer, wirtschaftlicher und kultureller Hinsicht trennten sie mitunter Welten von ihren

---

295 Vgl. Weiss, Deutsche und polnische Juden vor dem Holocaust, 182 f.
296 Vgl. Segev, The World Jewish Congress during the Holocaust, 9. Zum Konflikt zwischen Wise und Establishment vgl. Jünger, Jahre der Ungewissheit, 313; auch Rudin, Pillar of Fire; Urofsky, A Voice that Spoke for Justice.
297 Grundlegend zur Geschichte der Akkulturation und Emanzipation vgl. Sorkin, Jewish Emancipation; einen Überblick zu verschiedenen europäischen Ländern bietet Birnbaum/ Katznelson (Hgg.), Paths of Emancipation; für Frankreich: Birnbaum, Jewish Destinies, bes. 3–188; für Deutschland Katz, Aus dem Ghetto in die bürgerliche Gesellschaft; ders., Jewish Emancipation and Self-Emancipation.

Glaubensbrüdern in Osteuropa.[298] Die überwiegende Mehrheit der französischen, britischen und deutschen Juden war – um den Begriff der Zeit zu verwenden – »assimiliert« und hatte eindeutige Zugehörigkeitsmerkmale wie die jiddische Sprache oder traditionelle Kleidung und habituelle Prägungen abgelegt. Ihrem bürgerlichen Selbstverständnis entsprechend, waren philanthropische Hilfe und diplomatisches Engagement für die rechtliche Gleichstellung der Glaubensgeschwister im östlichen Europa ein Gebot in akuten Krisenzeiten. Die Anglo-Jewish Association und das Board of Deputies waren die wichtigsten britisch-jüdischen Institutionen in diesem Bereich, deren Geschichte ins 19. Jahrhundert und im Fall des Boards sogar ins 18. Jahrhundert zurückreichte. Beide Organisationen rekrutierten sich aus den angesehensten und vermögendsten jüdischen Familien der britischen Oberschicht. Ihr Blick auf die Judenheiten in Osteuropa und ihr diesbezügliches Handeln war von Paternalismus geprägt.[299] Diese Haltung traf in sehr ähnlicher Weise auf die Führungspersönlichkeiten des JDC in New York zu, die als erfolgreiche Geschäftsmänner und Philanthropen ebenfalls dem Establishment entstammten und die dritte Fraktion im Council bildeten.

Obwohl Emigrationshilfe bis 1933 kein Bestandteil der Arbeit des JDC war, änderte sich dies durch die nationalsozialistische Judenverfolgung und die sich langsam durchsetzende Einschätzung, dass Deutschland – anders als Polen – als »verlorenes Gebiet« zu betrachten sei. Eine Hilfe zur dauerhaften Selbsthilfe vor Ort schien langfristig nicht mehr zielführend – Deutschland wurde in der Folge zu einem Arbeitsschwerpunkt des JDC. Diese Neuausrichtung lässt sich mit der deutschen Herkunft der einflussreichsten Persönlichkeiten des JDC wie Felix Moritz Warburg, Baerwald und Kahn in Verbindung bringen; aber auch deutsche Zionisten wie Kreutzberger teilten diese Perspektive.[300] Der Machtantritt der Nationalsozialisten und die sich stetig verschärfende Verfolgung der deutschen Jüdinnen und Juden konfrontierten die britischen und amerikanischen Philanthropen mit einer Tatsache, die sie kaum für möglich gehalten hatten. Eine der am weitesten akkulturierten Gemeinschaften war plötzlich auf ihre jüdische Herkunft zurückgeworfen und allein deswegen der Verfolgung ausgesetzt worden. In der Folge musste

---

298 Zur Einführung vgl. Levene, Art. »Anglo-Jewish Association«; Endelman, Art. »Board of Deputies«. Zu den Eindrücken unterschiedlicher Lebenswelten vgl. Reinharz/Shavit, The Road to September 1939, 28 f.; Weiss, »Wir Westjuden haben jüdisches Stammesbewußtsein, die Ostjuden jüdisches Volksbewußtsein«; Diner, Zweierlei Emanzipation.
299 Vgl. Leven, Art. »Anglo-Jewish Association«, 101; auch Endelman, Art. »Board of Deputies«. Zum Paternalismus der deutschen Juden vgl. Weiss, Polish and German Jews Between Hitler's Rise to Power and the Outbreak of the Second World War, 207 und 209 f.
300 Zu den Prinzipien des JDC vgl. Bauer, My Brother's Keeper, 23-25; zur Verlagerung auf Auswanderung vgl. Weiss, Zweierlei Mass, 103 f.; dies., Deutsche und polnische Juden vor dem Holocaust, 92 und 138; Handlin, A Continuing Task, 66.

beispielsweise Rothschild sein Selbstverständnis als akkulturierter britischer Jude gegen heftige Angriffe seitens des Zionisten Brodetsky verteidigen.[301] Die Haltung der britischen und amerikanischen Philanthropen gegenüber der deutsch-jüdischen Bevölkerung war eine andere als gegenüber den polnischen oder rumänischen Judenheiten. Im deutschen Fall wurde eine Kooperation auf Augenhöhe angestrebt, was sich auch darin ausdrückte, dass die Reichsvertretung mit zwei Personen im Council repräsentiert war.[302] Obwohl der JDC zu den Gründungsinstitutionen des Council gehörte, drängte er von Anfang an auf Eigenständigkeit. Die Hoheit über das eigene Budget, die Selbstwahrnehmung als amerikanische Institution und die bisher geleistete Hilfe waren hierfür maßgebliche Gründe.[303]

Den Vertretern der britischen und der amerikanischen Fraktion war für ihr philanthropisches Engagement eine vorsichtige und kooperative Haltung gegenüber der eigenen Regierung gemeinsam. Ihre Hilfe wurde als auswärtige Angelegenheit verstanden; ihr lag kein Verständnis eines nationaljüdischen Kollektivs zugrunde. Stattdessen war die Wahrnehmung, dass sie als Briten und Amerikaner ihre Glaubensbrüder in anderen Ländern unterstützten. Diese Prinzipien drückten sich auch in der Nähe zu Staatsbediensteten aus, was die Zusammenarbeit des JDC – und auch der HIAS – mit dem amerikanischen Außenministerium sowie die regelmäßigen Gespräche Schiffs und Bearsteds mit Vertretern des britischen Home Office und des Foreign Office belegen. Schiff steht hier exemplarisch für einen Philanthropen und Shtadlan – traditionell ein Fürsprecher jüdischer Interessen bei nichtjüdischen Autoritäten – der seine Netzwerke in der Ministerialbürokratie pflegte, aber nicht in der Öffentlichkeit in Erscheinung trat.[304] Diesen Persönlichkeiten wurde seitens der Beamten auch deshalb Vertrauen entgegengebracht, weil sie oftmals denselben gesellschaftlichen Gruppen und Milieus entstammten, daher einen ähnlichen Habitus aufwiesen und gemeinsame Wertvorstellungen teilten.

Allerdings war dieses etablierte philanthropische Engagement britischer und amerikanischer Juden, das durch religiöses Zusammengehörigkeitsgefühl begründet und einer kleinen Gruppe von Wohltätern vorbehalten war, in den 1920er und 1930er Jahren heftigen Angriffen ausgesetzt. Diese Konflikte zwischen Vertretern des Establishments und politischen Newcomern spitzte sich im Zusammenhang mit der Konferenz von Évian erneut zu. Aus der Sicht

---

301 Vgl. Wendehorst, British Jewry, Zionism, and the Jewish State, 1936–1956, XV und 61 f.
302 An den Sitzungen des Council nahmen regelmäßig Otto Hirsch, Max Moritz Warburg und Franz Meyer von der Zionistischen Vereinigung für Deutschland teil. Vgl. WHL, 606, Leo Baeck an Council for German Jewry, 29. März 1938.
303 Hierzu Zahl Gottlieb, Men of Vision, 69 f.
304 Seine Biografen verteidigten Schiff retrospektiv gegen die zeitgenössische Kritik, seine Methoden seien vormodern und ineffektiv gewesen. Vgl. Sherman/Shatzkes, Otto M. Schiff (1875–1952), bes. 259 f.; auch Thulin, Art. »Shtadlanut«.

»Évian ist nur der Anfang« 105

von Männern wie Weizmann, Sacher, Goldmann und Wise war die Zeit der alten jüdischen Philanthropie vorbei. Ja, mehr noch, die damit verbundenen Selbstverständnisse, Lebensentwürfe und Positionen der philanthropischen Mäzene, die transnationalen Familiennetzwerken wie den Warburgs, den Schiffs und den Rothschildts in Deutschland, Großbritannien, Frankreich und den Vereinigten Staaten entstammten, schienen ihnen überholt und gar als historische Fehler.[305] Verbunden damit war eine Absage an deren vermeintlich unpolitische Haltung, fehlende demokratische Entscheidungsfindung und ihre zurückhaltende Form des Auftretens gegenüber souveräner Politik.

Als im März 1938 Sir Osmond und Perlzweig über mögliche Kooperationen der JCA und des WJC bei Kolonisationsprojekten sprachen, wurden gänzlich unterschiedliche Führungs- und Repräsentationsverständnisse in ihrer historischen Dimension sichtbar. Perlzweig, der damals im Ruf des »wilden jungen Mannes des englischen Zionismus« stand,[306] schrieb in seinem Bericht für den Vorstand des WJC: »Er [Sir Osmond] neigt dazu, mich als einen Shtadlan-Kollegen zu betrachten, aber mit einer liebenswerten Schwäche für demokratische Formen, die er nur gelegentlich teile.«[307] Diese Episode setzte einen Disput zurückliegender Jahre fort: Weizmann und Goldmann hatten sich im Liaison Committee für eine demokratische Legitimation der dort vertretenen Organisationen eingesetzt, während Sir Osmond dafür plädierte, alle Massenorganisationen von der Mitarbeit auszuschließen.[308] Ein solcher Affront wirkte auch im Kontext von Évian noch nach. Ähnliches ereignete sich auch jenseits des Atlantiks, als Stephen Wise im Namen des American Jewish Congress 1938 dafür eintrat, den JDC auf eine breite demokratische Grundlage zu stellen, um die Mehrheit der osteuropäischen Juden an der Entscheidungsfindung und damit auch an der Mittelvergabe zu beteiligen.[309]

305 Zu diesen Konflikten im Rahmen des Council vgl. Jünger, Jahre der Ungewissheit, 293; Kieffer, Judenverfolgung in Deutschland – eine innere Angelegenheit?, 108; zur Assimilationskritik von Ruppin, Locker und Sacher auch Morris-Reich, Art. »Assimilation«, 175; Wendehorst, British Jewry, Zionism, and the Jewish State, 1936–1956, XV; zur Generalisierung des Scheiterns der Emanzipation nach 1933 durch Zionisten und den diesbezüglichen Gegenreaktionen vgl. Wendehorst, British Jewry, Zionism, and the Jewish State, 1936–1956, 52 f. und 61–64.
306 Zit. nach Loeffler, Rooted Cosmopolitans, 65.
307 AJA, MS-361/A6/9, Perlzweig, Note of Conversation with Sir Osmond d'Avidgor Goldsmid, 2. März [1938], 2.
308 Bauer, My Brother's Keeper, 144.
309 Zu dieser Initiative vgl. AJA, MS-361/A9/4, Proposed Resolution on JDC; auch AJA, MS-361/A1/6, World Jewish Congress, Circular Letter, Nr. 9, Paris, 31. Mai 1938, 1. Zum ähnlichen Vorstoß der Federation of Polish Jews in America, die 1935 eine Vertretung für die polnische Judenheit in der Exekutive des JDC verlangte, was seitens des JDC zurückgewiesen wurde, vgl. Weiss, Deutsche und polnische Juden vor dem Holocaust, 93 und 96.

Vor diesem Hintergrund überrascht es nicht, dass die im April in New York zusammengekommene Runde um Baerwald, Hyman und weitere Persönlichkeiten des JDC Wise nicht für die Besprechung mit Roosevelt im Weißen Haus vorgesehen hatte. Durch Einfluss prominenter Unterstützer wurde Wise jedoch nachnominiert und gehörte letztlich dem Advisory Committee an.[310] Ressentiments wurden auf beiden Seiten gehegt.

Trotz der hier geschilderten Konflikte über Inhalte und zwischen Personen darf nicht der Eindruck entstehen, der Council for German Jewry sei nicht in der Lage gewesen, effektive Hilfe zu organisieren. Dass er als Koordinationsinstanz funktionierte, lag zum einen daran, dass die Spannungen zwischen den Fraktionen für gewöhnlich hinter der täglich zu organisierenden Arbeit zurücktraten. Die Konferenz von Évian stach allerdings aus diesem etablierten Ablauf heraus; sie verlangte eine andere Vorbereitung als die üblichen Aktivitäten des Council. Mit der Suche nach einer angemessenen Form jüdischer Repräsentanz trat in den einzelnen Organisationen Grundsätzliches wie etwa die eigene Agenda wieder stärker in den Vordergrund. Um diese Wendung, mehr noch aber die konkrete Arbeit an einem gemeinsamen Memorandum für Évian nachvollziehen zu können, rückt eine Personengruppe in den Blick, die im Council in der gesamten Flüchtlingshilfe, aber besonders für die Konferenz von Évian eine zentrale Rolle einnahm.

Diese Gruppe von Funktionären kann als die »Zweite Reihe« bezeichnet werden. Bentwich gehörte ebenso zu ihr wie Adler-Rudel und Rosenblüth. Sie alle nahmen regelmäßig an den Sitzungen des Vorstands des Council teil, waren in die deutsche Flüchtlingshilfe involviert und mitunter seit Jahrzehnten in jüdischen Organisationen aktiv. Bentwich war die bekannteste und innerhalb des Council einflussreichste Persönlichkeit dieser Kohorte. Obwohl er in gewissem Maß über den Fraktionen stand, neigte er oftmals zu den Positionen der britisch-akkulturierten Mitglieder und fungierte vielfach als deren Vertreter bei Verhandlungen im Völkerbund. Er teilte mit Adler-Rudel und Rosenblüth ein nationaljüdisches Selbstverständnis. Bezüglich der Möglichkeiten Palästinas im Rahmen der Flüchtlingshilfe war er jedoch skeptisch, was ihm Kritik seitens der Vertreter der Jewish Agency und des Central Bureau eintrug. Dennoch waren Bentwich und Adler-Rudel, der im Council als Verbindungsmann zwischen der Jewish Agency, dem JDC und der Reichsvertretung der Juden in Deutschland fungierte, die wichtigsten Mittler und Integratoren der antagonistischen Positionen im Vorfeld der Konferenz von Évian. Sie waren bestens mit den jüdischen Organisationen

---

310 Vgl. FDRL, Official File 3186/Political Refugees Jan–May 1938, Sekretär des Präsidenten an Roosevelt, 11. April 1938. In der Teilnehmerliste ist »Rabbi Wise« handschriftlich nachgetragen. Vgl. FDRL, Official File 3186/Political Refugees Jan–May 1938, Conference, Mittwoch, 11. April 1938; auch Bauer, My Brother's Keeper, 232.

»Évian ist nur der Anfang« 107

und mit Regierungsvertretern in Großbritannien vernetzt. Darüber hinaus erfüllten sie eine entscheidende Funktion in der Hilfe für die deutschen Juden, denn sie hielten – im Rahmen des Möglichen und durch ihre in gewisser Weise unideologische Kooperationsbereitschaft – alles zusammen.[311]

Ohne die Mediation von Adler-Rudel und Rosenblüth wäre der Council vermutlich gar nicht gegründet worden. Sie hatten bei seiner Konstituierung 1935/36 zwischen unterschiedlichen Auswanderungsplänen – wobei es in erster Linie um die Bedeutung Palästinas als Emigrationsziel der deutschen Juden gegangen war – einen Kompromiss erarbeitet, da Weizmann es strikt abgelehnt hatte, mit Vertretern des jüdischen Establishments direkt zu verhandeln.[312] So kam den Praktikern im Hintergrund von Anfang an entscheidende Bedeutung zu, was sich auch in der paritätischen Besetzung der Posten zwischen Zionisten und Nichtzionisten – also jenen, die die jüdische Ansiedlung in Palästina unterstützten, dies aber nicht notwendigerweise als nationaljüdisches Projekt verstanden – ausdrückte. Darüber hinaus gingen in dieser Gruppe institutionelle und persönliche Netzwerke ineinander über. Adler-Rudel (Abb. 4) gehörte auch im Sommer 1938 noch zum Kreis der »deutschen« Zionisten um Kreutzberger, Rosenblüth, Goldmann und den langjährigen Vorsitzenden der Zionistischen Vereinigung für Deutschland Kurt Blumenfeld. Sie alle kannten sich aus der gemeinsamen Arbeit in der Reichsvertretung und der Zeit der Weimarer Republik. Hier war gegenseitiges Vertrauen vorhanden.[313]

Rosenblüth steht in seiner Funktion als Leiter des Central Bureau for the Settlement of German Jews auch stellvertretend für die zweite Reihe innerhalb der Jewish Agency. Dort bildete er zusammen mit Landauer, Blumenfeld, David Werner Senator und Werner Feilchenfeld jenen Kreis an Funktionären im Hintergrund, die die tägliche Arbeit in den Büros in Tel Aviv, Jerusalem und London erledigten: Sie vergaben in den Palästinaämtern die gewährten Zertifikate an Einzelpersonen und Familien, verwalteten die Finanzen des Central Bureau sowie des Aufbaufonds Keren Hayesod, erarbeiteten in Komiteesitzungen Pläne und Denkschriften und organisierten die Siedlungsarbeit in Palästina.[314] Sie erfüllten damit eine entscheidende Funktion innerhalb der zionistischen Bewegung, standen aber meist abseits der auf Repräsentation

---

311 Adler-Rudels besondere Fähigkeit zur Mediation betonte dessen langjähriger Freund Robert Weltsch. Ders., Birthday Tributes to S. Adler-Rudel (June 1964), zit. nach Meier, »Keine Resignation, sondern Selbsthilfe!«, 34–45, hier 37.
312 Vgl. Jünger, Jahre der Ungewissheit, 290–293.
313 Vgl. exemplarisch CZA, S7/693, Kreutzberger an Adler-Rudel, 14. Juni 1938; CZA, S7/693, Abschrift des vorherigen Briefes an Ruppin, Landauer, Rosenblüth, 15. Juni 1938.
314 Zu diesen vielfältigen Tätigkeiten im Hintergrund vgl. exemplarisch die plastischen Schilderungen von Rosenblüth über seine Arbeit in den 1930er Jahren. Ders., Go Forth and Serve, bes. 234–280. Für die Zertifikatsverteilung können hier exemplarisch die Briefwechsel

Abb. 4: Selig Brodetsky (links) und Salomon Adler-Rudel bei einer (Sport-)Veranstaltung in den 1920er Jahren. © Bildarchiv Pisarek/akg-images. Jede weitere Nutzung ist melde- und honorarpflichtig.

angelegten Politik.³¹⁵ Die Briefe und internen Memoranden dieser Funktionäre sind eine wichtige Quelle für die Organisationsinterna. Ihre Papiere zeugen von den jeweiligen Erwartungen an Évian und den internen Debatten über die strategische Ausrichtung. Die Gespräche mit Beamten des Außenministeriums oder hochgestellten Persönlichkeiten der britischen Aristokratie führten Marks, Weizmann und auch Bentwich – nicht Rosenblüth oder Adler-Rudel. Aber Rosenblüth verfasste zusammen mit Berl Locker, Mitglied des Administrativkomitees, das Memorandum der Jewish Agency für Évian.³¹⁶ Ähnlich lief es im Council, wo Adler-Rudel zusammen mit Bentwich die

---

Rosenblüths mit Ruppin und Senator im Frühling 1938 stehen. Vgl. CZA, S7/574; auch Dok. 289: Georg Landauer listet am 2. Juni 1939 die Verteilung von 25 000 Flüchtlingszertifikaten zur Einwanderung nach Palästina auf, in: VEJ 2 (2009), 761 f. Zur Selbstwahrnehmung dieses Personenkreises und seiner Bedeutung für die Geschichte des Zionismus vgl. Moses, Zum Gedenken – Martin Rosenblüth. Vgl. auch Sonder/Trezib, Mit RASSCO siedeln.
315 Vgl. Jost, Unentbehrliche »Grundpfeiler«.
316 Vgl. CZA, S7/693, Rosenblüth an Ruppin, 19. Juni 1938 (cc an Landauer); CZA, S25/9778, Rosenblüth an Shertok, 29. Juni 1938.

Die ersten Memoranden-Entwürfe

Adler-Rudel war im Rahmen der amerikanischen Flüchtlingsinitiative eine der aktivsten Personen. Schon über Jahre arbeitete er unermüdlich daran, für die Verfolgten konstruktive, aus seiner Sicht realistische und unmittelbare Lösungen zur Verbesserung ihrer Situation zu finden. Darüber hinaus war er ein sehr guter Diagnostiker seiner Zeit. Er konnte die Bedeutung von Ereignissen schnell erfassen und die daraus entstehenden Herausforderungen und Möglichkeiten ableiten. Zusammen mit Bentwich hatte er Anfang Mai 1938 ein erstes, als inhaltlicher Aufschlag gedachtes Papier verfasst, das im Advisory Committee in New York aber aufgrund fehlender vorheriger Abstimmung und wegen seines Inhalts kritisiert worden war.[317] Davon nicht gebremst, war Adler-Rudel bestrebt, »neue Möglichkeiten [der politischen Gestaltung der Auswanderung] zur Diskussion zu stellen«.[318] Die Entwicklungen seit der Annexion Österreichs hatten gezeigt, dass die bisherigen Flüchtlings- und Auswanderungshilfen nicht mehr ausreichten, um mit der Situation adäquat umgehen zu können – es brauchte neue Ansätze. Ein anonymer Berichterstatter aus Deutschland brachte die damaligen Herausforderungen während der Sitzung des Liaison Committee am 23. Mai 1938 in London auf den Punkt:

»Die Arbeit zur Unterstützung der Flüchtlinge muss auf völlig neuen Wegen erfolgen. Wir müssen sie aus einem ganz neuen Blickwinkel sehen. Da sich das Problem geändert hat, müssen auch die Methoden zur Bewältigung dieses Problems geändert werden. Das Problem ist nicht länger die individuelle Auswanderung. Diese ist zum Erliegen gekommen. Es gibt jetzt eine Massenauswanderung und als jemand, der gerade aus diesen Ländern kommt, kann ich Ihnen sagen, dass es niemanden in Deutschland oder Österreich gibt, der nicht entschlossen ist, diese Länder zu verlassen. Es gibt keinen, der einer rassischen Minderheit angehört und der sich nicht nach einem Ausweg sehnt. Deshalb ist der Unterschied […] zwischen Flüchtlingen und Menschen, die noch in Deutschland leben, kein wirklicher Unterschied, denn alle, die rassischen Minderheiten angehören, sind Flüchtlinge.«[319]

---

317 Vgl. JDCA, 255, Telegramm Kahn an Jointdisco, NYC, 1. Juni 1938; Kieffer, Judenverfolgung in Deutschland – eine innere Angelegenheit?, 183.
318 LBINY, AR4473/I/II, Salomon Adler-Rudel, Bemerkungen und Vorschlaege zu der von der amerikanischen Regierung geplanten Internationalen Konferenz, 10. Mai 1938, 1; in engl. Sprache liegt das Memorandum auch in CZA, S7/693, 9. Mai 1938.
319 Es lässt sich nicht mehr nachvollziehen, wer diese als »Anonym« geführte Person war, YIVO, RG 245.4.12./XII-Germany-15, Minutes of the Meeting of the Liaison Committee, 23. Mai 1938, 23.

Auf der gleichen Sitzung zeigte sich auch Adler-Rudel überzeugt, dass es für die Juden im nationalsozialistischen Herrschaftsbereich keine Zukunft gebe; er betonte deshalb, dass Évian »der letzte großzügige Versuch sein wird, den Menschen zu helfen, die noch in Deutschland und Österreich leben«.[320] Da er mit der Perspektive der Jüdinnen und Juden im deutschen Herrschaftsbereich bestens vertraut war, versuchte er die Dringlichkeit der Situation zu vermitteln. Unter einer realistischen Hilfe verstand er dabei eine geordnete und legale Emigration, die eine Situation chaotischer Flucht wie in Wien verhindern sollte.[321] Adler-Rudels erste Entwürfe für ein Memorandum skizzierten die Idee einer geplanten Auswanderung von 200 000 vornehmlich jungen, männlichen Juden aus Deutschland und Österreich in den nächsten vier Jahren. Dies entwickelte sich zu seinem Kernanliegen, das er zum Hauptgegenstand der Diskussionen in Évian machen wollte.[322] Dass dies nicht leicht zu erreichen sein würde, war ihm bewusst. Die Zahlen entsprachen den Erfahrungen der letzten Jahre und standen – so zumindest seine Einschätzung – im Einklang mit den aktuellen Einwanderungsbestimmungen in Europa und Übersee. Nur die Frage der Finanzierung gab Anlass zu großen Bedenken.[323] Nichtsdestotrotz zeigte sich Adler-Rudel davon »überzeugt [...], dass unsere Zeit so verrückt ist, dass auch die unmöglichsten Dinge Wirklichkeit werden können, wenn man geeignete Menschen findet, die sich als Wortführer voran stellen«.[324] Allerdings war diese »Überzeugung« eher Ausdruck einer verzweifelten Hoffnung, nicht aber auf ein solides Fundament gebaut.

Die Diskussionen in dem von Bentwich Mitte Mai initiierten Vorbereitungskreis innerhalb des Council und sein Gespräch mit Taylor in Florenz basierten auf Adler-Rudels Vorüberlegungen. Der Vorbereitungskreis hatte für die Mehrheit der zukünftigen Emigranten die Integration in entwickelte Gesellschaften angedacht, Landansiedlung und Aufbauarbeit wurden als »unbedeutender« Faktor betrachtet; zwei Drittel der Betroffenen bräuchten für Umschulung, administrative Kosten und Schiffspassagen eine Unterstützung. Der nötige Finanzbedarf wurde von Bentwich und Adler-Rudel auf insgesamt 12 Millionen Pfund Sterling taxiert, die durch eine internationale Anleihe

---

320 Ebd., 22.
321 Zu dieser Einschätzung vgl. auch o. A., Das zentrale Problem.
322 Vgl. LBINY, AR4473/I/II, Salomon Adler-Rudel, Bemerkungen und Vorschlaege zu der von der amerikanischen Regierung geplanten Internationalen Konferenz, 10. Mai 1938, bes. 2.
323 Vgl. Adler-Rudel an Schäffer, 3. Juni 1938, in: Adler-Rudel, Das Auswanderungsproblem im Jahre 1938, 171. Diese Einschätzung teilten auch einige seiner Kollegen. Vgl. YIVO, RG 245.4.12./XII-Germany-15, Minutes of the Meeting of the Liaison Committee, 23. Mai 1938, 19–21.
324 Adler-Rudel an Schäffer, 3. Juni 1938, in: Adler-Rudel, Das Auswanderungsproblem im Jahre 1938, 173; ähnlich auch in einem Memorandum, das er vermutlich für Rosenblüth geschrieben hatte. Vgl. CZA, S7/693, Memorandum betr. Evian, 26. Mai 1938.

aufgebracht werden sollten.³²⁵ Im Gesprächsprotokoll zwischen Taylor und Bentwich tauchte bereits die Möglichkeit auf, dass die Anleihe auf einem Modell basieren könnte, »wie es bei der Ansiedlung für griechische Flüchtlinge durch den Völkerbund 1922–23 gemacht wurde«.³²⁶ Für ein Schema einer internationalen Finanzanleihe sollte unter anderem Hans Schäffer, der im schwedischen Exil lebende ehemalige Staatssekretär im Reichswirtschafts- und Reichsfinanzministerium, um Rat gefragt werden; die Korrespondenz übernahm Adler-Rudel.³²⁷ Der Vorbereitungskreis bekundete die Absicht, »allgemeine Zustimmung aller jüdischen und nichtjüdischen Organisationen zum praktischen Programm zu erreichen«. Zusätzlich sind zwei weitere Aspekte hervorzuheben, die in Bentwichs Protokoll unter der Überschrift »in puncto politische Maßgaben« festgehalten wurden: Zum einen sollten die Regierungen der Niederlande und der Schweiz dazu gedrängt werden, die angedrohte Abschiebung von Flüchtlingen auszusetzen – hierauf wird im Kontext des Liaison Committee zurückzukommen sein. Zum anderen sollte sich nach Vorstellung der Beteiligten die Konferenz von Évian nicht mit der prekären Situation der Judenheiten im östlichen Europa beschäftigen.³²⁸

Damit hatten Bentwich und Adler-Rudel Richtlinien und Rahmenbedingungen für das im Council zu erarbeitende Memorandum festgelegt. Der Kern des Vorschlags war eine Erweiterung des Grundsatzprogramms des Council von 1936.³²⁹ Durch die zwischenzeitlich veränderten Umstände war allerdings die Auswanderung von weiteren 100 000 Menschen als Ziel formuliert worden und es bedurfte neuer Möglichkeiten der Finanzierung. Dass Bentwich und seine Kollegen bestrebt waren, in Évian die Situation der Jüdinnen und Juden in Osteuropa unberücksichtigt zu lassen, wies sowohl eine pragmatisch-formale als auch eine politische Dimension auf. Die erste Dimension verband sich schon mit der Benennung: Der Council for German Jewry trug seinen Zuständigkeitsbereich im Namen. Zwar war dieser

---

325 Vgl. WHL, 503, Norman Bentwich, Discussion on Friday May 20th about the Preparation of a Programme for the Governmental Conference, 24. Mai 1938.
326 WHL, 503, Norman Bentwich, Notes on Talks of N. B. with Mr. Myron Taylor at Florence 3/5th June, 1938, 3. Ein Mitarbeiter des JDC regte im Liaison Committee ebenfalls an, diesbezüglich mit Mitarbeitern des Völkerbunds Kontakt aufzunehmen, die in Griechenland wertvolle Erfahrungen gesammelt hätten. Vgl. YIVO, RG 245.4.12./XII-Germany-15, Minutes of the Meeting of the Liaison Committee, 23. Mai 1938, 23.
327 Vgl. Adler-Rudel, Das Auswanderungsproblem im Jahre 1938; zu Schäffer vgl. Wandel, Hans Schäffer; Middendorf, Hans Schäffer und die bürokratische Existenz im Finanzkapitalismus.
328 Seitens der Konferenzstaaten sollte aber eine »Zusicherung gegeben werden, dass dieses Problem gründlich untersucht würde«. WHL, 503, Norman Bentwich, Discussion on Friday May 20th about the Preparation of a Programme for the Governmental Conference, 24. Mai 1938.
329 Hierzu Jünger, Jahre der Ungewissheit, 300–311.

nach der Annexion Österreichs auf den deutschen Herrschaftsbereich erweitert worden, aber zu seinem Aufgabenbereich gehörten Judenheiten im östlichen Europa schlicht nicht, obgleich deren Situation den Mitgliedern des Council natürlich bewusst war. Darüber hinaus hatte sich Bentwich zentrale Positionen der amerikanischen Regierung zu eigen gemacht. Taylor hatte in Florenz betont, dass es das Ziel der Konferenz sei, die Probleme der Verfolgten aus Deutschland und Österreich zu behandeln, und er es deshalb abgelehnt habe, Vertreter der Revisionisten zu empfangen, die mit ihm über die jüdische Bevölkerung in Polen und die Entwicklungen in Palästina hätten sprechen wollen.[330] Deren Lage rangierte auf internationaler Ebene damals jedoch nicht als »akut« in dem Sinne, dass sie von der polnischen Regierung systematisch vertrieben und somit als »tatsächliche« Flüchtlinge präsent gewesen wären. Ihre Situation galt als »chronisches«, aber »internes« Problem Polens. Die polnische Regierung versuchte jedoch, wie mehrfach gezeigt, sowohl beim Völkerbund als auch bei auswärtigen Regierungen ihre antijüdische Politik auf die internationale Agenda zu heben.[331] Außerdem betonte Bentwich immer wieder, dass das in Évian zu diskutierende Problem kein rein jüdisches sei, und befand sich damit im Einklang mit dem JDC und Taylor sowie der amerikanischen Regierung.[332] Dies hatte strategische Gründe, denn durch die Tatsache, dass in Wien auch viele Nichtjuden von Verfolgung betroffen waren, denen weltweite Sympathie entgegenschlug, sah Bentwich die Möglichkeit gekommen, dass sich die Tore auch anderer Länder für jüdische Flüchtlinge weiter öffnen könnten. Bentwich und Taylor kamen überein, dass sich die Konferenzdebatten auf einen praktischen Plan für die Auswanderung aus dem Deutschen Reich binnen vier Jahren konzentrieren müssten. Zu dessen Umsetzung sollte in Évian ein zwischenstaatliches Komitee mit Sitz in London oder Paris gegründet werden.[333]

In diesen Debatten standen Bentwich und Adler-Rudel repräsentativ für einen pragmatischen Ansatz. Sie hatten Prinzipien, orientierten ihre Erwartungen und Forderungen aber an den gegebenen Umständen und politischen Bedingungen. Ihre Versuche, die jüdische Situation in Osteuropa aus einem Memorandum auszuklammern, war in erster Linie durch die Rahmenbedin-

---

330 Vgl. WHL, 503, Bentwich an Uncle Herbert (Lord Samuel), 12. Juni 1938, 1 f.; auch JDCA, 255, Telegramm Katz an Jointdisco, 7. Juni 1938.
331 Vgl. Reinharz/Shavit, The Road to September 1939, XVII, 4 und 9. Zur problematischen, aber damals üblichen Unterscheidung in das »akute« Problem der deutschen Juden und jenes »chronische« der polnischen Juden im Kontext von Évian vgl. Weiss, Deutsche und polnische Juden vor dem Holocaust, 159–167.
332 Vgl. JDCA, 255, Telegramm Rosenberg an Kahn, 23. Juni 1938; JDCA, 255, Jonah Wise an Executive Committee of the JDC, 5. Juli 1938.
333 WHL, 503, Bentwich an Uncle Herbert (Lord Samuel), 12. Juni 1938, 2 f.; WHL, 503, Norman Bentwich, Notes on Talks of N. B. with Mr. Myron Taylor at Florence 3/5th June, 1938, 3.

gungen der Konferenz begründet. Sie schätzten die jeweilige Bedrohungslage in Deutschland und Polen aber auch unterschiedlich dringlich ein. Ihre Haltung zur geringen Bedeutung Palästinas für die Massenauswanderung der deutschen und österreichischen Jüdinnen und Juden folgte ähnlichen Überlegungen.[334] Grundsätzlich entwickelten sie ihre diesbezüglichen Positionen aus der Perspektive der Verfolgten in Deutschland. Dabei war ihnen bewusst, dass seitens der Vertreter der Jewish Agency und des World Jewish Congress andere Positionen zu erwarten sein würden.

Rosenblüth hatte von diesem »hoechst unformell[en]« Vorbereitungskreis um Bentwich mitbekommen. Er störte sich sowohl an der Art seines Zustandekommens als auch an dessen Besetzung, denn er und die übrigen »zionistischen Mitglieder des Council« waren nicht zur Mitarbeit eingeladen worden. Es überrascht daher nicht, dass Rosenblüth Ende Mai 1938 gegenüber Landauer bemerkte, dass diese ersten Entwürfe für ein Memorandum »zumeist ziemlich wertlos sind«.[335] Als Reaktion auf diese Entwicklung kam es einige Tage später zu einer Besprechung im Haus von Marks, an der unter anderem auch Brodetsky und Sacher teilnahmen. Obwohl Weizmann persönlich fehlte, versammelten sich hier die einflussreichsten britischen Zionisten. Unter Vorbehalt der Zustimmung der Exekutive in Jerusalem erklärten sie ihre grundsätzliche Bereitschaft zu einem »gemeinsamen Vorgehen der grossen juedischen Organisationen« bei der Regierungskonferenz in Évian. Allerdings stellten sie hierfür Bedingungen auf: Die Jewish Agency könne sich nur beteiligen,

»wenn die [anderen] Organisationen bereit sind, in dem gemeinsam zu unterbreitenden Memorandum das juedische Problem nicht nur auf Deutschland und Oesterreich zu beschraenken, und die Rolle, die Palaestina fuer die Loesung des gesamten juedischen Problems zu spielen berufen ist, mit aller Klarheit auseinanderzusetzen und zu unterstreichen«.[336]

Diese Grundsätze sollten im Memorandum konkreter ausgeführt werden: Zum einen sollte betont werden, dass »die Judenheit« die Vertreibungspolitik einiger Regierungen in Mittel- und Osteuropa entschieden ablehne. Von diesen Ländern müsse verlangt werden, »ihrer juedischen Bevölkerung den ihr gebuehrenden politischen, wirtschaftlichen, sozialen und kulturellen Lebensraum zu geben«.[337] Ein im Namen »des jüdischen Volkes« verfasstes Memorandum hätte die Forderungen nicht nur im Auftrag von politischen

---

334 Vgl. exemplarisch CZA, S7/693, Kreutzberger an Adler-Rudel, 14. Juni 1938; CZA, S7/693, Abschrift des vorherigen Briefes an Ruppin, Landauer, Rosenblüth, 15. Juni 1938; auch selbstkritische Einschätzungen aus der Retrospektive, Bentwich, They Found Refuge, 33.
335 CZA, KH4/4807/1, Rosenblüth an Landauer, 30. Mai 1938, 1 f.
336 Ebd., 3.
337 Ebd., 4.

und philanthropischen Organisationen erhoben; es hätte sich vielmehr auf das Mandat eines sich selbst national definierenden Kollektivs gestützt. Aus dieser Perspektive konnten die Angriffe gegen Juden in Deutschland und Österreich, Polen und Rumänien nicht voneinander isoliert betrachtet werden, sondern waren Teile eines Ganzen. Es handelte sich um Angriffe gegen Jüdinnen und Juden *als* Juden. Mit anderen Worten: Aus einer nationaljüdischen Perspektive ging es in Évian um mehr als die Zukunft der deutschen Juden; es ging um eine Zukunftsperspektive für das jüdische Kollektiv als Ganzes. Zum anderen erwartete man von den in Évian vertretenen Regierungen, sich für eine »geordnete und systematische Immigration« soweit als möglich zu öffnen und Druck auf die Regierungen in Deutschland und Polen auszuüben, damit diese eine strukturierte Auswanderung gewährleisteten. Explizit sollte die Bedeutung Palästinas hervorgehoben werden, dass »schon jetzt in der Lage ist, unter normalen Verhältnissen 50 000 Juden im Jahr aus Ost- und Mitteleuropa aufzunehmen und zu absorbieren«.[338] Die hier formulierten Positionen entsprachen den damals geltenden Prinzipien der zionistischen Bewegung und der Agenda der Jewish Agency. Auf dem XX. Zionistenkongress 1937 war eine jährliche Aufnahmefähigkeit Palästinas von 100 000 Einwanderern diskutiert worden. In den Jahren danach fielen sogar Zahlen von ein bis zwei Millionen Einwanderern. Unabhängige Experten kritisierten diese Zahlenspiele jedoch als völlig unrealistisch.[339]

Die mögliche Ausweitung der Évian-Agenda auf Osteuropa und die Bedeutung Palästinas boten ausreichend Anlass für Kontroversen zwischen dem Vorbereitungskreis um Bentwich und jenem um Rosenblüth. Die hier dargelegten Vorarbeiten und Richtlinien der Fraktionen innerhalb des Council stehen repräsentativ für die grundlegenden Konflikte über eine gemeinsame Strategie für Évian. Die Konflikte drehten sich im Wesentlichen nicht um diese oder jene Formulierung, sondern reichten tiefer. Es ging um die Einschätzung der Gegenwart und der zu gestaltenden Zukunft. Diese materialisierten sich an den Erwartungen und Zielen für die internationale Konferenz.

Politik für Palästina oder die »Verschiebung der Diaspora«

Einen Tag nach der Besprechung in Marks' Haus kam es zu einem Treffen der beiden Kreise, das mit einem vorläufigen Kompromiss endete. Das Memorandum sollte die jüdische Situation in Osteuropa und die Bedeutung Palästinas darlegen, zugleich sollte es die Dringlichkeit der deutschen Situation betonen. Eine Arbeitsgruppe, zu der nun auch Rosenblüth sowie Mark Wischnitzer für

---

338 Vgl. ebd.
339 Vgl. Reinharz/Shavit, The Road to September 1939, 87.

den JDC gehörten, erarbeitete ein »völlig neues« Memorandum zur Vorlage in der Vorstandssitzung des Council am 7. Juni.[340] Dabei waren die Finanzierung eines systematischen Auswanderungsprogramms und die Frage, ob dem Memorandum ein konkreter Migrationsplan beigegeben werden sollte, die strittigsten Punkte, denn sie berührten heikle politische Themen.

Die Atmosphäre während der Arbeitssitzung war von Kritik geprägt, die Vertreter des JDC bereits in den Wochen zuvor deutlich gemacht hatten. Bei den amerikanischen Regierungsvertretern und Funktionären des JDC hatte sich der Eindruck entwickelt, so Harold Guinzburg, ein amerikanisch-jüdischer Verleger und Abgesandter des JDC, jüdische Organisationen in Europa entwickelten eigenständig Pläne mit fixen Konzepten, von denen erwartet würde, dass die anstehende Konferenz oder der JDC sie nur noch umsetzen müssten. Im Gegensatz dazu strebte man in New York und Washington eine Zusammenarbeit an, die auf Dialog und Interessenausgleich basierte.[341] Bentwichs Plan mit konkreten Einwanderungszahlen war im Advisory Committee entsprechend als äußerer Eingriff in amerikanische Angelegenheiten aufgefasst worden. Diese Einschätzung galt in gleichem Maße für die britische Regierung, die gerade in der Flüchtlings- und Einwanderungspolitik auf ihrer uneingeschränkten Souveränität beharrte und sich jede Einmischung durch internationale Institutionen verbat.[342] Im Council beschloss man daher, dass in Évian keine Detailpläne, sondern neue Ansätze und Möglichkeiten präsentiert werden sollten. Für den Fall, dass es diesbezügliche Anfragen seitens der Diplomaten gäbe, wollte man entsprechendes Material »bei der Hand« haben.[343] Letztlich legte in Évian keine jüdische Organisation einen detailliert ausgearbeiteten Auswanderungsplan vor – das Memorandum des Council ging hier noch am weitesten. Einen solchen Plan überhaupt zu entwickeln, wäre eine Illusion gewesen. Es galt zunächst, die Verhandlungen und Diskussionen der Konferenz abzuwarten; auf sie wollte man dann mit konkreten Vorschlägen und Schemata reagieren.

---

340 Vgl. WHL, 503, Meeting of the Editing Sub Committee Held at the Offices of the Council for German Jewry, 31. Mai 1938; WHL, 503, Minutes of a Meeting of the Editing Sub-Committee Held at the Offices of the Council for German Jewry, 2. Juni 1938; CZA, KH4/4807/1, Rosenblüth an Landauer, 30. Mai 1938, 4; LMA, ACC/2793/01/01/011, Minutes of the Meeting of the Executive of the Council for German Jewry, 7. Juni 1938, Confidential.
341 Vgl. WHL, 503, Meeting of the Editing Sub Committee Held at the Offices of the Council for German Jewry, 31. Mai 1938, 1; ferner YIVO, RG 245.4.12./XII-Germany-15, Minutes of the Meeting of the Liaison Committee, 23. Mai 1938, 19 f.
342 Vgl. London, Whitehall and the Jews, 1933–1948, 85.
343 Vgl. WHL, 503, Minutes of a Meeting of the Editing Sub-Committee Held at the Offices of the Council for German Jewry, 2. Juni 1938, 2. Zu den unterschiedlichen Haltungen der zionistischen Mitglieder in dieser Frage vgl. CZA, KH4/4807/1, Rosenblüth an Landauer, 30. Mai 1938, 4.

Scheute die Mehrheit im Council vor einem konkreten Einwanderungsschema zurück, weil die Regierungsvertreter dies als Eingriff in souveräne Angelegenheiten hätten werten können, suchten Rosenblüth und seine Kollegen von der Jewish Agency detaillierte Durchführungsvorschläge noch aus einem anderen Grund zu vermeiden: Ein Schema, das dem eigenen Anspruch und zumindest annähernd den Erwartungen der Verfolgten nahegekommen wäre, hätte offenbart, dass der Jischuw weder wirtschaftlich noch sozial für eine Masseneinwanderung von Hunderttausenden in den nächsten Jahren bereit gewesen wäre. Die Gesprächsrunde bei Marks hatte die Aufnahmekapazitäten Palästinas »unter normalen Verhältnissen« mit 50 000 kalkuliert. Dies war unter den gegebenen Umständen nichts anderes als ein Euphemismus. Die tatsächliche Aufnahmefähigkeit des Jischuw wurde seitens führender Zionisten ganz bewusst überschätzt. Das öffentliche Eingeständnis der begrenzten Möglichkeiten Palästinas wäre ein politischer Offenbarungseid der zionistischen Bewegung gewesen. Senator, ehemaliges Vorstandsmitglied der Jewish Agency und befasst mit Einwanderungsfragen, kritisierte während der Vorbereitungen für Évian gegenüber Rosenblüth eine »gewisse Art zionistischer Propaganda«, die bei Juden und Nichtjuden Hoffnungen wecke, die nicht erfüllt werden könnten. Senator gab allerdings zu, dass er durchaus verstehe, dass man in Évian mit »grossen Plaenen auftreten muss, um die Welt in Bewegung zu setzen«.[344] Wie diese Pläne in Évian letztlich in persönlichen Gesprächen abgewandelt werden könnten, war eine andere Frage.

Der zweite strittige Punkt in der Arbeitsgruppe bezog sich auf die Finanzierung einer Massenauswanderung. Adler-Rudel und Bentwich versuchten, ihre Idee einer internationalen Anleihe und der finanziellen Beteiligung der Staaten zu konkretisieren. In der Runde dominierte jedoch der Eindruck, dass man von den an der Konferenz beteiligten Staaten keine finanzielle Hilfe für die Auswanderung von Verfolgten erwarten könne, wenn gleichzeitig andere Staaten »wünschten, ihre Juden loszuwerden«.[345] Da die Staaten auch unter den damals dramatischen Bedingungen keine Signale einer finanziellen Beteiligung gegeben hatten, blieb als Ausgangspunkt nur die realistische Erkenntnis, die finanzielle Last »selbst« tragen zu müssen. Allerdings waren die Mittel der jüdischen Organisationen erschöpft, sodass Alternativen nötig waren: Es rückten die Mittel der Gesamtheit der potenziellen Emigranten ins Zentrum. Diese sollten für ein Auswanderungsprojekt nutzbar gemacht werden. In Évian sollten die Staaten einerseits von der Notwendigkeit von Verhandlungen mit dem Deutschen Reich über die Ausweitung des Vermö-

---

344 CZA, S7/693, Senator an Rosenblüth, 18. Juni 1938; zur Strategie, mittels statistischer Angaben politische Ziele durchzusetzen, vgl. Bloom, The »Administrative Knight«, 201 f.
345 Vgl. WHL, 503, Meeting of the Editing Sub Committee Held at the Offices of the Council for German Jewry, 31. Mai 1938, 5; auch London, Whitehall and the Jews, 1933–1948, 87 f.

gens- und Devisentransfers überzeugt werden.[346] Andererseits wurden Varianten diskutiert, die, grob gesagt, für die Absicherung einer internationalen Anleihe, also der notwendigen Kredite durch ausländische Geldgeber, auf die Zukunft setzten. Nach dieser Vorstellung wäre Auswanderung kreditfinanziert worden, wofür die Emigranten persönliche Schuldscheine gezeichnet hätten. Gedeckt von einer Bürgschaft der »grossen Laender«, wären diese Schuldscheine durch die in der Zukunft zu erbringende Arbeitsleistung der einzelnen Emigranten zurückgezahlt worden. Für die individuelle Rückzahlung war ein Zeitraum von 30 bis 40 Jahren angedacht.[347]

Mit der Idee, das gesamte Hab und Gut der deutschen Jüdinnen und Juden als Sicherheit für eine internationale Anleihe zu verpfänden, verband sich die Hoffnung, einer vollständigen Enteignung zuvorzukommen oder sie zumindest abmildern zu können. Am 26. April hatte Göring die Verordnung über die Anmeldung des Vermögens von Juden erlassen, die von Zeitgenossen unmittelbar als Schritt der völligen Enteignung und endgültigen Verdrängung der jüdischen Bevölkerung aus dem Wirtschaftsleben eingestuft wurde. Laut Rosenblüth herrschte seitdem »Hochbetrieb« im Palästinaamt.[348] Mit der für Juli nach Évian einberufenen Staatenkonferenz eröffnete sich für die jüdischen Emissäre zumindest die Möglichkeit, mittels der Forderung nach einem erweiterten Vermögenstransfer und der Bereitstellung von Devisen durch die deutsche Regierung gegen diesen Enteignungsprozess zu intervenieren und dabei das geraubte Vermögen in gewissem Umfang für die jüdische Bevölkerung nutzbar zu machen.[349] Allerdings hatte der Finanzexperte Schäffer im Briefwechsel mit Adler-Rudel die Befürchtung geäußert, dass solche Vorschläge die Enteignung beschleunigen könnten. Des Weiteren setzte er Adler-Rudel auseinander, dass nationales Kapital kaum als Sicherheit für eine internationale Anleihe infrage käme, da dies für ausländische Geld-

---

346 Vgl. WHL, 503, Bentwich an Uncle Herbert (Lord Samuel), 12. Juni 1938, 3.
347 Vgl. hierzu LBINY, AR4473/I/II, Salomon Adler-Rudel, Bemerkungen und Vorschlaege zu der von der amerikanischen Regierung geplanten Internationalen Konferenz, 10. Mai 1938, 6–8; WHL, 503, Norman Bentwich, Discussion on Friday May 20th about the Preparation of a Programme for the Governmental Conference, 24. Mai 1938, 1, und die diversen Vorlagen für Memoranden in WHL, 503. Zur damals nicht ungewöhnlichen Ansicht, die »persönliche Arbeitskraft« sei das »wertvollste Kapital« der Emigrantinnen und Emigranten, vgl. Graf, Zweierlei Zugehörigkeit, 83.
348 Rosenblüth an Senator, 6. Mai 1938, in: Nicosia (Hg.), Dokumente zur Geschichte des deutschen Zionismus 1933–1941, Dok. 126, 392f. Zum Zusammenhang von Verordnung und zusätzlichem Drang zur Auswanderung vgl. auch Cesarani, »Endlösung«, 212f. Zur antijüdischen Wirtschaftskampagne 1938 insgesamt vgl. Friedländer, Das Dritte Reich und die Juden, Bd. 1: Die Jahre der Verfolgung 1933–1939, hier 279. Zu Vermögenstransfer und Devisen im Zusammenhang von Évian vgl. bes. Kieffer, Judenverfolgung in Deutschland – eine innere Angelegenheit?
349 Vgl. Kieffer, Judenverfolgung in Deutschland – eine innere Angelegenheit?, 206.

geber große Unsicherheiten bedeute.[350] Die Umsetzung dieser Vorschläge war also äußerst fraglich.

Rosenblüth war gegenüber solchen Anleihen von Anfang an skeptisch. Die Mitarbeiter des Central Bureau wollten in Évian besonders die Leistungen und Möglichkeiten des Ha'avara-Abkommens herausstellen, dessen Weiterführung sie wenige Wochen zuvor im Reichswirtschaftsministerium erreicht hatten.[351] Obwohl die wirtschaftliche Bedeutung der Ha'avara für Deutschland begrenzt war, wurde das Abkommen 1938 fortgesetzt, da Jüdinnen und Juden so zur Emigration gedrängt werden konnten.[352] Rosenblüth erreichte letztlich, dass die Jewish Agency Feilchenfeld, den Leiter der Ha'avara-Treuhandstelle in Tel Aviv, und Blumenfeld, Direktor des Keren Hayesod, als ihre Finanzexperten nach Évian entsandte.[353] Beide verfügten über große Sachkenntnis und konnten den Diplomaten Informationen aus erster Hand liefern.[354] Senator und andere bezweifelten jedoch, dass die Konferenz sich bereits mit »Details« wie der Finanzierung beschäftigen werde.[355] Bezüglich der Auswanderung der deutschen Jüdinnen und Juden hegten viele zionistische Funktionäre die nicht von der Hand zu weisende Befürchtung, die Vermögenden gingen in die Vereinigten Staaten, während die »Armen« nach Palästina kämen. Der Jischuw brauchte aus ihrer Sicht in der ökonomisch schwierigen Zeit seit der Weltwirtschaftskrise sowohl junge Pioniere als auch Kapital. Beides zusammen konnte die Voraussetzung für ein Mehr an Einwanderung schaffen.[356] Das Ha'avara-Abkommen diente aus zionistischer Sicht primär der Aufbauarbeit des Jischuws und der dafür nötigen Kapitaleinfuhr – erst in zweiter Linie war es eine Unterstützung der in Deutschland Verfolgten.[357]

---

350 Vgl. Schäffer an Adler-Rudel, 12. Juni 1938, in: Adler-Rudel, Das Auswanderungsproblem im Jahre 1938, 184 f.
351 Zur Bewertung des Ha'avara-Abkommens Nicosia, Zionismus und Antisemitismus im Dritten Reich, 342 f.; Weiss, The Transfer Agreement, 130–132, 154 f. und 162 f.; dies., Zweierlei Mass, 107–109; Bauer, Jews for Sale?, 18.
352 Vgl. Bauer, Jews for Sale?, 21 und 25–27.
353 Vgl. CZA, KH4/4807/1, Rosenblüth an Landauer, 30. Mai 1938, 5–7; CZA, S7/693, Rosenblüth an Kaplan, Jerusalem, 4. Juli 1938, auch CZA, S7/693, Meyer an Hirsch, 27. Mai (cc an Rosenblüth und Landauer).
354 Vgl. die diversen Briefe und Telegramme in CZA, KH4/4807/1, exemplarisch Hantke, Keren Hayesod, an Blumenfeld, Paris, 27. Juni 1938.
355 Vgl. CZA, S25/9778, Ruppin an Rosenblüth, 8. Juni 1938, 3 f.; CZA, S7/693, Senator an Feilchenfeld, 7. Juli 1938; auch CZA, S7/693, Telegramm Kaplan an Feilchenfeld, Warschau, 30. Juni 1938.
356 Vgl. Weiss, Deutsche und polnische Juden vor dem Holocaust, 170 f.; Fraenkel, Die Reaktion des deutschen Zionismus auf die nationalsozialistische Verfolgungspolitik, 310; Bauer, Jews for Sale?, 17; Haim, Zionist Attitudes toward Partition, 1937–1938, 310; Bentwich, My 77 Years, 106.
357 Vgl. Jünger, Jahre der Ungewissheit, 161 f.

Allerdings befand sich die Jewish Agency – wie die zionistische Bewegung insgesamt – Ende der 1930er Jahre in einem Dilemma: Der Forderung nach einer gesteigerten Einwanderung nach Palästina, um den Anspruch auf ein staatliches Gemeinwesen zu untermauern,[358] stand die Erkenntnis entgegen, dass der Jischuw nur eine jährlich begrenzte Zahl verkraften konnte.[359] Die im Bericht der Peel-Kommission 1937 vorgeschlagene Teilung Palästinas in einen jüdischen und einen arabischen Staat war die britische Antwort auf die arabischen Aufstände aus dem Jahr zuvor. Obwohl der Plan von jüdischer Seite heftig kritisiert wurde, stimmte letztlich auf dem XX. Zionistenkongress im August 1937 eine Mehrheit für ihn und damit für die jüdische Staatlichkeit. Zugleich votierten die Delegierten mehrheitlich gegen die im Teilungsplan angedachten Grenzen. Auf arabischer Seite war der Widerstand militanter und der Terror nahm weiter zu. Die britische Regierung setzte deshalb Anfang 1938 die Woodhead-Kommission zur Überprüfung des Peel-Plans ein und verband damit das Ziel, den Teilungsplan zurücknehmen zu können.[360] Zwar hatte der Peel-Bericht die Möglichkeit eines jüdischen Staates geboten, die Bevölkerungskonflikte in Palästina hatten sich aber gleichzeitig verschärft. Ob ein (kleiner) jüdischer Staat – dessen Existenz auch das Ende der Zertifikatspolitik bedeutet hätte – einen Anstieg, gleichbleibend geringe Aufnahmefähigkeit oder gar eine Restriktion jüdischer Einwanderung zur Folge gehabt hätte, gab Anlass zu Kontroversen innerhalb der zionistischen Bewegung.[361] Als die Jewish Agency im Januar 1938 23 Memoranden bei der Woodhead-Kommission einreichte, fand sich darunter bezeichnenderweise kein Konzept für die Einwanderung in einen jüdischen Staat. Die detailreich erarbeiteten Studien sollten die Fähigkeit des Jischuw unterstreichen, einen Staat zu organisieren, und entsprachen laut Weizmann »einem jüdischen Leben, wie wir es uns vorstellen«; auf das Immigrationsdilemma gab es allerdings keine konsensfähige und öffentlich vertretbare Antwort.[362] Zunächst galt es, von der britischen Regierung die Wiedereinführung des im Churchill-Weißbuch von 1922 eingeführten Kriteriums der Einwanderung

---

358 Vgl. Cohen, Secret Diplomacy and Rebellion in Palestine, 1936–1939, 381 f.
359 Zur Differenz von Anspruch und Wirklichkeit, den innerzionistischen Konflikten über Einwanderungskonzepte sowie dem geringen Handlungsspielraum der zionistischen Führung in den 1930er Jahren vgl. Halamish, A Dual Race Against Time (Hebr.).
360 Vgl. Reinharz/Shavit, The Road to September 1939, 93; zum Teilungsplan selbst und den innerjüdischen Richtungskämpfen vgl. ebd., 69–94; auch Galnoor, The Zionist Debates on Partition (1919–1947), 77–82; Segev, Es war einmal ein Palästina, 438–446. Zu den arabischen Aufständen ab 1936 vgl. bes. Morris, Righteous Victims, 128–151.
361 Vgl. Reinharz/Shavit, The Road to September 1939, 69 f. und 86 f.; Galnoor, The Zionist Debates on Partition (1919–1947), 80; Haim, Zionist Attitudes toward Partition, 1937–1938, 306–308.
362 Reinharz/Shavit, The Road to September 1939, 82.

gemäß »wirtschaftlicher Aufnahmefähigkeit« zu fordern und diese heikle Balance in der Praxis auszutarieren.³⁶³ Unter dieser Prämisse müssen auch das Engagement der Mitarbeiter des Central Bureau und ihr Einsatz für das Ha'avara-Verfahren verstanden werden – eine Masseneinwanderung war unter diesen Voraussetzungen keine Option. Dennoch standen sie den jüdischen Verfolgten in Deutschland nicht distanziert gegenüber.³⁶⁴ Die überwiegende Mehrheit von ihnen war in Deutschland geboren, hatte dort gewirkt und war erst durch die nationalsozialistische Politik gezwungen, ins Ausland zu gehen, um dort die Arbeit für die zionistische Bewegung fortzusetzen. Insofern waren sie an einer Unterstützung der jüdischen Auswanderung aus Deutschland beteiligt und setzten sich für diese ein, aber sie dachten diese Hilfe aus der Perspektive des Jischuw und seiner spezifischen Bedingungen und Anforderungen.³⁶⁵

Trotz dieser unterschiedlichen Ansichten legte die Arbeitsgruppe einen Entwurf vor, dem jedoch der Charakter der Vorbehalte anhaftete. Die Vorstandssitzung am 7. Juni stand dann ganz im Zeichen der Situation in Wien. Löwenherz und Rothenberg waren eigens nach London gekommen und die Diskussion über Évian musste aus Zeitgründen verschoben werden. Dennoch enthält das Protokoll zwei Passagen, die von einem Dissens über die Bedeutung der jüdischen Situation im östlichen Europa für das Memorandum zeugen.³⁶⁶ Dieser Dissens hatte sowohl eine unmittelbare Resonanz als auch eine weit zurückreichende und tiefenwirksame Dimension, die in zwei Briefen, einem von Rosenblüth an Landauer und einem von Bentwich an Lord Samuel, im unmittelbaren Zusammenhang der Vorstandssitzung aufscheinen.

Rosenblüth berichtete von Gesprächen zwischen Marks und seinen Council-Kollegen Lord Bearsted und Sir Osmond. Seine Wortwahl verdient besonderes Interesse:

»[Marks behauptet, sie] soweit gebracht zu haben, dass sie bereit sind, die Existenz eines grossen, keineswegs auf Deutschland und Oesterreich beschraenkten juedischen Problems zuzugeben, [...] bei dessen Loesung Palaestina eine entscheidende Rolle zu spielen habe. Er hofft, nach dem Eintreffen Dr. Weizmann's diese Unterredung wieder aufzunehmen und auf diese Weise eine wirkliche Einheitsfront der, wie er glaubt, entscheidenden juedischen Maechte schaffen [...] zu koennen.«³⁶⁷

---

363 Vgl. CZA, F38/1147, Meeting of the Administrative Committee of the Jewish Agency, 13. März 1938, 3 f.; CZA, L13/152, Memo of Dr. Werner Senator, Member of the Executive of the Jewish Agency, o. D., 4. Vgl. auch Reinharz/Shavit, The Road to September 1939, 10 f.; Jünger, Jahre der Ungewissheit, 161 f. und 170 f.; Weiss, Zweierlei Mass, 102 und 106.
364 Vgl. CZA, S7/693, Rosenblüth an Kaplan, Jerusalem, 4. Juli 1938.
365 Vgl. hierzu auch Segev, David Ben Gurion, 253 f.
366 LMA, ACC/2793/01/01/011, Minutes of the Meeting of the Executive of the Council for German Jewry, 7. Juni 1938, Confidential, 3 und 5.
367 CZA, KH4/4807/1, Rosenblüth an Landauer, 30. Mai 1938, 6.

Den Hintergrund dieses Gesprächs bildeten die verschiedenen antagonistischen Selbstverständnisse der Gesprächspartner. Aus Sicht von Lord Bearsted und Sir Osmond schien die öffentliche Anerkennung der Zugehörigkeit zu einer jüdischen Nation – was die Unterzeichnung eines im Namen des jüdischen Kollektivs formulierten Memorandums de facto bedeutet hätte – ihre Stellung innerhalb der britischen Gesellschaft zu gefährden. Sie fürchteten, nicht länger als Briten, sondern in erster Linie als Juden wahrgenommen zu werden. Sir Osmond und Hyman verstanden sich nicht »als tatsächliche oder potenzielle Elemente einer jüdischen Nation mit ihrem Zentrum in Palästina«.[368] Das bedeutete freilich nicht, dass sie dem zionistischen Projekt im Wege standen.[369] Im Gegenteil steuerten sie im Rahmen des Council Hunderttausende Dollar für die Arbeit des Central Bureau in Palästina bei, was Letzteres trotz aller Kritik an der Intransparenz philanthropischer Organisationen auch bereitwillig annahm. Anderes galt für Neville Laski, Präsident des Board of Deputies, der für die Vorbereitungen der Konferenz von Évian zu den Vorstandssitzungen des Council hinzukam.[370] Er bezeichnete die Idee eines jüdischen Staates als so »geschmacklos wie vor zwanzig Jahren« – was ein deutlicher Hinweis auf die seinerzeitige Ablehnung der Balfour-Deklaration war. Die »westlichen Juden«, so Laski weiter, wollten in Palästina weder einen jüdischen noch einen arabischen Staat,

»sondern einen palästinensischen Staat, und sie wollen, dass die Juden Palästinas als palästinensische Staatsbürger gelten (was sie jetzt tatsächlich sind), so wie die Juden Englands englische Staatsbürger oder die Juden Frankreichs französische Staatsbürger sind, da auf diese Weise die Gefahr sowohl einer ›doppelten Loyalität‹ als auch der Ungerechtigkeit gegenüber den Arabern vermieden würde«.[371]

Skepsis gegenüber den Möglichkeiten Palästinas resultierte aber auch aus ganz pragmatischen Gründen, denn den Vertretern des JDC war klar, dass Palästina nicht die maßgebliche Lösung für Hunderttausende deutsche Jüdinnen und Juden oder gar Millionen aus Osteuropa sein konnte.[372] Palästina

---

368 Zit. nach Bauer, My Brother's Keeper, 167.
369 Vgl. Knee, Jewish Non-Zionism in America, 209 f.
370 Vgl. LMA, ACC/2793/01/01/011, Minutes of the Meeting of the Executive of the Council for German Jewry, 13. Juni 1938, Confidential, 3.
371 Laski, Jewish Rights and Jewish Wrongs, 149 f.; vgl. hierzu auch Wendehorst, British Jewry, Zionism, and the Jewish State, 1936–1956, 52. Zu anderen Staatskonzepten für Palästina wie den binationalen Konzepten des Brit Shalom, dem unter anderem Ruppin und Weltsch angehörten, vgl. einführend Shumsky, Art. »Brit Shalom«; ders., Zweisprachigkeit und binationale Idee; zu Ruppin bes. auch Weiss, Central European Ethnonationalism and Zionist Binationalism.
372 Vgl. Bauer, My Brother's Keeper, 102 und 135–137. Darüber hinaus exemplarisch die Protokolle der Vorstandssitzungen des Council und die detaillierten Zahlungsanweisungen. Vgl. LMA, ACC/2793/01/01/011.

in den Vordergrund zu stellen, erschien für Évian kontraproduktiv und wäre in dieser politisch brisanten Zeit – besonders aus Sicht der britischen Juden – ein Affront gegen die eigene Regierung gewesen.[373] Wie sich auf der Sitzung am 7. Juni zeigte, hatten die Gespräche nicht die von Rosenblüth erhoffte Wirkung. Im Gegenteil kam es zu Warnungen an die britischen Diplomaten, sie sollten sich gegen politischen Druck seitens zionistischer Persönlichkeiten wappnen.[374]

Bentwich schrieb nach der Vorstandssitzung an Lord Samuel, dass er über diese konfrontative Entwicklung »beunruhigt« sei.[375] Seine Befürchtung hinsichtlich eines enttäuschenden Ausgangs der Konferenz hing primär mit den von zionistischer Seite erhobenen Forderungen zusammen:

»Die Zionisten wünschen das gesamte jüdische Problem vor die Konferenz zu bringen […] und sie wollen Druck aufbauen, um die Öffnung Palästinas für 50 000 bis 60 000 jüdische Einwanderer pro Jahr zu erreichen. Ich fürchte sehr, dass wenn diese Linie eingenommen wird, die Konferenz zu keinem positiven Ergebnis kommt.«[376]

Mit deutlichen Worten und strategischer Vorausschau bemerkte er in Richtung der Zionisten:

»Es scheint mir ein fundamentaler Fehler zu sein, Palästina als den wesentlichen Zufluchtshafen zu betrachten. Ich denke, nichts würde den Wünschen der Vertreter der meisten Länder der Konferenz besser entsprechen, als wenn die jüdischen Organisationen die Konferenz auffordern würden, von Großbritannien zu verlangen, die Türen Palästinas weiter zu öffnen. Sie könnten sich in ihren Sesseln zurücklehnen und ihren Regierungen mitteilen, dass keine Notwendigkeit für mehr Erleichterungen für die Auswanderung von Juden besteht und sie würden wohlklingende Resolutionen verabschieden, die keine Auswirkungen auf H[is].M[ajesty's].G[overnment]. haben würden.«[377]

Was in den hier zitierten Passagen von Rosenblüth und Bentwich deutlich wird, sind Differenzen über Grundsätzliches, die Fragen aufwerfen: Sowohl die Konferenzankündigung Ende März als auch Taylors Absichten hatten deutlich gemacht, dass der Schwerpunkt auf einer Emigrationshilfe für Verfolgte in Deutschland und Österreich liegen sollte. Warum also legten die Zionisten für das Memorandum eine so starke Betonung auf die jüdische Situation in Osteuropa? Und warum sollte, ja musste Palästina aus ihrer Sicht für die Emigration der deutschen Juden – besonders auch unter den aktuell so schwierigen Bedingungen vor Ort – eine herausragende Rolle spielen? Zu

---

373 Vgl. Endelman, Art. »Board of Deputies«, 375.
374 Vgl. Kieffer, Judenverfolgung in Deutschland – eine innere Angelegenheit?, 196; YIVO, RG 278/59, Fourth Meeting of the Advisory Committee, 7. Juni 1938, 39–43, hier 39.
375 Vgl. WHL, 503, Bentwich an Uncle Herbert (Lord Samuel), 12. Juni 1938, 1.
376 Ebd.
377 Ebd., 3.

ihrer Beantwortung bedarf es des Blicks auf die Politik der Jewish Agency im Jahr 1938. Erst so wird deutlich, warum die Mitarbeiter des Central Bureau in London und die Exekutive der Jewish Agency in Jerusalem bestimmte Positionen vertraten. Hinsichtlich des Zwecks einer Organisation und deren innere wie äußere Zwänge wird deutlich, dass sie kaum eine andere Wahl hatten, als zu versuchen, ihre Richtlinien in konkrete Strategien für Évian zu übersetzen.

Die politische Situation in Palästina und die Diversität nationaljüdischer Konzepte verweisen auf eine entscheidende Tatsache: 1938 war der auf Palästina fokussierte Zionismus unter den Judenheiten der Welt nicht die dominierende Weltanschauung.[378] Dieser stand zum einen in Konkurrenz zu anderen Zugehörigkeitskonzepten; zum anderen fochten innerhalb der zionistischen Bewegung die Jewish Agency – obgleich dominierende Kraft des Jischuw – und die 1925 von Wladimir Ze'ev Jabotinsky gegründete Union der Zionisten-Revisionisten einen politischen Machtkampf aus – von weiteren Machtkämpfen innerhalb dieser beiden Blöcke ganz abgesehen. Die Forderungen der Zionisten-Revisionisten gingen dabei deutlich über jene der Jewish Agency hinaus: Sie verlangten nach einem jüdischen Staat, dessen Territorium das gesamte ursprüngliche Mandatsgebiet einschließlich des bereits abgetrennten Teils östlich des Jordans umfassen sollte, sowie eine unmittelbare Masseneinwanderung osteuropäischer Jüdinnen und Juden. Darüber hinaus zog man im Revisionismus auch die Wahl militanter Mittel zur Durchsetzung jüdischer Souveränität in Betracht – viele sahen darin sogar den einzigen Erfolg versprechenden Weg.[379] Nach zehn Jahren war dieser Führungsstreit, der in erster Linie zwischen Weizmann und Jabotinsky und deren jeweiligen Anhängern ausgetragen worden war, endgültig eskaliert; Jabotinsky löste seine Mitstreiter aus der World Zionist Organization und gründete 1935 die separate und konkurrierende New Zionist Organization. Dort formulierte man im April 1938 ebenfalls den Anspruch, in Évian aufzutreten und für einen jüdischen Staat in Palästina zu streiten. Benjamin Akzin, ein enger Mitstreiter Jabotinskys und eine prägende Führungsfigur der Zionisten-Revisionisten, hatte auf einer Pressekonferenz in Tel Aviv die Zusammenkunft in Évian als eine »große Chance für den politischen Zionismus« bezeichnet: Während der Verhandlungen würde »offensichtlich«, dass

---

378 Vgl. Goldmann, Staatsmann ohne Staat, 132; zur religiösen Opposition vgl. Rabkin, Im Namen der Thora; Ravitzky, Messianism, Zionism, and Jewish Religious Radicalism.
379 Vgl. zeitgenössisch zum Programm der Zionisten-Revisionisten Jabotinsky, Neue Zionistische Organisation; ders., Der Judenstaat; aus der jüngeren Forschung vgl. Shavit, Jabotinsky and the Revisionist Movement, 1925–1948; Weiss, Deutsche und polnische Juden vor dem Holocaust, 171; Kirchner, Emissär der jüdischen Sache, bes. 121–206. Präzise Einblicke in die Konflikte zwischen NZO und Zionistischer Organisation/Jewish Agency bietet auch die Quellenedition Kirchner (Hg.), Von Konstantinopel nach Genf.

es »Millionen von Juden« als »potenzielle Flüchtlinge« in Europa gebe; deren Probleme ließen sich aber nicht durch Verteilung über die ganze Welt lösen, sondern nur durch Ansiedlung in Palästina.[380] Die Jewish Agency und damit auch das Central Bureau befanden sich somit in einem permanenten Zustand der Auseinandersetzung: einerseits im Ringen um Mitglieder und Unterstützer im Kontext innerjüdischer Richtungskämpfe; andererseits auf der Ebene »auswärtiger« Politik in den Verhandlungen für die Stärkung des Jischuw gegenüber der zunehmend restriktiven britischen Mandatsmacht und den offen feindlichen Arabern.

Dabei unterschied sich die Jewish Agency von anderen Organisationen durch den qua Mandatsvertrag zugesicherten internationalen Status, der es erlaubte, dass sie in einem bestimmten Rahmen protostaatliche Aufgaben in Palästina übernahm und den Jischuw quasi souverän gegenüber der britischen Mandatsmacht vertrat.[381] Dennoch war die Jewish Agency kein gleichberechtigter Akteur der internationalen Politik. Weizmann als ihr Präsident und Goldmann als ihr ständiger Vertreter in Genf forderten jedoch kontinuierlich ebenjene gleichrangige Position gegenüber Regierungen und eine hervorgehobene Position im Vergleich zu anderen nicht staatlichen Organisationen ein. Auf der Sitzung des Administrativkomitees der Jewish Agency im März 1938 hatten beide bekräftigt, dass die Juden in die Beschlussfassung der Woodhead-Kommission miteinbezogen werden müssten und »keine Entscheidung akzeptieren werden, die über ihre Köpfe hinweg getroffen wurde«.[382] Den Hintergrund für diese selbstsichere Position bildete die Überzeugung, dass das nationaljüdische Projekt in Palästina bereits eine Tatsache war. Mit dem Jischuw als Basis könne die Jewish Agency als protostaatliche Institution – so die Auffassung – bei politischen Verhandlungen und Entscheidungen nicht mehr übergangen werden.[383] Der Fortgang der Woodhead-Kommission und ihr Ergebnis waren noch offen; die Aussicht auf jüdische Souveränität war daher nicht unrealistisch.[384] Évian kam in diesem Ringen auch deshalb Bedeutung zu, weil die Konferenz weltweit mediale Aufmerksamkeit erfahren würde. Somit schien ein Moment gekommen, in dem die britische Regierung durch öffentlichen Druck zu einer Änderung

---

380 Zit. nach Reinharz/Shavit, The Road to September 1939, 132.
381 Vgl. Reinharz/Golani, Chaim Weizmann. The Great Enabler, 113; Segev, David Ben Gurion, 261; Tartakower, The Making of Jewish Statehood in Palestine, 207f. und 210.
382 Vgl. CZA, F38/1147, Meeting of the Administrative Committee of the Jewish Agency, London, 13. März 1938, 3; zur Akzeptanz Weizmanns als gleichrangiger Gesprächspartner in der britischen Politik für den Mittleren Osten vgl. Reinharz/Golani, Chaim Weizmann. The Great Enabler, 114f.
383 Vgl. Laqueur, A History of Zionism, 508; Goldmann, Staatsmann ohne Staat, 132 und 144; auch Segev, David Ben Gurion, 263.
384 Vgl. Morris, Righteous Victims, 156; Galnoor, The Zionist Debates on Partition (1919–1947), 81.

ihrer Haltung in puncto Staatsgründung und jüdischer Einwanderung im Sinne der Jewish Agency bereit wäre. In Évian und damit vor der Welt geschlossen mit einer jüdischen Stimme aufzutreten, entwickelte sich zu einem strategischen Ziel Weizmanns, der so dem britischen Vorwurf der Uneinigkeit der Juden zum jüdischen Staatsprojekt entgegentreten wollte.[385] Anders als Bentwich ging die zionistische Führung davon aus, dass sich alle an der Konferenz beteiligten Staaten weiterer Einwanderung verweigern würden. Damit würde im Gegenzug die Alternativlosigkeit Palästinas deutlich.[386] Diese Erwartung war gleichzeitig ihre einzige Hoffnung, denn die Entwicklung des Jischuw und die Errichtung eines jüdischen Staates waren zu einem großen Teil von Faktoren abhängig, die die Politiker der Jewish Agency nicht beeinflussen konnten.

Senator verlieh dem Ausdruck, als er die britische Haltung zu Palästina in den größeren Zusammenhang der britischen Empirepolitik in Indien, im Mittelmeer und im Mittleren Osten stellte.[387] Verbunden damit war die Erkenntnis, dass die britische Palästinapolitik im Kern strategisch kalkuliert war und weder die jüdische noch die arabische Nationalbewegung favorisierte. Da Muslime im gesamten Empire aber zahlenmäßig deutlich überlegen waren und deren Haltung für die Sicherheit des britischen Weltreichs entscheidende Bedeutung zukam, löste sich die britische Politik zunehmen von der im Palästinamandat beschlossenen Aufgabe der Förderung einer jüdisch-nationalen Heimstätte. Im Sommer 1938 orientierten sich die britische Politik und damit auch das Ergebnis der Woodhead-Kommission an den Verhandlungen mit dem faschistischen Italien über Abessinien und einer möglichen Kooperation mit den Arabern.[388] Neben ihrer intensiven Arbeit für die Kommission suchten die Zionisten in Évian Grundsätzliches auf die Agenda zu bringen.[389] Die Vertreter der Jewish Agency und des Central Bureau gingen daher mit einer doppelten Agenda in ihre Vorbereitungen: Einerseits sollten im Rahmen der Regierungskonferenz Möglichkeiten für eine erleichterte Auswanderung der deutschen und österreichischen Juden eruiert werden. Dabei sollte jeder Eindruck vermieden werden, Palästina wäre kein geeigneter Ort für Zehn-

---

385 Vgl. CZA, F38/1147, Meeting of the Administrative Committee of the Jewish Agency, 13. März 1938, 1 f.; CZA, S7/693, Landauer an Wise, 13. Juni 1938.
386 Vgl. Reinharz/Shavit, The Road to September 1939, XVIII.
387 Vgl. CZA, L13/152, Memo of Dr. Werner Senator, Member of the Executive of the Jewish Agency, o. D. [für Sitzung des Administrativkomitees der Jewish Agency am 13. März 1938], bes. 3.
388 Zur britischen Palästinapolitik in Zusammenhang mit den übergeordneten strategischen Erwägungen im Mittelmeerraum vgl. bes. Diner, Ein anderer Krieg, 61–77; auch Cohen, Britain's Moment in Palestine; ders., Appeasement in the Middle East; ders., British Strategy and the Palestine Question 1936–1939; Haim, Zionist Attitudes toward Partition, 1937–1938, 315; Morris, Righteous Victims, 155.
389 Vgl. exemplarisch CZA, S7/693, Landauer an Wise, 13. Juni 1938.

tausende verfolgte Juden. Andererseits – und das in erhöhtem Maße – ging es in Évian um mehr. Die Konferenz würde ein Ort sein, an dem Politik für das jüdische Kollektiv als Ganzes und den Jischuw gemacht werden könnte.

Scharfe Kritik an dieser Perspektive zionistischer Funktionäre kam nicht nur von Bentwich, sondern auch von prominenter Stelle aus Deutschland. Am 9. Juni 1938 veröffentlichte Chefredakteur Alfred Hirschberg (Abb. 5–8) einen Leitartikel in der *CV-Zeitung*, worin er seine Erwartungen und Befürchtungen für die kommende Konferenz von Évian formulierte. Hirschbergs Selbstverständnis und dasjenige des Centralvereins deutscher Staatsbürger jüdischen Glaubens (CV), der bis Mitte der 1930er Jahre die Einstellung der Mehrheit der deutschen Juden repräsentierte, waren jenen des Board of Deputies und der Anglo-Jewish Association sehr ähnlich; allerdings war der CV nicht exklusiv, sondern eine Massenorganisation.[390] Hirschberg wandte sich in seinem Artikel besonders gegen eine Überbetonung Palästinas:

»Und deshalb sei von jüdischer Seite aus rechtzeitig vor dem 6. Juli ausgesprochen: es wäre sinnlos, wenn Evian als Ergebnis einen neuen Drive brächte, der im wesentlichen nach Palästina flösse, und nichts anderes. [...] Von den beteiligten Juden und jüdischen Komitees und Organisationen muss gefordert werden, dass sie dieses eine Mal Disziplin halten. [...] Es wäre eine grosse und das jüdische Leben einende Erscheinung, wenn sich gerade aus den Kreisen der Zionisten innerhalb der Jewish Agency kluge Stimmen laut und mit konstruktiven Vorschlägen für Evian meldeten, nachdem mehr als ein Jahrzehnt die Nichtzionisten fast rückhaltlos für Palästina eingetreten sind.«[391]

Drei Wochen später und nachdem die Versuche einer gemeinsamen jüdischen Delegation gescheitert waren, fiel seine Kritik an den Zionisten schärfer aus. Diese – so Hirschberg – taxierten die Regierungsvertreter darauf,

»ob sie pro oder contra zur nationaljüdischen Palästinalösung stehen. Es handelt sich – muss man es erst aussprechen? – in Evian um keine Palästinakonferenz. [...] Der Zionismus ist die einzige jüdische Bewegung, die mit Geschick das betreibt, was man im Völkerleben grosse Politik zu nennen pflegt. Aber Evian nur unter dem Blickwinkel Palästina zu betrachten, wäre eine sehr kleine Politik.«[392]

Hirschbergs Kritik an den Vorbereitungen in London zeigt den grundsätzlichen Unterschied zwischen der Jewish Agency und der Position der beiden

---

390 Im Sommer 1936 war der CV in Jüdischer Central-Verein umbenannt worden. Zur Geschichte des CV vgl. das Standardwerk von Barkai, »Wehr dich!«; auch Wendehorst, British Jewry, Zionism, and the Jewish State, 1936–1956, 51; Weiss, Polish and German Jews Between Hitler's Rise to Power and the Outbreak of the Second World War.
391 Hirschberg, Gedanken für Evian; vgl. dazu auch die Zusammenfassung in JDCA, 255, Excerpts from an Article Appearing in the *CV-Zeitung* Issue of June 9.
392 Ders., o. T. (Leitartikel). Zur kritischen Berichterstattung in der *CV-Zeitung* in diesen Wochen vgl. Schlecht, »Öffnen sich die Tore?«, 130 f.

»Évian ist nur der Anfang« 127

Abb. 5–8: Vier Porträts von Alfred Hirschberg, aufgenommen von dem Fotografen Herbert Sonnenfeld in der Redaktion der *CV-Zeitung* im Oktober 1936 in Berlin.
© Jüdisches Museum Berlin, Inv.-Nr. FOT 88/500/119/001–004, Ankauf aus Mitteln der Stiftung Deutsche Klassenlotterie Berlin. Jede weitere Nutzung ist genehmigungspflichtig.

anderen Fraktionen im Council for German Jewry deutlich auf; sie verweist darüber hinaus auf unterschiedliche Krisenwahrnehmungen: Der Kreis um Rosenblüth sondierte Évian aus der Perspektive des Jischuw und taxierte die Möglichkeiten, sowohl die weltweiten Judenheiten als auch die britische Regierung dahingehend zu beeinflussen, etwas »Wirkliches« und Langfristiges für das jüdische Kollektiv zu tun.[393] Die Krise, mit der sich die Jewish Agency konfrontiert sah und unter deren Bedingungen sie auch handeln musste, war mit einem Neubeginn verknüpft: Es ging um den Ausbau und die Stärkung des Jischuws, das Ringen um einen eigenen Staat. Der Council war hingegen einzig aus dem Grund eines begrenzten Hilfs- und Auswanderungsprogramms für die deutschen Juden gegründet worden. Bentwich und seine engsten Mitarbeiter betrachteten die Möglichkeiten, die sich in Évian eröffnen könnten, folglich aus dem Blickwinkel der verfolgten deutschen und österreichischen Juden – ebenjener Perspektive Hirschbergs. Dieser definierte die Aufgabe der zwischenstaatlichen Konferenz aus Sicht der deutschen Juden ganz klar: »Was in Evian erreicht werden muss, ist, soweit wir Juden in Betracht kommen, die Organisierung einer Verschiebung der Diaspora, die räumliche und grossenteils auch berufliche Umstellung einiger hunderttausend Juden.«[394] Dies war Ausdruck einer Krise, die mit Untergang verbunden war. Bentwichs Kollegen und Hirschberg schlossen die Einwanderung nach Palästina nicht aus, allerdings schienen ihnen andere Zufluchtsländer aussichtsreicher, oftmals entsprachen sie auch eher den Erwartungen und beruflichen Fähigkeiten der in Deutschland Verfolgten.[395] Als deren individuelle Existenz zur Disposition stand, erschien es daher folgerichtig, für ihre persönliche Zukunft dauerhafte Einwanderungsmöglichkeiten auf der ganzen Welt zu sondieren. Ihre Mitwirkung am Aufbau einer nationalen Gemeinschaft war aus dieser Perspektive kein Kriterium. Dabei spielte auch die vermeintlich zur Verfügung stehende Zeit eine Rolle. Während in der zionistischen Bewegung eher in Jahrzehnten gedacht wurde, schien in der Krisenwahrnehmung des Untergangs der verfügbare Zeitrahmen nur mehr klein. Auf die Kritik, die Konferenz fokussiere sich zu stark auf die Situation deutscher und österreichischer Juden, reagierte Hirschberg deutlich: »Wir nehmen gern den Vorwurf ausländischer jüdischer und nichtjüdischer Stellen in Kauf, das grosse Problem zu egoistisch zu sehen. Vom sicheren Port lässt sich gemächlich – tadeln.«[396] Hier zeigte sich vor dem Hintergrund der in den zurückliegenden Monaten erlebten Radikalisierung der nationalsozialistischen Judenverfolgung eine andere Dringlichkeit.[397] Die

---

393 Vgl. CZA, S7/693, Landauer an Wise, 13. Juni 1938.
394 Hirschberg, Gedanken für Evian. Zur Migration osteuropäischer Jüdinnen und Juden innerhalb der Diaspora vgl. Wolff, Global Walls and Global Movement, 189f.
395 Vgl. Wendehorst, British Jewry, Zionism, and the Jewish State, 1936–1956, 52.
396 Hirschberg, Gedanken für Evian.
397 Vgl. hierzu auch Roth, Radikalisierung durch Expansion, 17.

unterschiedlichen Agenden waren somit Ausdruck verschiedener Zeit- und Krisenwahrnehmungen und prägten jeweils die Erwartungen an Évian.

Die eigene Position behaupten: JDC und WJC

Am 10. Juni 1938 markierte ein Telegramm von Baerwald aus New York an Kahn in Paris einen Wendepunkt im Bestreben um eine »jüdische Einheitsfront«. Das Telegramm wurde in der Vorstandssitzung des Council am 13. Juni verlesen. Die Verantwortlichen des JDC teilten mit, dass sie sich weder als Organisation noch als Privatpersonen an einem Memorandum beteiligen könnten, das anstrebe, die Probleme osteuropäischer Judenheiten in Évian zu diskutieren. Baerwald erklärte:

»Ich persönlich möchte die Hoffnung ausdrücken, dass der Council auf ein solches Memorandum verzichtet, da ich es als gefährlich einschätze und daran erinnern möchte, dass die seinerzeitige Gründung des Council in den östlichen Ländern zum Anlass genommen wurde, den Auswanderungsdruck auf die ›überzählige‹ Bevölkerung zu erhöhen.«[398]

Durch diese exkludierende und damals allgegenwärtige Diffamierung sahen sich Hunderttausende Jüdinnen und Juden in Polen angefeindet und zur Auswanderung gedrängt.[399] Der JDC-Vorstand ging auf Distanz und man empfahl den Kollegen in Großbritannien nachdrücklich, das Memorandum auf die Situation in Deutschland zu beschränken; alles andere könnte »zu unnötigen Komplikationen führen«.[400] Mit dieser Entscheidung zog sich eine der wichtigsten Organisationen aus den Vorbereitungen des gemeinsamen Memorandums zurück. Der JDC verfügte Ende der 1930er Jahre über ein breites und äußerst effektives Hilfsnetzwerk und wichtige Kontakte zu Regierungsstellen; darüber hinaus kamen mehr als die Hälfte aller Gelder für die Unterstützung deutscher und österreichischer Jüdinnen und Juden aus New York. Die Vision einer gemeinsamen Delegation der großen jüdischen Organisation für Évian war damit passé.

---

398 JDCA, 255, Telegramm Baerwald an Kahn, 10. Juni 1938. Zu Kahns Kritik an der Gründung des Council, da er Pogrome in Osteuropa befürchtete, vgl. Jünger, Jahre der Ungewissheit, 307 f.; ders., Beyond Flight and Rescue, 178–181.
399 Hierzu bes. das Kap. »»A Million Superfluous Jews‹ – and More«, in: Reinharz/Shavit, The Road to September 1939, 1–66; Wasserstein, On the Eve, 367 f.; Weiss, Deutsche und polnische Juden vor dem Holocaust, 133–138.
400 Vgl. LMA, ACC/2793/01/01/011, Minutes of the Meeting of the Executive of the Council for German Jewry, 13. Juni 1938, Confidential; JDCA, 255, Telegramm Baerwald an Kahn, 10. Juni 1938.

Der Vorstand des JDC verweigerte sich aber noch aus einem anderen Grund einer gemeinsamen Delegation: Das American Jewish Joint Distribution Committee müsse als »amerikanische Organisation« für sich selbst sprechen und werde daher der amerikanischen Regierung eine eigene Denkschrift unterbreiten.[401] Damit setzten die New Yorker Philanthropen ihr Streben nach möglichst großer Autonomie im Council fort. In diesem Argument steckt aber noch mehr: Die inhaltliche Begründung, die jüdische Situation in Osteuropa solle in Évian ausgeklammert werden, entsprach der Position des State Department und der amerikanischen Delegation um Taylor. Somit handelte es sich um eine strategische Entscheidung, die auf der traditionell engen Kooperation mit Regierungsbehörden gründete.[402] Es war ja keinesfalls so, dass sich der JDC nicht für die Belange osteuropäischer Juden interessierte, ganz im Gegenteil.[403] 1938 entfiel rund ein Drittel des Gesamtbudgets auf Polen, auf Deutschland etwa ein Fünftel.[404] Im östlichen Europa lagen von Anfang an die zentralen Tätigkeitsfelder des JDC. Das Prinzip der Hilfe zur Selbsthilfe basierte auf dem Selbstverständnis seiner Gründer als amerikanische Juden, die sich in diesem Fall für jüdische Glaubensgenossen im Ausland engagierten. Sie verstanden ihre Philanthropie daher grundsätzlich als auswärtige Angelegenheit und traten entsprechend auch gegenüber staatlichen Stellen so auf. Seine guten Beziehungen zu Behörden oder gar sein Ansehen in den Vereinigten Staaten wollte der JDC keinesfalls riskieren – ein Rückgang der Spenden hätte in dieser Phase fatale Auswirkungen gehabt.[405]

Der JDC war durchaus an einer »Vereinheitlichung« der jüdischen Stimmen für Évian interessiert gewesen, um die Konferenz nicht mit einer Vielzahl von Denkschriften und Petitionen zu überschütten.[406] Anfangs gab es kein Bestreben, überhaupt in Évian repräsentiert zu sein. Auch um die jüdische Dimension von Évian nicht allzu stark herauszustellen, präferierte man ursprünglich eine Delegation des Liaison Committee beim Völkerbund,

---

401 Vgl. JDCA, 255, Telegramm Baerwald an Kahn, 10. Juni 1938.
402 Vgl. Bauer, My Brother's Keeper, 8. Hinzu kam noch das strikte Prinzip, alle Handlungen des JDC müssten mit den Gesetzen der Vereinigten Staaten im Einklang stehen. Vgl. ebd.
403 Vgl. unmittelbar für diesen Zeitabschnitt JDCA, 793, The Work of the JDC in Poland in the First Half of 1938, by Dr. Mark Wischnitzer, 25. August 1938; und den mehr als einhundert Seiten umfassenden Bericht über die Arbeit in Rumänien in den zwanzig Jahren zuvor. Vgl. JDCA, 157, Report of JDC Activity in Roumania, 29. August 1938. Im Sommer 1938 wurde die Arbeit des Agro-Joint, der mehr als 100 000 jüdische Siedler in Russland unterstützt hatte, nach 14 Jahren eingestellt; diese Entscheidung resultierte aus der sowjetischen Politik. Vgl. Bauer, My Brother's Keeper, 60, 65 und 97–103.
404 Zum Budget vgl. Bauer, My Brother's Keeper, 171, 190 und 258.
405 Zur Abstimmung zwischen JDC und Außenministerium vgl. exemplarisch Bauer, My Brother's Keeper, 229.
406 Vgl. JDCA, 255, Telegramm Katz an Jointdisco, 7. Juni 1938; JDCA, 255, Baerwald an Katz, Paris, 8. Juni 1938.

die Katz organisieren sollte und die auch nichtjüdische Organisationen einbezogen hätte. Hier fand sich der JDC mit seiner Warnung vor einer Überbetonung der jüdischen Aspekte ebenfalls im Einklang mit der Linie der Regierung Roosevelt.[407] Recht bald wurde jedoch deutlich, dass es einen falschen Eindruck erwecken könnte, wenn alle jüdischen Organisationen in Évian vertreten wären, nur der JDC nicht. Kahn als Europaexperte vor Ort und Jonah Wise für den New Yorker Vorstand sollten deshalb in Évian präsent sein – und selbstständig auftreten.[408] Kahn versuchte dennoch bis Ende Juni, den Vorstand des JDC von einer Beteiligung am Memorandum des Council zu überzeugen.[409] Diese Hartnäckigkeit mag auf seine deutsch-jüdische Herkunft, seine persönliche Anteilnahme am Schicksal der Juden in Deutschland und seine langjährige Tätigkeit als Generalsekretär des Hilfsvereins der Deutschen Juden in Berlin zurückzuführen sein. Die Antwort aus New York blieb jedoch eindeutig: keine Unterschrift, keine Nennung von Kahns Namen. Der JDC sollte eigenständig auftreten und Kahn die in den letzten Jahren geleistete Arbeit für die deutschen Juden darlegen.[410] Am gleichen Tag wurde außerdem der mittlerweile in London angekommene Jonah Wise darüber informiert, dass eine solche Kooperation auch aus inhaltlichen und strategischen Gründen nicht möglich sei: Die Zahlen zu Palästina in Bentwichs Memorandum seien reine Fantasie und es sei anmaßend, die ganze amerikanische Einwanderungsquote mit Juden zu verplanen.[411] Adler-Rudel konnte die Position des JDC nicht nachvollziehen und schrieb zerknirscht über die Entwicklung sowie das Scheitern eines gemeinsamen jüdischen Memorandums an Schäffer, dass er sich als einsamer »Rufer in der Wüste« fühle. »Wie unendlich schwer es ist, hier irgend jemand in Bewegung zu setzen oder für einen neuen und nicht alltäglichen Gedanken zu gewinnen, glauben Sie gar nicht.«[412]

Zeitgleich zur Entscheidung des JDC, sich aus den gemeinsamen Vorbereitungen zurückzuziehen, fiel eine ebensolche Entscheidung auch im World Jewish Congress. Hier allerdings aus gegenteiligen Gründen. Perlzweig war

---

407 Vgl. dazu die Aussage von Jonah Wise, LMA, ACC/2793/01/01/011, Minutes of the Meeting of the Executive of the Council for German Jewry, 27. Juni 1938, Confidential, 1; auch WHL, 503, Bentwich an Uncle Herbert (Lord Samuel), 23. Juni 1938.
408 Vgl. JDCA, 255, Telegramm Baerwald an Kahn, 9. Juni 1938; JDCA, 255, Baerwald an Kahn, 14. Juni 1938; zur Gefahr der Überbetonung jüdischer Aspekte vgl. bes. JDCA, 255, Telegramm Rosenberg an Kahn, 23. Juni 1938.
409 Vgl. JDCA, 255, Telegramm Kahn, Paris, an JDC, NYC, 22. Juni 1938. Der europäische Direktor des JDC verfügte in der Regel über weitreichende Entscheidungsbefugnis, das letzte Wort hatte aber im Zweifelsfall der Vorstand in New York. Vgl. Bauer, My Brother's Keeper, 12, 19–21.
410 Vgl. JDCA, 255, Telegramm JDC, NYC, an Kahn, Paris, 23. Juni 1938.
411 Vgl. JDCA, 255, Telegramm JDC, NYC, an Wise, London, 23. Juni 1938.
412 Adler-Rudel an Schäffer, 21. Juni 1938, in: Adler-Rudel, Das Auswanderungsproblem, 189.

in diesen Wochen nicht bei den Vorstandssitzungen anwesend und auch nicht in die konkreten Vorbereitungen einbezogen. Der WJC war aber durch Goldmann in allen Details auf dem Laufenden und indirekt über Rosenblüth involviert.[413] Der Vorstand des WJC wartete zunächst ab, was bei den Bemühungen im Council herauskäme, denn die Arbeit an einem gemeinsamen Memorandum sowie einer jüdischen Delegation entsprach grundlegenden Prinzipien des World Jewish Congress: Einheit und Kooperation.[414] Parallel arbeitete man jedoch schon an einer eigenen Strategie und stellte Material über Einwanderungsmöglichkeiten in Südamerika zusammen.[415] Die Vorbereitungen verliefen schleppend, da drei Wochen vor Konferenzbeginn unklar schien, über was in Évian diskutiert werden sollte; am Tag, als diese Kritik formuliert wurde, versandte das Advisory Committee die Agenda für Évian.[416] Fehlende Rahmenbedingungen waren aber nicht das alleinige Problem, vielmehr fehlte es an Geld – ob der WJC überhaupt eine Delegation nach Évian entsenden konnte, hing von zusätzlichen Mitteln aus Amerika ab.[417]

Mitte Juni erschien ein gemeinsames Vorgehen immer unwahrscheinlicher. Der Vorstand des World Jewish Congress und besonders Goldmann hatten die Bemühungen in London noch nicht gänzlich abgeschrieben, da stellte Jacob Lestschinsky (Abb. 9), ein namhafter jüdischer Soziologe, der damals in Wien und Paris wirkte und Mitglied des Administrativkomitees des WJC war, am 15. Juni in einem Beitrag im *Pariser Haynt* (Paris heute) die provokante Frage, ob man in Évian überhaupt wissen werde, dass es einen World Jewish Congress gebe und dieser zu Emigrations- und Kolonisationsfragen eine gänzlich andere Position habe als die übrigen jüdischen Organisationen.[418] Dahinter stand eine grundsätzliche Kritik an der in den letzten Monaten und Jahren geleisteten Arbeit des WJC, den Prioritäten seiner leitenden Mitarbeiter und deren Programm für die Zukunft des jüdischen Kollektivs.

---

413 Vgl. die Vorstandsprotokolle des Council, LMA, ACC/2793/01/01/011, und die Protokolle des Editionskomitees, WHL, 503. Exemplarisch CZA, S7/693, Rosenblüth an Goldmann (Paris), 9. Juni 1938; CZA, S7/693, Rosenblüth an Landauer, 26. Juni 1938, vertraulich (cc an Ruppin, Kreutzberger, Hantke, Goldmann, Senator); CZA, KH4/4807/1, Extract of Minutes of London Executive Meeting, 14. Juni 1938. Die Memoranden-Entwürfe erhielt der WJC zum Teil vertraulich vom Jewish Central Information Office, Amsterdam (heutige Wiener Library). Vgl. AJA, MS-361/A8/3, Before the »Evian Conference«.

414 Vgl. Kubowitzki, Unity in Dispersion, 115; AJA, MS-361/A1/6, World Jewish Congress, Circular Letter, Nr. 10, Paris, 26. Juni 1938; auch AJA, MS-361/A8/3, Knöpfmacher an Wise, 14. Juni 1938; MS-361/A15/5, Telegramm an Congress, Wise, NYC, 15. Juni 1938.

415 Vgl. AJA, MS-361/A6/11, Sitzung der Exekutive des Jüdischen Weltkongresses, 10. April 1938, 15 f.

416 Vgl. AJA, MS-361/A17/11, Knöpfmacher an Wise, 14. Juni 1938.

417 Vgl. AJA, MS-361/A15/5, Telegramm an Congress, NYC, 20. Juni 1938; AJA, MS-361/A17/11, Knöpfmacher an Wise, 28. Juni 1938.

418 Vgl. AJA, MS-361/A14/4, Jacob Lestschinsky, Eine Antwort dem Jüdischen Weltkongress, in: Pariser Haynt, 15. Juni 1938 (Abschrift); Estraikh, Jacob Lestschinsky.

Abb. 9: Der Historiker Simon Dubnow (1860–1941, Mitte) und Jacob Lestschinsky (rechts daneben) mit weiteren Delegierten auf einer vom YIVO (Yidisher Visnshaftlekher Institut) organisierten Konferenz 1935 in Vilna. Sie stehen am Grab von Tsemaḥ Szabad, einem der Gründer von Folkspartey und YIVO. © From the Archives of the YIVO Institute for Jewish Research, New York. Jede weitere Nutzung ist genehmigungspflichtig.

Die kritischen Artikel, die Lestschinsky im Februar und Anfang Juni verfasst hatte, und die öffentliche Antwort des Vorstands entwickelten sich zu einem Skandal. Dieser stand exemplarisch für das Ringen um die Berechtigung und die grundsätzliche Ausrichtung des noch jungen World Jewish Congress im Allgemeinen sowie für dessen Strategie für Évian im Besonderen.[419] Am 14. Juni berichtete Kate Knöpfmacher (1890–1965) darüber an Lillie Shultz (1904–1981) nach New York. Diese beiden Frauen leiteten nicht nur die Sekretariate von Goldmann und Wise. Knöpfmacher war seit der Gründung des World Jewish Congress eine der Protagonistinnen in Paris und Genf, die dafür sorgte, dass das Zentralbüro für jüdische Fragen in internationalen Angelegenheiten überhaupt arbeitsfähig war. Shultz entwickelte gleichzeitig in New York etwas, was für den WJC als wesentliche Form jüdischer Politik galt:

---

419 Lestschinskys Kritik am Vorstand, demokratischen Prozessen und Siedlungsplänen im WJC setzte 1937 ein. Vgl. United States Holocaust Memorial Museum (USHMM) Archives, Washington D. C., RG-11.001M.36, (Reel 106) Fond 1190/Opis 1/Folder 275, 140, Jacob Lestschinsky, Offener Brief an die Exekutive des J. W. K., in: Neues Wort, Warschau, 5. Februar 1937 (Abschrift).

Öffentlichkeitsarbeit. Beiden war die Bedeutung von Lestschinskys Artikeln unmittelbar präsent.[420]

Lestschinsky zielte mit seiner Intervention darauf ab, dass in einer jüdischen Évian-Delegation deutlich werden müsse, was der Zweck und die Aufgabe des WJC sei. Andernfalls »muss man allein handeln und man darf nicht die eigenen Richtlinien verraten«.[421] Es ging ihm um eine nach außen selbstbewusste Haltung. Die Tatsache, dass Lestschinsky infolge dieser Kontroverse in die Vorbereitungen für Évian eingebunden wurde und sogar zur Delegation des WJC gehörte, spricht dafür, dass seine Kritik den Congress in seinen Grundfesten traf. Lestschinsky konstatierte, dass der World Jewish Congress das Recht und die Pflicht habe, im Namen der Verfolgten und der jüdischen Massen zu sprechen: »Roosevelt ruft eine Flüchtlingskonferenz ein. In Wirklichkeit ist das eine Konferenz für das jüdische Flüchtlingsproblem. Sogar wenn wir nicht wollen, so wird auf der Konferenz die Frage in ihrem ganzen Ausmass gestellt werden.«[422] Und so forderte Lestschinsky, genau dies zu tun: Die »taub-stummen Kuriere« in Paris, gemeint war der Vorstand, ignorierten das Leid osteuropäischer Juden und hätten bisher versäumt, Positionen und Forderungen nationaler Vertreter einzuholen. Der Vorstand konterte in seiner öffentlichen Replik, Évian werde »eine reine Flüchtlingskonferenz«, bestimmt für die Unterbringung von bereits Geflüchteten.[423] Lestschinsky aber stellte die Frage nach den »potenziellen Flüchtlingen« und meinte damit nicht nur jene Jüdinnen und Juden, die noch in Deutschland waren:

»Und was soll mit den ungarischen Juden geschehen? [...] Und die polnischen Juden? Für sie ist die Auswanderung genau so wichtig, wie für die deutschen Juden. [...] Was wird man mit diesen Massen anfangen? Wer wird Bettler aufnehmen wollen? Eine neue Konferenz wird dann nicht mehr einberufen werden.«[424]

Deshalb sah er mit Évian einen bedeutenden Moment gekommen. In ähnlicher Erwartung wie Bentwich ging er davon aus, dass die damalige Sympathie für die Opfer des NS-Regimes zu einem Mehr an Einwanderungsmöglichkeiten führen könnte. Erwartete Bentwich, dass die erhöhte Aufmerksamkeit besonders Nichtjuden betreffe, die aber für deutsche und österreichische Juden

---

420 AJA, MS-361/A17/11, Knöpfmacher an Shultz, 14. Juni 1938.
421 AJA, MS-361/A14/4, Jacob Lestschinsky, Eine Antwort dem Jüdischen Weltkongress, in: Pariser Haynt 15. Juni 1938 (Abschrift).
422 AJA, MS-361/A14/4, Jacob Lestschinsky, Wer führt uns?, in: Pariser Haynt, 3. Juni 1938 (Abschrift).
423 AJA, MS-361/A14/4, [Vorstand des WJC] An die Redaktion des »Haint«, Paris, Juni 1938 (Abschrift).
424 AJA, MS-361/A14/4, Jacob Lestschinsky, Der Jüdische Emigrations-Hunger und Bonze Schweig's Appetit. Mit was wir zur Roosevelt-Konferenz gehen, in: Pariser Haynt, 14. Juni 1938 (Abschrift).

»Évian ist nur der Anfang« 135

die Emigration erleichtern könnten, so wollte Lestschinsky das Engagement der Staatengemeinschaft nach Osteuropa lenken. Mit anderen Worten: Die Aufmerksamkeit, die das Schicksal der deutschen Juden in der Welt erregte, sollte für jene jüdischen Massen genutzt werden, die sonst unter Nichtjuden kaum auf Interesse stießen oder deren Situation als dauerhaftes, unlösbares Problem abgetan wurde.

Mit dieser Aufgabe sah Lestschinsky eine Bewährungsprobe des WJC gekommen. In Évian müsse der Congress als Sprecher der mittel- und osteuropäischen Judenheiten auftreten und ein Kolonisationsprojekt für die nächsten zehn bis 15 Jahre vorlegen. Das »Feilschen« um »Einwanderungslöcher«, so Lestschinsky, sei »kein Programm für die Zukunft«, sondern Ausdruck eines historischen Fehlers, der auf kurze Sicht immer nur zu einem Anstieg des Antisemitismus führe, sodass aus Immigrations- bald Emigrationsländer würden.[425] Insgesamt trat in seinen Interventionen die tiefe Kluft zur Philanthropie und insbesondere dem JDC zutage. Lestschinsky forderte ein Ende der Hilfe durch den »reichen amerikanischen Onkel«, an den man sich so sehr gewöhnt habe. Stattdessen forderte er eine Idee für die jüdische Zukunft, Mut zur Selbsthilfe und ein insgesamt selbstbewusstes Auftreten, da er befürchtete: »Wenn […] ein Volk, dessen sechs Millionen Bürger sich in grösster Not befinden, nur für einige Tausend Unterkunft erbittet, so wird man jede Achtung verlieren.«[426]

Die heftige Kritik Lestschinskys zeigte Wirkung. Der Vorstand des WJC verteidigte sich zunächst damit, dass der Versuch, in Évian die gesamte jüdische Frage aufzurollen, »von vornherein aussichtslos« sei und man sich davor hüten solle, »Dinge zu verlangen, deren Unerfüllbarkeit von vornherein feststeht«.[427] Der in Łódź geborene Aron Alperin, der von 1928 bis 1939 Chefredakteur des *Pariser Haynt* war, stieg daraufhin in die Diskussion ein und kritisierte die Haltung des Vorstands mit dem Argument, dass im WJC gewählte Vertreter aus 32 Ländern beteiligt wären. Deren Interessen müssten auf der Konferenz eine Rolle spielen, alles andere widerspräche dem »Geist einer jüdischen Volksorganisation«.[428] Die Verteidigung des Vorstands, man habe keine Konferenz der »Freunde« aus den osteuropäischen Ländern zwecks Positionsabstimmung einberufen, sondern arbeite an einer »jüdischen Front« aller jüdischen Organisationen, wuchs sich aus einer organisationsinternen

---

425 Ebd.
426 Ebd.; vgl. auch AJA, MS-361/A14/4, Jacob Lestschinsky, Wer führt uns?, in: Pariser Haynt, 3. Juni 1938 (Abschrift). Zu seinen damaligen Positionen auch Estraikh, Jacob Lestschinsky, bes. 225 und 229.
427 AJA, MS-361/A14/4, [Vorstand des WJC] An die Redaktion des »Haint«, Paris, Juni 1938 (Abschrift).
428 AJA, MS-361/A14/4, A. Alperin schreibt […] (nach Lestschinsky, Der jüdische Emigrationshunger, Abschrift).

Perspektive zu einem Offenbarungseid aus, da man öffentlich eingestehen musste, dass deren Zustandekommen von jenen abhänge, »die die effektive Hilfe für die Flüchtlinge organisieren«.[429]

Das öffentlichkeitswirksame Desaster, das Lestschinskys Artikel ausgelöst hatte, wurde durch noch wesentlichere Probleme des WJC verstärkt. Die Berichte von Baruch Zuckermann, den der Vorstand nach Warschau entsandt hatte, um den Polish-Jewish Congress zu organisieren, zeugten im Frühsommer 1938 von einer prekären Situation, in der der World Jewish Congress Gefahr lief, seine Position und seinen Rückhalt in Polen zu verlieren.[430] Damit wäre der Vertretungsanspruch in der Diaspora hinfällig geworden. Évian war also nicht nur aus Lestschinskys Perspektive eine Bewährungsprobe. Auch den Verantwortlichen um Goldmann war klar, dass es in Évian um mehr ging als die Auswanderung der deutschen und österreichischen Jüdinnen und Juden. Klare Forderungen und eine Anerkennung der erzwungenen jüdischen Migration in ihrer Gänze als internationales Problem durch die Konferenz wären ein gelungener Auftritt und würden dem WJC vielleicht ermöglichen, in Polen und Ungarn wieder stärker Fuß zu fassen. Möglicherweise aufgrund seiner Expertise auf den Gebieten der Soziologie und Ökonomie, sicherlich aber aufgrund der öffentlichen Aufmerksamkeit, die er entfacht hatte, wurde Lestschinsky Mitte Juni zu den Vorstandssitzungen des World Jewish Congress eingeladen. Außerdem verfasste er zusammen mit Goldmann das Memorandum für die Konferenz von Évian.[431] Die anfangs zurückhaltende Strategie des WJC, die Lestschinsky vorwurfsvoll als »Geheimdiplomatie« bezeichnet hatte, änderte sich daraufhin grundlegend: Man erhob fortan den Anspruch offizieller Repräsentation und wurde öffentlich sichtbar.[432] Da es keine gemeinsame Delegation geben würde, war das selbstständige Auftreten des World Jewish Congress ausgemacht.[433]

Ausgehend von Lestschinskys Perspektiven erläuterte Goldmann am 19. Juni auf der Vorstandssitzung die inhaltlichen Grundsätze für Évian.

---

429 AJA, MS-361/A14/4, [Vorstand des WJC] An die Redaktion des »Haint«, Paris, Juni 1938 (Abschrift).

430 Vgl. AJA, MS-361/A20/6, Baruch Zuckermann (Warschau) an Goldmann, 1. Juni 1938, Confidential, Translation; AJA, MS-361/A20/5, Baruch Zuckermann, Report on the Work in Poland, 25. Februar 1938, Confidential.

431 AJA, MS-361/A17/11, Knöpfmacher an Shultz, 21. Juni 1938; AJA, MS-361/A6/11, Exekutive Sitzung, 30. Juni 1938, 1–3. Der damalige Leiter der ökonomischen Abteilung im WJC, Georg Bernhard, schätzte Lestschinskys Memorandum als »unbrauchbar« ein und präferierte stattdessen die Arbeiten Arieh Tartakowers; vgl. zu diesem Konflikt AJA, MS-361/A14/10.

432 AJA, MS-361/A14/4, Jacob Lestschinsky, Wer führt uns?, in: Pariser Haynt, 3. Juni 1938 (Abschrift).

433 Vgl. AJA, MS-361/A5/1, Report on the Political Activity of the World Jewish Congress from September 1937 to August 1938, 15. August 1938, 13.

Diese wurden anschließend öffentlich kommuniziert und sollten sich nicht mehr ändern: »Der Hauptpunkt des Memorandums wird die Forderung sein, dass sich die Konferenz von Evian nicht nur mit dem Flüchtlingsproblem als solchem, sondern mit dem Problem der jüdischen Auswanderung als Ganzes befassen soll.« Es müsse darlegen, so Goldmann, dass das jüdische Emigrationsproblem »eine internationale Angelegenheit ist, die nur durch zwischenstaatliche Zusammenarbeit unter voller Mitwirkung der führenden jüdischen Organisationen [...] gelöst werden kann«. Des Weiteren müsse die Konferenz die Verfolgung von Juden in verschiedenen Ländern entschieden verurteilen und neue Orte für konzentrierte jüdische Ansiedlung auf landwirtschaftlicher Basis eruieren, wobei die besondere Bedeutung Palästinas hervorgehoben werden solle.[434]

Sein Mandat für Évian, das mit Blick auf die deutsche Situation auf wackeligen Füßen stand, da von dort niemand im WJC vertreten war, suchte der Vorstand dadurch zu vergrößern, dass er alle nationalen Repräsentanzen anschrieb und besonders jenen in Osteuropa riet, die Forderung einer Ausweitung der Zuständigkeit der Konferenz von Évian durch öffentliche Protestaktionen selbst einzufordern und einen diesbezüglichen Appell an die Konferenzleitung zu schicken. Eine entsprechende Vorlage für einen solchen Appell wurde gleich mitgeliefert. Diese sah vor, den WJC zu ermächtigen, für die jeweiligen Komitees in Évian sprechen und Resolutionen verabschieden zu dürfen. Goldmann betonte, dass diese Unterstützung »von erheblicher Bedeutung für die Erfolgsmöglichkeiten unserer Forderungen auf der Eviankonferenz sein wird.«[435] Die nationalen Komitees in Polen, der Tschechoslowakei, Litauen, Lettland, Estland, Finnland, Jugoslawien und auch ein Verband von 80 jüdischen Organisationen in Frankreich verfassten solche Schreiben, die der WJC in Évian präsentieren konnte.[436]

Personalia einer jüdischen Delegation für Évian

Die Frage eines geschlossenen Vorgehens aller jüdischen Organisationen betraf nicht nur ein gemeinsames Memorandum, sondern auch eine vereinte Delegation, die während der Konferenz im wörtlichen Sinne mit einer Stimme sprechen sollte. Hier ging es also um die grundsätzliche Frage, welche

---

434 AJA, MS-361/A1/6, World Jewish Congress, Circular Letter, Nr. 10, Paris, 26. Juni 1938, 1; AJA, MS-361/A20/6, Presseerklärung: The WJC and the Evian Refugee Conference, 20. Juni 1938.
435 Exemplarisch AJA, MS-361/A8/3, Goldmann (Paris) an Federbusch (Helsinki), 20. Juni 1938.
436 Vgl. AJA, MS-361/A1/6, World Jewish Congress, Circular Letter, Nr. 11, Paris, 25. Juli 1938.

Rolle herausragenden Persönlichkeiten jüdischer Politik auf der Konferenz zukommen sollte. Die Sitzung des Council am 13. Juni 1938 war in doppelter Hinsicht folgenreich: Zum einen war durch den Ausstieg des JDC die Idee eines gemeinsamen Memorandums dahin und auch die Jewish Agency gab bekannt, dass sie parallel an einem eigenen arbeite. Zum anderen waren Brodetsky und Rosenblüth mit ihrem Vorschlag gescheitert, eine gemeinsame Delegation nach Évian zu entsenden. Wie Rosenblüth bemerkte, wurde der Vorschlag »in aller Form« abgelehnt, »ohne dass es deswegen uebringens zu irgendwelchen scharfen Kontroversen gekommen waere«.[437] Sie hatten eine prominente Delegation vorgesehen, die sich aus den Präsidenten der großen jüdischen Organisationen zusammensetzen sollte: Weizmann für die Jewish Agency for Palestine, Wise für den World Jewish Congress, Lord Samuel für den Council for German Jewry, Baerwald für das American Jewish Joint Distribution Committee und Sir Osmond für die Jewish Colonization Association.[438] Rosenblüth schilderte die Ablehnung, auf die er und Brodetsky damit getroffen waren:

»Ganz abgesehen davon, dass Lord Samuel, Lord Bearsted und Sir Osmond erklaert haben, dass sie gar nicht daran denken, nach Evian zu gehen, vertrat Lord Samuel und mit ihm die Mehrheit des Council den Standpunkt, dass das geschlossene Auftreten einer solchen Delegation als Repraesentation des internationalen Judentums ueberhaupt nicht zweckmaessig sei [...].«[439]

Was den einen notwendige Bedingung war, um in Évian gehört zu werden und politische Wirkung zu erzielen, galt den anderen als gefährlich. Goldmann betonte in den internen Diskussionen der Jewish Agency einen taktischen Aspekt: Er ging davon aus, dass eine gemeinsame jüdische Delegation in Évian zugelassen würde; falls aber jede jüdische Organisation eigene Vertreter sende, sei deren Ausschluss zu befürchten.[440] Der Forderung nach einem gemeinsamen Auftritt lag die Vorstellung einer neuartigen Form jüdisch-politischer Repräsentation zugrunde. Diese sollte es ermöglichen, während der Konferenz offensiv und sichtbar für jüdische Positionen einzutreten. Aus Sicht der Zionisten hing dieser anvisierte selbstbewusste Auftritt entscheidend von Weizmann und dessen Wirkung ab, wie in einem Brief voller Überzeugung und Optimismus festgehalten ist:

»Die Konferenz von Évian kann sich als sehr wichtig erweisen, besonders aufgrund der hohen Wahrscheinlichkeit, dass Dr. Weizmann dorthin kommt. Und wenn er dies tat-

---

437 CZA, S7/693, Rosenblüth an Ruppin, 19. Juni 1938, 1 f.; vgl. auch AJA, MS-361/A1/6, World Jewish Congress, Circular Letter, Nr. 10, Paris, 26. Juni 1938, 1.
438 Vgl. CZA, KH4/4807/1, Extract of Minutes of London Executive Meeting, 14. Juni 1938, 1.
439 CZA, S7/693, Rosenblüth an Ruppin, 19. Juni 1938, 2.
440 Vgl. CZA, KH4/4807/1, Extract of Minutes of London Executive Meeting, 14. Juni 1938, 2.

sächlich tut, wird er nicht nur als Vertreter und Sprecher der Jewish Agency auftreten, sondern als der des jüdischen Volkes als Ganzem, unabhängig davon, welche anderen jüdischen Gremien oder Institutionen dort vertreten sind.«[441]

Die Präsenz Weizmanns wurde deshalb als besonders Erfolg versprechend eingeschätzt, weil er die Fähigkeit besaß, Diplomaten und Pressevertreter von seinem Standpunkt zu überzeugen (Abb. 10).[442] Gerade als absehbar war, dass es keine große jüdische Delegation geben würde, war Weizmann – so übermittelte es Goldmann – »begierig, die Sache Palästina dort vorzutragen«.[443] Auch das Advisory Committee in New York war der Meinung, dass man Weizmann in Évian hören sollte.[444] McDonald schätzte Weizmanns »staatsmännische« Haltung, die ihm noch aus seiner Zeit als High Commissioner präsent war.[445] Die zionistische Presse in Palästina ging ohnehin davon aus, dass Weizmann auf der Konferenz sprechen würde.[446]

Eine gemeinsame Delegation aller jüdischen Organisationen war also keine zwingende Voraussetzung für einen Auftritt Weizmanns in Évian. Vielmehr wurde auch an seinem Erscheinen festgehalten, als klar geworden war, dass es keine gemeinsame Vertretung geben würde. Gerade durch die in Évian erwartete Vielzahl jüdischer Stimmen wurde es nötig, dass Weizmann die Aufmerksamkeit der Regierungsvertreter auf die Jewish Agency und ihre Forderungen lenkte. Diese Absicht entsprach sowohl dem Wunsch der Jerusalemer Exekutive der Jewish Agency, eine Delegation nach Évian zu entsenden, als auch Weizmanns eigener Vorstellung. Am 13. Juni 1938 schrieb Landauer im Auftrag Weizmanns an Stephen Wise in New York, dass Weizmann sich

---

441 CZA, KH4/4807/1, Keren Hayesod an Blumenfeld, 30. Juni 1938. Vgl. CZA, KH4/4807/1, Rosenblüth an Landauer, 26. Juni 1938, vertraulich (cc an Ruppin, Senator, Hantke, Goldmann, Kreutzberger). Vgl. auch Benno Cohn (ZVfD), Rundschreiben über die zionistischen Aufgaben im neuen Jahr 1938, 8. Januar 1938, in: Nicosia (Hg.), Dokumente zur Geschichte des deutschen Zionismus, Dok. 122, 373–376, hier 375. Die zionistische Wochenzeitung *Haolam* bemühte am 7. Juli 1938 für die Bedeutung Weizmanns ein paternalistisches Bild: Sein Erscheinen würde die zionistische Bewegung nicht wie Schafe ohne Schäfer aussehen lassen. Vgl. Reinharz/Shavit, The Road to September 1939, 142.
442 Zur charismatischen Wirkung Weizmanns vgl. exemplarisch die retrospektive Einschätzung von Bentwich, My 77 Years, 131; hierzu auch Reinharz/Golani, Chaim Weizmann. The Great Enabler, 114f. und 123; Segev, David Ben Gurion, 268.
443 CZA, KH4/4807/1, Extract of Minutes of London Executive Meeting, 14. Juni 1938, 2.
444 Vgl. YIVO, RG 278/59, Fourth Meeting of the Advisory Committee, 7. Juni 1938, 39–43, hier 39; CZA, S25/9778, Telegramm Zionbüro, London, an Shertok, Jerusalem, 2. Juni 1938; auch Beit Zvi, Post-Ugandan Zionism on Trial, 146.
445 Breitman/McDonald Stewart/Hochberg (Hgg.), Advocate for the Doomed, 205; vgl. auch Burgess, The League of Nations and the Refugees from Nazi Germany, 70.
446 Vgl. Beit Zvi, Post-Ugandan Zionism on Trial, 146. Auch der JDC ging davon aus, dass Weizmann nach Évian gehe. Vgl. JDCA, 255, Baerwald an Kahn, 14. Juni 1938.

Abb. 10: Das Ehepaar Vera und Chaim Weizmann bei der Eröffnung der nach dem Tagungsort benannten St.-James-Konferenz in London. Infolge des Berichts der Woodhead-Kommission lud Kolonialminister Malcolm MacDonald seitens der britischen Regierung vom 7. Februar bis 17. März 1939 eine arabische und eine jüdische Delegation zu Verhandlungen ein, um die Konflikte in Palästina zu lösen. Chaim Weizmann war Leiter der jüdischen Vertretung.© akg-images/TT News Agency/SVT. Jede weitere Nutzung ist melde- und honorarpflichtig.

um die Darstellung Palästinas in Évian Sorgen mache. Möglicherweise könnten die dortigen Verhandlungen der zionistischen Politik schaden, besonders falls andere Emigrationsziele in den Fokus gerieten.

»Da es unser Ziel ist, die Konferenz in eine Kraft zu verwandeln, die sowohl die Juden als auch die britische Regierung dahingehend beeinflusst, etwas Wirkliches für das jüdische Volk zu tun, müssen wir unser Bestmögliches tun, um Palästina in den Vordergrund zu rücken, und sowohl seine Bedeutung als auch seine Kapazitäten zur Aufnahme einer großen Anzahl jüdischer Flüchtlinge hervorheben.«[447]

Weizmann war also bestrebt, Évian als Bühne für die »große Politik« zu nutzen – ein Unterfangen, das Geschick und Überzeugungskraft erforderte,

---

447 CZA, S7/693, Landauer an Wise, 13. Juni 1938. Zu diesem Brief auch Beit Zvi, Post-Ugandan Zionism on Trial, 153f.

dem gleichzeitig aber die machtgestützte Grundlage sowie ein gleichberechtigter Status in der internationalen Politik fehlten. Dessen ungeachtet sollte Weizmanns politisches Handeln sowohl nach außen als nach innen wirken: Einerseits galt es, von der britischen Regierung konkrete Zusagen und ausreichend Zertifikate zu erhalten; andererseits sollte der selbstbewusste Auftritt die in gewisser Weise selbstermächtigte politische Stellung und die historische Rolle der Jewish Agency wie auch der zionistischen Bewegung insgesamt gegenüber dem jüdischen Establishment deutlich machen. Ganz in diesem Sinne betonte David Ben-Gurion,[448] damals einer der einflussreichsten Zionisten des Jischuws und seit 1935 Vorsitzender der Jewish Agency, zehn Tage später auf der Vorstandssitzung in Jerusalem, dass die Delegation aus »unseren besten Leuten« bestehen solle. Man müsse »auf der Hut sein«, so Ben-Gurion weiter, dass sich in Évian keine gefährliche Tendenz zur Verdrängung Palästinas von der Karte der Einwanderungsländer breitmache. Seine Befürchtung gründete in erster Linie darauf, dass für die Diplomaten klar sei, dass ein Land, in dem Aufstände tobten, täglich Menschen bei Bombenanschlägen ums Leben kamen, Arbeitslosigkeit und wirtschaftliche Stagnation herrschten, kein Ort sei, wo man ein Flüchtlingsproblem löse.[449] Dennoch musste aus seiner Sicht alles unternommen werden, damit keinesfalls der Eindruck entstehe, Palästina und die zionistische Bewegung seien nicht in der Lage, die jüdische Frage zu lösen.[450]

In gewisser Weise konträr zu Weizmanns und Ben-Gurions Befürchtungen, sah der eher unorthodoxe, aber nicht weniger erfahrene und verdiente Zionist Arthur Ruppin durchaus die Möglichkeit, die aktuelle Flüchtlingskrise durch Einwanderung in andere Länder als Palästina zu lösen.[451] Ruppin galt als Architekt der zionistischen Siedlungsbewegung (Abb. 11); er hatte 1908 das erste Palästinaamt in Jaffa aufgebaut und professionalisierte die

---

448 Vgl. Segev, David Ben Gurion.
449 Zit. nach Beit Zvi, Post-Ungandan Zionism on Trial, 156; vgl. hierzu auch Weiss, Deutsche und polnische Juden vor dem Holocaust, 163.
450 Vgl. Beit Zvi, Post-Ugandan Zionism on Trial, 155–158. Ben-Gurion übermittelte Brodetsky die Absicht, dass Weizmann, Menachem Ussishkin, Ruppin und Goldmann eine Delegation bilden sollten. Ussishkin ging jedoch nicht nach Évian. In London wurde ebenfalls Weizmann favorisiert. Vgl. CZA, S7/693, Rosenblüth an Goldmann (Paris), 9. Juni 1938; CZA, KH4/4807/1, Extract of Minutes of London Executive Meeting, 14. Juni 1938, 1; CZA, Rosenblüth an Landauer, 26. Juni 1938, vertraulich (cc an Ruppin, Senator, Hantke, Goldmann, Kreutzberger).
451 Vgl. Ruppins Tagebucheintrag vom 11. April 1938, in: ders., Briefe, Tagebücher, Erinnerungen, 498 f.; zum diesbezüglichen Konflikt zwischen Weizmann, Ben-Gurion und Ruppin vgl. Diner, Ein anderer Krieg, 105 f.; zum »Pragmatiker« Ruppin exemplarisch Brenner, Geschichte des Zionismus, 59; Bloom, The »Administrative Knight«; Weiss, Central European Ethnonationalism and Zionist Binationalism; Bein, Arthur Ruppin, 132 f. und 140. Ein ähnlich unabhängiger Denker und Praktiker war Senator. Vgl. Livny, Fighting Partition, Saving Mount Scopus.

Abb. 11: Arthur Ruppin besucht den Kibbuz Hasorea in der Nähe von Haifa, 1935. Nadav Mann, BITMUNA. From the collection of Asher Benari, Kibbutz Hazorea. Collection source: Dorit Yaari, Aharon Benari, Micha Benari. The Pritzker Family National Photography Collection, The National Library of Israel.

Vorgänge des Landkaufs und der landwirtschaftlichen Kolonisation. Parallel erwarb er sich große, wenn auch nicht unumstrittene Verdienste auf dem Gebiet der Soziologie. Ruppin war jahrzehntelang Teil der Führung der Jewish Agency, rieb sich aber auch oft an den Mehrheitspositionen. Ungeachtet dessen schufen er, Senator, Landauer und viele andere mit ihrem Pragmatismus in Palästina die Grundlagen eines zukünftigen Staates, dessen Entstehung Weizmann und Goldmann auf diplomatischer Ebene zu erreichen suchten. Ruppin arbeitete nach eigener Auskunft seit einigen Wochen an einer »Broschüre« für Évian, die Rosenblüth und Locker bei der Formulierung des Memorandums als Grundlage diente. Darin wollte er den Blick der internationalen Konferenz auf Palästina lenken, ging aber nur von etwa einem Drittel aus, das nach Palästina immigrieren würde.[452] Auch Feilchenfeld bezifferte die Zahl deutscher Emigranten auf 40 000 pro Jahr, wovon etwa die Hälfte

452 Vgl. CZA, S7/693, Ruppin an Rosenblüth, 30. Mai 1938 (cc an Senator, Moses, Goldmann, Kreutzberger, Blumenfeld und Felix Rosenblüth).

mittels Ha'avara und der sogenannten Kapitalistenzertifikate nach Palästina einwandern könnte – vorbehaltlich der Genehmigung durch die Mandatsverwaltung. Beide prognostizierten lange Zeiträume: Feilchenfeld veranschlagte für die Auswanderung zehn Jahre; Ruppin mutmaßte im April sogar 30 Jahre, in denen das »Judenproblem in Deutschland« mittels Emigration und Einberechnung der natürlichen Demografie gelöst sei.[453] Ihre Überlegungen gingen in erster Linie von den praktischen Herausforderungen aus: Wollte man Hunderttausenden oder gar Millionen europäischen Jüdinnen und Juden in den nächsten Jahren zu einer besseren Zukunft als in Deutschland oder Polen verhelfen, so mussten neben Palästina weitere Orte für die Einwanderung akzeptiert werden. Dies hatte 1936 auch Goldmann gegenüber dem polnischen Außenminister eingestanden.[454] Dennoch bildete diese Spannung zwischen zionistischem Anspruch und Realität für diejenigen, die wie Weizmann, Goldmann und Ben-Gurion in erster Linie auf politischem Terrain agierten, ein Dilemma.

Insgesamt waren die Erwartungen im Vorstand der Jewish Agency in Jerusalem und London, in den Abteilungen des Central Bureau ebendort sowie bei der Zionistischen Vereinigung für Deutschland (ZVfD) in Berlin ganz unterschiedlich. Besonders Franz Meyer von der ZVfD drängte auf die Ausarbeitung eines umsetzbaren Auswanderungsschemas, während die politische Palästinafrage aus seiner Sicht in Évian »keinesfalls« diskutabel und auch nicht angemessen sei.[455] Zu diesem Zeitpunkt waren die deutschen Zionisten innerhalb der internationalen zionistischen Bewegung aber bereits isoliert; ihren Forderungen kam kaum noch Gewicht zu.[456] Ein gemeinsames Verständnis davon, was in Évian gefordert oder aber vermieden und abgewendet werden könnte und müsste, gab es nur bedingt. Von einer einheitlichen Position der zionistischen Bewegung zu reden, geht somit fehl – erst recht, wenn man die Revisionisten einbezieht.[457] Die Jewish Agency und das Central Bureau fokussierten sich im Prinzip auf Weizmann und dessen Einsatz für Palästina. Die endgültige Entscheidung, ob Weizmann tatsächlich nach Évian fahren würde, hing von »äußeren« Faktoren ab. Goldmann, Rosenblüth und er selbst waren sich

---

453 CZA, S7/693, Feilchenfeld, Vorschlag der Finanzierung einer organisierten Massenauswanderung von Juden aus Deutschland und Österreich, 23. Juni 1938, bes. 5; Ruppins Tagebucheintrag vom 11. April 1938, in: ders., Briefe, Tagebücher, Erinnerungen, 498 f.
454 Vgl. Reinharz/Shavit, The Road to September 1939, 53.
455 Vgl. CZA, S7/693, Meyer an Rosenblüth, London, 27. Juni 1938 (cc an Landauer, Jerusalem); CZA, S7/693, Meyer an Hirsch, 27. Mai 1938 (cc Rosenblüth und Landauer); Meyer an Exekutive der JA, London, 13. Juli 1938, in: Nicosia (Hg.), Dokumente zur Geschichte des deutschen Zionismus, Dok. 129, 398.
456 Vgl. Nicosia, Zionismus und Antisemitismus im Dritten Reich, 237.
457 Vgl. zur komplexen Position der zionistischen Bewegung auch Weiss, Deutsche und polnische Juden vor dem Holocaust, 161; CZA, S7/693, Rosenblüth an Kaplan, Jerusalem, 4. Juli 1938.

einig, dass er nur nach vorheriger Absprache mit dem britischen Kolonialministerium und dem Kabinettsmitglied Lord Winterton (Edward Turnour), der zum Leiter der britischen Delegation ernannt worden war, sowie mit Zustimmung des State Department an der Konferenz teilnehmen sollte.[458] Wenn Weizmann an den Genfer See reiste und ihm verweigert würde, vor der Konferenz zu sprechen, wäre dies ein öffentliches Debakel gewesen.

Das von Brodetsky und Rosenblüth vorgeschlagene Personentableau entsprach auch den Vorstellungen der Exekutive des World Jewish Congress. Von Genf, Paris und London aus sandten Goldmann, Perlzweig, Lestschinsky und ihre Kollegen Mitte Juni wiederholt Aufforderungen an Stephen Wise in New York, zusammen mit Weizmann die jüdische Delegation anzuführen. Dabei wurde es als »unerlässlich« bezeichnet, dass Wise nach Europa komme, da »niemand so effektiv wie er gegen die Gräueltaten der Nazis protestieren« könne und sich hier sowohl für den American Jewish Congress wie auch den World Jewish Congress eine »einzigartige Gelegenheit« ergebe, die »jüdische Sache« vor einer internationalen Konferenz darzustellen. Weizmann sollte den Jischuw repräsentieren, Wise die Diaspora.[459] Dabei sollten beide qua demokratischer Struktur der Jewish Agency und des World Jewish Congress als legitimierte Sprecher aller Jüdinnen und Juden auftreten. Dass sie die Delegation anführen würden, ergab sich aus Sicht der nationaljüdischen Vertreter von selbst – auch wenn man sich der Realitäten und Widerstände bewusst war.[460] Ein mögliches Fernbleiben von Stephen Wise wurde im WJC als »großer Fehler« eingestuft, da die jüdische Präsenz in Évian ansonsten von Bentwich und Adler-Rudel, die von den britischen Mitgliedern des Council als ihre Vertreter nach Évian entsendet würden, und Jonah Wise vom JDC dominiert würde.[461]

Besonders mit Blick auf Jonah Wise war absehbar, dass er im Hintergrund der Verhandlungen eine bedeutende Rolle spielen würde.[462] Die Trümpfe

---

458 Vgl. CZA, S7/693, Telegramm Zionbüro London an Jewish Agency, Jerusalem, 18. Juni 1938; CZA, S7/693, Telegramm ZO, London, an Shertok, JA, Jerusalem, 1. Juli 1938.
459 Vgl. AJA, MS-361/A15/5, Telegramm an Congress, Wise, NYC, 15. Juni 1938; AJA, MS-361/A15/5, Telegramm an Congress, Wise, NYC, 20. Juni 1938.
460 Weizmann sei »dreißig Jahre lang der unbestrittene, sozusagen gottgegebene Führer der [zionistischen] Bewegung« gewesen. Goldmann, Staatsmann ohne Staat, 150.
461 Die Entscheidung, dass Bentwich den Council in Évian repräsentieren würde, zeichnete sich schon früher ab. Vgl. LMA, ACC/2793/01/01/011, Minutes of the Meeting of the Executive of the Council for German Jewry, 27. Juni 1938, Confidential; CZA, S7/693, Rosenblüth an Ruppin, 19. Juni 1938, 2. Adler-Rudel an Schäffer, 21. Juni 1938, in: Adler-Rudel, Das Auswanderungsproblem im Jahre 1938, 190.
462 Vgl. AJA, MS-361/A15/5, Telegramm an Congress, Wise, NYC, 20. Juni 1938. Goldmann befürchtete, dass seine Überzeugungsarbeit bei Taylor möglicherweise durch den Einfluss von Jonah Wise zunichtegemacht werden könnte. Vgl. AJA, MS-361/A6/11, Exekutive Sitzung, 30. Juni 1938, 2.

lagen in mehrfacher Hinsicht beim JDC. Als amerikanische Organisation bot er seinen Mitarbeitern beste Kontakte in Regierungskreise; die Erwartungen und Positionen waren ähnlich gelagert. Die organisatorische Erfahrung in der Migrationshilfe, sein unpolitisches Auftreten wie auch das Prinzip der Hilfe zur Selbsthilfe auf Basis geschäftlicher Grundsätze sowie die finanziellen Ressourcen wiesen dem JDC quasi automatisch eine zentrale Bedeutung für das zu entwickelnde Auswanderungsprojekt zu. Der World Jewish Congress sah sich hierdurch herausgefordert. Allerdings fehlten ihm die Ressourcen, dem etwas Wirkmächtiges entgegenzusetzen; in New York mussten sogar Gelder für die Reise nach Évian erbeten werden.[463] Auf der Bühne der Diplomatie sollten die Vertreter des WJC mit einem möglichst starken Mandat an die Einhaltung von nationalen und international garantierten Rechten appellieren. In der Praxis hing dies einerseits von der persönlichen Wirkung der Emissäre ab und andererseits von der Frage, ob sich die staatlichen Vertreter auf die Argumentation einlassen würden. Évian als große Plattform jüdischer Politik gegen die Nationalsozialisten zu nutzen, war allerdings weit entfernt von Adler-Rudels und Bentwichs Zielen.

Mit allen Fraktionen des Council und möglicherweise sogar weiteren Organisationen ein gemeinsames Memorandum zu erarbeiten und in aller Namen der Staatenkonferenz zu präsentieren, war eine Herausforderung. Dies hätte allerdings als Ausdruck der eingeübten Zusammenarbeit gedeutet werden können. Ein gemeinsamer Vorschlag hätte die Konferenzbeteiligten vielleicht dazu bewogen, die Hilfe für die jüdische Bevölkerung auf eine neue Basis zu stellen, und es den Organisationen ermöglicht, sowohl die Versorgung vor Ort als auch die Auswanderungsunterstützung effektiver als bisher zu gestalten. Eine weitere Herausforderung bestand in der damit einhergehenden Frage des Auftretens in Évian. Die Vorstellung, dass die Präsidenten der großen jüdischen Organisationen eine gemeinsame Delegation bildeten, die Weizmann und Wise anführten, muss auf Männer wie Lord Bearsted und Sir Osmond geradezu absurd gewirkt haben; in politischer Hinsicht galt ihnen ein solcher Auftritt als fatal. Sie fürchteten, damit einen Beleg für die von den Nationalsozialisten propagierte Verschwörungsideologie des »internationalen Judentums« zu liefern.[464] Vielmehr sahen sie in Bentwich die ideale Person – reich an Erfahrung, geschätzt und bestens vernetzt –, um ein auf den deutschen Herrschaftsbereich begrenztes Programm im Hintergrund zu präsentieren. Eine Kampfrede gegen das NS-Regime, wie sie Stephen Wise

---

463 Vgl. AJA, MS-361/A17/11, Knöpfmacher an Wise, 28. Juni 1938.
464 Vgl. CZA, S7/693, Rosenblüth an Ruppin, 19. Juni 1938, 2 (cc an Landauer). Auch Jünger, Jahre der Ungewissheit, 365. Zu den antisemitischen Anfeindungen jüdisch-philanthropischer Organisationen, die transnationale Hilfe leisteten, wie der 1860 gegründeten Alliance israélite universelle oder im Umfeld der Gründung des JDC 1914, vgl. Diner, Art. »Verschwörung«, bes. 275.

im Madison Square Garden in New York gehalten hatte, passte nicht zu dieser Strategie. Ohne Polemik sollte man sich vergegenwärtigen, dass es für ein Mitglied des britischen Oberhauses wie Lord Bearsted, der sich ebenso wie Rothschild in den 1940er Jahren zu einem entschiedenen Gegner jüdischer Nationalstaatlichkeit entwickelte,[465] völlig undenkbar gewesen sein muss, zusammen mit Stephen Wise – vor dem Bearsted im Foreign Office explizit gewarnt hatte – gemeinsam in Évian aufzutreten. Neben prinzipiellen Erwägungen spielten hier auch beiderseits gehegte Ressentiments eine nicht zu unterschätzende Rolle, die mit unterschiedlichen Traditionen und Lebensmilieus verbunden waren.

Taylor und Bentwich hatten sich auf eine kleine Delegation verständigt, die alle jüdischen Organisationen hätte repräsentieren sollen, um ein mögliches Chaos zu vermeiden. Außerdem beabsichtigte Bentwich, die Vorschläge des Council so zu gestalten, dass man den Regierungsvertretern auf Ebene der Arbeitsökonomie entgegenkäme und sie nicht mit innerjüdischen Konflikten überforderte.[466] Ein Zeitungskommentar zu Évian spitzte jedoch das damalige Dilemma zu:

»Sieben jüdische Organisationen behaupten, das jüdische Volk zu vertreten. Der bekannte jüdische Sozialpolitiker Jakob Leszinsky [Lestschinsky] führt hierüber in allen jüdischen Zeitungen eine lebhafte Klage. Jede jüdische Organisation schickt Delegierte, jede hat eine andere Patentlösung in der Tasche, jede schickt ein Memorandum. Wie wollen sich da die Delegierten der Staaten auskennen?«[467]

In genau diese Kerbe schlug auch Hirschberg und verfasste einen dringenden Appell an die jüdischen Organisationen im Ausland, sich zu vergegenwärtigen, dass es sich bei den Verhandlungen in Évian »nicht um ihr Prestige, sondern um unsere Zukunft [die der deutschen Juden] handelt«.[468] Dahinter stand die Angst, eine Flut sich im Widerstreit befindender Eingaben könnte die Konferenzteilnehmer dermaßen von ihren Verhandlungen abhalten, dass sie ohne nennenswerte Ergebnisse auseinandergingen. Erfolg versprechender seien ein zurückhaltendes Auftreten der jüdischen Organisationen und die Einnahme der Rolle des Sachverständigen, der mit »wohldurchdachten« Plänen »hinter den Kulissen« bereitstehe und mit »Sachkunde und Disziplin«

---

465 Vgl. Wendehorst, British Jewry, Zionism, and the Jewish State, 1936–1956, 64–71.
466 Am 14. Juni schrieb Bentwich enttäuscht an Taylor, dass es nicht möglich gewesen sei, ein gemeinsames Memorandum mit den jüdischen Organisationen zu erarbeiten. FDRL, Taylor Papers/Miscellaneous Correspondence/April–June 1938, Bentwich an Taylor, 14. Juni 1938; vgl. auch Kieffer, Judenverfolgung in Deutschland – eine innere Angelegenheit?, 201.
467 CZA, KH4/4807/1, L. W., Was erwarten wir von Evian?, in: Israelitisches Wochenblatt für die Schweiz, 1. Juli 1938, 1.
468 Hirschberg, o. T. (Leitartikel).

Antwort geben könne, wenn er danach gefragt werde.⁴⁶⁹ Dies entsprach den Empfehlungen von Schäffer an Adler-Rudel, der Haltung von Lord Bearsted und Sir Osmond und auch der zurückhaltenden Strategie des JDC. Bereits Anfang Juni hatte Hirschberg diese Zurückhaltung im Auftreten angemahnt: »Die schweigende Unterbringung von zehntausend Juden bedeutet uns mehr als flammende Proteste gegen Erscheinungen, die jene Unterbringung notwendig werden liessen.«⁴⁷⁰ Aber nicht alle Stimmen aus Deutschland klangen so. Weltsch, der Chefredakteur der zionistischen *Jüdischen Rundschau*, forderte in seinem Leitartikel zu Évian eine aktive Position: »Wir Juden haben in den letzten Jahrzehnten gelernt, für uns selbst zu denken. [...] der moderne Jude will nicht mehr bloß Objekt der Aktionen anderer sein, er will sich selbst helfen. Das jüdische Volk hat sich zu aktivem Eingreifen organisiert, um sein Schicksal zu gestalten.«⁴⁷¹

Als am 28. Juni der World Jewish Congress eine große öffentliche Protestaktion in London gegen den NS-Terror organisierte, die erhebliche Resonanz in der Presse erhielt und die der Vorstand im Nachgang als »ausgezeichneten Erfolg« einstufte, sah sich wiederum Hirschberg gezwungen, darauf zu reagieren.⁴⁷² Eine größere Differenz zwischen den Formen der versuchten politischen Einflussnahme lässt sich kaum denken. In London rief der WJC öffentlich alle Nationen, die Freiheit und Menschenwürde achteten, auf, sich der Opposition gegen die Barbarei der Nationalsozialisten anzuschließen. Mit Blick auf die baldige Konferenz formulierte die verabschiedete Resolution vorsichtig, aber bestimmt, dass neue Einwanderungsmöglichkeiten erschlossen werden müssten und die britische Regierung jüdische Einwanderung nach Palästina im vollen Umfang der Aufnahmekapazität gewähren sollte.⁴⁷³ Das Kampfmittel des World Jewish Congress war der öffentliche Protest. Aus der Masse an positiven Zuschriften und Unterstützung, die man dort erhielt, ist eine besonders interessant: Victor Cazalet, der als Parlamentsmitglied und Privatsekretär Lord Wintertons zur britischen Évian-Delegation gehörte, bekräftigte die Initiative und hoffte ebenfalls, dass auf der Konferenz »definitive Maßnahmen zur Linderung des Leids der europäischen Juden« beschlossen würden.⁴⁷⁴ Darüber hinaus war Cazalet seit seinem Besuch in Palästina im

---

469 Vgl. Schäffer an Adler-Rudel, 29. Mai 1938, in: Adler-Rudel, Das Auswanderungsproblem im Jahre 1938, 168; Hirschberg, o. T. (Leitartikel).
470 Hirschberg, Gedanken für Evian.
471 O. A., Öffnet die Tore!
472 Vgl. AJA, MS-361/A6/11, Exekutive Sitzung, 30. Juni 1938, 3; auch AJA, MS-361/A17/11, Knöpfmacher an Shultz, 30. Juni 1938; CZA, J1/14730, o. A., Great Britain and the Evian Refugee Conference, in: The Palestine Post, 3. Juli 1938.
473 Vgl. AJA, MS-361/A10/5, WJC, Mass Demonstration to Protest against the Nazi Terror, Resolution, 28. Juni 1938.
474 AJA, MS-361/A10/5, Messages Received for the Mass Meeting of the British Section of the WJC, 28. Juni 1938.

Januar 1938, bei dem er auch Weizmann in Jerusalem getroffen hatte, ein Befürworter des Teilungsplans und beeindruckt vom zionistischen Aufbauwerk.[475] Was explizit als politischer Druck auf die staatlichen Delegierten für die Konferenz von Évian angelegt war und Wirkung zu erzielen schien, stieß bei Hirschberg nur auf Unverständnis. Zwei Tage nach dem Massenprotest in London schrieb er in seinem Leitartikel von »schweigender Würde«, mit der man die Verhandlungen abwarten müsste. Am Ende seines Artikels mahnte Hirschberg: »Wir Juden sind kein Volk einheitlicher Führung und einheitlichen Willens. Aber wir sind eine Gemeinschaft einheitlicher Not. [...] Not zwingt manchmal zu schreien. Aber mitunter und diesmal sollte sie, solange Evian auf der Tagesordnung steht, auch über manches zu schweigen lehren.«[476]

Dies war eine deutliche Unmutsbekundung, dass sich Aktionen wie in London keinesfalls in Évian wiederholen sollten. Mit Blick auf die akute Notlage im deutschen Herrschaftsbereich sollte alles vermieden werden, was die Konferenz und aus ihr resultierende effektive Hilfe hätte gefährden können. Auch Adler-Rudel hatte in seinen Vorschlägen bereits früh formuliert, dass die internationale Konferenz von Verurteilungen Deutschlands absehen sollte, da man ansonsten wenig Kooperationsbereitschaft für das angestrebte Auswanderungsprojekt erwarten könne.[477]

Die Warnungen jüdischer Funktionäre im britischen Außenministerium stellten sich letztlich als überflüssig heraus. Stephen Wise teilte dem Vorstand des WJC wie auch Ben-Gurion in Jerusalem Mitte Juni mit, dass ihm die zionistische Arbeit in Amerika eine Reise nach Évian nicht erlaube. Darüber hinaus ahnte er, dass sein Auftritt in Évian im Konflikt mit seiner Tätigkeit im Advisory Committee stehen könnte.[478] Statt seiner sollte Weizmann nach Évian reisen und Goldmann den World Jewish Congress und die Jewish Agency vertreten.[479] Goldmann war ohnehin bestens in die Konferenzvorbereitungen und die Begleitumstände der Flüchtlingspolitik involviert und schon seit einiger Zeit mit der Erarbeitung eines Memorandums des World Jewish Congress für Évian befasst, dessen finale Version im direkten Anschluss an Goldmanns Unterredung mit Taylor in Paris verabschiedet wurde.[480]

---

475 Vgl. James, Victor Cazalet, 193 f.
476 Hirschberg, o. T. (Leitartikel); vgl. hierzu auch Schlecht, »Öffnen sich die Tore?«, 133.
477 LBINY, AR4473/I/II, Salomon Adler-Rudel, Bemerkungen und Vorschlaege zu der von der amerikanischen Regierung geplanten Internationalen Konferenz, 10. Mai 1938, 5.
478 Vgl. AJA, MS-361/A17/11, Shultz an Knöpfmacher, 15. Juni 1938; CZA, S25/9778, Telegramm Ben-Gurion an Wise, 26. Juni 1938; CZA, S25/9778, Telegramm Wise an Ben-Gurion, 27. Juni 1938.
479 Vgl. AJA, MS-361/A13/17, Telegramm Wise an Delisrael, 24. Juni 1938.
480 Vgl. AJA, MS-361/A6/11, Exekutive Sitzung, 30. Juni 1938, 1.

Konsultationen mit Regierungsvertretern

Das Gespräch zwischen Goldmann und Taylor am 30. Juni 1938 zählt zu einer Reihe an Konsultationen, die jüdische Diplomaten mit Regierungsvertretern während der Vorbereitung der Konferenz durchführten. Diese erfüllten wichtige Funktionen: War das Gespräch zwischen Bentwich und Taylor Anfang Juni zentral für die zu verhandelnden Rahmenbedingungen der Konferenz gewesen, so unternahm Goldmann nun klassische Lobbyarbeit, als er Roosevelts Gesandten von den Forderungen des World Jewish Congress zu überzeugen suchte. Auch den Konsultationen Weizmanns mit dem britischen Kolonialminister Malcolm MacDonald und Lord Winterton kommt in diesem Zusammenhang wichtige Bedeutung zu, loteten sie doch die Möglichkeiten und Grenzen einer jüdischen Vertretung in Évian aus. Eine Schlüsselrolle in der Vermittlung zwischen den jüdischen Emissären und den staatlichen Vertretern nahm James McDonald ein. Die finale Version des Memorandums des Council hing sogar von seiner Zustimmung ab, da man sowohl seine inhaltliche Expertise – sein *Letter of Resignation* war noch immer eine Referenz – als auch seine internen Kenntnisse der Vorbereitung der amerikanischen Regierungsdelegation, der er ja selbst angehörte, nutzen wollte.

Stephen Wise führte Goldmann über seine Kontakte bei der amerikanischen Delegation ein.[481] Er telegrafierte an den amerikanischen Botschafter in Paris und bat, für Weizmann und Goldmann entweder in Évian eine Möglichkeit zu schaffen, Palästina adäquat präsentieren zu können, oder eine private Konsultation mit Taylor zu arrangieren.[482] Einen Tag später empfing Taylor Goldmann in Paris und erklärte ihm die Eckpunkte der Agenda der Konferenz, wobei er besonderes Augenmerk auf die Gründung eines zwischenstaatlichen Komitees legte, das Verhandlungen mit Deutschland über Möglichkeiten des Vermögenstransfers aufnehmen sollte.[483] Goldmann bereitete auf seine Weise das Thema Palästina für die Verhandlungen vor. Über dessen Aufnahmekapazitäten, so Goldmann gegenüber dem Vorstand des WJC, »zeigte sich Taylor vollkommen uninformiert, [...] als er erfuhr, dass Palästina im Jahr 1935 65 000 jüdische Emigranten aufnahm, erklärte er, dass unter diesen Umständen die Palästinafrage natürlich von der Konferenz be-

---

481 Goldmann hatte Wise bereits früher darum gebeten, Kontakt zu Taylor zu vermitteln. Vgl. AJA, MS-361/A27/1, Goldmann an Wise, 12. Mai 1938; AJA, MS-361/A15/5, Telegramm an Congress, Wise, 18. Juni 1938.
482 Vgl. AJA, MS-361/A15/5, Telegramm Mack/Wise an amerikanischen Botschafter, Paris, 29. Juni 1938.
483 Zum Inhalt des Gesprächs gab Goldmann am gleichen Tag einen Bericht, vgl. AJA, MS-361/A6/11, Exekutive Sitzung, 30. Juni 1938, 1 f.; Bestätigung des Termins, AJA, MS-361/A8/3, Knöpfmacher an Wise, 29. Juni 1938.

handelt werden« müsse.⁴⁸⁴ Vor dem Hintergrund der im Council und im Central Bureau diskutierten Einwanderungszahlen und deren (un)realistischer Grundlage zeigt sich deutlich, dass Goldmann seine Arbeit beherrschte. Über den massiven Rückgang der Einwanderung infolge der arabischen Aufstände und über die komplizierte Situation in Palästina seit 1936 schwieg er ganz bewusst. Auch mit seinem zweiten Hauptpunkt war Goldmann zunächst erfolgreich: Mit einem Verweis auf die in nächster Zeit drohende Staatenlosigkeit Hunderttausender Juden in Rumänien gelang es ihm, Taylor davon zu überzeugen, der Konferenz vorzuschlagen, die »Frage der osteuropäischen Emigration auf ihre Tagesordnung zu setzen«.⁴⁸⁵ Goldmann konnte mit dem Austausch zufrieden sein; anschließend vereinbarte er mit Taylor, ihm das Memorandum des WJC zu übersenden.

Neben Goldmann empfing Taylor auf Empfehlung des amerikanischen Generalkonsuls in Berlin auch Otto Hirsch von der Reichsvertretung, der ihn über die Situation in Deutschland unterrichtete. In seinem Abschlussbericht erinnerte Taylor dieses Gespräch als »sehr hilfreich, es zeigte sowohl konkrete Einzelheiten zur Situation in Deutschland wie auch den Umfang des Problems auf«.⁴⁸⁶ Am 28. Juni war des Weiteren James Bernstein in der amerikanischen Botschaft in Paris mit Brandt sowie Pell verabredet. Letztere begrüßten, dass die HIAS-JCA statistisches Material und ein allgemeines Statement unterbreiten und durch Bernstein sowie Edouard Oungre repräsentiert sein werde.⁴⁸⁷ Alle diese Gespräche und Vermittlungen belegen den Austausch zwischen den Vertretern jüdischer Organisationen und Regierungsstellen bereits im Vorfeld der Konferenz. Für die Verhandlungen in Évian wurden Kontakte geknüpft und Beratungen eingeleitet.

In London führte Weizmann zeitgleich ähnlich produktive Konsultationen. Am 24. Juni hatte er sich mit Lord Winterton getroffen. Von dieser Unterredung zeigte er sich gegenüber seinen engsten Mitstreitern »ausserordentlich befriedigt«, was allerdings auf bestimmte Prioritäten zurückzuführen ist. Einerseits ging es, wie sich Rosenblüth ausdrückte, um »hohe Politik«, sprich: Palästina. Lord Winterton, der im Ruf stand, jüdische Staatlichkeit abzulehnen und mehr den arabischen Forderungen zuzuneigen, hatte seine Meinung offenbar geändert. Die arabische Position schätzte er mittlerweile als unvernünftig ein, da ihm moderate und vermittelnde Töne fehlten. Weizmann hatte er darüber hinaus zugesagt, sich im Kabinett, wenn es um die Ergebnisse der

---

484 AJA, MS-361/A6/11, Exekutive Sitzung, 30. Juni 1938, 1 f.
485 Ebd., 2.
486 Taylor, Bericht an Hull, 20. Juli 1938, 249; vgl. auch Kieffer, Judenverfolgung in Deutschland – eine innere Angelegenheit?, 198.
487 Vgl. YIVO, RG 245.1.9, Minutes of a Meeting of the Board of Directors of HIAS, 19. Juli 1938, 146–150, hier 148 f.

Woodhead-Kommission gehe, für die Teilung und einen jüdischen Staat auszusprechen.[488] Dies konnte aus zionistischer Perspektive durchaus als positives Zeichen für die weitere Entwicklung interpretiert werden.[489] Andererseits deutete Winterton an, dass die britische Regierung in Évian die Flüchtlingsfrage nicht mit der Palästinafrage vermischen wolle.[490] Weizmanns Erwartungen an die Konferenz sanken daraufhin; dennoch unterbreitete er den Vorschlag, in Évian über jüdische Migration und Palästina zu sprechen.[491] Eine diesbezügliche Entscheidung umging Winterton und verwies Weizmann an Kolonialminister MacDonald. Diesen konsultierte Weizmann vier Tage später, wobei MacDonald keine Einwände gegen eine offene Diskussion über Palästina erhob oder dass Weizmann nach Évian reise.[492] Somit war für ihn nur noch ein äußerer Faktor offen – die Einladung durch den Präsidenten der Konferenz beziehungsweise des dahinterstehenden State Department. Eine Zugfahrkarte nach Évian hatte er bereits gekauft.[493]

Parallel zu Weizmanns Sondierungen stimmten Lord Bearsted, Sir Osmond und Lord Samuel den Inhalt des Council-Memorandums, dessen Entwürfe Bentwich in den letzten Wochen immer wieder überarbeitet hatte, mit Beamten des britischen Außen- und des Kolonialministeriums sowie McDonald final ab.[494] Ob es nach diesem Treffen größere Veränderungen am Entwurf gab, kann aus den Quellen nicht rekonstruiert werden. Viel interessanter an dieser Besprechung ist die Tatsache, dass unmittelbar vor Évian – trotz der Vorverhandlungen zwischen amerikanischen, britischen und französischen Diplomaten um den Monatswechsel – noch nicht klar war, was dort konkret zu erwarten sein würde.[495] Während die Informationen aus Amerika und Gespräche der letzten Wochen den Anschein erweckt hatten, die Konferenz würde allein die Situation in Deutschland und Österreich behandeln, so deutete McDonald während der Besprechung an, dass Roosevelt und einige Vertreter des State Department an einer Erweiterung des Geltungsbereichs interessiert seien. Goldmanns Überzeugungsarbeit bei Taylor und

---

488 CZA, KH4/4807/1, Rosenblüth an Landauer, 26. Juni 1938, vertraulich (cc an Ruppin, Senator, Hantke, Goldmann, Kreutzberger); vgl. auch CZA, S25/9778, Note of Interview with Lord Winterton, 24. Juni 1938 (auch CZA, S46/600).
489 Vgl. Adler-Rudel an Schäffer, 21. Juni 1938, in: Adler-Rudel, Das Auswanderungsproblem im Jahre 1938, 189.
490 Vgl. CZA, S25/9778, Note of Interview with Lord Winterton, 24. Juni 1938.
491 Vgl. CZA, Z4/31844, Weizmann an Jacobus Kann (Doorn), 3. Juli 1938.
492 Vgl. CZA, S7/693, Telegramm ZO, London, an Shertok, JA, Jerusalem, 1. Juli 1938.
493 Vgl. Reinharz/Shavit, The Road to September 1939, 142.
494 Vgl. LMA, ACC/2793/01/01/011, Minutes of Special Meeting of the Executive of the Council for German Jewry, 17. Juni 1938, Confidential, 2; Kieffer, Judenverfolgung in Deutschland – eine innere Angelegenheit?, 205 f.
495 Zu diesen Vorverhandlungen bes. Kieffer, Judenverfolgung in Deutschland – eine innere Angelegenheit?, 198 f. und 202.

Weizmanns Gespräch mit Winterton erscheinen vor diesem Hintergrund in besonderem Licht – sie reagierten in eine noch ergebnisoffene Situation hinein. Taylor war mit weitreichenden Vollmachten ausgestattet worden und konnte sowohl seine Eröffnungsrede als auch die Schlussresolution – beides entscheidende Dokumente, die Brandt und Pell in einem ersten Entwurf aus Amerika mitgebracht hatten – nach seinem Ermessen anpassen.[496] Unter den anwesenden Briten rief diese Unklarheit Besorgnis hervor. Umso mehr dürfte es den Pragmatikern innerhalb des Council entgegengekommen sein, dass auch über die materiellen Aspekte eines Auswanderungsprojekts diskutiert wurde und McDonald das große Anliegen der amerikanischen Regierung verteidigte, ein neues und dauerhaftes zwischenstaatliches Komitee zu schaffen, das »die Arbeit von Évian fortsetze«.[497]

Letzte Vorbereitungen

Der Finanzierung eines Auswanderungsprojekts und dessen Durchführung mittels einer neuen internationalen Organisation wurden im Memorandum, das der Council for German Jewry an die Konferenz von Évian richtete und das von einer Reihe vornehmlich britisch-jüdischer Institutionen mitunterzeichnet wurde, viel Platz und große Bedeutung eingeräumt. Adler-Rudels und Bentwichs Text sowie ihre Entsendung nach Évian stehen somit repräsentativ für die Erwartungen und Forderungen der britisch-jüdischen Fraktion philanthropischer Organisationen und Persönlichkeiten. Das Memorandum war ein Kompromiss zwischen verschiedenen Zielsetzungen, der möglich geworden war, weil sich die Verfasser letztlich auf organisatorische und finanzielle Aspekte fokussierten, ideologische Konflikte aber größtenteils außen vor ließen.[498] Bereits am 17. Juni wurde auf der Vorstandssitzung beschlossen, eine Kopie des Memorandums an alle assoziierten Organisationen zu schicken und diese anzufragen, ob sie seinen Inhalt unterstützen. Bei einer zustimmenden Antwort würden die Namen der entsprechenden Organisationen mitabgedruckt.[499] Allerdings gab es auch die Option, zusätzlich eigene Memoranden einzubringen, was Rosenblüth veranlasste, eine pragmatische Haltung einzunehmen. Wenn die von den Zionisten vorgeschlagenen Änderungen grundsätzlich auftauchten, so gab es aus seiner Sicht keinen Grund für die Jewish Agency, die Unterschrift zu verweigern. Am Ende unterstützte

---

496 Vgl. ebd., 202.
497 Zit. nach ebd., 206.
498 Zu dieser Einschätzung auch Beit Zvi, Post-Ugandan Zionism on Trial, 148.
499 Vgl. LMA, ACC/2793/01/01/011, Minutes of Special Meeting of the Executive of the Council for German Jewry, 17. Juni 1938, Confidential, 2.

die JA das Memorandum formell, aber ohne Unterschrift. Dessen ungeachtet war aber klar, dass diese in Évian ein eigenes Memorandum zu Palästina präsentieren musste.⁵⁰⁰ Am 27. Juni teilte Sir Osmond mit, dass die JCA das Memorandum unterstützen werde, der New Yorker Vorstand der HIAS hatte ebenfalls seine Zustimmung übermittelt, um Doppelungen zu vermeiden.⁵⁰¹ Das letztgültige *Memorandum of Certain Jewish Organizations Concerned with the Refugees from Germany and Austria* unterzeichneten schließlich: Lord Samuel für den Council selbst; Sir Osmond für die JCA; James Bernstein für die HIAS/HICEM; Neville Laski und Leonard G. Montefiore für das Joint Foreign Committee of the Board of Deputies of British Jews and the Anglo-Jewish Association; Otto Schiff für das German Jewish Aid Committee und J. Rosenthal für die Agudat Jisra'el World Organization.⁵⁰² Die Agudat Jisra'el war weder am Entstehungsprozess der Vorlage beteiligt noch mit dem Council assoziiert. Allerdings hatte Harry Aharon Goodman, der Sekretär der britischen Sektion, die den politischen Arm der ultraorthodoxen Bewegung bildete, beim Council um eine mögliche Kooperation angefragt. Ihm war daraufhin das Memorandum zugesendet worden.⁵⁰³ Die Vertreter der New Zionist Organization waren hingegen schon mit ihrem Vorschlag einer gemeinsamen Arbeitssitzung für die Auswanderung der Jüdinnen und Juden aus Österreich nach Palästina beim Council gescheitert.⁵⁰⁴ Am 3. Juli 1938 übersandte Lord Samuel das in englischer und französischer Sprache verfasste Memorandum an Lord Winterton, Taylor, Henry Bérenger, den Leiter der französischen Delegation, und alle weiteren Delegationsleiter, die ihr Kommen nach Évian zugesagt hatten.⁵⁰⁵

---

500 Vgl. CZA, S7/693, Rosenblüth an Ruppin, 19. Juni 1938, 2.
501 Vgl. YIVO, RG 245.1./9, Minutes of a Regular Meeting of the Board of Directors of HIAS, 14. Juni 1938, 142–145, hier 144 f.; LMA, ACC/2793/01/01/011, Minutes of the Meeting of the Executive of the Council for German Jewry, 27. Juni 1938, Confidential, 2.
502 Das Memorandum ist abgedruckt in: Tartakower/Grossmann (Hgg.), The Jewish Refugee, 545–555.
503 Vgl. LMA, ACC/2793/01/01/011, Minutes of the Meeting of the Executive of the Council for German Jewry, 27. Juni 1938, Confidential, 2. Goodman hatte als Vertreter der Agudat Jisra'el aber einen Sitz im Liaison Committee bei der HCR und verfügte daher über die nötigen Kontakte.
504 Vgl. LMA, ACC/2793/01/01/011, Minutes of Special Meeting of the Executive of the Council for German Jewry, 17. Juni 1938, Confidential, 2. Hierzu auch Akzins Aussage von 1972, wonach er »im Namen der Demokratie und anderen Überlegungen« von vornherein gegen eine jüdische Delegation mit wenigen ausgewählten Vertretern unter dem Schirm des Council opponiert hätte, da dieser die NZO als »Unbefugte« hätte ausschließen wollen. Vgl. Beit Zvi, Post-Ugandan Zionism on Trial, 149.
505 Vgl. WHL, 503, Lord Samuel an Lord Winterton, 4. Juli 1938; WHL, 503, Lord Samuel an den Vorsitzenden der Konferenz, 4. Juli 1938, und der Hinweis, dass das Memorandum an alle anderen Delegationsleiter ging.

Waren die Bemühungen um ein gemeinsames Memorandum im Council gescheitert oder nur zum Teil erfolgreich, so waren die Voraussetzungen im Liaison Committee andere. Auf der Sitzung am 23. Mai 1938 hatte es grundsätzlich unterschiedliche Erwartungen und Schwerpunktsetzungen für die Verhandlungen in Évian gegeben, grob eingeteilt diese: Die jüdischen Organisationen befürworteten einen breiten Zuständigkeitsbereich der Konferenz, der sich auf potenzielle Flüchtlinge aus dem NS-Herrschaftsbereich fokussieren sollte, während die genuinen Flüchtlingskomitees an der Verbesserung der Situation der tatsächlichen Flüchtlinge in den europäischen Zufluchtsstaaten interessiert waren. An dieser Sitzung waren neben High Commissioner Malcolm und dem geschäftsführenden Sekretär des Liaison Committee Katz, der eine neutrale Position einzunehmen suchte, aber ein Mitarbeiter des JDC war, auch Kahn, Goodman, Adler-Rudel, Rosenblüth, Perlzweig, Goldmann und als Vorsitzender Bentwich anwesend. Des Weiteren nahmen hier natürlich auch die Vertreter der jüdischen sowie nichtjüdischen Flüchtlingskomitees teil wie Georg Bernhard für die Zentralvereinigung der Deutschen Emigration und Gertrude van Tijn für das Comité voor Bijzondere Joodsche Belangen, das sich um die Flüchtlinge in den Niederlanden kümmerte.[506]

Auf dieser und den folgenden Sitzungen des Unterkomitees, das eine Strategie für Évian erarbeitete, diskutierten also dieselben Vertreter, die auch im Council an einem gemeinsamen Memorandum arbeiteten. Kahn, Rosenblüth und Goldmann waren hier ebenso Vertreter ihrer Organisationen und standen für deren Positionen ein, wie sich auch ihre jeweiligen Selbstverständnisse nicht verändert hatten oder Rivalitäten untereinander nicht verschwunden waren.[507] Auf dem Höhepunkt der Diskussion am 23. Mai hatte Bentwich alle Rednerinnen und Redner gebeten, eine »Debatte über ideologische Konflikte« zu vermeiden.[508] Dass es letztlich zu einer Einigung auf ein gemeinsames Memorandum und eine gemeinsame Vertretung Ende Juni kommen konnte, lag daran, dass zum einen der formelle Zuständigkeitsbereich des Liaison Committee auf tatsächliche Flüchtlinge begrenzt war und zum anderen mittlerweile allen Beteiligten bewusst war, dass »ihre« jeweili-

---

506 YIVO, RG 245.4.12./XII-Germany-15, Minutes of the Meeting of the Liaison Committee, 23. Mai 1938, 1. Zu den Niederlanden als Emigrationsziel für Jüdinnen und Juden aus Deutschland vgl. bes. Kausch, Zuflucht auf Zeit.
507 Die Einschätzung aller Mitglieder des Liaison Committee durch Mitarbeiter des JDC steht hierfür exemplarisch. Besonders Rosenblüth, der für gelebten Zionismus stehe, und Perlzweig, der der »demokratischen Bewegung« anhänge, wurden sehr kritisch eingeschätzt, während – von den eigenen Vertretern natürlich abgesehen – Bentwich und die Vertreter von JCA und HICEM als die »zuverlässigsten« Mitglieder des Committee bezeichnet werden. Vgl. JDCA, 254, Hyman an Baerwald, 13. Juni 1938.
508 YIVO, RG 245.4.12./XII-Germany-15, Minutes of the Meeting of the Liaison Committee, 23. Mai 1938, 24.

gen Organisationen ohnehin mit eigenen Memoranden und oftmals durch sie als Emissäre in Évian vertreten sein würden.[509]

Die Zuständigkeit der High Commission for Refugees und damit auch des Liaison Committee war auf die damals etwa 32 000 Flüchtlinge in europäischen Staaten begrenzt, die völkerrechtlich als solche anerkannt waren.[510] Baerwald hatte Katz den Wunsch aus dem Advisory Committee mitgeteilt, das Liaison Committee solle ein Memorandum über die Flüchtlinge in europäischen Ländern verfassen und einen Vertreter zu den Verhandlungen entsenden.[511] Da sich die Konferenz an der Flüchtlingsdefinition der Konvention vom Februar 1938 orientieren würde, ergab sich Raum für konkrete Forderungen. Allerdings hatte die Vorbereitungsphase für die Konferenz mittlerweile gezeigt, dass die Situation der tatsächlichen Flüchtlinge nur einen kleinen Teil der Verhandlungen ausmachen würde.

Die im Memorandum des Liaison Committee verankerten Forderungen waren allgemein und konsensfähig: Der Hauptfokus lag auf der Flüchtlingskonvention und dem Appell an die Signatarstaaten, dieses internationale Abkommen möglichst schnell zu ratifizieren – was seit Februar noch kein Staat getan hatte.[512] Damit verbunden waren vor allem rechtliche Forderungen wie die Ausstellung von Reisedokumenten – insbesondere für diejenigen, die nicht »rechtmäßig« in den Zufluchtsländern seien – und Vorschläge für die materielle Besserstellung der Geflüchteten. Eine gesicherte Existenzgrundlage hing in erster Linie von einer Arbeitserlaubnis ab, die jedoch nur in wenigen Fällen gewährt wurde. Die Vertreter des Comité voor Joodsche Vluchtelingen knüpften keine große Hoffnung daran, dass sich in Évian viele Staaten dazu bereitfänden, eine generelle Arbeitserlaubnis zu gewähren, betonten allerdings, dass eine Aufenthaltserlaubnis ohne Arbeitsgenehmigung den Flüchtlingen nicht viel nütze.[513] Die meisten Staaten hatten hier Vorbehalte geltend gemacht. In dem Memorandum findet sich noch ein anderer wesentlicher Punkt, der auf einen Trend der zunehmenden Abschottung reagierte. Mit Blick auf Évian betonte das Comité, dass »alle [an Deutsch-

---

509 Vgl. WHL, 503, Bentwich an Wiener, 23. Juni 1938, 2; auch WHL, 503, Meeting of the Sub-Committee of the Liaison Committee of the High Commissioner for the Refugees from Germany, Paris, 16. Juni 1938.
510 Vgl. Adler-Rudel, The Evian Conference on the Refugee Question, 236; LBINY, AR4473/I/II, ders., Die Juden in Deutschland zu Beginn des Jahres 1939, 28.
511 Vgl. WHL, 503, Meeting of the Sub-Committee of the Liaison Committee of the High Commissioner for the Refugees from Germany, Paris, 16. Juni 1938, 1 f.
512 Vgl. YIVO, RG 245.4.12./XII-Germany-15, Minutes of the Meeting of the Liaison Committee, 23. Mai 1938, 4 f.; auch Graf, Zweierlei Zugehörigkeit, 84.
513 Vgl. CZA, A 255/477, Comité voor Joodsche Vluchtelingen an Liaison Committee, Paris, 13. Juni 1938. Das Comité voor Joodsche Vluchtelingen war eine Abteilung des Comité voor Bijzondere Joodsche Belangen in Amsterdam. Zur Erwerbssituation jüdischer Emigrantinnen und Emigranten in den Niederlanden vgl. Kausch, Zuflucht auf Zeit, 135-199.

land] angrenzenden Staaten sich dazu verpflichten, ihre Grenzen für genuine Flüchtlinge offen zu halten«. Auch wenn es auf der Konferenz zu einem großen Emigrationsprojekt komme, das in den nächsten Jahren umgesetzt werde, seien bis dahin immer wieder Menschen gezwungen, sofort zu flüchten.[514] Für diese sei eine temporäre Zuflucht nötig, bis ihre Emigration in eine dauerhafte Heimat organisiert werden könne.[515]

Die Erwartungen und Strategien im Verhältnis von Person(en) zu Organisation(en) sind mitunter nicht klar bestimmbar. Bei manchen Emissären war nicht eindeutig, wen sie in Évian repräsentierten, für welche Organisation sie dort also sprachen. Goldmann gehörte offiziell zur Delegation der Jewish Agency, er war schließlich ihr ständiger Vertreter beim Völkerbund in Genf, zugleich trat er in Évian als Repräsentant des World Jewish Congress auf. Adler-Rudel wusste kurz vor Évian nur, dass er dort aktiv sein würde, »in welcher Eigenschaft, ist mir noch nicht klar«.[516] Auf der offiziellen Akkreditierungsliste wurde er als Vertreter des Council for German Jewry geführt; inoffiziell gehörte er in Évian aber ebenso zum Kreis um Kreutzberger, zu dem auch Ruppin, Goldmann und Rosenblüth zählten.[517] Es überrascht nicht, dass die drei Letztgenannten den Kern der Delegation der Jewish Agency bildeten. Sie teilten einen deutschen Hintergrund und pflegten noch immer enge Verbindungen zu dem Land, das sie einst als ihre Heimat begriffen hatten. Sie waren beste Kenner der Situation und somit die idealen Vertreter der Jewish Agency sowie des Central Bureau für Évian.

Die Konferenz von Évian wurde schon vor ihrem Beginn als historisches Ereignis eingestuft.[518] Was am Genfer See aber genau verhandelt werden

---

514 CZA, A 255/477, Comité voor Joodsche Vluchtelingen an Liaison Committee, Paris, 13. Juni 1938; vgl. auch JDCA, 256, Digest Memorandum of the Liaison Committee.

515 Hierzu auch Bentwichs Änderungsvorschläge am Memorandum gegenüber Katz. Vgl. WHL, 503, Bentwich an Katz, 27. Juni 1938.

516 Vgl. Adler-Rudel an Schäffer, 21. Juni 1938, in: Adler-Rudel, Das Auswanderungsproblem im Jahre 1938, 190.

517 Vgl. LONA, S 543/No. 8, Associations; LBINY, AR7183/5/23, 2. Bericht von Kreutzberger, Évian, 8. Juli 1938, 2. Zu Ruppin als Vertreter der Jewish Agency in Évian auch Beit Zvi, Post-Ugandan Zionism on Trial, 157. Es ist fraglich, ob man Beit Zvi in der Einschätzung zustimmen kann, dass Ben-Gurions Absicht, das Profil der Konferenz herunterzuspielen, dadurch erfüllt wurde, dass weniger bekannte Personen für die JA nach Évian reisten. Weizmann sollte nach Évian gehen, Ruppin und besonders Goldmann waren im Kontext des Völkerbunds bekannt und damit auch dem Großteil der Diplomaten in Évian. Ben-Gurions Absicht war in sich widersprüchlich, und es ist darüber hinaus fraglich, ob er selbst oder Ussishkin den Diplomaten bekannter gewesen wären. Vgl. Segev, David Ben Gurion, 268.

518 Vgl. exemplarisch Hirschberg, o. T. (Leitartikel); o. A., Help from Evian, in: The Palestine Post, 3. Juli 1938; Dow Biegun, Die Hoffnung auf Évian, in: Selbstwehr. Jüdisches Volksblatt (Prag), 1. Juli 1938; vgl. auch Guinzburgs Einschätzung, YIVO, RG 245.4.12./XII-Germany-15, Minutes of the Meeting of the Liaison, 23. Mai 1938, 19 f.

würde, war der breiten Öffentlichkeit noch nicht bekannt. Ein Kommentator aus Prag deutete dies als Beweis »für den besonderen Ernst, mit dem die Initiatoren der Konferenz an die Arbeit gehen«.[519] Adler-Rudel wiederum sah genau im Fehlen von konkreten Informationen einen Beleg dafür, dass die Konferenz schlecht vorbereitet sei. Allerdings sollte hierbei auch im Blick behalten werden, dass die Konferenz erst dreieinhalb Monate zuvor initiiert worden war und in vielen Punkten Neuland betreten werden sollte, was auch Adler-Rudel selbst forderte.[520] Sowohl die Initiatoren in Amerika und die eingeladenen Staaten als auch die jüdischen und nichtjüdischen Organisationen und Flüchtlingskomitees verbanden je eigene Interessen, Hoffnungen und Befürchtungen mit der Konferenz. Viele Beobachter zeigten sich besorgt und verärgert, dass die jüdischen Organisationen es nicht geschafft hatten, zu einem solchen Ereignis eine gemeinsame Position zu formulieren.

Diejenigen, die intensiv in die Vorbereitungen der Konferenz involviert waren, mögen mit unterschiedlichen Erwartungen nach Évian geblickt haben, gemein war ihnen jedoch die langfristige Perspektive über die Konferenz hinaus. Évian sollte ein Auftakt sein, aber dennoch ein entscheidender Moment, denn es würden die grundlegenden Rahmenbedingungen für das Weitere festgelegt werden. Die philanthropischen Organisationen fokussierten sich auf das Problem der Jüdinnen und Juden im deutschen Herrschaftsbereich und wollten vermeiden, in Évian eine Problemlage aufzuwerfen, vor der die Staatenwelt nichts anderes tun konnte als hilflos zurückzuschrecken.[521] Kurz vor Évian war Bentwich überzeugt: »Meiner Meinung nach ist das Wesentliche, dass wir versuchen sollten, ein begrenztes, aber positives Ergebnis aus der Konferenz herauszuholen und nicht nach einem Messias zu suchen, der sich mit dem ganzen riesigen Problem befasst.«[522]

Im Gegensatz dazu scheute ein Kommentator in der *Palestine Post* am 3. Juli nicht davor zurück, den großen Zusammenhang herauszustellen: »Dass die jüdische Frage [...] im Wesentlichen ein internationales Problem ist und nur durch internationales Handeln gelöst werden kann, war die Grundthese von Theodor Herzl, dem Begründer des modernen Zionismus«; Évian sei deshalb bedeutend, weil seit Ende des Weltkriegs das Problem der Juden nicht als Ganzes in Betracht gezogen worden sei, die kommende Kon-

---

519 Dow Biegun, Die Hoffnung auf Évian, in: Selbstwehr. Jüdisches Volksblatt (Prag), 1. Juli 1938. In eine ähnliche Richtung wurde auch die Nominierung Wintertons gedeutet. Vgl. o. A., Vor der Konferenz in Evian.
520 Wasserstein vertrat exemplarisch die gegenteilige Einschätzung: Trotz der Dringlichkeit hätten die Vorbereitungen in »gemächlichem Tempo« stattgefunden und drei Monate gebraucht. Vgl. ders., On the Eve, 369.
521 Vgl. WHL, 503, Bentwich an Sir Osmond, 23. Juni 1938.
522 WHL, 503, Bentwich an Wiener, 23. Juni 1938, 2.

ferenz markiere nun aber einen »internationalen Aufbruch«.[523] Stephen Wise schrieb ganz in diesem Sinne an Goldmann: »Denken Sie daran, Évian ist nur der Anfang.«[524] Im Postskriptum bat er ihn außerdem, Weizmann seine tief empfundene Hochachtung zu übermitteln, da er fest davon ausging, dass sich beide auf der Konferenz von Évian treffen würden. Weizmann wartete allerdings noch auf die Zustimmung des State Department. Aus Palästina kamen Kreutzberger und zahlreiche Korrespondenten der jüdischen Presse. Ruppin bestieg am 30. Juni in Haifa ein Schiff nach Marseille, von wo er weiter nach Évian reiste. Bezeichnenderweise verbrachte er die meiste Zeit der Seefahrt damit, einen Wirtschaftsbericht für die Woodhead-Kommission zu verfassen.[525] Adler-Rudel kam aus London nach Paris und fuhr von dort am Vorabend des Konferenzbeginns zusammen mit Kahn, Warren und Taylor an den Genfer See.[526]

---

523 CZA, J1/14370, Help from Evian, in: The Palestine Post, 3. Juli 1938.
524 AJA, MS-361/A15/4, Wise an Goldmann, 29. Juni 1938.
525 Vgl. CZA, S7/693, Ruppin an Rosenblüth, 28. Juni 1938; Ruppins Tagebucheintrag vom 8. Juli 1938, in: ders., Briefe, Tagebücher, Erinnerungen, 501.
526 Vgl. Adler-Rudel, The Evian Conference on the Refugee Question, 240.

2. Partizipation:
Jüdische Diplomatie auf der Staatenkonferenz

2.1 Politik ohne gleichberechtigten Status – Beraten statt Entscheiden

Am 5. und 6. Juli 1938 herrschte reges Treiben in dem ansonsten eher beschaulichen Évian-les-Bains. Mehr als einhundert Zeitungs- und Rundfunkkorrespondenten berichteten von der beginnenden Flüchtlingskonferenz in die ganze Welt.[1] Die eintreffenden Diplomaten vertraten Länder aus den beiden Amerikas, Europa und Ozeanien, hatten aber oft eine relativ kurze Anreise. Die Mehrzahl der Regierungen entsandte ihre Völkerbunddiplomaten aus Genf oder Kabinettsmitglieder, die sich aus anderen Gründen bereits in Europa aufhielten. Eine Reise um den halben Erdball stellte damals noch ein zeit- und kostenintensives Unterfangen dar. Außerdem waren die Völkerbunddiplomaten am besten mit den Verhältnissen in Europa vertraut. Die US-amerikanische, britische und französische Delegation jedoch waren eigens für diesen Anlass zusammengestellt worden. Bei der Konferenz akkreditierten sich letztlich 106 Vertreter von 32 Regierungen. Der Völkerbund stellte das Personal für ein Sekretariat mit Dolmetscherinnen und Dolmetschern bereit.[2] Darüber hinaus hatte sich spätestens ab Mitte Juni abgezeichnet, dass zahlreiche Organisationen ihre Emissäre zur Konferenz entsenden würden, um ihre jeweiligen Vorschläge und ihre Expertise einzubringen. 71 Vertreter von 39 jüdischen und nichtjüdischen Organisationen waren offiziell registriert, wobei deren tatsächliche Zahl höher lag, da nicht alle Anwesenden und auch nicht alle Delegationen in den offiziellen Unterlagen aufgeführt wurden oder als Journalisten angemeldet waren (Abb. 12).[3]

Adolph G. Brotman, der in seiner Funktion als Sekretär des Board of Deputies an der Konferenz teilnahm, schilderte Laski gegenüber die Ausgangs-

---

1 Vgl. LONA, S 543/No. 9, Comite Intergouvernemental, Presse, No. des cartes (bleues).
2 Vgl. LONA, S 543/No. 1, Comite Intergouvernemental, Delegations, No. des cartes d'entrée (blanches).
3 Vgl. LONA, S 543/No. 2, Report of the Sub-Committee for the Reception of Organisations Concerned with the Relief of Political Refugees Coming from Germany Including Austria, 13. Juli 1938, 2 f.; LONA, S 543/No. 8, Associations; die Ausweiskarten waren gelb.

Abb. 12: Der zentrale Ort der Konferenz: das Hotel Royal in Évian-les-Bains. Postkarte, um 1910. © Rue des Archives/PVDE/Süddeutsche Zeitung Photo. Jede weitere Nutzung ist genehmigungspflichtig.

situation, mit der sich die jüdischen Emissäre konfrontiert sahen, und das aus den besonderen Umständen resultierende Novum:

»Die Anwesenheit einer großen Zahl von Vertretern von Organisationen, die meisten von ihnen jüdisch, war eine Angelegenheit, die in einem kleinen Ort wie Evian nicht übersehen werden konnte. Sie waren natürlich nicht eingeladen worden und hatten wirklich keinen *locus standi* auf der Konferenz, dennoch wurden ihre Anwesenheit und ihr Interesse als selbstverständlich angesehen, und der Präsident der Konferenz, Herr Myron Taylor, lud diejenigen von ihnen, die Memoranden vorgelegt hatten, ein, ihre Ansichten […] in einem eigens zu diesem Zweck gebildeten Unterausschuss der Konferenz zu vertiefen.«[4]

Brotmans Beschreibung enthält drei Elemente, die für die Standortbestimmung jüdischer Vertretung(en) auf der Konferenz von Évian zentral sind: erstens die Erwartungen und Ansprüche jüdischer Organisationen; zweitens

---

4 JDCA, 255, A.G. Brotman, Inter-Governmental Conference on Refugees Held at Evian, 6. Juli 1938, 2 (Hervorhebung durch den Autor). Der Bericht umfasst trotz des Datums die gesamten Konferenzereignisse und ging an Laski und Jonah Wise. Bartrop zitiert ebenfalls dieses Dokument, geht aber auf die Stellung nicht staatlicher Organisationen im Völkerrecht nicht genauer ein. Ders., The Evian Conference of 1938 and the Jewish Refugee Crisis, 82.

die Struktur internationaler Politik und drittens den spezifischen Kontext des Ereignisses.

Dass jüdische Repräsentanten überhaupt nach Évian kamen, ohne zu wissen, welcher Platz ihnen auf der Konferenz oder in deren Umfeld eingeräumt werden würde, entsprach dem üblichen Vorgehen. Jüdische Emissäre hatten auch in der Vergangenheit mittels Memoranden Forderungen an Regierungsvertreter gerichtet und Letztere hatten sich mit ihnen zu inoffiziellen Beratungen getroffen. Die Vorbereitungen für die Konferenz waren auf jüdischer Seite allerdings von Konkurrenz und unterschiedlichen Erwartungen geprägt. Für das geplante Vorgehen und das Auftreten lassen sich zwei grundlegende Muster erkennen: Die Vertreter von philanthropischen Organisationen wie dem JDC oder dem Council for German Jewry kamen mit Vorschlägen zur Konferenz, wie die Emigration der Jüdinnen und Juden aus Deutschland organisiert und finanziert werden konnte. Deren Situation war Ausgangspunkt der Überlegungen gewesen, ihre Zukunft stand im Zentrum. Die Emissäre beabsichtigten, als zurückhaltende Sachverständige die Regierungsvertreter bei ihren Entscheidungen »hinter den Kulissen« zu beraten. Ihre Ziele orientierten sich eng am Programm der Konferenz.[5] Die Emissäre des World Jewish Congress und der Jewish Agency hingegen suchten in Évian mitunter Ziele zu realisieren und Ansprüche zu demonstrieren, die jenseits der spezifisch deutschen Situation lagen. Sie wollten Évian als politische Bühne nutzen und für die Zukunft aller Jüdinnen und Juden streiten. Mit ihrem Vorgehen versuchten sie gleichzeitig, eine neue Rolle für jüdische Akteure in den internationalen Beziehungen zu implementieren.

Außer Brotman schilderte auch Kreutzberger in seinen Briefen aus Évian die Ankunft am 5. und 6. Juli. Aus seiner Perspektive als Zionist und mit dem damit verbundenen Vertretungsanspruch echauffierte er sich über die Szenerie:

»Inzwischen sind Vertreter saemtlicher juedischer Organisationen der Welt hier eingetroffen. Von Agudah [...] bis Ort, Ose, Hicem und die Refugeeverbaende der einzelnen Laender [...], und eine oesterreichische Delegation [...]. Jede Delegation hat ihre Memoranden mitgebracht und will natuerlich auch auftreten. Es ist furchtbar anzusehen.«[6]

Die Vielzahl an Organisationen und ihre Dissonanz waren ihm Beleg für seine ohnehin bestehende Überzeugung, dass die Jewish Agency ihren innerjüdischen Führungsanspruch nun durchsetzen müsse.[7] Goldmann versuchte

---
5 Vgl. exemplarisch das Einführungsschreiben für Salomon Adler-Rudel. LONA, S 543/ No. 8, Bentwich an das Sekretariat der Konferenz für politische Flüchtlinge, 30. Juni 1938.
6 CZA, KH4/4807/1, 1. (Vor-)Bericht von Max Kreutzberger, 6. Juli 1938, 1.
7 Ebd., 2.

diesem Anspruch mindestens symbolisch Ausdruck zu verleihen. So hatte er – anders als die meisten jüdischen Repräsentanten, die in den Hotels Splendide oder Ambassadeurs untergebracht waren – aus strategischen Gründen ein Zimmer im Hotel Royal reserviert: Dort war sein vermeintlich größter innerjüdischer Konkurrent untergebracht; entscheidend dürfte aber gewesen sein, dass dort die maßgeblichen Diplomaten gastierten.[8] Zum einen hatten er und seine Mitstreiter bereits im Vorfeld befürchtet, Jonah Wise könnte als Vertreter des finanzstarken JDC größere Nähe zu den Diplomaten herstellen als sie selbst; dem suchte Goldmann auch auf diese Weise entgegenzuwirken. Zum anderen sollte angesichts der Anwesenheit von mehr als zwanzig jüdischen Organisationen in Évian auch den Regierungsvertretern ein deutliches Signal gesendet werden. Goldmann markierte mit seiner Präsenz im Hotel Royal einen Anspruch, den Bernhard, sein damaliger Vorstandskollege im WJC, so formulierte: Die Jewish Agency sei eine Regierung, »zumindest muss sie sich als solche fühlen«.[9] Vor allem aber wird sich Goldmann selbst einen unmittelbaren Zugang zu den Diplomaten erhofft haben; er konnte dabei seine beim Völkerbund gewonnenen Kontakte nutzen. Aus dieser Warte erscheint es nicht unrealistisch, dass Alperin, der Korrespondent des *Pariser Haynt* und der *Haaretz,* in Évian gehört haben will, dass einige Delegierte der Jewish Agency ernsthaft erwogen, bei der Stadtverwaltung anzufragen, ob dort der für August 1939 geplante nächste Zionistenkongress abgehalten werden könnte.[10]

Die Realität der jüdischen Position in Évian hatte mit diesem Anspruch wenig gemein. Als am Nachmittag des 6. Juli 1938 die erste öffentliche Versammlung im Hotel Royal stattfand, oblag es dem französischen Senator Bérenger als Repräsentant des Gastlandes, alle anwesenden Regierungsvertreter, Journalistinnen und Journalisten sowie Vertreterinnen und Vertreter der nicht staatlichen Organisationen zu begrüßen (Abb. 13–14). Er lobte die in den letzten Jahren von den Organisationen geleistete Arbeit, betonte jedoch zugleich, dass sie aus »ihrem eigenen freien Willen« nach Évian gekommen und »nicht einberufen worden« seien. Er argumentierte, dass es sich bei der Versammlung »nicht um eine internationale Konferenz«, sondern um ein »Intergovernmental Committee« handle, das der Präsident der Vereinigten

---

8 Vgl. Eintragung im Gästebuch des Hotels Royal, 5. Juli 1938, Évian Resort, Thonon-les-Bains, sowie das von Wise genutzte Briefpapier, JDCA, 143; LONA, R 5801/50/34597/34225, Intergovernmental Committee, Revised List of Delegates. Zum Hotel Royal vgl. Bonnesoeur u. a. (Hgg.), Geschlossene Grenzen, 61; vgl. auch Jost, Jüdische Diplomatie am Genfer See.
9 AJA, MS-361/A14/9, Bernhard an Goldmann, 29. Dezember 1936, 7; vgl. hierzu auch Diner, Ein anderer Krieg, 18.
10 Vgl. Reinharz/Shavit, The Road to September 1939, 131.

Staaten zu etablieren beabsichtige.[11] Bérengers umständliche Ausführungen machten deutlich, dass die Konferenz eine Zusammenkunft von Regierungsvertretern war und für nicht staatliche Akteure keinen Status vorsah. Bérengers Klarstellung war allerdings kein Ausdruck von Gleichgültigkeit gegenüber den jüdischen und nichtjüdischen Emissären oder gar eine Ablehnung ihrer Präsenz, vielmehr war sie Ausdruck der Struktur internationaler Politik.

Diese Konstellation beschrieb Brotman mit dem Rechtsbegriff *locus standi*.[12] Im Deutschen mit Klagebefugnis übersetzbar, bezeichnet *locus standi* das Recht, ein Rechtsverfahren einzuleiten oder vor Gericht zu erscheinen, wenn die Rechte einer Partei direkt verletzt werden oder eine ausreichende Verbindung zu einem Rechtsverstoß nachgewiesen werden kann. Für die meisten jüdischen Organisationen war dies aus einer moralischen Perspektive der Fall. Sie waren als die Vertreter der Verfolgten nach Évian gekommen, leisteten für diese seit Jahren humanitäre Hilfe und waren auch für die Zukunft gewillt, solche zu leisten. Der entscheidende Unterschied liegt allerdings in zwei divergierenden Rechtsordnungen. Die Frage des *locus standi* stellt sich im eigentlichen Sinne im Rahmen einer innerstaatlichen Rechtsordnung. Dies entsprach nicht der Situation in Évian. Während die Versammlung des Intergovernmental Committee nach den Regeln und Normen des Völkerrechts funktionierte, das das Verhalten und die Beziehungen von Völkerrechtssubjekten – sprich Staaten – untereinander regelt,[13] war der World Jewish Congress ein Verein nach Maßgabe des Schweizerischen Zivilgesetzbuches mit Sitz in Genf.[14] So erschließt sich auch der damals häufig verwendete Ausdruck »private Organisation« als ein Rechtsbegriff, der eine Vereinigung bezeichnete, die nach Regeln und Normen nationalstaatlichen Privatrechts gegründet worden war und funktionierte.[15] Er war nicht abschätzig gemeint. Die Präsenz jüdischer Emissäre in Évian und – aus

---

11 LONA, R 5801/50/34596/34225, Proceedings of the Intergovernmental Committee, Evian, 6.–15. Juli 1938: Verbatim Record of the Plenary Meetings of the Committee, Resolutions and Reports, 11.
12 Die Einräumung eines *locus standi* für nicht staatliche Organisationen oder Individuen im Rahmen internationaler Institutionen und Verträge sowie die damit verbundene Möglichkeit einer »völkerrechtsunmittelbaren Stellung der NGOs als privatrechtlich konstituierten Rechtssubjekten« besteht in der Praxis seit den 1950er Jahren. Dadurch kann der Status von NGOs in die Völkerrechtsordnung einbezogen werden; es ergibt sich daraus jedoch allenfalls eine beschränkte Völkerrechtssubjektivität. Vgl. Delbrück, Nichtregierungsorganisationen, 14–17.
13 Die einzigen nicht staatlichen Völkerrechtssubjekte sind das Internationale Komitee vom Roten Kreuz, der Heilige Stuhl (nicht zu verwechseln mit dem Staat Vatikanstadt) und der souveräne Malteserorden.
14 Vgl. Wittkämper, Art. »Internationales Recht«, 286f.; AJA, MS-361/A3/5, Statut des Juedischen Weltkongresses, Art. 14: Sitz und Rechtsfaehigkeit.
15 Mittlerweile ist der Begriff (Internationale) Nichtregierungsorganisation gebräuchlich, deren Existenz beruht aber nach wie vor auf privatrechtlicher, nicht auf völkerrechtlicher Grundlage. Vgl. Delbrück, Nichtregierungsorganisationen, 4f.

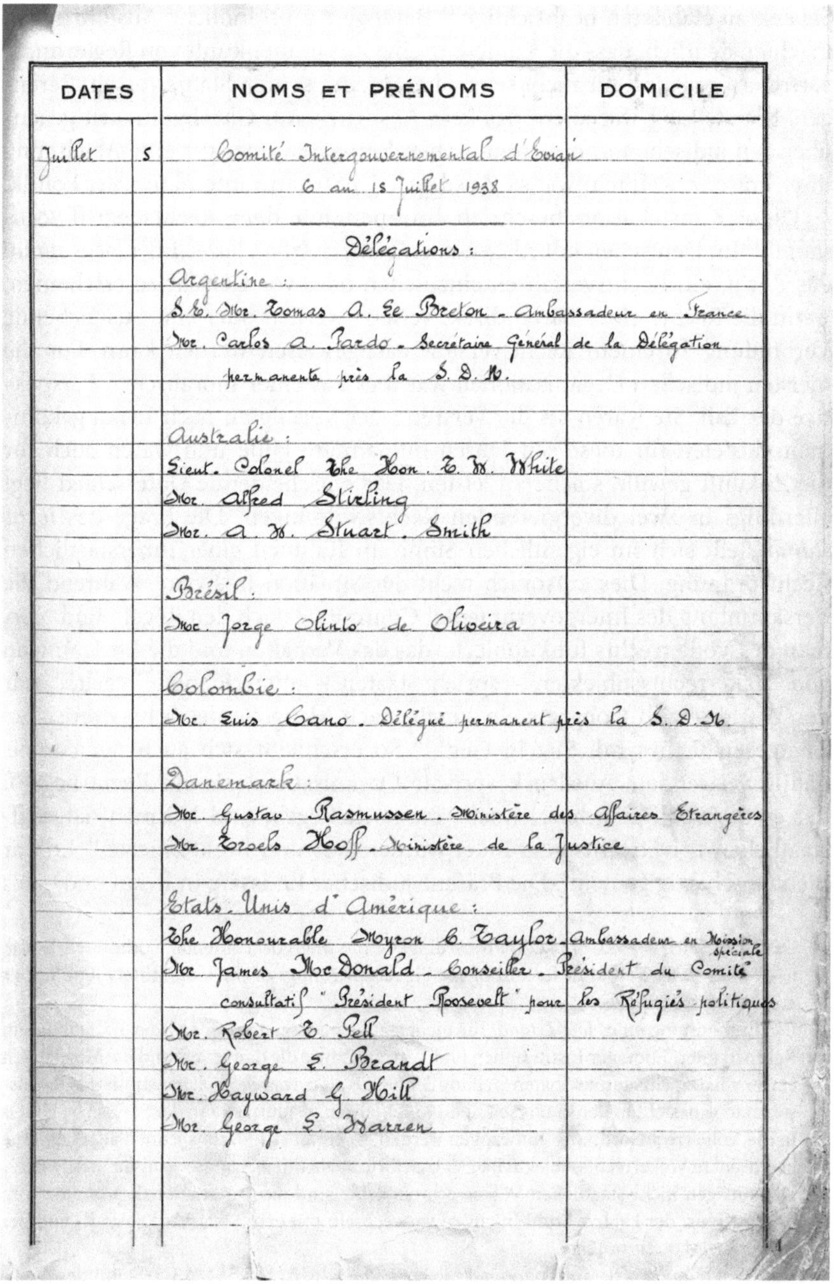

DATES		NOMS ET PRÉNOMS	DOMICILE
Juillet	5	Comité Intergouvernemental d'Évian 6 au 15 Juillet 1938	
		Délégations :	
		Argentine :	
		S.E. Mr. Tomas A. Le Breton – Ambassadeur en France	
		Mr. Carlos A. Pardo – Secrétaire Général de la Délégation permanente près la S.D.N.	
		Australie :	
		Lieut. Colonel the Hon. T. W. White	
		Mr. Alfred Stirling	
		Mr. A. W. Stuart Smith	
		Brésil :	
		Mr. Jorge Olinto de Oliveira	
		Colombie :	
		Mr. Luis Cano – Délégué permanent près la S.D.N.	
		Danemark :	
		Mr. Gustav Rasmussen – Ministère des Affaires Étrangères	
		Mr. Troels Hoff – Ministère de la Justice	
		États-Unis d'Amérique :	
		The Honourable Myron C. Taylor – Ambassadeur en Mission spéciale	
		Mr. James McDonald – Conseiller, Président du Comité consultatif "Président Roosevelt" pour les Réfugiés politiques	
		Mr. Robert T. Pell	
		Mr. George E. Brandt	
		Mr. Hayward G. Hill	
		Mr. George L. Warren	

Abb. 13–14: Auszug aus dem Gästebuch des Hotels Royal in Évian-les-Bains mit Eintragungen von Konferenzteilnehmenden, darunter Alfred Jaretzki junior, Sir Neill Malcolm und die amerikanische Delegation, Juli 1938. © Mit freundlicher Genehmigung des Évian Resorts.

DATES	NOMS ET PRÉNOMS	DOMICILE
	Norvège:	
	Mr. Michael Hansson	
	Président de l'Office International Nansen pour les Réfugiés	
	Mr. C. N. S. Platou	
	Panama:	
	Dr. Ernesto Hoffmann – Délégué permanent près la S.D.N.	
	Pays Bas:	
	Mr. W. C. Beucker Andreae	
	Mr. R. A. Verwey	
	Mr. J. G. Hooykaas	
	Pérou:	
	Mr. Francisco Garcia Calderon – Ministre plénipotentiaire	
	Venezuela:	
	Mr. Carlos Aristimuno Coll – Ministre plénipotentiaire	
	Haut Commissariat pour les Réfugiés venant d'Allemagne:	
	Sir Neill Malcolm	
	Lord Duncannon	
	Secrétariat Général du Comité intergouvernemental:	
	Mr. Jean Paul Boncour – Secrétaire général	
	Melle G. Boisseau	
	Mr. Mézières	
Juillet 5	S.E. Mr. le Comte Apponyi	Budapest
	Mr. Fabius Herriou	Paris
	Mr. Mme. Paul Burtin	"
	Mr. Jareski	"
6	Mme. Gillet Blanchet	Lyon
	Dr. Howitt	Londres
	Mme. Robert Hanin	Paris

einer moralischen Perspektive – ihre Berechtigung, an der Zusammenkunft teilzunehmen, darf nicht darüber hinwegtäuschen, dass das Völkerrecht für »private Organisationen« im Rahmen des Intergovernmental Committee on Refugees, wie die Konferenz offiziell hieß, keinen offiziell anerkannten Status, geschweige denn eine gleichberechtigte Verhandlungsposition vorsah.[16] Diese ungleiche Beziehung zwischen staatlichem und nicht staatlichem Akteur steht jedoch nicht im Widerspruch zur Tatsache, dass der World Jewish Congress, die Jewish Agency, aber auch der JDC Akteure transnationaler Politik waren.[17]

Brotman hatte nämlich auch herausgestellt, dass seitens der Diplomaten die Anwesenheit der Emissäre und ihr Interesse »als selbstverständlich angesehen« wurden und den Gepflogenheiten entsprachen. Bérenger übersetzte dies am Ende der ersten öffentlichen Sitzung in seiner Eigenschaft als Vorsitzender in den Vorschlag, dass das »Committee die Möglichkeit einer Anhörung der privaten Vereinigungen [...] ins Auge fassen muss«. Zu diesem Zweck könne im Verlauf der Konferenz ein Unterausschuss eingerichtet werden.[18] Bérenger sprach hier im Konjunktiv, denn es war im Vorfeld der Konferenz kein klarer Ablauf festgelegt worden. Es oblag der Zusammenkunft selbst, sich einen solchen zu geben.[19] Von der Mehrheit der jüdischen Emissäre wurde dies als Zeichen mangelnder Planung gewertet, wobei sie diesen Vorwurf auch an die Organisationen selbst richteten.[20] Die Not der Jüdinnen und Juden drängte zu Lösungen und überblendete die nüchterne Einschätzung, dass dreieinhalb Monate für die Einberufung und Planung einer internationalen Konferenz sehr kurz waren. Am zweiten Tag gab sich die Versammlung einen Arbeitsmodus: Taylor wurde einstimmig zum permanenten Vorsitzenden gewählt; Bérenger wurde Ehrenvorsitzender und Joseph Paul-Boncour Generalsekretär. Letzterer bestätigte anschließend die Legitimität von 32 staatlichen Delegationen, die entsprechende Vollmachten

---

16 Auch in jüngster Zeit dominiert eine gegenteilige Auffassung, exemplarisch Joanna Newman, die die Entwicklung der Konferenz zu einem »beschämenden« und »absurden Spektakel« gerade mit der Art begründet, wie jüdische Organisationen »beiseitegeschoben wurden«. Vgl. dies., Nearly the New World, 81 f.; auch Bartrop, The Evian Conference of 1938 and the Jewish Refugee Crisis, 90 f.
17 Einführend zu transnationaler Politik Pfetsch, Internationale Politik, 33.
18 LONA, R 5801/50/34596/34225, Proceedings of the Intergovernmental Committee, Evian, 6.–15. Juli 1938: Verbatim Record of the Plenary Meetings of the Committee, Resolutions and Reports, 17.
19 Vgl. YIVO, RG 278/59, Minutes, Third Meeting of the President's Advisory Committee on Political Refugees, New York City, 2. Juni 1938, 32; McDonald Stewart, United States Government Policy on Refugees from Nazism 1933–1940, 291.
20 Vgl. Adler-Rudel an Schäffer, 3. Juni 1938, in: Adler-Rudel, Das Auswanderungsproblem im Jahre 1938, 171; Ruppin, Tagebucheintrag vom 8. Juli 1938, in: ders., Briefe, Tagebücher, Erinnerungen, 501.

ihrer Regierungen vorgelegt hatten.[21] Neben der Fortsetzung öffentlicher Stellungnahmen – am ersten Tag hatten die Vertreter der Vereinigten Staaten, Großbritanniens, Frankreichs und Norwegens den Auftakt gemacht – schlug Taylor der Konferenz zwei Unterausschüsse vor. Diese, so Adler-Rudel, leisteten die »tatsächliche Arbeit« der Konferenz.[22] Die Einsetzung von Ausschüssen war damals bereits ein bewährtes Vorgehen auf großen Konferenzen und im Völkerbund. In Évian schienen zwei Ausschüsse notwendig: Der »Formale [technical] Unterausschuss« war dafür vorgesehen, in vertraulichen Sitzungen Einwanderungsgesetze und -praxis der teilnehmenden Staaten zu dokumentieren und Erklärungen zu »Zahl und Art« von Einwanderern entgegenzunehmen. Daraus sollte ein Bericht hervorgehen, der der Konferenz vorgelegt würde. Der andere Ausschuss ist hier von besonderem Interesse: der »Unterausschuss für den Empfang derjenigen, die mit der Hilfe für politische Flüchtlinge aus Deutschland (einschließlich Österreichs) beschäftigt sind«. Dieser sah die Anhörung eines Vertreters jeder Organisation vor, die sich zuvor beim Generalsekretariat registrierte. Weiter hieß es in dem Vorschlag: »Es wird davon ausgegangen, dass jede Organisation ein Memorandum mit ihren Ansichten durch ihren Vertreter präsentieren wird, der für eine begrenzte Zeit sprechen darf.« Der Unterausschuss werde anschließend eine Zusammenfassung erstellen und den Diplomaten in öffentlicher Sitzung berichten. Beide Vorschläge wurden von der Konferenz einstimmig angenommen.[23] Damit war den nach Évian gereisten Emissären ein formaler Status gewährt worden sowie ein Ort, an dem sie ihre ausgearbeiteten Memoranden präsentieren konnten.

Diese Form der Anhörung machte auf einer inhaltlichen Ebene keinen großen Unterschied zu den Konsultationen, wie sie Goldmann und Taylor, Weizmann und Winterton im Vorfeld der Konferenz abgehalten hatten. Auf der völkerrechtlichen Ebene ähnelte sie dem bei der High Commission for Refugees unter Malcolm eingerichteten Liaison Committee. Im Rahmen einer zwischenstaatlichen Konferenz war dieser offizielle Konsultativstatus jedoch eine Neuheit – etwas Derartiges hatten die jüdischen Vertreter bei den

---

21 Vgl. TNA, FO 919/1; LONA, R 5801/50/34596/34225, Proceedings of the Intergovernmental Committee, Evian, 6.–15. Juli 1938: Verbatim Record of the Plenary Meetings of the Committee, Resolutions and Reports, 23.
22 Adler-Rudel, The Evian Conference on the Refugee Question, 251; vgl. auch JDCA, 255, A. G. Brotman, Inter-Governmental Conference on Refugees Held at Evian, 6. Juli 1938, 3.
23 Vgl. LONA, R 5801/50/34596/34225, Proceedings of the Intergovernmental Committee, Evian, 6.–15. Juli 1938: Verbatim Record of the Plenary Meetings of the Committee, Resolutions and Reports, 24. Genau genommen wurden auf der Konferenz drei Ausschüsse eingerichtet; der erste, das Credentials Committee, hatte allerdings mit der formellen Prüfung der Vollmachten der Regierungsdelegationen seine Aufgabe erfüllt. Vgl. ebd., 11 und 23.

Pariser Friedenskonferenzen 1919 nicht erreicht.[24] Darüber hinaus stand die Gewährung eines solchen Status für eine vorsichtige Öffnung der internationalen Beziehungen hin zur Beteiligung nicht souveräner Akteure, die jedoch das Primat der Staaten nicht grundsätzlich infrage stellte. Und dennoch waren die Emissäre als legitime Vertreter der Verfolgten anerkannt. Das mag auf zwei Ursachen zurückzuführen sein: Zum einen schien es aus moralischen Erwägungen heraus geboten, die Verfolgten zu Gehör kommen zu lassen. Zum anderen – und das waren realpolitisch sicher die entscheidenderen Faktoren – sollte ein zukünftiges Auswanderungsprojekt ohnehin von den Flüchtlingsorganisationen finanziert und organisatorisch betreut werden. Dafür waren die Expertise der in diesen Belangen Erfahrenen sowie früher oder später eine enge Abstimmung von zwischenstaatlichem Komitee und nicht staatlichen Organisationen erforderlich.

Aus der Perspektive der Regierungsvertreter standen alle angereisten Organisationen formal auf derselben Ebene. Dabei machte es keinen Unterschied, ob Ruppin die Jewish Agency repräsentierte, die seit 1933 Zehntausende deutsche Jüdinnen und Juden in den Jischuw integriert hatte, oder Boris Gourevitch für das Committee for the Defense of the Rights of Jews in Central and Eastern Europe sprach, das in der Auswanderungshilfe aus Deutschland bis dahin keine Rolle gespielt hatte. In Évian waren auch der aus Deutschland geflohene Leo Zuckermann, der das von der Komintern beeinflusste Internationale Büro für Asyl und Hilfe für politische Flüchtlinge vertrat, oder die Britin Mary Ormerod, die die Forderungen christlich-philanthropischer Vereinigungen wie der Society of Friends (Quäker) vorbrachte.[25] Neben den 39 offiziell beim Intergovernmental Committee registrierten Organisationen kamen noch die Vertretung der Israelitischen Kultusgemeinde Wien mit Löwenherz, Heinrich Neumann von Héthárs und Berthold Storfer sowie eine Delegation aus Berlin hinzu. Die Reichsvertretung entsandte Hirsch und Paul Eppstein, das Palästinaamt Michael Traub und der Hilfsverein Werner Rosenberg.[26] Beide Delegationen waren allerdings nicht offiziell registriert und traten nicht vor dem Unterausschuss auf. Aufgrund ihrer Herkunft verfügten sie jedoch über eine besondere Stellung auf der Konferenz. Oungre

---

24 Erwin Viefhaus konstatiert, dass sie über den »Gedankenaustausch« mit Regierungsvertretern und -beratern im Hintergrund nicht hinausgekommen seien. Vgl. ders., Die Minderheitenfrage und die Entstehung der Minderheitenschutzverträge auf der Pariser Friedenskonferenz 1919, 139 und 144–151.

25 Vgl. LONA, S 543/No. 2, Report of the Sub-Committee for the Reception of Organisations Concerned with the Relief of Political Refugees Coming from Germany Including Austria, 13. Juli 1938, 2 f.; LONA, S 543/No. 2, Synopsis of Statements of Organisations, Evian, 16. Juli 1938, 4, 6 und 8. Zu Zuckermann vgl. Graf, Zweierlei Zugehörigkeit, 81–85; ders., »Dem Gesetzentwurf gibt das Zentralsekretariat seine Zustimmung«, bes. 278.

26 Vgl. Adler-Rudel, The Evian Conference on the Refugee Question, 239.

sowie Bentwich hatten ihnen zahlreiche vertrauliche Konsultationen mit Delegationsmitgliedern vermittelt, während derer sie aus erster Hand von ihren Erfahrungen erzählten.[27] Die unmittelbaren Berichte über die Gräuel der Nationalsozialisten hinterließen bei den Diplomaten einen bestürzenden Eindruck und hatten – wenn man den Zeugnissen von Emissären folgt – durchaus Auswirkungen auf deren Positionen.[28]

Alles in allem wurden Dutzende – die Zuschriften von Einzelpersonen mitgerechnet, sogar mehr als hundert – Memoranden und Vorschläge an die Konferenz gerichtet. Sie behandelten die Auswanderung der Jüdinnen und Juden aus Deutschland und Österreich, aber auch die Zukunft des »jüdischen Volkes« insgesamt.[29] Um die Aktivitäten und den Einfluss von rund zwanzig jüdischen Organisationen auf der Konferenz von Évian analysieren zu können, bedarf es neben dem formalen Status einer erweiterten und tiefergehenden Betrachtung ihrer Handlungsfelder und Kernanliegen. Im Zentrum steht dabei die Frage, inwiefern es den jüdischen Vertretern jeweils gelang, ihre Vorschläge für eine geordnete Auswanderung der deutschen und österreichischen Jüdinnen und Juden sowie ihre jenseits dessen liegenden Forderungen auf der Konferenz zu profilieren und mit den Positionen der Regierungsvertreter in Einklang zu bringen. Denn jedwede Umsetzung ihrer Pläne hing von der Akzeptanz durch die Staatengemeinschaft ab.

Um Wirkung zu generieren und Übereinkünfte zu erreichen, war die Wahl der Strategie ebenso entscheidend wie die Überzeugungskraft eines Arguments. Bedeutsam waren auch die zur Verfügung stehenden Ressourcen und die Erfahrung der Akteure sowie nicht zuletzt die Ereignisse im britischen Mandatsgebiet Palästina. Diese Bedingungen führten im Fortgang der Konferenz zu zwei Wendungen: Die Dissonanz der Organisationen hatte eine chaotische Außenwirkung und besonders den nationaljüdischen Emissären fiel es aus vielfältigen Gründen schwer, ihre inhaltlichen Punkte zu profilieren. Im Verlauf der Konferenz setzte sich daher die Einsicht durch, dass ein gemeinsames Vorgehen unerlässlich war. Die Vertreter von WJC und JA rückten dafür von zentralen Zielen und Ansprüchen ab; allein so schien sich noch ein gewisser Einfluss auf die Verhandlungen und alles Weitere erzielen zu lassen.

---

27 Vgl. Kieffer, Judenverfolgung in Deutschland – eine innere Angelegenheit?, 228 und 242; Adler-Rudel, The Evian Conference on the Refugee Question, 239; vgl. Central Archives for the History of the Jewish People (CAHJP), JCA/Lon/1124/3, Edouard Oungre, Rapport sur la Conference d'Evian, 16; WHL, 503, Norman Bentwich, Report on the Governmental Conference at Evian, 4.
28 Vgl. CZA, KH4/4807/1, 1. (Vor-)Bericht von Max Kreutzberger, 6. Juli 1938, 1; JDCA, 255, A. G. Brotman, Inter-Governmental Conference on Refugees Held at Evian, 6. Juli 1938, 3.
29 Vgl. zur Fülle an Eingaben die sechs Aktenordner in TNA, FO 919/2–7. Zu den innerjüdischen Konflikten vgl. exemplarisch L. W., Was erwarten wir von Evian?, in: Israelitisches Wochenblatt für die Schweiz, 1. Juli 1938, 1.

170 Partizipation

Verbunden damit ist die Erkenntnis, dass die Organisationen als Akteure sowie »neue« Strategien jüdischer Politik zunehmend eine untergeordnete Rolle spielten. Letztlich erwies sich in Évian das »alte« Muster als das effizienteste, bei dem einzelne Experten Politikberatung im Hintergrund leisteten.

Die erste öffentliche Sitzung

Zum Beginn der Konferenz am Nachmittag des 6. Juli mussten die jüdischen wie nichtjüdischen Emissäre sowie die Mehrheit der Diplomaten erst einmal zuhören. Auch Dutzende Journalisten drängten sich in den Saal. Nachdem Bérenger das Intergovernmental Committee on Refugees offiziell eröffnet hatte, übergab er das Wort an Roosevelts Sondergesandten Taylor. Den Vereinigten Staaten kam als Initiator der Konferenz das Privileg der ersten Erklärung zu. Im Verlauf der Konferenz gaben 30 von 32 anwesenden Regierungsvertretern eine Stellungnahme ab; nur Kuba und Guatemala machten von dieser Möglichkeit keinen Gebrauch.[30] Taylor umriss zunächst das vor ihnen liegende Problem in seiner quantitativen Dimension und seiner Dramatik: »Einige Millionen Menschen sind, während wir hier zusammenkommen, tatsächlich oder potenziell ohne Land. Ihre Zahl steigt täglich.« Diese Situation sei die Folge »unfreiwilliger Migration«, die in »einigen Ländern durch Regierungshandeln künstlich stimuliert« werde. Danach begann er Dringlichkeit zu formulieren: »Eine erzwungene Migration erheblichen Ausmaßes ist im Gange und die Zeit ist gekommen, da Regierungen [...] handeln müssen, und zwar unverzüglich und effektiv in einem langfristigen Programm mit umfassender Dimension.«[31] Taylors Aussagen waren bis dahin wenig konkret, sondern er spannte den Rahmen über die jüdische Lage in Deutschland hinaus und forderte alle versammelten Regierungsvertreter zum Handeln auf.

Allerdings dämpfte er unmittelbar darauf die Erwartungen seiner Zuhörerschaft, was auf einige Diplomaten beruhigend gewirkt haben mag. Taylor betonte, dass das Problem der Flüchtlinge so umfangreich und komplex sei, dass bei dieser ersten Versammlung nicht mehr erreicht werden könne, als »die Maschinerie in Gang zu setzen«. Obwohl das »letztendliche Ziel«

---

30 Vgl. LONA, R 5801/50/34596/34225, Proceedings of the Intergovernmental Committee, Evian, 6.–15. Juli 1938: Verbatim Record of the Plenary Meetings of the Committee, Resolutions and Reports. Zu den Erklärungen der Regierungsvertreter am ausführlichsten Bartrop, The Evian Conference of 1938 and the Jewish Refugee Crisis; auch Adler-Rudel, The Evian Conference on the Refugee Question, 241–251.
31 LONA, R 5801/50/34596/34225, Proceedings of the Intergovernmental Committee, Evian, 6.–15. Juli 1938: Verbatim Record of the Plenary Meetings of the Committee, Resolutions and Reports, 12.

die Gründung einer Organisation sein solle, die sich mit allen Flüchtlingen beschäftige, sei in Évian der Fokus auf das »drängendste Problem der politischen Flüchtlinge aus Deutschland (einschließlich Österreich)« zu legen. Dann folgte eine richtungsweisende Definition des Zuständigkeitsbereichs. Zu diesem sollten

»(a) Menschen zählen, die Deutschland (einschließlich Österreich) noch nicht verlassen haben, aber die wegen der Behandlung, der sie aufgrund von politischer Überzeugung, ihrer religiösen Ansichten oder ethnischer Herkunft [racial origin] ausgesetzt sind, auszuwandern wünschen, und (b) Menschen, wie in (a) definiert, die Deutschland bereits verlassen haben oder sich im Prozess der Emigration befinden«.[32]

Mit Blick auf die damalige Praxis des Völkerbunds und den Zuständigkeitsbereich der High Commission for Refugees war dies ein Novum. Zum ersten Mal befasste sich eine internationale Konferenz in dieser Form mit potenziellen Flüchtlingen; die dort versammelten Regierungsvertreter markierten den Anspruch, sich für Staatsbürger eines anderen Landes, die sich auch noch auf dessen Territorium befanden, einzusetzen. Den Verfolgten in Deutschland einen Ausweg zu eröffnen, wurde somit zu einer Aufgabe internationaler Kooperation. Gleichzeitig nannte Taylor erstmals konkrete Gründe für die Flucht Zehntausender Menschen. Die Bezeichnung »politische Flüchtlinge« – die innerhalb der Roosevelt-Administration und in Simpsons Studie über Flüchtlinge für jene genutzt wurde, die aufgrund politischer Maßnahmen aus ihrem Herkunftsland fliehen mussten[33] – erhielt hier eine Ausdifferenzierung. Diese umfasste vom NS-Regime inhaftierte und vertriebene Oppositionelle, aber in erster Linie all jene, die gemäß den Nürnberger Gesetzen als Juden verfolgt wurden. Taylor benannte dies nicht explizit, allerdings wird er seine Ausführungen mit Blick auf die letztlich alle Flüchtlingsgruppen umfassende Organisation bewusst allgemein gehalten haben. Nichtsdestotrotz war allen Anwesenden bewusst, um wessen Schicksal es in Évian konkret gehen sollte.

Taylor umriss im Weiteren das zu gründende Komitee und beendete seine Rede mit einem generellen, aber in seiner Absicht klaren Appell. Die Diskriminierung und Unterdrückung von Minderheiten und die Missachtung »elementarer Menschenrechte« widersprächen dem, was die hier Versammelten als zivilisatorische Standards ansähen. Wenn das »erzwungene und chaoti-

---

32 Ebd. Bevor Taylor den Zuständigkeitsbereich der Konferenz definierte, hatte er betont, dass es nicht die Absicht der Regierung der Vereinigten Staaten sei, mit dieser hier genutzten Definition einen »Präzedenzfall für zukünftige Zusammenkünfte« zu schaffen.
33 »The essential quality of a refugee is that he has sought refuge in a territory other than that in which he was formerly resident as a result of political events which render his continued residence in his former territory impossible or intolerable.« JDCA, 413, Refugees. Preliminary Report of a Survey by Sir John Hope Simpson, Juni 1938, 1.

sche Abschieben glückloser Völker« weitergehe, gepaart mit wirtschaftlichen Problemen und zunehmendem internationalen Misstrauen, dann sei das nicht nur eine Katastrophe menschlichen Leidens, sondern eine Gefahr für den Frieden. Taylor betonte im Umgang mit den Verfolgten einen entscheidenden Wandel: »Das Problem ist nicht länger eine rein private Angelegenheit. Es ist ein Problem, das zwischenstaatliches Handeln erfordert.«[34] Hier wurde deutlich, dass die Politik des NS-Regimes nicht länger als eine innere Angelegenheit betrachtet werden würde und im Sommer 1938 mehr auf dem Spiel stand als allein das Schicksal der Flüchtlinge. Wenn der Frieden gefährdet scheint, droht Krieg. Durch ihre Politik der gewaltsamen Abschiebungen in die Nachbarländer verletzten die Nationalsozialisten fortlaufend die Souveränität anderer Staaten; ihr Terror gegen Teile der eigenen Bevölkerung hatte Auswirkungen auf Bevölkerungen und Regierungshandeln in anderen Ländern. An die Stelle chaotischer Fluchtbewegungen sollte ein geordnetes Migrationsprojekt treten, weshalb auf der Konferenz Mittel und Wege diskutiert wurden, wie der deutschen Aggression Einhalt geboten werden könne.

Aus Sicht der Zeitgenossen war dies wenig konkret und im Grunde bereits bekannt.[35] Die nach Évian gereisten jüdischen Emissäre nahmen Taylors Rede daher mit gemischten Gefühlen auf (Abb. 15). Abseits der bereits seit mehreren Wochen praktizierten Verschmelzung der deutschen und österreichischen Einwanderungsquote für die Vereinigten Staaten kündigte er nichts Konkretes an. Taylors Pläne für eine neue zwischenstaatliche Institution mussten auf der Konferenz erst verhandelt werden. Dass die Verhandlungen nicht leicht werden würden und die britische Delegation einer neuen internationalen Flüchtlingsorganisation skeptisch bis ablehnend gegenüberstand, machte Lord Winterton in seiner auf Taylor folgenden Rede deutlich. Dieser Zwist »fand in den Korridoren des Hotels Royal sein Echo« und war allseits offenkundig, wie Brotman berichtete.[36] Winterton lehnte die »Schaffung einer neuen Maschinerie« mit Verweis auf die Arbeit des Völkerbunds ab. Die Lösung der Krise läge letztlich in den Händen der Regierungen. Die britische Regierung beabsichtigte, ihre bisherige Flüchtlingspolitik fortzusetzen, und verstand sich als »Transitland«; dauerhafte Aufnahme müssten die Verfolgten in Übersee finden.[37] Die Verteidigung der britischen Souveränität gegenüber

---

34 LONA, R 5801/50/34596/34225, Proceedings of the Intergovernmental Committee, Evian, 6.–15. Juli 1938: Verbatim Record of the Plenary Meetings of the Committee, Resolutions and Reports, 13.
35 Vgl. Weltsch, Noch keine konkreten Ergebnisse.
36 JDCA, 255, A.G. Brotman, Inter-Governmental Conference on Refugees Held at Evian, 6. Juli 1938, 3.
37 Vgl. LONA, R 5801/50/34596/34225, Proceedings of the Intergovernmental Committee, Evian, 6.–15. Juli 1938: Verbatim Record of the Plenary Meetings of the Committee, Resolutions and Reports, 14 f.

Abb. 15: Während der Eröffnung der Évian-Konferenz am 6. Juli 1938. Am Tisch sitzend, von rechts nach links: Myron Taylor, James McDonald, unbekannt, Robert Thompson Pell, Georges Coulon (Lebensdaten unbekannt, Mitglied der französischen Delegation), Michael Palairet (1882–1956, Mitglied der britischen Delegation), Lord Winterton; am rechten Bildrand an der Wand sitzend George Lewis Warren. © Bildarchiv Pisarek/akg-images. Jede weitere Nutzung ist melde- und honorarpflichtig.

internationalen Maßgaben setzte sich in Évian fort, auch wenn Winterton die Ratifizierung der bisher nur unterzeichneten Flüchtlingskonvention vom Februar 1938 ankündigte.[38] Als Grundbedingung für ein geordnetes Auswanderungsprojekt sah er die Kooperationsbereitschaft der deutschen Regierung. Diese müsse Zugeständnisse beim Besitztransfer machen – Mittellose würde kein Staat gewillt sein aufzunehmen.[39] An dieser Aussage zeigt sich exemplarisch, auf welch starke Widerstände das sich damals auf internationaler Ebene entwickelnde Flüchtlingsregime traf. Schutzrechte für Verfolgte standen mit nationalen Interessen in Konflikt; Flüchtlingspolitik wurde mit Einwanderungspolitik vermischt. Eine akute sowie eine potenzielle transna-

---

38 Vgl. London, Whitehall and the Jews, 1933–1948, 84 f.
39 Vgl. LONA, R 5801/50/34596/34225, Proceedings of the Intergovernmental Committee, Evian, 6.–15. Juli 1938: Verbatim Record of the Plenary Meetings of the Committee, Resolutions and Reports, 14 f.

tionale Flüchtlingskrise sollten mittelfristig mit den Verfahren gewöhnlicher Einwanderungspolitik gelöst werden. Die Regierungen beharrten darauf, kontrollieren zu können, wer in ihr Land komme. Für die Verfolgten markierte diese Praxis den Unterschied zwischen jenen, die eine Chance auf dauerhafte Zuflucht bekamen, und jenen, die im Transit verharrten oder an der Grenze abgewiesen wurden. Die dem zugrunde liegende Vorstellung geordneter Migration teilten allerdings sowohl die Regierungsvertreter als auch die jüdischen Emissäre.

Die Vertreter der Jewish Agency hatten Wintertons Rede mit besonderer Spannung erwartet. Palästina erwähnte er aber mit keinem Wort. Nur indirekt bezog Winterton Stellung, als er die Möglichkeiten der Aufnahme von Flüchtlingen in britischen Kolonien und Überseegebieten erläuterte und erklärte, dass in einigen Gebieten »erneut die politischen Bedingungen jede nennenswerte Einwanderung verhinderten«. Das war verklausuliert, aber zugleich eindeutig: Die britische Regierung war nicht bereit, in Évian ihre Palästinapolitik öffentlich zur Diskussion zu stellen oder gar von den Interessen anderer Staaten abhängig zu machen. Landauer und Rosenblüth hatten nichts anderes erwartet.[40] Aber Kreutzberger war ebenso enttäuscht wie die Vertreter des World Jewish Congress und anderer Verbände. Winterton betonte, dass das »begrenzte Problem« der Flüchtlinge aus Deutschland – auch unter günstigen Umständen – »den gesamten guten Willen der versammelten Regierungen strapazieren« würde; an eine Ausweitung des Zuständigkeitsbereichs sei daher gar nicht zu denken. In Richtung der Beobachter der polnischen und rumänischen Regierung betonte er: »Es werden nur falsche Hoffnungen geweckt, wenn man glaubt, dass eine Politik der Unterdrückung ethnischer oder religiöser Minderheiten andere Staaten dazu zwingen könnte, ihre Tore für die Opfer zu öffnen.«[41] Das war eindeutig: Großbritannien wollte sich nicht erpressen und keine Einwanderung von außen aufoktroyieren lassen.

Die Erklärungen der beiden einflussreichsten Regierungsvertreter waren im Allgemeinen und Vagen geblieben. Taylors Absichten hatten Potenzial für Neuerungen, aber sie mussten erst mit den übrigen Regierungsvertretern verhandelt werden, und Winterton hatte deutlich gemacht, dass es insbesondere gegen eine neue internationale Institution Widerstand geben würde. Doch war seitens derjenigen, die seit Monaten in die Vorbereitungen involviert waren, wenig anderes erwartet worden. Sie schätzten Taylors und Wintertons Erklärungen sowie die der übrigen Diplomaten in ihrer Absicht und ihrem

---

40 Vgl. CZA, S7/693, Rosenblüth an Kaplan, Jerusalem, 4. Juli 1938; LBIJER, 560, Mitteilungsblatt der Hitachduth Olej Germania, Interview mit Georg Landauer, August 1938.
41 LONA, R 5801/50/34596/34225, Proceedings of the Intergovernmental Committee, Evian, 6.–15. Juli 1938: Verbatim Record of the Plenary Meetings of the Committee, Resolutions and Reports, 15. Vgl. auch Sherman, Island Refuge, 116; London, Whitehall and the Jews, 1933–1948, 86–88 und 91; Marrus, Die Unerwünschten, 162, 193 f. und 196.

Zielpublikum insgesamt realistisch ein. Ruppin und Goldmann schrieben in ihrem Bericht an die Jewish Agency:

»Diese Erklärungen der Vertreter 30 Regierungen [sic] waren natürlich für die Oeffentlichkeit im eigenen Lande und in anderen Ländern bestimmt, sie sparten nicht mit Lobpreisungen für das eigene Land und für dasjenige [sic] was es bereits in der Absorption von Einwandern [sic] getan hat. Die Gleichförmigkeit all dieser Erklärungen, bei denen auch die Vertreter der kleinsten Staaten längere Memoranden vorlasen, wirkte ermüdend und war jedenfalls für den Fortgang der Verhandlungen nicht förderlich.«[42]

Brotman kam zur gleichen Einschätzung.[43] Er ergänzte sie jedoch um das nicht unwesentliche Faktum, dass dieselben Delegierten in vertraulichen Gesprächen der Aufnahme von Flüchtlingen viel zugeneigter waren, als sie zuvor in den öffentlichen Erklärungen signalisiert hatten. Kein Land wollte alleine die Last tragen und wartete ab, zu welchem Engagement die anderen bereit waren.[44] Für ihn war ohnehin klar, dass, »wie gewöhnlich auf Konferenzen, die eigentliche Arbeit und die wirklichen Diskussionen in privaten Gesprächen und informellen Konversationen stattfanden«.[45]

Auf Lord Winterton folgten am ersten Konferenztag noch die Erklärungen Henry Bérengers für Frankreich und Hanssons für Norwegen. Ihre Reden passten in das schon zu diesem Zeitpunkt erkennbare Schema. Schrieb Hans Habe nach den ersten Reden von einer »hoffnungsvollen Atmosphäre«, so machte sich unter den Abgesandten der Organisationen zunächst Ernüchterung breit.[46] Am Ende der ersten Sitzung löste aber Bérengers Vorschlag einer Anhörung der »privaten Verbände« rege Aktivitäten aus. Hier schien sich ihnen eine Plattform für ihre Forderungen zu bieten, die ihnen bis dato verwehrt gewesen war. Noch am Abend des 6. Juli kam es daher zu einer Zusammenkunft der Vertreter aller in Évian anwesenden Organisationen. Den Vorsitz übernahm Bentwich und das Ziel war ein doppeltes: ein Katalog an Forderungen und die Schaffung einer gemeinsamen Vertretung. Kreutzberger kommentierte sarkastisch, dass Letztere dazu diene, »die Ermüdung der Delegierten durch den Massenbesuch von Delegationen

---

42 LBINY, AR7183/5/22, Ruppin/Goldmann, 1. Bericht über Évian, 12. Juli 1938, 1. Der Bericht findet sich auch als Doc. 75 in: Nicosia (Hg.), Archives of the Holocaust, Bd. 3, 312–314.
43 Vgl. JDCA, 255, Brotman an Laski, Hotel Splendide, Evian, o. D. [während der Konferenz]; auch Kieffer, Judenverfolgung in Deutschland – eine innere Angelegenheit?, 237; Weltsch, Noch keine konkreten Ergebnisse.
44 Vgl. JDCA, 255, A.G. Brotman, Inter-Governmental Conference on Refugees Held at Evian, 6. Juli 1938, 2; hierzu auch Mashberg, American Diplomacy and the Jewish Refugee, 1938–1939, 351.
45 Vgl. JDCA, 255, A.G. Brotman, Inter-Governmental Conference on Refugees Held at Evian, 6. Juli 1938, 3; auch McDonald Stewart, United States Government Policy on Refugees from Nazism 1933–1940, 306.
46 Habe, Die drei Welt-Demokratien bereit zur Flüchtlings-Hilfe.

zu vermeiden«.⁴⁷ Die Debatte zog sich bis in die späte Nacht und muss ein Ort heftiger Kontroversen gewesen sein. Das war nicht anders zu erwarten, denn hier brachen sich erneut innerjüdische Konflikte Bahn, die schon bei den Vorbereitungen im Council zutage getreten waren. Im Kern ging es um Repräsentationsansprüche sowie die Steigerung von Geltung und Wirkung der je eigenen Forderungen. Dabei drängten sich auch Repräsentanten wie Akzin, Leiter der politischen Abteilung der revisionistischen New Zionist Organization, oder Isaac Steinberg von der Freeland League for Jewish Territorial Colonisation in den Vordergrund, die bis dahin wenig oder gar nicht in die Hilfe für deutsche Flüchtlinge involviert gewesen waren. Dessen ungeachtet kämpfte Steinberg für das ambitionierte Projekt einer neuen jüdischen Großsiedlung in einem unbewohnten Gebiet in Australien oder Südamerika.⁴⁸ Da eine anerkannte Hierarchie der Organisationen fehlte, musste ein Konsens gefunden werden.⁴⁹ Man einigte sich zunächst auf einen Ausschuss von sieben Personen, der aber nach zwei weiteren Stunden Diskussion auf 15 erweitert wurde. Die Idee einer einheitlichen Delegation war bereits damit ad absurdum geführt. Dennoch gingen die Debatten und Konflikte am nächsten Tag weiter. Als am Abend des 7. Juli allerdings der frisch gewählte Vorsitzende Taylor in öffentlicher Sitzung die Einsetzung des Unterausschusses für die Anhörung der Organisation bekannt gab und alle registrierten Organisationen einlud, dort vorzusprechen, wurden alle Bemühungen um Einigkeit obsolet.⁵⁰ Die Unstimmigkeiten überwogen die Gemeinsamkeiten und so scheiterten die bereits im Juni in London unternommenen Bemühungen erneut an den divergierenden Interessen, Selbstverständnissen und Strategien. Eine Stimme mag hier Einblick in eine heikle und verwickelte Situation geben, der sich alle Anwesenden bewusst waren, aus der auszutreten sie aber auch nicht in der Lage waren. Goodman schrieb als Vertreter der Agudat Jisraʾel an den Vorsitzenden des Unterausschusses, dass man, obwohl man bereits mit anderen Organisationen ein gemeinsames Memorandum eingereicht habe, um Erlaubnis bitte, »zusätzliches Material«

---

47 Die Darstellung dieser Zusammenkunft privater Organisationen am 6. und 7. Juli 1938 basiert auf WHL, 503, Norman Bentwich, Report on the Governmental Conference at Evian, 3 f.; CZA, KH4/4807/1, 2. Bericht von Max Kreutzberger, 8. Juli 1938, 3 (abgedruckt als Dokument 59, in: VEJ 2 [2009], 213–216); JDCA, 255, A. G. Brotman, Inter-Governmental Conference on Refugees Held at Evian, 6. Juli 1938, 2 f.; JDCA, 255, Brotman an Laski, Hotel Splendide, Evian, o. D. [während der Konferenz]; Kieffer, Judenverfolgung in Deutschland – eine innere Angelegenheit?, 240.
48 Vgl. YIVO, RG 366/2/71, Memorandum Freeland League for Jewish Territorial Colonisation, Évian, Juli 1938. Zur Freeland League vgl. bes. Almagor, Beyond Zion.
49 David Jünger deutet die Problematik bei der Gründung des Council for German Jewry 1935/36 ganz ähnlich. Vgl. ders., Jahre der Ungewissheit, 330.
50 Vgl. Adler-Rudel an Schäffer, 26. Juli 1938, in: Adler-Rudel, Das Auswanderungsproblem im Jahre 1938, 194.

einzureichen; des Weiteren würde er persönlich im Ausschuss den Standpunkt der Agudat vertreten.[51] Kreutzberger resümierte nahe an der Resignation, dass »selbstverständlich« keine jüdische Organisation darauf verzichtet habe, vor dem Unterausschuss »selbständig zu erscheinen«.[52]

Vermeintliche Patentlösungen und konstruktive Ansätze

Eine gemeinsame Vertretung aller anwesenden Organisationen zu bilden, war eigentlich ein aussichtsloses Unterfangen, aber in dieser besonderen Situation trotzdem ein verständlicher Wunsch. Besonders auf jenen, deren Wirken unmittelbar mit dem Schicksal der deutschen und österreichischen Jüdinnen und Juden verbunden war, wird während der Tage in Évian eine ungeheure Verantwortung gelastet haben – nichts sollte damals unversucht gelassen werden (Abb. 16). Nach den erfolglosen Verhandlungen bereiteten sich die Emissäre daher auf die individuelle Anhörung im Unterausschuss vor. Es war zu erwarten, dass dies ein zentrales Ereignis der Konferenz werden würde. Da für den kommenden Tag keine öffentliche Sitzung geplant war, bot es sich aus Sicht der Organisatoren an, sowohl eine nicht öffentliche Sitzung des Technischen Unterausschusses als auch die Anhörung der nicht staatlichen Organisationen anzusetzen. Am Nachmittag des 8. Juli sprachen insgesamt 24 Vertreterinnen und Vertreter von 39 Organisationen vor dem Unterausschuss.[53] Dieser war mit Diplomaten aus Belgien, Costa Rica, Kuba, Frankreich, Großbritannien, Mexiko, Nicaragua, Peru, den Vereinigten Staaten von Amerika und Venezuela besetzt; den Vorsitz führte der australische Delegierte Thomas Walter White. Am Tag zuvor hatte sich White in seiner öffentlichen Erklärung als strikter Gegner vermehrter Einwanderung präsentiert. Sein an sich kurzes und nichtssagendes Statement gipfelte in einem Satz, der für unmittelbare Empörung sorgte und nach dem Zweiten Weltkrieg ikonisch wurde: »Es wird zweifellos anerkannt werden, dass wir, da wir kein wirkliches Rassenproblem haben, nicht den Wunsch haben, ein solches durch die Begünstigung irgendeines Schemas groß angelegter ausländischer Migration zu importieren.«[54] Ein jüdischer Emissär entgegnete ihm darauf-

---

51 The Nation Archives, FO/919/3, Goodman an White, Chairman Sub-Committee, 6. Juli 1938.
52 CZA, KH4/4807/1, 2. Bericht von Max Kreutzberger, 8. Juli 1938, 3.
53 Vgl. LONA, S 543/No. 2, Report of the Sub-Committee for the Reception of Organisations Concerned with the Relief of Political Refugees Coming from Germany Including Austria, 13. Juli 1938, 1–3.
54 LONA, R 5801/50/34596/34225, Proceedings of the Intergovernmental Committee, Evian, 6.–15. Juli 1938: Verbatim Record of the Plenary Meetings of the Committee, Resolutions and Reports, 20. Zu White und der Haltung der australischen Regierung vgl. Blakeney, Australia and the Jewish Refugees from Central Europe, 112–119; sehr kritisch Bartrop, The

Abb. 16: Georg Bernhard (2. von rechts) im Austausch mit Nahum Goldmann (rechts) und weiteren Konferenzteilnehmern in Évian. Zürcher Illustrierte, Nr. 29 vom 15. Juli 1938, 868 f./Zentralbibliothek Zürich.

hin, dass Australier, wenn es um ihre »rassische Herkunft« gehe, keinesfalls Grund hätten, auf ihre Vorfahren stolz zu sein.⁵⁵ Bentwich und Steinberg erlebten White abseits der Öffentlichkeit anders. Dort schien er verständnisvoll und unterstützte sogar die Entsendung einer Untersuchungskommission für ein mögliches Siedlungsgebiet in Australien.⁵⁶ Warum gerade White dem Ausschuss vorstand, lässt sich nicht mehr rekonstruieren. Viel wichtiger als die Personalie des Vorsitzenden dürfte gewesen sein, dass mit Großbritannien, Frankreich und den Vereinigten Staaten die entscheidenden Länder der Konferenz an diesem Ausschuss beteiligt waren. Während ihre vertraulichen Verhandlungen über die Schlussresolution der Konferenz und die Gründung eines zwischenstaatlichen Komitees bereits in vollem Gange waren, nahmen sie so zahlreiche Vorschläge, Forderungen sowie Angebote der Mitarbeit

Evian Conference of 1938 and the Jewish Refugee Crisis, 71–73; ders., The Dominions and the Evian Conference, 1938.
55 Vgl. JDCA, 255, A. G. Brotman, Inter-Governmental Conference on Refugees Held at Evian, 6. Juli 1938, 3. Vgl. auch Jost, Unerwartete Wendung.
56 Vgl. WHL, 503, Norman Bentwich, Report on the Governmental Conference at Evian, 2; YIVO, RG 366/17/467, Steinberg an Seligman, 17. Juli 1938, 2.

seitens der Organisationen entgegen, um diese schließlich für die Entwicklung eines Auswanderungsprojekts heranziehen zu können.[57]

Die im Unterausschuss versammelten Stimmen bildeten das gesamte Spektrum jüdischer Politik Ende der 1930er Jahre ab. Es waren alle Strömungen jüdischer politischer und humanitärer Organisationen vertreten. Zudem stellten Vertreter von wissenschaftlichen Institutionen ihre Expertise zur Verfügung. Die Delegationen aus Wien und Berlin traten nicht vor dem Unterausschuss auf, da sie nicht offiziell registriert waren. Vermutlich aus zwei Gründen wurde von einer öffentlichen Anhörung abgesehen: Einerseits werden Sicherheitsbedenken eine Rolle gespielt haben, da die Gesandten aus Deutschland und Österreich davon ausgehen mussten, von Mitarbeitern der Gestapo und des SD überwacht zu werden.[58] Andererseits sollte aus diplomatischem Kalkül der Eindruck einer öffentlichen Anklage Deutschlands vermieden werden. Die Reihenfolge nach den ersten beiden Rednern, Malcolm und Bentwich, lässt keine klare Systematik erkennen; vielmehr spiegelt sich darin die unhierarchische Aufstellung der Organisationen.[59]

Im Bericht des Unterausschusses sind aus den Memoranden und Statements vier Kernpunkte sowie einige weitere Vorschläge destilliert worden. Diese Kernpunkte oder »Denkrichtungen«, wie es im Bericht hieß, entsprachen in etwa den Grundlinien der Memoranden des Council, des WJC und der JA und waren daher keineswegs ein stimmiges Programm, das sich hätte aus der Zusammenfassung herauslesen lassen. Die übrigen Memoranden ordneten sich entsprechend ein. Folgende Kernpunkte wurden aufgezählt: 1. Förderung der »Rückkehr« der Juden nach Palästina durch Anhebung der Einwanderungsquoten; 2. Erschließung eines unbewohnten oder nur dünn besiedelten Gebiets für Kolonisation; 3. Garantie aller notwendigen Schutz- und Minderheitenrechte für Juden in ihren gegenwärtigen Ländern; 4. Integration der Einwanderer in neue Umgebungskulturen, daraus folgend die besondere Bedeutung von Umschulung und Ausbildung für jeweils dort benötigte Berufsfelder. Darüber hinaus enthielt das Dokument einen Verweis, dass verschiedene Finanzierungsmodelle für diese umfangreiche »Entfernung ganzer Bevölkerungen« vorgestellt wurden, wobei generell die Notwendigkeit der Lockerung von Regelungen des Besitztransfers aus dem Herkunftsland

---

57 Zu den Verhandlungen zwischen der amerikanischen, französischen und britischen Delegation vgl. bes. Kieffer, Judenverfolgung in Deutschland – eine innere Angelegenheit?, 231–237. Zum Zweck des Unterausschusses vgl. bes. WHL, 503, Norman Bentwich, Report on the Governmental Conference at Evian, 4; JDCA, 256, Warren [Évian] an Chamberlain [NYC], 9. Juli 1938.
58 Interne Berichte von Gestapo und SD legen nahe, dass in Évian mindestens ein deutscher Agent aktiv war. Vgl. Bartrop, The Evian Conference of 1938 and the Jewish Refugee Crisis, 57.
59 Vgl. LONA, S 543/No. 2, Synopsis of Statements of Organisations, Evian, 16. Juli 1938.

betont worden sei. Als letzter Punkt war der Flüchtlingsstatus angeführt. Zahlreiche Organisationen und besonders Malcolm, der das Memorandum des Liaison Committee persönlich überreichte, hatten die eindringliche Bitte an die vertretenen Regierungen formuliert, die Flüchtlingskonvention vom Februar 1938 möglichst bald zu ratifizieren und in der Praxis anzuwenden.[60] Die Vertreter Belgiens, Dänemarks und Großbritanniens hatten in ihren Erklärungen bereits angedeutet, dass ihre Regierungen genau das beabsichtigten.[61] Allerdings war der konkrete Nutzen der Konvention im Rahmen von Évian begrenzt, da sie sich nur auf tatsächlich Geflüchtete erstreckte.

Es lohnt sich, die hier zusammengefassten Kernpunkte und die ihnen zugrunde liegenden Vorschläge genauer zu untersuchen. Die insbesondere von jüdischen Organisationen präsentierten Memoranden können dabei als Zeitkapseln betrachtet werden, die die prekäre Situation in Europa am Vorabend der Katstrophe spiegeln und von der Schwierigkeit einer Einschätzung der weiteren Entwicklung zeugen. Sie stehen damit Pars pro Toto für die zeitgenössische jüdische Perspektive auf die Konferenz von Évian. Darüber hinaus bewahren sie Einblicke in vielfältige Weltanschauungen und Lebenswelten, die wenige Jahre später vernichtet wurden.

Die Konferenz als Bühne für ihre jeweilige Palästinapolitik zu nutzen, war das Anliegen Goldmanns und Ruppins von der Jewish Agency sowie Akzins von der New Zionist Organization. Sie wollten die Bedeutung Palästinas für die Lösung der deutschen Flüchtlingskrise herausstellen. Dieser erste Kernpunkt und die damit verbundene Strategie der Zionisten hatten wegen des generellen britischen Widerstands und der damaligen Ereignisse vor Ort letztlich kaum Aussicht auf Erfolg.[62] Während der Verhandlungstage in Évian eskalierte die Situation in Palästina. Terror von arabischer und jüdischer Seite mit Schusswaffen und Bomben kostete mehr als hundert Menschen das Leben und Ruppin befürchtete gar einen »Bürgerkrieg«.[63]

---

60 Vgl. LONA, S 543/No. 2, Annex to the Report of the Sub-Committee for the Reception of Organisations Concerned with the Relief of Political Refugees Coming from Germany Including Austria, 13. Juli 1938, 5–7; auch WHL, 503, Liaison Committee, Memorandum for the Evian Conference, 6.
61 Vgl. LONA, R 5801/50/34596/34225, Proceedings of the Intergovernmental Committee, Evian, 6.–15. Juli 1938: Verbatim Record of the Plenary Meetings of the Committee, Resolutions and Reports, 14, 18 und 31.
62 Vgl. LONA, S 543/No. 2, Synopsis of Statements of Organisations, Evian, 16. Juli 1938, 6; Memorandum of the World Jewish Congress, Évian, 6. Juli 1938, bes. 531 f.; Memorandum of the Jewish Agency for Palestine, Évian, 6. Juli 1938.
63 Ruppin, Tagebucheintrag vom 18. Juli 1938, in: ders., Briefe, Tagebücher, Erinnerungen, 502. Zu den Anschlägen während dieser Tage vgl. exemplarisch o. A., Bomb Outrage in Jerusalem, in: The Palestine Post, 10. Juli 1938, 1; detailliert auch die Berichterstattung in der *Jüdischen Rundschau*: o. A., Schwerer Ausbruch des Terrors; o. A., Die Spannung hält an; o. A., Unveränderter Terror; auch Reinharz/Shavit, The Road to September 1939, 133.

Die britische Regierung reagierte darauf mit der Verlegung von zwei Panzerkreuzern und Infanterieeinheiten, besetzte die neuralgischen Punkte der umkämpften Hafenstadt Haifa und verhaftete im ganzen Land Verdächtige.[64] Diese dramatische Entwicklung entzog der zionistischen Argumentation, dort könnten binnen kurzer Zeit Zehntausende Juden eine sichere neue Heimat finden, jede Grundlage. Ben-Gurions Befürchtungen waren damit Realität geworden – mit einem Land, in dem ein Bürgerkrieg tobt, konnte man keine Flüchtlingskrise lösen. Ihres äußerst schwierigen Standes in Évian waren sich die Vertreter des Central Bureau und der Jewish Agency nur allzu bewusst.[65] Die Strategie der Jewish Agency, in Évian kein konkretes Auswanderungsschema, sondern ein politisches Manifest für Palästina zu präsentieren, schlug fehl. Meyer von der Zionistischen Vereinigung für Deutschland war aufgrund dieser Aussicht bereits vor der Konferenz entrüstet gewesen.[66] Seine Kritik prallte an Rosenblüth aber auch unmittelbar nach der Konferenz ab.[67] Die Zielsetzung ging jedoch nicht allein auf die Verfasser des Memorandums, Rosenblüth und Locker, zurück. Die Mehrheit der Führung der JA und des Central Bureau hatte sich verkalkuliert oder von Évian ohnehin nichts anderes erwartet.[68] Der Terror in Palästina war politisch das entscheidendste Ereignis, das sich während der Konferenz ereignete. Darüber hinaus hatten verschiedene arabisch-muslimische Organisationen Telegramme und Petitionen an die Konferenz gesendet, worin sie formell gegen jüdische Einwanderung nach Palästina protestierten.[69] Die Wirkung dieser Ereignisse auf die Anwesenden und ihre Bedeutung für die Verhandlungen können kaum überschätzt werden. Politisch gesehen war Palästina in Évian verloren. Auch ein Auftritt Weizmanns hätte hieran nichts ändern können; er war von der Gewalteskalation sogar persönlich betroffen, da sein Schwager bei einem Anschlag zu Tode kam.[70]

---

64 Vgl. o. A., Palästina-Umschau der C. V. Zeitung.
65 Vgl. CZA, KH4/4807/1, 2. Bericht von Max Kreutzberger, 8. Juli 1938, 3; CZA, KH4/4807/1, 3. Bericht von Max Kreutzberger, 11. Juli 1938, 3; AJA, MS-361/A27/1, Goldmann an Wise, 16. Juli 1938, 2.
66 Vgl. CZA, S7/693, Meyer an Rosenblüth, London, 27. Juni 1938 (cc an Landauer, Jerusalem); CZA, S7/693, Meyer an Hirsch, 27. Mai 1938 (cc an Rosenblüth und Landauer); Meyer an Exekutive der JA, London, 13. Juli 1938, in: Nicosia (Hg.), Dokumente zur Geschichte des deutschen Zionismus, Dok. 129, 398.
67 Vgl. CZA, S7/693, Rosenblüth an Meyer, 31. Juli 1938.
68 Vgl. CZA, KH4/4807/1, 1. (Vor-)Bericht von Max Kreutzberger, 6. Juli 1938, 2; Weiss, Deutsche und polnische Juden vor dem Holocaust, 161–163; auch Diner, Ein anderer Krieg, 106 f.
69 Vgl. Telegramm Palestine Defence Committee of Damascus und Arab Womens Committee to the Évian Conference, in: The Palestine Post, 10. Juli 1938, 1; auch Reinharz/Shavit, The Road to September 1939, 139.
70 Eine entsprechende exemplarische Zeitungsmeldung findet sich hier: O. A., Blutiger Zwischenfall in Haifa.

Dass Weizmann schließlich nicht nach Évian kam, war jedoch unabhängig von der Gewalt in Palästina bereits um den 6./7. Juli innerhalb der Delegation der Jewish Agency und nach Rücksprache mit James McDonald sowie Cazalet aus strategischen Gründen entschieden worden. Eine Reise von Weizmann nach Évian sei »nicht zweckmässig«, da dieser – so Kreutzberger – »nicht in einer Reihe mit dreissig Organisationen auftreten kann«.[71] Zu diesem Zeitpunkt war bereits ersichtlich, dass weder eine herausgehobene Stellung der Jewish Agency noch ein öffentlicher Auftritt Weizmanns vor den Regierungsvertretern möglich sein würden. Das State Department – Stephen Wise hatte dort für Weizmanns Präsenz geworben und auch McDonald hatte sich für ihn verwendet[72] – hatte abschlägig beschieden. Taylor schlug vor, sich mit Weizmann in Évian »privat«, also vertraulich zu treffen. Der amerikanische Außenminister Hull billigte dieses Vorgehen und schrieb an Taylor: »Ihr Angebot, Dr. Weizmann in Evian zu empfangen, dürfte der Bitte von Rabbiner Wise [...] Genüge tun.«[73] Goldmann konnte sich also mit seinem Argument, die Jewish Agency sei »mehr als eine private Organisation« und könne »daher das Recht beanspruchen, [...] vor dem Plenum der Konferenz zu sprechen«, nicht durchsetzen.[74] Er nutzte »privat« hier bewusst als abfälliges Charakteristikum, um sich der eigenen Bedeutung zu vergewissern. Dass Weizmann nicht nach Évian kam, der JA keine herausgehobene Stellung zugesprochen wurde und Palästina nicht ins Zentrum der Konferenz gerückt werden konnte, war für die nationaljüdischen Emissäre nach allem Engagement und trotz ihrer grundsätzlichen Skepsis letztlich eine Enttäuschung.

Auch der zweite Kernpunkt, die Urbarmachung unerschlossener Gebiete für die Errichtung jüdischer Siedlungen, worunter einige Vorschläge subsumiert waren, konnte kaum Wirkung entfalten. Der WJC zählte dies zwar auch zu seinen Forderungen, in erster Linie aber war dies die Domäne von Organisationen wie der Freeland League.[75] So sehr diese Projekte und Ideen vor dem Erwartungshorizont des Sommers 1938 betrachtet und aufgrund ihrer Existenz ernst genommen werden müssen, so wenig wurden sie in Évian am dafür richtigen Ort präsentiert. Das soll nicht heißen, dass es damals ein passenderes Forum für sie gegeben hätte. Die von Großbritannien während der Konferenz aufgebrachte Möglichkeit einer Ansiedlung in Kenia, die da-

---

71 CZA, KH4/4807/1, 2. Bericht von Max Kreutzberger, 8. Juli 1938, 2; vgl. auch LBINY, AR7183/5/22, Ruppin/Goldmann, 1. Bericht über Évian, 12. Juli 1938, 2; Reinharz/Shavit, The Road to September 1939, 142.
72 Vgl. CZA, KH4/4807/1, 1. (Vor-)Bericht von Max Kreutzberger, 6. Juli 1938, 1.
73 Zit. nach Kieffer, Judenverfolgung in Deutschland – eine innere Angelegenheit?, 204.
74 LBINY, AR7183/5/22, Ruppin/Goldmann, 1. Bericht über Évian, 12. Juli 1938, 1; vgl. hierzu auch Weiss, Deutsche und polnische Juden vor dem Holocaust, 163.
75 Vgl. Memorandum of the World Jewish Congress, Évian, 6. Juli 1938, 537; YIVO, RG 366/2/71, Memorandum Freeland League for Jewish Territorial Colonisation, Évian, Juli 1938.

mals bereits in Vorbereitung war, schien allenfalls für einige Dutzend oder Hundert Familien eine reale Option zu sein.[76] Alle anderen Projekte hätten zu viel Zeit und Geld erfordert. Darüber hinaus entsprachen sie weder den Erwartungen und Möglichkeiten der Mehrheit der vor den Nationalsozialisten fliehenden Jüdinnen und Juden, noch fanden sie seitens der vertretenen Regierungen Unterstützung.[77]

Auch der Vertreter des Royal Institute of International Affairs sah in neuen Kolonisationsprojekten keinen praktikablen Ansatz. Das Royal Institute als Forschungsinstitution mit Sitz in London verfügte damals über große Reputation. Hier entstand die von Simpson erarbeitete Flüchtlingsstudie, die der Konferenz in einer vorläufigen Fassung vorgelegt wurde. Ob das 233-seitige Werk allerdings intensiver studiert wurde, ist fraglich.[78] Entscheidender dürfte hier die Kurzpräsentation durch einen Vertreter des Instituts gewesen sein. Dieser führte aus, dass die Flüchtlingsbewegungen nach dem Ersten Weltkrieg gezeigt hätten, dass allein »Repatriierung« sowie »vollständige Absorption in anderen Ländern« effektive Ansätze seien. Die erste Option schied jedoch bei der überwiegenden Mehrheit der Flüchtlinge aus Deutschland aus. Deshalb empfahl er die Verteilung der Flüchtlinge auf Länder, wo sie dauerhaft bleiben könnten und wo entsprechende rechtliche, politische, wirtschaftliche und kulturelle Bedingungen existierten, die ihre Integration ermöglichten.[79] Simpsons Vertreter formulierte den Appell, dass die gegenwärtigen internationalen Anstrengungen darauf abzielen müssten, neue Fluchtbewegungen in Mittel- und Osteuropa zu verhindern. Um Chaos zu vermeiden, könne es gar »notwendig sein, Grenzen zu schließen«. Es war deutlich herauszuhören, dass es daher Zweierlei bedurfte: eines konstruktiven Emigrationsprogramms aus Deutschland und der Reduzierung der Migration aus Osteuropa mittels Verbesserung der Lebensbedingungen vor Ort. Dass Regierungen hieran – auch finanziell – mitwirken mussten, war unzweifelhaft.[80]

Sowohl die Analyse als auch die Empfehlungen aus Simpsons Flüchtlingsstudie fanden Resonanz im Memorandum des Council. Das war nicht überraschend. Bentwich hatte mit dem Royal Institute und seinen Mitarbeitern im Vorfeld der Konferenz in engem Austausch gestanden, man schätzte die jeweilige Expertise und hatte gegenseitig die Entwürfe der Memoranden

---

76 Vgl. Wischnitzer, Kenya; Adler-Rudel an Schäffer, 26. Juli 1938, in: Adler-Rudel, Das Auswanderungsproblem im Jahre 1938, 195.
77 Vgl. bes. Friedman, No Haven for the Oppressed, 63 f.
78 Vgl. TNA, FO/919/2, Adams an Taylor, 6. Juli 1938. In diesem Bestand der National Archives findet sich auch ein Exemplar der Studie »Refugees. Preliminary Report of a Survey by Sir John Hope Simpson, Juli 1938«; ebenso in JDCA, 413.
79 Vgl. LONA, S 543/No. 2, Synopsis of Statements of Organisations, Evian, 16. Juli 1938, 5.
80 Vgl. ebd., 6.

kommentiert.[81] Bentwich, der im Ausschuss als Zweiter sprach, galt zum Zeitpunkt als *der* Experte für Flüchtlingsfragen. Sein Wort hatte Gewicht. Nicht ohne Grund war ihm mehr Zeit als den anderen Emissären eingeräumt worden; auch wurde sein Statement als einziges ins Französische übersetzt.[82] Das Memorandum unter Federführung des Council benannte denn auch die Gefahr einer weiteren Flüchtlingskrise in Osteuropa, wo mehr als fünf Millionen Jüdinnen und Juden lebten, und stellte ebenso wie das Royal Institute in seinen Empfehlungen klar: »In Anbetracht der großen Zahl der Betroffenen kann ihre Emigration keine Lösung des Problems sein.« Abhilfe müsse durch eine »radikale Umstrukturierung« der Wirtschaft vor Ort geleistet werden.[83] Was dies konkret bedeuten sollte, wurde allerdings nicht ausgeführt. Ging diese Einschätzung auf den ersten Blick am Zuständigkeitsbereich der Konferenz vorbei, so lieferte sie eine Begründung für die Fokussierung auf den deutschen Problemkomplex. Dies stieß bei den Verantwortlichen der Konferenz auf Zustimmung. Zusammen mit der Absage an neue, agrarisch geprägte Siedlungen machten es diese Grundannahmen aber zahlreichen Emissären schwer oder gar unmöglich, mit ihren Vorschlägen durchzudringen. Als Goldmann und Ruppin im weiteren Verlauf der Anhörung auf die Lage der Judenheiten im östlichen Europa zu sprechen kamen, lehnte White jede dahin gehende Diskussion ab. Die *CV-Zeitung* meldete jedoch später: »Wie wir hören, hat er [White] unter dem Druck des zusammengetragenen Materials und den eindringlichen Situationsschilderungen der jüdischen Vertreter diesen Standpunkt geändert.«[84] Die Frage des Zuständigkeitsbereichs des neuen Komitees führte auch zu einem dauerhaften Dissens zwischen der britischen und amerikanischen Regierungsdelegation. In Taylors und Wintertons Eröffnungsrede waren die unterschiedlichen Vorstellungen bereits deutlich geworden. Die Interventionen seitens des WJC und der JA stießen bei den US-amerikanischen Vertretern auf offene Ohren, bei den britischen auf Ablehnung. Die Waagschale in die eine oder andere Richtung zu bewegen, lag allerdings jenseits der Handlungsmöglichkeiten der jüdischen Emissäre. Mit der Erweiterung des Zuständigkeitsbereichs war auch der dritte Kernpunkt im Bericht des Unterausschusses verbunden, die Garantie der Minderheitenrechte für Juden in ihren gegenwärtigen Aufenthaltsländern. Obwohl dieser Aspekt von allen nicht staatlichen Organisationen unterstützt wurde und auch die Zustimmung der überwiegenden Mehrheit der Regierungsvertreter

---

81 Zur engen Abstimmung vgl. exemplarisch WHL, 503, Bentwich an Adams, 27. Juni 1938; WHL, 503, Bentwich an Adams, 22. Juni 1938; WHL, 503, Council an Sweetser, 30. Mai 1938.
82 Vgl. WHL, 503, Norman Bentwich, Report on the Governmental Conference at Evian, 4.
83 Memorandum of Certain Jewish Organizations Concerned with the Refugees from Germany and Austria, Évian, 6. Juli 1938, 548; vgl. auch Weiss, Deutsche und polnische Juden vor dem Holocaust, 160.
84 O. A., Die Arbeit der zweiten Unterkommission.

fand, lag seine reale Durchsetzung jenseits der Möglichkeiten der in Évian vertretenen Staaten.

Von den destillierten Kernpunkten zeichnete sich als realistischer Weg zunehmend der vierte ab, jener der Integration in hochentwickelte Gesellschaften. Diesen priorisierte insbesondere das Memorandum unter Federführung des Council. Die Masse der Emigrierenden sollte dabei weiterhin von Hilfsorganisationen unterstützt werden. Diese halfen beim Erwerb einer neuen Sprache, der Berufsausbildung, Umschulungen sowie den Formalia und übernahmen unter anderem hierfür die Kosten. Die seitens des Council veranschlagten Gesamtkosten – dies waren insgesamt die konkretesten Zahlen, die in Memoranden unterbreitet wurden – waren mit etwa 16 Millionen Pfund zwar hoch, aber keine so astronomische Summe wie für manch andere Idee. Auch wenn in der Zusammenfassung vermerkt wurde, dass verschiedene Finanzierungsmodelle angesprochen wurden, gab es dennoch diesbezüglich keine intensive Diskussion – was die meisten Emissäre ohnehin nicht anders erwartet hatten.[85] Diese Frage würde nach Évian zu klären sein. Allerdings legte Jonah Wise (Abb. 17) als Vertreter des JDC, so zurückhaltend sein Auftritt auch gewesen sein muss, in seinem »Statement« – der JDC bezeichnete es explizit nicht als Memorandum – bereits gewichtige Zahlen vor. Wise präsentierte keine Vorschläge für das Kommende, sondern skizzierte die bereits geleistete Arbeit, die meist in der finanziellen Unterstützung der Flüchtlingskomitees in europäischen Ländern sowie einzelner Programme der JCA, der HICEM und der Jewish Agency bestand. Darüber hinaus hatte der JDC die Reichsvertretung der Juden in Deutschland unterstützt. Die Ausgaben von 1933 bis Juli 1938 waren enorm. So hatte der JDC mit mehr als zwei Millionen US-Dollar etwa die Hälfte der Ausgaben der Reichsvertretung in diesem Zeitraum finanziert.[86] Auf dieser Grundlage dürfte sich allen Beteiligten die Bedeutung des JDC für die weitere Emigration der Juden aus Deutschland unmittelbar erschlossen haben.

Auch wenn die Zusammenfassung der Anhörung keinen der vorgetragenen Kernpunkte favorisierte oder abschlägig beschied, so hatte sich in der Praxis eine Zielsetzung herauskristallisiert: Es sollte in den nächsten vier, fünf Jahren eine geordnete Emigration aus Deutschland ermöglicht werden, die vorwiegend in Gesellschaften mit passender Infrastruktur und in Übersee gelenkt würde. Das Royal Institute hatte ein solches Vorgehen wissenschaftlich begründet, der Council präsentierte plausible Vorschläge und verfügte ebenso wie der JDC über weitreichende Erfahrung auf diesem Gebiet. Außer-

---

85 Vgl. exemplarisch Adler-Rudel an Schäffer, 26. Juli 1938, in: Adler-Rudel, Das Auswanderungsproblem im Jahre 1938, 195; CZA, S25/9778, Ruppin an Rosenblüth, 8. Juni 1938, 3 f.; CZA, S7/693, Senator an Feilchenfeld, 7. Juli 1938.
86 Vgl. JDCA, 255, American Joint Distribution Committee, Statement for the Evian Intergovernmental Conference for Refugees, Juli 1938.

Abb. 17: Harold Guinzburg (links) und Rabbiner Jonah Bondi Wise gehörten in Évian zur Delegation des JDC. Die Aufnahme zeigt beide im Park des Hotels Royal. Archiv für Zeitgeschichte ETH Zürich: Z Jüdische Periodika/JPZ-1938-0999. Foto: J.P.Z. Jede weitere Nutzung ist genehmigungspflichtig.

dem wurde ihm zugetraut, die finanziellen Mittel akquirieren zu können. Dieses Ergebnis war am Anfang des Prozesses nicht absehbar gewesen. Vor dem Unterausschuss waren ganz unterschiedliche Entwürfe zur Sprache gekommen; mitunter kam es zu grotesken Szenen. Weltsch konstatierte in Bezug auf die Emissäre ganz treffend: »Nicht alle von ihnen haben zum Thema der Juden aus Deutschland etwas zu sagen, noch damit einen direkten Zusammenhang.«[87] Über die Vertreter der »unzähligen« kleinen Organisationen und Komitees schrieb er halb ironisch und halb fassungslos, diese seien mit der Überzeugung gekommen, »daß die Konferenz darauf wartet, gerade von ihnen einen Rat bezüglich einer Patentlösung zu empfangen«.[88] Allerdings darf nicht übersehen werden, dass Weltsch selbst Teil der inner-

87 Weltsch, Noch keine konkreten Ergebnisse.
88 Ebd. Zur gleichen Einschätzung kam auch Oungre, vgl. CAHJP, JCA/Lon/1124/3, Edouard Oungre, Rapport sur la Conference d'Evian, 9.

jüdischen Rivalitäten und Konflikte war; er war kein neutraler Beobachter, sondern überzeugter Zionist. Seine Analyse war aber durchaus treffend.

So sprach Lord Marley (Dudley Aman) über die Aktivitäten der 1880 in Russland gegründete ORT (Organisation – Rehabilitation – Training: Gesellschaft zur Förderung der handwerklichen und landwirtschaftlichen Berufe unter den Juden in Russland) und die jüdische autonome Siedlung Birobidschan in der Sowjetunion.[89] Dieses Projekt war für Évian tatsächlich eine Nebensache und die ORT zählte in der deutschen Situation nicht zu den zentralen Akteuren. Dennoch dürfen die Erfahrungen und Kenntnisse der Organisation nicht unterschätzt werden. Berufsumschichtung und Ausbildung waren seit Jahrzehnten Kernkompetenzen der ORT; die von der Jewish Agency organisierte Hachscharah, die landwirtschaftliche und handwerkliche Vorbereitung junger Menschen auf die Einwanderung nach Palästina, und sonstige Ausbildungsstätten, die für die angedachte Integration der deutschen Jüdinnen und Juden in anderen Gesellschaften zentral waren, profitierten auch von der Erfahrung der Mitarbeiterinnen und Mitarbeiter der ORT. Marley wird in Évian sicher nicht isoliert gewesen sein.[90]

Hingegen war Simon Marcovici-Cleja, ein seinerzeit wohl bekannter Geschäftsmann aus Paris und Mitglied der Ehrenlegion, in Belangen jüdischer Politik oder Flüchtlingshilfe noch nicht in Erscheinung getreten.[91] Er repräsentierte das Research Centre for a Solution of the Jewish Problem – eine »One-Man-Show«, wie Bentwich bemerkte.[92] Marcovici-Cleja plädierte für einen neuen Staat in Palästina und Transjordanien mit einem Zweikammerparlament – eine für die jüdische, eine für die arabische Bevölkerung –, das Gesetze ausarbeiten und langfristig die »engstirnigen Nationalismen« durch einen »palästinensischen Patriotismus« ersetzen sollte. Diese Idee war nicht gänzlich unrealistisch, Weltsch und andere Anhänger der zionistischen Bewegung werden dennoch erzürnt gewesen sein, da ein weiterer Akteur beanspruchte, eine »Patentlösung« für Palästina gefunden zu haben. In dem Memorandum hieß es weiter: »Der neue Staat sollte ein Königreich sein, dessen Krone einem königlichen Prinzen aus einer westeuropäischen Dynastie angeboten wird. Als Christ wird er in der Lage sein, das Gleichgewicht zwischen den beiden Gemeinschaften zu wahren.«[93] Mit seinem Hinweis,

---

89 Zu Birobidschan vgl. Kuchenbecker, Zionismus ohne Zion.
90 Zu Lord Marley vgl. Taylor, The Mystery of Lord Marley; zum Engagement von ORT in Birobidschan vgl. Shapiro, The History of ORT, 156–158, 160 und 176.
91 Vgl. o. A., Marcovici-Cleja, Paris Financier, Arrives Today with Plan to Aid Jews.
92 WHL, 503, Norman Bentwich, Report on the Governmental Conference at Evian, 3.
93 Zu diesem und dem vorausgehenden Zitat vgl. TNA, FO/919/3, Memorandum on a Solution of the Problem of Refugees Submitted to the Intergovernmental Conference on the Problem of Refugees at Evian-les-Bains by the Research Centre for a Solution of the Jewish Problem, July 1938, 6; LONA, S 543/ No. 2, Synopsis of Statements of Organisations, Evian, 16. Juli 1938, 8.

dass einige dieser Ideen auf Leopold Stennet Amery (1873–1955) zurückgingen, Mitautor der Balfour-Deklaration und Mitte der 1920er Jahre britischer Kolonialminister, versuchte er seinem Vorschlag Autorität zu verleihen. So sehr Marcovici-Clejas Bemühungen dem ehrlichen Wunsch entsprungen sein mögen, zu helfen – er hatte im Mai 1938 eigens dafür eine Promotiontour durch die Vereinigten Staaten unternommen[94] –, so wenig brachten sie die Konferenz in ihrer Suche nach praktikablen Lösungen weiter.

Gleichzeitig verdeutlicht Marcovici-Clejas Auftritt ein reales Dilemma. Konnten die Organisatoren wirklich im Vorfeld wissen, was sich hinter den einzelnen Verbänden und Vorschlägen verbarg? Auf welcher Grundlage hätte entschieden werden sollen, wer einen offiziellen Status erhielt und damit seine Standpunkte vertreten durfte und wer nicht? Wenn man an die Artikel Hirschbergs in der *CV-Zeitung* denkt, stellte sich die Frage legitimer Repräsentation der Interessen der deutschen Juden auch für den World Jewish Congress.[95] Mit welchem Mandat sprach Goldmann über sie? Brotman kommentierte entsprechend abschlägig gegenüber Laski, dass die Vertreter des WJC in Évian aufträten, als würden sie »die Meinung aller Juden, überall, repräsentieren«.[96] Vor dem Unterausschuss sprechen zu dürfen, war keine Gewähr dafür, mit den Vorschlägen und Forderungen auch Wirkung zu entfalten. Vielmehr musste das Präsentierte an die vagen Vorstellungen der Konferenzorganisatoren anschlussfähig sein. Für innerjüdische Rivalitäten und jüdische Politik, die über das konkrete Problem in Deutschland hinausreichen sollte, war dort kein Platz. Es kann davon ausgegangen werden, dass die Mitglieder des Unterausschusses – für die amerikanische Delegation nahm McDonald teil – spätestens nach der Anhörung einschätzen konnten, welche Organisation konstruktive Unterstützung für die vorliegende Aufgabe würde beisteuern können.[97] Weitere Konsultationen mit den Emissären hingen ganz konkret von dieser Einschätzung und der bisherigen Außenwirkung der betreffenden Organisation ab.

Das Prozedere im Unterausschuss sorgte bei einigen Emissären für unmittelbare Kritik. Besonders die Sprechzeiten waren Anlass für Empörung, da die wenigen Minuten als unzureichend galten, um die zentralen Fragen

---

94 Vgl. o. A., Marcovici-Cleja, Paris Financier, Arrives Today with Plan to Aid Jews. Im Eigenverlag hatte er 1938 auch die Broschüre *A Way out of the Palestine Difficulty and a Solution of the Jewish World Problem* publiziert. Auch nach dem Zweiten Weltkrieg hatte Marcovici-Cleja große Ideen; 1949 publizierte er *The Euro. A New European Gold Currency* (London/New York).
95 Vgl. Hirschberg, Gedanken für Evian. Zu dieser Perspektive der deutschen Jüdinnen und Juden und der innerjüdischen Diskussion um Minderheitenrechte nach 1933 vgl. Weiss, East European Jewry as a Concept and Ostjuden as a Presence in German Zionism, 79 f. und 82.
96 JDCA, 255, Brotman an Laski, Hotel Splendide, Evian, o. D. [während der Konferenz].
97 Vgl. Taylor, Bericht an Hull, 20. Juli 1938, 257.

angemessen erörtern zu können.⁹⁸ Zehn oder 15 Minuten waren tatsächlich wenig Zeit, aber die Anhörung war als eine Ergänzung der überreichten Memoranden gedacht und nicht als offenes Diskussionsforum. Ruppin und Goldmann waren sich bewusst, dass es zu dem eingeschlagenen Vorgehen keine wirkliche Alternative gegeben hatte.⁹⁹ Als Vertreter der Jewish Agency hatten sie bereits im Vorfeld dafür gesorgt, dass ihre Positionen nicht im Meer der Vorträge untergingen. Zwei Tage vor der Konferenz wurden Generalsekretär Paul-Boncour je hundert Exemplare des Memorandums auf Englisch und Französisch geschickt, die entsprechend der sprachlichen Präferenz der Diplomaten verteilt werden sollten.¹⁰⁰ Auch die Memoranden des WJC, der Freeland League oder jenes unter Federführung des Council waren zuvor an die Diplomaten verschickt worden.¹⁰¹ Außerdem waren die Papiere an Journalisten verteilt worden, die Teile davon für ihre Leserinnen und Leser abdruckten oder die Kernpunkte zusammenfassten.¹⁰² Die Aktivitäten der jüdischen Emissäre und ihre Reichweite waren also nicht auf die kurze Redezeit im Unterausschuss begrenzt.

Ein weiterer Handlungsraum eröffnete sich den nicht staatlichen Vertretern durch Pressekonferenzen und öffentliche Erklärungen. Mittels der Herstellung von Öffentlichkeit sollten nicht nur die eigenen Positionen profiliert und herausgehoben, sondern auch der Verlauf der Verhandlungen beeinflusst werden.¹⁰³ Diese Strategie setzten insbesondere die Mitarbeiterinnen und Mitarbeiter des World Jewish Congress und der Jewish Agency für ihre Forderungen ein. Die Vertreter des Council oder des JDC gaben der Presse keine öffentlichen Statements, es liegt aber nahe, dass sie mit Journalisten

---

98 Die in den Konferenzberichten angegebenen Zeitangaben schwanken für die größeren Organisationen wie JA und Joint zwischen 20, 15 und zehn Minuten; die kleineren Verbände erhielten weniger Raum. Vgl. CZA, KH4/4807/1, 2. Bericht von Max Kreutzberger, 8. Juli 1938, 3; LBINY, AR7183/5/22, Ruppin/Goldmann, 1. Bericht über Évian, 12. Juli 1938, 2; Adler-Rudel an Schäffer, 26. Juli 1938, in: Adler-Rudel, Das Auswanderungsproblem im Jahre 1938, 194; Weltsch, Noch keine konkreten Ergebnisse; retrospektiv hierzu auch Adler-Rudel, The Evian Conference on the Refugee Question, 255.
99 LBINY, AR7183/5/22, Ruppin/Goldmann, 1. Bericht über Évian, 12. Juli 1938, 2.
100 Vgl. TNA, FO/919/3, Kahany (Sekretär der Vertretung der JA beim Völkerbund) an Paul-Boncour, 4. Juli 1938.
101 Vgl. YIVO, RG 366/17/467, Steinberg an Seligman, 17. Juli 1938, 1; WHL, 503, Lord Samuel an Lord Winterton, 4. Juli 1938; AJA, MS-361/A6/11, Exekutive Sitzung, 30. Juni 1938, 2.
102 Vgl. exemplarisch die Meldungen der Jewish Telegraphic Agency (JTA) (5. Juli 1938 [WJC-Memorandum]; 6. Juli 1938 [gemeinsames Memorandum]; 7. Juli 1938 [JA-Memorandum]), die Berichte in der CV-Zeitung (Nr. 27, 7. Juli 1938, 2; Nr. 28, 14. Juli 1938, 2); The Congress-Bulletin, 22. Juli 1938, 3 f.; Palestine Post, 10. Juli 1938; The New York Times, 10. Juli 1938.
103 Zu Pressekonferenzen als Mittel der Einwirkung auf Verhandlungen vgl. AJA, MS-361/A8/5, ders., Bericht über die Staatenkonferenz zur Annahme eines endgültigen Statuts für die deutschen Flüchtlinge, Genf, 14. Februar 1938, bes. 3.

den Verlauf der Konferenz im privaten Rahmen diskutierten. Andere, wie Bernhard, der auch Journalist war, oder Simpson, kommentierten sowohl im Vorfeld als auch im Nachgang die Ereignisse öffentlich.[104] Goldmann hingegen versuchte, Pressekonferenzen als Korrektiv zu nutzen. Gestützt auf das Mandat verschiedener Judenheiten auf der ganzen Welt, dankte Goldmann dem Präsidenten der Vereinigten Staaten für seine »großzügige Initiative« – dies war die Formel, die auch die allermeisten Diplomaten in ihren öffentlichen Reden verwendeten – im Namen »der jüdischen Gemeinschaft auf der ganzen Welt«. Der WJC trat selbstbewusst auf und erklärte sich vor der Presse zum Vertreter von sieben Millionen Juden, die große Hoffnungen in die Wiederherstellung eines würdigen Lebens für Hunderttausende Flüchtlinge setzten.[105] Die Reaktion der sich nicht dem hier angerufenen jüdischen Kollektiv zugehörig fühlenden Juden kam prompt – aber nicht öffentlich. Auf der Zusammenkunft der privaten Organisationen am 6. und 7. Juli war ein gemeinsamer Presseausschuss gegründet worden, der konsultiert werden sollte, bevor eine Organisation mit Statements an die Presse herantrat. Brotman war dort Mitglied und verfolgte die Absicht, »die Waffen des World Jewish Congress zu durchbohren«. Weiter schrieb er, der WJC habe die »Angewohnheit, Pressekonferenzen einzuberufen und seine Ansichten zu verbreiten, als ob diese die Meinung aller Jüdinnen und Juden repräsentierten. Ich hoffe, dass es [die Einsetzung des Presseausschusses] eine ernüchternde Wirkung auf Goldman [sic] haben wird, aber das bezweifle ich.«[106] Hier kreuzten sich nicht nur Selbstverständnisse, sondern auch neue und alte Strategien jüdischer Politik paradigmatisch. Mit seiner pessimistischen Einschätzung sollte Brotman recht behalten. Den World Jewish Congress und Goldmann persönlich konnte er in ihren Aktivitäten nicht bremsen, dafür war die Herstellung von Öffentlichkeit bereits zu stark als ein Mittel ihrer Politik etabliert.

Am nötigsten schien es Goldmann und auch Ruppin, immer wieder eine klare Position zu Palästina zu beziehen. Sie kritisierten öffentlich Lord Winterton, der in seiner Rede nicht explizit auf das Mandatsgebiet eingegangen war, und behaupteten trotz der »niederschmetternden« Ereignisse dort in gewissem Sinne die »Stellung«, wie Kreutzberger es nannte.[107] Sie

---

104 Vgl. exemplarisch Georg Bernhard, Die Deutschen Flüchtlinge in Évian. Sonderbericht für die Deutschen Mitteilungen, 15. Juli 1938, in: Bonnesoeur u. a. (Hgg.), Geschlossene Grenzen, 81; Simpson, Die Flüchtlingsfrage – ein Weltproblem!; ders., The Refugee Problem (Abdruck einer Rede, die er am 28. Juni 1938 im Chatham House, London, gehalten hat; an der anschließenden Diskussion waren u. a. Malcolm, Bentwich und Ormerod beteiligt).
105 AJA, MS-361/A24/8, Press Release, Evian, 7. Juli 1938; vgl. AJA, MS-361/A24/8, Press Release, Evian, 8. Juli 1938.
106 JDCA, 255, Brotman an Laski, Hotel Splendide, Evian, o. D. [während der Konferenz]; auch JDCA, 255, A.G. Brotman, Inter-Governmental Conference on Refugees Held at Evian, 6. Juli 1938, 2.
107 CZA, KH4/4807/1, 3. Bericht von Max Kreutzberger, 11. Juli 1938, 3.

nutzten die Möglichkeit, vor einer großen Zahl jüdischer und nichtjüdischer Pressevertreter kurze Ansprachen zu halten, und betonten »die Bedeutung Palästinas für die Lösung des Problems überhaupt und des jüdischen Flüchtlingsproblems« im Besonderen.[108] Auf der Pressekonferenz der Jewish Agency am Nachmittag des 11. Juli 1938 sprach zusätzlich zu den beiden Genannten auch Golda Meyerson.[109] Innerhalb der Führung der JA und auch darüber hinaus war sie bekannt, was sich daran zeigt, dass sie sowohl in Goldmanns Bericht als auch in Kreutzbergers Briefen nicht eingeführt werden musste. Dies überrascht nicht, wenn man ihre damalige Position als Leiterin der politischen Abteilung im Vorstand der Histadrut, des 1920 gegründeten Dachverbands jüdischer Organisationen und Gewerkschaften in Palästina, bedenkt, wodurch sie eine wichtige und prägende Funktion innerhalb des Jischuw innehatte.[110] Welche konkrete Aufgabe Meyerson aber in Évian wahrnahm oder ob sie, da sie ohnehin in Europa unterwegs war, zur Konferenz kam, um einen politischen Konflikt über Einwanderungsfragen mit der Führungsebene um Ruppin öffentlich zu demonstrieren, lässt sich heute nicht mehr rekonstruieren. Für Letzteres spräche, dass Meyerson drei Tage später eine weitere Pressekonferenz abhielt, dieses Mal aber allein.[111] In den Vorbereitungen der Jewish Agency für Évian tauchte sie nicht auf und auch in den Berichten und Briefen von der Konferenz selbst wird sie nicht weiter erwähnt. Es ist daher anzunehmen, dass ihre historische Bedeutung für die Ereignisgeschichte von Évian marginal war.

Auch die Wirkung der Pressekonferenzen war äußerst begrenzt. Goldmann war dennoch in seinem Bericht an die Exekutive der Jewish Agency von deren Bedeutung überzeugt und glaubte, als Korrektiv gewirkt zu haben, da Winterton am Ende der Konferenz doch noch eine Erklärung zu Palästina abgab. Dies war aber nicht mehr als eine Geste und auf realpolitischer Ebene wenig bedeutsam.[112] In seiner Schlussrede war Winterton am 15. Juli jedweder Auffassung entgegengetreten, dass die gesamte Problematik der jüdischen Flücht-

---

108 LBINY, AR7183/5/22, Ruppin/Goldmann, 1. Bericht über Évian, 12. Juli 1938, 5.
109 1956 änderte Golda Meyerson ihren Namen in Meir; im gleichen Jahr wurde sie israelische Außenministerin.
110 Zur Histadrut vor 1948 vgl. Tzahor, The Histadrut.
111 Vgl. Beit Zvi, Golda Meir on the Evian Conference. Medzini betont Golda Meirs damaligen Geltungsdrang. Ders., Golda Meir. A Forty Year Perspective, 79. In seiner biografischen Studie stützt er sich für die Darstellung Meirs in Évian auf ihre Autobiografie und weitere daraus abgeleitete Quellen. Vgl. ders., Golda Meir. A Political Biography, 77 f. Ebenso verhält es sich bei Klagsbrun, Lioness, 173–175, und der kurzen Erwähnung bei Lahav, The Only Woman in the Room, 113.
112 LBINY, AR7183/5/22, Goldmann, Zweiter Bericht über die Evian-Konferenz, Genf, 20. Juli 1938, 1. In seinem Brief an Wise schrieb Goldmann martialisch, dass er nach Wintertons erster Rede »beschloss, zurückzuschlagen«. Vgl. AJA, MS-361/A27/1, Goldmann an Wise, 16. Juli 1938, 2.

linge durch die Öffnung Palästinas gelöst werden könne. Diese Position hielt er aus geopolitischen Gründen für »völlig unhaltbar« und betonte, dass man die aktuelle Situation vor Ort »nicht einfach ignorieren« könne, wie es aus seiner Sicht die zionistischen Forderungen nahelegten. Dahinter stand aber auch die klare Haltung der britischen Regierung, die Mandatspolitik nicht mit internationaler (und nationaler) Flüchtlingspolitik zu vermischen.[113] Winterton verwies auf die laufenden Beratungen der Woodhead-Kommission; wenn deren Ergebnisse vorlägen, würde die gesamte Palästinafrage neu betrachtet.[114] Insgesamt hatte der Versuch der Herstellung von Öffentlichkeit keine Auswirkungen auf die Verhandlungen in Évian. Da die Presseauftritte und die mit ihnen verbundenen Botschaften in der öffentlichen, besonders der nichtjüdischen Berichterstattung wenig bis gar keine Resonanz fanden, entwickelte sich kein öffentlicher Meinungsdruck, wie dies im Vorfeld der Konferenz bei einer Massendemonstration in London oder nach Stephen Wises Reden im Madison Square Garden in New York erfolgt war.[115] Eine solche Breitenwirkung wäre die Voraussetzung dafür gewesen, dass sich die Pressekonferenzen zu einer »Waffe« des WJC hätten entwickeln können.

Politikberatung abseits der Öffentlichkeit

Die Pressekonferenz der Jewish Agency resultierte möglicherweise nicht allein aus der Tatsache, dass Winterton Palästina öffentlich nicht erwähnt hatte, sondern auch aus einer Reaktion des Briten, die Ruppin in seinem Tagebuch als »Ohrfeige« bezeichnete.[116] Da er und seine Mitstreiter nicht ausführlich vor der Konferenz sprechen konnten, mussten sie – so Ruppin – ihre »Bemühungen darauf richten, mit den wichtigsten Delegationen zu sprechen«.[117] Der Weg dazu eröffnete sich durch einen inhaltlichen und strategischen Kompromiss mit anderen jüdischen Delegationen. Am 10. Juli hatten sich die Vertreter von JA, JDC, Council, WJC und JCA über ihr gemeinsames Vorgehen abgestimmt.[118] Mit Blick auf die Dissonanzen der letzten Wochen war dies überraschend. Der Berichterstatter der *CV-Zeitung* schrieb gar von einer »jüdischen Einheitsdelegation«, die aus Ruppin, Kahn, Brotman – in Vertre-

---

113 Vgl. Sherman, Island Refuge, 109.
114 LONA, R 5801/50/34596/34225, Proceedings of the Intergovernmental Committee, Evian, 6.–15. Juli 1938: Verbatim Record of the Plenary Meetings of the Committee, Resolutions and Reports, 42; vgl. hierzu auch Diner, Ein anderer Krieg, 107 f.
115 Vgl. Katz, Public Opinion in Western Europe and the Evian Conference of July 1938, 107 und 120–122.
116 Vgl. Ruppin, Eintrag vom 18. Juli 1938, in: ders., Briefe, Tagebücher, Erinnerungen, 502.
117 LBINY, AR7183/5/22, Ruppin/Goldmann, 1. Bericht über Évian, 12. Juli 1938, 3.
118 Vgl. CZA, KH4/4807/1, 2. Bericht von Max Kreutzberger, 8. Juli 1938, 2.

tung des bereits abgereisten Bentwich –, Goldmann und Oungre bestand.[119] So konstruktiv und harmonisch, wie Oungre diese Kooperation im Nachhinein beschrieb, war sie sicherlich nicht.[120] Sie war aus einem ganz rationalen Grund zustande gekommen: Kreutzberger schrieb von einem »katastrophalen« Eindruck, den die Organisationen bei manchen Regierungsvertretern hinterlassen hatten. Deshalb sollte das gemeinsame Vorgehen nun allein dem Zweck dienen, sich bei Winterton, Bérenger und Taylor wieder als ernst zu nehmende und verlässliche Partner zu präsentieren.[121] Aus Sicht der nationaljüdischen Vertreter war es die letzte Chance, auf dieser Konferenz noch etwas zu erreichen oder – nach den bisherigen Eindrücken – überhaupt noch Zugang zu den zentralen Akteuren zu finden. Nicht ohne Grund war nach der Anhörung im Unterausschuss die Idee der Kooperation im Kreis von Ruppin, Goldmann, Rosenblüth, Adler-Rudel und Kreutzberger intensiv diskutiert worden.[122] Es sind keine Details zu den darauffolgenden Gesprächen zwischen dem Kreis um Ruppin einerseits und Oungre, Brotman sowie Kahn andererseits überliefert. Letztlich verständigte man sich für die Konsultationen mit den Diplomaten auf vier Eckpunkte: 1. mittelfristige Auswanderung von 300 000 Menschen aus Deutschland, wobei hier auch Nichtjuden einbezogen waren; 2. Ausweitung des Besitztransfers; 3. allgemeine Finanzhilfen, da die Mittel der Emigranten nicht ausreichen würden. Da man zu diesem Zeitpunkt bereits davon überzeugt war, dass es ein neues zwischenstaatliches Komitee geben würde, kam noch ein vierter Punkt hinzu: Seitens der Regierungsvertreter sollte der Zuständigkeitsbereich so formuliert werden, dass »das Problem des osteuropäischen Judentums nicht ausgeschlossen wird«.[123] Als Erstes fällt auf, dass Palästina in diesen Punkten keine besondere Stellung zukam. Goldmann und Ruppin hatten vermutlich eingesehen, dass es für diese vertraulichen Konsultationen nicht länger opportun war, mit gleicher Vehemenz und Beharrlichkeit auf ihren Forderungen zu bestehen. Durch diese Reduktion schlossen sie sich de facto den Forderungen des Council an. Dies war ein Vorgang, der drei Wochen zuvor in London noch als unmöglich gegolten hatte, aber unter den gegebenen Umständen und bisherigen Erfahrungen auf der Konferenz für Goldmann, Ruppin und Rosenblüth vertretbar schien. Auch wenn ihre Bemühungen schwerpunktmäßig auf Palästina lagen, so war ihnen das Schicksal der Jüdinnen und Juden in Deutschland

---

119 Vgl. o. A., Die Arbeit der zweiten Unterkommission.
120 CAHJP, JCA/Lon/1124/3, Edouard Oungre, Rapport sur la Conference d'Evian, 16 f.
121 Zu den antizipierten wie auch gespiegelten Eindrücken vgl. exemplarisch CZA, KH4/4807/1, 3. Bericht von Max Kreutzberger, 11. Juli 1938, 3; JDCA, 256, Warren [Évian] an Chamberlain [NYC], 9. Juli 1938.
122 Vgl. CZA, KH4/4807/1, 2. Bericht von Max Kreutzberger, 8. Juli 1938, 2.
123 CZA, KH4/4807/1, 3. Bericht von Max Kreutzberger, 11. Juli 1938, 2; vgl. auch CAHJP, JCA/Lon/1124/3, Edouard Oungre, Rapport sur la Conference d'Evian, 18.

keinesfalls gleichgültig. Sie waren in Deutschland aufgewachsen und hatten sich von dort der zionistischen Bewegung angeschlossen. Ruppin hatte sich in den Jahren zuvor bei der Verteilung der Einwanderungszertifikate für eine Bevorzugung der deutschen Juden eingesetzt – zum Nachteil der Auswanderungswilligen im östlichen Europa.[124] Trotz ihrer Kritik an jüdischer Philanthropie waren sie Pragmatiker, denen bewusst war, dass es ohne JDC und Council kein Emigrationsprojekt aus dem deutschen Herrschaftsbereich geben würde.

Bei dem mehr als einstündigen Gespräch mit Bérenger konnten die fünf Vertreter ihre Punkte ausführlich darlegen und erhielten im Gegenzug Einblick in die Verhandlungen der amerikanischen, britischen und französischen Diplomaten über die Schlussresolution und die Ausgestaltung des Komitees. Die jüdischen Emissäre waren bis dahin über diese vertraulichen Verhandlungen nur grob im Bilde gewesen; McDonald und Cazalet präsentierten sich ihnen gegenüber aber als letztlich verlässliche Partner und hielten sie auf dem Laufenden.[125] Das Gespräch mit Lord Winterton beschrieb Ruppin gänzlich anders:

»Winterton empfing uns mehr als kühl, geradezu abweisend und wollte von dem ostjüdischen Wanderproblem nichts wissen. Die Unterredung, die kaum 15 Minuten dauerte, und in der ich der Sprecher war, war wie eine Ohrfeige für uns. W. betonte, hier sei nicht eine Konferenz (wie er es nannte), sondern Verhandlungen eines zwischenstaatlichen Komitees, um uns zu zeigen, daß wir hier eigentlich gar nichts zu suchen hätten.«[126]

Darüber hinaus betonte Winterton, dass er strikte Anweisungen bekommen habe, »das Palästinaproblem in Evian nicht zur Erörterung zu stellen«. Alle diesbezüglichen Fragen müssten mit dem Kolonialminister diskutiert werden, was man im Kreis um Ruppin und Rosenblüth ohnehin als die Domäne Weizmanns ansah.[127] Zu einem Treffen mit Taylor kam es nicht, allerdings hatten alle bis auf Ruppin bereits vor Évian ausführlich mit ihm gesprochen.

Neben diesen Konsultationen mit den wichtigsten Diplomaten führten die Emissäre der großen jüdischen Organisationen zahlreiche Gespräche mit weiteren Regierungsvertretern. Für Brotman als britischen Staatsbürger war

---

124 Vgl. Weiss, East European Jewry as a Concept and Ostjuden as a Presence in German Zionism, 84.
125 Vgl. AJA, MS-361/A8/2, Report on the Intergovernmental Conference of Evian-les-Bains. Das elfseitige Papier, eine Mischung aus Bericht, Dokumentation und Einschätzung der weiteren Entwicklung, war dem Rundschreiben Nr. 11 vom 25. Juli 1938 angehängt und damit für ein breites Publikum verfasst. Auch Ruppin beschrieb das Gespräch mit Bérenger positiv. Vgl. ders., Eintrag vom 18. Juli 1938, in: ders., Briefe, Tagebücher, Erinnerungen, 502.
126 Ruppin, Eintrag vom 18. Juli 1938, in: ders., Briefe, Tagebücher, Erinnerungen, 502.
127 Vgl. LBINY, AR7183/5/22, Ruppin/Goldmann, 1. Bericht über Évian, 12. Juli 1938, 3; CZA, KH4/4807/1, 2. Bericht von Max Kreutzberger, 8. Juli 1938, 2.

es naheliegend, mit den übrigen Mitgliedern der britischen Delegation wie Roger Makins oder Cazalet zu sprechen. Oungre diskutierte als Vertreter der JCA und der HICEM mit den Delegierten aus Brasilien, Chile, Uruguay, Argentinien, Kolumbien und Venezuela einerseits über generelle Fragen der Einwanderung, andererseits über gerade in Umsetzung befindliche Projekte und deren Probleme in der Praxis. In seinem Bericht betonte er im Nachgang die Ernsthaftigkeit, die ihm alle Gesprächspartner entgegengebracht hätten.[128] Besonders der Einsatz und das Engagement Taylors und der gesamten amerikanischen Delegation wurden hervorgehoben. Sie waren bestrebt, die Konferenz zu praktischen Ergebnissen zu führen.[129]

Auch die Delegationen aus Berlin und Wien trafen Taylor, Winterton und Bérenger sowie viele Vertreter südamerikanischer Länder.[130] Das von der Reichsvertretung der Juden in Deutschland erarbeitete und bei diesen Gelegenheiten vorgelegte Memorandum unterschied sich allerdings von jenen der übrigen Organisationen. Zusammen mit der 19-seitigen Anlage zu Demografie und Berufsstruktur der in Deutschland noch verbliebenen Juden, zu Ausbildungsstätten und der in den letzten fünf Jahren erfolgten Auswanderung war es mehr als eine gewöhnliche Denkschrift.[131] Es war ein Nekrolog – ein vorgezogener Nachruf auf eine Bevölkerungsgruppe, deren Existenzgrundlage zerstört wurde. In unmittelbarster und detailliertester Form war die Zusammensetzung der deutschen Judenheit beschrieben, um die in Évian alle Fragen der Emigration und der damit verbundenen Probleme kreisten. Mehr noch, Hirsch und Eppstein präsentierten Zahlen und Vorschläge. Sie lebten selbst im Herrschaftsbereich des NS-Regimes und waren gezwungen, unter täglich prekärer werdenden Bedingungen zu handeln; das Memorandum musste von den deutschen Sicherheitsbehörden genehmigt werden.[132] Das Agieren aus Deutschland heraus unterschied sie existenziell von den übrigen Emissären. Diese blickten aus dem Ausland auf Deutschland. Ihr Handeln

---

128 Vgl. JDCA, 255, A.G. Brotman, Inter-Governmental Conference on Refugees Held at Evian, 6. Juli 1938, 3; CAHJP, JCA/Lon/1124/3, Edouard Oungre, Rapport sur la Conference d'Evian, 13–15.
129 Vgl. exemplarisch Adler-Rudel an Schäffer, 26. Juli 1938, in: Adler-Rudel, Das Auswanderungsproblem im Jahre 1938, 194; WHL, 503, Norman Bentwich, Report on the Governmental Conference at Evian, 5; JDCA, 143, Jonah Wise an Hyman, 11. Juli 1938; auch McDonald Stewart, United States Government Policy on Refugees from Nazism 1933–1940, 307.
130 Vgl. CAHJP, JCA/Lon/1124/3, Edouard Oungre, Rapport sur la Conference d'Evian, 16; WHL, 503, Norman Bentwich, Report on the Governmental Conference at Evian, 4; Kieffer, Judenverfolgung in Deutschland – eine innere Angelegenheit?, 246–248.
131 Vgl. CZA, KH4/4807/1, Zur Konferenz von Evian; auch in: Adler-Rudel, The Evian Conference on the Refugee Question, Appendix I, 261–271.
132 Vgl. Jünger, Jahre der Ungewissheit, 365; Kieffer, Judenverfolgung in Deutschland – eine innere Angelegenheit?, 245–248.

war daher mitunter von anderen Prämissen bestimmt. Die Reichsvertretung sah sich jedoch dazu gezwungen, mit diesem Memorandum in Évian die noch existierende deutsche Judenheit zur Disposition zu stellen. Die Juden in Deutschland hatten ihren »Lebensraum verloren«, hofften aber, so schloss das Memorandum, dass die Konferenz in Évian »die Möglichkeit neuer Lebensentfaltung schaffen werde«.[133] Die von Hirschberg formulierte »Verschiebung der Diaspora« erhielt hier ihre materielle Grundlage. Ihre Umsetzung ging in Évian in die Verantwortung der handelnden Regierungen über.[134] Taylor hatte dafür zum Auftakt der Konferenz die richtigen Worte gefunden: Es sei Zeit für Regierungshandeln. Das Schicksal der deutschen Jüdinnen und Juden lag bereits jenseits dessen, was jüdische Politik oder Philanthropie zu leisten imstande waren.

Alle diese beschriebenen Konsultationen waren aber – trotz ihrer beträchtlichen Anzahl und ihrer Zusammensetzung – keine Mitwirkung am zentralen Konferenzgeschehen. Eine solche direkte Beteiligung an den Verhandlungen der Regierungsdelegationen konnte es eigentlich auch nicht geben. Die Gepflogenheiten internationaler Beziehungen waren mit der offiziellen Anhörung der privaten Organisationen bereits aufgeweicht worden. Manche der konstruktiven Vorschläge waren für die Entscheidungsfindung berücksichtigt worden. Im Grunde wurden diese aber für die spätere Arbeit des Intergovernmental Committee aufbewahrt. Man könnte annehmen, der Einfluss der jüdischen Akteure fand in der Anhörung des Unterausschusses, in versuchter Herstellung von Öffentlichkeit und vertraulichen Gesprächen mit Regierungsvertretern seine Grenze. Ein Foto jedoch, das damals in einigen Zeitungen und Illustrierten abgedruckt wurde, deutet noch eine andere Ebene an: Die Aufnahme zeigt Bérenger und Bentwich während der Konferenz im Gespräch (Abb. 18).[135]

Zu sehen sind zwei Persönlichkeiten, die auf Augenhöhe miteinander sprechen – ungeachtet ihres formal ungleichen Status. Seit Jahren trafen sich der Regierungsvertreter und der Emissär bei den verschiedensten Gelegenheiten, diskutierten über die Situation der Verfolgten in Deutschland und versuchten, Lösungen für die Situation der Geflüchteten zu entwickeln. Es liegt also nahe, dass sich zwischen beiden im Lauf der Jahre und vermutlich auch, weil sich ihre Herangehensweise und ihre Praktiken ähnelten, eine gewisse Vertrautheit entwickelt hatte. Ebenso ist es wahrscheinlich, dass beide einen Modus des Austauschs jenseits formeller Konsultationen pflegten, womit sich beiderseits weitreichende Einflussmöglichkeiten eröffneten. Wenngleich

---

133 Vgl. CZA, KH4/4807/1, Zur Konferenz von Evian, 17.
134 Vgl. Adler-Rudel an Schäffer, 26. Juli 1938, in: Adler-Rudel, Das Auswanderungsproblem im Jahre 1938, 194.
135 Abgedruckt u. a. in: o. A., Die Flüchtlingskonferenz von Évian; o. A., Köpfe aus Evian.

Abb. 18: Norman Bentwich (links) und Henry Bérenger während der Konferenz von Évian im Gespräch. Zürcher Illustrierte, Nr. 29 vom 15. Juli 1938, 868/Zentralbibliothek Zürich.

die Zusammenarbeit mit Taylor erst einige Wochen vor Évian begonnen hatte, so muss Bentwich auch bei ihm großen Eindruck hinterlassen haben. Als Bentwich die Konferenz am 10. Juli vorzeitig verließ, tat er dies, weil Taylor ihn instruiert hatte, das britische Außenministerium dahingehend zu beeinflussen, seinen Widerstand gegen das neue zwischenstaatliche Komitee aufzugeben.[136] Taylors Bitte zeugte von seiner Wertschätzung gegenüber Bentwich und hob Letzteren in die Rolle eines persönlichen Unterhändlers. Einen offiziellen Status hätte es dafür nicht geben können, aber Bentwich trachtete auch nicht nach einem solchen. Ob es tatsächlich zu Gesprächen zwischen den britischen Beamten und Bentwich oder mit seinen Kollegen Lord Bearsted oder Lord Samuel kam, ist nicht überliefert. Entscheidend ist, dass die britische Delegation letztlich der Gründung des Intergovernmental Committee zustimmte. Insofern ist Bentwichs Mission auch ein Ausweis der Möglichkeiten und Aktivitäten einzelner jüdischer Emissäre. Wenn Aus-

---

136 Vgl. CZA, KH4/4807/1, 3. Bericht von Max Kreutzberger, 11. Juli 1938, 2. In Andeutung auch in WHL, 503, Norman Bentwich, Report on the Governmental Conference at Evian, 1.

gangsposition und Ziele, Habitus und Netzwerk zwischen Diplomaten und Emissären zusammenpassten, konnten sich konkrete Einflussmöglichkeiten ergeben.

Während der Konferenz schrieb Warren mehrere Berichte über die internen Vorgänge innerhalb der amerikanischen Delegation und sandte sie an Chamberlain nach New York zur Unterrichtung des Advisory Committee. Von den zahlreichen in Évian vertretenen privaten Organisationen nannte Warren jedoch nur den JDC. Darüber hinaus wird in den Berichten noch etwas anderes deutlich: Jaretzki vom JDC, der zwar vermutlich nicht als dessen offizieller Vertreter in die amerikanische Delegation eingebunden war, aber dort ob seiner Expertise als Berater geschätzt wurde, war Co-Autor der amerikanischen Entwürfe der Schlussresolution.[137] Jaretzki war bereits im Juni in London gewesen und sowohl über die Vorbereitungen der amerikanischen Delegation als auch jene innerhalb des Council im Bilde. Es scheint aber, dass er sich erst auf der Konferenz selbst aktiv in die Geschehnisse einbrachte. Als Senior Partner der renommierten New Yorker Anwaltskanzlei Sullivan & Cromwell LLP hatte er sich für einige Monate freistellen lassen, um sich »privat« in Flüchtlingsangelegenheiten zu engagieren.[138] Er galt innerhalb der Roosevelt-Administration, obwohl er ebenso wie Taylor auf dem Gebiet der Flüchtlingspolitik keine Erfahrung vorzuweisen hatte, als jemand, auf dessen Expertise man grundsätzlich vertrauen konnte. McDonald und Taylor wünschten Mitte Juni, dass Jaretzki sie nach Évian begleite, allerdings wollte dieser nicht »als einer von vielen nicht eingeladenen Lobbyisten teilnehmen«.[139] Ihm schwebte also ein Status jenseits dessen vor, was den privaten Organisationen vielleicht gewährt würde. Auch wenn diese Erwartung nur JDC-intern kommuniziert wurde, zeugt sie von Jaretzkis Selbstbewusstsein und Unabhängigkeit. Wenn Taylor Jaretzkis Expertise haben wollte, musste ihm die amerikanische Delegation auch einen entsprechenden Platz einräumen. Sich in Évian mit allen anderen Emissären um einen Gesprächstermin zu streiten, hätte nicht Jaretzkis Selbstverständnis als erfahrener, erfolgreicher Jurist und Geschäftsmann entsprochen. Seine »zurückhaltende« Präsenz in Évian und die Tatsache, dass er in den Berichten von Brotman, Kreutzberger und anderen nicht auftauchte, liegt darin begründet, dass er sich nicht in die innerjüdischen Auseinandersetzungen begab, einen gänzlich anderen Zugang zu den Entscheidungsträgern hatte und über ganz andere Möglichkeiten der Mitwirkung verfügte. Dass Jaretzki im Hotel Royal wohnte, geht

---

137 Vgl. JDCA, 256, Warren [Évian] an Chamberlain [NYC], 8. Juli 1938; JDCA, 256, Warren [Évian] an Chamberlain [NYC], 13. Juli 1938.
138 Vgl. JDCA, 255, Thurlow M. Gordon (von einer New Yorker Anwaltskanzlei) an Rublee, 3. August 1938.
139 Vgl. JDCA, 255, Telegramm Jaretzki an Jointdisco, NYC, 11. Juni 1938; JDCA, 255, Telegramm Baerwald, Rosenberg an Jaretzki, 15. Juni 1938.

in diesem Fall deutlich über das Symbolische hinaus.[140] Auch die weiteren Mitglieder der JDC-Delegation Wise, Kahn, Guinzburg und Katz, der zugleich das Liaison Committee vertrat, waren in die Arbeit der amerikanischen Diplomaten eingebunden. Taylor schätzte Katz' Arbeit dermaßen, dass er ihn über Évian hinaus als seinen Sekretär und Berater behielt, wovon sich wiederum Adler-Rudel und Schäffer »sehr viel« versprachen.[141]

Auf der Konferenz von Évian hatten die meisten jüdischen Emissäre einen schwierigen Stand. Obwohl ihren Organisationen ein offizieller Status zugesprochen worden war, blieb die Anhörung ohne nennenswerte Resonanz. Die Emissäre wurden vielmehr in die Rolle öffentlicher Bittsteller gezwungen. Für diejenigen, die in Évian auf eine öffentliche Plattform gedrängt hatten, erwies sich die Befragung als politischer Bumerang. Der World Jewish Congress und die Jewish Agency konnten mit ihren Forderungen keine Wirkung entfalten. Sie waren im Rahmen dieser Konferenz und im Sommer 1938 entweder unrealistisch oder politisch inopportun.

Einfluss konnten jüdische Organisationen in Évian nur dann gewinnen, wenn es sich um realistische und der Sache der Auswanderung aus Deutschland direkt dienende Vorschläge handelte. Taylor und seine Kollegen von der französischen und britischen Delegation waren bestrebt, zügig zu realistischen Lösungsansätzen vorzustoßen und sich nicht mit Utopien oder innerjüdischen Konflikten zu befassen. Zwischen den Diplomaten herrschte daher grundsätzliches Einvernehmen, die Integration der Flüchtlinge jedweden Massenansiedlungen vorzuziehen, die »weder praktikabel noch erwünscht waren«.[142] Entsprechend erlangten der JDC und der Council for German Jewry auf der Konferenz von Évian den größten Einfluss. Ihr Programm war auf die Emigration aus dem deutschen Herrschaftsbereich konzentriert und sah in der Flüchtlingskrise nicht allein ein jüdisches Problem. Darüber hinaus standen sie für die Akquise von finanziellen Mitteln und verfügten somit über eine Verhandlungsposition. Um ihre Vorschläge einzubringen, entsandten die Organisationen erfahrene Geschäftsmänner, Rechtsanwälte und Flüchtlingsexperten. Mit diesem Personenkreis waren insbesondere die Diplomaten der amerikanischen Delegation vertraut und konnten mit ihnen zielgerichtet

---

140 Vgl. Eintragung »Mr. Jareski, Paris« im Gästebuch des Hotels Royal, 5. Juli 1938, Évian Resort, Thonon-les-Bains.
141 Vgl. Adler-Rudel an Schäffer, 26. Juli 1938, in: Adler-Rudel, Das Auswanderungsproblem im Jahre 1938, 195; Schäffer an Adler-Rudel, 30. Juli 1938, in: ebd., 196; JDCA, 129, Baerwald an Jaretzki, 9. August 1938; JDCA, 131, Memo McDonald an JDC, 18. Juli 1938; JDCA, 131, Telegramm Baerwald an Katz (Hotel Splendide, Évian), 16. Juli 1938; JDCA, 131, Telegramm Baerwald an Katz (Hotel Splendide, Évian), 15. Juli 1938.
142 Vgl. JDCA, 255, A.G. Brotman, Inter-Governmental Conference on Refugees Held at Evian, 6. Juli 1938, 1 und 3 f.; CAHJP, JCA/Lon/1124/3, Edouard Oungre, Rapport sur la Conference d'Evian, 1 und 9.

zusammenarbeiten.¹⁴³ Die »altbekannte« Strategie jüdischer Politik erwies sich im Kontext von Évian als wirkungsvoll.

Mit den abweichenden Strategien waren auch teils diametrale Erwartungen verbunden gewesen. Es überrascht daher nicht, dass nach deren Ende die Emissäre unterschiedliche Bilanzen der jüdischen Aktivitäten zogen. Aus Brotmans Sicht zeugten die Vielzahl der Treffen, die innerjüdischen Konflikte und die damit verbundene Außenwirkung von »mehr Unstimmigkeit als Einigkeit«. Mit der Anhörung vor dem Unterausschuss hätte man auf die nichtjüdischen Organisationen wie auf die Regierungsvertreter keinen positiven Eindruck gemacht: »Ich glaube, es war zu diesem Zeitpunkt der Konferenz, dass jemand feststellte, dass aus Évian, wenn man es rückwärts schreibt, ›naive‹ wird.«¹⁴⁴ Dies war an die Adresse all jener gerichtet, die ihre eigene Person und ihren Status überschätzt und sich dementsprechend mit ihren Zielen verspekuliert hatten. Im Gegensatz dazu konstatierte Goldmann nach Ende der Konferenz gegenüber Stephen Wise: »Wenn je eine Lektion für die Notwendigkeit einer einheitlichen jüdischen Repräsentation erteilt wurde, dann wurde sie in Evian erteilt. Aber ich fürchte, dass die jüdischen Honoratioren aus dieser Lektion nichts gelernt haben.«¹⁴⁵ Dass Goldmann und seine Kollegen mit ihren inhaltlichen Punkten – nicht zuletzt aufgrund der historischen Umstände – kaum Wirkung erzielen konnten, ließ er in diesem Urteil völlig außer Acht. Die Überzeugung, dass jene Honoratioren-Philanthropie alter Schule an der Situation des jüdischen Kollektivs eine Mitverantwortung trage, versperrte ihm den Blick darauf, dass sich ebendiese Form der Politikberatung in Évian durchgesetzt hatte. Obwohl er letztlich gezwungen war, sich für den Zugang zu den Diplomaten seinen politischen Gegnern unterzuordnen, schrieb er an die Jewish Agency in gleichem Ton wie an Wise:

»Das Erscheinen von Vertretern von mehr als zwanzig Organisationen wirkte beschämend und teilweise lächerlich, und die Anhörung dieser Delegationen [...] war beinahe eine Farce. Die Schuld daran tragen die jüdischen Organisationen selbst, und ein grosser Teil der Verantwortung liegt bei dem british Council for German Jewry, der den Vorschlag unserer Londoner Exekutive, [...] eine einheitliche kleine Delegation nach Evian zu entsenden, aus Angst vor dem Erscheinen des ›internationalen Judentums‹ und anderen kleinlichen Motiven abgelehnt hatte.«¹⁴⁶

---

143 Exemplarisch die Einschätzung Jaretzkis zur Zusammenarbeit mit Warren. Vgl. JDCA, 255, Jaretzki an Baerwald, 19. August 1938, 1.
144 JDCA, 255, A.G. Brotman, Inter-Governmental Conference on Refugees Held at Evian, 6. Juli 1938, 2f.
145 AJA, MS-361/A27/1, Goldmann an Wise, 16. Juli 1938, 2; vgl. hierzu auch Segev, Immigration, Politics and Democracy, 218.
146 LBINY, AR7183/5/22, Goldmann, Zweiter Bericht über die Evian-Konferenz, Genf, 20. Juli 1938, 2.

In jedem Fall zogen die Konferenzorganisatoren aus ihrer Erfahrung mit den privaten Verbänden Schlüsse für die konstitutive Sitzung des Intergovernmental Committee am 3. August 1938. Adler-Rudel berichtete darüber an Schäffer: »Die Leitung der Konferenz hat auch schon mitgeteilt, dass die Sitzung in London absolut vertraulich sein wird, und dass sie keinen Vertreter privater Organisationen ausser denen, die ausdrücklich dazu aufgefordert werden, anhören wird.«[147] Sollte sich diese Entwicklung tatsächlich in der weiteren Arbeit des Intergovernmental Committee fortsetzen, so bedeutete dies aus der Perspektive Goldmanns und seiner Kollegen einen herben Rückschlag.[148] Brotman wiederum begrüßte diese Aussicht, denn so sei das IGCR von »ständiger Repräsentation durch vielfältigste Organisationen« befreit.[149]

Ob Jaretzki durch seine Mitarbeit an den Entwürfen der Schlussresolution erfolgreich für jüdische Belange stritt oder amerikanische Politik betrieb, ist nicht entscheidend. Es kommt auch nicht darauf an, ein prozentuales Ranking aufzustellen, welcher Anteil der Forderungen jüdischer Organisationen letztlich in den Verhandlungen der Diplomaten umgesetzt wurde und ob es hier Kausalitäten gab. Wichtiger ist, dass die Ergebnisse der Konferenz, wie sie sich in der Schlussresolution manifestierten, zentralen Erwartungen und Vorschlägen einiger jüdischer Organisationen entsprachen – wie etwa jenen des Council. Es gab somit inhaltliche Konvergenzen zwischen jüdischen Erwartungen einerseits und den Entscheidungen der Regierungsvertreter andererseits. Diese waren in erster Linie: die Anerkennung der Flüchtlinge als internationales Krisenphänomen, das Einfluss auf alle Konferenzbeteiligten ausübte; die Gründung des Intergovernmental Committee und dessen Zuständigkeit für »potenzielle Flüchtlinge«, was auch Osteuropa nicht völlig ausschloss; die Anerkennung der Notwendigkeit einer Ausweitung des Besitztransfers und dafür notwendig einzugehender Verhandlungen mit Deutschland. Diese Punkte waren im Zusammenhang damaliger Flüchtlings- und Migrationspolitik bedeutungsvoll und bargen innovatives Potenzial.

---

147 Adler-Rudel an Schäffer, 26. Juli 1938, in: Adler-Rudel, Das Auswanderungsproblem im Jahre 1938, 194.
148 Vgl. CZA, KH4/4807/1, 3. Bericht von Max Kreutzberger, 11. Juli 1938, 2; AJA, MS-361/A27/1, Goldmann an Wise, 16. Juli 1938, 2.
149 JDCA, 255, A.G. Brotman, Inter-Governmental Conference on Refugees Held at Evian, 6. Juli 1938, 4.

2.2 »Die erste Etappe« – Erwartungen und Aussichten im Sommer 1938

»Diese Konferenz wird vergehen, das neue Amt aber bestehen.«[150] Mit dieser Einschätzung brachte Kreutzberger in seinem dritten Brief aus Évian zum Ausdruck, was die meisten jüdischen Emissäre über das soeben Erlebte dachten: Die Konferenz war passé; entscheidend war ihr Ergebnis und was dieses in der Zukunft bringen würde. Die Statements der Regierungsvertreter nahmen entsprechend wenig Raum in ihren Berichten ein. Kreutzberger und Goldmann, Brotman und Ruppin schätzten die Bedeutung dieser Berichte ganz richtig als marginal ein. Relevant war, was vertraulich gesprochen und jenseits der Öffentlichkeit entschieden worden war.[151] Viel Platz nahmen in den Berichten deshalb zwei andere Aspekte ein: Zunächst legten sie den Schwerpunkt auf die Aktivitäten der jüdischen Organisationen, die jeder Berichterstatter gemäß seinem Standpunkt evaluierte. Im Weiteren bilanzierten sie die am 14. Juli 1938 von den versammelten Diplomaten einstimmig angenommene Schlussresolution und die damit verbundene Gründung des neuen Intergovernmental Committee. Die Konferenz in Évian endete formal mit der Bekanntgabe dieser Resolution in einer letzten öffentlichen Sitzung am Tag darauf. Die Versammlung der 32 Regierungsvertreter – die formell bereits Intergovernmental Committee hieß – erklärte sich zu einer permanenten Institution, die die begonnene Arbeit »fortsetzen und weiterentwickeln« sollte.[152] Die Gründung des IGCR war der eigentliche Zweck der Konferenz in Évian gewesen und markierte einen Fortschritt in der internationalen Flüchtlingspolitik.[153] Dieses Ergebnis hatte nicht von vornherein festgestanden.

Obwohl die Vertreter der Vereinigten Staaten ein neues Komitee beabsichtigt und jüdische Emissäre wie Bentwich und Adler-Rudel ein solches erwartet und darauf gehofft hatten, gab es besonders seitens der britischen Diplomaten Widerstand gegen diese Pläne.[154] Die Konferenz war daher bedeutsam für die

---

150 CZA, KH4/4807/1, 3. Bericht von Max Kreutzberger, 11. Juli 1938, 2.
151 Vgl. für diese Perspektive auch McDonald Stewart, United States Government Policy on Refugees from Nazism 1933–1940, 306.
152 LONA, R 5801/50/34596/34225, Proceedings of the Intergovernmental Committee, Evian, 6.–15. Juli 1938: Verbatim Record of the Plenary Meetings of the Committee, Resolutions and Reports, Annex IV: Resolution, 54 f.; vgl. auch Adler-Rudel an Schäffer, 26. Juli 1938, in: Adler-Rudel, Das Auswanderungsproblem im Jahre 1938, 193.
153 Vgl. Taylor, Bericht an Hull, 20. Juli 1938, 259; Kirschmann Streit, Refugee Meeting Adopts Resolution; McDonald Stewart, United States Government Policy on Refugees from Nazism 1933–1940, 314 f.; Sjöberg, The Powers and the Persecuted, 14.
154 Vgl. Taylor, Bericht an Hull, 20. Juli 1938, 249–254; Kieffer, Judenverfolgung in Deutschland – eine innere Angelegenheit?, 231–236.

»Die erste Etappe« 203

weitere Entwicklung der amerikanischen Initiative.[155] Letztlich konnten sich die Briten nicht damit durchsetzen, »die ganze Angelegenheit auf die League of Nations abzuschieben«, wie Adler-Rudel es ausdrückte, sondern stimmten dem Intergovernmental Committee zu.[156] Adler-Rudel wertete das Ergebnis der Konferenz als positives Signal und teilte unmittelbar nach Évian seine Eindrücke mit Schäffer:

»Als erstes würde ich sagen, dass ich mit dem Ergebnis der Konferenz absolut zufrieden bin; es entspricht ungefähr dem, was ich von der Konferenz erwartet hatte, und ich glaube nicht, dass man bei vernünftiger Überlegung mehr erwarten konnte. Als die wichtigste Tatsache erscheint mir die Gründung eines permanenten Office, das zum ersten Male nach diesen traurigen fünf Jahren, gestützt auf die Autorität der grossen Staaten, den Versuch wird machen können, mit Deutschland zu verhandeln.«[157]

Von diesen Verhandlungen versprach er sich eine gewisse Kooperation der deutschen Regierung – im Besonderen die Ausweitung des Besitztransfers – und einen Gewinn an Zeit für die Vorbereitung der Auswanderung.[158] Allerdings hatten nur die Vereinigten Staaten erklärt, ihre deutsche Einwanderungsquote voll auszuschöpfen; die übrigen Diplomaten waren mit verbindlichen Zusagen zurückhaltend. Trotzdem ging Adler-Rudel weiterhin von der »Möglichkeit« aus, »die Auswanderung aus Deutschland und Österreich auf 50 000 Menschen jährlich zu steigern«.[159] Aus seinen Zeilen sprach keinesfalls Enttäuschung, vielmehr Pragmatismus und die Aussicht auf eine realistische Lösung des Flüchtlingsproblems. Mit seiner Einschätzung stand Adler-Rudel nicht allein. Nicht nur sein Korrespondenzpartner Schäffer stimmte ihm zu, auch Goldmann zog insgesamt eine positive Bilanz.[160] Obwohl Goldmann für die von ihm repräsentierten Organisationen in Évian kaum Ziele durchsetzen konnte, schrieb er in seinem Abschlussbericht nach Jerusalem, dass »die Resolution zweifellos einen Erfolg der Evian-Konferenz« bedeute.[161] Diese Einschätzung gründete sich auch bei ihm auf »das neue Komitee«, dem es »wahrscheinlich […] gelingen wird, gewisse Erleichterungen für die Auswanderung aus Deutschland zu erzielen

---

155 Vgl. Kirschmann Streit, 32 Nations Gather to Help Refugees; CZA, KH4/4807/1, 1. (Vor-) Bericht von Max Kreutzberger, 6. Juli 1938, 1; vgl. hierzu auch Mashberg, American Diplomacy and the Jewish Refugee, 1938–1939, 350f.; Feingold, The Politics of Rescue, 28.
156 Adler-Rudel an Schäffer, 26. Juli 1938, in: Adler-Rudel, Das Auswanderungsproblem im Jahre 1938, 194.
157 Ebd., 192f.
158 Ebd., 193.
159 Ebd., 195; vgl. auch Robert Weltsch, Heute Schluß in Evian.
160 Schäffer an Adler-Rudel, 30. Juli 1938, in: Adler-Rudel, Das Auswanderungsproblem im Jahre 1938, 196.
161 LBINY, AR7183/5/22, Goldmann, Zweiter Bericht über die Evian-Konferenz, Genf, 20. Juli 1938, 1.

und auch Einwanderungsländer in einem begrenzten Maße zu öffnen«.[162] An Stephen Wise schrieb Goldmann sogar von »einem großen Erfolg, für den Ihr Präsident [Roosevelt] unendlichen Dank verdient«.[163] Aber nicht nur jüdische Emissäre stimmte die Gründung des Intergovernmental Committee hoffnungsvoll. Auch der Évian-Korrespondent der *New York Times* berichtete über die »generelle Zufriedenheit« mit den Ergebnissen, die »besonders in den amerikanischen Kreisen« dominiere, und hob seinerseits die Innovationen des IGCR hervor.[164] In der öffentlichen Schlusssitzung am 15. Juli konstatierte der Delegierte Boliviens, Costa du Rels, der dem Dreierkomitee über die zukünftige Flüchtlingshilfe des Völkerbunds vorsaß: »Die Organe des Völkerbunds repräsentieren die Vergangenheit – will sagen, Erfahrung –, das Intergovernmental Committee hingegen steht für die Zukunft – für eine neue dynamische Kraft und einen neuen Glauben.«[165]

Wenn man sich die Erfahrungen der jüdischen Emissäre auf der Konferenz von Évian vergegenwärtigt, so überraschen diese positiven Einschätzungen zunächst. Die meisten Vertreter jüdischer Organisationen zogen eine negative Bilanz des eigenen und des Engagements der Kollegen. Viele Forderungen hatten sich als nicht durchsetzungsfähig erwiesen und innerjüdische Konflikte die Außenwirkung geprägt. Adler-Rudel schrieb gar, »dass das Auftreten der jüdischen Organisationen mit zu den unangenehmsten Erscheinungen der Konferenz gehörte«.[166] Sein und Goldmanns positives Gesamtergebnis und ihr auf die Zukunft gerichteter Blick lassen sich somit nicht allein vor diesem Hintergrund verstehen. Ihre Resümees zu Évian erklären sich erst, wenn man den Blick über die konkreten Ereignisse der Konferenz hinaus weitet. Dann gewinnen ihre Einschätzungen Kontur und es zeigt sich, dass sie keinesfalls Ausdruck bloßer Hoffnung waren, sondern auf rationalen Annahmen basierten. Zunächst drängt sich somit die Frage nach den innovativen Charakteristika des IGCR auf, das in seinen Kompetenzen und Möglichkeiten über das Bisherige hinausging.[167] Dass die HCR beim Völkerbund und die Arbeit der nicht staatlichen Organisationen allein nicht ausreichen würden, um mit der von Deutschland ausgehenden Krise umzugehen, war

---

162 Ebd., 2.
163 AJA, MS-361/A27/1, Goldmann an Wise, 16. Juli 1938, 2.
164 Kirschmann Streit, Refugee Meeting Adopts Resolution; vgl. auch JDCA, 256, Alling an Chamberlain, 16. Juli 1938.
165 LONA, R 5801/50/34596/34225, Proceedings of the Intergovernmental Committee, Evian, 6.–15. Juli 1938: Verbatim Record of the Plenary Meetings of the Committee, Resolutions and Reports, 44.
166 Adler-Rudel an Schäffer, 26. Juli 1938, in: Adler-Rudel, Das Auswanderungsproblem im Jahre 1938, 194.
167 Aus der Perspektive internationalen Rechts und internationaler Politik zeitgenössisch Holborn, The Legal Status of Political Refugees, 1920–1938, bes. 700; retrospektiv Sjöberg, The Powers and the Persecuted, 13–17 und 37 f.

»Die erste Etappe« 205

offensichtlich geworden. Allerdings muss man sich bewusst machen, dass die zweifellos dramatische Situation der Juden in Deutschland und dem ehemaligen Österreich im Sommer 1938 sowohl seitens der Regierungsvertreter als auch der nicht staatlichen Emissäre als lösbar angesehen wurde.[168] Diese Annahme basierte auf einer spezifischen Wahrnehmung nationalsozialistischer Politik einerseits und der Vorstellung eines kooperativen und geordneten Migrationsprozesses andererseits. Für die Durchführung eines solchen und den Aufbau Hunderttausender neuer Existenzen gab es ein historisches Vorbild zwischenstaatlicher Zusammenarbeit aus den 1920er Jahren, das damals allgemein als erfolgreiches Modell eingestuft und in jüdischen Memoranden als Referenz herangezogen wurde: Im Kontext des sogenannten Bevölkerungstransfers zwischen Griechenland und der Türkei war nach Ende des Ersten Weltkriegs die Refugee Settlement Commission (RSC) gegründet worden. Sie diente dem neuen Komitee als eine Art Blaupause.

Die Bilanzen jüdischer Emissäre dürfen nicht als Euphorie überbewertet werden. Ihre Berichte, Tagebucheinträge und Briefe spiegeln das Bewusstsein, vor welchen großen Herausforderungen die Arbeit des Intergovernmental Committee in den nächsten Jahren stehen würde. Dabei flossen in ihre unmittelbare Bewertung der Ereignisse in Évian das nüchterne Wissen um die Bedingungen internationaler Flüchtlingshilfe und die Schwierigkeiten europäischer Politik im Sommer 1938 ein. Für die Gründung des IGCR waren humanitäre Erwägungen letztlich zweitrangig. Trotzdem konvergierten auf der Konferenz von Évian staatliche Interessen mit jenen der wichtigsten jüdischen Organisationen. Die Gründung des Intergovernmental Committee und das Wissen um das erfolgreiche historische Vorbild ermöglichten es den jüdischen Emissären am Ende der Konferenz, von einem – wie Goldmann es ausdrückte – realen »Fortschritt in dem Versuch einer Lösung des deutsch-jüdischen Flüchtlingsproblems« überzeugt zu sein.[169]

---

168 Zur zeitgenössischen Einschätzung exemplarisch Ruppin, Tagebucheintrag vom 11. April 1938, in: ders., Briefe, Tagebücher, Erinnerungen, 499; LBIJER, 560, Mitteilungsblatt der Hitachduth Olej Germania, Interview mit Georg Landauer, August 1938; Bentwichs Kommentar nach Simpsons Rede am 28. Juni 1938, in: Simpson, The Refugee Problem, 622; hierzu auch Feingold, The Politics of Rescue, 36; Weingarten, Die Hilfeleistung der westlichen Welt bei der Endlösung der deutschen Judenfrage, 52.
169 LBINY, AR7183/5/22, Goldmann, Zweiter Bericht über die Evian-Konferenz, Genf, 20. Juli 1938, 2; vgl. auch Ruppin, Tagebucheintrag vom 18. Juli 1938, in: ders., Briefe, Tagebücher, Erinnerungen, 501 f.

Das Intergovernmental Committee on Refugees: Fortschritt und Novum internationaler Flüchtlingspolitik

Die Charakterisierung des Intergovernmental Committee on Refugees als fortschrittlich – sowohl in seiner Struktur als auch in seinen Zwecken und Aufgaben – basierte auf verschiedenen politischen, rechtlichen und strategischen Aspekten. Diese repräsentierten nicht allein individuelle Wahrnehmungen und vage Hoffnungen. Am Status quo damaliger Flüchtlingshilfe und Migrationspolitik gemessen, war die Einschätzung gerechtfertigt. Das IGCR als Ganzes bildete ein Novum in der internationalen Flüchtlingspolitik und hatte eine über die spezifische Situation von Jüdinnen und Juden in Deutschland hinausweisende Wirkung.[170] Es lassen sich sieben Aspekte erkennen, an denen das Potenzial der Unternehmung deutlich wird.

Mittels des permanenten Committee involvierte sich die Regierung der Vereinigten Staaten von Amerika – erstens – dauerhaft in der europäischen Flüchtlingskrise und gab der neuen Institution ein größeres politisches Gewicht, als es Großbritannien, Frankreich, die Niederlande und andere europäische Staaten allein vermocht hätten.[171] Die dem amerikanischen Engagement seitens jüdischer Zeitgenossen zugemessene Bedeutung kann kaum überschätzt werden. Gleichzeitig bedingte die fortgesetzte amerikanische Aktivität in Europa eine neue Institution, die unabhängig vom Völkerbund existierte, denn ein Beitritt der Vereinigten Staaten zu diesem war weder in den Strategiedebatten der amerikanischen Außenpolitik noch in der Roosevelt-Administration eine reale Option.[172] Dass London als Standort des IGCR gewählt wurde, hielt Oungre denn auch für eine bewusste Entscheidung gegen die schwerfälligen und bürokratischen Verfahren des Völkerbunds in Genf. Das IGCR hingegen – so Oungre weiter – halte aktiv »nach jeder neuen Initiative oder Möglichkeit Ausschau«.[173]

Trotz Gründung einer neuen Organisation war geplant, dass diese in der Praxis mit der High Commission for Refugees kooperierte.[174] Jedoch ermöglichte die Unabhängigkeit von Letzterer, dass das Intergovernmental Committee – zweitens – zu Verhandlungen mit Deutschland über die Ausweitung des

---

170 Vgl. hierzu bes. Sjöberg, The Powers and the Persecuted, 13–17 und 37f.; auch Kieffer, Judenverfolgung in Deutschland – eine innere Angelegenheit?, 252f.
171 Vgl. Sjöberg, The Powers and the Persecuted, 108–110; Mashberg, American Diplomacy and the Jewish Refugee, 1938–1939, 340.
172 Vgl. Taylor, Bericht an Hull, 20. Juli 1938, 252f.; Weingarten, Die Hilfeleistung der westlichen Welt bei der Endlösung der deutschen Judenfrage, 42f. und 77.
173 CAHJP, JCA/Lon/1124/3, Edouard Oungre, Rapport sur la Conference d'Evian, 18f.
174 Vgl. LONA, R 5801/50/34596/34225, Proceedings of the Intergovernmental Committee, Evian, 6.–15. Juli 1938: Verbatim Record of the Plenary Meetings of the Committee, Resolutions and Reports, Annex IV: Resolution, 55; Sallinen, Intergovernmental Advocates of Refugees, 292.

Vermögenstransfers sowie einen geordneten Emigrationsprozess ermächtigt werden konnte. Es herrschte unter allen Beteiligten Konsens darüber, dass die deutsche Regierung keine Gesprächsofferten, geschweige denn Verhandlungen mit Vertretern des Völkerbunds oder gar eine Kooperation mit einer ihm angeschlossenen Institution akzeptiert hätte.[175] Insgesamt, so konstatierte der Évian-Korrespondent der New York Times, erhielt der Direktor des IGCR »freiere Hand« als alle bisherigen Verantwortlichen von Flüchtlingsorganisationen wie Malcolm oder McDonald.[176] Dies drückte sich schon darin aus, dass erstmals eine internationale Flüchtlingsinstitution mit dem Verursacher der Krise in Sondierungen eintreten sollte. Bis dato war in der Flüchtlingspolitik des Völkerbunds alles vermieden worden, was die Fluchtgründe – jenseits von kriegerischen Auseinandersetzungen – näher beleuchtete. Dies war der Absicht geschuldet gewesen, dass die HCR rein humanitäre und koordinierende Institution bleiben sollte.[177] Sich mit den Fluchtursachen näher zu befassen, wäre ein Schritt auf politisches Terrain gewesen, der als Eingriff in innerstaatliche Belange hätte gewertet werden können.[178] Die Verhandlungen zwischen IGCR und deutscher Regierung waren somit auf einer ganz anderen Ebene geplant als die »privaten« Sondierungen McDonalds 1934/35 oder Max Moritz Warburgs Gespräche mit dem damaligen Reichsbankpräsidenten und Reichswirtschaftsminister Hjalmar Schacht, die im Rahmen der Gründung des Council for German Jewry erfolgt waren.[179]

Der größere Handlungsspielraum des Intergovernmental Committee ergab sich auch dadurch, dass ihm – drittens – nur potenzielle Einwanderungsländer angehörten. Deutschland als Verursacher der Flüchtlingskrise

---

175 Vgl. WHL, 503, Norman Bentwich, Report on the Governmental Conference at Evian, 3; Kirschmann Streit, 32 Nations Gather to Help Refugees; Adler-Rudel an Schäffer, 26. Juli 1938, in: Adler-Rudel, Das Auswanderungsproblem im Jahre 1938, 194; hierzu auch Sjöberg, The Powers and the Persecuted, 44.
176 Kirschmann Streit, 3 Powers Confirm New Refugee Body; ders., Refugee Meeting Adopts Resolution.
177 Hierzu bes. Malcolms Antrittsrede 1936, die die Position des Völkerbunds wiedergab. Vgl. McDonald Stewart, United States Government Policy on Refugees from Nazism 1933–1940, 231; vgl. auch Sallinen, Intergovernmental Advocates of Refugees, 287 f.
178 Vgl. Sjöberg, The Powers and the Persecuted, 15; zeitgenössisch zur Wahrung des Souveränitätsprinzips vgl. Rosenbaum, Der Souveränitätsbegriff, bes. 11; o. A., Montevideo Convention on Rights and Duties of States, Art. 8.
179 McDonald war als High Commissioner durch das ihm beigeordnete Governing Body allein zu Verhandlungen mit potenziellen Einwanderungsländern ermächtigt gewesen. Seine Gespräche mit deutschen Stellen erhielten nie offiziellen Charakter und blieben ergebnislos. Zu McDonalds und Warburgs Gesprächen mit deutschen Regierungsstellen vgl. Jünger, Jahre der Ungewissheit, 151 f. und 274–280; Burgess, The League of Nations and the Refugees from Nazi Germany, 118–120; Kieffer, Judenverfolgung in Deutschland – eine innere Angelegenheit?, 46–49; Sjöberg, The Powers and the Persecuted, 35. Zu Schacht vgl. Kopper, Hjalmar Schacht.

war von vornherein nicht zur Konferenz eingeladen worden, aber auch eine Beteiligung der polnischen und rumänischen Regierung war abgelehnt worden. Anders als im Völkerbund konnten diese Länder daher kein Veto gegen ein Migrationsprojekt einlegen, das sie außen vor ließ oder gar ihren vermeintlichen Interessen zuwiderlief. In der Praxis war es darüber hinaus eine Kooperation nord- und westeuropäischer sowie amerikanischer Staaten.[180] Hier deutete sich ein neues transatlantisches Bündnis an. Die Sondierungen nach Einwanderungsmöglichkeiten richten sich an die Mitgliedsstaaten des IGCR, deren grundsätzliche Bereitschaft zumindest anzunehmen war. Auch wenn die Diplomaten in ihren öffentlichen Reden einen solchen Eindruck aus strategischen Gründen zu vermeiden suchten, zeigten sie sich in vertraulichen Gesprächen wesentlich offener.[181] Darüber hinaus kam auch Hansson, der Vorsitzende des Technischen Unterausschusses, der eine Übersicht zu Einwanderungsbestimmungen und -praktiken erstellte, in seinem Abschlussbericht zu dem Ergebnis, dass grundsätzlich eine Aussicht auf »gesteigerte Aufnahme geeigneter Flüchtlinge« – im Rahmen der bestehenden Gesetze und der individuellen Situation der Staaten – bestehe.[182] Allerdings zeigt sich hier auch, wie unscharf der Begriff des Flüchtlings in Évian und generell in dieser Zeit verwendet wurde. Von Verfolgung bedrohten und akut betroffenen Menschen sollte ein Zufluchtsraum allein unter den Bedingungen offenstehen, die für gewöhnliche Migranten aufgestellt worden waren. Wer ins Ausland flüchtete, erhielt unter bestimmten Umständen den Flüchtlingsstatus; allerdings war dieser im Vergleich zu jenem des Einwanderers wesentlich prekärer und bot kaum Möglichkeiten des Existenzaufbaus. Da die Verantwortlichen jüdischer Organisationen selbst in dem Muster legaler und organisierter Migration dachten, erklärten sie sich grundsätzlich bereit, »zu gewährleisten, dass nur gesunde und qualifizierte Personen auswandern, [...] die auf das Leben in den neuen Ländern vorbereitet sind«.[183] Die Belange der Staaten bestimmten, in welchem Umfang Zuflucht geboten wurde – nicht die Not potenzieller Flüchtlinge.

Das IGCR war – viertens – die erste permanente Institution internationaler Flüchtlingspolitik. Alle bisherigen High Commissions for Refugees des Völkerbunds waren in ihrem Bestehen zeitlich begrenzt. Diese Limitierungen waren institutioneller Ausdruck der Vorstellungswelt in den 1920er und

---

180 Vgl. Kirschmann Streit, Refugee Meeting Adopts Resolution; Holborn, The Legal Status of Political Refugees, 1920–1938, 700; Sjöberg, The Powers and the Persecuted, 109.
181 Vgl. exemplarisch CZA, KH4/4807/1, 2. Bericht von Max Kreutzberger, 8. Juli 1938, 1.
182 Vgl. LONA, R 5801/50/34596/34225, Proceedings of the Intergovernmental Committee, Evian, 6.–15. Juli 1938: Verbatim Record of the Plenary Meetings of the Committee, Resolutions and Reports, Annex II: Report of the Technical Sub-Committee, 51 f.
183 Exemplarisch Memorandum of Certain Jewish Organizations Concerned with the Refugees from Germany and Austria, Évian, 6. Juli 1938, 554.

auch noch in den frühen 1930er Jahren, Flüchtlinge seien ein temporäres Phänomen in den internationalen Beziehungen. Besonders in der Roosevelt-Administration und der amerikanischen Évian-Delegation hatte sich zunehmend die Erkenntnis durchgesetzt, dass Flüchtlinge ein langfristiges, wenn nicht gar ein permanentes Problem internationaler Politik sein würden.[184] Nach dem Ersten Weltkrieg war es den Institutionen des Völkerbunds und philanthropischen Organisationen gelungen, die spezifischen Probleme einiger Flüchtlingsgruppen zu lösen und die Betroffenen entweder zu repatriieren oder in andere Gesellschaften zu integrieren. Für andere Gruppen war diese Entwicklung noch im Gang. In der von Simpson betreuten Flüchtlingsstudie wurde aber deutlich, dass es aufgrund sich wandelnder politischer Bedingungen jederzeit zu neuen Fluchtbewegungen kommen könnte.[185] Die dauerhafte Einrichtung der Institution war allerdings noch keine adäquate Antwort auf ein dynamisches Krisenphänomen.

Um der Permanenz des Komitees auch in der Praxis Bedeutung zu verleihen, war in der Resolution eine Formulierung sorgfältig gewählt worden: Das Intergovernmental Committee werde die in Évian begonnene Arbeit »fortsetzen und weiterentwickeln«. Dies ließ – fünftens – die Möglichkeit zu, dass der Zuständigkeitsbereich in Zukunft auf weitere Flüchtlingsgruppen neben jenen aus Deutschland und Österreich erweitert werden konnte. Laut Taylors Bericht stimmten die britische und französische Seite dieser Interpretation vertraulich zu.[186] Diese Übereinkunft hatte letztlich zur Annäherung antagonistischer Ausgangspositionen geführt: In den Verhandlungen mit den Briten und Franzosen suchten die Amerikaner eine allgemeine Definition durchzusetzen, die es grundsätzlich ermöglicht hätte, dass das IGCR auch für Flüchtlinge des Spanischen Bürgerkriegs, italienische Antifaschisten im Exil oder bedrohte Jüdinnen und Juden in Osteuropa hätte aktiv werden können. Besonders die Briten bestanden jedoch unbedingt auf einer Beschränkung auf die deutsche Situation, um keinen »Präzedenzfall« zu schaffen und damit antijüdische Verfolgungen in Osteuropa auszulösen.[187] Die Definition des Zuständigkeitsbereichs war letztlich allgemein formuliert. Sie stützte sich auf spezifische Fluchtursachen im Herkunftsland der Flüchtlinge. Erst eine nachstehende, in Klammern gesetzte Ergänzung beschränkte das

---

184 Vgl. Sjöberg, The Powers and the Persecuted, 59; Sallinen, Intergovernmental Advocates of Refugees, 276 und 290; auch Heim, Projekt »M«.
185 Vgl. JDCA, 413, Refugees. Preliminary Report of a Survey by Sir John Hope Simpson, Juni 1938, 4–6. Die Ergebnisse sind im Jahr darauf in Buchform erschienen: Simpson, The Refugee Problem. Report of a Survey, hier 614 f.
186 Vgl. Taylor, Bericht an Hull, 20. Juli 1938, 262.
187 Zu Präzedenzfall vgl. Caron, Uneasy Asylum, 7 f. und 172–174; Weiss, Deutsche und polnische Juden vor dem Holocaust, 167; Simpson, The Refugee Problem, 614 f.

IGCR – zunächst – auf »(Deutschland [einschließlich Österreich])«.[188] Mit der prinzipiellen Erweiterungsmöglichkeit seiner Zuständigkeit bereitete das Intergovernmental Committee einer Verallgemeinerung des Flüchtlingsrechts den Weg. Von den Zeitgenossen wurden diese Formulierungen unterschiedlich interpretiert: Obwohl im Memorandum des World Jewish Congress eine prinzipielle Ausweitung des Zuständigkeitsbereichs auf alle Staaten gefordert und eine dem Ergebnis nicht unähnliche Flüchtlingsdefinition vorgeschlagen worden war, sah Goldmann den amerikanischen Vorschlag zur Einbeziehung aller Verfolgtengruppen als gescheitert an.[189] Im Gegensatz dazu schrieb die Politikwissenschaftlerin Louise Wilhelmine Holborn, die 1933 aus Deutschland über London in die Vereinigten Staaten emigriert war, wo sie zu einer Expertin internationaler Flüchtlingspolitik avancierte, dass die Formulierungen »die Tür offengelassen« hätten, sodass »das Intergovernmental Committee seinen Aufgabenbereich in Zukunft erweitern kann«.[190]

Über diese mögliche Erweiterung der Zuständigkeit hinaus wurden – sechstens – erstmals konkrete Fluchtgründe in einer zwischenstaatlichen Resolution festgehalten: politische Überzeugung, religiöse Ansichten und ethnische Herkunft.[191] Des Weiteren waren die deutschen Verfolgten die erste Gruppe, die jenseits zwischenstaatlicher kriegerischer Akte als Flüchtlinge anerkannt wurde. Die Konvention vom Februar 1938 war diesbezüglich ein Meilenstein gewesen. Die sogenannten Nansen-Flüchtlinge wie Russen, Armenier und im weitesten Sinne auch noch die Flüchtlinge aus dem Saarland 1935 galten als Folgeerscheinung der kriegerischen Ereignisse des Weltkriegs. Somit gab es 1938 einen Wandel in der internationalen Flüchtlingspolitik, der auf einem tiefergehenden Verständnis möglicher Fluchtursachen basierte. Es fand offiziell Anerkennung, dass Flucht nicht allein die Folge eines Kriegs zwischen Staaten, sondern auch des Terrors einer Regierung gegen Teile der eigenen Bevölkerung sein konnte.[192] Die Definition basierte daher nicht länger ausschließlich auf der Bedingung, dass ein *im Ausland sich befindender* Staatsbürger den diplomatischen Schutz seines Herkunftslandes verlor.

---

188 Vgl. LONA, R 5801/50/34596/34225, Proceedings of the Intergovernmental Committee, Evian, 6.–15. Juli 1938: Verbatim Record of the Plenary Meetings of the Committee, Resolutions and Reports, Annex IV: Resolution, 54.
189 »The definition of ›refugee‹ should apply to any Jew compelled to leave his country because he is a Jew«, Memorandum of the World Jewish Congress, Évian, 6. Juli 1938, 536; LBINY, AR7183/5/22, Goldmann, Zweiter Bericht über die Evian-Konferenz, Genf, 20. Juli 1938, 1.
190 Holborn, The Legal Status of Political Refugees, 1920–1938, 700.
191 Vgl. LONA, R 5801/50/34596/34225, Proceedings of the Intergovernmental Committee, Evian, 6.–15. Juli 1938: Verbatim Record of the Plenary Meetings of the Committee, Resolutions and Reports, Annex IV: Resolution, 54.
192 Vgl. Wolf, Die Genfer Flüchtlingskonvention von 1951, 116. Anfang der 1930er Jahre arbeitete Raphael Lemkin an der Terrorismuskonvention des Völkerbunds mit; unter dem von ihm vorgeschlagenen internationalen Straftatbestand »Barbarei« fasste er die staatliche

Simpson argumentierte, dass auch die Inhaftierten in deutschen Konzentrationslagern den Schutz der deutschen Regierung verloren hätten.[193] Mit der Konkretisierung von Fluchtursachen rückten auch vermeintlich innere Angelegenheiten eines Staates auf die Ebene zwischenstaatlicher Erwägungen. Die Erweiterung und Ausdifferenzierung der Fluchtgründe in Évian und die sich wandelnde Perspektive auf Flüchtlinge im Allgemeinen übersetzte sich jedoch nicht unmittelbar in Völkerrecht. Obwohl die Resolution einstimmig verabschiedet worden war, handelte es sich um Empfehlungen. Die neue Flüchtlingsdefinition diente dabei in erster Linie der Klärung von Zuständigkeit. Anders als die Konvention vom Februar 1938 war die Évian-Resolution kein rechtlich bindendes Abkommen und hatte daher keine unmittelbare Auswirkung auf der Ebene nationaler Asylgewährung oder deren Ausgestaltung.[194]

Neben der Tatsache, dass die Konvention für deutsche Flüchtlinge im Februar 1938 erstmals neue Fluchtgründe zuließ, erweiterte sie die Anerkennung von Flüchtlingen um einen weiteren gewichtigen Punkt, nämlich die Furcht vor Verfolgung.[195] Hatte dieses Kriterium zunächst ausschließlich administrative Folgen für den Völkerbund, so übersetzte sich in Évian die Anerkennung der Furcht, verfolgt zu werden, und – wie im drastischen Fall der KZ-Häftlinge – der tatsächlichen Verfolgung *im* Herkunftsland in die Konstruktion potenzieller Flüchtlinge. Das war ein weiterer Meilenstein.[196] Zugleich war der Begriff gemäß der damals etablierten Flüchtlingsdefinition in sich widersprüchlich, weshalb man in der Schlussresolution stattdessen die Formulierung »unfreiwillige Auswanderer« wählte.[197] Die von jüdischen Emissären vertretene Auffassung, dass es für Jüdinnen und Juden in Deutschland keine langfristige Zukunft gebe, fand hier ihren deutlichsten Niederschlag. Die Berichte von Hirsch und seinen Kollegen aus Berlin und Wien werden maßgeblich dazu beigetragen haben, dass sich gleichfalls bei den Regierungsvertretern die Einsicht durchsetzte, dass die Auswanderung Hunderttausender aus Deutschland in den nächsten Jahren realisiert werden müsste. Es gab hierzu keine Alternative. Die Zuständigkeit des neuen Inter-

---

Verfolgung eines Teils der in diesem Staat lebenden Bevölkerung. Mitte der 1940er Jahre prägte Lemkin den Begriff Genozid und war maßgeblich an der Etablierung der Genozidkonvention beteiligt. Vgl. dazu einführend Kraft, Völkermord als delictum iuris gentium; Segesser/Gessler, Raphael Lemkin and the International Debate on the Punishment of War Crimes (1919–1948); Loeffler, Becoming Cleopatra.
193 Vgl. Simpson, The Refugee Problem, 609.
194 Wolf, Die Genfer Flüchtlingskonvention von 1951, 117 f. und 125.
195 Vgl. ebd., 115 f. und 125.
196 Vgl. Sallinen, Intergouvernmental Advocates, 293.
197 Vgl. LONA, R 5801/50/34596/34225, Proceedings of the Intergovernmental Committee, Evian, 6.–15. Juli 1938: Verbatim Record of the Plenary Meetings of the Committee, Resolutions and Reports, Annex IV: Resolution, 54 f.; JDCA, 256, Warren [Évian] an Chamberlain [NYC], 13. Juli 1938.

governmental Committee erstreckte sich somit – siebtens – auf Menschen, die ihr Herkunftsland *noch nicht* verlassen hatten, es aber aus vorgenannten Gründen würden verlassen müssen, und jene, die es deshalb *bereits* verlassen hatten. Diese beiden Gruppen wurden in der Resolution als »tatsächliche und potenzielle unfreiwillige Auswanderer« bezeichnet. Die Einbeziehung potenzieller Flüchtlinge in den Zuständigkeitsbereich des IGCR war das gewichtigste Novum internationaler Politik und ein »Erfolg«, wie die *CV-Zeitung* schrieb.[198]

Menschen innerhalb eines souveränen Staatsgebiets in die Verantwortlichkeit einer zwischenstaatlichen Organisation zu stellen, war ein notwendig erscheinender, wenn auch nicht ganz ungefährlicher und gemäß kurz zuvor kodifiziertem internationalen Recht auch nicht begründbarer Schritt.[199] Im Zuge inneramerikanischer Entspannung – die von den Vereinigten Staaten angestoßene Good Neighbor Policy markierte ein Ende bewaffneter Interventionen auf dem amerikanischen Doppelkontinent – hatten sich 1933 zwanzig Staaten auf die »Konvention von Montevideo über Rechte und Pflichten der Staaten« geeinigt. In diesem völkerrechtlich bindenden Vertrag war in Artikel 8 festgeschrieben: »Kein Staat hat das Recht, in die inneren und äußeren Belange eines anderen einzugreifen.«[200] Wollte man dieses Prinzip im eigenen Interesse wahren, musste es – wohl oder übel – auch für das Deutsche Reich gelten. Allerdings dominierte in Évian letztlich die Auffassung, dass die deutsche Regierung durch ihre gewaltsame Austreibungspraxis bereits in die inneren Belange der Nachbarstaaten eingegriffen habe.[201] Der Eingriff in innere Angelegenheiten sollte keine Intervention darstellen, sondern in Gestalt von Verhandlungen zu einer Kooperation über die geordnete Emigration führen, die ja auch im Interesse der deutschen Regierung läge – so zumindest die Annahme.[202] Unbedingte Souveränität und »innere Angelegenheiten« wurden hier – auch in der Summe der zuvor bereits genannten Schritte –, wenn nicht

---

198 W., Die erste Etappe.
199 Vgl. hierzu auch Feingolds Einschätzung: »The distinction [between actual and potential refugees] was a necessary fiction since there could be no legal responsibility for potential refugees; they remained an ›internal matter‹ until they crossed the border.« Ders., The Politics of Rescue, 30.
200 O. A., Montevideo Convention on Rights and Duties of States; einführend o. A., Art. »Montevideo Convention«. Zur Good Neighbor Policy vgl. Dallek, Franklin D. Roosevelt and American Foreign Policy, 1932–1945, 38 f. und 82 f.
201 Exemplarisch Lord Herbert Samuel im House of Lords. Vgl. Reinharz/Shavit, The Road to September 1939, 140.
202 In den 1930er Jahren war das Instrument der humanitären Intervention durch die Praxis Italiens in Abessinien und Deutschlands nachhaltig »kompromittiert«. Darüber hinaus erklärten Zeitgenossen die Möglichkeit einer humanitären Intervention in Deutschland – obwohl moralisch und rechtlich gerechtfertigt – wegen der »realpolitischen und außenpolitischen Folgen« für unmöglich. Vgl. Klose, »In the Cause of Humanity«, 427 f.

»Die erste Etappe« 213

grundsätzlich infrage gestellt, so doch zumindest dem Versuch einer Aufweichung unterzogen. Die angestrebten Verhandlungen mit Deutschland über die Ausweitung des Besitztransfers – sprich: zwischenstaatliche Verhandlungen über nationale Regelungen und Steuern – waren dessen deutlichster Ausdruck. Das IGCR wurde mit dem Anspruch gegründet, die Zukunft potenzieller jüdischer Auswanderer in Deutschland auf die Ebene zwischenstaatlicher Politik zu heben.

Die Auflistung der Innovationen des Intergovernmental Committee bliebe unvollständig, wenn man nicht einen weiteren Aspekt aus der Bilanz jüdischer Emissäre hinzuzöge. Oungre unterschied in seinem Bericht zwischen praktischen und moralischen Ergebnissen der Konferenz. Die Praxisseite bezog sich in erster Linie auf die Gründung des IGCR mit seinen Implikationen. Die weiteren Ergebnisse waren dabei weniger klar zu fassen, aber – so Oungre – nicht zu unterschätzen, denn die moralische Wirkung der Konferenz als solche sei »beträchtlich« gewesen.[203] Dass es überhaupt zu einer solchen Konferenz gekommen war und ein permanentes Büro gegründet wurde, gab ihm Hoffnung, dass die staatlichen Initiativen gegenüber den »privaten Bemühungen« einen deutlichen Mehrwert bedeuteten.[204] Für Adler-Rudel hatte sich nach der Anhörung im Unterausschuss und der Übergabe der Memoranden »die ganze Angelegenheit in die Sphäre der Regierungsvertreter« verschoben und auch der Vorstand des JDC in New York zeigte sich zufrieden, »dass die Regierungen die Führung in den Bemühungen für die Flüchtlinge übernommen haben«.[205] Des Weiteren konstatierte Oungre, dass die Konferenz von Évian und das IGCR das Flüchtlingsproblem in seiner ganzen politischen und sozialen Tragweite erfassten.[206] Weltsch betonte als wichtigstes Ergebnis der Konferenz, dass das Problem der unfreiwilligen Auswanderung aus Deutschland von 32 Staaten »als ein internationales Problem, das nur mit Regierungshilfen zu meistern ist, anerkannt wurde«.[207] Das Intergovernmental Committee hatte darüber hinaus das Potenzial, in Zukunft auch für andere Flüchtlinge wirkmächtig zu werden und insgesamt einen neuen Ansatz internationaler Flüchtlingspolitik zu begründen. Holborn sah

---

203 CAHJP, JCA/Lon/1124/3, Edouard Oungre, Rapport sur la Conference d'Evian, 17 f.
204 Zum Novum einer solchen internationalen Flüchtlingskonferenz vgl. auch Weltsch, Evian-Konferenz eröffnet. Auch Jonah Wise äußerte, wahrscheinlich sei die Tatsache, dass die Vereinigten Staaten die Konferenz einberufen hatten, bedeutungsvoller als die Konferenz selbst. Vgl. McDonald Stewart, United States Government Policy on Refugees from Nazism 1933–1940, 315.
205 Adler-Rudel an Schäffer, 26. Juli 1938, in: Adler-Rudel, Das Auswanderungsproblem im Jahre 1938, 194; JDCA, 255, Telegramm Hyman an Jonah Wise, 19. Juli 1938.
206 Vgl. CAHJP, JCA/Lon/1124/3, Edouard Oungre, Rapport sur la Conference d'Evian, 17.
207 Weltsch, Heute Schluß in Evian. Ganz ähnlich: YIVO, RG 366/2/71, Memorandum Freeland League for Jewish Territorial Colonisation, Évian, Juli 1938, 1; LBINY, AR7183/5/22, Ruppin/Goldmann, 1. Bericht über Évian, 12. Juli 1938, 4.

daher die »moralische und politische Autorität« in Flüchtlingsfragen vom Völkerbund zum Komitee verschoben.[208]

Die Gründung einer neuen Institution, die zu Verhandlungen mit dem Aggressor ermächtigt war und eine akute Flüchtlingskrise in die geordnete Auswanderung Hunderttausender aus dem deutschen Herrschaftsbereich überführen sollte, war ein Ziel der Roosevelt-Administration gewesen. Zugleich fand sich diese zentrale Forderung sowohl im Memorandum des Council und anderer britisch-jüdischer Organisationen als auch in jenem des WJC. Struktur und Aufgaben des IGCR waren jedoch keine gänzlich neue Erfindung, sondern basierten auf dem historischen Vorbild der von 1923 bis 1930 in Griechenland tätigen Refugee Settlement Commission, die die Migration und den Existenzaufbau griechisch-orthodoxer Christen und Armenier aus der neuen Türkei koordiniert und unterstützt hatte. Bereits in den Vorbereitungen der Konferenz war die RSC als mögliche Referenz diskutiert worden.

Die Refugee Settlement Commission als Paradigma von Erfahrung und Erwartung

Zum Auftakt der Konferenz von Évian hatte die Redaktion der *CV-Zeitung* die Forderungen jüdischer Organisationen grob in fünf Punkten zusammengefasst. Der dritte Punkt war verhältnismäßig umfangreich und verdient hier besondere Aufmerksamkeit:

»Finanzierung der Wanderungsbewegung mittels internationaler Kreditinstrumente. Es wird hierbei als Präzedenzfall auf die Umsiedlung von anderthalb Millionen Griechen von der Türkei nach Griechenland in den Jahren 1920 bis 1924 hingewiesen, die mit Hilfe einer durch den Völkerbund garantierten internationalen Anleihe von 12 Millionen englischen Pfund finanziert worden war. Die Berufs- und Altersstruktur dieser griechischen Wanderer ist bei weitem ungünstiger gewesen als die alters- und berufsmässige Gliederung der jüdischen Massen.«[209]

Die hier genannten Aspekte waren jenen im Memorandum des World Jewish Congress ganz ähnlich.[210] Im gemeinsamen Memorandum des Council for German Jewry, der Jewish Colonization Association, der Hebrew Immigrant Aid Society, des Board of Deputies, des German Jewish Aid Committee und der Agudat Jisra'el World Organization war die Refugee Settlement Commission ebenfalls als historisches Vorbild internationaler Regierungshilfe bei der

---

208 Holborn, The League of Nations and the Refugee Problem, 135.
209 W., Dreissig Staaten am runden Tisch.
210 Vgl. Memorandum of the World Jewish Congress, Évian, 6. Juli 1938, 534 f.

Migration und Integration Hunderttausender Menschen genannt worden.[211] Diese Bezüge kamen nicht von ungefähr. Für Simpson waren – und diese Annahme wurde damals weitgehend geteilt – der griechisch-türkische »Bevölkerungsaustausch« und die Arbeit der RSC »ein ziemlicher Erfolg«.[212] Auch wenn die RSC und ihre historische Konstellation in den Memoranden nur kurz angerissen wurden, wäre es verkürzt, sie als Randbemerkung abzutun. Im Gegenteil: Sowohl das Memorandum des WJC als auch jenes des Council und anderer Organisationen liefen inhaltlich auf die Gründung einer neuen zwischenstaatlichen Institution zu, der die Struktur und die Arbeit der RSC in einem gewissen Maß als Blaupause dienten. Dass die RSC mehr beiläufig erwähnt und nicht umfangreich eingeführt wurde, lässt zudem den Schluss zu, dass den meisten Konferenzbeteiligten – und den damaligen Migrationsexperten ohnehin – die historischen Ereignisse und die Kommission grundsätzlich präsent waren. Der vermeintlich erfolgreiche Bevölkerungstransfer und die Arbeit der RSC standen in den 1930er Jahren als Modell der Lösung ethnischer Konflikte im Mittelpunkt einer wissenschaftlichen wie politischen Debatte.[213] Nach der im Peel-Bericht von 1937 angedachten Teilung Palästinas wurde das Konzept des Bevölkerungsaustauschs auch innerhalb der Jewish Agency intensiv, aber kontrovers diskutiert.[214] In den Überlegungen zur Refugee Settlement Commission spiegeln sich paradigmatisch die Erfahrungen im Umgang mit religiös und ethnisch motivierter Verfolgung wie auch die Erwartungen von Juni/Juli 1938 über die weitere Entwicklung der Judenverfolgung in Deutschland. Für die Kontextualisierung des Intergovernmental Committee ist es daher erkenntnisträchtig, die internationale Reaktion auf die Vertreibung Hunderttausender osmanischer Griechen und

---

211 Vgl. Memorandum of Certain Jewish Organizations Concerned with the Refugees from Germany and Austria, Évian, 6. Juli 1938, 554.
212 Simpson, The Refugee Problem, 607; vgl. auch Waldeck, The Great New Migration, 539. Zum zeitgenössischen Begriff »Bevölkerungsaustausch« und dem späteren der »ethnischen Säuberung« vgl. Naimark, Flammender Haß, 11 f.; auch Weiss, Ethnic Cleansing, Property, and Memory, 172 und 159 f.
213 Zu Bevölkerungstransfers vor dem Zweiten Weltkrieg vgl. Barth, »Störfaktoren entfernen«?; Barth, Europa nach dem Großen Krieg, 92; Frank, Making Minorities History; Özsu, Formalizing Displacement; Weiss, Ethnic Cleansing, Property, and Memory, 174; Naimark, Flammender Haß, 23. Zur zeitgenössischen Debatte League of Nations (Hg.), The Settlement of Greek Refugees; Blanchard, The Exchange of Populations between Greece and Turkey; Streit, Der Lausanner Vertrag und der griechisch-türkische Bevölkerungsaustausch; Simpson, The Work of the Greek Refugee Settlement Commission; Morgenthau, I Was Sent to Athens; Hill, The League of Nations and the Work of the Refugee Settlement and Financial Reconstruction in Greece, 1922–1930; Ladas, The Exchange of Minorities; Leontiades, Der griechisch-türkische Bevölkerungsaustausch.
214 Vgl. Livny, Fighting Partition, Saving Mount Scopus, 230; Rubin, The Future of the Jews; Weiss, Verdrängte Nachbarn, bes. 175–177; Segev, Es war einmal ein Palästina, 440 f.

Armenier sowie Muslimen aus Griechenland als Folge des Griechisch-Türkischen Kriegs in die Betrachtung einzubeziehen.

Als Roosevelt im April 1938 ein Beratungsgremium für die anstehende Konferenz in Évian zu konstituieren beabsichtigte, fand sich unter den Eingeladenen auch Morgenthau senior. Er personifizierte die philanthropische Hilfe amerikanischer Persönlichkeiten in Europa und dem Nahen Osten im Kontext des Ersten Weltkriegs. Als Botschafter der Vereinigten Staaten in Konstantinopel hatte Morgenthau über die Massaker an den Armeniern berichtet und sich für die Überlebenden eingesetzt. Nach dem Weltkrieg unternahm er eine Untersuchungsreise nach Polen, um die dortigen Pogrome zu dokumentieren, was wegbereitend für die Etablierung des Minderheitenschutzes auf der Pariser Friedenskonferenz wurde. Hier ist allerdings seine Arbeit in der Refugee Settlement Commission von besonderer Bedeutung. Als ihr erster Vorsitzender hatte er die Zustimmung des Finanzkomitees des Völkerbunds und der Bank of England für eine internationale Anleihe erreicht, die letztlich maßgeblich zur Finanzierung der Ansiedlung und dem Aufbau einer neuen Existenz von mehr als einer Million Flüchtlingen auf dem griechischen Festland beitrug.[215] Obwohl Morgenthau nur an dem ersten Treffen 1938 im Weißen Haus teilnahm, bildete seine Erfahrung doch eine Referenz, auf der die weiteren Planungen aufbauen konnten.

Nach dem Ersten Weltkrieg und dem Zusammenbruch des Osmanischen Reichs hatte die griechische Regierung den Zeitpunkt für gekommen gesehen, durch militärische Expansion in Kleinasien die »Megali Idea«, die Großmachtfantasie des griechischen Nationalismus, zu verwirklichen. Nach anfänglichen Erfolgen und einem weiten Vorstoß in das anatolische Hochland hinein, der von gewaltsamer Unterdrückung der türkischen Bevölkerung geprägt war, setzten im Sommer 1922 türkische Truppen unter Führung Mustafa Kemal Atatürks zum entscheidenden Gegenangriff an.[216] Dem hatten die geschwächten griechischen Truppen nichts mehr entgegenzusetzen. Innerhalb weniger Wochen vertrieben die vorrückenden türkischen Truppen Hunderttausende griechisch-orthodoxe Christen, die seit Jahrhunderten in Kleinasien – an der Mittelmeerküste sogar seit Jahrtausenden – gelebt hatten.[217] Als die Truppen Kemal Atatürks im September 1922 das multikulturelle und kosmopolitische Smyrna eroberten, war die Küstenstadt mit Vertrie-

---

215 Vgl. Morgenthau, I Was Sent to Athens; Kontogiorgi, Population Exchange in Greek Macedonia, bes. 79–81.
216 Zum Griechisch-Türkischen Krieg vgl. Gerwarth, Die Besiegten, 289–310; MacMillan, Die Friedensmacher, 590–594; Barth, »Störfaktoren entfernen«?, 200–216; Kontogiorgi, Population Exchange in Greek Macedonia, 73; zeitgenössisch Salter, Preface (15. Oktober 1924).
217 Zur Geschichte der griechischen Gemeinden in Kleinasien und dem Schutz christlicher Minderheiten im Osmanischen Reich vgl. Morgenthau, I was sent to Athens, 9 f.; Leontiades, Der griechisch-türkische Bevölkerungsaustausch, 547.

benen und Flüchtlingen aus den griechischen Dörfern des Inlands überfüllt. Was dann geschah, übertraf die griechischen Gräuel drei Jahre zuvor und war eine Katastrophe, die weltweit wahrgenommen wurde und nachhaltig in Erinnerung blieb: »Der erste Brand [in Smyrna] brach zufällig aus, später jedoch sahen Augenzeugen, wie Türken mit Benzinkanistern durch die armenischen und griechischen Viertel gingen. [...] Als sie [die Brände] erloschen, gab es das griechische Smyrna nicht mehr.«[218] Wer diese Feuerkatastrophe überlebt hatte, flüchtete auf vor Smyrna ankernde britische und amerikanische Kriegsschiffe und von dort weiter auf das griechische Festland; Hunderttausende weitere Griechen hatten sich bereits dorthin gerettet.[219] Die türkische Regierung vertrieb in der Folge alle Angehörigen christlicher Minderheiten aus ihrem Staatsgebiet.[220] Während die Vertriebenen aus Ostthrakien wesentliche Teile ihres Besitzes mitnehmen konnten, waren die Flüchtlinge aus Kleinasien – wie einem Bericht des High Commissioners for Refugees Fridtjof Nansen zu entnehmen ist – nur noch im Besitz dessen, was sie »an Kleidung am Körper tragen« konnten.[221] Umgehend musste in den Auffanglagern, wo sich Krankheiten auszubreiten begannen, akute Hilfe in Form von Medikamenten, Essen und passender Kleidung für den bevorstehenden Winter organisiert werden. Die instabile griechische Regierung sah sich durch die Anwesenheit von mehr als einer Million Flüchtlingen, die mehr als 20 Prozent der gesamten Bevölkerung Griechenlands ausmachten, vor zahlreiche wirtschaftliche und soziale Probleme gestellt, deren Lösung jenseits ihrer Macht lag. Die Versorgung der Flüchtlinge erfolgte daher zwischen Oktober 1922 und Juni 1923 maßgeblich durch philanthropische Organisationen aus Amerika und Großbritannien, vor allem durch das Amerikanische Rote Kreuz und die Near East Relief, die 1915 auf Morgenthaus Initiative für die dem Genozid entkommenen Armenierinnen und Armenier gegründet worden war.[222] Als diese Unterstützung Anfang 1923 auszufallen drohte, plädierten Nansen und andere im Völkerbund für die Schaffung einer internationalen Organisation, die für den griechischen Staat eine internationale Anleihe vermitteln und die Flüchtlinge in – meist landwirtschaftliche – »produktive Arbeit« bringen könne, sodass diese in kurzer Zeit finanziell unabhängig

---

218 MacMillan, Die Friedensmacher, 593; zeitgenössisch Morgenthau, I Was Sent to Athens, Kap. V, 47–70; neuer dazu Kleveman, Smyrna in Flammen.
219 Vgl. Nansen, Extracts from a Report, Genf, 18. November 1922, 8; Naimark, Flammender Haß, 67 f.
220 Vgl. Morris/Ze'evi, The Thirty-Year Genocide.
221 Nansen, Extracts from a Report, Genf, 18. November 1922, 8; vgl. auch Morgenthau, I Was Sent to Athens, 101 f.
222 Vgl. Salter, Preface (15. Oktober 1924), 3; Marrus, Die Unerwünschten, 117; Kontogiorgi, Population Exchange in Greek Macedonia, 74 f.; speziell zur Near East Relief vgl. Fiedler, Art. »Armenian Atrocities Committee«.

würden. Wohltätige Hilfe sollte nicht zu ihrem Aufgabenspektrum gehören. Die Grundstruktur der Refugee Settlement Commission war damit erdacht und in ihrer Zeit eine ungekannte Interventionsform.[223] Als Vorsitzender des vierköpfigen Vorstandes sollte ein US-Amerikaner fungieren, der den Kontakt zu den philanthropischen Organisationen sicherte. Die Wahl fiel auf Morgenthau. Dieser brachte den Ansatz der RSC und der Anleihe kurz nach seinem Amtsantritt öffentlich auf den Punkt: »Dies ist eine Geschäftsidee und kein Wohltätigkeitsverein.«[224]

Parallel zu diesen Überlegungen beendete der im Juli 1923 in Lausanne geschlossene Friedensvertrag den seit 1919 andauernden Krieg zwischen Griechenland und der sich im Zuge dessen formierenden modernen Türkei. Darin enthalten war ein bereits am 30. Januar des Jahres geschlossenes Abkommen über den »griechisch-türkischen Bevölkerungsaustausch«.[225] Mit diesem Abkommen wurde in erster Linie die bereits erfolgte Vertreibung Hunderttausender griechisch-orthodoxer und armenischer Christen aus der Türkei völkerrechtlich legitimiert. Tausende waren während gewaltsamer Vertreibung und Deportation ums Leben gekommen.[226] Insgesamt mussten etwa 1,5 Millionen als »Griechen« kategorisierte Personen und Armenier türkisches Staatsgebiet verlassen, während gleichzeitig etwa 400 000 Muslime, die auf dem Gebiet Griechenlands lebten – besonders in Mazedonien und Westthrakien – in die Türkei auswandern sollten. Grundlage für die Entscheidung, wer seine Heimat verlassen musste, waren weder Sprache noch Staatsbürgerschaft, sondern allein die religiöse Zugehörigkeit. Der Wechsel der Staatsangehörigkeit war mit dem Passieren der Grenze verbunden, bei jenen, die bereits im neuen Land waren, war der 30. Januar 1923 zum Stichtag erhoben worden.[227] Insgesamt wurden nur wenige Ausnahmen von der Vertreibung gemacht.[228]

---

223 Vgl. Salter, Preface (15. Oktober 1924), 3 f.; Kontogiorgi, Population Exchange in Greek Macedonia, 7, 75–79 und 86.
224 Zit. nach Kontogiorgi, Population Exchange in Greek Macedonia, 80; vgl. auch Simpson, The Work of the Greek Refugee Settlement Commission, 585.
225 Für eine detailreiche Aufschlüsselung des Abkommens und dessen zeitgenössische Kontextualisierung vgl. bes. Leontiades, Der griechisch-türkische Bevölkerungsaustausch; aus der neueren Forschung vgl. Naimark, Flammender Haß, bes. 58–75; Hirschon, Crossing the Aegean; Kontogiorgi, Population Exchange in Greek Macedonia; Yildirim, Diplomacy and Displacement; Banken, Die Verträge von Sèvres 1920 und Lausanne 1923; Özsu, Formalizing Displacement; Frank, Making Minorities History, 49–93. Vgl. auch die Pionierstudien Schechtman, European Population Transfers 1939–1945, 3–25; Kulischer, Europe on the Move.
226 Vgl. Naimark, Flammender Haß, 71 und 73.
227 Vgl. Leontiades, Der griechisch-türkische Bevölkerungsaustausch, 558 f.
228 Vgl. ebd., 553; Kontogiorgi, Population Exchange in Greek Macedonia, 5.

Der griechische Staat war nach der Kriegsniederlage und durch die Aufnahme der Flüchtlinge in einer politischen, wirtschaftlichen und sozialen Krise. Anfang 1923 hatte er daher den Völkerbund um finanzielle Hilfe ersucht. Dort verständigte man sich einige Monate später auf ein Schema für eine internationale Anleihe im Umfang von 10 Millionen Pfund Sterling. Die Sicherheiten der griechischen Regierung wurden als ausreichend erachtet und Morgenthau wurde ersucht, mit der Bank of England über eine Anleihe zu verhandeln. Die Verhältnisse in Griechenland erschienen den Londoner Bankiers jedoch zu instabil, sodass sie vorerst nur eine Tranche von einer Million Pfund Sterling bewilligten, wovon ein Viertel die griechische Nationalbank finanzieren musste. Die Bankiers wollten erste Erfolge der RSC sehen, bevor sie den Anleiherahmen erweiterten.[229] Bereits im ersten Jahr gelang es der Kommission, Zehntausende Flüchtlinge in »produktive Arbeit« zu bringen. In der Praxis sah dies meist so aus, dass die neuen Griechen in den von den vertriebenen Muslimen erbauten Häusern untergebracht wurden und deren Felder bestellten. Da ihre Zahl aber weit über jener der in die Türkei Vertriebenen lag, kamen viele in staatlichen Landwirtschaftsbetrieben oder bei Großgrundbesitzern unter. Diese erste positive Bilanz führte dazu, dass der griechischen Regierung von englischen und amerikanischen Banken eine langfristige Anleihe über mehr als 12 Millionen Pfund gewährt wurde.[230] Simpson, der seit 1926 Vizepräsident der RSC und mit dem Bereich der landwirtschaftlichen Kolonisation betraut war, lobte – wie auch andere – Ende der 1920er Jahre den großen Einsatz der Vertriebenen und hob ihre Fähigkeit hervor, mit dem Notwendigen ausgestattet, in kurzer Zeit einen bedeutenden Beitrag zur griechischen Volkswirtschaft geleistet zu haben.[231] Diese Makroperspektive übersah jedoch das individuelle Leid der Betroffenen und ihren langwierigen Kampf, sich im neuen Land zu etablieren. Allgemein galt die Arbeit der RSC bei ihrer Auflösung im Jahr 1930 jedoch als erfolgreich.[232]

Vor dieser historischen Folie der Refugee Settlement Commission ergaben sich für die Konferenz von Évian und die Lösung des deutsch-jüdischen Flüchtlingsproblems einige Bezugspunkte. Da die Bedingungen der Situation im mittleren Europa im Sommer 1938 deutliche Unterschiede zu jener in Kleinasien und Griechenland aufwiesen, dienten wahrscheinlich weniger

---

229 Vgl. Morgenthau, I Was Sent to Athens, 79 f.; Salter, Preface (15. Oktober 1924), 3; Kontogiorgi, Population Exchange in Greek Macedonia, 79 f.
230 Kontogiorgi, Population Exchange in Greek Macedonia, 81.
231 Vgl. Simpson, The Work of the Greek Refugee Settlement Commission, 586; Salter, Preface (15. Oktober 1924), 4.
232 Vgl. Simpson, The Work of the Greek Refugee Settlement Commission, 601; JDCA, 413, Refugees. Preliminary Report, 9–11; Simpson, The Refugee Problem, 607; Leontiades, Der griechisch-türkische Bevölkerungsaustausch, 571–574; Kontogiorgi, Population Exchange in Greek Macedonia, 86.

die konkreten Details der RSC, sondern das mit ihr Assoziierte als Grundlage der Vorschläge: In einem akuten Krisenmoment, als private Mittel nicht länger ausreichten oder zur Verfügung standen, war die Kommission durch eine internationale Initiative konstituiert worden und es war gelungen, eine erneute humanitäre Katastrophe abzuwenden. Darüber hinaus galt sie im World Jewish Congress als »Präzedenzfall für internationale finanzielle Unterstützung«:[233] Mittels einer internationalen Anleihe und langfristiger Planung waren die Migration und der Existenzaufbau Hunderttausender ermöglicht worden. Zwar war die überwiegende Mehrheit der Griechen bereits vor Gründung der RSC vertrieben worden, aber dennoch organisierte die Kommission auch den tatsächlichen »Austausch« weiterer Tausender Menschen. Genauso hatten die rund 500 000 Jüdinnen und Juden, um die es in Évian ging, 1938 das Deutsche Reich noch nicht verlassen. Die Konstruktion des Status eines »potenziellen unfreiwilligen Auswanderers« sollte ihre geordnete und langfristig vorbereitete Migration ermöglichen und ihnen (eigene) Mittel des Existenzaufbaus an die Seite stellen. Insofern gab es gute Gründe, auf die RSC zu verweisen.

Als Bentwich Anfang Juni 1938 in Florenz mit Taylor zusammengekommen war, hatten sie unter anderem über die Finanzierung der Auswanderung gesprochen. Dabei ging es zwar auch um staatliche Mittel, die »primären Geldmittel« sollten jedoch wie bei der RSC aus einem Anleihesystem gezogen werden.[234] Die veranschlagte Summe ähnelte jener von 1923, was sehr wahrscheinlich auf Bentwichs Schätzung zurückging. Taylor war spätestens nach diesem Gespräch mit der RSC als möglichem Ausgangspunkt vertraut. Vermutlich kannte er sie in groben Umrissen bereits aus Thompsons Artikel in *Foreign Affairs*. Darin hatte Thompson vorgeschlagen, eine internationale Organisation könne als »Brücke« zwischen Staaten mit judenfeindlichen Regierungen und den potenziellen Aufnahmeländern fungieren. Für die konkrete Durchführung der Migration und das dafür nötige Kapital zog Thompson den griechisch-türkischen Bevölkerungstransfer als Vorbild heran. Während der Recherchen zu ihrem Buch hatte sie ein ehemaliger Mitarbeiter Nansens darin bestärkt, dass es »durchaus möglich« sei, das für die Auswanderung aus Deutschland erforderliche Kapital aufzubringen.[235]

Mitte der 1920er Jahre waren viele griechische Flüchtlinge durch enteigneten Besitz der aus Griechenland vertriebenen Türken unterstützt worden – Entschädigungen für verlorenes Eigentum waren grundsätzlich im Vertrag

---

233 Memorandum of the World Jewish Congress, Évian, 6. Juli 1938, 534.
234 Vgl. WHL, 503, Norman Bentwich, Notes on Talks of N. B. with Myron Taylor at Florence 3/5th June, 1938, 3.
235 Ob es sich bei diesem Mitarbeiter um Simpson oder gar Morgenthau handelte, muss offenbleiben. Vgl. Thompson, Refugees. A World Problem, 381.

von Lausanne vorgesehen.²³⁶ Im vorliegenden Fall war dies jedoch keine Option, da es sich nicht um einen »Austausch« von Bevölkerungen handelte. Im Memorandum des World Jewish Congress war die Idee einer internationalen Anleihe deshalb zentral, da das von ihm angepeilte Migrationsprojekt nicht allein auf Deutschland fokussierte, sondern »mehr als eine Million junger Menschen zwischen 20 und 25 Jahren« umfasste.²³⁷ Da es sich hier mehrheitlich um Jüdinnen und Juden aus Osteuropa handeln sollte, die selbst kaum über finanzielle Ressourcen verfügten, hing das gesamte Projekt von internationaler Unterstützung ab. Die Autoren des Memorandums machten zugleich auf einen gewichtigen Unterschied zur Situation der griechischen Flüchtlinge aufmerksam: Diese hätten ihr »eigenes Land hinter sich gehabt«. Der darauffolgende Abschnitt verdeutlicht, dass den Autoren – Goldmann und Lestschinsky – an einer konkreten Lösung des deutsch-jüdischen Flüchtlingsproblems gelegen war, sie diese aber zugleich mit einer internationalen Aufbauhilfe für Palästina verknüpfen wollten:

»Das jüdische Volk hat kein eigenes Land, aber seine Leistungen in Palästina haben gezeigt, dass das jüdische Volk immense Mittel für eine wirklich konstruktive Lösung des jüdischen Problems bereitstellen kann. Es ist jedoch klar, dass jüdische Geldmittel alleine für die Anforderungen der jüdischen Migration nicht ausreichen werden. Nur durch internationale Mittel – in erster Linie durch eine internationale Anleihe – könnte es möglich sein, die notwendigen Gelder zum Aufbau der jüdischen nationalen Heimstätte in Palästina zu mobilisieren und eine groß angelegte jüdische Auswanderung nach Übersee solide zu organisieren.«²³⁸

Von einer solchen Überlegung waren die Autoren des Memorandums des Council und anderer philanthropischer Organisationen weit entfernt. Die von ihnen zur Auswanderung von 200 000 Jüdinnen und Juden unter 40 Jahren veranschlagten Kosten von 16 Millionen Pfund sollten in erster Linie aus deren eigenem Besitz finanziert werden. Aus dieser Perspektive war es daher absolut notwendig, dass sich die deutsche Regierung zu Zugeständnissen beim Vermögenstransfer bereit erklärte.²³⁹ Damit verband sich zudem die Hoffnung, die vollständige Enteignung der Juden in Deutschland, wie sie sich seit der Verordnung über die Anmeldung des Vermögens im April 1938 ankündigte, abwenden zu können.

---

236 Zu den Entschädigungsregelungen und der Arbeit der diesbezüglichen Kommission vgl. Leontiades, Der griechisch-türkische Bevölkerungsaustausch, bes. 560–569 und 575.
237 Memorandum of the World Jewish Congress, Évian, 6. Juli 1938, 535.
238 Ebd. Zu dieser generellen Absicht des WJC Segev, Immigration, Politics and Democracy, 219.
239 Vgl. Memorandum of Certain Jewish Organizations Concerned with the Refugees from Germany and Austria, Évian, 6. Juli 1938, 553.

Diese Zugeständnisse der deutschen Regierung, hieß es im Memorandum weiter, sollte ein in Évian zu gründendes Komitee erreichen, das gleichzeitig die Auswanderung »steuert und überwacht«. Die HCR des Völkerbunds war auf juristische Aspekte beschränkt, sodass es an einer Organisation mangelte, die sich »unmittelbar und gezielt« mit Auswanderung und Ansiedlung befasste. Als Vorbild internationaler Regierungshilfe hierfür diente den Autoren wiederum die Refugee Settlement Commission. Zugleich betonten sie, dass die jüdischen Organisationen weiterhin dafür Sorge trügen, dass »nur gesunde und gut ausgebildete Personen« auswanderten, die darüber hinaus vorbereitet seien, in den neuen Gesellschaften »nützliche Staatsbürger« zu sein.[240] Dies zielte sicherlich auf die Erwartungshaltungen der Regierungsvertreter ab. Zugleich basierte dieser Anspruch auf den Erfahrungen der vergangenen Jahre und der Erwartung eines geordneten Auswanderungsprozesses. Die Annahme, dass die Emigranten sorgfältig ausgewählt, ausgebildet und dann gezielt an geeignete Orte gelenkt würden, wo sie mit ihren Qualifikationen von Nutzen sein könnten, setzte voraus, dass dafür Jahre zur Verfügung standen.

Die im Memorandum des Council und anderer Organisationen avisierte Auswanderung von 200000 Juden stand für zweierlei: Adler-Rudel, der maßgeblich mit diesem Memorandum verbunden war, plante deren Auswanderung in den nächsten vier Jahren – ein ambitioniertes, aber nicht unrealistisches Ziel, das er mit dem IGCR demzufolge bis 1942 zu erreichen hoffte. Dann wären aber immer noch mindestens 300000 Jüdinnen und Juden im deutschen Herrschaftsbereich verblieben. Der vom Council und Adler-Rudel in Évian präsentierte Grobentwurf sah somit keinen vollständigen Exodus der deutschen Judenheit vor, sondern war ein auf vermeintlich realistischer Einsicht basierendes Projekt der Schaffung einer Zukunft für die junge Generation. Auch Ruppin hatte im April seine Erwartungen in der britischen Botschaft in Berlin erörtert, wobei er davon ausging, dass die Jungen auswanderten, die ältere Generation jedoch in Deutschland verbleiben und dort irgendwann eines natürlichen Todes sterben würde.[241] Ausgangspunkt für solche Annahmen war eine bestimmte Wahrnehmung der nationalsozialistischen Politik und der im Vergleich zu den Ereignissen in Smyrna oder den Massakern an den Armeniern anders gelagerten Verfolgung.[242] Im Memo-

---

240 Ebd., 553 f.
241 Vgl. Ruppin, Tagebucheintrag vom 11. April 1938, in: ders., Briefe, Tagebücher, Erinnerungen, 499.
242 Vgl. hierzu Gruner, »Peregrinations into the Void?«, bes. 16, 18, 20 f. und 23; auch Diner, Die Katastrophe vor der Katastrophe, 158; zur Rezeption in der zionistischen Bewegung vgl. Auron, The Banality of Indifference.

randum der Freeland League war ein direkter Vergleich gezogen, der als Erwartungshorizont für die Beteiligten in Évian verallgemeinert werden kann:

»Wir haben es hier [bei der Judenverfolgung in Deutschland] mit der vorsätzlichen und geplanten Auslöschung einer Gemeinschaft zu tun, die sich von der Verfolgung der Armenier nur dadurch unterscheidet, dass sie nicht in einem Augenblick, mit einem Messer, sondern in einem kalt und langsam verlaufenden Pogrom erfolgt, dessen Agonie von Jahr zu Jahr fortgeführt wird.«[243]

Das Ziel der Nationalsozialisten, alle Jüdinnen und Juden aus Deutschland zu vertreiben, war nicht nur unzählige Male öffentlich propagiert worden, 1938 wiesen auch die bisherigen Verbrechen eindeutig in diese Richtung. Die nationalsozialistische Politik wurde von den Zeitgenossen aber trotz der Ereignisse in Wien und der sich seit 1933 immer weiter steigernden Ausgrenzung und Vertreibung als kalkulierbar eingeschätzt und entbehrte nicht einer gewissen inneren Logik. Nur vor diesem Hintergrund ist verständlich, warum Adler-Rudel damals davon ausging, dass »die deutsche Regierung wird einsehen müssen, dass es selbst bei grösstem Entgegenkommen der Länder der Welt nicht möglich ist, Zehntausende in kurzer Zeit zur Auswanderung zu bringen«.[244] Seine Erwartung war, dass das Intergovernmental Committee der deutschen Regierung Zugeständnisse abringen, damit Zeit für eine geordnete Emigration Hunderttausender gewinnen und eine weitere Flüchtlingskrise abwenden könne. Somit würde – anders als bei der Vertreibung der Griechen oder der chaotischen Flucht der Juden nach den Wiener Pogromen – präventiv gehandelt werden.

Die Refugee Settlement Commission als Vorlage zu nutzen, öffnete allerdings auch einer gefährlichen Tendenz den Raum, die fundamental gegenläufig zu den Interessen jüdischer Organisationen war, allen voran des World Jewish Congress. Der Bezug zur RSC ist untrennbar mit der gewaltsamen Vertreibung einer Ethnie und deren Legitimierung ex post im Vertrag von Lausanne verbunden. Der WJC, die Freeland League und andere forderten in Évian eine öffentliche Verurteilung Deutschlands und belegten eindeutig, dass die deutsche Politik gegen internationales Recht verstieß.[245] Auch die

---

243 YIVO, RG 366/2/71, Memorandum Freeland League for Jewish Territorial Colonisation, Évian, Juli 1938, 1.
244 Adler-Rudel an Schäffer, 26. Juli 1938, in: Adler-Rudel, Das Auswanderungsproblem im Jahre 1938, 193.
245 Vgl. Memorandum of the World Jewish Congress, Évian, 6. Juli 1938, 530; Memorandum of Certain Jewish Organizations Concerned with the Refugees from Germany and Austria, Évian, 6. Juli 1938, 548; Memorandum of the Jewish Agency for Palestine, Évian, 6. Juli 1938, 539; YIVO, RG 366/2/71, Memorandum Freeland League for Jewish Territorial Colonisation, Évian, Juli 1938, 1.

Regierungsvertreter teilten die Ansicht, dass kein Staat das Recht habe, Teile seiner Bevölkerung zu vertreiben oder ihrer Rechte zu berauben.[246] Allerdings stand im Sommer 1938 diesem Bezug auf geltendes Recht die mit Gewalt erzwungene Realität entgegen. Diese Situation war Ausdruck zweier gegenläufiger Entwicklungen des Völkerrechts seit Ende des Ersten Weltkriegs: Während in einigen Friedensverträgen Klauseln über Minderheitenschutz und kulturelle Autonomie verankert worden waren, hatten sich gleichzeitig in Neuilly-sur-Seine die Vertragsparteien auf einen ersten erzwungenen Bevölkerungsaustausch zwischen Griechenland und Bulgarien geeinigt.[247] Besonders im Vertrag von Lausanne sahen Zeitgenossen dann, dass knapp drei Jahre nach den Pariser Friedensverträgen de jure das Gegenteil dessen legitimiert wurde, was man mit den Minderheitenschutzverträgen in Osteuropa immer noch zu erreichen suchte.[248] Da im Fall des »Bevölkerungsaustauschs« zwischen Griechenland und der Türkei der Wille der Betroffenen keine Rolle spielte, kam der Völkerrechtler Leonidas Leontiades 1935 zu dem Schluss, dass – mit Blick auf kulturelle Autonomie, das Selbstbestimmungsrecht und Volksabstimmungen, wie sie in manchen Gebieten erfolgt waren – Lausanne im Gegensatz zur »neueren Entwicklung des Völkerrechts« stehe.[249] Allerdings hatte die polnische Regierung bereits 1934 ihren Minderheitenschutzvertrag aufgekündigt. Diese »neuere Entwicklung« des Völkerrechts war also Mitte der 1930er Jahre bereits fraglich geworden. Das NS-Regime sah in der türkischen Vertreibungspolitik gegen die christliche Minderheit ein Vorbild[250] und nutzte darüber hinaus das Selbstbestimmungsrecht auf perfide Art für die Scheinlegitimation seiner Expansionspolitik.[251]

---

246 Exemplarisch die Reden Taylors und des kolumbianischen Delegierten Jesus Maria Yepes, in: LONA, R 5801/50/34596/34225, Proceedings of the Intergovernmental Committee, Evian, 6.–15. Juli 1938: Verbatim Record of the Plenary Meetings of the Committee, Resolutions and Reports, 12 f. und 25–27; hierzu auch Kieffer, Judenverfolgung in Deutschland – eine innere Angelegenheit?, 238.
247 Zum Minderheitenschutz in den Friedensverträgen 1919/20 vgl. Viefhaus, Die Minderheitenfrage; Fink, Defending the Rights of Others; MacMillan, Die Friedensmacher, 594 f.
248 Die Türkei lehnte in einer Demonstration der neu gewonnenen Souveränität Minderheitenschutzklauseln kategorisch ab. Vgl. Naimark, Flammender Haß, 72; Gerwarth, Die Besiegten, 310 und 314; Kontogiorgi, Population Exchange in Greek Macedonia, 2–4; auch Marrus, Die Unerwünschten, 118.
249 Leontiades, Der griechisch-türkische Bevölkerungsaustausch, 552; hierzu auch Barth, Europa nach dem Großen Krieg, 92; Frank, Making Minorities History, 49 f.
250 Vgl. Gerwarth, Die Besiegten, 314 f.
251 In Oberschlesien hielt sich die deutsche Regierung nach der Bernheim-Petition bis 1937 an die mit Polen vereinbarten Minderheitenrechte. Vgl. Graf, Die Bernheim-Petition 1933. Zur deutschen Expansion unter dem Deckmantel des Selbstbestimmungsrechts vgl. Fisch, Das Selbstbestimmungsrecht der Völker, 200–205; ders., Adolf Hitler und das Selbstbestimmungsrecht der Völker; auch Osterloh, Sudetenland, 69; Steiner, The Triumph of the Dark, 556.

Als Hintergrund dieses Konflikts zwischen Minderheitenschutz und »Bevölkerungsaustausch« darf ein zentraler Umstand nicht übersehen werden: Der Vertrag von Lausanne und die Legitimierung der ethnischen Vertreibungen in der Türkei hatten das Ziel, jahrzehntelange Nationalitätenkonflikte in der Balkanregion und Kleinasien zu entschärfen, die in der Vergangenheit immer wieder zu kriegerischen Auseinandersetzungen geführt hatten.[252] Die am Vertrag von Lausanne beteiligten Großmächte – allen voran Großbritannien, Frankreich und Italien – handelten aus geopolitischem Kalkül und hatten als oberste Priorität die Vermeidung eines neuen Kriegs.[253] Als Morgenthau in London über eine Anleihe verhandelte, war ihm klar, dass seine Verhandlungspartner bei der Bank of England de facto Außenpolitik betrieben. Robert Cecil, 1923 einer der einflussreichsten Politiker Großbritanniens, der im gleichen Jahr zum Präsidenten des Völkerbunds gewählt wurde, erklärte Morgenthau, dass »der Grund, warum die Briten zustimmten, Griechenland zu helfen, in ihrer Absicht lag, den Balkan zu stabilisieren«.[254]

Die Initiative des Völkerbunds zielte in eine ganz ähnliche Richtung. Humanitären Erwägungen kam in der internationalen Politik der 1920er und 1930er Jahre insgesamt wenig Bedeutung zu.[255] Die moralischen Dilemmata, die das NS-Regime durch seine Politik anderen Staaten aufzwang, wurden zeitgenössisch als solche wahrgenommen, das Leid fremder Staatsbürger wurde aber nicht zum Primat staatspolitischen Handelns.[256] Das mit der Gründung der RSC verbundene Ziel waren – wie einem Untersuchungsbericht Nansens entnommen werden kann – stabile Verhältnisse in Südosteuropa und Kleinasien. Ein Ausbleiben der privaten Gelder aus dem Ausland, die die Versorgung Hunderttausender Flüchtlinge sicherstellten, oder eine wirtschaftliche Krise hätten nach der traumatischen Kriegsniederlage zu sozialen Unruhen geführt, denen der griechische Staat, der kurz zuvor erst einen erneuten Wechsel von der Republik zurück zur Monarchie erlebt hatte, nicht hätte standhalten können.[257] Der Völkerbund wollte Griechenland deshalb mit einer internationalen Anleihe stabilisieren. Alles andere hätte fatale Folgen haben und einen unerwünschten Dominoeffekt in den jungen Nachbarstaaten in Südosteuropa und im Nahen Osten auslösen können. Humanitäre

---

252 Vgl. Salter, Preface (15. Oktober 1924), 3; Kontogiorgi, Population Exchange in Greek Macedonia, 73.
253 Einen Einblick geben die Gespräche, die Morgenthau im Herbst 1922 in London führte. Vgl. Morgenthau, I Was Sent to Athens, 33–46; vgl. auch MacMillan, Die Friedensmacher, 595–598.
254 Morgenthau, I Was Sent to Athens, 82, auch 79.
255 Ähnlich Mashberg, American Diplomacy and the Jewish Refugee, 1938–1939, 363.
256 Vgl. Simpson, The Refugee Problem, 616; Diner, Die Katastrophe vor der Katastrophe, 157.
257 Vgl. Nansen, Extracts from a Report, Genf, 18. November 1922, 8 f.; hierzu auch Marrus, Die Unerwünschten, 119.

Hilfe war somit ein Resultat staatlichen Handelns, aber nicht dessen ursächliche Motivation gewesen.

Auch die amerikanische Initiative in der Flüchtlingspolitik vom März 1938 ging weniger auf das Erschrecken über die Gewalt gegen Jüdinnen und Juden in Wien zurück, sondern war Folge einer spezifischen rechtlichen und politischen Konstellation, mit der sich die Roosevelt-Administration und westeuropäische Staaten durch Überlastung ihrer Konsulate und illegale Grenzpassagen konfrontiert sahen. In Évian waren denn auch Flüchtlingshilfe und humanitäre Erwägungen mit innenpolitischen Widerständen und außenpolitischen Zielsetzungen der beteiligten Staaten unauflösbar verbunden. Keine der beteiligten Regierungen handelte frei von »doppelten Absichten«.[258] Der Einsatz für die Geflüchteten hing also von weiteren staatspolitischen Interessen ab, die man mit Évian zu realisieren hoffte. So hatte Taylor in seiner Eröffnungsrede die erzwungene und chaotische Vertreibung einer großen Anzahl von Menschen verurteilt, fokussierte anschließend jedoch nicht auf das individuelle Leid, sondern darauf, dass diese Vertreibungen in der Praxis zu Grenzverletzungen führten, die Misstrauen und Angst in den internationalen Beziehungen säten, was einer generellen Versöhnungspolitik – er verwendete den Begriff »Appeasement« – entgegenstehe.[259] Die Konferenz von Évian muss daher neben ihrer zentralen Agenda im weiteren Umfeld internationaler Politik betrachtet werden.

Realpolitische Herausforderungen

Die allgemeine öffentliche Erwartung und besonders die der Verfolgten an die Konferenz von Évian war immens gewesen. Die Experten für Emigrationsunterstützung und Flüchtlingspolitik waren sich allerdings bewusst, dass man »keine Wunder erwarten konnte«, wie Jonah Wise es formulierte.[260] Nachdem Évian kein eindeutiger Paukenschlag geworden war, wie ihn manche Menschen erhofft hatten, artikulierte sich eine gewisse Enttäuschung, die McDonald auch erwartet hatte. In einer öffentlichen Rede in New York beschrieb er die unterschiedlichen Wahrnehmungen der Verfolgten und jener, die seit Jahren in die Probleme internationaler Flüchtlings- und Migrationspolitik involviert waren. Das Dilemma wachsender Dringlichkeit einerseits und der Langfristigkeit eines geordneten Auswanderungsschemas

---

258 Weiss, Deutsche und polnische Juden vor dem Holocaust, 165.
259 Vgl. LONA, R 5801/50/34596/34225, Proceedings of the Intergovernmental Committee, Evian, 6.–15. Juli 1938: Verbatim Record of the Plenary Meetings of the Committee, Resolutions and Reports, 13. Zur deutschen Abschiebepraxis und den Protesten der Grenzländer vgl. Toury, Ein Auftakt zur »Endlösung«, 167 und 170 f.
260 Zit. nach Friedman, No Haven for the Oppressed, 65.

andererseits, das auf die Bereitschaft der potenziellen Einwanderungsländer angewiesen war, kam dabei deutlich zum Ausdruck:

»Die verheerenden Zustände im Reich veranlassten die um ihre Zukunft besorgten Männer und Frauen, sich die falsche Hoffnung zu machen, dass in Évian irgendwie Wege gefunden würden, um sofort oder in naher Zukunft zwei- oder dreihunderttausend zusätzliche Flüchtlinge in einer neuen Heimat unterzubringen. Diejenigen von uns, die an diesem Problem arbeiten, waren fast untröstlich über diese übertriebenen Erwartungen, denn wir wussten [...], dass ein solches Ergebnis nicht möglich war. Daher ahnten wir, dass Évian unweigerlich eine bittere Enttäuschung hervorrufen würde.«[261]

Die Gründung des Committee war das Produkt diplomatischer Verhandlungen über die Lösung einer Flüchtlingskrise, bei der – trotz aller Rhetorik – weniger humanitäre Aspekte im Vordergrund standen als nationale und insbesondere außenpolitische Interessen.[262] Der Évian-Korrespondent der *CV-Zeitung* konstatierte während der Konferenz nüchtern: »Die Vertreter der Regierungen sind nichts anderes als Interpreten harter politischer und wirtschaftlicher Realitäten, an denen auch der edelste humanitäre Wille nicht vorübergehen kann.«[263] Bentwich verschärfte diesen Eindruck, als er im direkten Anschluss an Évian schrieb, die Amerikaner seien die Einzigen gewesen, die »wirklich bestrebt waren, in großem Umfang für die Flüchtlinge etwas zu erreichen«.[264] Im Umkehrschluss bedeutet seine Aussage, dass die übrigen Regierungsvertreter ihr Handeln vornehmlich an nationalen Interessen ausgerichtet hatten. Vor diesem Hintergrund stellt sich die Frage, in welchen Punkten die Interessen der Regierungsvertreter mit jenen der jüdischen Emissäre konvergierten, sodass es überhaupt zur Gründung des Intergovernmental Committee und einem grundsätzlich positiven Resümee der zentralen Akteure kommen konnte? Für alle an der Konferenz von Évian beteiligten Staaten hatte die unbedingte Wahrung ihrer Souveränität oberste Priorität. Darüber hinaus waren die Diplomaten bestrebt, das Flüchtlingsproblem beizulegen, um einen Konflikt in den internationalen Beziehungen

---

261 McDonald, Adress before the World Youth Congress, Vassar College, New York, 19. August 1938, in: Breitman/McDonald Stewart/Hochberg (Hgg.), Refugees and Rescue, 140. Diese Einschätzung formulierte ähnlich, aber schärfer im Ausdruck auch Landauer. Vgl. LBIJER, 560, Mitteilungsblatt der Hitachduth Olej Germania, Interview mit Georg Landauer, August 1938.
262 Exemplarisch zum brasilianischen Vertreter Lobo vgl. Tucci Carneiro, Weltbürger, 91, 95 und 103.
263 W., Evian vor der Beschlussfassung; vgl. hierzu auch Sjöberg, The Powers and the Persecuted, 7 f. Zur öffentlichen Empörung, dass gute zwischenstaatliche Beziehungen vor der Humanität rangierten, vgl. Katz, Public Opinion in Western Europe and the Evian Conference of July 1938, bes. 115–117.
264 Vgl. WHL, 503, Norman Bentwich, Report on the Governmental Conference at Evian, 1; auch AJA, MS-361/A10/3, Bentwich an Wise, 14. Juli 1938.

zu schlichten. Die Lösung ihres Problems suchten sie mittelfristig in Form geregelter und legaler Migration. Sowohl die deutsche Expansion als auch die illegalen Abschiebungen konfrontierten die europäischen Staaten mit elementaren Fragen der Sicherheitspolitik. Der Fokus der südamerikanischen Länder lag wiederum auf dem Erhalt ihrer guten Handelsbeziehungen zu Deutschland.

Die britische Delegation, die verhältnismäßig hochrangig mit Lord Winterton, Cazalet und Makins besetzt war, die direkt zur Regierung und deren engstem Umfeld gehörten,[265] wie auch die französischen Vertreter mit Bérenger an der Spitze waren mit dem Ausgang der Konferenz zufrieden. Beide europäischen Großmächte hatten sich auf der Konferenz als Transitländer dargestellt, die nur noch geringe Kapazitäten für die Aufnahme neuer Einwanderer zur Verfügung hätten; die Hunderttausenden potenziellen Flüchtlinge sollten in Übersee eine dauerhafte Aufnahme finden.[266] Grundsätzlich war mit der Annahme der Resolution keine Verpflichtung zur Aufnahme eines festen Flüchtlingskontingents verbunden. Ihre Souveränität über die Einwanderung blieb gewahrt. Wie in der Ankündigung vom März festgehalten worden war, wurde in Évian kein Staat gedrängt oder gar verpflichtet, seine Gesetze und Bestimmungen zu ändern oder Kompetenzen an eine internationale Organisation abzugeben. Einem solchen Anliegen hätte sicherlich kein Staat zugestimmt, berührt doch die Bevölkerungspolitik die Souveränität in ihrem Kern.[267] Die Londoner *Times,* damals dafür bekannt, die Position der britischen Regierung wiederzugeben,[268] folgte deren positivem Resümee: In Évian habe man »mit Realismus« agiert und keine utopischen Pläne hervorgebracht. An die jüdischen Organisationen richtete die *Times* daher den Appell, mit den Ergebnissen »zufrieden« zu sein.[269] Diese britische Perspektive stützte sich in erster Linie darauf, dass es gelungen war, eine Vermischung von imperialer Palästinapolitik und Flüchtlingshilfe zu vermeiden sowie das IGCR zunächst auf Deutschland zu fokussieren.[270]

Darüber hinaus erreichten die britischen Diplomaten eines ihrer wichtigsten Ziele: Über die zwischenstaatliche Kooperation für Flüchtlinge sollten die

---

265 In der *Jüdischen Rundschau* wurde positiv hervorgehoben, dass die Wahl eines Kabinettsmitglieds zeige, wie ernst die britische Regierung Évian nehme. Vgl. o. A., Vor der Konferenz in Evian.
266 Vgl. LONA, R 5801/50/34596/34225, Proceedings of the Intergovernmental Committee, Evian, 6.–15. Juli 1938: Verbatim Record of the Plenary Meetings of the Committee, Resolutions and Reports, 13–16.
267 Vgl. Caron, Uneasy Asylum, bes. 184f.; London, Whitehall and the Jews, 1933–1948, 87–91; auch Fink, The Crisis Years, 38.
268 Vgl. Bouverie, Mit Hitler reden, 354.
269 Reinharz/Shavit, The Road to September 1939, 140; zit. nach o. A., Die »Times« über Evian.
270 Vgl. Bartrop, The Evian Conference of 1938 and the Jewish Refugee Crisis, 26.

transatlantischen Beziehungen intensiviert werden.[271] Ganz ähnlich suchte auch die Roosevelt-Administration mit dem Intergovernmental Committee »einen Nukleus internationaler Zusammenarbeit« zu schaffen und damit, so Pell später, der deutschen Regierung entweder eine »Brücke« zurück zur Kooperation zu bieten oder aber die westlichen Staaten stärker gegen Deutschland zusammenzuführen.[272] In dieser Perspektive spiegelte sich auch die damals noch grundlegende Annahme der US-amerikanischen, britischen und französischen Außenpolitik, dass es sich bei auswärtiger Politik um »ein nach rationalen Maßstäben zu betreibendes Geschäft« handle, das nach »vernunftgemäßen und allgemein akzeptierten Verfahrensregeln und Übereinkünften ausgeübt werden würde«.[273] Diese Annahmen waren zum Zeitpunkt der Konferenz von Évian durch die deutsche Außenpolitik mitsamt ihrer Expansion bereits auf eine harte Probe gestellt.[274] Dennoch blieben sie handlungsleitend. In der britischen Außenpolitik dominierte eine Auffassung, die eine Teilrevision des Versailler Vertrags als gerechtfertigt ansah. Dem ging die Erwartung voraus, Hitlers territoriale Forderungen seien hierauf beschränkt. Besonders der britische Premierminister Arthur Neville Chamberlain unterlag der katastrophalen Fehleinschätzung, bei Hitler und auch bei Mussolini handle es sich im Grunde um »vernünftige Männer«, die »bestimmte Zugeständnisse« wollten, die ihnen Großbritannien gewähren konnte, um einen Krieg zu vermeiden.[275] Eine Rückkehr der Deutschen an den Verhandlungstisch schien daher nicht ausgeschlossen und war erklärtes Ziel.[276]

Bereits unmittelbar nach der Annexion Österreichs hatte das NS-Regime unter dem Deckmantel des Selbstbestimmungsrechts seinen Blick auf das Sudetenland gerichtet. Die sich in den folgenden Monaten entwickelnde »Sudetenkrise« hatte im Mai 1938 einen ersten Höhepunkt erreicht, der fast zu einem Krieg geführt hätte und das Flüchtlingsproblem »von der internationalen Bühne verdrängte«.[277] Der Völkerbund schien seit dem Angriff

---

271 Vgl. London, Whitehall and the Jews, 1933–1948, 86 und 94; Bouverie, Mit Hitler reden, 323; Diner, Ein anderer Krieg, 98 f.; ders., Die Katastrophe vor der Katastrophe, 155.
272 Zit. nach Sjöberg, The Powers and the Persecuted, 108; vgl. Kieffer, Judenverfolgung in Deutschland – eine innere Angelegenheit?, 108 f.
273 Craig/George, Zwischen Krieg und Frieden, 102.
274 Zu dieser Einschätzung Bouverie, Mit Hitler reden, 599 f.
275 Ebd., 603.
276 Bes. ebd., 11 und 265–345, bes. 331 und 334, sowie 356; Craig/George, Zwischen Krieg und Frieden, 113.
277 Kieffer, Judenverfolgung in Deutschland – eine innere Angelegenheit?, 259; vgl. auch Steiner, The Triumph of the Dark, 560–572; Krämer, Hitlers Kriegskurs, Appeasement und die »Maikrise« 1938; Diner, Ein anderer Krieg, 109; zeitgenössisch War Is Not Inevitable. Hierbei handelt es sich um eine Zusammenstellung von Reden, die im August 1938 am Genfer Institut für Internationale Beziehungen gehalten wurden. Themen waren u. a. Konflikt im Fernen Osten, Sudetenkrise, »Anschluss«, Spanischer Bürgerkrieg, Völkerbund und der Beitrag »Flüchtlinge. Ein permanentes Problem in Internationalen Organisationen«.

Italiens auf Abessinien 1935 und der Besetzung des Rheinlandes durch die Wehrmacht 1936 nicht mehr in der Lage zu sein, den Frieden zu wahren. Mit dem Ausbruch des Spanischen Bürgerkriegs wurde er für die »Sicherheitsinteressen« der europäischen Regierungen irrelevant. Somit bedurfte es dringend eines neuen Zusammenschlusses.[278] Zugleich war dies ein Eingeständnis der europäischen Mächte, mit den Problemen, die das Deutsche Reich verursachte, nicht allein fertig zu werden. Auf der Mikroebene drängten Bérenger und Lord Winterton Taylor in Évian während vertraulicher Gespräche, die Führungsrolle auf der Konferenz zu übernehmen.[279] Eine solche hatte die Regierung der Vereinigten Staaten in gewissem Sinne ja bereits durch die Einladung zur Konferenz erlangt. Dass sich die amerikanische Delegation mit ihren Zielen im Wesentlichen durchsetzen konnte, war auf der Makroebene Ausdruck der sich bereits seit dem Ersten Weltkrieg abzeichnenden Machtverschiebung im transatlantischen Verhältnis.[280]

Neben Großbritannien fürchtete insbesondere Frankreich die deutsche Aufrüstung und die mit ihr verbundenen Expansionsabsichten. Die französische Regierung war daher befriedigt, dass es gelungen war, London als Sitz des Intergovernmental Committee durchzusetzen; Paris als dessen Standort hätte aus ihrer Sicht die Zerrüttung des deutsch-französischen Verhältnisses allzu offensichtlich demonstriert. In der Praxis hatte Frankreich bereits Zehntausende Verfolgte aus Deutschland aufgenommen und war gleichzeitig durch Hunderttausende tatsächliche und potenzielle Flüchtlinge aus Spanien und Italien herausgefordert.[281] Die Regierung sah sich jedoch nicht in der Lage, gegen die deutsche Vertreibungspolitik zu intervenieren, und war von britischem Beistand abhängig.[282] Allerdings bestimmten im Sommer 1938 in erster Linie elementare Sicherheitsfragen gegenüber Deutschland die französische Politik.[283] Dass Frankreich viel von seiner politischen und militärischen Macht eingebüßt hatte, verdeutlicht auch die Einschätzung des Emissärs Brotman: Er begrüßte, dass der Standort des Committee in der Hauptstadt des britischen Empire sein würde, denn dort hätten die gewichtigeren Diplomaten der lateinamerikanischen Länder, die Vertreter der Dominions und die High Commission for Refugees Coming from Germany

---

278 Steiner, The Triumph of the Dark, 178; vgl. auch von Lingen, »Crimes against Humanity«, 174–176 und 190 f.
279 Vgl. Taylor, Bericht an Hull, 20. Juli 1938, 251 f.
280 Vgl. JDCA, 256, Warren [Évian] an Chamberlain [NYC], 13. Juli 1938. Zu den transatlantischen Beziehungen in den 1930er Jahren vgl. Nolan, The Transatlantic Century, 131–153.
281 Vgl. Caron, Uneasy Asylum, 7 f.; Sjöberg, The Powers and the Persecuted, 83 f.; Sallinen, Intergovernmental Advocates of Refugees, 271.
282 Vgl. Bouverie, Mit Hitler reden, 415.
283 Vgl. Steiner, The Triumph of the Dark, 597.

ihren Sitz.²⁸⁴ Die französische Regierung zeigte sich auch dahingehend zufrieden, dass es in Évian zu keiner ernsthaften Diskussion über Siedlungsprojekte im französischen Einflussbereich gekommen war.²⁸⁵ Hingegen hatte Lord Winterton angekündigt, dass in Kenia die Bedingungen für ein Siedlungsprojekt sondiert würden, und Bentwich sowie die Freeland League waren an entsprechenden Prospektionen in Australien beteiligt – beides Gebiete im Einflussbereich des britischen Empire.²⁸⁶

Im Vorfeld der Konferenz hatten sich die größten Hoffnungen für Siedlungsprojekte allerdings auf den südamerikanischen Kontinent gerichtet. Die von dort bevollmächtigten Regierungsvertreter hielten sich mit Offerten jedoch zurück.²⁸⁷ Weltsch reflektierte diese unterschiedlichen Erwartungshaltungen in der *Jüdischen Rundschau:* Einerseits wirkten die Reden der Diplomaten »wie ein kalter Wasserstrahl« auf die jüdischen Zuhörer, andererseits gestand er zu, dass die Regierungen »genug eigene Sorgen« hätten und jüdische Flüchtlinge in Europa für sie eine »periphere« Angelegenheit wären.²⁸⁸ Die lateinamerikanischen Regierungsvertreter beteiligten sich in erster Linie an Évian, um ihre guten Beziehungen zu den Vereinigten Staaten zu erhalten. Die von der Roosevelt-Administration betriebene Good Neighbor Policy musste von allen Beteiligten gepflegt werden.²⁸⁹ Darüber hinaus hatte für viele Diplomaten aus Südamerika der Erhalt ihrer prosperierenden Handelsbeziehungen zu Deutschland Priorität, weshalb man einen Affront gegen die deutsche Politik unbedingt vermeiden wollte. Eng verbunden war damit auch die Intervention zahlreicher Diplomaten bei Taylor, wobei sie den nicht bindenden Charakter der Schlussresolution erwirkten, der sich im Grunde auf

---

284 Vgl. JDCA, 255, A.G. Brotman, Inter-Governmental Conference on Refugees Held at Evian, 6. Juli 1938, 4. Zum damaligen Machtverhältnis zwischen Frankreich und Großbritannien vgl. Steiner, The Triumph of the Dark, 564.
285 Vgl. Caron, Uneasy Asylum, 185.
286 Vgl. LONA, R 5801/50/34596/34225, Proceedings of the Intergovernmental Committee, Evian, 6.–15. Juli 1938: Verbatim Record of the Plenary Meetings of the Committee, Resolutions and Reports, 42; LMA, ACC/2793/01/13/015, Report on Refugee Migration to Australia by Professor Norman Bentwich, o. D. [Ende 1938]; LMA, ACC/2793/01/01/011, Minutes of the Meeting of the Executive of the Council for German Jewry, 24. Oktober 1938, Confidential, 1; LMA, ACC/2793/01/01/011, Minutes of the Meeting of the Executive of the Council for German Jewry, 28. November 1938, Confidential, 3; Bentwich, My 77 Years, 148–150.
287 Zu dieser Spannung vgl. Friedman, No Haven for the Oppressed, 61.
288 Weltsch, Noch keine konkreten Ergebnisse; vgl. auch Tucci Carneiro, Weltbürger, 81 und 101; Kieffer, Judenverfolgung in Deutschland – eine innere Angelegenheit?, 237; Feingold, The Politics of Rescue, 32 f.
289 Vgl. Kirschmann Streit, Reich Power Felt at Refugee Parley; Tucci Carneiro, Weltbürger, 91; Sjöberg, The Powers and the Persecuted, 109–111; McDonald Stewart, United States Government Policy on Refugees from Nazism 1933–1940, 311.

das weitere Engagement im IGCR auswirkte.²⁹⁰ Des Weiteren galt es für die Mehrheit der lateinamerikanischen Diplomaten, die wirtschaftlichen Herausforderungen und oftmals bestehenden sozialen Spannungen im Heimatland nicht durch die Aufnahme größerer Einwandererkontingente zu verstärken.

Zusammengefasst offerierten die lateinamerikanischen Regierungsvertreter Einwanderung nur in sehr engen Grenzen und nur von streng ausgewählten Personen, die bevorzugt über landwirtschaftliche oder technische Ausbildungen verfügen und in einem bestimmten Alter sein sollten.²⁹¹ Die Aufnahme von akut Gefährdeten war hier kein Thema. »Ausreisewilligen« mit besonderen Eigenschaften standen jedoch begrenzt die Türen offen. Diese Offerten entsprachen aber in der Regel nicht den Voraussetzungen der Mehrheit der Juden in Deutschland.²⁹² Auch wenn sich der Council bemühte, die Bedeutung früherer Migrationsbewegungen, etwa der Hugenotten nach Deutschland oder der deutschen Auswanderer in die Vereinigten Staaten, für den gesellschaftlichen Fortschritt zu betonen, so offenbarte dessen gleichzeitige Zusage der Auswahl und Ausbildung der Emigranten die nüchterne Einsicht, in welchem Verhältnis die Voraussetzungen der Vertriebenen zu den nationalen Einwanderungsanforderungen – nicht zur Gewährung von Asyl – standen.²⁹³

Die Gründung des Intergovernmental Committee hing letztlich aber weniger von der Haltung der lateinamerikanischen Staaten oder den kleineren europäischen Ländern ab. Sie war maßgeblich zwischen den Vertretern der Vereinigten Staaten, Großbritanniens und Frankreichs ausgehandelt worden. Die Interessen und Entscheidungen dieser drei Staaten waren in

---

290 Vgl. Weltsch, Heute Schluß in Evian; Kirschmann Streit, Reich Power Felt at Refugee Parley; Taylor, Bericht an Hull, 20. Juli 1938, 255; McDonald Stewart, United States Government Policy on Refugees from Nazism 1933–1940, 310 f.; Mashberg, American Diplomacy and the Jewish Refugee, 1938–1939, 356 f.; Feingold, The Politics of Rescue, 32; Weingarten, Die Hilfeleistung der westlichen Welt bei der Endlösung der deutschen Judenfrage, 79 f.
291 Exemplarisch die Statements des chilenischen und venezolanischen Vertreters. Vgl. LONA, R 5801/50/34596/34225, Proceedings of the Intergovernmental Committee, Evian, 6.–15. Juli 1938: Verbatim Record of the Plenary Meetings of the Committee, Resolutions and Reports, 27 f. und 30.
292 Zum daraus abgeleiteten Vorwurf des Antisemitismus vgl. Weingarten, Die Hilfeleistung der westlichen Welt bei der Endlösung der deutschen Judenfrage, 65; auch Tucci Carneiro, Weltbürger, 90 f. und 103. Friedman fokussiert auf die Skepsis von Ökonomen aufgrund der schwierigen Bedingungen für europäische Einwanderinnen und Einwanderer. Ders., No Haven for the Oppressed, 63 f.
293 Vgl. Memorandum of Certain Jewish Organizations Concerned with the Refugees from Germany and Austria, Évian, 6. Juli 1938, 551 f.; vgl. hierzu auch Sallinen, Intergovernmental Advocates of Refugees, 262; Burgess, The League of Nations and the Refugees from Nazi Germany, 129; McDonald Stewart, United States Government Policy on Refugees from Nazism 1933–1940, 310. Zu Adler-Rudels Bedeutung für die Koordination der Auslands-Hachscharah vgl. Bentwich, They Found Refuge, 33.

Évian zentral. Die übrigen Regierungsvertreter schlossen sich mit lediglich kleinen Korrekturen an.[294] In Struktur, Aufgaben und Zwecken des Intergovernmental Committee konvergierten besonders die Absichten dieser drei Länder mit Interessen des Council for German Jewry sowie des JDC für die konkrete Unterstützung der deutschen und österreichischen Jüdinnen und Juden. Aber auch Goldmann und Landauer sahen im IGCR ein Instrument, dass für die jüdische Migration im Allgemeinen und die Arbeit in Palästina im Besonderen von Nutzen sein konnte.[295] Die Interessenlagen der jüdischen Organisationen lassen sich daher auf zwei Aspekte reduzieren, die im Groben mit unterschiedlichen zeitlichen Perspektiven verbunden waren: Während der Ausbau des Jischuw und dessen Transformation in einen jüdischen Staat auf einer langfristigen Perspektive von Jahrzehnten basierten, verlangte die Situation in Deutschland ein Handeln, das in wenigen Jahren zum Abschluss kam. Diese Perspektiven, ihre unterschiedliche Dringlichkeit und die daraus resultierende Priorisierung in der Arbeit des IGCR fasste Bentwich am 14. Juli 1938 unmissverständlich gegenüber Stephen Wise zusammen, verbunden mit der Mahnung, sich auf das Wesentliche zu konzentrieren: Palästina sei derzeit außerhalb des Blicks der Verantwortlichen des IGCR, »aber es mag zu irgendeiner Zeit wiederhereinkommen. In der Zwischenzeit geht es darum, so viele Menschen wie möglich zu retten.«[296]

Die größte Konvergenz von staatlichen und jüdischen Interessen ergab sich in der beabsichtigten Transformation von chaotischer Flucht und illegaler Vertreibung in einen Prozess geordneter und legaler, wenn auch »unfreiwilliger« Auswanderung. Das Intergovernmental Committee bot den jüdischen Organisationen eine Plattform, um den Verfolgten einerseits Auswege aus dem deutschen Herrschaftsbereich zu ermöglichen und ihnen andererseits an einem anderen Ort eine Zukunft aufzubauen. Für die Évian-Staaten war es ein Instrument der Kooperation untereinander und ein Mittel für eine Übereinkunft mit Deutschland. Das Ergebnis der Konferenz konnte somit für alle Beteiligten Vorteile bringen – die potenziellen Flüchtlinge in Deutschland eingeschlossen. Insofern erschien Évian als ein bedeutender Schritt. Zentrale Erwartungen und Forderungen des Council, der HIAS, der JCA, des Board of Deputies und des JDC waren erfüllt worden. Die Refugee Settlement Commission der 1920er Jahre hatte dem neuen Komitee als historisches Vorbild gedient, denn dort hatte sich gezeigt, dass zwischenstaatliche Kooperation eine Krisensituation beilegen und zu einer effektiven Lösung der Probleme

---

294 Vgl. JDCA, 256, Warren [Évian] an Chamberlain [NYC], 13. Juli 1938.
295 Hierzu bes. LBIJER, 560, Mitteilungsblatt der Hitachduth Olej Germania, Interview mit Georg Landauer, August 1938.
296 AJA, MS-361/A10/3, Bentwich an Wise, 14. Juli 1938.

bei der Emigration, der Existenzgründung und der damit verbundenen Finanzierung führen konnte. Nach Évian gab es für Adler-Rudel, Bentwich, Jonah Wise und ihre Kollegen »begründete Hoffnung« auf eine Lösung des deutsch-jüdischen Flüchtlingsproblems – wie es in der *CV-Zeitung* hieß. Denn sie schätzten das Intergovernmental Committee als eine realistische Möglichkeit für die Emigration Hunderttausender Jüdinnen und Juden aus Deutschland binnen der nächsten Jahre ein.[297]

Dieser Perspektive stimmten Goldmann, Ruppin, Rosenblüth und Landauer öffentlich wie intern zu.[298] Allerdings hatten auch sie in Évian doppelte Absichten verfolgt: Gemessen an den in den Memoranden der Jewish Agency und des World Jewish Congress formulierten Erwartungen, fiel Évian für sie wenig befriedigend aus. Es gab allenfalls die vage Aussicht, den Zuständigkeitsbereich des Intergovernmental Committee in Zukunft auf die Judenheiten in Osteuropa zu erweitern. Palästina hatte in Évian kaum eine Rolle gespielt; ob es irgendwann – wie Bentwich es formulierte – in den Fokus des IGCR rücken würde, war fraglich.[299] Goldmann gab deshalb aber nichts verloren, sondern betrachtete es als seine Aufgabe und die der Londoner Exekutive der JA, »einen dauerhaften Kontakt mit ihm [dem IGCR] zu wahren und auszubauen«.[300] Dieser Ansage folgend, plädierte Rosenblüth für eine sofortige telegrafische Abstimmung mit Stephen Wise, da man davon ausging, dass der Direktor des IGCR doch sicherlich durch Mitwirkung des Advisory Committee in Washington bestellt würde.[301]

Eine der ersten Aufgaben des neuen Direktors sollte die Aufnahme von Gesprächen mit der deutschen Regierung über die Ausweitung des Besitztransfers und insgesamt über die Finanzierung der Auswanderung sein. Auch hier zeichneten sich bereits in Évian Konvergenzen zwischen staatlichen Interessen und jenen des Council, des JDC und möglicherweise auch jenen der Jewish Agency mit dem Ha'avara-Abkommen ab. Waren die Länder daran interessiert, dass die neuen Einwanderer Kapital mitbrachten, mit dem sie sich eine Existenz aufbauen konnten, so suchten die jüdischen Emissäre die komplette Beraubung der deutschen Juden zu verhindern. Adler-Rudel

---

297 »Wer Illusionen [über Évian] hatte, wird sie verloren haben, aber wir haben etwas Wichtigeres an ihrer Stelle erhalten: Hoffnung, begründete Hoffnung.« W., Die erste Etappe.
298 Vgl. CZA, S7/907, Landauer an Ruppin, 21. Juli 1938; CZA, S7/907, Landauer an Ernst Sänger, 24. Juli 1938; Ruppin, Tagebucheintrag vom 18. Juli 1938, in: ders., Briefe, Tagebücher, Erinnerungen, 501 f.
299 Vgl. CZA, S7/907, Landauer an Weltsch, 24. Juli 1938.
300 LBINY, AR7183/5/22, Goldmann, Zweiter Bericht über die Evian-Konferenz, Genf, 20. Juli 1938, 2; vgl. in die gleiche Richtung CZA, KH4/4807/1, 3. Bericht von Max Kreutzberger, 11. Juli 1938, 2.
301 Vgl. LBINY, AR7183/5/22, Siegfried Moses, Eindruck von der Konferenz in Evian, Paris, 14. Juli 1938, 7.

»Die erste Etappe« 235

war davon überzeugt, dass sich auf der Konferenz von Évian letztlich das Prinzip des Quidproquo durchgesetzt hatte: »Daraus folgt, dass jede Form der Freigabe der jüdischen Vermögen mit einem gewissen wirtschaftlichen Nutzeffekt für Deutschland verbunden sein muss, d.h. dass eine Kombination zwischen Transfer und Export nicht zu umgehen sein wird.«[302] Für ihn war das ein »gangbarer« Weg – wollte man Deutschland an den Verhandlungstisch bringen, vielleicht auch der einzig mögliche. Für jene, die sich für einen Boykott gegen Deutschland einsetzten, wie er auch im World Jewish Congress propagiert wurde, war diese Strategie hingegen inakzeptabel.[303] Jabotinsky, einer der radikalsten Verfechter des Boykotts gegen Deutschland, wartete ohnehin noch auf das »wahre Évian«.[304] Akzin hatte die New Zionist Organization in Évian repräsentiert und für ihre Forderungen gestritten, für Jabotinsky war die Konferenz jedoch bedeutungslos, da sie für die unmittelbaren Absichten der Revisionisten – »eine vollständige Repräsentation des jüdischen Volkes«, einen jüdischen Staat und die jüdische Migration aus Osteuropa – erwartungsgemäß keine Unterstützung gebracht hatte.

Jabotinskys Perspektive auf die Judenheiten in Osteuropa und Palästina war eine langfristige, die mit der Situation der Juden in Deutschland wenig verknüpft war. Auch die »Zukunftsarbeit« der Jewish Agency war auf Jahrzehnte angelegt und fokussierte weniger auf die Situation der deutschen Flüchtlinge als auf die Entwicklung des Jischuw.[305] Für die Emissäre der Jewish Agency in Évian war dies aber nur ein Aspekt ihrer Agenda, wenn auch der offizielle. Ihre Aufmerksamkeit und ihr Engagement galten auch dem Schicksal der jüdischen Bevölkerung in Deutschland und hier war mitunter zügiges Handeln gefordert. So hatte sich Goldmann für jene Verfolgten eingesetzt, die sofortigen Schutz im Ausland suchen mussten, da ihr Leben akut bedroht war. Im Gespräch mit Diplomaten der an Deutschland grenzenden Länder hatte er für temporäre Flüchtlingscamps plädiert, was für die damalige Zeit sehr außergewöhnlich gewesen wäre. Verbunden hatte er damit die Idee, dass das Intergovernmental Committee den Ländern wiederum »die Garantie« gebe, dass für die Geflüchteten zügig eine dauerhafte Aufnahmemöglichkeit

---

302 Adler-Rudel an Schäffer, 26. Juli 1938, in: Adler-Rudel, Das Auswanderungsproblem im Jahre 1938, 193. Zu diplomatischen Verhandlungen als Form wechselseitiger Zugeständnisse mit dem Ziel einer schrittweisen Einigung und den diesbezüglichen Schwierigkeiten zwischen demokratischen und totalitären Staaten vgl. Craig/George, Zwischen Krieg und Frieden, 106.
303 Dafür wäre eine »radikale Politikwende« nötig gewesen. Vgl. Diner, Ein anderer Krieg, 101.
304 Reinharz/Shavit, The Road to September 1939, 145 f. und 257.
305 Vgl. Diner, Ein anderer Krieg, 32 f.

gefunden würde.[306] Allerdings skizzierte Goldmann damit einen Plan, den alle Beteiligten im Grunde vermeiden wollten, denn die überstürzte Flucht war das Gegenteil der geordneten Auswanderung; sie erfolgte mittellos und führte bei Tausenden zu Chaos. Damit wären alle Leitgedanken des Intergovernmental Committee obsolet gewesen. Goldmanns Einsatz für dieses Konzept verdeutlicht jedoch, was insbesondere den jüdischen Emissären bewusst war: Man konnte sich nicht allein auf das IGCR verlassen. In Évian war ein realistischer Prozess in Gang gesetzt worden, der jedoch vor zahlreichen Herausforderungen stand. »Die erste Etappe« – so ein Titel in der *CV-Zeitung* – war erreicht worden, mehr noch nicht.[307] Die weitere Arbeit des Committee würde von einem fähigen Direktor abhängen, darin waren sich die Zeitgenossen einig.[308] Die Umsetzung geordneter Auswanderung würde sich nach allseitiger Erwartung über mehrere Jahre erstrecken und stabile politische Verhältnisse voraussetzen. Darüber hinaus machte ein Mitglied der amerikanischen Delegation deutlich, dass der Plan des Intergovernmental Committee »ohne die Kooperation Berlins nicht funktionieren« werde.[309] Auch zahlreiche weitere Zeitgenossen wiesen auf die Notwendigkeit deutscher Mitarbeit hin.[310] Ob und in welchem Umfang das NS-Regime sich hierzu bereitfand, war unsicher. Mit dem Ende der Konferenz begann die eigentliche Arbeit erst.[311] So sollte es zügig weitergehen: Die nächste Sitzung des Intergovernmental Committee war auf den 3. August 1938 in London terminiert.[312]

Adler-Rudel war mit dem Ergebnis von Évian auch deshalb zufrieden, weil man – wie er schrieb – »bei vernünftiger Überlegung« nicht mehr hätte erwarten können.[313] Diese Einschränkung zeugt von seinem Blick für Realpolitik. Er betrachtete Évian nicht aus dem Blickwinkel des Wünschens-

---

306 AJA, MS-361/A8/2, Report on the Intergovernmental Conference of Evian-les-Bains, Annex to Circular Letter Nr. 11, 25. Juli 1938, 2 f.
307 W., Die erste Etappe. Zu den positiven Reaktionen in *CV-Zeitung* und *Jüdische Rundschau* vgl. Schlecht, »Öffnen sich die Tore?«, 136–138.
308 Vgl. Adler-Rudel an Schäffer, 26. Juli 1938, in: Adler-Rudel, Das Auswanderungsproblem im Jahre 1938, 193 f.; LBINY, AR7183/5/22, Goldmann, Zweiter Bericht über die Evian-Konferenz, Genf, 20. Juli 1938, 1; Ruppin, Tagebucheintrag vom 18. Juli 1938, in: ders., Briefe, Tagebücher, Erinnerungen, 501 f.
309 Kirschmann Streit, Reich Aid Sought for Refugee Plan.
310 Vgl. exemplarisch JDCA, 255, A. G. Brotman, Inter-Governmental Conference on Refugees Held at Evian, 6. Juli 1938, 4; Ruppin, Tagebucheintrag vom 18. Juli 1938, in: ders., Briefe, Tagebücher, Erinnerungen, 501 f.
311 So auch Weltsch, Heute Schluß in Evian.
312 Vgl. LONA, R 5801/50/34596/34225, Proceedings of the Intergovernmental Committee, Evian, 6.–15. Juli 1938: Verbatim Record of the Plenary Meetings of the Committee, Resolutions and Reports, Annex IV: Resolution, 55.
313 Zu dieser Einschätzung vgl. auch W., Evian vor der Beschlussfassung.

werten – dafür war er schon zu lange in den Komplex involviert und sich der Herausforderungen bewusst. Vielmehr taxierte er Évian aus der Perspektive des Möglichen und die Gründung des IGCR schien ihm damals ein realistischer Weg. Sein eigener Einfluss sowie der seiner Kollegen auf die weitere Entwicklung waren begrenzt. Zum eingeschlagenen Weg zwischenstaatlicher Kooperation für die mittelfristige geordnete und legale Migration Hunderttausender schien es im Juli 1938 allerdings keine realistische Alternative zu geben.[314]

---

314 Ähnlich Diner, Die Katastrophe vor der Katastrophe, 150 und 158.

3. Ernüchterung und Katastrophe: Das Scheitern der amerikanischen Initiative

3.1 Gegenläufige Dynamiken – Aufbau des Intergovernmental Committee und Novemberpogrom

19 Tage nach Ende der Konferenz in Évian traten am 3. August 1938 die Vertreter der daran beteiligten Regierungen zur konstituierenden Sitzung des Intergovernmental Committee on Refugees in London erneut zusammen.[1] Auf der Tagesordnung stand als Erstes die Wahl des Direktors. Der nominierte George Rublee, ein US-amerikanischer Anwalt, Finanzexperte und persönlicher Freund Roosevelts, der sich zu diesem Zeitpunkt noch in den Vereinigten Staaten befand, wurde bestätigt. Danach wurde der fünfköpfige Vorstand besetzt. Am zweiten Sitzungstag, dem 4. August, wurden die Finanzierung des Büros geklärt und die als Nächstes anzugehenden Aufgaben diskutiert.[2] Wie sich in Évian bereits abgezeichnet hatte, blieb Vertretern jüdischer Organisationen der Zugang zu dieser Zusammenkunft verwehrt. Mit einer Ausnahme: Katz gehörte – allerdings inoffiziell – der amerikanischen Delegation an.[3] Taylor hatte Katz in Évian gebeten, ihn als Assistent für die Ausarbeitung konkreter Auswanderungspläne zu unterstützen. Dieser hatte sich nach Rücksprache mit der Zentrale in New York dazu bereit erklärt, jedoch nur unter der Bedingung, »keinen offiziellen Status« zu erhalten. Der JDC sollte durch Katz' Arbeit nicht in den Fokus der öffentlichen Wahrnehmung rücken.[4]

Obwohl Katz zu Vertraulichkeit verpflichtet war, berichtete er an den JDC-Vorstand und hielt Kollegen wie Adler-Rudel von den Vorgängen im

---

1 Vgl. Kieffer, Judenverfolgung in Deutschland – eine innere Angelegenheit?, 260 f.; Weingarten, Die Hilfeleistung der westlichen Welt bei der Endlösung der deutschen Judenfrage, 92 f.
2 Vgl. Weingarten, Die Hilfeleistung der westlichen Welt bei der Endlösung der deutschen Judenfrage, 93–96.
3 Vgl. JDCA, 255, Katz an Baerwald, 6. August 1938; JDCA, 255, Katz an Baerwald, 9. August 1938, 1.
4 Vgl. JDCA, 131, Memo: McDonald an JDC, 18. Juli 1938; JDCA, 131, Telegramm Baerwald an Katz (Hotel Splendide, Évian), 16. Juli 1938; JDCA, 131, Telegramm Baerwald an Katz (Hotel Splendide, Évian), 15. Juli 1938.

IGCR auf dem Laufenden.⁵ Neben Katz' Berichten war Adler-Rudel auch über weitere Gespräche jüdischer Emissäre mit den Beteiligten informiert.⁶ Er verfügte also über einen guten Kenntnisstand, als er am 12. August 1938 an Schäffer schrieb, dass er sich »von grösster Besorgnis über den weiteren Verlauf dieser Aktion [gemeint ist die Arbeit des Intergovernmental Committee] nicht freimachen« könne.⁷ Verglichen mit Adler-Rudels positiver Bewertung des Auftakts in Évian drei Wochen zuvor, überrascht diese veränderte Tonlage. Was war geschehen? Die Ungewissheit darüber, welche Taktik der Kreis um Rublee und die Vorstandsmitglieder Taylor und Lord Winterton in den Verhandlungen mit der deutschen Regierung verfolgen und wann es überhaupt zu Gesprächen kommen würde, war die eine Ursache für Adler-Rudels Besorgnis. Während man im IGCR am Arbeitsmodus und den langfristigen Planungshorizonten der Konferenz von Évian festhielt, wandelte sich in Deutschland die Situation für Jüdinnen und Juden dramatisch. Aus dieser Entwicklung ergab sich die andere, weit gewichtigere Ursache seines Umdenkens. Gegenüber Schäffer konstatierte Adler-Rudel zwei gegenläufige Dynamiken: »Selbst bei allem Optimismus, den ich mich aufzubringen bemühe, sieht es doch so aus, als ob die Mühlen hier [beim IGCR in London] nur sehr langsam mahlen werden, wohingegen das Unheil in Deutschland ein rasendes Tempo einschlägt.«⁸ Damit erkannte er das grundlegende Problem des IGCR sehr genau.

Adler-Rudels frühe Besorgnis verstärkte sich in den nächsten Wochen.⁹ Die von ihm identifizierten Dynamiken bestimmten tatsächlich die kommenden Monate: Während im Intergovernmental Committee Pläne diskutiert und mögliche Aktivitäten für die Zukunft vorbereitet wurden, schufen die Nationalsozialisten in der Gegenwart Tatsachen. In den Überlegungen Taylors, die er im IGCR vortrug und an deren Formulierung Katz sowie Kahn als Co-Autoren beteiligt gewesen waren, spiegelte sich bereits ein Bewusstsein, dass die Emigration aus Deutschland zügiger vonstatten gehen müsse als bisher vorgesehen und erfolgt.¹⁰ Dennoch basierten alle Planungen auf geordneten Verfahren und Legalität und waren damit langfristig angelegt. Zur Illustration seines Anliegens bemühte Taylor die durchschnittliche Emigrationsrate

---

5   Vgl. JDCA, 255, Katz an Baerwald, 6. August 1938; Adler-Rudel an Schäffer, 12. August 1938, in: Adler-Rudel, Das Auswanderungsproblem im Jahre 1938, 202.
6   Vgl. CZA, S7/907, Feilchenfeld an Senator, 11. August 1938; CZA, S7/907, Feilchenfeld, Aktenvermerk über eine Unterredung mit Taylor und Pell, 11. August 1938; CZA, S7/907, Ruppin an Exekutive der JA, Jerusalem, 23. Juli 1938.
7   Adler-Rudel an Schäffer, 12. August 1938, in: Adler-Rudel, Das Auswanderungsproblem im Jahre 1938, 202f.
8   Ebd., 204.
9   Vgl. ebd., 208–211; ganz ähnlich auch JDCA, 255, Jaretzki an Baerwald, 19. August 1938, 7.
10 Vgl. JDCA, 255, Katz an Baerwald, 9. August 1938; auch Bauer, My Brother's Keeper, 236; Kieffer, Judenverfolgung in Deutschland – eine innere Angelegenheit?, 256 und 262.

der letzten Jahre und kam zu dem Schluss, dass es 16 Jahre dauern würde, bis alle Jüdinnen und Juden sowie sogenannte »Nichtarier« Deutschland verlassen hätten. Deshalb forderte er: »Es ist offensichtlich, dass die Notlage derjenigen, mit denen sich das Intergovernmental Committee befasst, es erfordert, dass der gegenwärtige Prozess der Auswanderung beschleunigt wird. Er sollte so weit beschleunigt werden, dass die Wiederansiedlung möglicherweise innerhalb der nächsten fünf Jahre realisiert werden kann.«[11] Dies war zweifellos ambitioniert.[12] Das auf mehrere Jahre angelegte Projekt des Intergovernmental Committee war trotz beabsichtigter »Beschleunigung« von zwei Faktoren grundlegend abhängig: Zum einen mussten sich für die potenziellen Auswanderer auf der ganzen Welt Möglichkeiten der Einwanderung eröffnen – hier standen die Mitgliedsstaaten des IGCR in der Pflicht. Zum anderen konnte Taylors Plan nur Aussicht auf Erfolg haben, wenn die zwischenstaatlichen Beziehungen stabil blieben, es in nächster Zeit in Europa nicht zu einem Krieg käme und das NS-Regime bereit wäre, die Möglichkeiten des Besitztransfers zu modifizieren und damit den Jüdinnen und Juden ausreichend Mittel beließ, um eine Migration finanzieren zu können.

Zum Zeitpunkt, als verschiedene Ideen im IGCR abgewogen wurden, radikalisierte das NS-Regime jedoch seine Maßnahmen mit äußerster Rücksichtslosigkeit. Das betraf die außenpolitische Expansion in Richtung des Sudetenlandes genauso wie die Judenverfolgung. Die restlose »Arisierung« jüdischer Betriebe seit April 1938 und der Ausschluss aus zahlreichen Erwerbsbereichen zwischen Juli und Oktober entzogen der jüdischen Gemeinschaft in Deutschland die noch verbliebenen Bereiche selbstständiger wirtschaftlicher Existenz und drängten sie in die vollständige Separierung.[13] Die Einrichtung der Zentralstelle für jüdische Auswanderung in Wien im August markierte den von SS und SD forcierten »Übergang von der Auswanderungsförderung zur Vertreibung«.[14] Tempo – verstanden als Steigerung der Geschwindigkeit einer Entwicklung – war ein bestimmendes Merkmal des Jahres 1938. Die sich in einem kurzen Zeitraum nahezu überschlagenden Ereignisse in Deutschland und die von dort ausgehenden Bedrohungen für

---

11 JDCA, 255, Speech [by Taylor], 4. August 1938, 2. Kurz zuvor hatte Ruppin im Gespräch mit Taylor sechs Jahre für die Auswanderung von 300 000 Jüdinnen und Juden anvisiert. Vgl. CZA, S7/907, Ruppin an Exekutive der JA, Jerusalem, 23. Juli 1938.
12 JDCA, 255, Katz an Baerwald, 6. August 1938.
13 Hierzu zeitgenössisch AJA, MS-361/A3/2, [vermutlich Goldmann] Report on the Jewish Situation in Europe, 14. Oktober 1938, Confidential, 4 f.; vgl. auch Friedländer, Das Dritte Reich und die Juden, Bd. 1: Die Jahre der Verfolgung 1933–1939, 279–282; Longerich, Politik der Vernichtung, 200–206; Adam, Judenpolitik im Dritten Reich, 188 f.
14 Matthäus, Konzept als Kalkül, 136; hierzu auch Anderl/Rupnow, Die Zentralstelle für jüdische Auswanderung als Beraubungsinstitution; Longerich, Politik der Vernichtung, 170–189; Diner, Die Katastrophe vor der Katastrophe, 143–145; Adam, Judenpolitik im Dritten Reich, 198–203.

den internationalen Frieden können in ihrer Bedeutung kaum überschätzt werden. Allerdings war die Entwicklung für die Zeitgenossen schwer zu fassen. Die internationale Staatengemeinschaft reagierte auf die Verbrechen in Deutschland in einer weitgehend den Eigennutzen taxierenden nationalen Selbstbezogenheit. Für die britische und französische Regierung hatte die Vermeidung eines Kriegs oberste Priorität.[15]

Der Handlungsspielraum jüdischer Funktionäre war in diesen Konstellationen äußerst begrenzt. Das Intergovernmental Committee konnte bestenfalls beraten werden; die avisierten Verhandlungen mit Deutschland würden ausschließlich das Geschäft akkreditierter Diplomaten sein. Auf die Entwicklungen in Deutschland hatte man wiederum keinerlei Einfluss. Die jüdischen Zeitgenossen konnten lediglich versuchen, die Situation und ihre möglichen Folgen so präzise wie möglich zu analysieren und die Verantwortlichen des IGCR sowie sonstige Kontaktstellen im Ausland davon in Kenntnis zu setzen. Die anfängliche Hoffnung auf ein groß angelegtes Emigrationsprojekt wich zunehmender Ernüchterung. Unabhängig davon setzte man in den jüdischen Hilfsorganisationen die individuelle Migrations- und Fluchthilfe sowie die Unterstützung der bereits Geflüchteten trotz begrenzter Möglichkeiten unermüdlich fort.

Paradoxe Bedingungen

Unmittelbar nach der Konferenz von Évian waren jüdische Emissäre wie Ruppin und Rosenblüth, Goldmann und Adler-Rudel, Feilchenfeld und Senator, aber auch Weizmann und Hirsch noch bestrebt gewesen, auf das Intergovernmental Committee Einfluss zu gewinnen und seine Agenda mitzugestalten. In den drei Wochen bis zur ersten Sitzung in London war es zu zahlreichen Konsultationen und postalischem Austausch, besonders mit Taylor und der amerikanischen Delegation, gekommen.[16] In deren konkrete Arbeit wie auch die des späteren Direktors waren hingegen nur Emissäre des JDC involviert. Katz lieferte einen unverstellten Blick auf das von den künftigen Bemühungen zu Erwartende und wurde dadurch zu einer Schlüsselfigur für die jüdischen Beteiligten.

---

15 Vgl. Herbst, Das nationalsozialistische Deutschland 1933–1945, 205; auch Heim, International Refugee Policy and Jewish Immigration under the Shadow of National Socialism, 18; zeitgenössisch Ruppin, Tagebucheintrag vom 6. September 1938, in: ders., Briefe, Tagebücher, Erinnerungen, 504.

16 Vgl. exemplarisch CZA, S7/907, Rosenblüth an Ruppin, 4. August 1938; CZA, S7/907, Rosenblüth an Taylor, 29. Juli 1938; CZA, S7/907, Ruppin an Exekutive der JA, Jerusalem, 23. Juli 1938; CZA, S7/907, Landauer an Ruppin, 21. Juli 1938; Adler-Rudel an Schäffer, 12. August 1938, in: Adler-Rudel, Das Auswanderungsproblem im Jahre 1938, 202.

Der zum Direktor gewählte Rublee wurde für den 15. August in London erwartet. Rublee stand damals im Ruf, ein »kluger und beharrlicher« Verhandler zu sein, der über Erfahrungen in US-amerikanischer Außenpolitik und auf internationalen Konferenzen verfügte.[17] Rosenblüth und Adler-Rudel zweifelten nicht grundsätzlich an Rublees Fähigkeiten, waren aber nach persönlichen Gesprächen mit ihm skeptisch, ob er mit seinem »vornehmen« und entgegenkommenden Auftreten der geeignete Mann für die Verhandlungen mit den Deutschen sei.[18] Wie Baerwald erfuhr, hatte Rublee der amerikanischen Regierung mitgeteilt, dass er nur für etwa ein halbes Jahr zur Verfügung stehe und seine neue Funktion insgesamt nur »widerwillig« annehme, da er von jüdischer Migration in Europa wenig Detailkenntnis habe. Neben einem persönlichen Assistenten standen ihm von der amerikanischen Évian-Delegation Pell als Vizedirektor und Warren zur Seite.[19] Es ist darüber hinaus bemerkenswert, dass Rublee früh den Austausch mit Jaretzki suchte, den er indirekt über New Yorker Geschäftspartner kannte und der bereits in der amerikanischen Évian-Delegation eine einflussreiche Rolle eingenommen hatte. Für Jaretzki eröffnete sich hierdurch ein unmittelbarer Zugang zum engen Beraterkreis.[20]

Zum Vorsitzenden des IGCR-Vorstands wurde Lord Winterton gewählt. Als weitere Vorstandsmitglieder wurden Taylor und Bérenger, Willem Cornelius Beucker Andreae für die Niederlande sowie kurz darauf Hélio Lobo für Brasilien berufen. Im Oktober erfolgte dann die Erweiterung des Vorstands um einen Sitz für Argentinien, den Thomás Alberto Le Breton übernahm.[21] Alle Vorstandsmitglieder kannten sich bereits aus Évian. Aufgabe des

---

17 Zu Rublee McClure, Earnest Endeavors, bes. 247, auch 2, 197f., 219 und 241f. 1950/51 sprach Rublee seine Erinnerungen auf Tonband, die als Typoskript vorliegen: Columbia University, Rare Book & Manuscript Library, NXCP87-A1613, Reminiscences of George Rublee (1951) [Bd. 1, 1–155; Bd. 2, 156–314] (nachfolgend Columbia University, Reminiscences of George Rublee); vgl. auch Feingold, Politics of Rescue, 37; Kieffer, Judenverfolgung in Deutschland – eine innere Angelegenheit?, 261; McDonald Stewart, United States Government Policy on Refugees from Nazism 1933–1940, 322f.; zeitgenössisch o. A., »Der richtige Mann für den Job«, in: Washington Post, 11. August 1938, abgedruckt als Dok. 41 in: Vogel, Ein Stempel hat gefehlt, 185.
18 Vgl. CZA, S7/907, Rosenblüth an Landauer, 26. August 1938, 1; Adler-Rudel an Schäffer, 23. September 1938, in: Adler-Rudel, Das Auswanderungsproblem im Jahre 1938, 209. Zu Adler-Rudels Eindruck mag auch die Lektüre der Biografie Dwight Morrows, Rublees einstigem Mentor, beigetragen haben. Vgl. Nicolson, Dwight Morrow, bes. instruktiv ist der Abschnitt zur Londoner Flottenkonferenz 1930, 300–326.
19 Vgl. Kieffer, Judenverfolgung in Deutschland – eine innere Angelegenheit?, 282; McClure, Earnest Endeavors, 251; McDonald Stewart, United States Government Policy on Refugees from Nazism 1933–1940, 323–325; JDCA, 255, Baerwald an Jaretzki, 9. August 1938, 1.
20 JDCA, 255, Jaretzki an Baerwald, 19. August 1938, 1.
21 Eine Übersicht zu den Personen und ihren Funktionen bietet Weingarten, Hilfeleistung der westlichen Welt, 92; vgl. auch Kieffer, Judenverfolgung in Deutschland – eine innere Angelegenheit?, 260f. und 284–287.

Vorstands war es, die Versammlungen des Gesamtkomitees vorzubereiten, das sich nur selten treffen sollte. Die eigentliche Arbeit kam hingegen dem Direktor zu. Bevor dieser eintraf, wurden deshalb lediglich allgemeine Rahmenbedingungen diskutiert und das Budget Rublees auf 50 000 US-Dollar festgelegt. Dieses sollten die Staaten gestaffelt nach ihrer Bevölkerungsgröße aufbringen.[22] Die verhältnismäßig niedrige Summe rechtfertigte Taylor damit, dass die Aufgabe Rublees und seiner Berater »allein die Verhandlungen mit der deutschen Regierung und allen andern in das Problem involvierten Regierungen« seien. Die »tatsächliche Detailarbeit« – Taylor meinte hiermit die konkrete Durchführung einer Massenmigration – verbleibe in der Verantwortung der jüdischen Organisationen.[23]

Am 4. August hielt Taylor eine programmatische Rede, der in dreierlei Hinsicht Bedeutung zukommt: Sie gewährt erstens einen Einblick in Taylors Herangehensweise an die zu lösende Herausforderung der Vertreibung Hunderttausender Menschen. Zweitens brachten seine Überlegungen die Agenda zum Ausdruck, der Rublee in den nächsten Wochen tatsächlich folgen sollte. Drittens zeigte das Ausbleiben der von Taylor beabsichtigten Aufbruchsstimmung während der Sitzung, dass die im IGCR affiliierten Regierungen ihr Handeln vornehmlich an eigenen nationalstaatlichen Interessen ausrichteten und nicht an der Not der potenziellen Flüchtlinge. Die Rede steht damit Pars pro Toto für die Zeitwahrnehmungen und Handlungsweisen innerhalb des Intergovernmental Committee während der ersten Monate seiner Existenz. Sie illustriert den stetigen Prozess der Loslösung von den sich in Deutschland gleichzeitig vollziehenden Entwicklungen.

Das von Taylor vorgestellte Konzept war natürlich simplifiziert, umriss den Umfang und den Status quo des »Problems« aber klar und entwickelte eine mögliche Lösung.[24] Taylor und auch seine Berater Katz und Kahn werden sich bewusst gewesen sein, dass hier nicht mehr und nicht weniger als eine Idee vorgetragen wurde und es einer günstigen Konstellation bedurfte, damit dieser Plan tatsächlich zur Realisierung käme. Die in der Rede präsentierte Zahl von 660 900 potenziellen Emigranten überstieg die Zahl der Jüdinnen und Juden in Deutschland um mindestens 100 000. Katz erklärte dies damit, dass die amerikanische Delegation – und der JDC im Übrigen auch – »bestrebt sind, das ganze Unterfangen so wenig wie möglich als Bemühung im Namen von Juden erscheinen zu lassen«.[25] Sie folgten damit der bisher von der Roosevelt-Administration und dem JDC eingeschlagenen Linie. Da die Notlage der Menschen, so Taylor weiter, es aber nicht erlaube, mit den bishe-

---

22 Vgl. Weingarten, Hilfeleistung der westlichen Welt, 93–96.
23 JDCA, 255, Katz an Baerwald, 9. August 1938, 2.
24 Vgl. JDCA, 255, Speech [by Taylor], 4. August 1938.
25 JDCA, 255, Katz an Baerwald, 9. August 1938, 1; vgl. auch Bauer, My Brother's Keeper, 236.

rigen Auswanderungsraten weiterzumachen, müssten diese auf mindestens 100 000 pro Jahr gesteigert werden, um das Unternehmen in fünf Jahren abschließen zu können. Seine diesbezügliche Lösung war ein Dreischritt, der von der Zusammenarbeit von Herkunftsland, temporärem Zufluchtsland und Niederlassungsland abhing. Alle, so schloss Taylor, seien »notwendige Glieder einer Kette, die nicht reißen dürfen, wenn wir Erfolg haben wollen«.[26] Darüber hinaus stellte er die Notwendigkeit »geordneter Auswanderung« und die vom Direktor aufzunehmenden Verhandlungen mit dem Herkunftsland über den Vermögenstransfer heraus – dies sei Rublees »sofortige Aufgabe«. Seine aus Évian wiederholte Zusage, die Vereinigten Staaten nähmen pro Jahr 27 370 Einwanderer gemäß ihrer Quote auf, war als Aufforderung an die übrigen Diplomaten gedacht, ihre Regierungen ebenfalls zu festen Kontingenten zu bewegen und damit ihren Teil zur Lösung des »Problems« beizutragen.[27]

Taylors Plan war in sich logisch und stimmig, setzte aber rational agierende Akteure voraus, die alle – um in seinem Bild zu bleiben – am gleichen Strang ziehen mussten. Seine jahrzehntelange Erfahrung als erfolgreicher Geschäftsmann – seine Berater kamen ebenfalls aus der Wirtschaft oder der Politik respektive dem Außenministerium – ist hier deutlich zu spüren. Auf Rublee traf dies gleichermaßen zu. Taylors und Rublees Herangehensweise erweckt den Eindruck der Distanz zur damaligen Situation von Juden in Europa und einer damit verbundenen Abstraktion. Dies ist nicht zu verwechseln mit fehlender Empathie. Ihr Ansatz und das Lösungskonzept für die erzwungene Migration der deutschen Jüdinnen und Juden erinnern eher an Vorlagen für eine internationale Abrüstungs- oder Handelskonferenz, wo sich Gesprächs- und potenzielle Kooperationspartner gegenübersitzen, die zumindest nach ähnlichen Prinzipien handeln und tatsächlich an einem Übereinkommen interessiert sind.[28] Außerdem ist zu berücksichtigen, dass zur gleichen Zeit auch der britische Premierminister Chamberlain und andere europäische Politiker noch an einen Ausgleich mit dem Deutschen Reich glaubten und daran arbeiteten.[29] Schließlich verdeutlichen Taylors und Rublees Überlegungen, dass in den Verhandlungen für individuelle Belange der Emigranten oder Forderungen jüdischer Politik kein Platz war. Rublee betrachtete es nach eigener Aussage nicht als seine Aufgabe, für Individuen oder kleine Gruppen Lösungen zu finden, sondern »generelle Abmachungen« zu erreichen.[30] Das

---

26 JDCA, 255, Speech [by Taylor], 4. August 1938, 3.
27 Vgl. hierzu auch Breitman/Lichtman, FDR and the Jews, 110.
28 Vgl. hierzu auch Columbia University, Reminiscences of George Rublee, 287–289.
29 Zur Appeasementpolitik und deren grundsätzlichen Annahmen vgl. Bouverie, Mit Hitler reden; Niedhart, Appeasement; auch Cornelißen, Europa im 20. Jahrhundert, 218; Gassert, Der unterschätzte Aggressor, 46.
30 Vgl. Kieffer, Judenverfolgung in Deutschland – eine innere Angelegenheit?, 314.

Migrationsprojekt des IGCR war letztlich von Regierungsvertretern zu deren eigenem Nutzen erdacht worden: Zwischenstaatlicher Ausgleich und der Erhalt des Friedens wogen dabei höher als humanitäre Überlegungen. Die *New York Times* berichtete am nächsten Tag sehr treffend: »Es war in jedem der sorgsam abgewogenen Sätze Herrn Taylors offensichtlich, dass es ihm mehr darum ging, die Deutschen für eine Kooperation zu gewinnen als deutsche Politik zu attackieren oder mehr Sympathie für Flüchtlinge zu schaffen.«[31]

Während der Sitzung des Intergovernmental Committee waren obendrein Spannungen zwischen einigen Regierungsvertretern aufgetreten. Die Schweiz und fünf mittelamerikanische Länder hatten keine Vertreter entsendet.[32] Was Lord Winterton und Bérenger in kurzen Erklärungen bekannt gaben, ging nicht über das in Évian bereits Gesagte hinaus. Aus der Regierungsperspektive der Briten und Franzosen drängte die von Deutschland geschürte Aggression gegen die Tschechoslowakei und die Gefahr eines Kriegs in Europa alles andere in den Hintergrund.[33] Die Erklärungen zur Aufnahme von Juden aus Deutschland waren daher wenig ambitioniert. Auf die übrigen Länder traf dies in ähnlichem Maße zu.[34] Die von der amerikanischen Delegation erhoffte Wirkung von Taylors Rede blieb folglich aus. Keine andere Regierung kündigte konkrete Zahlen für die Aufnahme von potenziellen Flüchtlingen an.[35] Im Gegenteil hatten einige der am IGCR beteiligten Regierungen seit Évian ihre Einwanderungsbestimmungen sogar verschärft.[36] Katz beklagte daher eine Atmosphäre, der es an »Enthusiasmus oder Hilfsbereitschaft« mangelte.[37] Daran änderte auch ein kurze Zeit später eingehendes, geheimes Angebot der Regierung der Dominikanischen Republik wenig. Dem IGCR wurde unter bestimmten Voraussetzungen Land für die Ansiedlung von bis zu 100 000 Flüchtlingen in Aussicht gestellt.[38] In Évian hatte der dominikanische Vertreter bereits die vage Bereitschaft seiner Regierung signalisiert, »Landwirte mit untadeligem Ruf« aufzunehmen, die die lokalen Einwande-

---

31 Kirschmann Streit, Reich Aid Sought On Refugee Issue; vgl. auch Heim, »Deutschland muß ihnen ein Land ohne Zukunft sein«, 64.
32 Vgl. Weingarten, Die Hilfeleistung der westlichen Welt bei der Endlösung der deutschen Judenfrage, 92.
33 Vgl. AJA, MS-361/A6/11, Kurzprotokoll der Sitzung der Exekutive des Jüdischen Weltkongresses, 8. September 1938, 7 f.; Kieffer, Judenverfolgung in Deutschland – eine innere Angelegenheit?, bes. 288 f. und 259 f.; Diner, Ein anderer Krieg, 109; Herbst, Das nationalsozialistische Deutschland 1933–1945, 192–199.
34 Vgl. exemplarisch Tucci Carneiro, Weltbürger, 106 und 112.
35 Vgl. JDCA, 255, Katz an Baerwald, 9. August 1938, 1.
36 Vgl. Kieffer, Judenverfolgung in Deutschland – eine innere Angelegenheit?, 284–286.
37 Vgl. JDCA, 255, Katz an Baerwald, 9. August 1938, 1.
38 Zu diesem Vorschlag vgl. bes. Kaplan, Zuflucht in der Karibik, 22 und 32–37; Dillmann/Heim, Fluchtpunkt Karibik, 44.

rungsbedingungen erfüllten.³⁹ Allerdings war man sowohl im IGCR als auch im amerikanischen Außenministerium skeptisch, was von diesem Angebot zu halten sei, und prüfte es zunächst. Es schien offensichtlich, dass die dominikanische Regierung weniger aus humanitären Erwägungen heraus handelte, sondern ihr internationales Ansehen aufpolieren wollte, das seit dem Massaker an der haitianischen Bevölkerung einige Monate zuvor desaströs war. Doch entsprang der Vorschlag rassistischer Gesinnung, denn die Machthaber suchten durch »weiße« Einwanderer den indigenen Bevölkerungsanteil im eigenen Land zurückzudrängen.⁴⁰

Als Rublee Mitte August in London eintraf, musste er feststellen, dass es keine konkrete Arbeitsgrundlage gab.⁴¹ Weder lagen feste Zusagen seitens der Einwanderungsländer vor, noch war bekannt, ob und unter welchen Bedingungen die Deutschen überhaupt zu Gesprächen bereit wären. Seine Verhandlungsvorbereitungen waren außerdem von einer kaum zu lösenden Zwangslage bestimmt: Im IGCR ging man davon aus, dass die deutsche Regierung auf die Darlegung konkreter Pläne und Zielorte für die jährliche Aufnahme Zehntausender Auswanderer bestünde, bevor sie sich auf Vereinbarungen einließe. Zugleich war man sich bewusst, dass die NS-Behörden die Jüdinnen und Juden vor ihrer Vertreibung praktisch vollständig ausraubten und die potenziellen Aufnahmeländer – die Mitgliedsländer des Intergovernmental Committee – die Notwendigkeit einer finanziellen Absicherung des Lebensunterhalts der Einwanderer betonten. Dies wäre die Voraussetzung dafür, dass sie sich zu Kontingenten verpflichteten.⁴² Nach einigen Wochen der Einarbeitung in die Thematik gestand Rublee vertraulich: »Je mehr ich über die Angelegenheit [business] lerne, desto schwieriger erscheint sie.«⁴³ Die Kriegsgefahr im Spätsommer 1938 band nicht nur die Energie europäischer Regierungen, sie stellte zugleich den Sinn jeglicher langfristiger Planung infrage.⁴⁴ Dennoch verständigte man sich im Committee Ende August darauf, mit den Deutschen Gespräche aufzunehmen und dabei den komplizierten Aspekt des Vermögenstransfers der unfreiwilligen Emigranten ins Zentrum zu stellen. Rublee bezeichnete die Transferfrage als die »harte Nuss« der

---

39 LONA, R 5801/50/34596/34225, Proceedings of the Intergovernmental Committee, Evian, 6.–15. Juli 1938: Verbatim Record of the Plenary Meetings of the Committee, Resolutions and Reports, 32; vgl. auch Dillmann/Heim, Fluchtpunkt Karibik, 39.
40 Vgl. Kaplan, Zuflucht in der Karibik, 31–33; Dillmann/Heim, Fluchtpunkt Karibik, 63f.
41 Vgl. McClure, Earnest Endeavors, 254.
42 Vgl. ebd., 255f.; Kieffer, Judenverfolgung in Deutschland – eine innere Angelegenheit?, 284f. und 318f.
43 Zit. nach McClure, Earnest Endeavors, 255; vgl. auch ebd., 251.
44 Vgl. Kieffer, Judenverfolgung in Deutschland – eine innere Angelegenheit?, 287; McDonald Stewart, United States Government Policy on Refugees from Nazism 1933–1940, 326.

Verhandlungen.⁴⁵ Erst danach sollten mit potenziellen Einwanderungsländern Gespräche bezüglich fester Zusagen über die jährlich aufzunehmenden Migranten begonnen werden.⁴⁶ Dieses Vorgehen fand prinzipielle Zustimmung unter den Funktionären des JDC, der Jewish Agency und des Council – alle drängten aber auf baldige Umsetzung und lieferten hierzu Vorschläge.⁴⁷

Vor diesem Hintergrund erschließt sich Adler-Rudels frühe Besorgnis über die weitere Entwicklung zum einen Teil. Die Arbeit des Intergovernmental Committee war von vielen Variablen abhängig, die es selbst kaum beeinflussen konnte. Stattdessen wären über Jahre hinweg stabile Verhältnisse eine notwendige Bedingung gewesen. Taylors Konzept wiederum war statisch und somit bereits von seinen Grundprinzipien her nicht in der Lage, auf eine dynamische Situation zu reagieren und sich dieser immer wieder anzupassen. Anders als beim historischen Vorbild der Refugee Settlement Commission zogen hier nicht alle Beteiligten an einem Strang: Nach dem Ersten Weltkrieg und dem Ende des Griechisch-Türkischen Kriegs waren alle an der Kommission beteiligten Staaten an Stabilität und Frieden interessiert gewesen. 1938 hingegen steigerte die größte Macht auf dem europäischen Festland ihre Aggression und die Situation für Jüdinnen und Juden wurde mit jedem Tag prekärer.

Im Sommer und Herbst 1938 vollzogen sich in Deutschland Entwicklungen, die Anlass zu größter Sorge gaben, deren Richtung und Konsequenzen aber noch diffus waren. Die folgenden Einschätzungen Adler-Rudels sowie die Informationen, die man im World Jewish Congress zu deuten versuchte, waren Momentaufnahmen einer raschen Ereignisabfolge. Die Dynamik antijüdischer Politik, der Adler-Rudel ein »rasendes Tempo« bescheinigte, bestand aus drei mitunter gegenläufigen Elementen: Gewalt, Beraubung und Vertreibung.⁴⁸ Er belegte seine Besorgnis über die weitere Entwicklung mit Evidenz:

»Nach der Ausschaltung der Reisenden [Handelsvertreter] und Hausierer erfolgte jetzt die Ausschaltung der Ärzte. Ich schätze, dass in diesen 3 Gruppen ungefähr 80 000 Menschen jeder Möglichkeit, ihren Lebensunterhalt zu verdienen, beraubt wurden. Wie die

---

45 Zit. nach Kieffer, Judenverfolgung in Deutschland – eine innere Angelegenheit?, 338; vgl. auch AJA, MS-361/A1/3, Liaison Committee, Minutes of the Meeting, 14. September 1938, 5.
46 Vgl. AJA, MS-361/A1/3, Liaison Committee, Minutes of the Meeting, 14. September 1938, 5; AJA, MS-361/A6/11, Kurzprotokoll der Sitzung der Exekutive des Jüdischen Weltkongresses, 8. September 1938, 7; Adler-Rudel an Schäffer, 23. September 1938, in: Adler-Rudel, Das Auswanderungsproblem im Jahre 1938, 209.
47 Vgl. exemplarisch LMA, ACC/2793/03/05/003, Bentwich an Generalsekretär des IGCR (in der amerikanischen Botschaft), 27. Juli 1938, 3; Adler-Rudel an Schäffer, 12. August 1938, in: Adler-Rudel, Das Auswanderungsproblem im Jahre 1938, 202.
48 Vgl. hierzu auch Cesarani, Adolf Eichmann, 101 f.; Roth, Radikalisierung durch Expansion, 22 f.

Menschen dabei in Deutschland weiterleben sollen, ist einfach nicht auszudenken. Die Verschleppung nach Arbeitslagern erfolgt immer wieder, die Zahl der Todesfälle in diesen Lagern steigt von Tag zu Tag unheimlich an. In Österreich liegen die Dinge noch bei weitem schlimmer, [...] alle Konsulate sind mit Zehntausenden von Anträgen und Bittschriften überbelastet.«[49]

Für die Herausdrängenden gab es – trotz der sich immer prekärer gestaltenden Situation – kaum einen Weg, sich dem Zugriff des NS-Regimes zu entziehen. Dabei lief besonders die Enteignung ihres Besitzes einer möglichen Auswanderung zuwider. Während Mitte August Baerwald in New York – der Linie des IGCR folgend – noch von »Geduld« sprach, die »die Welt und die armen Menschen in Deutschland« angesichts der großen Herausforderungen aufbringen müssten, erkannten Adler-Rudel, Landauer und Senator, dass die Voraussetzungen für einen geordneten Auswanderungsprozess stetig schlechter wurden und Planungen kaum noch möglich waren:[50] Als sich Senator Anfang September auf ein Gespräch mit Rublee vorbereitete und dafür Transfermöglichkeiten abwog, die erst kurz zuvor konzipiert worden waren, fürchtete er, »dass alles bereits durch das Tempo der Entwicklung überholt ist«.[51] Damit begann eine Differenz in der Wahrnehmung spürbar zu werden: Die Mahnungen aus Deutschland wurden immer dringlicher, die Emissäre im europäischen Ausland, die nah am Geschehen waren, erkannten die Dramatik recht genau, doch die europäischen und amerikanischen Regierungen setzten ihren Kurs fort. Auch der Vorstand des JDC hielt weiterhin streng an einem legalen Handlungsrahmen im Einklang mit der Politik der US-amerikanischen Regierung fest.[52] Die sich wandelnde Situation in Deutschland war jedoch offensichtlich: Allein zwischen Anfang Juli und Mitte August wurden 24 antijüdische Verordnungen und Gesetze erlassen.[53] Durch die von Adler-Rudel angeführten Berufsverbote war Schlag auf Schlag einem Viertel

---

49 Adler-Rudel an Schäffer, 12. August 1938, in: Adler-Rudel, Das Auswanderungsproblem im Jahre 1938, 204f.; ganz ähnlich LMA, ACC/2793/03/05/003, Bentwich an Generalsekretär des IGCR (in der amerikanischen Botschaft), 27. Juli 1938; Dok. 88: In einem Bericht an den JDC wird am 25. August 1938 die Situation der Juden in Deutschland resümiert, in: VEJ 2 (2009), 274–278. Zum Verbot der Handelsvertretung, der Tätigkeit im Objektschutz, dem Grundstückshandel und weiteren Bereichen kam es durch die Änderung der Gewerbeordnung am 6. Juli; die Vierte Verordnung zum Reichsbürgergesetz vom 25. Juli entzog Ärzten jüdischer Herkunft ihre Approbation. Vgl. Longerich, Politik der Vernichtung, 186; Adam, Judenpolitik im Dritten Reich, 191; Roth, Radikalisierung durch Expansion, 21f.
50 JDCA, 255, Baerwald an Jaretzki, 9. August 1938, 3; vgl. Adler-Rudel an Schäffer, 12. August 1938, in: Adler-Rudel, Das Auswanderungsproblem im Jahre 1938, 205; auch CZA, S7/907, Landauer an Ernst Sänger, 24. Juli 1938.
51 CZA, S7/907, Senator an Landauer, 6. September 1938; zur weiteren Rolle Senators in Palästina vgl. Livny, Fighting Partition, Saving Mount Scopus, 227. Zur Enteignungsdynamik vgl. Barkai, »Schicksalsjahr 1938«, 106.
52 Zur weiteren Entwicklung dieser Spannung vgl. Heim, Widersprüchliche Loyalitäten, 238.
53 Vgl. Walk (Hg.), Das Sonderrecht für die Juden im NS-Staat, 231–236.

der noch im »Altreich« lebenden Jüdinnen und Juden direkt oder indirekt der verbliebene Rest ihrer ohnehin schon prekären wirtschaftlichen Existenz entzogen worden. Der von Adler-Rudel noch in Évian erwartete Zeitgewinn und ein gewisses Einlenken Deutschlands wichen zunehmend Ernüchterung über die Arbeit des Intergovernmental Committee, was dessen Relevanz infragestellte.

Aber nicht nur die fortschreitende Zerstörung der wirtschaftlichen Existenz sorgte für Erschrecken. Die jüdischen Funktionäre im Ausland besaßen detaillierte Kenntnis über die öffentlichen Angriffe gegen Jüdinnen und Juden in Berlin und anderen deutschen Städten, die sich besonders im Juni 1938 ereignet hatten. Auch die internationale Presse hatte intensiv berichtet.[54] Darüber hinaus erreichten Adler-Rudel, den JDC und den World Jewish Congress Nachrichten über weit verstörendere Entwicklungen:[55] Ende Juli veröffentlichte der WJC in seinem monatlichen Rundschreiben Berichte von »einem neu errichteten Lager in der Nachbarschaft von Weimar«.[56] Dort, so hieß es, sei eine große Zahl der in den vergangenen Wochen bei »regelrechten Pogromen« verhafteten Juden eingesperrt, von der Außenwelt isoliert und einem »äußerst unmenschlichen System« ausgesetzt; die Todesrate der jüdischen Häftlinge sei enorm hoch.[57] Die Beobachter des WJC und des JDC analysierten damals als Ursache für diese neuartige, systematisch auf das jüdische Kollektiv angewendete Gewaltmaßnahme eine »Spaltung« innerhalb der NSDAP über das weitere Schicksal der Juden in Deutschland.[58] Wohin die

---

54 Zur antijüdischen Gewalt im Sommer 1938 vgl. Faludi (Hg.), Die »Juni-Aktion« 1938; Wildt, Volksgemeinschaft als Selbstermächtigung, 308 f.; Friedländer, Das Dritte Reich und die Juden, Bd. 1: Die Jahre der Verfolgung 1933–1939, 282 f.; Longerich, »Davon haben wir nichts gewusst!«, 112–114.
55 Vgl. Bauer, My Brother's Keeper, 251–253.
56 AJA, MS-361/A8/2, Report on the Intergovernmental Conference of Evian-les-Bains, Annex to Circular Letter Nr. 11, 25. Juli 1938, 10. Das Konzentrationslager Buchenwald existierte seit Juli 1937, befand sich aber ein Jahr später noch im Bau. In den Fokus des WJC rückte es vermutlich, als die ersten jüdischen Häftlinge dorthin verschleppt wurden. Vgl. Wünschmann, Before Auschwitz, 182 und 191 f.; Schley, Ein ganz normaler Alltag; ders., Nachbar Buchenwald, 27; auch Victor Klemperer, Tagebucheintrag vom 25. November 1938, in: ders., Ich will Zeugnis ablegen bis zum letzten, Bd. 3: 1937–1939, 107 f.
57 AJA, MS-361/A8/2, Report on the Intergovernmental Conference of Evian-les-Bains, Annex to Circular Letter Nr. 11, 25. Juli 1938, 10; zeitgenössisch Dok. 52: Ein ehemaliger Häftling schildert die Haftbedingungen im KZ Buchenwald im Juni 1938, in: VEJ 2 (2009), 187–196. Besondere Aufmerksamkeit verdienen auch die immer noch zentralen Analysen des Überlebenden Eugen Kogon. Ders., Der SS-Staat, bes. 208 f. Aus der neueren Forschung vgl. Wünschmann, Before Auschwitz, 193.
58 Vgl. AJA, MS-361/A8/2, Report on the Intergovernmental Conference of Evian-les-Bains, Annex to Circular Letter Nr. 11, 25. Juli 1938, 10; Bauer, My Brother's Keeper, 253 f. Zu diesen unterschiedlichen Fraktionen innerhalb des NS-Regimes vgl. Wildt, Volksgemeinschaft als Selbstermächtigung, 310 f.; Kershaw, Hitler 1936–1945, 190–194; Longerich, Politik der Vernichtung, 180–183; Adam, Judenpolitik im Dritten Reich, 197–203.

sich aus dieser Konkurrenz ergebende Dynamik allerdings führen konnte, entzog sich damals noch jeglicher Vorstellung.

Für die Verfolgten ergaben sich durch die mitunter gegenläufigen Entwicklungen enorme Herausforderungen. Die systematische Enteignung führte dazu, dass immer mehr Jüdinnen und Juden auf die öffentliche Fürsorge angewiesen waren, sprich: Der deutsche Staat musste für ihren Lebensunterhalt aufkommen. Zugleich fanden sich nicht ausreichend Einwanderungsmöglichkeiten für alle, die das Land verlassen wollten; das NS-Regime forcierte jedoch die Vertreibung, was internationale Spannungen und Gewalt nach innen zur Folge hatte. Die nach 1933 etablierte Zusammenarbeit zwischen jüdischen Verbänden und deutscher Ministerialbürokratie, die mit Blick auf die Aufnahmeländer »das empfindliche und auf Langfristigkeit gerichtete Verhältnis von Auswanderung und Einwanderung« nicht gefährden wollten, war 1938 passé.[59] Das NS-Regime war immer deutlicher durch die Verschränkungen von Parteiämtern und -organisationen mit staatlichen Behörden geprägt.[60] Die deutschen Maßnahmen verschmolzen zu einem »Unheil«, wie Adler-Rudel es formulierte, das alle Lebensbereiche der Jüdinnen und Juden umfasste. Im Ergebnis wurde ein Leben in Deutschland zunehmend unmöglich, für die geordnete Emigration fehlten aber immer mehr Jüdinnen und Juden die notwendigen Mittel und eine diesbezügliche Kooperationsbereitschaft der deutschen Regierung war zu diesem Zeitpunkt nicht ersichtlich.[61] Die von Taylor skizzierte Grundidee des IGCR war somit bereits bei ihrer Präsentation von den realen Ereignissen entkoppelt. Die Mitarbeiter jüdischer Organisationen im In- und Ausland erkannten diese gegenläufigen Entwicklungen und versuchten dennoch, mit Ideen in das Intergovernmental Committee hineinzuwirken. Aus ihrer Sicht musste jede Chance ergriffen werden, um geordnete und legale Auswege aus dem deutschen Herrschaftsbereich zu realisieren – unkoordinierte und mittellose Flucht galt es nach wie vor zu vermeiden.

---

59 Diner, Die Katastrophe vor der Katastrophe, 143 f.; hierzu auch Jünger, Jahre der Ungewissheit, bes. 344–356; Anderl, Die »Zentralstellen für jüdische Auswanderung« in Wien, Berlin und Prag – ein Vergleich, 275 f.
60 Vgl. Adam, Judenpolitik im Dritten Reich, 108–113. Für die Zeit bis November 1938 bes. Fraenkel, Der Doppelstaat, 21–23; auch Broszat, Der Staat Hitlers, 336–346.
61 Vgl. exemplarisch Adler-Rudel an Schäffer, 23. September 1938, in: Adler-Rudel, Das Auswanderungsproblem im Jahre 1938, 209; Ruppin, Tagebucheintrag vom 21. September 1938, in: ders., Briefe, Tagebücher, Erinnerungen, 504.

Jüdische Forderungen an Rublee

In den jüdischen Organisationen maß man – ebenso wie im Kreis um Rublee – den Transferfragen große Bedeutung bei. Sie schienen der Schlüssel für ein Auswanderungsprojekt zu sein. Gleichzeitig spielte für die jüdischen Organisationen aber auch die Frage nach Einwanderungsmöglichkeiten eine zentrale Rolle. Von einem gemeinsamen Standpunkt in diesen Fragen, geschweige denn von einem vereinten Vorgehen waren World Jewish Congress und Jewish Agency, JDC und Council aber auch nach Évian weit entfernt. Vielmehr traten im Herbst 1938 während verschiedener Gelegenheiten antagonistische Positionen erneut offen zutage.[62] Die unterschiedlichen Vorschläge der Organisationen trugen bei den Verantwortlichen des IGCR denn auch mehr zur »Verwirrung […] als zur Orientierung« bei, wie Adler-Rudel treffend formulierte.[63] Jaretzki warb bei Rublee, Warren und auch in den JDC hinein für eine »enge Zusammenarbeit« von Intergovernmental Committee und philanthropischen Organisationen. Eine solche erachtete er als »unvermeidlich«, wenn überhaupt etwas erreicht werden sollte.[64] Aufgrund der Erfahrungen der Vielstimmigkeit in Évian und den ersten Wochen in London waren er und unabhängig davon auch Goodman von der Agudat Jisraël überzeugt, dass ein Übereinkommen zwischen den jüdischen Organisationen nötig sei, um effektiv mit dem IGCR kooperieren zu können. Beide unternahmen beim Council einen entsprechenden Vorstoß.[65] Jaretzki war darüber hinaus davon überzeugt, dass der JDC oder der Council die Führung übernehmen müsste, ansonsten befürchtete er »Monate fruchtloser Diskussionen«.[66] Einem solchen Fait accompli hätte sich Goldmann sicher verweigert. Nichtsdestotrotz war Goldmann bestrebt, einen institutionalisierten Kontakt einzurichten, da er erlebte, dass der WJC, der keine originäre Flüchtlingshilfe leistete, nicht konsultiert wurde, während die Vertreter des JDC und Bentwich zu den »tatsächlichen Beratern« des IGCR avancierten.[67] Der Vorstand des Council erteilte Jaretzkis und Goodmans Initiativen für die Bildung einer Art Liaison Committee jedoch aus Opportunitätsgründen eine Absage: »Wenn

---

62 Vgl. hierzu JDCA, 534, Katz an JDC, NYC, 18. Oktober 1938; AJA, MS-361/A6/11, Protokoll der Sitzung der Exekutive des Jüdischen Weltkongresses, 17. November 1938, 5; AJA, MS-361/A10/5, Bericht über die vom Board of Deputies für den 15./16. Oktober 1938 einberufene Konferenz; Bauer, My Brother's Keeper, 239 und 274.
63 Vgl. Adler-Rudel an Schäffer, 12. August 1938, in: Adler-Rudel, Das Auswanderungsproblem im Jahre 1938, 202.
64 JDCA, 255, Jaretzki an Baerwald, 19. August 1938, 6f.
65 Vgl. hierzu den Vorstoß der Agudat beim Council, LMA, ACC/2793/01/07/003, 3/1, Goodman an Stephany, 8. September 1938.
66 JDCA, 255, Jaretzki an Baerwald, 19. August 1938, 7.
67 Vgl. AJA, MS-361/A27/1, Goldmann an Wise, 16. Juli 1938, 2; auch AJA, MS-361/A6/11, Protokoll Sitzung der Executive des JWK, 24. November 1938, 2.

wir Grund zu der Annahme hätten, dass ein solcher Ausschuss vom Intergovernmental Committee begrüßt würde, würde die Angelegenheit weiter geprüft werden.«[68] Offensichtlich sah man für ein vereintes Vorgehen selbst keinen Bedarf und begrüßte daher eher, dass Organisationen wie der WJC und seine Forderungen außen vor blieben.

Die philanthropischen Organisationen konsultierten den Kreis um Rublee in den kommenden Monaten zu konkreten Problemen der Emigrationshilfe und berichteten regelmäßig über die sich immer schneller verschärfende Situation der Jüdinnen und Juden in Deutschland.[69] Mit Blick auf die Gespräche mit den Deutschen erörterte Bankier Rothschild als Vertreter des Council mit Rublee generelle Möglichkeiten des Vermögenstransfers.[70] Inwieweit dieses Vorgehen im Einzelnen abgestimmt war, lässt sich heute nicht mehr rekonstruieren. Insgesamt hielten sich die Funktionäre des Council gegenüber den Vertretern des Intergovernmental Committee eher im Hintergrund zur Verfügung. Adler-Rudel und Jaretzki waren so sehr mit konkreter Unterstützungsarbeit in Wien und Berlin, mit Emigrationshilfe und der Erschließung von Einwanderungsmöglichkeiten befasst – Bentwich war sogar mehrere Monate für eine Prospektionsreise nach Australien unterwegs –, dass sie möglicherweise auch erst nach den Gesprächen mit den Deutschen geneigt waren, sich wieder dem IGCR zu widmen.[71] Ihre damalige Korrespondenz zeugt von einer kaum vorstellbaren Fülle an Aufgaben, die sie von Tag zu Tag bewältigten, und der Verantwortung, in der sie sich selbst sahen.[72] Und dennoch ging ihr Wirken über Beratungen hinaus: Da einige Mitgliedsstaaten versäumten, ihre ersten Beiträge zu zahlen, stellte der JDC im Oktober 1938 25 000 US-Dollar für die Arbeit des IGCR bereit.[73] Damit übernahm der JDC die Hälfte des gesamten Budgets und stellte in Summe mehr Mittel bereit als

---

68 LMA, ACC/2793/01/07/003, 3/2, Stephany an Goodman, 14. September 1938.
69 Vgl. exemplarisch LMA, ACC/2793/03/05/003, Stephany an Pell, 28. September 1938; LMA, ACC/2793/03/05/003, Stephany an Secretary IGCR, 8. September 1938; LMA, ACC/2793/03/05/003, Adler-Rudel an IGCR, 2. September 1938; LMA, ACC/2793/03/05/003, Adler-Rudel, Training of Young Jewish People in Countries Outside Germany, 2. September 1938; JDCA, 255, Memorandum on Conversation between Kahn (JDC) und IGCR, September 1938; JDCA, 255, Telegramm Kahn an Jointdisco, 24. August 1938.
70 Vgl. LMA, ACC/2793/01/13/015, Minutes of Meeting of the Emigration Committee of the Council for German Jewry, 18. Oktober 1938, 1.
71 Vgl. LMA, ACC/2793/01/13/015, Report on Refugee Migration to Australia by Professor Norman Bentwich, o. D.
72 Vgl. exemplarisch Adler-Rudel an Schäffer, 12. August und 23. September 1938, in: Adler-Rudel, Das Auswanderungsproblem im Jahre 1938, 201–211; JDCA, 255, Jaretzki an Baerwald, 19. August 1938; LMA, ACC/2793/01/13/015, Report on Refugee Migration to Australia by Professor Norman Bentwich, o. D.
73 Vgl. JDCA, 255, Baerwald an Rosenberg, Goldwasser, 29. August 1939; zu den fehlenden Zahlungen vgl. Weingarten, Die Hilfeleistung der westlichen Welt bei der Endlösung der deutschen Judenfrage, 93.

die Vereinigten Staaten von Amerika, Großbritannien und Frankreich zusammen.[74] Dies war ein aussagekräftiges Zeichen für das Engagement der Regierungen selbst, zeigte aber gleichermaßen, dass der JDC nach wie vor vom Konzept des IGCR überzeugt war.

Materielle Unterstützung für das Intergovernmental Committee zu leisten, lag jenseits der Möglichkeiten des World Jewish Congress und der Jewish Agency. Stattdessen erhofften sich beide von dessen Arbeit Vorteile für ihre jeweiligen Aufgaben. Anders als Council und JDC formulierten die nationaljüdischen Vertreter offensiv Grenzen für die Verhandlungen mit den Deutschen. Auf der Sitzung des Presidential Advisory Committee am 8. August in New York war Rublee mit Instruktionen für seine Aufgaben in Europa versehen worden. Bei dieser Gelegenheit machte Stephen Wise seinen Standpunkt deutlich: Das NS-Regime dürfe keinesfalls mit Vorteilen aus den Verhandlungen herausgehen und der Boykott nicht zugunsten eines Ausgleichsgeschäfts unterlaufen werden.[75] Auch Goldmann intervenierte diesbezüglich bei Rublee und warnte ihn; er habe Signale erhalten, die Boykottbewegung würde jegliche Vorschläge des IGCR auf das Schärfste bekämpfen, die auf Ausweitung deutscher Warenexporte hinausliefen.[76] Des Weiteren untermauerten Rosenblüth und Feilchenfeld als Vertreter der Jewish Agency, dass man der deutschen Regierung gegenüber mit »starkem Druck« auftreten und »tatsächliche Opfer« von ihr verlangen müsse.[77] Auch intern und insbesondere gegenüber den deutschen Juden vertraten sie diese Linie: In einem Gespräch Anfang August mit Hirsch und Adler-Rudel hatte Feilchenfeld Transfervorschläge der Reichsvertretung harsch kritisiert, da sie »zu sehr von dem eingeschüchterten Standpunkt deutsch-jüdischer Organisationen ausgehen, also zu wenig fordern und praktisch undurchführbar sind«.[78] Diese Aussage verdeutlicht, wie schwer es selbst für jene, die im direkten Austausch mit der Leitung der Reichsvertretung standen, gewesen sein muss, die Situation in Deutschland richtig einzuschätzen. Während im deutschen Herrschaftsbereich bereits alles auf die Emigration fokussiert war, konnten die Jewish Agency wie auch andere jüdische Organisationen im Ausland

---

74 Zum Vergleich: USA – 5000 USD, Peru – 90 Pfund. Vgl. Kieffer, Judenverfolgung in Deutschland – eine innere Angelegenheit?, 287.
75 Vgl. McClure, Earnest Endeavors, 251; Breitman/Lichtman, FDR and the Jews, 110.
76 Vgl. AJA, MS-361/A8/3, Telegramm Shultz an Wise (Provincetown, Mass.), 18. August 1938; AJA, MS-361/A13/17, Cable Congress an Delisrael, 19. August 1938; auch CZA, S7/907, Rosenblüth an Landauer, 26. August 1938, 4; vgl. hierzu auch Diner, Ein anderer Krieg, 101 f.; Kieffer, Judenverfolgung in Deutschland – eine innere Angelegenheit?, 294f.
77 Vgl. AJA, MS-361/A6/11, Kurzprotokoll der Sitzung der Exekutive des Jüdischen Weltkongresses, 8. September 1938, 7; CZA, S7/907, Rosenblüth an Landauer, 12. August 1938, vertraulich.
78 CZA, S7/907, Feilchenfeld an Senator, 11. August 1938, 2.

noch andere Ziele verfolgen. Besonders WJC und Jewish Agency waren in der Lage, Prioritäten zu setzen, die sich in erster Linie an ihrer politischen Agenda orientierten.

Am Engagement zionistischer Funktionäre wird somit ein Aspekt deutlich, der bereits die Initiativen von Jewish Agency und Central Bureau für die Konferenz von Évian bestimmt hatte: Trotz aller Dringlichkeit der Situation im Deutschen Reich hatte die Entwicklung des zionistischen Projekts oberste Priorität.[79] Weizmann hob während zweier Treffen mit Rublee dessen Bedeutung für das jüdische Kollektiv und die dortigen Einwanderungsmöglichkeiten hervor. Seine weiteren Ausführungen zur weltpolitischen Lage im Allgemeinen und der Sudetenkrise im Besonderen waren letztlich mit Interventionen verknüpft, die primär auf die britische Mandatspolitik abzielten und indirekt die Beschlussfassung der Woodhead-Kommission zu beeinflussen suchten.[80] Die aus Deutschland stammenden Zionisten wie Rosenblüth und Feilchenfeld teilten dieses Engagement, verbanden es aber mit konkreten Vorschlägen für die Auswanderung der deutschen Jüdinnen und Juden. Mit Blick auf die Notwendigkeit des Besitztransfers fokussierten sie sich auf die ab Mai 1938 ins Stocken geratene und seitens der deutschen Regierung mit Beschränkungen belegte Ha'avara. Rublee und seine Mitarbeiter sollten die Aufhebung der Restriktionen erreichen.[81] Diese Überlegungen zur Ha'avara und der Palästinatreuhandstelle zur Transferierung von inländischen Vermögen ins Ausland – beides jahrelang erprobte Mittel der Migration – waren zwar pragmatisch, dennoch waren sie darauf ausgerichtet, dass nicht allzu viele Ressourcen außerhalb Palästinas gelangten.[82] Aus dieser Perspektive erschließt sich auch der parallel zur Konferenz von Évian veröffentlichte Aufruf der Jewish Agency an die deutschen Juden, die Spenden an den Keren Hayesod zu erhöhen und damit die Stärkung des Jischuws zu fördern.[83]

Allerdings verfingen die Vorstellungen und Forderungen nationaljüdischer Vertreter bei Rublee und seinem Beraterkreis wenig. Zahlreiche Ideen und Vorschläge zu Transfermöglichkeiten von staatlicher und nicht staatlicher Seite waren im August und September beim Intergovernmental Com-

---

79 Exemplarisch zu den Absichten ebd., 5.
80 Vgl. die Berichte in CZA, S7/907, Feilchenfeld an Senator, 11. August 1938; CZA, S7/907, Feilchenfeld, Aktenvermerk über eine Unterredung mit Taylor und Pell, 11. August 1938; CZA, S7/907, Rosenblüth an Brodetsky, 19. August 1938; CZA, S7/907, Rosenblüth an Landauer, 26. August 1938; CZA, S7/907, Rosenblüth an Landauer, 12. September 1938; CZA, S7/907, Rosenblüth an Landauer, 19. September 1938.
81 Vgl. CZA, S7/907, Feilchenfeld, Tagesordnung für eine Transferbesprechung in der Exekutive, 2. Oktober 1938; CZA, S7/907, Rosenblüth an IGCR, 16. Oktober 1938; CZA, S7/907, Rosenblüth an Feilchenfeld, 4. November 1938; auch Kieffer, Judenverfolgung in Deutschland – eine innere Angelegenheit?, 269–271.
82 Vgl. Weiss, Art. »Ha'avara-Abkommen«.
83 Vgl. o. A., Aufruf zu neuer Tat.

mittee eingegangen, aber kaum etwas davon hatte Rublee überzeugt.[84] Nachdem er Signale der Gesprächsbereitschaft aus Deutschland empfangen hatte, begann er im Oktober eine selbstständige Position zu entwickeln und stand Anfang November tatsächlich kurz vor seiner Abreise nach Deutschland. Eine Rücksprache mit jüdischen Emissären gab es zu diesem Zeitpunkt nicht mehr.[85] Rublees Entscheidungskompetenz war maßgeblich von der Roosevelt-Administration bestimmt. Auf Forderungen der Jewish Agency oder des World Jewish Congress nahm er kaum Rücksicht, weil sie nicht zu seiner Strategie passten.[86] Rosenblüth gegenüber offenbarte er am 4. November, ihm sei in den letzten Monaten bewusst geworden, dass man bei den Deutschen nur Erfolge erziele, »wenn man entweder die Macht habe, sie einzuschüchtern, oder Mittel habe, um sie zu bestechen«. Da dem IGCR Ersteres nicht möglich sei, müsse man »wohl oder übel den zweiten Weg gehen«.[87] Damit hatte sich in Rublees Überlegungen das von Bérenger, Taylor und Warren schon früh als unvermeidlich geltende Prinzip des Quidproquo durchgesetzt – mit den Deutschen würde man letztlich nur über wirtschaftliche Vorteile – Aufhebung des Boykotts und Exportsteigerungen – zu einer Verständigung kommen.[88] Rosenblüth mag die Aussicht, dass man Deutschland gegenüber nicht entschieden auftreten würde, enttäuscht haben; den Boykott hatte die Jewish Agency mit dem Ha'avara-System aber praktisch schon immer unterlaufen.[89] Die Forderungen Stephen Wises und die Warnungen Goldmanns hingegen waren damit komplett beiseitegeschoben.

Ob Rublees Ansatz die Deutschen zu Zugeständnissen bewegen würde, sahen viele als fraglich an; schließlich stiegen die deutschen Exporte von Jahr zu Jahr und die realen Auswirkungen des Boykotts waren gering.[90] Zwar

---

84 Vgl. McClure, Earnest Endeavors, 258; hierzu auch Kieffer, Judenverfolgung in Deutschland – eine innere Angelegenheit?, 271–275.
85 Vgl. CZA, S7/907, Rosenblüth an Linder, IGCR, 28. Oktober 1938; CZA, S7/907, Rosenblüth an Rublee, 28. Oktober 1938; CZA, S7/907, Rublee an Rosenblüth, 29. Oktober 1938; CZA, S7/907, Rosenblüth an Feilchenfeld, 31. Oktober 1938; CZA, S7/907, Rosenblüth an Feilchenfeld, 4. November 1938; CZA, S7/907, Rosenblüth an Ruppin, 23. Dezember 1938. Zu den Signalen aus Deutschland vgl. McClure, Earnest Endeavors, 260f. und 264.
86 Zur Abstimmung Rublees mit dem State Department vgl. Kieffer, Judenverfolgung in Deutschland – eine innere Angelegenheit?, 294f. und 299. Retrospektiv ging Rublee in seinen Erinnerungen noch einen Schritt weiter, indem er über die damaligen Diskussionen sagte: »I never quite understood the real attitude of the Jews.« Columbia University, Reminiscences of George Rublee, 305.
87 CZA, S7/907, Rosenblüth an Feilchenfeld, 4. November 1938, 2.
88 Vgl. Kieffer, Judenverfolgung in Deutschland – eine innere Angelegenheit?, 264 und 296; Breitman/Lichtman, FDR and the Jews, 110.
89 Vgl. hierzu Weiss, Deutsche und polnische Juden vor dem Holocaust, 182–185; dies., Art. »Ha'avara-Abkommen«, 491f.
90 Vgl. Weiss, Art. »Ha'avara-Abkommen«, 491; Kieffer, Judenverfolgung in Deutschland – eine innere Angelegenheit?, 296.

wusste man im Ausland um die Devisenknappheit des Deutschen Reichs und Rublees zügig entwickelter Plan versuchte hier eine Bresche zu schlagen, allerdings gab es zwischen den Regierungen Dissens darüber, welcher Ansatz der zielführende sei. Als Rublee seinen Plan dem US-amerikanischen Außenministerium zuleitete, ereilte diesen das gleiche Schicksal wie frühere Vorschläge. Rublee, Taylor und Lord Winterton hatten seit Mitte August mit ihren Regierungen über eine angemessene und für alle Seiten akzeptable Form der Finanzierung der jüdischen Auswanderung gestritten und sich dabei gegenseitig jeden neuen Plan zerredet oder aufgrund außen- sowie handelspolitischer Prinzipien abgelehnt.[91] Die Roosevelt-Administration und auch die jüdischen Organisationen waren darüber hinaus bestrebt, das Deutsche Reich keinesfalls indirekt bei seiner Aufrüstung zu unterstützen – allerdings war absehbar, dass jeder deutsche Profit dorthin flösse.[92] Alle Bemühungen, zu einem tragfähigen Konzept zu kommen, versandeten letztlich.

Nach dem Münchner Abkommen vom 30. September, in dessen Folge das Sudetenland an das Deutsche Reich gefallen und eine akute Kriegsgefahr zunächst beigelegt worden war, hatte Rublee die Außenministerien in Washington und London gedrängt, mit den Deutschen sofortige Gespräche anzuberaumen. Im IGCR wollte man die Atmosphäre des Ausgleichs nutzen, aber die Botschafter handelten zögerlich. Dies ließ Rublees Vertrauen in den Rückhalt der wichtigsten Regierungen zusätzlich schwinden.[93] Erste diplomatische Sondierungen beim Auswärtigen Amt in Berlin ab dem 18. Oktober schlugen dann auch noch fehl. Der deutsche Außenminister Joachim von Ribbentrop blockte jegliche Gespräche mit internationalen Stellen über Auswanderungsfragen mit der Begründung ab, es handle sich hierbei ausschließlich um innere Angelegenheiten des Deutschen Reichs.[94] Die Signale, die man beim Intergovernmental Committee in London empfing, waren stattdessen aus dem wirtschaftspolitischen Kreis um den Leiter der Vierjahresplanbehörde Göring und Reichsbankpräsident Schacht gekom-

---

91 Vgl. Kieffer, Judenverfolgung in Deutschland – eine innere Angelegenheit?, bes. 299, auch 271–278, 289 f. und 295–298; auch McClure, Earnest Endeavors, 262 f.; Breitman/Lichtman, FDR and the Jews, 110 f. und 123; McDonald Stewart, United States Government Policy on Refugees from Nazism 1933–1940, 331–334.
92 Zu diesen Überlegungen exemplarisch AJA, MS-361/A6/6, Protokoll der Administrative des Jüdischen Weltkongresses vom 14. bis 16. Januar 1939 in Paris, 3; Breitman/Lichtman, FDR and the Jews, 123.
93 Vgl. McClure, Earnest Endeavors, 258 f.; Breitman/Lichtman, FDR and the Jews, 122 f.; Feingold, The Politics of Rescue, 39 f.
94 Vgl. Kieffer, Judenverfolgung in Deutschland – eine innere Angelegenheit?, 305–308; sowie die Eingaben der Botschafter und die Antwortschreiben des Auswärtigen Amtes, abgedruckt als Dok. 42–44, in: Vogel, Ein Stempel hat gefehlt, 186–194.

men.⁹⁵ Dass es kein früheres und eindeutiges Zeichen an das IGCR gegeben hatte, ließ sich weniger auf Fragen außenpolitischer Räson zurückführen, vielmehr war es durch den Machtkampf innerhalb des NS-Regimes über die nationalsozialistische »Judenpolitik« begründet.⁹⁶

Eine Fraktion um Reichspropagandaminister Joseph Goebbels, Reichsaußenminister von Ribbentrop und die SA zielte mit Akten öffentlicher Gewalt, Demütigung und Verunsicherung auf eine vollständige Separierung der jüdischen Gemeinschaft aus dem gesellschaftlichen Leben.⁹⁷ Dieser »Radauantisemitismus« lief der vor allem vom SD verfolgten Linie entgegen, alle antijüdischen Maßnahmen dem Ziel der forcierten Vertreibung unterzuordnen, wobei der SD in der Wahl seiner Mittel nicht weniger brutal war.⁹⁸ Die ursprünglich von Löwenherz von der Israelitischen Kultusgemeinde in Wien erdachte Auswanderungsinstitution wurde von Eichmann zur Zentralstelle für jüdische Auswanderung umgewandelt, womit der SD erstmals »exekutive Funktionen« ausübte und durch die Beschleunigung bürokratischer Verfahren und die vollständige Enteignung der noch Vermögenden sowohl deren Vertreibung als auch die der Mittellosen erreichte.⁹⁹ Der Raub jüdischer Vermögenswerte im gesamten Reich war mit Beginn des Jahres 1938 vor allem durch Göring fokussiert worden, der die dritte Fraktion der NS-Judenpolitik personifizierte.¹⁰⁰ Fragen jüdischer Auswanderung waren für ihn von untergeordneter Bedeutung, da sie Devisen verbrauchten, die er – vor allem solche in größerem Umfang – verweigerte. Sein primäres Ziel war, die Wehrmacht bis 1940 kriegsbereit zu machen, weshalb seine Maßnahmen

---

95 Vgl. McClure, Earnest Endeavors, 260; Breitman/Lichtman, FDR and the Jews, 121; Kieffer, Judenverfolgung in Deutschland – eine innere Angelegenheit?, 308–311; zu Görings außenpolitischen Initiativen am Auswärtigen Amt vorbei vgl. Broszat, Der Staat Hitlers, 348.
96 Vgl. hierzu Feingold, The Politics of Rescue, 39.
97 Vgl. Friedländer, Das Dritte Reich und die Juden, Bd. 1: Die Jahre der Verfolgung 1933–1939, 282–284; Longerich, Politik der Vernichtung, 173.
98 Vgl. Longerich, Politik der Vernichtung, 173, 177 und 181 f.; Cesarani, Adolf Eichmann, 96 und 102; Adam, Judenpolitik im Dritten Reich, 207; Wildt, Die Judenpolitik des SD 1935 bis 1938; auch Anderl/Rupnow, Die Zentralstelle für jüdische Auswanderung als Beraubungsinstitution, 204; Rabinovici, Instanzen der Ohnmacht, 110; Roth, Radikalisierung durch Expansion, 20.
99 Die genaue Entstehung ist bis heute unklar: Anderl/Rupnow, Die Zentralstelle für jüdische Auswanderung als Beraubungsinstitution, 109–114, 206 f. und 276; Friedländer, Das Dritte Reich und die Juden, Bd. 1: Die Jahre der Verfolgung 1933–1939, 265 f.; zur Geschichte der Zentralstelle vgl. Anderl/Rupnow, Die Zentralstelle für jüdische Auswanderung als Beraubungsinstitution, bes. 155–190 und 205; Longerich, Politik der Vernichtung, 186–188; Rabinovici, Instanzen der Ohnmacht, 112; Anderl, Die »Zentralstellen für jüdische Auswanderung« in Wien, Berlin und Prag – ein Vergleich, 288–290; Adam, Judenpolitik im Dritten Reich, 204; Kapralik, Erinnerungen eines Beamten der Wiener Israelitischen Kultusgemeinde 1938/39, 66 f. Zur Eigeninitiative der SD-Mitarbeiter vgl. Heim, »Deutschland muß ihnen ein Land ohne Zukunft sein«, 53.
100 Vgl. Barkai, »Schicksalsjahr 1938«, 96–98.

in erster Linie auf die Stärkung der Finanzen des Reichs zielten.[101] Durch die Verhandlungsabsichten des Zwischenstaatlichen Komitees sah man im Reichswirtschaftsministerium und in der Reichsbank Wege, gleichzeitig die »Arisierung« der noch verbliebenen Großkonzerne und die Vertreibung realisieren zu können; aus einem Abkommen würden dem Reich finanzielle und wirtschaftliche Vorteile erwachsen.[102]

Als Lord Winterton am 4. August die konstituierende Sitzung des Intergovernmental Committee geschlossen hatte, war dies in der Annahme geschehen, dass Rublee bereits im Herbst mit ersten Ergebnissen aufwarten werde.[103] Stattdessen hatte sich Jaretzkis frühe Befürchtung der »fruchtlosen Bemühungen« in mehrfacher Hinsicht bewahrheitet. Anfang November war das IGCR tatsächlich kaum weitergekommen – unverändert befand man sich im Stadium der Planungen und Vorbereitungen. Zugleich hatten sich die Einwanderungsmöglichkeiten für Jüdinnen und Juden aus Deutschland weltweit weiter verringert. Zahlreiche Länder hatten neue Restriktionen eingeführt, die zwar Einwanderung nicht grundsätzlich unmöglich, aber immer schwieriger machten.[104] Von den avisierten 100 000 Auswanderern pro Jahr war man weiter entfernt als in Évian. Die offensichtlichste und infamste Markierung und Ausgrenzung jüdischer Verfolgter war ein Stempel, der auf Betreiben der Schweizer Polizeibehörden im Visaverkehr mit Deutschland eingeführt wurde und den fortan alle vom NS-Regime als Juden klassifizierten Menschen vor der Ausreise in ihr Reisedokument eintragen lassen mussten: Wer nun mit einem roten »J« im Pass die Schweizer Grenze passieren wollte, dem wurde der Zutritt, der sichere Zuflucht bedeutet hätte, verwehrt.[105] Während also immer weniger Länder in Europa und Übersee bereit waren, Einwanderer aufzunehmen oder Geflüchteten adäquaten Schutz zu gewähren, kam Goldmann in einem vertraulichen WJC-Bericht über die Situation der Juden in Europa zu dem Schluss, dass »spätestens im Jahre 1939 [...] kaum noch ein Jude in Deutschland irgendeine wirtschaftliche Existenzmöglichkeit« haben werde.[106] Das zeigt, wie weit sich die langfristigen Planungen des IGCR für

---

101 Vgl. Herbst, Das nationalsozialistische Deutschland 1933–1945, 203 und 205 f.; Adam, Judenpolitik im Dritten Reich, 202. Zu Görings Machtbereich vgl. Broszat, Der Staat Hitlers, 347–349.
102 Vgl. Kieffer, Judenverfolgung in Deutschland – eine innere Angelegenheit?, 308–311.
103 Vgl. JDCA, 255, Katz an Baerwald, 9. August 1938, 2.
104 Vgl. Adler-Rudel an Schäffer, 23. September 1938, in: Adler-Rudel, Das Auswanderungsproblem im Jahre 1938, 209; zu den Restriktionen bes. Kieffer, Judenverfolgung in Deutschland – eine innere Angelegenheit?, 315–317; McDonald Stewart, United States Government Policy on Refugees from Nazism 1933–1940, 342–345.
105 Vgl. Friedländer, Das Dritte Reich und die Juden, Bd. 1: Die Jahre der Verfolgung 1933–1939, 285–287; Ludi, Dwindling Options, 93–97.
106 AJA, MS-361/A3/2, Report on the Jewish Situation in Europe, 14. Oktober 1938, Confidential, 4 f.

eine geordnete Auswanderung bereits vor Rublees Besuch in Deutschland von der Realität der Betroffenen losgelöst hatten.

Im Oktober 1938 sah Goldmann die »deutsche Judenfrage« im Stadium ihrer »restlosen, totalen Liquidation« und schloss verzweifelt: »Was aus den noch in Grossdeutschland lebenden 600 000 Juden werden soll, ist völlig unausdenkbar, die Fantasie eines Dante kann nicht die Leiden ausmalen, die diesen unglücklichen Teilen des jüdischen Volks in der allernächsten Zeit bevorstehen.«[107] Das von Goldmann aufgerufene Szenario zielte prinzipiell auf die wirtschaftliche Existenz, zunehmende Pauperisierung und eine Auflösung des institutionalisierten jüdischen Lebens in Deutschland. Zu diesem Zeitpunkt war die wenige Wochen darauf eintretende Katastrophe für die jüdische Bevölkerung in Deutschland noch unvorstellbar. Im Oktober 1938 erließ die polnische Regierung – in Ergänzung eines Gesetzes vom März des Jahres – eine Verfügung, wodurch Zehntausenden polnischen Jüdinnen und Juden, die damals in Deutschland lebten, der Entzug ihrer Staatsangehörigkeit drohte. SS und Polizei verschleppten daraufhin Tausende polnische Jüdinnen und Juden an die Grenze, unter denen sich auch die Familie Herschel Grynszpans (1921–wahrscheinlich 1942/43) befand.[108] Als dieser in Paris vom Schicksal seiner Familie erfuhr, erschoss er aus Protest einen deutschen Botschaftsangehörigen. In den nächsten Tagen kam es vereinzelt zu spontanen antijüdischen Übergriffen aus der Bevölkerung. Grynszpan hatte Hitler und Goebbels einen Vorwand geliefert, auf den sie lange gewartet hatten.[109]

Die am 9. und 10. November 1938 vom NS-Regime initiierten Angriffe zielten auf die Erniedrigung der jüdischen Bevölkerung und die Zerstörung der Institutionen jüdischen Lebens in Deutschland: Synagogen, Gemeindehäuser und Vereinsbüros. Die physische Gewalt gegenüber Menschen und Sachen sowie die Verbote jüdischer Vereinstätigkeit, etwa des bereits umbenannten Jüdischen Central-Vereins, und jüdischer Periodika wie der *CV-Zeitung* und der *Jüdischen Rundschau* beendeten jede Form selbstbestimmten jüdischen Lebens in Deutschland.[110] Die nationalsozialistischen Schergen drangen dabei auch in die bis dato noch weitgehend unberührt gebliebenen privaten Rückzugsräume ein, verhafteten willkürlich, plünderten und mordeten.[111] Auf Anweisung Reinhard Heydrichs, damals Chef des SD und de facto

---

107 Ebd., 5.
108 Zur sogenannten »Polenaktion« vgl. Bothe, Forced over the Border; Longerich, Politik der Vernichtung, 195–197; Friedländer, Das Dritte Reich und die Juden, Bd. 1: Die Jahre der Verfolgung 1933–1939, 288–290.
109 Vgl. Gross, November 1938, 17–20, 41–43 und 47.
110 Zum Novemberpogrom bes. Gross, November 1938; Friedländer, Das Dritte Reich und die Juden, Bd. 1: Die Jahre der Verfolgung 1933–1939, Kap. 9: Der Angriff; Steinweis, Kristallnacht 1938; Döscher, »Reichskristallnacht«; Kropat, »Reichskristallnacht«.
111 Vgl. Longerich, Politik der Vernichtung, 202 f.

Befehlshaber der Sicherheitspolizei, wurden binnen weniger Stunden 27 000 männliche Juden – was etwa 25 Prozent der jüdischen Männer zwischen 16 und 60 Jahren in Deutschland entsprach – allein aufgrund ihrer Herkunft verhaftet und in die Konzentrationslager Dachau, Buchenwald und Sachsenhausen verschleppt.[112] War die erste Woche in den Konzentrationslagern von brutaler Gewalt und horrenden Todeszahlen dominiert, so wurden in den nächsten Wochen und Monaten die meisten der im Zuge des Pogroms Verschleppten entlassen. Diese Maßnahme zielte neben der Demütigung und völligen Verunsicherung auf den Raub jüdischer Vermögenswerte und die forcierte Austreibung, denn die Freilassung war mitunter an den Nachweis gültiger Visa für die Auswanderung geknüpft.[113] Diese perfide Methode hatte der SD bereits Anfang des Jahres gegen sowjetische und rumänische Jüdinnen und Juden angewandt. Die Folgen hielt ein Bericht fest, der dem JDC im Dezember 1938 vorgelegt wurde. Demnach formulierten die Kontaktpersonen in Deutschland den eindringlichen Appell, keine Mittel für die Freigelassenen im deutschen Herrschaftsbereich bereitzustellen, sondern alle Gelder für die Auswanderung zu verwenden, die so immer mehr zur mittellosen Flucht wurde.[114]

Die verschiedenen Fraktionen innerhalb des NS-Regimes hatten über Monate eine stetige Radikalisierung der antijüdischen Politik betrieben. Zugleich hatte das Nebeneinander einen irrationalen Widerspruch herbeigeführt: Durch die Enteignungen brachte man die potenziellen Auswanderer um jedwede Chance, irgendwo legal einreisen zu können.[115] Nach dem Pogrom wurde Göring zu einer Art »Koordinator« der antijüdischen Politik.[116] Auf einer interministeriellen Konferenz am 12. November 1938 kündigte er das Verbot jeglicher jüdischer Geschäftstätigkeit zum 1. Januar 1939 an. Es folgte ein Verbot sämtlicher jüdischer Zeitungen; ferner wurden alle jüdischen Kinder, die bis dahin noch »deutsche« Schulen besucht hatten, von dort verwiesen und – noch viel grundlegender – Jüdinnen und Juden wurden

---

112 Vgl. Wünschmann, Before Auschwitz, 198–205; Barkow/Gross/Lenarz (Hgg.), Novemberpogrom 1938, 22; Friedländer, Das Dritte Reich und die Juden, Bd. 1: Die Jahre der Verfolgung 1933–1939, 296; Bauer, My Brother's Keeper, 257.
113 Vgl. Longerich, Politik der Vernichtung, 206 f.; Wünschmann, Before Auschwitz, 206–210; Heim, International Refugee Policy and Jewish Immigration under the Shadow of National Socialism, 37; zeitgenössisch exemplarisch: JDCA, 205, Bericht von W. R. Hughes (German Emergency Committee) über seine Reise durch Deutschland vom 26. November bis 14. Dezember 1938, 3.
114 Vgl. JDCA, 205, Bericht von W. R. Hughes (German Emergency Committee) über seine Reise durch Deutschland vom 26. November bis 14. Dezember 1938, 4 f.; ebenso JDCA, 205, Factual Notes on German Trip by D. Robert Yarnell (Quäker – Society of Friends), 2.
115 Vgl. Adam, Judenpolitik im Dritten Reich, 204; Friedländer, Das Dritte Reich und die Juden, Bd. 1: Die Jahre der Verfolgung 1933–1939, 282; Barkai, »Schicksalsjahr 1938«, 94 f.
116 Vgl. Friedländer, Das Dritte Reich und die Juden, Bd. 1: Die Jahre der Verfolgung 1933–1939, 302 f.; auch Diner, Die Katastrophe vor der Katastrophe, 143.

vom allgemeinen Wohlfahrtssystem ausgeschlossen.[117] Diese Maßnahmen vernichteten »jede noch verbliebene Möglichkeit eines jüdischen Lebens in Deutschland oder eines Lebens von Juden in Deutschland«.[118] Besonders infam war schließlich die den Juden kollektiv auferlegte »Sühneleistung« von einer Milliarde Reichsmark nach dem Pogrom.[119] Göring forcierte ihre Vertreibung ins Ausland mit allem Nachdruck.[120] Die Umsetzung übertrug er Heydrich und dem SD. Die Schaffung der Reichszentrale für jüdische Auswanderung im Januar 1939, die analog zur Zentralstelle in Wien aufgebaut wurde, war einer der zentralen Schritte hierfür.[121] Damit hatten sich innerhalb des NS-Regimes zum einen die Kräfte durchgesetzt, die dem Intergovernmental Committee bereits Gesprächsbereitschaft signalisiert hatten, und zum anderen jene, die für rücksichtslose Vertreibung standen.[122] Für eine Vielzahl jüdischer Funktionäre war jedoch nach den Ereignissen vom November 1938 jede Langfristperspektive einer Auswanderung aus Deutschland, für die das IGCR stand, kein realistischer Weg mehr. Mit den neuen Zeitvorstellungen wandelte sich auch ihre Agenda grundlegend.

Eine »radikale Lösung« und »dringende Aufgaben«

Der Erwartungshorizont jüdischer Funktionäre während der Konferenz von Évian war ebenso von Vorstellungen geordneter Emigration und langfristiger Planung bestimmt gewesen wie jener der Regierungsvertreter. Im Spätsommer und Herbst 1938 zerbarsten diese Vorstellungen: Bei Adler-Rudel, Goldmann und ihren Kollegen setzte zunehmend Ernüchterung über die langsame Arbeit des Intergovernmental Committee ein, da sie sehr deutlich wahrnahmen, wie sehr die dort diskutierten Ansätze inzwischen von der tatsächlichen Situation in Deutschland entkoppelt waren.[123] Dennoch sorgten

---

117 Vgl. Freeden, Die jüdische Presse im Dritten Reich, 171 f.; Walk, Jüdische Schule und Erziehung im Dritten Reich, bes. 201–216; Weiss, Schicksalsgemeinschaft im Wandel, 9, 21 f. und 40; Gruner, Öffentliche Wohlfahrt und Judenverfolgung, bes. 157–176.
118 Vgl. Friedländer, Das Dritte Reich und die Juden, Bd. 1: Die Jahre der Verfolgung 1933–1939, 302 f.
119 Vgl. Barkai, »Schicksalsjahr 1938«, 114 f.
120 Vgl. Friedländer, Das Dritte Reich und die Juden, Bd. 1: Die Jahre der Verfolgung 1933–1939, 310.
121 Vgl. Cesarani, Adolf Eichmann, 106; auch Safrian, Eichmann und seine Gehilfen, 23 f. und 46–49; Anderl, Die »Zentralstellen für jüdische Auswanderung« in Wien, Berlin und Prag – ein Vergleich, 277 f., 283–285 und 290.
122 Vgl. hierzu Heim, »Deutschland muß ihnen ein Land ohne Zukunft sein«, 72; Diner, Ein anderer Krieg, 102 f.; Feingold, Politics of Rescue, 44.
123 Vgl. AJA, MS-361/A3/2, Report on the Jewish Situation in Europe, 14. Oktober 1938, Confidential, 5; Adler-Rudel an Schäffer, 23. September 1938, in: Adler-Rudel, Das Auswanderungsproblem im Jahre 1938, 209.

erst die bis dato für Deutschland unvorstellbaren Verbrechen des Novemberpogroms dafür, dass sich die Perspektiven auf die vermeintlich noch zur Verfügung stehende Zeit und das Verhältnis von Auswanderung und Flucht fundamental wandelten.[124] Senator (Abb. 19–20) fasste diesen Bruch in einem weit zirkulierenden Bericht nach einer Reise durch Deutschland im Dezember 1938 in klaren Worten und brachte damit die grundständige Veränderung der Situation zum Ausdruck: Der unausweichliche Exodus der Juden aus Deutschland, begann Senator, sei jedem bewusst, der die Ereignisse seit 1933 verfolge. Bisher sei man jedoch von einer »graduellen« Emigration ausgegangen, sodass »im Laufe von 8 bis 10 Jahren eine vollständige Evakuierung hätte durchgeführt werden können«.[125] Nach dem Pogrom und den daraus folgenden Bedingungen, so konstatierte Senator, sei es jedoch unmöglich, die erprobten Verfahren der geordneten Auswanderung und Ausbildung der Emigranten fortzusetzen. Vielmehr schlug er eine »radikale Lösung« vor, bei der »eine internationale Organisation (zum Beispiel das Intergovernmental Committee oder das Rote Kreuz zusammen mit den jüdischen Organisationen) die gesamte jüdische Bevölkerung aus Deutschland unverzüglich [at once] in große Flüchtlingslager in einer Reihe von Ländern evakuieren sollte«. Von dort könnte dann eine »systematische Einwanderungspolitik« in andere Länder vornehmlich in Übersee erfolgen.[126] Sollte bis zum Novemberpogrom aus Sicht der Mitgliedsstaaten des IGCR und der jüdischen Organisationen eine chaotische Flucht vermieden werden, so ging es auch Adler-Rudel, der zeitgleich ähnliche Überlegungen anstellte wie Senator, danach nur noch darum, Jüdinnen und Juden aus Deutschland zu retten.[127] Beide gingen damit über Goldmanns Überlegungen hinaus, der für besonders Gefährdete bereits in Évian Flüchtlingslager in europäischen Nachbarstaaten vorgeschlagen hatte.[128] Senator unterstrich mit seinem Appell – ob bewusst oder unbewusst – den gleichzeitig auf einer Vorstandssitzung gefällten Beschluss des Council: Die noch in Évian vertretene Perspektive wurde revidiert und man entschied, wie Rosenblüth nach Jerusalem meldete, sich »unverzüglich

---

124 Zur Unvorhersehbarkeit vgl. zeitgenössisch den Bericht 1 [Oppenheim, New York 1945], in: Barkow/Gross/Lenarz (Hgg.), Novemberpogrom 1938, 109; auch Gross, November 1938, 102.
125 CZA, S29/111, Werner Senator, Report on a Visit to Germany, Jerusalem, 5. Dezember 1938, 1. Der Bericht ging u. a. an Bentwich, Lord Samuel, Waley Cohen, Laski, Rosenblüth und Feilchenfeld.
126 Ebd., 2. Zu diesem Wandel der Perspektive auch Gross, November 1938, 102.
127 Vgl. LBIJER, 159/I/4, G 111, Adler-Rudel, Die Juden in Deutschland zu Beginn des Jahres 1939, 15. Januar 1939, 13; Adler-Rudel an Schäffer, 22. November 1938 und 11. Januar 1939, in: Adler-Rudel, Das Auswanderungsproblem im Jahre 1938, 213–215. Hierzu auch Jost, A Battle against Time, 240–242; Beit Zvi, Post-Ugandan Zionism on Trial, 192 f.
128 AJA, MS-361/A8/2, Report on the Intergovernmental Conference of Evian-les-Bains, Annex to Circular Letter Nr. 11, 25. Juli 1938, 2 f.

Abb. 19–20: Zwei Porträts von David Werner Senator, um 1935, aufgenommen von dem Fotografen Herbert Sonnenfeld. © Jüdisches Museum Berlin, Inv.-Nr. FOT 88/500/79/003 (links) und 001 (rechts), Ankauf aus Mitteln der Stiftung Deutsche Klassenlotterie Berlin. Jede weitere Nutzung ist genehmigungspflichtig.

an das Inter-Governmental Committee [zu] wenden«, da »die Situation der Juden in Deutschland derartig gefährlich ist, dass Mittel und Wege gefunden werden müssen, um Hunderttausende schon während der nächsten Wochen herauszubringen«.[129] Der noch im Sommer und Frühherbst avisierte Handlungszeitraum von Jahren war damit auf wenige Wochen geschrumpft.

Auch im Intergovernmental Committee erkannte man die Zeichen der Zeit. Der Direktor und seine engen Kollegen Taylor, McDonald und Warren versuchten schon während des Pogroms, beim State Department Druck zu machen.[130] Rublee mahnte: »Die Frage, das Vermögen der unfreiwilligen Auswanderer aus Deutschland herauszubringen, ist zweitrangig gegenüber

---

129 CZA, S7/907, Rosenblüth an Kaplan, 2. Dezember 1938, 1; vgl. auch LMA, ACC/2793/01/01/011, Minutes of the Meeting of the Executive of the Council for German Jewry, 1. Dezember 1938, Confidential, bes. 2, dort heißt es im Original: »It was decided that the policy of the Council should be to endeavour to get as many Jews as possible out of Germany immediately.« Vgl. auch LMA, ACC2793/01/13/001, 34/57–34/83, Council for German Jewry. Annual Report of the Council for 1938, 8.
130 Vgl. Breitman/Lichtman, FDR and the Jews, 116 f.

dem Problem, die unfreiwilligen Emigranten herauszubekommen und sie andernorts anzusiedeln.«[131] Unter dem Eindruck der Ereignisse kehrte er somit seine eigene Priorisierung von August um. Doch auf Rublees Drängen folgte zunächst nichts. Die internationale Empörung über die öffentliche Gewalt kam kaum über Lippenbekenntnisse hinaus und übersetzte sich nur in wenigen Fällen in politische Handlungen.[132] Roosevelts Abzug seines Botschafters aus Berlin oder die sechsmonatige Verlängerung von Touristenvisa in den Vereinigten Staaten zeigten praktisch keine Wirkung.[133] Sir Robert Waley Cohen vom Council wies Lord Winterton auf die eklatante Kluft zwischen weltweit »gefühlter ›Sympathie‹« und tatsächlichen Konsequenzen hin: »Eine solche ›Sympathie‹, die nicht von schnellen und praktischen Maßnahmen begleitet wird, wird das Leben dieser Menschen nicht retten.«[134] Nach dem Pogrom schnellte die Zahl der »illegalen Grenzübertritte« in den an Deutschland grenzenden Ländern in die Höhe. Es war bezeichnend, dass die Reaktion der belgischen und der niederländischen Regierung auf diesen Ansturm darin lag, die Verfolgten zurückzuschicken. Ungeachtet der sofortigen Inhaftierung der Abgewiesenen in Gefängnissen und Konzentrationslagern schützten die Regierungen de facto ihre Souveränität und ihre Behörden, die diese Herausforderungen nicht bewältigten. Zwar gelang es Rublee, diese Mitgliedsstaaten des IGCR davon zu überzeugen, ihre Abschiebepraxis einzustellen, jedoch erklärten sie sich nur so lange dazu bereit, bis Rublee mit den Deutschen ein Abkommen verhandelt hätte.[135] Dass der JDC seine Unterstützung der jüdischen Gemeinde in Belgien um 10 000 Dollar erhöhte, mag dabei eine Rolle gespielt haben.[136]

In London hingegen gelang es Lord Samuel, Lord Bearsted, Laski und Weizmann als Vertreter des Council for German Jewry, am 15. November Premierminister Chamberlain zu konsultieren. Dieser signalisierte grundsätzliche Bereitschaft zur Evakuierung von jüdischen Kindern aus Deutschland, deren Versorgung britisch-jüdische Organisationen garantierten.[137] Des Wei-

131 Zit. nach Kieffer, Judenverfolgung in Deutschland – eine innere Angelegenheit?, 318.
132 Vgl. Gross, November 1938, 89 f.; Breitman/Lichtman, FDR and the Jews, 114–116; McDonald Stewart, United States Government Policy on Refugees from Nazism 1933–1940, 337–341.
133 Vgl. Feingold, Politics of Rescue, 42.
134 JDCA, 255, Draft Letter to Be Sent to the British Government, Prepared by Sir Robert Waley Cohen an Lord Winterton, o. D.
135 Vgl. Kieffer, Judenverfolgung in Deutschland – eine innere Angelegenheit?, 318; auch Kausch, Zuflucht auf Zeit, 209; zur Abschiebepraxis in Nord- und Westeuropa vgl. Caestecker/Moore (Hgg.), Refugees from Nazi Germany and the Liberal European States, 267, 279 und 291–295.
136 Vgl. Bauer, My Brother's Keeper, 265 f.
137 Vgl. LMA, ACC/2793/01/01/011, Minutes of the Meeting of the Executive of the Council for German Jewry, 17. November 1938, Confidential, 3 f.; hierzu auch London, Whitehall and the Jews, 1933–1948, 100 f. und 105 f.; Gross, November 1938, 102.

teren beschloss man im Council, eine Konferenz mit Lord Winterton vom IGCR und Malcolm von der HCR anzuberaumen, um Aufnahmelager auf dem britischen Festland und eine Beteiligung der Regierung an deren Finanzierung abzustimmen.[138] Obwohl Winterton die von der Reichsvertretung angemahnte »unmittelbare[-] Notwendigkeit der Errichtung eines Durchgangslagers« mitgeteilt wurde, war das Ergebnis ernüchternd. Winterton verkündete lediglich die Position der britischen Regierung, dass man sich am Aufbau solcher Lager oder deren Finanzierung nicht beteiligen könne.[139] Allerdings sprach die Regierung kein Verbot gegen die Einrichtung solcher Lager aus und war bereit, ausgewählten Flüchtlingen Visa auszustellen. Außerdem beschloss das britische Parlament am 21. November eine Evakuierungsaktion für jüdische Kinder aus Deutschland. Diesen schlug große öffentliche Sympathie entgegen und sie galten nicht als unwillkommene Konkurrenz auf dem Arbeitsmarkt. Ohne eine Quote festzulegen, wurde allen verfolgten Kindern, die durch Privatpersonen oder Organisationen finanziell abgesichert werden konnten, eine Einreiseerlaubnis erteilt. Der erste »Kindertransport« erreichte Großbritannien am 2. Dezember 1938. In den nächsten zehn Monaten gelang auf diesem Weg etwa 10000 überwiegend jüdischen Kindern die Flucht aus Deutschland.[140] Die Evakuierung von Kindern leitete Anfang 1939 einen grundlegenden Wandel der britischen Haltung gegenüber Flüchtlingen aus Deutschland ein.[141]

Im Council suchte man die unmittelbare Evakuierung »sovieler Juden wie möglich« zu erreichen.[142] Dabei wusste man weite Teile der britischen Gesellschaft hinter sich. Bezeichnenderweise wendete man sich über Lord Winterton an die britische Regierung. Der Council nutzte somit in Évian geknüpfte Netzwerke, auch wenn das IGCR an der Durchführung der Kindertransporte nicht beteiligt war. In anderen jüdischen Organisationen zog man nach dem Pogrom nicht die gleichen Konsequenzen wie im Council. Welche Wege eingeschlagen wurden, hing vom jeweiligen Selbstverständnis der Organi-

---

138 Vgl. LMA, ACC/2793/01/01/011, Minutes of the Meeting of the Executive of the Council for German Jewry, 1. Dezember 1938, Confidential, 2; vgl. auch Bentwich, They Found Refuge, 102; Bauer, My Brother's Keeper, 271.
139 Vgl. LMA, ACC/2793/01/01/011, Minutes of the Meeting of the Executive of the Council for German Jewry, 12. Dezember 1938, Confidential, 2f.; vgl. London, Whitehall and the Jews, 1933–1948, 101–103.
140 Zu den Kindertransporten vgl. Benz/Curio/Hammel (Hgg.), Die Kindertransporte 1938/39; Curio, Were Unaccompanied Child Refugees a Privileged Class of Refugees in the Liberal States of Europe?; auch Gross, November 1938, 102f.
141 Vgl. Bentwich, They Found Refuge, 38f.; zeitgenössisch Adler-Rudel an Schäffer, 15. November 1938, in: Adler-Rudel, Das Auswanderungsproblem im Jahre 1938, 211.
142 LMA, ACC/2793/01/01/011, Minutes of the Meeting of the Executive of the Council for German Jewry, 1. Dezember 1938, Confidential, 2.

sation, aber auch von den darin entscheidenden Personen ab. Hier spielten außerdem persönliche Bezüge zum deutschen Judentum und die räumliche Nähe der Akteure zu Deutschland eine Rolle. Daraus ergab sich mitunter, dass die individuelle Überzeugung nicht deckungsgleich mit der Agenda der Organisation war, in der man wirkte – und die sich Ende 1938 zum Teil mit existenziellen Herausforderungen konfrontiert sah.

Der amerikanische JDC zögerte zunächst, sich an der Finanzierung der britischen Kindertransporte zu beteiligen.[143] Diese anfängliche Zurückhaltung lag vermutlich darin begründet, dass zeitgleich in den Vereinigten Staaten zwei Senatoren die nach ihnen benannte Wagner-Rogers Bill initiierten, die ebenfalls die Aufnahme von 10 000 Kindern – zusätzlich zur gültigen Einwanderungsquote – binnen der nächsten beiden Jahre vorsah. Dieses Gesetz kam allerdings durch die Blockade der politischen Opposition nie zur Abstimmung.[144] Insgesamt war der JDC jedoch durch ein erhöhtes Spendenaufkommen in der Lage, seine Zuwendungen für die deutschen Juden zu steigern.[145] Darüber hinaus wurde weiterhin das Ziel des Intergovernmental Committee unterstützt, ein langfristiges Auswanderungsabkommen mit den Deutschen zu erreichen.[146] Ende des Jahres 1938 war man im JDC außerdem um die Sicherung der eigenen Position innerhalb der amerikanischen Gesellschaft besorgt. Zwar stimmte der Vorstand letztlich einer gemeinsamen Spendenkampagne mit den amerikanischen Zionisten zu, Jonah Wise warnte jedoch vor der Gefahr für Jüdinnen und Juden in Amerika, bei einer »Überbetonung zionistischer Politik und nationalistischer Philosophie«, den Antisemiten eine Angriffsfläche auf die Freiheit der amerikanisch-jüdischen Bevölkerung zu bieten.[147] Die innerjüdischen Konflikte der letzten Monate und Jahre setzten sich trotz der Katastrophe in Deutschland fort.

Um Grundsätzliches ging es Ende des Jahres 1938 auch im World Jewish Congress. Nachdem die Versuche, einen »Polish-Jewish Congress« zu konstituieren, endgültig gescheitert waren, stand die Congress-Idee insgesamt auf der Kippe. Die Einsicht, die Baruch Zuckermann aufgrund seiner Erfahrungen vermittelte, traf den Vorstand des WJC ins Mark der eigenen Wahrnehmung: »In Polen hat der JDC heute noch größere Massen hinter sich

---

143 Vgl. LMA, ACC/2793/01/01/011, Minutes of the Meeting of the Executive of the Council for German Jewry, 25. Januar 1939, Confidential; LMA, ACC/2793/01/01/011, Minutes of the Meeting of the Executive of the Council for German Jewry, 6. Februar 1939, Confidential.
144 Zur Wagner-Rogers Bill vgl. Feingold, The Politics of Rescue, 148–155; McDonald Stewart, United States Government Policy on Refugees from Nazism 1933–1940, 495–545.
145 Vgl. Bauer, My Brother's Keeper, 259.
146 Vgl. JDCA, 205, Telegramm der Quäker Commission (Paris), 23. Dezember 1938.
147 JDCA, 78, JDC, Minutes of the Meeting of the Executive Committee, 28. November 1938, Highly Confidential; vgl. auch Bauer, My Brother's Keeper, 254–256.

als der Weltkongress.«[148] Vor diesem Hintergrund wirkte die von Goldmann und anderen damals immer wieder aufs Neue propagierte Formel schal: Philanthropie sei in der Lage, »einzelne jüdische Existenzen« zu retten, »für die Gestaltung des jüdischen Gesamtschicksals ist sie völlig unerheblich«. Die Gründung des WJC markierte in der Selbstwahrnehmung deshalb einen notwendigen Bruch mit den etablierten Mustern jüdischer Hilfe, da die Zukunft des »jüdischen Volkes« nur durch politischen Kampf zu sichern sei.[149] Diese Überzeugung, drei Wochen vor dem Novemberpogrom formuliert, änderte sich nach den Ereignissen nicht wirklich. Zwar erklärte Goldmann auf der Vorstandssitzung des WJC am 17. November, dass man nun auch eine eigene Emigrationsabteilung aufbauen werde, für die man aus New York zusätzliche Gelder erhalte, jedoch war dabei keinesfalls an direkte Emigrationshilfe gedacht. Vielmehr suchte sich Goldmann als Repräsentant des jüdischen Kollektivs zu installieren, um in Verhandlungen über die Emigration osteuropäischer Judenheiten mit Regierungsvertretern auf Augenhöhe treten zu können.[150] Außerdem ging er damals davon aus, »dass das große Ausmaß, das jetzt die Katastrophe angenommen hat, aus der Evian-Konferenz eine große Sache machen wird«.[151] Perlzweig und Jarblum versuchten erneut vergeblich, Rublee und Bérenger von einem Beratungskomitee zu überzeugen.[152] Dabei hatte Goldmann weniger im Sinn, die Gespräche mit den Deutschen zu beeinflussen, die die Mehrheit des WJC aus der Position heraus, mit dem NS-Regime werde nicht verhandelt, sowieso grundsätzlich ablehnte. Vielmehr zielte er wie bereits in Évian auf die Möglichkeit der Ausweitung des Handlungsradius des IGCR nach Osteuropa sowie, aufgrund der jüngsten Ereignisse, auf die Einwanderung von 40 000 Kindern und Jugendlichen nach Palästina. Letztere Forderung war primär gegen die britischen Einwanderungsrestriktionen in Palästina gerichtet.[153] Goldmann vertrat mit solchen Positionen im Vorstand des WJC eher eine Einzelmeinung, setzte

---

148 AJA, MS-361/A6/11, Protokoll der Sitzung der Exekutive des Jüdischen Weltkongresses, 17. November 1938, 13. Zur Bedeutung des JDC in Polen 1938/39 vgl. Bauer, My Brother's Keeper, 295. Zur Selbstwahrnehmung des WJC vgl. Segev, Immigration, Politics and Democracy, 210 und 216.
149 AJA, MS-361/A3/2, Report on the Jewish Situation in Europe, 14. Oktober 1938, Confidential, 21; vgl. Segev, Immigration, Politics and Democracy, 220 f.
150 Vgl. AJA, MS-361/A6/11, Protokoll der Sitzung der Exekutive des Jüdischen Weltkongresses, 17. November 1938, 6. Zu Goldmanns selbstbewusstem Auftreten gegenüber Regierungsvertretern vgl. auch Segev, Immigration, Politics and Democracy, 217.
151 AJA, MS-361/A6/11, Protokoll der Sitzung der Exekutive des Jüdischen Weltkongresses, 17. November 1938, 6.
152 Vgl. auch AJA, MS-361/A10/1, Telegramm an Perlzweig, 3. Dezember 1938; AJA, MS-361/A18/4, Jarblum an Bérenger, 30. November 1938.
153 Vgl. AJA, MS-361/A4/14, Conversation Jarblum mit Bérenger, 29. November 1938; auch Kubowitzki, Unity in Dispersion, 114.

aber eine Presseerklärung durch, die »die unsäglichen Gräueltaten gegen das wehrlose Judentum des Deutschen Reichs« öffentlich verurteilte.[154] Diese Handlung war symbolisch, denn dem World Jewish Congress fehlte jegliche Möglichkeit, in die Situation der deutschen Jüdinnen und Juden einzugreifen. Allerdings dominierte im Vorstand die Ansicht, ihre Lage sei ohnehin nicht von außen zu verbessern, weshalb man sich auf die langfristige Organisation der Migration aus Osteuropa bei gleichzeitiger Rechtssicherung fokussieren müsse.[155] Es überrascht daher nicht, dass die Mehrheit des Vorstands ihren Aufgabenschwerpunkt im östlichen Europa sah.

Für das Verständnis der weiteren Positionen auf der WJC-Vorstandssitzung am 17. November ist es wichtig einzubeziehen, dass der Pogrom in Deutschland bei der Mehrheit der Anwesenden keinen Schock hinterlassen hatte. Vielmehr stellten die vornehmlich aus Osteuropa stammenden Vorstandsmitglieder die Ereignisse im deutschen Herrschaftsbereich in eine Reihe mit Pogromen und antijüdischen Ausschreitungen, die über die jüngere Geschichte Polens bis zum Kischinjow-Progrom im Zarenreich zurückreichten.[156] Dementsprechend bezogen sich die von Arieh Tartakower während der Sitzung aufgezählten »dringende[n] Aufgaben« sämtlich auf Problemfelder in Ostmittel- und Osteuropa. Allenfalls seine Forderung nach Stärkung der Boykottbewegung in den Vereinigten Staaten zielte indirekt auf die deutsche Situation.[157] Darüber hinaus wurde die reale »Krise« des WJC offenbar: Ein Redner sagte, dass alle Einzelfragen, mit denen der Congress damals tatsächlich befasst war, nur »Literatur« seien, »wenn diejenigen, die die Entscheidenden sind, ein Programm brutalster Macht proklamieren, um mit den Juden ein Ende zu machen«. Einhellige Überzeugung war daher, man müsse unmittelbar eine große Konferenz organisieren, um die komplette Arbeit zu überdenken und Beschlüsse zu fassen, »die geeignet sind, die Lage zu ändern«. Zugleich wurde dieses Vorgehen angezweifelt, da dafür die Mittel und der Apparat fehlten. Stattdessen sollten andere jüdische Hilfsorganisationen im Sinne des WJC – und besonders mit Blick auf die Emigrationsmöglichkeiten nach Palästina – beeinflusst werden. Diese Uneinigkeit illustriert das Dilemma des World Jewish Congress zum Ende des Jahres 1938: Die desolate Lage der europäischen Judenheiten und ein mögliches Scheitern des zionistischen Projekts in Palästina einerseits, das Fehlen einer adäquaten Reaktion des WJC andererseits, da es an einem gemeinsamen Programm und

---

154 AJA, MS-361/A6/11, To Release, London, 17. November 1938.
155 Vgl. Segev, Immigration, Politics and Democracy, 219.
156 Zu diesem Kontext vgl. bes. Zipperstein, Pogrom; Veidlinger, Mitten im zivilisierten Europa; Penkower, The Kishinev Pogrom of 1903.
157 WJC, Records, MS-361/A6/11, Protokoll der Sitzung der Exekutive des Jüdischen Weltkongresses, 17. November 1938, 7; vgl. auch Segev, Immigration, Politics and Democracy, 219.

den dazu nötigen Mitteln sowie Handlungsspielräumen mangelte, brachte ein Redner so auf den Punkt: »Er halte den Weltkongress für eine ausgezeichnete Sache, aber er stehe außerhalb der Zeit.«[158]

Diese Entkoppelung von Idee und Wirklichkeit, von Anspruch und realen Handlungsmöglichkeiten lässt sich exemplarisch an den Ausführungen von Israel Jefroykin auf der Vorstandssitzung belegen. Zwar erklärte er Deutschland zum gegenwärtigen »Hauptproblem, alles andere resultiere daraus«; zugleich aber sei es richtig, dass der WJC beim angestrebten Exodus der deutschen Judenheit keine Rolle spiele. Die »grossen Mächte« diskutierten zwar internationale Anleihen oder Ansiedlungen in Britisch-Guyana, jedoch sei das der falsche Weg, der zum Scheitern verurteilt und insgesamt ungenügend sei. Jefroykin berief sich stattdessen auf Grundsätze des World Jewish Congress, als er überzeugt aussprach, »dass die deutschen Juden untergehen müss[t]en, oder dass man eine Lösung in Deutschland selbst finden müsse«. Seiner Meinung nach würde die Unterstützung ihrer Emigration und damit die Aufgabe der jüdischen Position in Deutschland bedeuten, der Forderung der Antisemiten nachzukommen, und könnte unabsehbare Folgen für andere Länder haben. Welche Konsequenzen das aber wiederum für die Jüdinnen und Juden in Deutschland haben könnte, führte er nicht weiter aus. Für politischen Protest sei es zu spät, so Jefroykin; hätte es vor drei Jahren einen Protest von deutsch-jüdischer Seite gegeben, wäre die Situation heute vielleicht eine andere. Er fuhr fort:

»Aber die deutschen Juden sind Assimilanten, und sie kennen nicht den Sinn des Leidens, ihre moralische Kraft ist gebrochen. Die deutsche Judenfrage kann man nicht mit Emigration lösen. Es ist die Aufgabe des Weltkongresses, die Kräfte des Widerstands zu organisieren sowohl innerhalb von Deutschland wie in der Welt. Alle anderen Lösungen, Geld, Hilfe etc. sind unzureichend.«[159]

Jefroykins Ausführungen stießen nicht auf grundsätzlichen Widerspruch. Sein Appell zielte darauf ab, durch politischen Widerstand aus der Defensive auszubrechen.[160] Er empörte sich darüber, dass die »Sühneleistung«, die den Juden in Deutschland nach dem Novemberpogrom aufgebürdet worden war, nicht boykottiert wurde. Statt die Zahlung zu verweigern, fingen »die Notablen [...] bereits zu sammeln an«; dagegen, so schloss er, hätte man es auf eine Konfrontation mit dem NS-Regime »ankommen lassen müssen«.[161]

---

158 Alle Zitate aus dieser Diskussion entstammen WJC, Records, MS-361/A6/11, Protokoll der Sitzung der Exekutive des Jüdischen Weltkongresses, 17. November 1938, 9f.
159 Ebd., 9.
160 Hierzu auch eine Rede Goldmanns in New York City, AJA, MS-361/A28/14, American Jewish Congress Press Release, 26. Oktober 1938, 2.
161 AJA, MS-361/A6/11, Protokoll der Sitzung der Exekutive des Jüdischen Weltkongresses, 17. November 1938, 9.

Diese Position entsprach Jefroykins politischer Grundüberzeugung und offenbart tief sitzende Ressentiments gegenüber der einst wohlhabenden, akkulturierten deutschen Judenheit. Ihm ging es nicht darum, seitens des JDC oder einer anderen philanthropischen Organisation mehr finanzielle Mittel für die Juden im östlichen Europa zu erhalten, sondern – wie es auch Goldmann formuliert hatte – um einen politischen Kampf für rechtliche Gleichstellung, die Wahrung der Existenz eines selbstständigen jüdischen Kollektivs und damit die Sicherung der Diaspora. Diese Positionen in Kombination mit den fehlenden Handlungsmöglichkeiten trübten seine Wahrnehmung der Situation in Deutschland und bezeugen zugleich die Unvorhersehbarkeit der weiteren Entwicklung. Obwohl sich Jefroykin einer martialischen Ausdrucksweise bediente, war auch für ihn unvorstellbar, dass die Nationalsozialisten mit ihren Verbrechen über die systematische Vertreibung, Demütigung oder Isolation der jüdischen Bevölkerung hinausgehen könnten.

Auch für die Jewish Agency for Palestine markierte der 9. November 1938 einen Wendepunkt – allerdings in anderer Hinsicht als für die deutsche Judenheit. Mit dem Pogrom zerstörten die Nationalsozialisten zwar jede Möglichkeit jüdischen Lebens in Deutschland, aber nicht das zionistische Weltbild als solches. Vielmehr bestätigte sich die grundsätzliche Katastrophenerwartung, die man in Bezug auf die Diaspora hatte.[162] Der Tag war für die Jewish Agency aber deshalb bedeutsam, weil am 9. November der Abschlussbericht der Woodhead-Kommission erschien. Dieser nahm den Teilungsplan der Peel-Kommission zurück und machte mit einem Schlag monatelange Arbeit und Hoffnungen der zionistischen Bewegung zunichte.[163] Dieses Vorgehen hatte man seit der Münchner Konferenz befürchtet und es stürzte die zionistische Bewegung in eine politisch-existenzielle Krise. Der britische De-facto-Rückzug vom Mandat zur Beruhigung arabischer Proteste wurde analog zum »Betrug« an der Tschechoslowakei als Mittel zur Vermeidung eines Kriegs gelesen.[164] Der Bericht der Woodhead-Kommission und seine Empfehlungen überlagerten daher den Pogrom in Deutschland.[165] Am 16. November verabschiedete das Administrativkomitee der Jewish Agency in London eine Resolution, worin ein Prinzip zum Ausdruck kam, das die bisherige Linie bekräftigte: Allen Orten außer Palästina sei bei der Aufnahme

---

162 Vgl. hierzu Diner, Die Katastrophe vor der Katastrophe, 141; Segev, Die siebte Million, 136.
163 Vgl. Reinharz/Shavit, The Road to September 1939, 147 und 157.
164 Zu dieser Perspektive vgl. zeitgenössisch Ruppin, Tagebucheinträge vom 1. Oktober 1938 und 17. Oktober 1938, in: ders., Briefe, Tagebücher, Erinnerungen, 503 und 505; AJA, MS-361/A18/2, Shultz an Knöpfmacher, 20. September 1938; aus der neueren Forschung Diner, Ein anderer Krieg, 109; Reinharz/Shavit, The Road to September 1939, 157–166 (Zitat 162): »They betrayed Czechoslovakia, why should they not betray us as well?«.
165 Vgl. Reinharz/Shavit, The Road to September 1939, 151 f.

von Flüchtlingen eine Absage zu erteilen.[166] In Palästina seien Juden »von Rechts wegen«, hieß es in der Resolution weiter, weswegen nur dort »eine nachhaltige Lösung des jüdischen Problems« zu erreichen sei.[167] In diesem Moment ging es in der Jewish Agency nicht um Soforthilfe für die deutschen Jüdinnen und Juden, sondern um die Zukunft des jüdischen Kollektivs. Auch die letztlich erfolglosen Bestrebungen, Kinder und Jugendliche nach Palästina anstatt nach Großbritannien zu evakuieren, reihen sich in den fortan geführten »Krieg der Einwanderung« gegen die britische Mandatsmacht ein.[168] Der Fokus der Jewish Agency lag maßgeblich in Palästina und so war der Vorstand in den folgenden Monaten mit den Folgen des gescheiterten Teilungsplans respektive möglichen Verhandlungen mit der britischen und arabischen Seite beschäftigt.[169] Für eigenmächtige Evakuierungsaktionen aus Deutschland hätte ihr allerdings auch jegliche Handlungsmacht gefehlt. Was Ruppin am 26. November in Jerusalem in seinem Tagebuch festhielt, war daher Ausdruck der bitteren Realität: »Tausende von Telegrammen mit der Bitte um Zertifikate trafen von den arrestierten Juden in Deutschland hier ein. Leider ist nach den geltenden Einwanderungsbestimmungen keine Hilfe möglich.«[170]

Ruppin hatten die Geschehnisse der letzten Monate zutiefst betroffen gemacht; sämtliche »Beziehungen« zu dem Land, mit dem er »einmal so tief verbunden« gewesen war, schienen »abgeschnitten«. Umso größer wurde seine Sorge um die noch in Deutschland befindlichen Juden.[171] Besagte Resolution des Administrativkomitees ist ein gutes Beispiel dafür, wie sich damals einerseits Ereignisse und politische Handlungsfelder überlagerten und andererseits zwischen individuellen Überzeugungen und mitgetragenen Positionen einer Organisation zu differenzieren ist. Auf der Sitzung des

---

166 Vgl. CZA, F38/1147, Resolutions Adopted by the Administrative Committee of the Jewish Agency, London, 16. November 1938.
167 Vgl. ebd.
168 Vgl. Diner, Ein anderer Krieg, 263–265; ders., Die Katastrophe vor der Katastrophe, 139 f.; zu Ben-Gurions »Krieg der Einwanderung« gegen die britische Mandatsmacht vgl. auch Reinharz/Shavit, The Road to September 1939, 152 f.
169 Vgl. exemplarisch CZA, Z4/33969, Minutes Political Advisory Committee of the Jewish Agency for Palestine, London, 20. Dezember 1938, Secret; CZA, Z4/33969, Minutes of a Meeting, 22. Dezember 1938; zur Fokussierung auf Palästina vgl. u. a. Segev, Die siebte Million, 145.
170 Ruppin, Tagebucheintrag vom 26. November 1938, in: ders., Briefe, Tagebücher, Erinnerungen, 507. Bilha Shilo (Jerusalem) forscht zu Bewerbungen von Studierenden aus Europa an die Hebräische Universität Jerusalem während der 1940er Jahre, die – neben der Aufnahme eines Studiums – in erster Linie auf ein Einreisezertifikat für Palästina abzielten. Vgl. Shilo, Student or Refugee?
171 Vgl. Ruppin, Tagebucheinträge vom 21. September 1938, 12. November 1938 und 5. Januar 1939, in: Briefe, Tagebücher, Erinnerungen, 504, 506 und 508.

Administrativkomitees waren neben Weizmann auch Goldmann, Brodetsky, Elieser Kaplan, Locker, Jefroykin und als Stellvertreter Tartakower, Rosenblüth und Adler-Rudel anwesend.[172] In »dieser dunklen Stunde jüdischer Geschichte«, wie es in der Resolution hieß, war kein Raum für das Schicksal der deutschen Judenheit, sie wurde in dem Text nicht einmal erwähnt; es ging in dieser Positionsbestimmung vielmehr um die Rettung des zionistischen Projekts.[173]

Landauer konstatierte für den Jischuw im Allgemeinen eine ganz ähnliche Stimmung.[174] Dennoch fehlte es in der Jewish Agency nicht gänzlich an gegenteiligen Stimmen: Senator, damals Exekutivmitglied ohne Geschäftsbereich, hatte seine Mahnung wiederholt und sie war eindeutig; auch Adler-Rudel wurde nicht müde, die sofortige Evakuierung zu propagieren, und Rosenblüth formulierte gegenüber Kaplan unmissverständlich: Alle jüdischen und nichtjüdischen Beobachter, die in den letzten Tagen in Deutschland gewesen seien, kämen zu derselben Einschätzung, »dass für die unmittelbare Rettung alle Hebel in Bewegung gesetzt werden müssen und dass alle langfristigen Kolonisations-Pläne etc. demgegenüber zurück gestellt werden müssen«.[175] Die Mahner kamen allerdings aus dem Umfeld des Central Bureau und waren persönlich eng mit Deutschland verbunden. In der Konkurrenz um Gelder und Einwanderungsmöglichkeiten zwischen den deutschen Jüdinnen und Juden und anderen prekären jüdischen Bevölkerungen im östlichen Europa in den 1930er Jahren galt ihr Engagement zunächst jenen in Deutschland.[176] Dass ihre Stimmen in der Zionistischen Organisation verhallten, mag mit der Besetzung der Exekutive zu erklären sein, die von Funktionären aus Osteuropa dominiert war.[177] Senator, Rosenblüth und zu diesem Zeitpunkt auch Ruppin wirkten am Rand der Organisation und zählten nicht zu den maßgeblichen Entscheidungsträgern wie Ben-Gurion, Kaplan oder Moshe Shertok. Auf der Vorstandssitzung der Jewish Agency in London am 13. November hielt aber selbst Goldmann Senators Evakuierungsplan für »fantastisch und ebenso gefährlich«. Goldmann ging es dabei ums Prinzip, da er fürchtete, dass im Fall einer realisierten Evakuierung andere Länder dem deutschen Beispiel folgen würden. Exekutivmitglied Yitzhak Grünbaum stimmte Goldmann zu und forderte sogar »einen offenen Krieg

---

172 Vgl. CZA, F38/1147, Anwesenheitsliste bei der Tagung des Administrativkomitees.
173 CZA, F38/1147, Resolutions Adopted by the Administrative Committee of the Jewish Agency, London, 16. November 1938, 2.
174 Vgl. Segev, Die siebte Million, 91.
175 CZA, S7/907, Rosenblüth an Kaplan, 2. Dezember 1938, 1.
176 Vgl. Weiss, East European Jewry as a Concept and Ostjuden as a Presence in German Zionism, 84f.
177 Vgl. CZA, F38/1154, The Executive of the Jewish Agency for Palestine.

gegen Deutschland [...] ohne Rücksicht auf das Schicksal der deutschen Juden«. Diese, so schloss er, würden »dafür zahlen – aber es gibt keine andere Option«. Für Grünbaum hatte das zionistische Werk in Palästina Vorrang.[178] Für die Führung der Jewish Agency und ihre Agenda spielten zu diesem Zeitpunkt die deutsche Judenheit, das Intergovernmental Committee oder Rublee schlicht kaum noch eine Rolle, für sie stand anderes auf dem Spiel.

Landauer hatte schon kurz nach der Konferenz von Évian und angesichts der sich den deutschen Juden kaum noch bietenden Einwanderungsmöglichkeiten hellsichtig und deprimierend zugleich analysiert: »Die Juden sind in einer Falle gefangen.«[179] Dieser Satz hatte nach dem Novemberpogrom nichts an Gültigkeit verloren, im Gegenteil. Während der WJC um seine Berechtigung kämpfte und die Jewish Agency ihre ganze Energie auf das zionistische Projekt in Palästina fokussierte, blieben der JDC und der Council die Rettungsanker für alle Bemühungen von Jüdinnen und Juden, aus Deutschland herauszukommen. Sie leisteten nicht nur finanzielle und organisatorische Unterstützung bei der Emigration, sie waren für Hirsch und Eppstein wie für alle anderen führenden jüdischen Funktionäre in Deutschland auch die letzten Kontaktstellen ins freie Ausland. Um Zehntausenden das Leben retten zu können, brauchte es institutionelle Hilfe von außen und von innen. Ein von Bentwich übermitteltes Gesuch von Hirsch an den Council und das British Home Office unterstreicht in erschütternder Deutlichkeit, wie es um die Situation in Deutschland nach dem Pogrom bestellt war:[180]

»Dr. Hirsch hat die Frage aufgeworfen, wie es mit den Mitarbeitern der Reichsvertretung und des Hilfsvereins in Bezug auf die Auswanderung steht. Ist es möglich, ihnen eine Zusicherung zu geben, dass sie eine Erlaubnis erhalten, um zu einem späteren Zeitpunkt in dieses oder ein anderes Land zu kommen? Wenn sie diese Zusicherung hätten, wären sie bereit, bei ihrer Arbeit zu bleiben. Ohne sie werden sie dazu getrieben, Versuche zu machen, rauszukommen, und die Arbeit ist beeinträchtigt.«[181]

Bereits zwei Tage später war ein Arrangement für die Gewährung von Notfallvisa getroffen und damit eine bürokratische Form von Lebensversiche-

---

178 Zit. nach Beit Zvi, Post-Ugandan Zionism on Trial, 193; zu Grünbaums ähnlicher Positionierung in den 1940er Jahren vgl. Kirchner, Emissär der jüdischen Sache, 251 und 284.
179 CZA, S7/907, Landauer an Ernst Sänger, 24. Juli 1938. Landauers Einschätzung könnte sich auf Alfred Rosenbergs Artikel *Wohin mit den Juden?* im *Völkischen Beobachter* zur Konferenz von Évian bezogen haben, worin der NS-Ideologe schrieb, dass Palästina keine Möglichkeiten für Masseneinwanderung biete und die »Staaten der Welt« sich nicht in der Lage sähen, »die Juden Europas aufzunehmen«. Zit. nach Longerich, »Davon haben wir nichts gewusst!«, 114 f. Jene Falle, »in die die Nazis ihre jüdischen Opfer treiben sollten«, analysierte bereits Dan Diner, Die Katastrophe vor der Katastrophe, 139.
180 Zur lebensbedrohlichen Situation der Funktionäre der Reichsvertretung vgl. Meyer, Tödliche Gratwanderung, 25–29.
181 WHL, 606, Norman Bentwich, Memo für Council, 3. Januar 1939.

rung gefunden.¹⁸² Obwohl auch Hirsch und seine engen Kollegen sofort Einreisegenehmigungen hätten erhalten können, setzten sie in Deutschland ihre Arbeit fort.¹⁸³ Mit ihrem Einsatz ermöglichten sie neben Tausenden anderen auch Hirschberg, der im Juni in der *CV-Zeitung* programmatische Artikel zur Konferenz von Évian geschrieben hatte, die Flucht aus Deutschland. Er befand sich unter den 27 000 jüdischen Männern, die während des Novemberpogroms in Konzentrationslager verschleppt worden waren. Im Januar 1939 konnte er über Paris und London nach São Paulo emigrieren.¹⁸⁴ Während sich Adler-Rudel, Hirsch und Bentwich auf die konkrete und unmittelbare Lebensrettung fokussierten und dabei von der britischen Regierung unterstützt wurden, hielt man im Intergovernmental Committee an einer langfristigen Agenda fest. Obwohl sich die Rahmenbedingungen seit Évian fundamental gewandelt hatten, begann Rublee im Dezember 1938, mit dem NS-Regime die Eckpunkte eines mehrjährigen Auswanderungsprogramms zu sondieren. Gleichzeitig entsandte das Advisory Committee einen Vertreter in die Dominikanische Republik zwecks Prüfung des Einwanderungsangebots und Sondierung der Realisierbarkeit einer landwirtschaftlichen Siedlung.¹⁸⁵ Für ein solches Unterfangen waren Jahre der Planung und Vorbereitung nötig.

3.2 Engagement ohne Erfolg – Verhandlungen mit Deutschland, Reaktivierung und Auflösung des Intergovernmental Committee

Während seines neunjährigen Bestehens war es Aufgabe und Zweck des Intergovernmental Committee, langfristige Konzepte für die geordnete Migration potenzieller Flüchtlinge zu entwickeln und damit dauerhafte Lösungen für Verfolgte zu finden. Das Selbstverständnis seiner Mitarbeiter war durch diese Agenda maßgeblich geprägt. Zugleich waren es genau diese Adjektive *langfristig* und *dauerhaft* – in den Quellen findet sich immer wieder der englische Begriff »long-term« –, die einen Schlüssel zum Verständnis des Scheiterns des IGCR bieten. Es war auf der Konferenz von Évian aus der Überzeugung heraus gegründet worden, es sei »unbedingt erforderlich, dass ein langfristiges Programm [...] für unfreiwillige Auswanderer, tatsächliche und

---

182 Vgl. LMA, ACC/2793/01/01/011, Minutes of the Meeting of the Executive of the Council for German Jewry, 5. Januar 1939, Confidential, 2.
183 Vgl. Shepherd, A Refuge from Darkness, 152.
184 Vgl. Bericht 1 [Oppenheim, New York 1945], in: Barkow/Gross/Lenarz (Hgg.), Novemberpogrom 1938, 111 und 114; Kaufmann, Wege jüdischer Wanderung.
185 Vgl. Kaplan, Zuflucht in der Karibik, 24–26; Dillmann/Heim, Fluchtpunkt Karibik, 66 f.; Wyman, Paper Walls, 61.

potenzielle«, aufgesetzt werden müsse.[186] Dieser Plan war vor dem Hintergrund einer spezifischen Konstellation von Migrationserfahrungen am Ende des Ersten Weltkriegs und einer bestimmten Erwartung an die Entwicklung der nationalsozialistischen Politik entwickelt worden. Schon in den darauffolgenden Monaten, aber besonders in den kommenden Jahren änderten sich die Voraussetzungen für ein solches Unterfangen fundamental. Mangels Alternativen hielten die Mitarbeiter des IGCR aber beständig an diesem Konzept fest und suchten – solange ihnen dies möglich war – Verhandlungen mit Deutschland zu realisieren, um Personen die legale Ausreise zu gewährleisten.

An Mahnungen jüdischer Funktionäre, die Emigration zu beschleunigen, mangelte es in all den Jahren nicht. Neben den dringlich vorgebrachten Evakuierungsrufen von Senator und Adler-Rudel, die ihr Zielpublikum primär innerhalb der Jewish Agency und des Council for German Jewry hatten, wurden die Hilferufe aus Deutschland immer lauter.[187] Sir Robert Waley Cohen vom Council mahnte in einem Gespräch mit Lord Winterton zur Eile: »Wenn nicht schnell etwas getan wird, werden alle potenziellen Migranten tot sein.«[188] Dieser Appell erreichte das britische Außenministerium, prallte dort jedoch an der nüchternen Einschätzung der Diplomaten ab. Aus deren Perspektive schien sich einige Wochen nach dem Novemberpogrom die Lage in Deutschland wieder beruhigt zu haben. Makins notierte am 15. Dezember für den Außenminister: »Die Situation hat sich inzwischen geändert [...]. Die akuten Gefahren, welche die jüdischen Organisationen fürchteten, sind verschwunden.«[189] Makins' Einschätzung fällt nicht zufällig auf den Tag, als Schacht erstmals für vertrauliche Gespräche nach London kam.

Ein Abkommen mit Deutschland galt sowohl im Intergovernmental Committee als auch unter den angeschlossenen Regierungen weiterhin als erstrebenswert. Damit verband sich die Aussicht auf eine internationale Verteilung der Lasten der nunmehr eingetretenen Flüchtlingskrise, die man ja eigentlich hatte verhindern wollen. Das schon aus Évian bekannte Muster

---

186 LONA, R 5801/50/34596/34225, Proceedings of the Intergovernmental Committee, Evian, 6.–15. Juli 1938: Verbatim Record of the Plenary Meetings of the Committee, Resolutions and Reports, Annex IV: Resolution, 54.
187 Vgl. CZA, S29/111, Werner Senator, Report on a Visit to Germany, Jerusalem, 5. Dezember 1938; LBIJER, 159/I/4, G 111, Adler-Rudel, Die Juden in Deutschland zu Beginn des Jahres 1939, 15. Januar 1939; WHL, 607 (Digital: MF 54/38/771–1265), Hilfsverein an Council, 24. November 1938. Den WJC erreichte aus einer zuverlässigen Quelle in Deutschland die Information, dass eine »antijüdische Bartholomaues-Nacht [sic]« bevorstehe. Vgl. AJA, MS-361/A15/6, Telegramm WJC an Goldmann (New York City), 5. Dezember 1938.
188 TNA, T172/1864, Bericht über ein Treffen zwischen Lord Winterton und der Deputation des Council for German Jewry am 7. Dezember 1938, 4; vgl. hierzu auch Kieffer, Judenverfolgung in Deutschland – eine innere Angelegenheit?, 366.
189 Zit. nach Kieffer, Judenverfolgung in Deutschland – eine innere Angelegenheit?, 367.

wiederholte sich in gewisser Weise: Die Belange der Verfolgten – unmittelbare Auswege aus dem deutschen Herrschaftsbereich zu erhalten – rückten angesichts politischen Kalküls der Regierungen in den Hintergrund. Diese wollten in erster Linie Legalität, Ordnung sowie eine »verträgliche« regionale und zeitliche Verteilung der Geflüchteten gewahrt wissen. Gemessen an der Verantwortlichkeit einer Regierung war das eine nachvollziehbare und rationale Position. Bemerkenswert ist daher, dass Großbritannien zwischen dem Novemberpogrom und September 1939 im Alleingang Zehntausende Verfolgte aufnahm – und das zeitgleich zu einer zögerlichen Außenpolitik. Dieser Regierungskurs konnte sich auf eine Mehrheit in der Bevölkerung stützen.[190] Auch wenn es dem IGCR nur in wenigen Fällen gelang, neue Einwanderungsmöglichkeiten zu erschließen, so war dies dennoch keine Zeit der verschlossenen Tore.[191] Das IGCR fungierte als Mittelpunkt eines in Évian geknüpften Netzwerks, das dem Zusammenwirken von staatlichem und philanthropischem Engagement für die Emigration Zehntausender Verfolgter diente.

Die Geschichte des Intergovernmental Committee war von Anbeginn geprägt von einer Spannung zwischen Anspruch und realen Möglichkeiten. Rublees Handlungsspielraum war enorm begrenzt.[192] Die im Dezember 1938 aufgenommenen Verhandlungen mit Deutschland fanden keinesfalls auf Augenhöhe statt, kamen aber dennoch im Februar 1939 mit dem Rublee-Wohlthat-Memorandum zu einem Abschluss.[193] Dass diese Übereinkunft letztlich nicht realisiert werden konnte, lag weder an der Unfähigkeit noch dem Unwillen der Verantwortlichen im IGCR. Vielmehr war das Scheitern einerseits durch die Verbrechen eines rücksichtslosen Aggressors begründet, der zu keinen wirklichen Zugeständnissen bereit war, und andererseits durch zahlreiche Regierungen, die auf nationale Anliegen zentriert waren und sich nicht zu festen Aufnahmekontingenten verpflichten wollten.

Nur in wenigen Fällen war das Intergovernmental Committee tatsächlich eine Hilfe für die praktische Arbeit der philanthropischen Organisationen. Zentrale Funktionäre wie Bentwich oder Jaretzki waren von den vertraulichen Verhandlungen mit den deutschen Stellen ausgeschlossen.[194] Sie waren auf die Rolle externer Beobachter zurückgeworfen und hatten keinen un-

---

190 Vgl. Gross, November 1938, 99 und 101–106; London, Whitehall and the Jews, 1933–1948, 97–141.
191 Zur gegenteiligen Einschätzung zeitgenössisch CZA, L13/152, Landauer an Ruppin, 17. Februar 1939, bes. 3; aus der Retrospektive exemplarisch Weingarten, Die Hilfeleistung der westlichen Welt bei der Endlösung der deutschen Judenfrage, 147.
192 Vgl. hierzu Sjöberg, The Powers and the Persecuted, bes. 142 f.
193 Zu den Verhandlungen vgl. bes. Feingold, The Politics of Rescue, 50–63; Kieffer, Judenverfolgung in Deutschland – eine innere Angelegenheit?, 368–419.
194 Vgl. exemplarisch LMA, ACC/2793/03/05/003, Bentwich an Rublee, Kopie an Lord Samuel, 9. Februar 1939; CZA, S7/907, Rosenblüth an Landauer, 23. Dezember 1938.

mittelbaren Einfluss auf das Abkommen. Dessen Inhalt und Rublees Verhandlungen riefen in den jüdischen Organisationen viel Kritik hervor. Der JDC war zunehmend die einzige Organisation, die sich noch für die Belange des IGCR engagierte. Der Council fokussierte sich auf eine Kooperation mit der britischen Regierung und die Unterstützung der Geflüchteten in Großbritannien. Goldmann und der World Jewish Congress entwickelten sich zu lautstarken Kritikern. Auf der programmatischen Sitzung des WJC vom 14. bis 16. Juni 1939 erklärte Goldmann die Politik der »Kompromisse mit Regierungen« – sowohl der Aggressoren als auch der vermeintlichen Unterstützer – nach fünf Jahren unermüdlichen Einsatzes für gescheitert. In naher Zukunft sah er eine »historische Auseinandersetzung« zwischen Demokratie und Diktatur voraus, in der es auch um die »Totalität des jüdischen Schicksals« gehen werde. Als zentrale Aufgabe des World Jewish Congress sah er die Mobilisation innerhalb des jüdischen Kollektivs zur Wahrung von Selbstbestimmung und »Würde«; dabei war bereits alles auf eine Friedenskonferenz *nach* dem von ihm erwarteten Krieg in Europa ausgerichtet.[195] Auch wenn Goldmanns Rede in mancher Hinsicht abstrakt war, traf seine Position im World Jewish Congress einen Nerv und wurde faktisch nach 1945 eine wirkmächtige Perspektive.

Kein Vertrauen in das Rublee-Wohlthat-Memorandum

Mitte Dezember 1938 begannen Verhandlungen zwischen Rublee, Lord Winterton und Reichsbankpräsident Schacht in London.[196] Obwohl beide Seiten über die Zustimmung der beteiligten Regierungen zu einem solchen Treffen verfügten, wurde es durch eine »private« Einladung realisiert, da das Deutsche Reich das Intergovernmental Committee offiziell nicht anerkannte.[197] Solche »halboffiziellen« Treffen zwischen britischen und deutschen Gesandten waren während der Phase des Appeasement nicht ungewöhnlich.[198] Es ist jedoch bezeichnend für die Atmosphäre des Gesprächs, dass man Schacht – und namentlich auch dessen Auftraggeber Göring sowie indirekt Hitler – seitens des IGCR versicherte, »das Problem der Juden […] auf

---

195 Vgl. Goldmanns Rede am 15. Januar 1939, AJA, MS-361/A6/6, Protokoll der Sitzung der Administrative des Jüdischen Weltkongresses vom 14. bis 16. Januar 1939 in Paris, 29–34.
196 TNA, T172/1864, Note of Interview with Dr. Schacht on 15 December 1938, Secret; vgl. hierzu auch Weingarten, Die Hilfeleistung der westlichen Welt bei der Endlösung der deutschen Judenfrage, 121 f. und 127 f.; Feingold, The Politics of Rescue, 49 f.; Kieffer, Judenverfolgung in Deutschland – eine innere Angelegenheit?, 320–322 und 362–379.
197 Vgl. Kieffer, Judenverfolgung in Deutschland – eine innere Angelegenheit?, 370.
198 Vgl. exemplarisch Bouverie, Mit Hitler reden, 470.

praktische und geschäftliche Aspekte zu beschränken und jede politische Bezugnahme oder unnötige Aufregung auszuschließen«.[199] Auch wenn Schacht das Ausklammern jeglicher Kritik an den Verhältnissen in Deutschland zur Bedingung für Gespräche gemacht hatte, so war Rublees Zusicherung fast demütig und das genaue Gegenteil eines harten Auftretens, wie es die Vertreter von World Jewish Congress und Jewish Agency im Vorfeld gefordert hatten. Rublees Verhalten war jedoch rational und seine Haltung Ausdruck der Machtlosigkeit des IGCR, da man den Deutschen wenig anbieten konnte und es an Einwanderungsmöglichkeiten mangelte. Seine Verhandlungsposition war daher schwach. Außerdem hatten er und seine Mitstreiter das in Évian gesteckte Ziel fest im Blick, eine Übereinkunft mit dem Deutschen Reich zu erreichen, ansonsten wären alle Bemühungen, den Jüdinnen und Juden im deutschen Herrschaftsbereich zu helfen, vergebens gewesen.[200]

In dieser ersten Gesprächsrunde war somit die Paradoxie der gesamten Situation angelegt: Die Verhandlungen zwischen dem Intergovernmental Committee und der deutschen Regierung fanden zwischen ungleichen Partnern statt und lassen sich als eine deutsche Erpressung der internationalen Staatengemeinschaft charakterisieren. Darüber hinaus war der Inhalt der Gespräche an sich äußerst befremdlich, ja geradezu bizarr. Im Kern ging es nicht um einen Ausgleich materieller Güter, es standen auch keine Abkommen auf dem Prüfstand. Es ging um Menschen, die die eine Verhandlungsseite aus ihrem bisherigen Leben riss und außer Landes zu drängen suchte. Dass sich die andere Seite überhaupt auf Verhandlungen einließ, lässt sich tatsächlich weniger mit Humanität erklären als mit realpolitischen Erwägungen. Die Konferenz von Évian hatte eine Flüchtlingskrise verhindern und einen geordneten und legalen Migrationsprozess einleiten sollen. Mit der Tatsache der Vertreibung als solcher hatte sich die internationale Staatengemeinschaft zu diesem Zeitpunkt bereits arrangiert. Nach dem Novemberpogrom und der einsetzenden Fluchtbewegung hielt man im IGCR an dem Konzept einer Verteilung der potenziellen Flüchtlinge auf die möglichen Aufnahmeländer fest und erhielt aus Deutschland Signale, dass man zu gewissen Zugeständnissen bereit sei. Die Möglichkeit einer koordinierten Migration Hunderttausender Menschen mit entsprechender Vorbereitungszeit stand also im Raum. Auch wenn die Staatengemeinschaft zu weitreichenden Kompromissen gedrängt würde, sahen die einzelnen Regierungen dennoch die Chance, auf der Ebene des Vermögenstransfers oder der Begrenzung der Anzahl der Neueinwanderer gewisse Vorteile zu erreichen und in Deutschland einen gewissen Status quo zu sichern. Besonders die europäischen Staaten fürchteten die Heraus-

---

199 TNA, T172/1864, Note of Interview with Dr. Schacht on 15 December 1938, Secret, 5; vgl. hierzu auch Feingold, The Politics of Rescue, 50.
200 Vgl. Heim, »Deutschland muß ihnen ein Land ohne Zukunft sein«, 64.

forderungen einer unkoordinierten Massenflucht, die zum Teil bereits eingetreten war.

Der von Schacht präsentierte Vorschlag ähnelte jenen Überlegungen Warburgs von 1935 – allerdings hatten sich seit damals die Umstände radikal verändert.[201] Der deutsche Unterhändler ging von 600 000 »rassischen« Jüdinnen und Juden in Deutschland aus, wovon ein Drittel aufgrund des Alters oder aus sonstigen Gründen in Deutschland verbleiben würde. Dieses Drittel dürfte unter »friedlichen Bedingungen« leben und würde aus dem jüdischen Gesamtvermögen in Deutschland unterhalten. Die übrigen 400 000 sollten auswandern. In einem ersten Schritt sollten 150 000 Erwerbsfähige im Alter von 15 bis 45 Jahren binnen der nächsten drei Jahre ins Ausland emigrieren und dort eine neue Existenz aufbauen; ihre Angehörigen würden dann folgen. Für die Ansiedlung stünde ein Viertel des Gesamtvermögens der deutschen Judenheit zur Verfügung, das damals auf noch sechs Milliarden Reichsmark geschätzt wurde; die Hochrechnung ging auf die erzwungene Anmeldung des Vermögens im April 1938 zurück. Laut Schacht sollte dieses Vermögen in einen innerdeutschen Treuhandfonds umgewandelt werden. Dieser Fonds sollte als Garantie für eine auswärtige, weltweit handelbare Anleihe dienen, die seitens der Judenheiten bereitgestellt werden sollte. Aus dieser Anleihe würden die Emigranten Geld in der jeweiligen Währung erhalten. Das Deutsche Reich würde damit praktisch keine Devisen freigeben.[202]

Als Schachts Vorschlag auf dem Tisch lag, initiierte Rublee zwei Arbeitsgruppen, um zu diskutieren, ob dies ein akzeptabler Vorschlag für weitere Verhandlungen sei oder man ihn insgesamt ablehnen sollte: Dafür kam ein Kreis aus Finanzexperten der Vereinigten Staaten, Großbritanniens, Frankreichs und der Niederlande zusammen und konstatierte, dass Schachts Idee zwar viele Probleme aufwerfe, aber ein diskutabler Ausgangspunkt sei.[203] Besonders das vorgeschlagene Finanzierungsmodell hatte bereits in Vorbereitung auf die Konferenz von Évian Zweifel hervorgerufen: Damals war es Schäffer gegenüber Adler-Rudel gewesen, nun Montagu Norman, der Gouverneur der Bank of England, der darauf hinwies, dass »das beschlagnahmte jüdische Vermögen in Deutschland als Sicherheit für eine Auslandsanlage

---

201 Vgl. zeitgenössisch Dok. 207: The New York Times. Artikel vom 20. Dezember 1938 über Schachts Vorschläge zur Auswanderung der Juden und dem Transfer ihres Vermögens, in: VEJ 2 (2009), 569–572, 569 f.; auch Shepherd, A Refuge from Darkness, 155; Kieffer, Judenverfolgung in Deutschland – eine innere Angelegenheit?, 373 und 484; zu den Gesprächen zwischen Warburg und verschiedenen deutschen Stellen (darunter auch Schacht) 1935/36 vgl. Jünger, Jahre der Ungewissheit, 276–281.
202 Zum Schacht-Plan vgl. bes. TNA, T172/1864, Note of Interview with Dr. Schacht on 15 December 1938, Secret; Kieffer, Judenverfolgung in Deutschland – eine innere Angelegenheit?, 372–377; Feingold, The Politics of Rescue, 50.
203 Vgl. TNA, T172/1864, Lord Winterton, Note by the Chancellor of the Duchy of Lancaster Regarding Dr. Schacht's Proposal, 20. Dezember 1938, Secret.

keinen Pfennig wert ist«.[204] Es war unsicher, dass die Nationalsozialisten das Kapital tatsächlich unangetastet ließen, und dass diese vermeintliche Sicherheit in Reichsmark, nicht in Dollar oder Pfund hinterlegt wäre, machte sie praktisch wertlos. Zusätzlich wollte Rublee Vertreter jüdischer Organisationen einbeziehen. Zu einer solchen Beratungsrunde kam es jedoch nicht, da die eingeladenen Vertreter philanthropischer Organisationen aus den Vereinigten Staaten und Großbritannien davor zurückschreckten, durch ihre Beteiligung dem antisemitischen – und von Schacht aufgerufenen – Stereotyp des »Weltjudentums« zu entsprechen.[205]

Im Januar 1939 kam es zu einem Gegenbesuch Rublees in Berlin. Nach drei Gesprächsrunden mit Schacht wurde Letzterer von Hitler aufgrund von Differenzen über die Reichsfinanzen suspendiert. Um die Verhandlungen nicht abreißen zu lassen, bemühte sich Rublee um einen direkten Kontakt zu Göring, wobei dieser bestätigte, dass Ministerialdirektor Helmuth Wohlthat, ein Experte für Außen- und Devisenhandel, die Gespräche fortsetze. Neun Sitzungen später, nach denen sich Wohlthat jeweils mit den zuständigen Ressorts abgestimmt hatte, verfasste Rublee am 1. Februar 1939 – auf weißem Papier und ohne Briefkopf – das »streng vertrauliche Memorandum«, das den Stand der Abstimmungen dokumentierte. Am Tag darauf bestätigte Wohlthat den Eingang des Schreibens und den »richtig« wiedergegebenen Inhalt der »beendeten Unterredungen«.[206] Diese Korrespondenz, das sogenannte Rublee-Wohlthat-Memorandum, bildete die Übereinkunft zwischen dem Deutschen Reich und dem Intergovernmental Committee.

Gegenüber dem Schacht-Plan gab es einige Änderungen: So war der Zeitraum für die Auswanderung der Erwerbstätigen von drei auf bis zu fünf Jahre verlängert worden; persönlicher Besitz – außer spezifizierten »Luxusgütern« – und Berufsgeräte konnten ohne Steuern oder sonstige Abgaben transferiert werden; aus dem Treuhandfonds würden Reise- und Frachtkosten auf deutschen Schiffen beglichen werden; für »Juden, die gemäß diesem Programm auswandern«, entfiel die Reichsfluchtsteuer, die angesichts der Weltwirtschaftskrise 1931 gegen sogenannte Kapitalflucht ins Ausland unter anderem vom damaligen Staatssekretär im Reichsfinanzministerium Schäffer konzipiert und implementiert worden war.[207] Die Nationalsozialisten

---

204 Zit. nach Kieffer, Judenverfolgung in Deutschland – eine innere Angelegenheit?, 377.
205 Vgl. ebd., 379 f.; Feingold, The Politics of Rescue, 51; TNA, T172/1864, Note of Interview with Dr. Schacht on 15 December 1938, Secret, 2.
206 Rublee an Wohlthat, 1. Februar 1939, und Wohlthat an Rublee, 2. Februar 1939, abgedruckt als Dok. 78–79, in: Vogel, Ein Stempel hat gefehlt, 246–251 und 251 f.; vgl. bes. Kieffer, Judenverfolgung in Deutschland – eine innere Angelegenheit?, 403–419; auch Friedländer, Das Dritte Reich und die Juden, Bd. 1: Die Jahre der Verfolgung 1933–1939, 338 f.
207 Zu Schäffers Tätigkeit im Reichsfinanzministerium vgl. Wandel, Hans Schäffer, 131–230; Middendorf, Hans Schäffer und die bürokratische Existenz im Finanzkapitalismus.

hatten die Reichsfluchtsteuer in den 1930er Jahren zu einem Instrument der Enteignung der Emigranten umgewandelt.²⁰⁸ Doch die Streichung der Steuer war nur ein Ablenkungsmanöver, denn das Abkommen wies einen entscheidenden Nachteil auf: Da das Deutsche Reich nicht bereit war, Bardevisen bereitzustellen, mussten Vorzeige- und Landungsgelder in den Einwanderungsländern nach wie vor von privaten Organisationen in der jeweiligen Währung aufgebracht werden. Diese Übereinkunft bildete daher für Einwanderungsländer keinen »Anreiz«, da sie de facto mittellose Migranten aufnehmen mussten. An der seit Jahren bestehenden Grundkonstellation änderte sich also wenig bis gar nichts.²⁰⁹ Des Weiteren machte die deutsche Seite durch einige Formulierungen klar, dass man sich an dieses Abkommen nur gebunden fühle, wenn Einwanderungsländer »laufend« Emigranten aus Deutschland aufnähmen.²¹⁰

Die deutsche Seite erreichte ein Verhandlungsergebnis, für das sie die Bedingungen diktiert hatte. Darüber hinaus war die deutsche Zusage zum Abkommen volatil. Das war zynisches Kalkül, denn die zum gleichen Zeitpunkt in Berlin geschaffene Reichszentrale für jüdische Auswanderung steigerte die Vertreibung stetig. Eine kooperative Abstimmung der Auswandererzahl im Hinblick auf Einwanderungsmöglichkeiten lag nie in der Absicht der deutschen Regierung. Tatsächlich wollte das NS-Regime sein unmenschliches Programm unter Mitwirkung der internationalen Staatengemeinschaft realisieren.²¹¹ Einige Passagen aus Hitlers berüchtigter Reichstagsrede vom 30. Januar 1939 gehören in den Kontext der Verhandlungen zwischen Rublee und Wohlthat: Hitlers menschenverachtende Androhung der »Vernichtung der jüdischen Rasse in Europa« war eine Aufforderung an die im IGCR assoziierten Regierungen gewesen, die Verfolgten aufzunehmen.²¹² Die Warnungen jüdischer Emissäre, dass eine Katastrophe drohe, erhielten hier weitere Belege, doch die Aufnahmeländer wollten sich nicht erpressen lassen.

---

208 Vgl. Kieffer, Judenverfolgung in Deutschland – eine innere Angelegenheit?, 39 f.; Bauer, Jews for Sale?, 14 f.
209 Zu dieser Einschätzung vgl. Kieffer, Judenverfolgung in Deutschland – eine innere Angelegenheit?, 422.
210 Vgl. Kieffer, Judenverfolgung in Deutschland – eine innere Angelegenheit?, 422; Feingold, The Politics of Rescue, 59 f.; Wyman, Paper Walls, 56.
211 Vgl. Feingold, The Politics of Rescue, 54.
212 Zum Kontext dieser Rede vgl. Mommsen, Hitler's Reichstag Speech of 30 January 1939, bes. 148–151; Friedländer, Das Dritte Reich und die Juden, Bd. 1: Die Jahre der Verfolgung 1933–1939, 331–338; zentrale Auszüge der Rede sind abgedruckt als Dok. 248: Hitler droht am 30. Januar 1939 mit der Vernichtung der europäischen Juden, in: VEJ 2 (2009), 678–680. Bauer unterstreicht die zentrale Rolle Hitlers für die Gespräche mit dem IGCR und die anvisierte Umsetzung des Plans. Vgl. ders., Jews for Sale?, 37.

Auf der Vorstandssitzung des IGCR am 13. und 14. Februar 1939 schlug Rublee für seine Verhandlungen scharfe Kritik entgegen (Abb. 21).[213] Die Vertreter aus den Niederlanden und Frankreich störten sich jedoch nicht an den ambitionierten Zielen, sondern an der vermeintlich hohen Zahl potenzieller Auswanderer. Sie fürchteten in erster Linie, dass sich die Chancen der von ihren Regierungen bereits aufgenommenen Geflüchteten, in Übersee eine Zukunft zu finden, massiv reduzieren würden. Andere sahen die Gefahr, mit der Umsetzung des Abkommens die Enteignung jüdischen Vermögens zu billigen. Aus juristischer und politischer Perspektive war dies zweifellos eine berechtigte Kritik, aus praktischer Sicht war sie irrelevant: Als Sir Herbert Emerson, seit Jahresbeginn High Commissioner for Refugees beim Völkerbund, einige Zeit später betonte, das jüdische Vermögen in Deutschland sei »nicht konfisziert, sondern nur blockiert«, reagierten die jüdischen Emissäre ratlos auf derlei Differenzierung.[214] Trotz vieler Vorbehalte gelang es Rublee, Taylor und Lord Winterton als Vertreter der einflussreichsten Regierungen, den Vorstand davon zu überzeugen, auf Grundlage des vertraulichen Memorandums weiterzuarbeiten. Darüber hinaus erweiterte das Intergovernmental Committee on Refugees seinen Zuständigkeitsbereich auf das von den Deutschen seit fünf Monaten annektierte Sudetenland.[215] Nach dem Vorstandsbeschluss demissionierte Rublee. Er sah mit dem ausgehandelten Abkommen seine Aufgabe als erfüllt an und ging nach New York zurück. Emerson folgte ihm als Direktor, betonte allerdings, dass das IGCR und die High Commission funktional strikt getrennt blieben und nur durch seine Personalunion verbunden wären.[216]

Vor Emerson lag eine komplizierte Aufgabe: Neben der zwingend notwendigen Erschließung weiterer Einwanderungsmöglichkeiten und der Sondierung von Siedlungsprojekten, wie in Britisch Guyana, musste im nächsten Schritt eine private Finanzierungsgesellschaft gegründet werden, die als internationales Äquivalent zum deutschen Treuhandfonds agieren sollte. Taylor suchte Baerwald und Jonah Wise in den Vereinigten Staaten sowie Lord Bearsted in Großbritannien für das Abkommen zu gewinnen und dazu

---

213 Zur Kritik aus Washington, London und Paris vgl. Kieffer, Judenverfolgung in Deutschland – eine innere Angelegenheit?, 415 und 423–427; zur Vorstandssitzung ebd., 428–431.
214 AJA, MS-361/A1/3, Bericht über die Sitzung des Liaison Committee vom 13. Juni 1939, 3 f.; zu diesem Aspekt auch Kieffer, Judenverfolgung in Deutschland – eine innere Angelegenheit?, 435.
215 Zur Verfolgung der jüdischen Bevölkerung im Sudetenland unmittelbar nach der Annexion vgl. Osterloh, »… die Judenfrage etwas radikaler durch das Jahr 1938 gelöst«.
216 Vgl. AJA, MS-361/A1/3, Aktennotiz über die am 21. Februar 1939 stattgefundene Plenarsitzung des Liaison Committee, 1 f.; Weingarten, Die Hilfeleistung der westlichen Welt bei der Endlösung der deutschen Judenfrage, 145 f.; Kieffer, Judenverfolgung in Deutschland – eine innere Angelegenheit?, 428 und 431; Feingold, The Politics of Rescue, 62.

Abb. 21: Vorstandssitzung des Intergovernmental Committee im Februar 1939 im französischen Außenministerium. Am Tisch sitzen von links nach rechts: George Rublee, Myron Taylor, Lord Winterton, George Bonnet (1889–1973, französischer Außenminister), Miguel Cárcano (1889–1978, argentinischer Botschafter in Paris), Hélio Lobo, Henry Bérenger. © Scherl/Süddeutsche Zeitung Photo. Jede weitere Nutzung ist genehmigungspflichtig.

zu bewegen, Millionen von Dollar und Tausende Pfund Sterling zu dessen Finanzierung bereitzustellen. Aus Sicht des IGCR eröffnete das Abkommen die Möglichkeit geordneter Emigration; Pell bezeichnete es gar als Beleg eines »Politikwechsel[s] in Deutschland«.[217] Allerdings hatte sich an der Grundkonstellation wenig geändert: Emerson verfolgte den von Taylor eingeschlagenen Weg der Zusammenarbeit von Emigrations-, Transit- und Einwanderungsländern, wobei dem Intergovernmental Committee die Rolle der koordinierenden Instanz zukam. Die Aggressoren in Deutschland hielten allerdings rücksichtslos an ihrem Programm fest. Zugleich betrieben die am IGCR beteiligten Regierungen eine an nationalen Befindlichkeiten orientierte Politik – ohne jedoch unmittelbar anderen Ländern und deren Bevölkerung zu schaden.

217 Zit. nach Kieffer, Judenverfolgung in Deutschland – eine innere Angelegenheit?, 425.

Diese Paradoxie blieb Emerson und seinen Kollegen natürlich nicht verborgen; im Rahmen ihres Auftrags gab es aber keine wirkliche Alternative. Das letztliche Scheitern all ihrer Bemühungen lag nicht am fehlenden Engagement: Adler-Rudel charakterisierte Emerson, mit dem er regelmäßig zusammentraf, als »voll guten Willens und in Verfechtung seiner Dinge sehr energisch«. Gleichzeitig betonte er die Grenzen von Emersons Einfluss, fast als wolle er ihn in Schutz nehmen oder dessen Verantwortung ins Verhältnis setzen.[218] Oungre von der JCA kritisierte den Direktor wiederum dafür, eine planmäßige Emigration lediglich in der »Theorie« entworfen zu haben – mit der Wirklichkeit habe ein solches Konzept nichts mehr zu tun.[219] Es wäre jedoch eine historisch vereinfachende Verengung, die jüdische Flucht aus Deutschland alleine über die Geschichte des IGCR zu betrachten.

Die geringe Unterstützung für das Rublee-Wohlthat-Abkommen seitens der Évian-Staaten ist oft als Politik der verschlossenen Tore gedeutet worden. Doch die Situation war komplexer: Trotz aller Restriktionen und Widerstände verließen zwischen November 1938 und September 1939 etwa so viele Jüdinnen und Juden Deutschland wie in den fünf Jahren zuvor.[220] Das IGCR war hieran nur indirekt beteiligt. Es schuf durch die in Évian geknüpften Netzwerke Verbindungen, öffnete Türen – so blieb Lord Winterton weiterhin Mitglied im Kabinett Chamberlain – und vermittelte zwischen Regierungen einerseits sowie der formell unabhängigen High Commission for Refugees und nicht staatlichen Organisationen andererseits.[221] Mehr konnten die Mitarbeiter des Intergovernmental Committee nicht tun, ihr Mandat war auf die Vermittlung sowie die Koordination der Arbeit zwischen staatlichen und nicht staatlichen Akteuren sowie die Aushandlung eines Abkommens beschränkt. Sämtliche Fragen der Einwanderung verblieben dagegen uneingeschränkt in der Souveränität von Regierungen.

Unmittelbar nach dem Novemberpogrom hatte der Hohe Kommissar für Australien an seinen Premierminister geschrieben, es gebe in Großbritannien, den Vereinigten Staaten, den skandinavischen Ländern, aber auch in Holland und Frankreich das Gefühl, »dass eine internationale Anstrengung

---

218 LBIJER, 159/I/4, G 35, Adler-Rudel, Notiz ueber die Lage in Deutschland und in den Fluechtlingslaendern, 7. Juli 1939, 8.
219 Vgl. AJA, MS-361/A1/3, Aktennotiz über die am 21. Februar 1939 stattgefundene Plenarsitzung des Liaison Committee, 2; zu dieser Spannung auch Kieffer, Judenverfolgung in Deutschland – eine innere Angelegenheit?, 388, 399 und 435.
220 Vgl. die zeitgenössische Einschätzung von Adler-Rudel, LBINY, AR4473/1/II, ders., The Future of the Refugees, 11. Dezember 1941, 4; sowie Rosenstock, Exodus 1933–1939; Caestecker und Moore stützten sich auf Unterlagen jüdischer Organisationen und kamen für den Zeitraum vom 1. Januar bis 31. August 1939 zu dem Ergebnis, dass 50 000 Menschen die Flucht gelang. Dies., Refugees from Nazi Germany and the Liberal European States, 279.
221 Exemplarisch AJA, MS-361/A18/4, Jarblum an Bérenger, 30. November 1938.

beispiellosen Ausmaßes unternommen werden muss, um Möglichkeiten für die Aufnahme von Flüchtlingen zu finden«.[222] Diese Einschätzung hatte Konsequenzen. Während besonders die direkt an Deutschland grenzenden Länder schnell wieder einen restriktiven Kurs einschlugen, gewährte Großbritannien in den kommenden Monaten offensiv Schutz. Im Council for German Jewry hatte man seit dem Pogrom bei der britischen Regierung für die unmittelbare Evakuierung geworben. Diese wurde mit den Kindertransporten, bei denen etwa 10 000 meist jüdische Kinder ins Land kamen, teilweise umgesetzt.[223] Auch wenn es anfangs keine staatlichen Zuschüsse gab, richtete der Council außerdem Unterkünfte für Geflüchtete in alten Armeekasernen ein, wo in den kommenden Monaten Tausende weitere Jüdinnen und Juden eine temporäre Zuflucht fanden.[224] Großbritannien setzte die Bestimmung zum Nachweis der Existenzsicherung aus und nahm zwischen Novemberpogrom und Kriegsausbruch etwa 50 000 Verfolgte auf.[225] De jure war ihr Aufenthalt nur temporär und wurde für den Transit gewährt, die verschickten Kinder sahen ihre Eltern wahrscheinlich nie wieder. Die Kindertransporte bezeichnete Adler-Rudel daher als »eine der grausamsten Folgen der Not der Juden in Deutschland«, die kaum »denkbar« sei. Dennoch waren sie dadurch den Fängen der Nationalsozialisten entkommen – allein das zählte in diesem Moment.[226]

Das britische Regierungshandeln war Ergebnis unterschiedlicher politischer Interessen: Das Kabinett Chamberlain folgte bei der Liberalisierung der Flüchtlingspolitik durchaus humanitären Erwägungen. Zugleich war dies ein Eingeständnis, dass die in Évian aufgestellten Prinzipien angesichts der nationalsozialistischen Verfolgungspolitik modifiziert werden mussten. Solange der Council und andere für den Unterhalt der Geflüchteten aufgekommen waren, hatte das Home Office keinen Grund für eine andere Politik gesehen. Diese Position hatte sich nach dem Novemberpogrom in der Regierung Chamberlain geändert, was auch auf Interventionen britisch-jüdischer Emissäre zurückgeführt werden kann. Die Sondierungen für eine Kolonisation in Britisch-Guyana schätzten die Zeitgenossen hingegen als »politisches Manöver« ein, das von der gleichzeitig massiv reduzierten Einwanderung nach Palästina durch die Bestimmungen des im Mai 1939 veröffentlichten

---

222 Zit. nach Blakeney, Australia and the Jewish Refugees from Central Europe, 120 f.
223 Zu den Kindertransporten vgl. Kap. 3.1 dieser Arbeit.
224 Vgl. CZA, A 255/485, Norman Bentwich, Draft Report of the General Council for Jewish Refugees (1939); hierzu auch ders., They Found Refuge, 102–114.
225 Vgl. London, Whitehall and the Jews, 1933–1948, 107 f. und 132.
226 LBIJER, 159/I/4, G 111, Adler-Rudel, Die Juden in Deutschland zu Beginn des Jahres 1939, 15. Januar 1939, 7; vgl. auch LBINY, AR4473/1/II, Adler-Rudel, »The Jews in Germany Today«. Note of Address on »The Monday Club«, 6. März 1939, bes. 20. Zum Aspekt der Trennung vgl. auch Gross, November 1938, 103.

Weißbuchs ablenken sollte.²²⁷ Ähnlich verhielt es sich mit der britischen Ablehnung des Angebots der Jewish Agency, 10 000 Kinder in den Jischuw aufzunehmen.²²⁸ Auch wenn diese Abwägung politischer Kosten und Nutzen fragwürdig erscheint, so folgte sie doch einer britischen Empirelogik und setzte das bereits in Évian deutlich gewordene Bestreben fort, die Mandatspolitik in Palästina nicht mit der Flüchtlingskrise in Europa zu vermengen.²²⁹

Auch die australische Regierung, deren Vertreter in Évian noch äußerst restriktiv aufgetreten waren, beschloss im Dezember 1938 auf Druck der eigenen Bevölkerung, binnen der nächsten drei Jahre 15 000 neue Einwanderer ins Land zu lassen.²³⁰ Die Vereinigten Staaten hielten an der Einwanderungsquotierung fest, und doch verwirklichte sich auch dort für Zehntausende die Hoffnung auf ein neues Leben. Gleichzeitig gelang Tausenden der Weg in das politisch äußerst ambivalent agierende Brasilien.²³¹ Anders als in den Jahren davor verlief die jüdische Auswanderung aus Deutschland jedoch wesentlich weniger geplant, zudem waren die Emigranten in den meisten Fällen nahezu mittellos. Die allermeisten Vertriebenen waren darüber hinaus bereit, jedwede Möglichkeit zu ergreifen, egal, in welchen Teil der Erde es sie verschlug.²³² Zu einer Zuflucht wurde deshalb auch der visafreie Hafen von Schanghai, wo die Flüchtlinge unter äußerst prekären Bedingungen lebten; dennoch erreichten ihn bis Kriegsbeginn etwa 18 000 verzweifelte Jüdinnen und Juden aus Europa.²³³ Die Auswege standen jedoch nicht unbegrenzt zur Verfügung. Im Sommer 1939 schränkte die japanische Regierung aufgrund der örtlichen Verhältnisse den Zugang nach Schanghai ein.²³⁴ Etwa zeitgleich wandelte sich die öffentliche Stimmung in Großbritannien gegen den weiteren Zuzug von Geflüchteten, was die Regierung über einen restriktiveren Kurs nachdenken ließ. Diese Überlegungen trafen die Jüdinnen und Juden in Deutschland zu einem Zeitpunkt, als sich ihre Lage »buchstäblich von Tag zu

---

227 Bereits zeitgenössisch zu dieser Perspektive – besonders mit Blick auf das Guyana-Projekt, CZA, S7/907, Rosenblüth an Feilchenfeld, 16. Mai 1939 (Zitat ebd.); vgl. auch Kieffer, Judenverfolgung in Deutschland – eine innere Angelegenheit?, 450. Zum Weißbuch vgl. Reinharz/Shavit, The Road to September 1939, 200–209.
228 Vgl. Diner, Ein anderer Krieg, 264.
229 Hierzu bes. ebd.; vgl. auch Reinharz/Shavit, The Road to September 1939, 175.
230 Vgl. Blakeney, Australia and the Jewish Refugees from Central Europe, 119–124; Jost, Unerwartete Wendung.
231 Vgl. Tucci Carneiro, Weltbürger, 139.
232 Vgl. CZA, L13/152, Landauer an Ruppin, 17. Februar 1939, 3; Jünger, Jahre der Ungewissheit, 368.
233 Vgl. Eber (Hg.), Jewish Refugees in Shanghai 1933–1947; Hochstadt, Shanghai; aus der älteren Forschung Strauss, Jewish Emigration from Germany (II), 374 und 383.
234 Vgl. Friedländer, Das Dritte Reich und die Juden, Bd. 1: Die Jahre der Verfolgung 1933–1939, 326.

Tag« verschärfte, wie Adler-Rudel konstatieren musste.²³⁵ Die Herausforderungen für die jüdischen Hilfsorganisationen waren unter diesen sich ständig verändernden Rahmenbedingungen enorm, denn auch kurzfristige Hilfen erforderten Planung und eine gewisse Vorlaufzeit. Das Intergovernmental Committee war bei den meisten jüdischen Funktionären seit Bekanntwerden des Rublee-Wohlthat-Memorandums als »Aktivum« abgeschrieben, wie Landauer es in einem Brief an Senator formulierte.²³⁶

Landauer, Adler-Rudel und Oungre teilten aus praktischer Erfahrung die Überzeugung, dass ihnen der von Rublee ausgehandelte Plan bei der Bewältigung der alltäglichen Probleme nicht helfen würde. Darüber hinaus empfanden sie es als nicht nachvollziehbar, wie man überhaupt noch Vertrauen in deutsche Zusagen setzen konnte.²³⁷ Das NS-Regime hatte in den zurückliegenden Jahren internationale Verabredungen stets nur so lange eingehalten, wie sie ihm nutzten. Wenige Wochen nach dem Rublee-Wohlthat-Memorandum brach Hitler das Münchner Abkommen und die Wehrmacht besetzte Prag. Auf dieses Fait accompli reagierten die britische und die französische Außenpolitik mit einer Abkehr von der bis dahin populären und zweckrationalen Appeasementstrategie; es war offensichtlich geworden, dass die deutsche Expansion über die Revision des Versailler Vertrags hinausging.²³⁸ Im IGCR erwog man, die Übereinkunft aufzukündigen, hielt aber schließlich mangels Alternativen daran fest und setzte die Gespräche mit den Deutschen fort.²³⁹ Man hätte das Abkommen aufkündigen können, aber damit hätte man den Versuch beendet, den Jüdinnen und Juden einen geordneten Weg aus dem deutschen Herrschaftsbereich zu eröffnen. Alle Bemühungen wären vergebens gewesen. Die Verantwortlichen steckten in einem Dilemma. Die Ambivalenz der Zeit zeigt sich darin, dass gleichzeitig Vertreter des Council die Konfrontation suchten.

Während einer Unterredung über die praktische Umsetzung des Abkommens im Juni in London, bei der neben Pell auch Baerwald aus New York zugegen war, kam es zwischen Lord Bearsted, Rothschild und Wohlthat zum verbalen Schlagabtausch. Bearsted und Rothschild warfen dem Deutschen NS-Propaganda vor, kritisierten unverblümt die Verfolgungen und die nach dem Novemberpogrom geforderte »Sühneleistung«. Als Wohlthat daraufhin

---

235 LBIJER, 159/I/4, G 35, Adler-Rudel, Notiz ueber die Lage in Deutschland und in den Fluechtlingslaendern, 7. Juli 1939, 1 und 3.
236 CZA, S7/907, Landauer an Senator, 17. März 1939; vgl. auch CZA, L13/152, Landauer an Ruppin, 17. Februar 1939.
237 Vgl. hierzu auch Feingold, The Politics of Rescue, 68.
238 Vgl. Bouverie, Mit Hitler reden, 474 und 482 f.; Gassert, Der unterschätzte Aggressor, 46; Cornelißen, Europa im 20. Jahrhundert, 218.
239 Zur Einschätzung im IGCR vgl. Kieffer, Judenverfolgung in Deutschland – eine innere Angelegenheit?, 438 f.; Feingold, The Politics of Rescue, 64.

fragte, ob sie überhaupt jemals erwogen hätten, sich an der Umsetzung und Finanzierung des Abkommens zu beteiligen, verneinten die beiden Bankiers. Damit brüskierten sie in gewisser Weise das IGCR und kündigten Baerwald sowie dessen amerikanischen Partnern die Zusammenarbeit bei der Gründung eines internationalen Auswanderungsfonds. Dieser Schritt war wohlkalkuliert, denn Bearsted und seine Kollegen waren nicht bereit, Tausende Pfund in ein Unternehmen zu stecken, von dem sie nicht mehr überzeugt waren.[240] Außerdem wollten sie sich nicht länger von den Deutschen erpressen lassen. Hier standen sie mit Emerson, Pell und Lord Winterton auf einer Linie. Als kurz zuvor die deutsche Regierung Wilfrid Israel vom Hilfsverein und Eppstein von der Reichsvertretung nach London beordert hatte, um vom Committee konkrete Zahlen für die Auswanderung der nächsten Monate abzufordern, widerstanden die Verantwortlichen dem deutschen Druck, obwohl die Nationalsozialisten »eine neue Welle der Verfolgung« androhten.[241] Vielmehr bestätigte diese Aggression, dass Zusagen der deutschen Seite letztlich nur auf eine »Täuschung der Öffentlichkeit« hinausliefen und keinesfalls einen Politikwechsel eingeläutet hatten.[242] Hirsch fürchtete jedoch die unmittelbaren Konsequenzen eines solchen Verhaltens. Gegenüber Rosenblüth gab er zu bedenken, »dass die Deutschen bald öffentlich daraus die Schlüsse ziehen werden, dass das Ausland nicht bereit ist, an der Lösung der deutschen Judenfrage teilzunehmen, und nun selbst wieder irgendwelche scharfe Massnahmen nach innen ergreifen könnte[n]«.[243]

Um trotz der Verschärfung der Maßnahmen nichts unversucht zu lassen, forderte Bentwich persönlich noch im August in Wien von Eichmann die Einstellung der Vertreibung gemäß Wohlthats Zusagen. Die Deutschen sollten zu »geordneter Auswanderung« zurückkehren, ansonsten werde der Council keine Devisen mehr bereitstellen.[244] Vermutlich glaubte Bentwich selbst nicht an eine Änderung von Eichmanns Praxis, aber es war ein verzweifelter Versuch, sich nicht erpressen zu lassen sowie an einigen Prinzipien festzuhalten, da zumindest die Unterstützungsarbeit in Großbritannien unter allen Um-

---

240 Zu dieser Konfrontation und ihren Folgen vgl. Kieffer, Judenverfolgung in Deutschland – eine innere Angelegenheit?, 461 f.; auch JDCA, 5, Meeting, 20. Juli 1939, Moderation Jonah Wise, 38–43. Zu den Spannungen zwischen britischen und amerikanischen Juden über konkrete Soforthilfen in Großbritannien vgl. LMA, ACC/2793/01/01/011, Minutes of the Meeting of the Executive of the Council for German Jewry, 25. Januar 1939, Confidential, 1 f.; LMA, ACC/2793/01/01/011, Minutes of the Meeting of the Executive of the Council for German Jewry, 6. Februar 1939, Confidential, 1 und 6.
241 Zu diesem Treffen vgl. Shepherd, A Refuge from Darkness, 161 f.; Kieffer, Judenverfolgung in Deutschland – eine innere Angelegenheit?, 456.
242 CZA, L13/152, Landauer an Ruppin, 17. Februar 1939, 2.
243 Vgl. CZA, S7/907, Rosenblüth an Feilchenfeld, 16. Mai 1939.
244 Vgl. LMA, ACC/2793/01/05/004, Norman Bentwich, Report On a Visit to Vienna, 17. August 1939, 3.

ständen aufrechterhalten werden musste. Bentwich und Adler-Rudel spürten, dass sich dort die flüchtlingskritischen Stimmen mehrten. Da die Mittel des Council – und besonders des German Jewish Aid Committee – wieder einmal erschöpft waren, sah man sich gezwungen, die Behörden zu ersuchen, keine weiteren Geflüchteten mehr ins Land zu lassen, da ihr Lebensunterhalt nicht mehr gewährleistet werden konnte.[245] Rückblickend ist diese Entscheidung schwer begreiflich. Sie war jedoch von der falschen Erwartung bestimmt, dass die Nationalsozialisten zwangsläufig ihre Vertreibungspolitik stoppen müssten, wenn kein Land mehr die Verfolgten aufnähme. Die jüdische Bevölkerung war dem deutschen Terror ausgesetzt, aber es schien undenkbar, dass die deutsche Regierung zu anderen Mitteln als Vertreibung, Verschleppung in Konzentrationslager oder räumlicher Isolation von der nichtjüdischen Bevölkerung greifen würde.

Unabhängig von der Haltung der britischen Juden arbeitete Taylor jenseits des Atlantiks unermüdlich an der Umsetzung des Abkommens. Es ist auf Roosevelts und Taylors Druck zurückzuführen, dass Baerwald und der JDC am Intergovernmental Committee festhielten und einen Fonds auflegten.[246] Baerwald hatte im April 1939 gegenüber Stephen Wise kritisiert, dass man die jüdischen Organisationen zu einer Vereinbarung verpflichtet hätte, an deren Ausgestaltung sie nie hätten partizipieren können. Den Verhandlern hätte man konsequent verdeutlichen müssen, so der Vorsitzende des JDC, dass ein angebliches internationales Finanzjudentum ein Hirngespinst der Nationalsozialisten sei.[247] Dennoch überzeugten Baerwald und Wise als Mitglieder des Advisory Committee zusammen mit James McDonald sowie Taylor in monatelangen und kontroversen Diskussionen eine bedeutende Zahl einflussreicher amerikanischer und letztlich auch britischer Persönlichkeiten davon, im Juli die Coordinating Foundation zu gründen. Zu deren Treuhändern zählten neben Baerwald und Stephen Wise auch Lord Bearsted, Simon Marks und Simpson. Der JDC stellte eine Million US-Dollar Startkapital bereit.[248] Man setzte seitens des JDC weiterhin auf diese langfristige Perspektive, da man sich bewusst war, dass eine Erhöhung der Einwanderungsquote wie auch sonstige akute Rettungsbemühungen in der Bevölkerung der

---

245 Vgl. London, Whitehall and the Jews, 1933–1948, 141; Sherman/Shatzkes, Otto M. Schiff (1875–1952), 264. Das Anliegen eines temporären Aufnahmestopps wurde bereits Mitte 1938 seitens jüdischer Funktionäre vorgebracht. Vgl. Sherman/Shatzkes, Otto M. Schiff (1875–1952), 256f.
246 Vgl. hierzu Breitman/Lichtman, FDR and the Jews, 155.
247 Vgl. Feingold, The Politics of Rescue, 70; auch Dwork/van Pelt, Flight from the Reich, 110.
248 Zu dieser Aushandlung bes. JDCA, 5, Meeting, 20. Juli 1939, Moderation Jonah Wise, 49–56; JDCA, 220, Hyman an Liebman, 28. Juli 1939; Taylor, Luncheon, 19. Oktober 1939, 5. Zur Gründung der Coordinating Foundation insgesamt Feingold, The Politics of Rescue, 69–78; Kieffer, Judenverfolgung in Deutschland – eine innere Angelegenheit?, 442–447 und 466f.

Vereinigten Staaten äußerst unpopulär und damit politisch nicht durchsetzbar gewesen wären.[249] Die räumliche Distanz mag dazu beigetragen haben, dass man im IGCR noch einen Akteur zu erkennen glaubte, der zumindest den Versuch unternehmen konnte, Einfluss auf die weitere Entwicklung zu nehmen. Adler-Rudel, der inmitten des Geschehens agierte, charakterisierte die Gründung der Foundation hingegen als »eine derartige Belanglosigkeit, dass sie von keinem Menschen ernst genommen wird, am allerwenigsten von den Deutschen«.[250]

Adler-Rudels Einschätzung gründete in erster Linie auf dem geringen Finanzvolumen. Der Anführer der in den Vereinigten Staaten einflussreichen Boykottbewegung, Joseph Tenenbaum, wiederum lehnte die Gründung der Coordinating Foundation aus grundsätzlichen Erwägungen vehement ab. Er war davon überzeugt, dass man mit den Nationalsozialisten gar nicht erst hätte verhandeln dürfen. Stephen Wise und andere forderte Tenenbaum wiederholt auf, diese »Lösegeld-Forderung« zurückzuweisen, damit »solche Vorschläge [...] die jüdischen Opfer nicht zu Agenten der Nazi-Regierung« machten. Im schlimmsten Fall würden andere Regierungen versuchen, durch ähnliche Abkommen ihre jüdische Bevölkerung zu vertreiben. In der Boykottbewegung, so Tenenbaum, habe man nämlich seinen Blick nicht allein auf Deutschland zu richten, sondern sei »dem jüdischen Volk als Ganzem« verpflichtet.[251] Mit dieser Argumentation hatte Wladimir Jabotinsky bereits 1933 auf dem XVIII. Zionistenkongress das Ha'avara-Abkommen abgelehnt;[252] in den Folgejahren ermöglichte dieses jedoch Zehntausenden die Einwanderung nach Palästina. Ungeachtet solcher Tatsachen entwickelte sich die Boykottbewegung im Kontext der Rublee-Verhandlungen zur lautesten Stimme innerhalb der amerikanischen Judenheit und lieferte eine Argumentation, die später enorme Wirkung entfaltete.

Bei dieser Kritik spielte letztlich weniger die Distanz zwischen den Vereinigten Staaten und Europa eine Rolle, sondern vielmehr der Anspruch, für das jüdische Kollektiv als Ganzes zu agieren; das konkrete Schicksal der Jüdinnen und Juden in Deutschland stand nicht im Zentrum dieser Erwägungen. So kritisierten etwa die Anhänger des World Jewish Congress das

---

249 Vgl. McDonald Stewart, United States Government Policy on Refugees from Nazism 1933–1940, 360 und 506–510; Wyman, Paper Walls, 210 und 213.
250 LBIJER, 159/I/4, G 35, Adler-Rudel, Notiz ueber die Lage in Deutschland und in den Fluechtlingslaendern, 7. Juli 1939, 7.
251 Zit. nach Feingold, The Politics of Rescue, 52, und Diner, Ein anderer Krieg, 103 f.; vgl. auch Sjöberg, The Powers and the Persecuted, 55 f.; Shepherd, A Refuge from Darkness, 159.
252 Zum Konflikt zwischen Jewish Agency und Revisionisten über das Abkommen mit Deutschland vgl. Gottlieb, American Anti-Nazi Resistance 1933–1941, 86 f.; Segev, Die siebte Million, 35–40; zum bereits damals anklingenden Verdacht der Kollaboration vgl. Jünger, Verzerrte Erinnerung, 418–420.

IGCR in erster Linie für seine Verhandlungsführung. Dass sich die Regierungen überhaupt mit dem Aggressor einließen und Zufluchtsmöglichkeiten zu eruieren suchten, ohne jüdische Forderungen zu berücksichtigen, war laut Goldmann »ein Schlag ins Gesicht gegen ein Volk, das auch nur ein Minimum von moralischem Selbstbewusstsein hat«.[253] Auf der Sitzung des Administrativkomitees des WJC im Januar 1939 fiel daher in Reaktion auf den Ausschluss jüdischer Emissäre der Beschluss, eine eigene Emigrationskonferenz einzuberufen, auf der es neben der Situation in Deutschland vornehmlich um die Judenheiten in Osteuropa gehen sollte. Der beanspruchte Status des WJC war dabei klar formuliert: Man wollte als gleichberechtigter Verhandler in den Gesprächen mit Regierungen auftreten.[254] Allerdings setzten sich während der Planungstreffen mit anderen Organisationen einerseits die innerjüdischen Konflikte fort, andererseits offenbarte sich die Macht- und Wirkungslosigkeit des WJC – fast wäre er von seiner eigenen Initiative ausgeschlossen worden. Letztlich kam diese nie über grobe Ideen hinaus.[255] Die nationaljüdischen Vertretungen forderten die Behauptung der jüdischen Position in den europäischen Staaten und suchten eine selbstbewusste Repräsentation zu etablieren, für deren Mandat es ihnen aber real an Macht fehlte. Dessen ungeachtet war Goldmann davon überzeugt, dass man sich unmittelbar vor einem großen Krieg befinde, in dem das jüdische Kollektiv seine »Würde« und sich selbst behaupten müsse, »auch wenn hunderttausende seiner Menschen verloren gehen«. Nur als selbstbewusste und selbstbestimmte Nation habe man auf einer Friedenskonferenz nach dem Krieg den Anspruch, an der »Neuorganisation der Welt« zu partizipieren. Das »jüdische Problem« – Gleichberechtigung in der Diaspora und jüdische Ansiedlung in Palästina – sah Goldmann erst dann als lösbar an.[256] Es überrascht nicht, dass das IGCR bei seinen Überlegungen keine Rolle mehr spielte. Vom einst erhofften Partner hatte es sich zum vermeintlichen Gegner gewandelt. Auch für den politischen Zionismus spielte das Rublee-Wohlthat-Memorandum keine Rolle mehr. Die Jewish Agency rang mit den Restriktionen des Weißbuchs,

---

253 AJA, MS-361, A6/6, Protokoll der Sitzung der Administrative des Jüdischen Weltkongresses vom 14. bis 16. Januar 1939 in Paris, 30; vgl. auch AJA, MS-361, A6/6, Resolution II.
254 Zu den von Februar bis Juni 1939 geführten Gesprächen zu einer Emigrationskonferenz vgl. AJA, MS-361/A5/1, Activity of the World Jewish Congress August 1938–July 1939, Strictly Confidential, 5; AJA, MS-361/A6/6, Protokoll der Sitzung der Adminstrative des Jüdischen Weltkongresses vom 14. bis 16. Januar 1939 in Paris, 12 f.; AJA, MS-361/A7/1, Sitzung der Exekutive des WJC, Paris, 21. Mai 1939, 5; JDCA, 200, Memorandum eines Treffens verschiedener jüdischer Organisationen, Nathan Katz, 8. Mai 1939.
255 Vgl. AJA, MS-361/A7/1, Protokoll der Sitzung der Pariser Mitglieder der Exekutive des Jüdischen Weltkongresses in Paris, am 1. Mai 1939, 11 f.
256 AJA, MS-361, A6/6, Protokoll der Sitzung der Adminstrative des Jüdischen Weltkongresses vom 14. bis 16. Januar 1939 in Paris, 30–34.

das die intensive Arbeit von zwei Jahren zunichtegemacht hatte, und konzentrierte sich gänzlich auf die Stärkung des Jischuw.[257] Davon unabhängig brachte die Emigration der wenigen bis dahin noch in Deutschland aktiven zionistischen Funktionäre die organisierte Palästinaarbeit im Frühjahr 1939 praktisch zum Erliegen.[258]

Im Sommer 1939 machte sich dann niemand mehr Illusionen darüber, dass das Intergovernmental Committee seit Évian viel Konkretes erreicht hatte. Da dennoch Zehntausenden die Flucht aus Deutschland gelang, stellt sich die Frage, welchen Effekt das IGCR letztlich hatte. Es gab zwar das Rublee-Wohlthat-Memorandum, dessen praktischer Wert aber gegen null ging, da die deutsche Seite kontinuierlich die Situation verschärfte und somit die Bedingungen änderte. Dem Druck zur Auswanderung standen außerdem ungenügende Einwanderungsmöglichkeiten gegenüber.[259] Auf Letztere hatten die Mitarbeiter des IGCR keinerlei Einfluss. Das in Évian von allen Seiten als elementar eingestufte Ziel der Ausweitung des Vermögenstransfers konnte Rublee in den Verhandlungen nicht erreichen – die deutsche Seite stellte keine zusätzlichen Devisen bereit. Die noch in Évian hoffnungsvoll auf den Weg gebrachte Initiative galt in den Augen der meisten jüdischen Funktionäre daher bereits wenige Monate später als »gescheitert«.[260] Das Konzept entsprach nicht mehr den Bedingungen, die spätestens ab dem Novemberpogrom in Deutschland herrschten. Das IGCR und die internationale Staatengemeinschaft hatten in Deutschland nie ein wirkliches Gegenüber gefunden. Emerson und Pell, Lord Winterton und Taylor waren sich ihrer begrenzten Möglichkeiten bewusst;[261] das meiste verblieb im Stadium der Planung und konnte nur selten Wirkung entfalten.[262] Dennoch arbeiteten sie an ihrer Aufgabe weiter, da ihnen alternative Wege und Mittel nicht zur Verfügung standen. Angesichts der sich zuspitzenden Situation löste ihr scheinbares Beharren auf Überholtem bei Zeitgenossen Unverständnis aus. Als Feilchenfeld im Mai 1939 bei Rosenblüth in London nachfragte, wie es im Intergovernmental Committee vorangehe, da er in Palästina in einer Zeitung

---

257 Vgl. Reinharz/Shavit, The Road to September 1939, 193, 204 und 208.
258 Vgl. CZA, L13/152, Landauer an Ruppin, 17. Februar 1939, 1f.
259 Hierzu pointiert ebd., bes. 3.
260 Ebd., 3.
261 Zit. nach Kieffer, Judenverfolgung in Deutschland – eine innere Angelegenheit?, 457.
262 Beispielhaft hierfür sind die Geschehnisse um die tragische Reise der St. Louis. Da die aus Deutschland entkommenen Jüdinnen und Juden auf dem Hamburger Passagierschiff im Mai/Juni 1939 nicht wie geplant in Kuba von Bord gehen konnten und ihnen auch auf dem amerikanischen Kontinent die Einreise verwehrt wurde, mussten sie nach Europa zurückkehren. Pell erreichte letztlich, dass die Passagiere von den Niederlanden, Belgien, Frankreich und Großbritannien aufgenommen wurden. Vgl. Bonnesoeur u. a. (Hgg.), Geschlossene Grenzen, 161.

gelesen habe, Lord Winterton spreche von »Fortschritten«, ließ dieser seiner Entrüstung freien Lauf:

»Alle, die mit der Arbeit zu tun haben, sind betroffen von der Ironie, die in solchen Feststellungen liegt, da von Fortschritten nicht die geringste Rede sein kann. Welchen Sinn die mehrfachen Hin- und Herreisen des Herrn Pell nach Deutschland haben, ist keinem ersichtlich, vor allem deshalb nicht, weil es keine konkreten Einwanderungsmöglichkeiten in irgendwelche Länder gibt.«[263]

Der Kriegsausbruch im September 1939 in Europa zerstörte die letzten verzweifelten Hoffnungen, dass die Bemühungen des IGCR und der Coordinating Foundation etwas Positives bewirken könnten.

Perspektivwechsel: Pläne für die Nachkriegszeit

Es ist auf den US-amerikanischen Präsidenten persönlich zurückzuführen, dass das Intergovernmental Committee on Refugees über die Zäsur des 1. September 1939 hinaus existierte. Die unzureichenden Einwanderungsmöglichkeiten und das zähe Ringen um die Gründung der Coordinating Foundation vor Augen, hatte Roosevelt bereits im August eine Vorstandssitzung für Oktober in Washington anberaumt, um neue Impulse zu setzen.[264] Nach Kriegsbeginn wog man im IGCR ab, ob eine solche Sitzung möglich oder nun überhaupt noch nötig sei. Letztlich blieb man bei dem Termin.[265] Allerdings reisten hierzu nur wenige aus Europa an.[266] In erster Linie war dies ein Resultat der geschwundenen Relevanz des IGCR: Die aus Deutschland bereits nach Frankreich und Großbritannien Geflüchteten, die formell aber noch deutsche Staatsbürger waren, wurden nach den Kriegserklärungen der beiden Alliierten als »enemy aliens« eingestuft.[267] In der britischen Öffentlichkeit und während der Debatten im Parlament grassierte die Angst, dass unter den Flüchtlingen auch einzelne NS-Sympathisanten und Spione seien, und so dominierten sicherheitspolitische Erwägungen: Alle »enemy aliens« mussten sich von einem Ausschuss auf ihre »Loyalität« gegenüber den Alliierten

---

263 CZA, S7/907, Rosenblüth an Feilchenfeld, 16. Mai 1939.
264 Vgl. Feingold, The Politics of Rescue, 78; Weingarten, Die Hilfeleistung der westlichen Welt bei der Endlösung der deutschen Judenfrage, 184.
265 Feingold, The Politics of Rescue, 80 f. und 84; McDonald Stewart, United States Government Policy on Refugees from Nazism 1933–1940, 489 f.
266 Hierzu auch die Gästeliste in: Taylor, Luncheon, 19. Oktober 1939, 2.
267 Vgl. London, Whitehall and the Jews, 1933–1948, 170; Feingold, The Politics of Rescue, 81; vgl. Bauerkämper, Sicherheit und Humanität im Ersten und Zweiten Weltkrieg. Kim Wünschmann arbeitet an einer Rechtsgeschichte zum Status und der Behandlung der »enemy aliens« in Kriegen des 19. und 20. Jahrhunderts. Vgl. auch Wünschmann/Stibbe, Internment Practices during the First and Second World Wars.

prüfen lassen. Es drohten Einschränkungen im Alltag und den männlichen Deutschen im wehrfähigen Alter gar die Internierung; auch wenn Letzteres nur in wenigen Fällen verordnet wurde, so traf die Internierung auf dem Höhepunkt der »Fünfte-Kolonne-Panik« nach der Niederlage Frankreichs 1940 auch Funktionäre wie Rosenblüth.[268] Diese Politik gegenüber Angehörigen von Feindstaaten hatte unmittelbar mit Kriegsbeginn direkte Auswirkungen auf die Belange potenzieller Flüchtlinge: Diese waren nun auf ihre Staatsbürgerschaft reduziert, galten aus Sicht der britischen und französischen Regierung als Deutsche und damit – trotz ihrer Verfolgungserfahrung – formell als Feinde.[269] Im Council for German Jewry strich man in der Folge den Bezug auf Deutschland und änderte den Namen in Council for Jewish Refugees.[270] Das Intergovernmental Committee verlor seinen eigentlichen Zweck, da unter diesen Bedingungen an ein Migrationsprojekt aus dem Land des Kriegsgegners heraus gar nicht zu denken war. Sicherheits- und Kriegspolitik rangierten höher als humanitäre Erwägungen.[271] Dass zum Treffen mit Roosevelt aus Europa letztlich nur Emerson, Lord Winterton und Paul van Zeeland, der Vorsitzende der Coordinating Foundation, anreisten, war jedoch noch einer anderen Tatsache geschuldet, die direkte Auswirkungen auf die Überseeemigration hatte: Die Überquerung des Atlantiks war durch den deutschen U-Boot-Krieg zu einem lebensgefährlichen Unterfangen geworden. Seit Kriegsbeginn kam es immer wieder zur Versenkung britischer Linienschiffe. Van Zeeland kam schließlich verspätet nach New York, da er an Bord eines Schiffes war, das bei der Rettung Überlebender eines U-Boot-Angriffs geholfen hatte.[272]

Der Krieg in Europa erforderte auch ein Umdenken der amerikanischen Organisationen.[273] Bisher hatte der JDC die praktische Arbeit des Hilfsvereins und der HICEM in den europäischen Aufnahmeländern maßgeblich finanziert, aber kein eigenes Unterstützungssystem aufgebaut, da es seinem üblichen Vorgehen entsprach, mittels lokaler Institutionen zu wirken. Der Hilfsverein hatte seinen Sitz in Berlin, die HICEM ihren in Paris; da man als

---

268 Vgl. bereits zeitgenössisch Koessler, Enemy Alien Internment, 101 f.; auch JDCA, 255, Comments by Bernhard Kahn, 23. Oktober 1939; CZA, F38/1219, Telegramm Weizmann (London) an Zionist Organization (NYC), 26. Juni 1940.
269 Vgl. Sjöberg, The Powers and the Persecuted, 64; London, Whitehall and the Jews, 1933–1948, 169–172.
270 Vgl. LMA, ACC/2793/01/01/011, Minutes of the Meeting of the Executive of the Council for German Jewry, 26. September 1939, Confidential, 1 f.
271 Vgl. Weingarten, Die Hilfeleistung der westlichen Welt bei der Endlösung der deutschen Judenfrage, 183 f.
272 Vgl. Beevor, Der Zweite Weltkrieg, 42; zur zeitgenössischen Wahrnehmung der Bedrohung durch U-Boote vgl. Taylor, Luncheon, 19. Oktober 1939, 3.
273 Vgl. JDCA, 212, Hyman, Memorandum of Telephone Conversation with Stephen S. Wise, 29. September 1939.

US-amerikanische Organisationen aber fortan gezwungen war, die Neutralität der Vereinigten Staaten zu wahren und entsprechende Direktiven aus dem Außenministerium erhalten hatte, mussten diese Kooperationen aufgegeben werden. Der JDC eröffnete daher ein neues Büro im neutralen Amsterdam, denn Kahn berichtete über Signale aus Deutschland, dass die Emigration respektive Vertreibung weitergehe.[274] Die Auswanderung aus Deutschland war nach Kriegsbeginn formell nicht eingeschränkt und bis zum Oktober 1941 prinzipiell möglich.[275] Kahn musste allerdings nach New York melden, dass die Grenzen zu Frankreich, Holland, Belgien und Großbritannien »fest verschlossen« seien. Die durch das Weißbuch vom Mai 1939 ohnehin reduzierte Einwanderung nach Palästina kam aus Deutschland gänzlich zum Erliegen, da dort keine britischen Konsulate mehr unterhalten wurden, die dem Palästinabüro der Jewish Agency die nötigen Visa hätten ausstellen können.[276] In dieser Situation ist Amerika »wieder einmal«, so Bentwich, »die einzige Hoffnung«.[277] Während der JDC sich auf der Konferenz von Évian mit Forderungen zurückgehalten hatte, formulierte Kahn in Vorbereitung auf die Vorstandssitzung in Washington klare Positionen: Noch vor dem Ausbau von Transitlagern, der Erschließung neuer Einwanderungsmöglichkeiten und Ähnlichem stand an erster Stelle die Aufrechterhaltung des Kontakts zwischen Deutschland und dem IGCR durch »eine europäisch-neutrale Persönlichkeit«.[278] Dies korrespondierte mit Wohlthats Nachricht an das Außenministerium in Washington, wonach die deutsche Regierung weiterhin an der Umsetzung des Abkommens interessiert sei.[279]

Das war die Situation am 17. Oktober 1939, als Roosevelt den Vorstand des Intergovernmental Committee im Weißen Haus empfing. In seiner Rede bezeichnete der amerikanische Präsident die Hunderttausenden Flüchtlinge im Kontrast zu den von ihm avisierten Herausforderungen nach dem Krieg als Problem von »vergleichsweise kleiner Größenordnung«. Es sei keine unlösbare Aufgabe und so rief er dazu auf, »ein altes Problem von Deck zu räumen«. Allerdings bezog er sich nur auf Flüchtlinge außerhalb Deutschlands. Zusammen mit der britischen Regierung war er davon überzeugt, dass ein Auswanderungsprojekt aus Deutschland unmöglich geworden sei.[280] Damit

---

274 Vgl. JDCA, 255, Memorandum: Von Kahn für Baerwald, 13. Oktober 1939, 2 f. und 7 f.
275 Zum Auswanderungsverbot am 23. Oktober 1941 Walk (Hg.), Das Sonderrecht für die Juden im NS-Staat, 353; zum Kontext Friedländer, Das Dritte Reich und die Juden, Bd. 2: Die Jahre der Vernichtung 1939–1945, 316–319.
276 Vgl. JDCA, 255, Memorandum: Von Kahn für Baerwald, 13. Oktober 1939, 4.
277 JDCA, 688, Bentwich an McDonald, 21. September 1939, 2 f.
278 JDCA, 255, Memorandum: Von Kahn für Baerwald, 13. Oktober 1939, 8.
279 Vgl. Feingold, The Politics of Rescue, 81 f.
280 Vgl. McDonald Stewart, United States Government Policy on Refugees from Nazism 1933–1940, 487 und 493 f.

hatte das Committee seine ursprüngliche Aufgabe verloren. Die meiste Zeit seiner Rede verwendete Roosevelt daher auf die ihn weit mehr interessierenden »neuen« Probleme: Für die Zeit nach dem Krieg, so antizipierte er, müsse man mit zehn oder zwanzig Millionen heimatlosen Männern, Frauen und Kindern rechnen. Sie würden vielen Ethnien und Religionen angehören, verteilt auf zahlreiche Länder und Kontinente. Für deren Zukunft müssten bereits während des Kriegs – besonders seitens der neutralen Staaten – Fachstudien angestoßen werden, um Millionen Menschen geografisch und ökonomisch zweckmäßig in neue Gebiete umsiedeln zu können. Hier sah Roosevelt die große Aufgabe des Intergovernmental Committee.[281] Diese Sicht teilten auch McDonald, Emerson und Bentwich.[282] Die einst langfristigen Bemühungen um die Belange der deutschen Jüdinnen und Juden, die im Zentrum des IGCR gestanden hatten, wurden zu einer »kurzfristigen« Herausforderung deklariert, die man zügig lösen müsse, um Kapazitäten für die eigentlichen Nachkriegsprobleme zu schaffen.[283]

Durch diese Fehleinschätzung des Regierungschefs der einzig verbliebenen neutralen Macht, die in der Lage gewesen wäre, Ressourcen für das IGCR und die Evakuierung der deutschen, österreichischen, tschechischen und nunmehr polnischen Jüdinnen und Juden zu mobilisieren, wurden die mahnenden Appelle, wie sie beispielsweise seitens des American Jewish Congress erhoben worden waren, hinweggefegt. Dieser hatte im Vorfeld gewarnt:

»Das Leiden der Juden in Europa ist so groß, dass sie nicht auf den kommenden allgemeinen Frieden warten können. Wenn nicht sofort mit der Rettung begonnen wird, sind sie dem Untergang geweiht. [...] Das jüdische Volk ist bereit, von sich aus und aus eigener Kraft alles zu tun, um das europäische Judentum vor der Vernichtung zu retten. Aber ihre eigenen Anstrengungen, unterstützt durch ihre eigenen Mittel, werden nicht ausreichen, um einen Rettungsplan in einem der Situation angemessenen Umfang zu organisieren, wenn nicht die wirksame Zusammenarbeit der Völker der Welt zustande kommt.«[284]

Allerdings darf dieser Wortlaut nicht darüber hinwegtäuschen, dass sowohl der American Jewish Congress als auch die amerikanischen Zionisten

---

281 Roosevelt, Address to the Intergovernmental Committee on Political Refugees, 17. Oktober 1939. Vgl. hierzu auch Feingold, The Politics of Rescue, 85 f.; Breitman/Lichtman, FDR and the Jews, 158.
282 Vgl. Taylor, Luncheon, 19. Oktober 1939, 24; JDCA, 688, Bentwich an McDonald, 21. September 1939, 3.
283 Vgl. Weingarten, Die Hilfeleistung der westlichen Welt bei der Endlösung der deutschen Judenfrage, 185 f.; McDonald Stewart, United States Government Policy on Refugees from Nazism 1933–1940, 493.
284 JDCA, 255, Memorandum des American Jewish Congress an IGCR, Washington, Oktober 1939, 2 und 7.

selbst langfristige Pläne entwarfen und insbesondere auf die Revision des Weißbuchs sowie die Öffnung Palästinas abzielten. Die von Roosevelt in seiner Rede entworfene Idee der Besiedlung noch unerschlossener Gebiete in »Afrika, Amerika und Australien« war ein Luftschloss und doch für die Zionisten eine Enttäuschung, ja sogar ein Affront, hatten sie doch auf einen starken Partner zur Umsetzung ihrer Ambitionen gehofft.[285] Die Erwartungen der amerikanischen Zionisten waren aber nicht weniger illusionär, denn sie blendeten die Unmachbarkeit einer Rettung der Verfolgten aus dem deutschen Machtbereich und ihres Transports mit Hunderten Schiffen auf gefährlichen Routen über den Atlantik und das Mittelmeer aus. Möglich erschienen diese Vorschläge allein deshalb, weil ihre Umsetzung in einer Zeit nach dem Krieg imaginiert wurde. Ein baldiges Ende der Kampfhandlungen erwarteten damals einige. In politischen Kreisen in Paris und London, so schrieb Goldmann an Wise, gehe man nicht davon aus, dass »Deutschland eine Frontalattacke gegen Frankreich riskieren werde oder Belgien [...] angreife«. Goldmann war davon überzeugt, dass »es sehr wahrscheinlich ist, dass der Krieg nächstes Jahr vorbei und der Hitlerismus zusammengebrochen sein wird«.[286] Mit dieser Interpretation lag er falsch; sie verdeutlicht aber, wie unmöglich die Entwicklung selbst von politisch versierten Beobachtern vorauszuahnen war. Die von amerikanischen Zionisten errechnete – seinerzeit utopische – Zahl von 2,8 Millionen neuen Siedlern in Palästina verlor angesichts der späteren Dimension nationalsozialistischer Vernichtungspolitik ihren irrationalen Charakter.[287] Vielmehr erwies sich retrospektiv selbst diese Forderung als völlig unzureichend.

Das Treffen in Washington verlieh dem IGCR keinen neuen Auftrieb. Ein erneuter Kontakt mit Deutschland kam nicht zustande.[288] Jedoch wirkte das in Évian geknüpfte Netzwerk weiter. Das Intergovernmental Committee vermittelte den Kontakt zwischen der dominikanischen Regierung und dem JDC: Daraufhin konkretisierte sich im Herbst 1939 für 500 geflüchtete Familien und Einzelpersonen die Aussicht auf eine neue Existenz in der

---

285 Goldmann hatte bereits im Januar 1939 die Idee einer nationalen Heimstätte an einem anderen Ort als Palästina als undenkbar verworfen. Vgl. AJA, MS-361, A6/6, Protokoll der Sitzung der Administrative des Jüdischen Weltkongresses vom 14. bis 16. Januar 1939 in Paris, 34.
286 AJA, MS-361/A15/7, Goldmann an Wise, 4. November 1939.
287 Vgl. Memorandum Submitted to the Officers of the Intergovernmental Committee for Refugees On The Occasion of Its Session in Washington, D. C. by the American Emergency Committee for Palestine Affairs and the United Palestine Appeal; zur Zahl der Einwanderer ebd., 563.
288 Hierzu der enttäuschte Bericht von Warren: CZA, Z4/31404, Warren an das Adivsory Committee, 6. November 1939, Strictly Confidential; auch Feingold, The Politics of Rescue, 89; Weingarten, Die Hilfeleistung der westlichen Welt bei der Endlösung der deutschen Judenfrage, 185.

Dominikanischen Republik. Bis der Vertrag zwischen der eigens für diesen Zweck vom JDC gegründeten Dominican Republic Settlement Association und der dortigen Regierung unterzeichnet wurde, dauerte es noch einige Wochen. In der aufgebauten Siedlung Sosúa entkamen schlussendlich einige Hundert Jüdinnen und Juden dem nationalsozialistischen Terror.[289] Dieser Erfolg konnte allerdings nicht darüber hinwegtäuschen, dass die im März 1938 seitens der Roosevelt-Administration angestoßene Initiative, die in die Konferenz von Évian mündete, an ihr Ende gekommen war. Dennoch wurde das Intergovernmental Committee nicht aufgelöst, sondern existierte in einer von Roosevelt angedachten »inaktiven Form« weiter.[290]

Warschau und Bermuda

Goldmanns Einschätzung, der Krieg in Europa sei 1940 vorbei, bewahrheitete sich nicht. Im Gegenteil eroberte die Wehrmacht in den nächsten Jahren den halben Kontinent und begann im Juni 1941 einen Vernichtungskrieg gegen die Sowjetunion und die dort lebende Zivilbevölkerung. Die Dimension eines solchen Kriegs hatte sich bereits mit dem Überfall auf Polen sowie den Verbrechen der Einsatzgruppen abzuzeichnen begonnen[291] und kumulierte schließlich in der systematischen Verfolgung, Ghettoisierung und physischen Vernichtung aller Jüdinnen und Juden im deutschen Herrschaftsbereich.[292] Als im Sommer 1942 in Washington und London erste Berichte von der unvorstellbaren und umfassenden Vernichtung eintrafen, geschah zunächst nichts.[293] Erst die Häufung solcher Berichte, ihr Durchsickern an die Öffentlichkeit und empörter Protest seitens jüdischer und nichtjüdischer Akteure, die darauf drängten, endlich Rettungsoperationen einzuleiten, überzeugten

---

289 Vgl. JDCA, DORSA/40, Press Release, President's Advisory Committee on Political Refugees, 6. November 1939; zu den Verhandlungen vgl. Kaplan, Zuflucht in der Karibik, 43–61; McDonald Stewart, United States Government Policy on Refugees from Nazism 1933–1940, 472–475; LMA, ACC/2793/03/05/003, Stephany an Miss Lathom, IGCR, Emerson, 1. April 1940.
290 Roosevelt an Taylor, 8. Juni 1939, zit. nach Feingold, The Politics of Rescue, 79 und 343.
291 Vgl. Böhler, Auftakt zum Vernichtungskrieg.
292 Vgl. Browning, Die Entfesselung der »Endlösung«; Friedländer, Das Dritte Reich und die Juden, Bd. 2: Die Jahre der Vernichtung 1939–1945; Gerlach, Krieg, Ernährung, Völkermord; Longerich, Politik der Vernichtung; zum ideologischen Hintergrund vgl. Diner, Art. »Verschwörung«.
293 Zu den Berichten von Richard Lichtheim, einem Funktionär der Jewish Agency, und Riegner vom WJC an jüdische Organisationen in den Vereinigten Staaten, die daraufhin die amerikanische Regierung über die Systematik der nationalsozialistischen Vernichtungspolitik in Kenntnis setzten, vgl. Kirchner, Emissär der jüdischen Sache, bes. 253–258; dies. (Hg.), Von Konstantinopel nach Genf; Breitman, Art. »Riegner-Telegramm«; Laqueur, The First News of the Holocaust.

Anfang 1943 die Mitarbeiter im britischen und US-amerikanischen Außenministerium, »daß irgendeine Geste erforderlich war«.[294] Einen wichtigen Faktor bildeten allerdings auch die alliierten Erfolge auf den Schlachtfeldern in Nordafrika und in Stalingrad, die Kapazitäten freisetzten und eine Kriegswende einzuleiten schienen.[295] Auf britischen Vorschlag einigte man sich auf eine vertrauliche angloamerikanische Konferenz, die sich durch den Tagungsort, Hamilton auf den Bermudainseln mitten im Atlantik, ganz bewusst direkter jüdischer Beteiligung entzog und vom 19. bis 29. April mögliche Rettungspläne diskutierte. Dabei betonte man wie in der Vergangenheit, dass es sich nicht um ein ausschließlich jüdisches Problem handle.[296]

Harold Willis Dodds, Präsident der University of Princeton und Leiter der US-amerikanischen Delegation in Hamilton, setzte in seiner Eröffnungsrede das die Verhandlungen fortan leitende Prinzip: »Die Lösung des Flüchtlingsproblems ist, daß wir den Krieg gewinnen.«[297] Die übrigen Konferenzteilnehmer, aber auch führende Persönlichkeiten der amerikanischen Judenheit wie Stephen Wise, Baerwald und Goldmann, die nicht in die Beratung in Bermuda involviert waren, stimmten dieser Linie grundsätzlich zu.[298] Diese Position war rational und Wise untermauerte sie durch die Aussage, dass im Falle einer Niederlage im »antifaschistischen Krieg [...] alles andere verloren« sei.[299] Dem notwendigen Sieg über Deutschland wurde alles andere untergeordnet. Von daher überrascht es nicht, dass alle Vorschläge und Ideen in Bermuda nach militärischen Erfordernissen sondiert wurden – so auch die eingereichten Memoranden von World Jewish Congress, Jewish Agency und dem seit März 1943 existierenden Joint Emergency Committee for European Jewish Affairs (JEC) führender amerikanisch-jüdischer Orga-

---

294 Friedländer, Das Dritte Reich und die Juden, Bd. 2: Die Jahre der Vernichtung 1939–1945, 624 und 490; Sjöberg, The Powers and the Persecuted, 127 f.; Wasserstein, Britain and the Jews of Europe 1939–1945, 201 f.; Feingold, The Politics of Rescue, 178–181.
295 Vgl. Sjöberg, The Powers and the Persecuted, 126.
296 Zur Bermuda-Konferenz vgl. Wyman, Das unerwünschte Volk, 123–147; Feingold, The Politics of Rescue, 197–207; Wasserstein, Britain and the Jews of Europe, 189–202; Sjöberg, The Powers and the Persecuted, 129–140 und 165 f. Zeitgenössisch bereits detailliert und analytisch LBINY, AR4473/1/II, Salomon Adler-Rudel, Warsaw and Bermuda, 11. Juni 1943.
297 Zit. nach Wyman, Das unerwünschte Volk, 142.
298 Vgl. hierzu JDCA, 267, Baerwald an Sumner Welles, 28. Mai 1943; Doc. 9-9: Minutes of a Meeting of the Advisory Council on European Jewish Affairs of the World Jewish Congress, New York, 10. Mai 1943, in: Kerenji (Hg.), Jewish Responses to Persecution, Bd. 4, 342–346, hier 343 f.; Wasserstein, Britain and the Jews of Europe, 186; Friedländer, Das Dritte Reich und die Juden, Bd. 2: Die Jahre der Vernichtung 1939–1945, 625.
299 Zit. nach Friedländer, Das Dritte Reich und die Juden, Bd. 2: Die Jahre der Vernichtung 1939–1945, 625; hierzu auch Diner, Ein anderer Krieg, 34.

nisationen.³⁰⁰ In seinem zwölf Punkte umfassenden Programm forderte das JEC die Wiederaufnahme von Gesprächen zwischen den sich damals konstituierenden Vereinten Nationen und Deutschland sowie dessen Verbündeten zwecks Freilassung von Jüdinnen und Juden, schlug Ernährungsprogramme und finanzielle Garantien für den Unterhalt der Geflüchteten in neutralen Staaten vor. Allerdings waren diese Überlegungen wenig konkret und liefen letztlich auf die Gründung einer internationalen Institution hinaus, die all dies umsetzen sollte. Der WJC schloss sich diesen Forderungen an und belegte mit umfangreichen Zitaten die Kluft zwischen den offiziellen Verlautbarungen der alliierten Regierungen seit Bekanntwerden der systematischen Vernichtungspolitik und ihrer bisherigen Tatenlosigkeit.

In der Denkschrift der Jewish Agency lag der Fokus klar auf Palästina sowie der Errichtung eines jüdischen Staates *nach* dem Krieg, worauf sich der politische Zionismus im Biltmore-Programm von 1942 in New York festgelegt hatte:³⁰¹ Da den Überlebenden nicht zugemutet werden könne, in ihre Heimatländer zurückzukehren, sei deren Transfer nach Palästina der Weg zu einer »dauerhaften Lösung«. Voraussetzung hierfür, so hieß es im Memorandum, sei die Revision des Weißbuchs, das dem Geist der Appeasementpolitik entspreche, aber »weder der Zeit noch der Gerechtigkeit« standhalten könne. Die Aufnahme Hunderttausender Geflüchteter in Palästina war praktisch unmöglich, diese Tatsache war auch der Führung der zionistischen Bewegung bewusst. Mit dem Argument, der Jischuw sei als einzige Gesellschaft bereit, die Juden aufzunehmen und zu integrieren, glaubte man jedoch einen strategischen Punkt für den politischen Zionismus und dessen Wahrnehmung sowohl innerhalb als auch außerhalb der jüdischen Gemeinschaft zu setzen.³⁰² In Bermuda wurde allerdings auf britischen Druck Palästina als Zufluchtsort ausgeklammert – im Intergovernmental Committee änderte sich an dieser Linie auch später nichts.³⁰³ Jenseits der britischen Mandatspolitik darf die militärische Konstellation in Nordafrika nicht vergessen werden. Die Panzerarmee Afrika war von einer Einsatzgruppe begleitet worden, die den Jischuw hätte vernichten sollen.³⁰⁴ Erst die britische Gegenoffensive bei El-Alamein und das Zurückwerfen der deutschen Truppen in Nordafrika Ende 1942

---

300 AJA, MS-361/D17/1, Memorandum Submitted to The Bermuda Refugee Conference by the WJC; AJA, MS-361/D17/1, Program for the Rescue of Jews from Nazi Occupied Europe Submitted by the Joint Emergency Committee for European Jewish Affairs; Memorandum of the Jewish Agency for Palestine, Hamilton, Bermuda, April 1943. Zur Gründung des JEC vgl. Wyman, Das unerwünschte Volk, 112 f.
301 Zum Biltmore-Programm vgl. Diner, Ein anderer Krieg, 25 und 34; auch Segev, Die siebte Million, 142; Kirchner, Emissär der jüdischen Sache, 310 f.
302 Vgl. Segev, Die siebte Million, 137–140.
303 Vgl. Wyman, Das unerwünschte Volk, 136 und 168.
304 Vgl. Mallmann/Cüppers, »Beseitigung der jüdisch-nationalen Heimstätte in Palästina«.

hatten den Jischuw vor der Katastrophe gerettet.[305] Diese aus dem Bewusstsein verdrängte Tatsache war Voraussetzung dafür, dass Palästina retrospektiv überhaupt als sicherer Hafen auf der Flucht vor der nationalsozialistischen Vernichtung gedeutet werden konnte.[306]

Im Hintergrund des Prinzips, alle Anstrengungen an den Erfordernissen des Kriegs auszurichten, stand auch die praktische Frage, was mit den Geretteten nach ihrer Befreiung geschehen würde. Ein Konferenzteilnehmer bekannte gegenüber Reportern: »Nehmen wir einmal an, er [Hitler] ließe zwei Millionen Juden oder so aus Europa raus, was würden wir mit ihnen anfangen?«[307] Diese mehr rhetorische Frage rief eine politische Dimension auf und war Ausdruck einer Wirklichkeit, die von fehlenden Zufluchtsorten, Xenophobie, Antisemitismus und Furcht vor deutschen Agenten sowie dem alles überlagernden Kriegsgeschehen bestimmt war.[308] Konkrete Rettungsaktionen lagen in der Zuständigkeit britischer und amerikanischer Ministerien. Dort sah man die fortdauernde totale Vernichtung der europäischen Juden nicht allein als humanitäres Problem, sondern betrachtete sie im Kontext des militärischen Vorgehens, des in diesem Rahmen vermeintlich Möglichen und der erwartbaren politischen Folgen – besonders mit Blick auf die britische Vorgehensweise in Palästina.[309] Allerdings ist fraglich, ob die Alliierten auf dem Höhepunkt des Kriegs wirklich in größerem Umfang hätten helfen können.

Die Details der in Bermuda erarbeiteten »Vorschläge an die Regierungen« hielt man geheim, da sie militärische Erwägungen betrafen.[310] Dass die Ergebnisse nicht einer breiteren Öffentlichkeit zugänglich gemacht wurden, mag aber auch darauf zurückzuführen sein, dass sie nicht über ein konkretes Evakuierungsprojekt von 5000 jüdischen Flüchtlingen aus Spanien hinausgingen. Neben diesem »Hauptgegenstand« der Konferenz wurde die Empfehlung ausgesprochen, das Intergovernmental Committee on Refugees zu reaktivieren und dessen Zuständigkeit auf alle Verfolgten im besetzten Europa zu erweitern. Der frühere Auftrag, mit dem Deutschen Reich zu

---

305 Zur Bedrohung des Jischuw vgl. Diner, Ein anderer Krieg, 138, 142 f. und 258; zu den diesbezüglichen Reaktionen innerhalb des Jischuw vgl. ebd., 227–239; Gelber, Art. »El-Alamein«.
306 Vgl. hierzu auch Diner, Gegenläufige Gedächtnisse, 20 und 24.
307 Zit. nach Wyman, Das unerwünschte Volk, 143; vgl. hierzu die zeitgenössischen Anklagen, exemplarisch Wasserstein, Britain and the Jews of Europe, 186; Wyman, Das unerwünschte Volk, 145 f.
308 Vgl. Wasserstein, Britain and the Jews of Europe, 183–185 und 188; Wyman, Das unerwünschte Volk, 141 und 144 f.; vgl. auch die Positionen Yehuda Bauers, rezipiert in Marrus, FDR and the Holocaust, 207; Rosen, Saving the Jews, 269 f.
309 Wyman, Das unerwünschte Volk, 222.
310 Zum geheimen Bericht vgl. Wyman, Das unerwünschte Volk, 142; die öffentliche Verlautbarung wurde bereits zeitgenössisch abgedruckt, o. A., Text of the Final Communique of the Bermuda Conference on Refugees, veröffentlicht in Congress Weekly, 14. Mai 1943.

verhandeln, wurde widerrufen; Kooperationen sollten fortan nur noch mit alliierten und neutralen Regierungen erfolgen und diese ersucht werden, sich an den Ausgaben des IGCR finanziell zu beteiligen.[311] Es ist bezeichnend, dass die Mitglieder der amerikanischen Delegation über die Existenz des Intergovernmental Committee sowie dessen Gründung auf der Konferenz von Évian zunächst aufgeklärt werden mussten.[312] Das damalige diplomatische Großereignis und die institutionellen Verbindungen waren ihnen fünf Jahre später kein Begriff mehr gewesen.

Nachdem durchgedrungen war, dass fast alle jüdischen Vorschläge verworfen oder ohne Empfehlung an das IGCR weitergeleitet worden waren, fiel die Bilanz über die Bermuda-Konferenz vernichtend aus. Im JEC war man jeglicher Illusion beraubt.[313] Auch Adler-Rudel war fassungslos. Die Tragödie der Jüdinnen und Juden in Europa und das Spannungsfeld zwischen dem, was vielleicht möglich gewesen wäre, und dem, was man seitens der alliierten Regierungen unternahm, ist mit dem Datum des 19. April 1943 verknüpft. An diesem Tag hatten die Verhandlungen in Bermuda begonnen. Von weit größerer Bedeutung war jedoch der Beginn des Aufstands im Warschauer Ghetto. Als das Ghetto vor seiner restlosen Liquidation stand, erhoben sich jüdische Kämpfer und Kämpferinnen gegen die Deutschen.[314] Ihre mehrwöchige Selbstbehauptung – ein aussichtsloser Widerstand gegen die übermächtigen Besatzer und deren Vernichtungspolitik – wurde zum Symbol. Im Kontrast dazu stand bereits in der zeitgenössischen Wahrnehmung das Ergebnis von Bermuda. Schon im Juni 1943 deutete Adler-Rudel diese Spannung in *Warsaw and Bermuda*. Der Text bietet – in der Rückschau – einen Schlüssel für das Verständnis von Teleologie, semantischer Verschiebung und historischem Gedächtnis. Adler-Rudel sah sich damals gezwungen auszusprechen: »In Warschau wurde ohne Aussicht auf Erfolg gehandelt; auf den Bermudas wurden Gespräche geführt, ohne die Absicht zu handeln.« »Die Humanität« habe eine »Schlacht« verloren, und das zu einer Zeit, »als Handlungen – Handlungen allein und nicht Worte erwartet wurden«.[315] Angesichts der Dimension der Verbrechen an Jüdinnen und Juden, die sich immer klarer abzuzeichnen begann, hätten aus seiner Sicht die Alliierten wenigstens

---

311 Vgl. Sjöberg, The Powers and the Persecuted, 140 f. und 147; Feingold, The Politics of Rescue, 201.
312 Vgl. Sjöberg, The Powers and the Persecuted, 138 f.; Wyman, Das unerwünschte Volk, 127 f. und 133.
313 Vgl. Wyman, Das unerwünschte Volk, 143 f. und 166.
314 Zum Aufstand im Warschauer Ghetto vgl. Patt, The Jewish Heroes of Warsaw; Zuckerman, A Surplus of Memory; Meckl, »Sie kämpften für die Ehre«; Friedländer, Das Dritte Reich und die Juden, Bd. 2: Die Jahre der Vernichtung 1939–1945, 552 f.
315 LBINY, AR4473/1/II, Salomon Adler-Rudel, Warsaw and Bermuda, 11. Juni 1943, 1 und 8.

alles in ihrer Macht Stehende *versuchen* müssen, um diejenigen zu retten, die noch am Leben waren; die Tatenlosigkeit offenbare nur ihre »Ohnmacht«.

Die Schuld für diese Verbrechen lag eindeutig bei den Deutschen. Durch die Ereignisse von Bermuda stellte sich für einige Zeitgenossen die Verantwortungsfrage allerdings auch in eine andere Richtung. Smuel Zygielbojm, der Gesandte des Allgemeinen Jüdischen Arbeiterbunds beim polnischen Nationalrat in London, schrieb am 11. Mai 1943 in einem erschütternden Brief an seine Exilregierung, dass die Verantwortung für diese fortgesetzten Taten

»indirekt [...] auch auf die ganze Menschheit, auf die Völker der alliierten Nationen und auf ihre Regierungen [fällt], die bis auf den heutigen Tag keine wirklichen Maßnahmen ergriffen haben, um diesem Verbrechen Einhalt zu gebieten. Dadurch, daß sie diesem Mord an wehrlosen Millionen passiv zugesehen haben, [...] sind sie zu Teilhabern der Verantwortung geworden.«[316]

Den heldenhaften Tod seiner »Genossen« im Warschauer Ghetto konnte er im Kontrast zur Haltung der Alliierten nicht verwinden. Am Tag darauf nahm er sich das Leben. Zygielbojms Anklage wurde unmittelbar bekannt und sein Brief zur Ikone.[317] In der von ihm formulierten Mitverantwortung verschaffte sich aber nicht nur Kritik an der Bermuda-Konferenz Geltung, sondern seine Anklage reichte weiter in die Vergangenheit zurück. Auch Adler-Rudel schrieb in diesem Sinne: »Bermuda war nicht der Beginn des Scheiterns und der Enttäuschung in der schrecklichen Tragödie von Millionen Juden: es war das Ende.«[318]

Adler-Rudel sah in Bermuda ein völliges Versagen der Alliierten: Seiner Ansicht nach wäre es deren »eigentliche Aufgabe« gewesen, Mittel und Wege zu suchen, Jüdinnen und Juden, die von den Nationalsozialisten als einziges Kollektiv zur totalen Vernichtung ausersehen waren – dies hatte er damals bereits klar erkannt –, aus dem deutschen Machtbereich zu bringen.[319] Seine Einschätzung der eigentlichen Aufgabe differenzierte Krieg und Vernichtung in zwei voneinander getrennte Ereignisse. Adler-Rudel unterschied bereits während des Geschehens zwei parallele Kriege: einen seit 1939 zwischen Kombattanten mit Panzern, Schiffen und Flugzeugen geführten und jenen

---

316 Zit. nach Friedländer, Das Dritte Reich und die Juden, Bd. 2: Die Jahre der Vernichtung 1939–1945, 628. Der vollständige Brief ist abgedruckt in: Arad/Gutman/Margaliot (Hgg.), Documents on the Holocaust, 324–327.
317 Im Juni 1943 erschienen Beiträge u. a. bei der *JTA*, in *Jewish Frontier, The Jewish Chronicle* sowie *The New York Times*; zu Zygielbojm vgl. auch Friedländer, Das Dritte Reich und die Juden, Bd. 2: Die Jahre der Vernichtung 1939–1945, 628 f.; Feingold, The Politics of Rescue, 207.
318 LBINY, AR4473/1/II, Salomon Adler-Rudel, Warsaw and Bermuda, 11. Juni 1943, 2.
319 Ebd., 5 und 7 f.

gegen das jüdische Kollektiv.³²⁰ Dies hatte Auswirkungen auf seine Einschätzung des historischen Kontextes wie auch auf der kognitiven Ebene. Der alliierte Sieg über Deutschland als Grundbedingung für jüdische Zukunftsplanungen, wie ihn Adler-Rudel zwei Jahre zuvor noch als vordringlichstes Ziel verstanden hatte,³²¹ wurde von der Rettung vor der Massenvernichtung überlagert. Nunmehr forderte er von den Alliierten das Signal eines offenen Palästinas, das Tausende dazu bewegen könnte, selbstständig die Flucht aus dem deutschen Herrschaftsbereich zu versuchen.³²² Diese Forderung war ihm nur möglich, weil die Briten den Jischuw vor der Zerstörung gerettet hatten, aber auch darüber hinaus blendete er in gewisser Weise militärische Konstellationen und Erfordernisse aus: Ein Entkommen war nahezu unmöglich, zudem hätten sich die Geflüchteten nicht einfach durch den Kriegsschauplatz bewegen können. Die getrennte Betrachtung von Krieg und Vernichtung ermöglichte es jedoch, die Alliierten angesichts der ungeheuerlichen Ereignisse auch fortan wegen angeblicher Untätigkeit anzuklagen.³²³

Das Miterleben der Katastrophe und die eigene Machtlosigkeit erzwangen gleichwohl eine solche Perspektive, da die noch Lebenden, wie Adler-Rudel schrieb, einzig den Wunsch hätten, »Flüchtlinge zu werden«.³²⁴ Dieser Wunsch markierte eine fundamentale Verschiebung der Semantik an einem Wendepunkt jüdischer Erfahrung. Hatte der Status, ja sogar der Begriff des Flüchtlings bis dato unter den Betroffenen eine negative Konnotation gehabt und war ihre Flucht vor Verfolgung so lange wie möglich hinausgezögert worden, da sie nicht zu Entrechteten, Mittel- und Heimatlosen im Exil werden wollten, so kam diesem Status jetzt eine gänzlich neue Bedeutung zu. Flucht bedeutete Rettung: Aus dem deutschen Machtbereich herauszugelangen, hieß nunmehr, dem ultimativen Genozid zu entgehen, und wurde zu einem Synonym des Überlebens.

Angesichts der Vernichtung der europäischen Judenheiten erhielten bei Adler-Rudel und anderen nicht nur Begriffe wie Flucht und Rettung eine neue Bedeutung, auch ihre früheren Einschätzungen über die Unterstützung für die deutsch-jüdische Bevölkerung im Allgemeinen sowie bezüglich Évian und des Committee im Besonderen waren von diesem Wandel betroffen.³²⁵ Der einst als konstruktiv wahrgenommene Ansatz von Évian war an der

---

320 Zu diesem doppelten Krieg vgl. aus der neueren Forschung Cesarani, »Endlösung«, 20.
321 Vgl. LBINY, AR4473/1/II, Adler-Rudel, Die Zukunft der Refugees, 11. Dezember 1941.
322 Vgl. LBINY, AR4473/1/II, Salomon Adler-Rudel, Warsaw and Bermuda, 11. Juni 1943, 9. Zu maritimen Fluchtrouten nach Palästina vgl. Diner, Ein anderer Krieg, 258.
323 In der späteren Historiographie ist dieser Aspekt besonders von Dan Diner weitergedacht worden. Vgl. ders., Gegenläufige Gedächtnisse, 9.
324 LBINY, AR4473/1/II, Salomon Adler-Rudel, Warsaw and Bermuda, 11. Juni 1943, 5.
325 Hierzu auch Jünger, Verzerrte Erinnerung.

Dynamik deutscher Vertreibungspolitik gescheitert und geriet nun retrospektiv für Adler-Rudel zum »völlig unzureichenden Mittel«. Die Fehleinschätzungen der Entwicklung wogen schwer. Mit dem Wissen um die Tötungsvorgänge – und besonders nach der Bermuda-Konferenz – erschien die nationalsozialistische Vernichtungspolitik als zwangsläufige Folge der früheren Vertreibungspolitik. Oder umgekehrt formuliert: Alle vor dem Holocaust liegenden Ereignisse wurden ab diesem Wahrnehmungswendepunkt als auf ihn zulaufend gedeutet – auch wenn dies der eigenen zeitgenössischen Erfahrung zuwiderlief.[326] Verbunden damit ist ein rückwirkendes Denken alternativer Ereignisverläufe, das von anachronistischen Annahmen ausging und sich sprachlich in der irrationalen Möglichkeitsform Ausdruck verschaffte: Hätten Regierungen früher anders gehandelt, wäre es möglich gewesen, die Nationalsozialisten bei ihrem mörderischen Tun zu stoppen. Am deutlichsten kommt dieser Wandel der Perspektive zum Ausdruck in Adler-Rudels Klage, dass trotz des vom NS-Regime bereits 1933 erklärten »Kriegs gegen das jüdische Volk« letztlich »kein konstruktiver Versuch« unternommen worden sei, die deutschen und österreichischen Juden »zu evakuieren, solange noch Zeit dafür war«.[327]

Mit Blick auf die konkrete Situation auf der Konferenz von Évian war dieser Gedanke entkoppelt von den Zeitvorstellungen, die sowohl er und seine Kollegen als auch die Regierungsvertreter vor Augen gehabt hatten; er lag damit konträr zu jenen Wegen, die sie nach rationaler Abwägung beschritten hatten.[328] Vor dem Hintergrund der bis zu diesem Zeitpunkt gemachten Erfahrungen waren sie als zielführend, effektiv und umsetzbar eingeschätzt worden. Außerdem ging man in Évian grundsätzlich davon aus, dass für einige Hunderttausend Menschen die Auswanderung aus Deutschland und Österreich organisiert werden müsste, während etwa 200 000 ältere Menschen dort bis zu ihrem natürlichen Lebensende verbleiben würden. Dass letztlich auch die Judenheiten in Polen und der Sowjetunion, in Frankreich, Belgien und weit mehr Ländern Europas unter den mörderischen Zugriff der Nationalsozialisten fallen könnten, hatte in Évian außerhalb des Vorstellbaren gelegen. Geleitet von der Fassungslosigkeit angesichts der sich zu diesem Zeitpunkt noch vollziehenden Massenvernichtung sowie des Entsetzens über die eigene Handlungsunfähigkeit und die der Alliierten war einzig über anachronistische Deutungen ein Umgang mit dem Geschehen zu finden.[329]

---

326 Zum Verhältnis von Telos und Kontingenz vgl. Diner, Das Jahrhundert verstehen, 189–191; ders., Ein anderer Krieg, 282 f.
327 LBINY, AR4473/1/II, Salomon Adler-Rudel, Warsaw and Bermuda, 11. Juni 1943, 2.
328 Zum Auseinandertreten von Möglichkeit und konkreter Wirklichkeit vgl. Diner, Das Jahrhundert verstehen, 192.
329 Hierzu bes. ders., Gegenläufige Gedächtnisse, 25–27.

Aber es kam noch ein Umstand hinzu: Senator, Adler-Rudel und andere Funktionäre des Council hatten nach dem Novemberpogrom tatsächlich die sofortige Evakuierung angemahnt. Sie hatten durchaus über ein Gespür für die Situation und die Dringlichkeit von Handlungen verfügt. Ihre Forderungen waren jedoch als unrealistisch eingestuft oder – mit Blick auf Osteuropa – gar als politisch gefährlich verworfen worden.[330] Nationaljüdische Funktionäre wie Goldmann oder Jefroykin wiederum hatten eine Evakuierung der deutschen und österreichischen Jüdinnen und Juden aus prinzipiellen Erwägungen und mit Blick auf ein selbstbestimmtes Handeln im Sinne des gesamten jüdischen Kollektivs abgelehnt. Senator und Adler-Rudel hatten ihre Stimmen zu einem Zeitpunkt erhoben, als es realiter noch eine Chance gegeben hätte, die Evakuierung zu organisieren. In Évian war eine solche Perspektive weit entfernt gewesen, aber nach dem Novemberpogrom wurden im IGCR und seitens der beteiligten Regierungen angemahnte Wege nicht eingeschlagen, die Hunderttausende Jüdinnen und Juden aus Deutschland und Österreich vor dem Tod hätten bewahren können. Dieses Bewusstsein schob sich über die Chronologie der Ereignisse und prägte das historische Gedächtnis von »Évian« nachhaltig.

Losgelöst von dieser 1943 bei vielen jüdischen Emissären einsickernden Einsicht, waren von den westalliierten Regierungen nach Bermuda kaum konkrete Hilfen zu erwarten. Auch im reaktivierten Intergovernmental Committee schätzte man die eigenen Handlungsmöglichkeiten realistisch ein und rechnete entsprechend nicht damit, viel zu erreichen. Es dauerte neun Monate, bis sich das IGCR gemäß den Vorgaben der Bermuda-Konferenz organisierte.[331] Zur Plenarsitzung im August 1944 war auch ein Vertreter des Council for Jewish Refugees eingeladen; die Teilnahme von dessen Delegierten setzte sich in den folgenden Jahren fort.[332] Die beschlossene Erweiterung des Mandats auf alle Flüchtlinge in Europa, die die Bermuda-Konferenz angestoßen hatte, war mit Blick auf das internationale Flüchtlingsrecht ein Meilenstein;[333] für die Not der noch Lebenden war derlei freilich unerheblich. Vielmehr definierte Emerson für die Arbeit des IGCR drei andere Ziele: erstens die »sehr begrenzten« Möglichkeiten zur Unterstützung der Flücht-

---

330 Zu den diesbezüglichen Warnungen von Makins 1939 vgl. London, Whitehall and the Jews, 1933–1948, 110.
331 Vgl. Wyman, Das unerwünschte Volk, 137–141.
332 Vgl. LMA, ACC/2793/03/05/003, J.G. Sillem, Secretary IGCR, an Council for Jewish Refugees, 27. Juli 1944; LMA, ACC/2793/03/05/003, Stephany an Rothschild, 31. Juli 1944; LMA, ACC/2793/03/05/003, Stephany an Sillem, IGCR, 3. August 1944. Zu den späteren Plenarsitzungen vgl. LMA, ACC/2793/03/05/003, J.G. Sillem, Secretary IGCR, an Council for Jewish Refugees, 22. November 1946; LMA, ACC/2793/03/05/003, J.G. Sillem, Secretary IGCR, an Council for Jewish Refugees, 8. Mai 1947.
333 Vgl. hierzu Sjöberg, The Powers and the Persecuted, 146f.

linge auszuschöpfen; zweitens eventuelle neue Einwanderungsmöglichkeiten zu erschließen; und drittens »eine große Rolle bei der Lösung der Nachkriegsprobleme zu spielen«. Den letzten Punkt stellte er als die »wichtigste« Aufgabe heraus und knüpfte damit an die von Roosevelt im Oktober 1939 avisierte langfristige Perspektive für die Zeit nach dem Krieg an.[334] Mit Ausnahme einer Unterstützung des JDC in Höhe von 1,5 Millionen US-Dollar, die für die Versorgung von Geflüchteten eingesetzt wurden, war das IGCR in keine Rettungsbemühungen während des Kriegs involviert.[335] Im Gegensatz dazu war das im Januar 1944 von der Roosevelt-Administration etablierte War Refugee Board ermächtigt, alles zu unternehmen, um Opfer der Verfolgung zu retten, sofern diese Aktionen mit der erfolgreichen Kriegsführung in Einklang standen. Zu diesem Zweck verfügten seine Mitarbeiterinnen und Mitarbeiter über ein umfangreiches Budget und durften sogar Staatsgesetze verletzen.[336]

Nach dem Zweiten Weltkrieg verhinderte der Grundsatz, dass Angehörige von Mitgliedsstaaten nicht in den Zuständigkeitsbereich des Intergovernmental Committee fallen, auf formaler Ebene weitgehend dessen Mitwirkung bei der Unterstützung, Repatriierung und Emigration von über 14 Millionen Displaced Persons, wie die vertriebenen und verschleppten Heimatlosen, Kriegsgefangenen und ehemaligen Zwangsarbeiter sowie die Überlebenden des Holocaust genannt wurden. Außerhalb des sowjetischen Machtbereichs geriet die Versorgung von etwa sieben Millionen DPs in die Zuständigkeit der im November 1943 gegründeten United Nations Relief and Rehabilitation Administration (UNRRA); der größte Teil der DPs konnte binnen eines Jahres in die Herkunftsländer rückgeführt werden.[337] Das IGCR war hieran nur marginal beteiligt.[338] Es diente aber in ähnlicher Weise wie vor dem Krieg als Netzwerk. So war Earl G. Harrison, der im Auftrag der Regierung der Vereinigten Staaten im Sommer 1945 die verstörenden Zustände der jüdischen Überlebenden in den DP-Lagern untersuchte, der amerikanische Vertreter im Intergovernmental Committee und damit Amtsnachfolger von Taylor. Der von Harrison geleiteten Untersuchungskommission gehörten außerdem der

---

334 Zit. nach Wyman, Das unerwünschte Volk, 167.
335 Zur Bilanz des IGCR im Kontext alliierter Rettungsaktionen vgl. ebd., 168 f.; Sjöberg, The Powers and the Persecuted, 155–159.
336 Ausführlich zum War Refugee Board Erbelding, Rescue Board; Penkower, Jewish Organizations and the Creation of the U. S. War Refugee Board; auch Wyman, Das unerwünschte Volk, 234–328; Breitman/Lichtman, FDR and the Jews, 262–275; Sjöberg, The Powers and the Persecuted, 150–152.
337 Vgl. Judt, Geschichte Europas von 1945 bis zur Gegenwart, 45–50; Mazower, Dark Continent, 217–219; speziell zu den jüdischen DPs Patt, Finding Home and Homeland; Patt/Berkowitz (Hgg.), »We Are Here«; Grossmann, Juden, Deutsche, Alliierte; Königseder/Wetzel, Lebensmut im Wartesaal; auch Polian, Deportiert nach Hause.
338 Vgl. Betts, Ruin and Renewal, 50 f.

Vizedirektor des IGCR sowie je ein Vertreter des JDC und des War Refugee Board an.[339] Der als »Harrison-Report« bekannt gewordene Appell veränderte den Umgang mit den jüdischen DPs nachhaltig.

Auch die bereits vor dem Krieg aus Deutschland Geflüchteten wurden seitens des IGCR versorgt, das damit die Aufgaben der einstigen High Commission for Refugees des im April 1946 aufgelösten Völkerbunds übernahm.[340] Im Juni 1947 stellte dann auch das Intergovernmental Committee on Refugees seine Arbeit ein.[341] Dieses Ereignis erschöpfte sich seitens jüdischer Organisationen im Austausch von Höflichkeiten mit Direktor Emerson.[342] Der Aufgabenbereich des IGCR ging in die gleichzeitig von der Vollversammlung der Vereinten Nationen gegründete International Refugee Organization (IRO) über, an deren Aufbau auch Adler-Rudel beteiligt war.[343] UNRRA und IRO wurden nach gewaltigen Leistungen dann 1951 durch die United Nations High Commission for Refugees ersetzt.[344] Dass eine institutionelle Verbindungslinie von Évian zum Flüchtlingsregime der Nachkriegszeit existierte, geriet weitgehend in Vergessenheit. Vielmehr prägten die Enttäuschung über das Scheitern des Intergovernmental Committee, die durch den Holocaust überlagerte Perspektive auf die Vergangenheit und die Gründung Israels im Mai 1948 in den folgenden Jahren und Jahrzehnten maßgeblich die Erinnerungen derjenigen, die einst für die jüdischen Interessen auf der Konferenz von Évian gestritten hatten.

---

339 Vgl. Königseder/Wetzel, Lebensmut im Wartesaal, 35.
340 Vgl. AJA, MS-361/D4/5, IGCR, Summary Report of the Fifth Plenary Session, 15. März 1946; hierzu auch Sjöberg, The Powers and the Persecuted, 154 und 206.
341 Vgl. AJA, MS-361/D4/5, IGCR, Seventh Plenary Session, Resolution, 3. Juni 1947.
342 Vgl. LMA, ACC/2793/03/05/003, Rothschild (im Auftrag des Council und Central British Fund for German Jewry) an Emerson, 1. Oktober 1947; LMA, ACC/2793/03/05/003, Emerson an Rothschild, 7. Oktober 1947.
343 Vgl. LMA, ACC/2793/03/05/003, Adler-Rudel an Exekutive der Jewish Agency, 16. November 1947, 3 f.
344 Vgl. Judt, Geschichte Europas von 1945 bis zur Gegenwart, 49 f.; Sjöberg, The Powers and the Persecuted, 168 f. und 222 f.

Epilog

Am 15. Juni 1943 versammelte sich im Konferenzraum der Zionistischen Organisation in der Great Russel Street 77 in London eine große Menge jüdischer und nichtjüdischer Funktionäre und Repräsentanten zu einer Trauerzeremonie. Unter den Anwesenden waren Locker und Brodetsky, Bentwich und Adler-Rudel sowie Emerson.[1] Sie nahmen Abschied von ihrem Kollegen Wilfrid Israel, der zwei Wochen zuvor auf dem Rückflug von einer Mission in Portugal und Spanien sein Leben verloren hatte; das Flugzeug war von einem Jäger der deutschen Luftwaffe abgeschossen worden. Seine Reise hatte er im Auftrag der Jewish Agency zu dem Zweck unternommen, die Ausreise von 1000 jüdischen Flüchtlingen aus Spanien nach Palästina zu organisieren sowie Kindertransporte aus von Deutschland besetzten Ländern in die Wege zu leiten.[2] Wie Brodetsky in seiner Trauerrede sagte, war Israel »selbst von der Katastrophe eingeholt worden, als er versuchte, andere vor der großen jüdischen Katastrophe zu retten«.[3] Auch Bentwich betonte das selbstlose Engagement Israels, der als britischer Staatsbürger Deutschland nach 1933 leicht hätte verlassen können, aber durch kulturelle und persönliche Bande in Deutschland gehalten wurde. In den folgenden Jahren war er Verbindungsperson zwischen ausländischen Hilfsorganisationen und Reichsvertretung und gehörte auch zu jenen Emissären, die im Austausch mit Rublee und Emerson gestanden hatten. Er blieb bis zur »letzten Minute« und ging erst unmittelbar vor Kriegsbeginn nach London, wo er seine Arbeit fortsetzte.[4]

Adler-Rudels Nachruf unterschied sich wenig von denen der übrigen Redner, aber er sprach nicht nur für sich selbst. Vielmehr fühlte er sich, wie er eingangs betonte, als ob er »im Namen der Repräsentanten des deutschen Judentums [...] spreche, die nicht mehr sind«.[5] Anfang 1943 waren Leo Baeck,

---

1 Vgl. LBIJER, 303, Palcor Bulletin, 15. Juni 1943, 6f. Bei diesem und den folgenden Dokumenten zur Trauerfeier handelt es sich um eine Sammlung von Ausschnitten und Abschriften in der Wilfrid Israel Collection.
2 Vgl. LBIJER, 303, E. W., Privater Bericht über Wilfrid Israels Tätigkeit in Portugal und Spanien, Juni 1943.
3 LBIJER, 303, Palcor Bulletin, 15. Juni 1943, 6. So auch Adler-Rudel in einer weiteren Trauerrede, LBIJER, 303, Address at the Memorial Service, West London Synagogue, by S. Adler-Rudel, 30. Juni 1943.
4 LBIJER, 303, Palcor Bulletin, 15. Juni 1943, 7; auch LBIJER, 303, Bentwichs Nachruf in: The New Judaea, Juni 1943 (Abschrift).
5 LBIJER, 303, Palcor Bulletin, 15. Juni 1943, 7; vgl. auch LBIJER, 303, Adler-Rudel, Wilfrid J. Israel – A Tribute, in: Zionist Review, 11. Juni 1943 (Abschrift).

Präsident der ehemaligen Reichsvertretung und späteren Reichsvereinigung der Juden in Deutschland, Eppstein sowie in den folgenden Monaten nahezu alle ihre Kollegen aus Berlin deportiert worden.[6] Ihr genaues Schicksal war Adler-Rudel zu diesem Zeitpunkt unbekannt, dagegen herrschte über Hirsch damals bereits traurige Gewissheit. Er war im Juni 1941 im Konzentrationslager Mauthausen ermordet worden.[7]

Der Tod von Wilfrid Israel war ein tragisches Ereignis. Die Trauerfeier zu seinen Ehren verweist auf die Umstände: Jene, die in diesen Jahren versuchten, anderen zu helfen – auch im sicheren Ausland –, riskierten alles. Adler-Rudel war zeitgleich mit Israel zu einer ähnlichen Mission nach Schweden aufgebrochen, er hatte Glück und kehrte unversehrt nach London zurück.[8] Zugleich verweist seine Reise auf die eminent wichtige Bedeutung des geografischen Raums: Wer wie Adler-Rudel und Israel in den 1930er Jahren nach London gelangt war, blieb von der Katastrophe auf dem Kontinent verschont, weil die Royal Air Force die Angriffe der deutschen Luftwaffe letztlich erfolgreich abgewehrt und damit die geplante deutsche Invasion der britischen Inseln verhindert hatte. Damals markierten die Grenzen des deutschen Herrschaftsbereichs den Unterschied zwischen Leben und Tod der europäischen Juden. Dieser elementare Unterschied zwischen Innen und Außen stand den Zeitgenossen 1943 eindeutig vor Augen.

Während Winfried Israel kurz vor Kriegsausbruch der Ausweg aus Deutschland gelungen war, war dies für Hirsch und Eppstein, für die Bentwich 1938 noch Notfallvisa besorgt hatte, nicht möglich gewesen.[9] Ebenso erging es Hunderttausenden Jüdinnen und Juden in Deutschland, Österreich und der Tschechoslowakei. Der Kriegsbeginn markierte das endgültige Scheitern der Auswanderungsbemühungen des Intergovernmental Committee, aber auch die Flucht war kaum noch möglich. Nur wenige gelangten ins Ausland, das aber nicht unbedingt ein sicherer Zufluchtsort war. Durch die deutsche Besetzung Belgiens und der Niederlande sowie den Sieg über Frankreich gerieten nicht nur die dortigen Jüdinnen und Juden unter den Zugriff der Nationalsozialisten, sondern auch jene, die zuvor aus Deutschland dorthin geflohen waren. Aber auch die in den 1930er Jahren nach Palästina Emigrierten waren erst sicher, nachdem die britische Armee die deutschen

---

6 Zur Deportation der führenden Funktionäre der Reichsvereinigung vgl. Meyer, Tödliche Gratwanderung, bes. 211–214.
7 Vgl. Lichtheim an Goldmann, 22. Juli 1941, abgedruckt in: Nicosia (Hg.), Dokumente zur Geschichte des deutschen Zionismus, 592 f.
8 Vgl. LBIJER, 303, Linton an Kaplan, 26. Februar 1943; bes. Adler-Rudel, A Chronicle of Rescue Efforts.
9 Für Funktionäre der ZVfD hatte es ähnliche Absichten gegeben. Vgl. Lichtheim an Goldmann, 22. Juli 1941, abgedruckt in: Nicosia (Hg.), Dokumente zur Geschichte des deutschen Zionismus, Dok. 205, 592 f.

Truppen in Nordafrika zurückgeworfen hatte. Landauer und Kreutzberger, Senator und Weltsch überlebten den Zweiten Weltkrieg und den Holocaust in Palästina; Ruppin starb dort 1943 im Alter von 66 Jahren. Adler-Rudel und Bentwich agierten während des Kriegs von London aus, während Goldmann den World Jewish Congress 1940 in die Vereinigten Staaten verlagerte, wohin auch Rosenblüth im Jahr darauf emigrierte.

Von diesem Kreis einstiger Teilnehmer der Konferenz von Évian und ihrem direkten Umfeld gingen die ersten Reflexionen über das zur Geschichte werdende Ereignis aus.[10] Dabei ist einerseits interessant, dass in erster Linie nationaljüdische und zionistische Stimmen nach 1945 dominant wurden. Die philanthropisch arbeitenden Organisationen wie der JDC oder der Council for German Jewry, die in den 1930er Jahren Zehntausende bei der Emigration in die ganze Welt unterstützt hatten, gerieten in den Hintergrund. Palästina avancierte zum Ort der Rettung, schien sich doch die Katastrophenerwartung der zionistischen Weltanschauung in gewisser Weise bestätigt zu haben. Dass der Jischuw in Palästina nicht aufgrund des Ortes oder des Zionismus überlebt hatte, drang nicht ins Bewusstsein.[11] Diese Perspektive beeinflusste auch jene, die in den 1930er Jahren der zionistischen Bewegung noch ferngestanden hatten. Wischnitzer, der 1938 sowohl für die Reichsvertretung als auch für den JDC gearbeitet und im weiteren Umfeld von Évian mitgewirkt hatte, datierte sein Vorwort zu *To Dwell in Safety*, in dem er sich mit jüdischen Migrationsbewegungen zwischen 1800 und 1947 befasste, auf den 14. Mai 1948 und fügte hinzu: »Während diese Zeilen geschrieben werden, verkündet das Radio, dass der Staat Israel ausgerufen wurde. Die Probleme der Migration werden eine neue Facette annehmen. Wir stehen an einem neuen Wendepunkt der Geschichte.«[12]

Dieser Wendepunkt bezog sich aber nicht nur auf die Frage der Einwanderung nach Palästina, sondern auch auf Fragen jüdischer Souveränität. Fragen nach *einer* jüdischen Repräsentanz, *einer* jüdischen Stimme, die für das Kollektiv spricht, wirkten auch in die Vergangenheit. Rückblickend wurde nationaljüdischen und protosouveränen Positionen, wie sie seitens des World Jewish Congress oder der Jewish Agency in Évian vertreten worden waren, ein Primat zugeschrieben, über das sie in den 1930er Jahren im breiten Spektrum jüdischer Politik noch nicht verfügt hatten. Ihre damaligen Forderungen nach Anerkennung einer jüdischen Nation, einem erweiterten Blick über die Situation in Deutschland hinaus nach Osteuropa, nach Selbstbestimmung

---

10 Vgl. Tartakower/Grossmann (Hgg.), The Jewish Refugee; Wischnitzer, To Dwell in Safety.
11 Hierzu bes. Diner, Ein anderer Krieg, 282 f.
12 Wischnitzer, To Dwell in Safety, XIII. Die spätere Außen- und Premierministerin Golda Meir vertrat die politisch durchaus problematische, aber dennoch verbreitete Ansicht, der zufolge die Existenz Israels den Begriff »jüdischer Flüchtling« zum Verschwinden gebracht habe. Vgl. dies., Mein Leben, 158.

und der Einwanderung nach Palästina hatten sich in Évian nicht erfüllt. Nach dem Holocaust waren ihre Aufrufe anschlussfähig, da sich ihre einstigen Warnungen und Mahnungen bestätigt zu haben schienen. Das Weltbild der staatsbürgerlich akkulturierten Jüdinnen und Juden in Westeuropa war durch die nationalsozialistischen Verbrechen infrage gestellt. Die Versuche ihrer prominenten Vertreter wie Lord Samuel, Warburg oder Baerwald, mit dem NS-Regime zu einer Art Kooperation bei der Emigration der deutschen Juden zu kommen, gerieten nach dem Holocaust in den Verdacht einer vermeintlichen Kollaboration.[13] Wie im World Jewish Congress und der Boykottbewegung schon 1939 deutlich gemacht worden war, hätten jüdische Emissäre ein Emigrationsabkommen mit einer antisemitischen Regierung aus Prinzip verwerfen müssen, da sie aufgrund jüdischer Selbstachtung auch nicht indirekt an der Vertreibung anderer Juden hätten mitwirken dürfen.[14] Auch Rublees Verhandlungen gerieten daher sehr früh in die Kritik. Da sich die nationaljüdischen Erwartungen an Évian in den Wochen und Monaten danach nicht einlösten, begann sich eine Perspektive des Scheiterns, die eigentlich mit dem Intergovernmental Committee verbunden war, auf die Konferenz von Évian zu übertragen. Damit verfestigte sich das Bild der Konfrontation zwischen einer gleichgültigen Staatenwelt auf der einen Seite und dem bedrohten jüdischen Kollektiv auf der anderen, und das zu einem Zeitpunkt, als Goldmann ein ausgeprägtes Bewusstsein einer bevorstehenden umwälzenden Krise offenbarte.

Damit verbunden ist auch eine bestimmte Form der Teleologie, in der retrospektiv davon ausgegangen wird, dass die von den Nationalsozialisten eingeleitete Vernichtung der europäischen Jüdinnen und Juden bereits weit vor ihrem Beginn hätte erkannt werden können. Somit hätte die internationale Staatengemeinschaft auch ganz anders auf die bevorstehende Katastrophe reagieren müssen, als sie es getan hatte. Dass dabei mitunter die Chronologie der Ereignisse durcheinandergeriet, lässt sich beispielhaft an Wischnitzers Studie von 1948 zeigen. Die Vertreibung der Juden aus Deutschland unterteilt er für die 1930er Jahre in drei Abschnitte. Der dritte Abschnitt ist hier von besonderem Interesse und umfasst die Zeit vom März 1938 bis zum Kriegsausbruch. Innerhalb dieser Zeitspanne beschreibt er nach der Annexion Österreichs zunächst den Novemberpogrom und die anschließende Dominanz von Gestapo und SD in der nationalsozialistischen Verfolgungspolitik. Erst hierauf folgt ein Abschnitt zur Konferenz von Évian.[15] Diese Umkehr der Ereignisabfolge und vor allem die Entkontextualisierung sind für das Gedächtnis von Évian prägend geworden.

13 Vgl. Jünger, Verzerrte Erinnerung.
14 Vgl. AJA, MS-361/A6/6, Protokoll der Administrative des Jüdischen Weltkongresses vom 14. bis 16. Januar 1939 in Paris, bes. 31 f.; Diner, Ein anderer Krieg, 101 f.
15 Vgl. Wischnitzer, To Dwell in Safety, 191–205.

Am Anfang dieser Studie stand daher ganz bewusst der Wechsel der Perspektive – von dem Wissen um das Danach zum Moment des Ereignisses. Der genaue Blick auf die Situation 1938/39 ist deshalb erkenntnisfördernd, weil so gezeigt werden konnte, dass in der zeitgenössischen Wahrnehmung nicht die Konferenz von Évian gescheitert ist, sondern das dort etablierte Intergovernmental Committee. Diese Unterscheidung ist relevant und sagt etwas Wichtiges über die Zeitenschwelle, die sich im Herbst 1938 andeutete und die der Novemberpogrom markierte. Mit ihm erfolgte der Umschlag von Emigration zu Flucht. Die noch wenige Monate zuvor in Évian hoffnungsvoll begrüßte und für realistisch gehaltene Aussicht auf ein langfristiges Emigrationsprojekt für die deutschen und österreichischen Jüdinnen und Juden wich Senators und Adler-Rudels Forderung nach sofortiger Evakuierung. Diese war jedoch sowohl in der internationalen Staatenwelt als auch in einigen jüdischen Organisationen auf Kritik gestoßen und weitgehend verhallt.

Adler-Rudel hatte – wie viele seiner Kollegen – bereits im Mai 1938 erkannt, dass es keine Zukunft für jüdisches Leben in Deutschland geben würde. Allerdings hatte er weder die spätere Katastrophe der europäischen Judenheiten vorausgesehen, noch Vorstellungen von Evakuierung entwickelt. Wenn in dieser Zeit von der »Vernichtung der deutschen Juden« gesprochen wurde, dann wurden damit Fragen wirtschaftlicher Existenz und selbstbestimmten Lebens evoziert. Trotz unzähliger Angriffe gegen Juden als Juden war die Absicht der Auslöschung des Kollektivs noch nicht vorstellbar. Dieser Aspekt verdeutlicht umso mehr die Bedeutung des späteren Zivilisationsbruchs, der grundlegende und vermeintlich unumstößliche Erwartungen über menschliches Zusammenleben negierte.[16]

Als im Juli 1938 in Évian Regierungsvertreter und Emissäre jüdischer Organisationen zusammengekommen waren, konnten sie noch von langfristigen Konzepten und Maßgaben eines geordneten und legalen Migrationsprozesses ausgehen. Das auf der Konferenz gegründete Intergovernmental Committee on Refugees ist heute weitgehend vergessen. Zeitgenössisch kam ihm aber große Bedeutung zu, war es doch durch eine Reihe fortschrittlicher Elemente charakterisiert: Die Verantwortlichen des IGCR waren ermächtigt, mit dem Deutschen Reich Verhandlungen aufzunehmen. Dabei ging es um ein völkerrechtlich heikles Thema: potenzielle Flüchtlinge, also Verfolgte, die sich zu diesem Zeitpunkt noch im Herkunftsland aufhielten. Verbunden damit war die Anerkennung, dass Flüchtlinge nicht allein Folge zwischenstaatlicher Kriege, sondern auch der Gewalt eines Staates gegen seine eigenen Staatsbürger sein konnten. Die in Évian erklärte Zuständigkeit von außen deutete zumindest ein Aufweichen der Souveränität an, denn die

---

16 Zum Begriff des Zivilisationsbruchs vgl. Diner, Gegenläufige Gedächtnisse, 13–17 und 27 f.

Verfolgung der deutschen Jüdinnen und Juden galt nicht länger als »innere Angelegenheit«, die außerhalb der Zuständigkeit der internationalen Staatengemeinschaft läge. Diese Haltung hatte noch die High Commission des Völkerbunds unter Malcolm geprägt. Darüber hinaus waren erstmals konkrete Fluchtgründe benannt und das IGCR dauerhaft eingerichtet worden. Dass die Regierung der Vereinigten Staaten nicht nur die Konferenz von Évian einberufen hatte, sondern sich auch aktiv am Intergovernmental Committee beteiligte, verlieh der ganzen Initiative besondere Hoffnung und Bedeutung.

Tatsächlich erreichte das IGCR während seiner neunjährigen Existenz aber wenig. Das lag weniger am Unwillen oder der Unfähigkeit seiner Mitarbeiter als an den begrenzten Handlungsmöglichkeiten, finanziellen Mitteln und der sich wandelnden geopolitischen Situation. Das Intergovernmental Committee war ein Produkt der Zwischenkriegszeit. In ihm spiegelten sich sowohl damalige Erfahrungsräume im Allgemeinen als auch der Status quo der Flüchtlings- und Migrationspolitik im Besonderen. Die Dynamik nationalsozialistischer Verfolgungspolitik, deren Kulmination in der systematischen Vernichtung aller Jüdinnen und Juden im deutschen Herrschaftsbereich sowie die Existenz von Millionen DPs nach dem Zweiten Weltkrieg waren bei seiner Gründung nicht vorhersehbar gewesen. Nicht zuletzt die statische Konzeption des IGCR verhinderte, auf diese Schrecken in irgendeiner Weise zielführend reagieren zu können. Erst rückblickend wird deutlich, dass bereits 1938 nicht mehr die Bedingungen für langfristige Auswanderungs- und Siedlungsprojekte gegeben waren, an denen man im IGCR bis nach Ausbruch des Kriegs festhielt – auch mangels Alternativen. Roosevelts Schätzung vom Oktober 1939, nach dem Krieg werde man mit zehn, zwanzig Millionen Heimatlosen konfrontiert sein, bewahrheitete sich auf tragische Weise. Auch wenn das Intergovernmental Committee auf diese Aufgabe hätte vorbereitet sein sollen, so war dieses Ansinnen bestenfalls eine Illusion.

Anders als nach dem Ersten Weltkrieg schien nach dem Zweiten ein Rekurs auf das Vergangene nicht denkbar – dafür war die Zerstörung Europas zu gewaltig gewesen.[17] Im Vergleich zum IGCR waren das War Refugee Board, das bis Kriegsende an der Rettung von etwa 200 000 Jüdinnen und Juden beteiligt gewesen war, und die UNRRA eher in der Lage, auf die unmittelbar drängenden Probleme während des Kriegs und danach zu reagieren.[18] Die International Refugee Organization war dann mit Hunderten Millionen US-Dollar ausgestattet, verfügte über mehr als 4500 Mitarbeiterinnen und Mitarbeiter sowie eine eigene Transportflotte und erwies sich durch ihre Leistungen

---

17 Vgl. hierzu Mazower, Dark Continent, 216; Betts, Ruin and Renewal, 3, 32 f. und 50.
18 Vgl. Wyman, Das unerwünschte Volk, 326 f.; zur Ausstattung der UNRRA vgl. Betts, Ruin and Renewal, 53.

als »erste wirklich effektive internationale Flüchtlingsorganisation«.[19] Sie war das Ergebnis neuer Erfahrungen und damit die Antwort auf Probleme gänzlich anderer Dimension, als man vor dem Krieg erwartet hatte. Dennoch waren Elemente des Intergovernmental Committee, wie die Anerkennung der Furcht vor Verfolgung, die Ausdifferenzierung von Fluchtgründen und die Erkenntnis, dass Fluchtbewegungen nicht ausschließlich Folgen kriegerischer Auseinandersetzung zweier Staaten sein müssen, Aspekte, die bei der Einrichtung der United Nations High Commission for Refugees erneut zur Geltung kamen.[20]

Abschließend bleibt zu konstatieren: Évian war keine Rettungskonferenz. Es schien der Auftakt für die Suche nach einer realistischen Verhandlungslösung gemacht worden zu sein, der den verfolgten deutschen und österreichischen Jüdinnen und Juden binnen der nächsten Jahre einen Ausweg hätte ermöglichen sollen. Diese Perspektive basierte auf den Erfahrungsbeständen der Zwischenkriegszeit und ging maßgeblich auf die Ergebnisse der Refugee Settlement Commission in den 1920er Jahren zurück. Das Intergovernmental Committee entsprach den einstigen Erwartungen von Emissären wie Adler-Rudel und Bentwich, Baerwald und Jaretzki sowie jenen von Goldmann und Landauer. Die im Sommer 1938 wirkmächtigen Erfahrungen und die daraus abgeleiteten Hoffnungen waren keineswegs blind für die nationalsozialistische Gewalt, und doch belegen sie die Undenkbarkeit des Zivilisationsbruchs. Adler-Rudels Enttäuschung über den mit dem Intergovernmental Committee eingeschlagenen Weg setzte bereits nach dem Novemberpogrom ein, aber seine Enttäuschung und Frustration Anfang 1939 und jene sich auf die Vergangenheit auswirkende Fassungslosigkeit im Juni 1943 stehen auf unterschiedlichen Ebenen. Während es vor dem Krieg noch die Bestrebung gab, mittels des IGCR und seines Netzwerks eine Evakuierung in die Wege zu leiten, schrumpfte das Ergebnis von Évian nach 1943 angesichts der Dimensionen der europaweiten Vernichtung zu einem völlig unzureichenden Mittel der Einflussnahme auf den Gang der Ereignisse.

Zugleich wuchs in der Erinnerung die Bedeutung der Konferenz. Vor dem Hintergrund einer ganz anderen Dringlichkeit verlor sich die einst angedachte geordnete und langfristig organisierte Emigrationsbewegung. Im Rückblick steht außer Frage, dass in Évian die Rettung, sprich sofortige

---

19 Sjöberg, The Powers and the Persecuted, 222. Allerdings vermied es die internationale Staatengemeinschaft nach 1945 zunächst wiederum, dauerhafte Strukturen für den Umgang mit Geflüchteten zu etablieren. Vgl. Schönhagen, Geschichte der internationalen Flüchtlingspolitik 1945–1975.
20 Zum Einfluss von Évian auf das internationale Flüchtlingsrecht und seine Institutionen nach 1945 vgl. das Statement von Roland Bank, in: Gallas/Jost, Die Genfer Flüchtlingskonvention, 19; auch Bank, Die Bedeutung der Évian-Konferenz für den Flüchtlingsschutz nach dem Zweiten Weltkrieg.

Evakuierung hätte eingeleitet werden müssen. Diese spätere Erkenntnis hatte nicht nur Auswirkungen auf die Einschätzung der einstigen Agenda der Konferenz, sondern auch auf die Bewertung ihres Ergebnisses. Da in Évian nur wenige konkrete Einwanderungsmöglichkeiten eröffnet wurden, schien die Konferenz kein Ergebnis gebracht zu haben.[21] Die Formulierung einer Anklage gegen die beteiligten Staaten und die Konstatierung einer gewissen Mitschuld, indem auf die späteren Verbrechen vermeintlich nicht rechtzeitig und adäquat reagiert wurde, konnte sich auf dieser Grundlage entwickeln. Doch der Schuldvorwurf ist historisch nicht gerechtfertigt. Die einst hoffnungsvoll gestartete Initiative scheiterte an den präzedenzlosen Verbrechen des nationalsozialistischen Deutschlands – beides ist auf unterschiedlichen Zeitebenen und in einem jeweils anderen Kontext zu verorten. Übrig blieben die unerfüllten Hoffnungen jüdischer Emissäre aus dem Frühjahr 1938. Adler-Rudel schrieb in seinem 1969 veröffentlichten Aufsatz, diese Hoffnungen hätten in keinem Verhältnis zu dem gestanden, was letztlich erreicht wurde.[22] In dem Satz liegt die ganze Tragik von Évian. Adler-Rudel und seine Mitstreiter hatten sich unermüdlich für die Verfolgten eingesetzt und die Konferenz mitgeprägt, und doch blieben am Ende viele ihrer Bemühungen vergebens oder erwiesen sich als unzureichend.

---

21 Für diese Perspektive vgl. exemplarisch Goldmann, Staatsmann ohne Staat, 219.
22 Zu den unerfüllten Hoffnungen vgl. Adler-Rudel, The Evian Conference on the Refugee Question, 260.

Kommentierte Personenübersicht

Ausgewählte Protagonisten und Protagonistinnen dieser Studie, die eng mit der Konferenz von Évian und dem Intergovernmental Committee on Refugees verbunden waren, sind mit ihren wesentlichen Funktionen und Wirkungsstätten in den folgenden Kurzbiografien erfasst. Alle übrigen Personen sind mit ihrer Tätigkeit im ereignisgeschichtlichen Kontext verzeichnet.[1]

Adler-Rudel, Salomon (1894–1975)
Sozialarbeiter, zionistischer Funktionär und Publizist; 1915–1919 Generalsekretär der österreichischen Poale Zion in Wien; ab 1919 in Berlin Leiter des Arbeiterfürsorgeamts der jüdischen Organisationen in Deutschland und ab 1930 Leiter der Arbeits- und Berufsfürsorge der Jüdischen Gemeinde; 1933/34 Geschäftsführer des Zentralausschusses für Hilfe und Aufbau; 1934–1936 Geschäftsführer der Reichsvertretung und Mitglied im Vorstand der ZVfD; Anfang 1936 Ausweisung aus Deutschland; 1936–1945 Funktionär des Council for German Jewry und dessen wichtiger Verbindungsmann zu Reichsvertretung, ZVfD, JDC und der Jewish Agency; 1949 Auswanderung nach Israel und dort bis 1955 Leiter der Abteilung für Internationale Beziehung der Jewish Agency; aktiv an der Gründung des Leo Baeck Institute beteiligt; ab 1958 Leiter des Jerusalemer Leo Baeck Institute; zahlreiche Veröffentlichungen.

Akzin, Benjamin (1904–1985)
revisionistischer Zionist; Sekretär Jabotinskys; Leiter der politischen Abteilung der NZO.

Alling, Paul (1896–1949)
Diplomat; Ende der 1930er Jahre Koordinator für Flüchtlingspolitik im amerikanischen Außenministerium.

Alperin, Aron (1901–1988)
Journalist; 1928–1940 Chefredakteur des *Pariser Haynt* sowie Autor und Korrespondent zahlreicher meist jiddischsprachiger Zeitungen in Osteuropa und Palästina.

Aman, Dudley (Lord Marley; 1884–1952)
Militär und Politiker; 1902–1918 bei der britischen Marine; 1930/31 Staatssekretär im Kriegsministerium; 1930–1941 Labour-Abgeordneter im britischen Oberhaus und dessen stellvertretender Sprecher; Förderer der jüdischen Ansiedlung in Birobidschan.

---

1 Die Kurzbiografien basieren im Wesentlichen auf folgenden Quellen: EJGK; Encyclopaedia Judaica; Nicosia (Hg.), Dokumente zur Geschichte des deutschen Zionismus 1933–1941; Bonnesoeur u. a. (Hgg.), Geschlossene Grenzen; Rubinstein/Jolles/Rubinstein (Hgg.), The Palgrave Dictionary of Anglo-Jewish History; Hering (Hg.), Jüdische Wohlfahrt im Spiegel von Biographien.

Armstrong, Hamilton Fish (1893-1973)
Journalist und Diplomat; 1922-1928 Chefredakteur, anschließend bis 1972 Herausgeber der Zeitschrift *Foreign Affairs*.

Avenol, Joseph (1879-1951)
Politiker und Diplomat; 1933-1940 Generalsekretär des Völkerbunds.

Baeck, Leo (1873-1956)
Reformrabbiner und Verbandspräsident; ab 1912 Gemeinderabbiner in Berlin; 1933 bis zur Zwangsauflösung 1943 Präsident der Reichsvertretung sowie der späteren Reichsvereinigung; 1943 Deportation nach Theresienstadt; 1945 Übersiedlung nach London.

Baerwald, Paul (1871-1961)
Bankier und Philanthrop; geboren in Frankfurt am Main, ab 1895 in New York City; 1914 Mitbegründer des JDC und 1932-1945 dessen Vorsitzender, anschließend bis zu seinem Tod Ehrenvorsitzender.

Ben-Gurion, David (1886-1973)
zionistischer Funktionär und Politiker; Mitbegründer der führenden Arbeiterpartei Mapai im Mandatsgebiet Palästina und später in Israel; Vorsitzender der Histadrut; 1935-1948 Vorsitzender der Jewish Agency; nach der Staatsgründung Israels dessen Premierminister und Verteidigungsminister.

Bentwich, Norman (1883-1971)
Jurist, Militär, Kolonialbeamter und Autor; als Offizier 1917 beteiligt an der Eroberung Jerusalems, im Anschluss Rechtsberater des britischen Mandatars und 1922-1929 Generalstaatsanwalt in Palästina; 1931 Abschied aus dem Kolonialdienst, lebte fortan in London und Jerusalem; 1932-1951 Professor für Internationale Beziehungen an der Hebräischen Universität; 1933-1935 Stellvertretender Direktor beim HCR; zentraler Funktionär im Council for German Jewry und auch während des Zweiten Weltkriegs intensiv in der Hilfe für Geflüchtete engagiert; nach 1945 mit Restitutionsfragen beschäftigt; Autor zahlreicher Sachbücher zu zeitgenössischen politischen und völkerrechtlichen Themen.

Bérenger, Henry (1867-1952)
Politiker, Diplomat und Publizist; 1925/26 französischer Botschafter in den Vereinigten Staaten; 1926-1939 Vorsitzender des Auswärtigen Ausschusses im Senat (Oberhaus des französischen Parlaments); 1938/39 Vorstandsmitglied des IGCR; nach der Besetzung Frankreichs durch die Deutschen 1940 Rückzug aus der Politik.

Bernhard, Georg (1875-1944)
Journalist und Politiker; nach seiner Emigration aus Deutschland nach Paris 1933 Mitbegründer der Exilzeitung *Pariser Tageblatt* und Funktionär der Vereinigung deutscher Emigranten; 1936-1938 Mitglied im Vorstand des World Jewish Congress; 1941 Flucht nach New York.

Bernstein, James (ca. 1875–1959)
Mediziner und Verbandsfunktionär; von 1925 bis nach dem Zweiten Weltkrieg Direktor der HIAS in Europa; während des Kriegs Militärarzt in der US-Armee.

Beucker Andreae, Willem Cornelius (1882–1958)
Jurist und Diplomat; 1921–1946 Leiter der Rechtsabteilung im niederländischen Außenministerium.

Blumenfeld, Kurt (1884–1963)
zionistischer Funktionär und Politiker; Mitbegründer des Keren Hayesod in Deutschland; 1924–1933 Vorsitzender der ZVfD; nach seiner Emigration nach Palästina im September 1933 Geschäftsführer des Keren Hayesod in Jerusalem und Vorsitzender der Hitachduth Olej Germania.

Bowman, Isaiah (1878–1950)
Geograf; 1915–1935 Direktor der American Geographical Society; 1935–1948 Präsident der Johns Hopkins University in Baltimore, Md.; zeitweise Berater der amerikanischen Regierung.

Brandt, George Louis (1892–1971)
Diplomat; Dienst in verschiedenen Botschaften und Konsulaten, u. a. in Italien, Syrien und Deutschland; ab 1928 Leiter der Visaabteilung des amerikanischen Außenministeriums in Washington, D. C.

Brodetsky, Selig (1888–1954)
Mathematiker und zionistischer Politiker; 1924–1948 Professor für Mathematik an der University of Leeds; ab 1928 Mitglied des Vorstands der Zionistischen Organisation; 1940–1949 Präsident des Board of Deputies; 1949–1952 Präsident der Hebräischen Universität in Jerusalem.

Brotman, Adolph G. (1896–1970)
Verbandsfunktionär; 1940–1949 Sekretär des Board of Deputies of British Jews; nach dem Zweiten Weltkrieg in die Rückerstattung von geraubtem jüdischen Eigentum involviert.

Cazalet, Victor (1896–1943)
Politiker; von 1924 bis zu seinem Tod Mitglied des britischen Parlaments; auf der Konferenz von Évian Privatsekretär Lord Wintertons.

Cecil, Robert (1864–1958)
Politiker und Diplomat; 1923–1946 Präsident des Völkerbunds; 1937 Auszeichnung mit dem Friedensnobelpreis für die Gründung und Leitung der Organisation Internationale Friedenskampagne.

Chamberlain, Arthur Neville (1869–1940)
Politiker; 1931–1937 Schatzkanzler der britischen Regierung; vom 27. Mai 1937 bis 10. Mai 1940, dem Tag des Einmarschs deutscher Truppen in Frankreich, Premierminister und zentraler Protagonist der Appeasementpolitik gegenüber Deutschland.

Chamberlain, Joseph Perkins (1873–1951)
Jurist; 1923–1950 Professor für Öffentliches Recht an der Columbia University in New York City; zeitweise Regierungsberater; ab 1933 in die Unterstützung für Geflüchtete aus Deutschland involviert, u. a. amerikanischer Vertreter bei der HCR (McDonald), Vorsitzender des National Coordinating Committee, Mitglied des Advisory Committee on Political Refugees.

Cohen, Sir Robert Waley (1877–1952)
Chemiker, Geschäftsmann und Politikberater; in den 1930er Jahren am wirtschaftlichen Aufbau Palästinas beteiligt; im Council for German Jewry aktiv.

D'Avigdor Goldsmid, Osmond (Sir Osmond; 1877–1940)
Politiker und Philanthrop; 1921–1926 Präsident der Anglo-Jewish Association; 1926–1933 Präsident des Board of Deputies; anschließend Präsident der Jewish Colonization Association und der britischen Sektion der Jewish Agency.

Deedes, Sir Wyndham (1883–1956)
Militär, Beamter und Philanthrop; Sekretär Herbert Samuels in Palästina; nach seiner Rückkehr Mitte der 1920er Jahre nach London in verschiedenen sozialen und karitativen Institutionen tätig.

Dodds, Harold Willis (1889–1980)
Politikwissenschaftler; ab 1927 Professor an der Princeton University, 1933–1957 deren Präsident und 1936–1955 Treuhänder der Rockefeller Foundation.

Eichmann, Adolf (1906–1962)
Nationalsozialist und Kriegsverbrecher; ab 1938 zentraler Organisator und de facto Leiter der Zentralstellen für jüdische Auswanderung in Wien und Prag; während des Zweiten Weltkriegs maßgeblich an der Organisation der Verfolgung, Deportation und Ermordung der europäischen Juden beteiligt; 1962 von einem israelischen Gericht zum Tode verurteilt und hingerichtet.

Emerson, Sir Herbert (1881–1962)
Zivilbeamter und Publizist; 1904–1938 in verschiedenen hochrangigen Tätigkeiten in Britisch-Indien im Kolonialdienst; ab 1939 High Commissioner for Refugees, ab Februar 1939 bis zu dessen Auflösung 1946 Direktor des Intergovernmental Committee on Refugees.

Eppstein, Paul (1902–1944)
Soziologe und Zionist; ab 1935 Sozialreferent in der Reichsvertretung (später: Reichsvereinigung) der Juden in Deutschland; Anfang 1943 Deportation nach Theresienstadt, wo er bis zu seinem gewaltsamen Tod die Funktion des Judenältesten übernahm.

Feilchenfeld, Werner (1895–1985)
Jurist und Wirtschaftsberater; während der Weimarer Republik hochrangiger Mitarbeiter der Industrie- und Handelskammer Berlin sowie Aufsichtsrat in verschiedenen Unternehmen; 1934 Emigration nach Palästina; ab 1935 Leiter der Ha'avara Trust and

Transfer, Ltd. in Tel Aviv, 1936–1940 deren Generaldirektor; anschließend Geschäftsmann in verschiedenen Branchen in Israel und den Vereinigten Staaten sowie Wirtschaftsberater für den Staat Israel.

Fosdick, Raymond Blaine (1883–1972)
Jurist, Verwaltungsangestellter, Philanthrop und Autor; 1936–1948 Präsident der Rockefeller Foundation.

Goldmann, Nahum (1895–1982)
zionistischer Funktionär; ab Mitte der 1920er Jahre im Aktionskomitee der Zionistischen Organisation; 1933 Emigration aus Deutschland, ab 1935 Staatsbürger von Honduras; 1933 Leiter des Comité des délégations juives und Organisator der Gründungskonferenzen des 1936 etablierten World Jewish Congress, 1936–1956 dessen Vorsitzender; 1935–1940 Repräsentant der Jewish Agency beim Völkerbund; 1940 Emigration in die Vereinigten Staaten und Annahme der amerikanischen Staatsbürgerschaft; auf diplomatischer Ebene an der Staatsgründung Israels beteiligt; Initiator und Präsident der Claims Conference, für die er von der Bundesrepublik Deutschland sogenannte Wiedergutmachung für die jüdischen Opfer des Holocaust sowie für den Staat Israel durchsetzte; nach dem Tod von Stephen Wise 1949 Präsident des WJC bis 1977; 1962 Emigration nach Israel und Annahme der israelischen Staatsbürgerschaft; ab 1968 auch Schweizer Staatsbürger.

Goodman, Harry Aharon (1898–1961)
Gemeindevorsteher und Funktionär; wirkte vor allem in der Bewegung Agudat Jisra'el; ab 1936 bis zu seinem Tod Herausgeber der unabhängigen Wochenzeitung *Jewish Weekly* der britischen Agudat sowie während des Zweiten Weltkriegs des *Jewish Bulletin* für das britische Informationsministerium und des *London Jewish Bulletin*. Mitglied in der Anglo-Jewish Association sowie im Board of Deputies.

Göring, Hermann (1893–1946)
führender Nationalsozialist und Kriegsverbrecher; ab 1935 Oberbefehlshaber der Luftwaffe; ab Oktober 1936 Beauftragter für den Vierjahresplan; organisierte Maßnahmen zur Vertreibung der Juden aus der Wirtschaft und beauftragte Reinhard Heydrich 1941 mit der sogenannten Endlösung der Judenfrage; 1946 vom Internationalen Militärtribunal in Nürnberg zum Tode verurteilt; der Hinrichtung entzog er sich durch Suizid.

Gourevitch, Boris (1890–1964)
Jurist, Autor und Philanthrop; in den 1930er Jahren initiierte er das Committee for the Defense of the Rights of Jews in Central and Eastern Europe, aus dem nach seiner Emigration in die Vereinigten Staaten die Union for the Protection of the Human Person hervorging; mit seinem publizistischen Werk für Versöhnung und Frieden war er zweimal für den Friedensnobelpreis nominiert.

Grünbaum, Yitzhak (1879–1970)
Journalist und zionistischer Politiker; ab 1933 Vorstandsmitglied der Jewish Agency in Jerusalem und erster Innenminister Israels.

Guinzburg, Harold Kleinert (1899-1961)
Journalist, Verleger und Philanthrop; 1925 Mitbegründer des Verlagshauses Viking Press; in den 1930er Jahren in verschiedenen Funktionen im JDC aktiv.

Habe, Hans (1911-1977)
Journalist und freier Schriftsteller; 1935-1940 Korrespondent des *Prager Tagblatts* beim Völkerbund; während des Zweiten Weltkriegs Soldat in der französischen und nach seinem Ausbruch aus einem deutschen Kriegsgefangenenlager in der US-Armee; nach dem Krieg beteiligt am Wiederaufbau der deutschen Presse in München; Autor erfolgreicher Publikumsromane, die oft auf realen Ereignissen basieren, wie u. a. *Die Mission* über die Konferenz von Évian.

Hansson, Michael (1875-1944)
Jurist; Völkerrechtsexperte; Richter an verschiedenen internationalen Schiedsgerichten, u. a. in Den Haag; 1936-1938 Leiter des Nansen International Office for Refugees beim Völkerbund.

Harrison, Earl G. (1899-1955)
Jurist und Zivilbeamter; 1940-1945 in der Regierung Roosevelt mit Einwanderungsfragen befasst; 1945 von Roosevelt zum amerikanischen Repräsentanten im IGCR ernannt; Juni bis August 1945 Berichterstatter über die Situation jüdischer Displaced Persons für die amerikanische Regierung; anschließend Rechtsanwalt.

Hirsch, Otto (1885-1941)
Jurist und Beamter; Mitwirkung an der Weimarer Reichsverfassung für das württembergische Innenministerium; ab Mitte der 1920er Jahre Mitbegründer des Jüdischen Lehrhauses in Stuttgart; 1933-1939 geschäftsführender Vorsitzender der Reichsvertretung, anschließend bis 1941 der Reichsvereinigung; mehrfach kurzzeitig inhaftiert; Anfang 1941 Deportation in das KZ Mauthausen.

Hirschberg, Alfred (1901-1971)
Journalist und Publizist; 1920-1938 Mitarbeiter der *CV-Zeitung*, ab 1933 deren Chefredakteur; Syndikus im CV; nach dem Novemberpogrom kurzzeitig inhaftiert; 1940 Flucht über Paris und London nach São Paulo, wo er seine publizistische Tätigkeit fortsetzte.

Holborn, Louise Wilhelmine (1898-1975)
Politikwissenschaftlerin; in den 1920er Jahren in der Fürsorge und Sozialverwaltung tätig; ab 1928 Studium in Heidelberg und an der Deutschen Hochschule für Politik in Berlin; 1933 Emigration nach London und im Jahr darauf in die Vereinigten Staaten; 1938 Promotion; während des Zweiten Weltkriegs im Office of Strategic Service tätig; anschließend Professorin in New London, Conn.

Hull, Cordell (1871-1955)
Jurist und Politiker; 1933-1944 Außenminister der Vereinigten Staaten; 1945 Auszeichnung mit dem Friedensnobelpreis für die Wegbereitung der Vereinten Nationen.

Hyman, Joseph Charlap (1899-1949)
Jurist, Sozialarbeiter und Philanthrop; 1922-1947 stellvertretender Vorsitzender des JDC; zeitweise Berater der HCR (McDonald) sowie von Felix M. Warburg während dessen Amtszeit als Vorsitzender des Administrativkomitees der Jewish Agency.

Israel, Wilfrid (1899-1943)
Geschäftsmann und Philanthrop; Manager im familieneigenen Warenhausunternehmen; in den 1930er Jahren in deutsch-jüdischen Organisationen wie dem Hilfsverein aktiv; nach der Emigration nach London 1939 Vermittler zwischen Regierungsstellen und jüdischen Organisationen; während des Zweiten Weltkriegs an zahlreichen Rettungsaktionen beteiligt.

Jabotinsky, Wladimir Ze'ev (1880-1940)
zionistischer Politiker, Journalist und Schriftsteller; Anfang der 1930er Jahre Initiator des revisionistischen Zionismus, der die umgehende Gründung eines jüdischen Staats beiderseits des Jordan zum Ziel hatte; Konflikt mit dem zionistischen Establishment um Weizmann und Ben-Gurion; 1923 Austritt aus der Zionistischen Organisation und 1935 Gründung der Neuen Zionistischen Organisation.

Jarblum, Marc (1887-1972)
zionistischer Politiker, Jurist und Publizist; Mitbegründer von Poale Zion in Polen; wegen politischer Aktivitäten im Untergrund mehrfach inhaftiert; 1907 Umzug nach Paris; in der Zwischenkriegszeit in der Jewish Agency aktiv, Vorsitzender der Fédération des sociétés juives de France, Vorstandsmitglied des WJC; während der deutschen Besatzung Frankreichs im Untergrund; 1955 Übersiedlung nach Israel.

Jaretzki junior, Alfred (1892-1976)
Jurist und Politikberater; 1916 Abschluss an der Harvard Law School; ab 1916 Partner in der renommierten New Yorker Anwaltskanzlei Sullivan & Cromwell; Berater der amerikanischen Delegation auf der Konferenz von Évian und während des Zweiten Weltkriegs im amerikanischen Kriegsministerium; 1939 Vizevorsitzender des JDC.

Jefroykin, Israel (1884-1954)
Autor und Politiker; nach der Revolution der Bolschewiki 1917 nach Paris geflüchtet; führende Persönlichkeit der Fédération des sociétés juives de France; Anfang der 1930er Jahre Mitgründer des World Jewish Congress.

Kahn, Bernhard (1876-1955)
Verbandsfunktionär; 1904-1921 Generalsekretär des Hilfsvereins der Deutschen Juden; ab 1921 in Paris, beim JDC zuständig für Flüchtlingsangelegenheiten und 1924-1939 dessen Europadirektor; nach Ausbruch des Zweiten Weltkriegs Emigration in die Vereinigten Staaten; 1939-1950 Ehrenvorsitzender des europäischen Beirats des JDC; 1950-1955 Vizevorsitzender des JDC.

Kaplan, Elieser (1891-1952)
zionistischer Funktionär und Politiker; 1933-1945 Schatzmeister der Jewish Agency; 1948-1952 Finanzminister Israels.

Katz, Nathan (1905-?)
Verbandsfunktionär; 1938/39 Generalsekretär des JDC in Europa; Vorsitzender des Liaison Committee der HCR.

Kemal Atatürk, Mustafa (1881-1938)
Offizier und Politiker; organisierte ab 1921 die militärische Abwehr der griechischen Invasion in Kleinasien; 1923 Gründer der Türkischen Republik und bis zu seinem Tod ihr Präsident.

Knöpfmacher, Kate (1890-1965)
Verbandsfunktionärin; ab 1922 Sekretärin von Nahum Goldmann und als solche beteiligt an der Gründung des World Jewish Congress; Verwaltungsleiterin des Pariser Büros bis zu ihrer Emigration 1940; ab 1941 Aufbau und Leitung der Dependance in Mexiko-Stadt; 1944 Umzug nach New York City und Tätigkeit im neuen Hauptsitz des WJC.

Kreutzberger, Max (1900-1978)
Sozialarbeiter, zionistischer Funktionär und Publizist; 1922-1924 Leiter der Arbeiterfürsorgestelle in Breslau; Studium der Geschichte, Philosophie und Politischen Ökonomie in Freiburg i. Br., München und Breslau; 1925 Promotion an der Universität Breslau; 1925-1935 Generalsekretär der Hauptstelle für jüdische Wanderfürsorge in Berlin; ab 1926 mit Adler-Rudel Co-Redakteur der Monatsschrift *Jüdische Arbeits- und Wanderfürsorge*; 1933-1935 Mitgeschäftsführer (neben Senator u. a.) des Zentralausschusses für Hilfe und Aufbau; 1933-1936 Repräsentant der Reichsvertretung im Ausland; Herbst 1935 Emigration nach Palästina; 1935-1948 Generalsekretär der Hitachduth Olej Germania und Chefredakteur von dessen *Mitteilungsblatt*; 1948-1955 Vertreter der Jewish Agency in München, involviert in die United Restitution Organization; 1955 Übersiedlung nach New York, wo er bis 1966 Direktor des neu gegründeten Leo Baeck Institute war.

Landauer, Georg (1895-1954)
zionistischer Funktionär; 1924/25 Leiter des Palästinaamts in Berlin; 1929-1933 Geschäftsführer des ZVfD und erneut Leiter des Palästinaamts; 1933 an der Gründung der Reichsvertretung und den Verhandlungen des Ha'avara-Abkommens beteiligt; 1934 Emigration nach Palästina; 1934-1954 Direktor des Central Bureau for the Settlement of German Jews in Jerusalem und gleichzeitig Vorsitzender der Hitachduth Olej Germania; nach dem Holocaust mit Restitutionsfragen befasst und an der Aushandlung des Luxemburger Abkommens beteiligt.

Laski, Neville (1890-1969)
Jurist und Politiker; 1933-1939 Präsident des Board of Deputies; 1934 Vorsitzender des Administrativkomitees der Jewish Agency; Vizepräsident der Anglo-Jewish Association.

Lauterbach, Leo (1886-1968)
zionistischer Funktionär; 1921-1935 Leiter des Organisation Department der Jewish Agency in London.

Le Breton, Thomás Alberto (1868–1959)
Politiker und Diplomat; 1931–1938 argentinischer Botschafter in Frankreich; 1938–1941 Botschafter in Großbritannien.

Lemkin, Raphael (1900–1959)
Jurist, Wegbereiter des internationalen Strafrechts; prägte den Begriff »Genozid« und war maßgeblich an der Etablierung der von den Vereinten Nationen 1948 einstimmig verabschiedeten Convention on the Prevention and Punishment of the Crime of Genocide beteiligt.

Lestschinsky, Jacob (1876–1966)
Historiker, Soziologe und Journalist; vor und nach dem Ersten Weltkrieg in verschiedenen nationaljüdischen und philanthropischen Organisationen in Russland, Polen und Deutschland tätig, u. a. ORT, Vereinigte Jüdische Sozialistische Arbeiterpartei; 1921–1933 Korrespondent für den *Forverts* in Berlin; 1925 dort Mitbegründer des YIVO, Leiter der Abteilung für Wirtschaftsstatistik; 1933 nach kurzer Inhaftierung Emigration nach Polen und 1938 in die Vereinigten Staaten; bedeutender Wissenschaftler und Publizist, u. a. tätig für das Institute of Jewish Affairs beim WJC.

Lichtheim, Richard (1885–1963)
zionistischer Politiker; 1913–1917 Emissär der Zionistischen Organisation in Konstantinopel; 1921–1923 Vorstandsmitglied der Zionistischen Organisation in London; nach dem Bruch mit Weizmann von 1925 bis 1933 in der Bewegung der Zionisten-Revisionisten in Berlin aktiv; 1933 Emigration nach Palästina; 1939–1945 Leiter des Informationsbüros der Jewish Agency in Genf; 1946 Rückkehr nach Palästina.

Lobo, Hélio (1883–1960)
Jurist, Publizist und Diplomat; 1920–1926 brasilianischer Generalkonsul in New York und London; in der Zwischenkriegszeit Vertreter Brasiliens auf internationalen Konferenzen, u. a. in Évian.

Locker, Berl (1887–1972)
zionistischer Funktionär und Politiker; 1905–1931 Mitglied der Poale Zion und Sekretär u. a. in den Büros in Den Haag und Stockholm; 1921–1931 Sekretär des Weltverbands der Poale Zion; 1931–1935 im Vorstand der Jewish Agency, 1948–1956 deren Vorsitzender; 1955–1959 Abgeordneter der Mapai in der Knesset.

Löwenherz, Josef (1884–1960)
Jurist und Gemeindefunktionär; 1924–1937 Vizepräsident der Israelitischen Kultusgemeinde in Wien, im Mai 1938 von Eichmann als deren Leiter eingesetzt; nach der Zwangsauflösung der IKG im November 1942 als »Judenältester« der jüdischen Bevölkerung in Wien fungierend; 1945 Inhaftierung durch die Rote Armee wegen angeblicher Kollaboration, alle Anschuldigungen wurden fallengelassen; nach seiner Freilassung Emigration nach New York.

MacDonald, Malcolm (1901–1981)
Politiker und Kolonialbeamter; 1935 sowie 1938–1940 Kolonialminister der britischen Regierung; nach dem Zweiten Weltkrieg zahlreiche Dienststellungen in britischen Überseekolonien.

Makins, Roger (1904–1996)
britischer Diplomat und Regierungsbeamter; in den 1930er Jahren Beamter im Außenministerium und zuständig für Völkerbundangelegenheiten; 1945–1956 an der britischen Botschaft in Washington, D. C., 1953–1956 als Botschafter.

Malcolm, Sir Neill (1869–1953)
Militär und Geschäftsmann; 1889–1924 Offizier und General in der britischen Armee; 1926–1946 Präsident der North Borneo Chartered Company; 1926–1933 Vorsitzender des Royal Institute of International Affairs; 1936–1938 High Commissioner for Refugees (Jewish and Other) Coming from Germany beim Völkerbund.

Marcovici-Cleja, Simon (1897–1953)
Industrieller und Maler; erfolgreiche Unternehmungen im Eisenbahnbau, u. a. in Iran und Jugoslawien; Mitglied der Ehrenlegion; entwickelte 1938 einen Emigrationsplan für Juden aus Europa nach Palästina und Transjordanien.

Marks, Simon (1888–1964)
Kaufmann und Politiker; 1916–1964 Vorstandsvorsitzender des Warenhauskonzerns Marks & Spencer; einflussreicher Unterstützer der zionistischen Bewegung und Freund Weizmanns.

McDonald, James Grover (1886–1964)
Politikwissenschaftler und Diplomat; 1910–1919 Dozent, u. a. in Harvard und an der Indiana University; 1919–1933 Vorsitzender der Foreign Policy Association in New York; 1933–1935 High Commissioner for Refugees (Jewish and Other) Coming from Germany beim Völkerbund; 1938–1945 Mitglied des Advisory Committee on Political Refugees; 1948/49 Sondergesandter der amerikanischen Regierung in Israel, dort 1949/50 amerikanischer Botschafter.

Messersmith, George Strausser (1883–1960)
Diplomat; ab 1914 im amerikanischen Außenministerium; 1929–1933 Generalkonsul in Berlin; 1934–1937 Botschafter in Wien; 1937–1940 ranghoher Mitarbeiter im State Department und Befürworter der Abkehr vom Isolationismus; 1940–1942 Botschafter in Kuba, anschließend bis 1947 zuerst in Mexiko und dann in Argentinien.

Meyer, Franz (1897–1972)
Verbandsfunktionär; 1923/24 Leiter des jüdischen Arbeitsamts Berlin; ab 1933 Präsidiumsmitglied der Reichsvertretung; 1937–1939 Vorsitzender und Geschäftsführer der ZVfD; 1939 Emigration nach Palästina.

Meyerson (später Meir), Golda (1898–1978)
zionistische Funktionärin und Politikerin; 1921 Emigration aus den Vereinigten Staaten nach Palästina; bis zur Staatsgründung leitende Funktion in der Gewerkschaft Histadrut und in der von Ben-Gurion geführten Mapai; 1956–1965 Außenministerin und 1969–1974 Ministerpräsidentin Israels.

Montefiore, Leonard G. (1889–1961)
Politiker und Philanthrop; 1926–1939 Präsident der Anglo-Jewish Association; 1940–1947 Präsident der Jewish Colonization Association; in der Unterstützung der deutsch-jüdischen Flüchtlinge engagiert.

Morgenthau senior, Henry (1856–1946)
Unternehmer und Diplomat; erfolgreicher Immobilienmakler in New York; 1913–1916 amerikanischer Botschafter in Konstantinopel, intervenierte gegen den Völkermord an den Armeniern; 1918 Leiter einer Kommission in Polen, die antisemitische Pogrome untersuchte und Einfluss auf die Wiedererrichtung Polens sowie die Einführung von Minderheitenschutzverträgen hatte; 1923/24 Vorsitzender der Refugee Settlement Commission; autobiografische Publikationen zu seinem diplomatischen Wirken.

Nansen, Fridtjof (1861–1930)
Polarforscher und Diplomat; 1920–1930 erster High Commissioner for Refugees beim Völkerbund; 1922 für seine Leistungen mit dem Friedensnobelpreis ausgezeichnet.

Neumann von Hethárs, Heinrich (1873–1939)
Arzt; 1919–1938 Professor für Ohrenheilkunde an der Universität Wien sowie Leiter der Wiener Ohrenklinik; weltweit renommiert; nach der Annexion Österreichs kurzzeitig inhaftiert; Emissär der österreichischen Juden auf der Konferenz von Évian; 1939 Emigration in die Vereinigten Staaten; durch die Figur des Heinrich von Benda in Hans Habes Roman *Die Mission* wurde ihm ein literarisches Denkmal gesetzt.

Norman, Montagu (1871–1950)
Bankier; 1920–1944 Gouverneur der Bank of England.

Ormerod, Mary (1894–1975)
Philanthropin und Lokalpolitikerin; engagiert in der Society of Friends (Quäker), unterstützte in den 1930er Jahren jüdische Flüchtlinge aus Deutschland.

Oungre, Edouard Salomon (1878–1952)
Verbandsfunktionär; Dienst in der französischen Armee im Ersten Weltkrieg; zwischen den 1920er und 1940er Jahren leitende Funktionen in JCA, HIAS und HICEM; Übersiedlung von Portugal nach Brasilien im September 1941.

Paul-Boncour, Joseph (1873–1972)
Politiker; 1909–1932 Abgeordneter im französischen Parlament; 1932/33 Premier-, Verteidigungs- und Außenminister; 1938 kurzzeitig Außenminister; 1940 Ablehnung der Machtübertragung an Philippe Pétain; 1948 Mitwirkung an der Allgemeinen Erklärung der Menschenrechte.

Pell, Robert Thompson (1902–1969)
Diplomat; Anfang der 1930er Jahre an der amerikanischen Botschaft in Paris tätig; 1935–1944 stellvertretender Leiter der Europaabteilung im Außenministerium; 1938/39 Geschäftsführer und Vizedirektor des IGCR; nach dem Ende seiner diplomatischen Karriere 1950 Dozent für Internationale Beziehungen an der Fordham University in New York City.

Perlzweig, Maurice L. (1895–1985)
Reformrabbiner und zionistischer Funktionär; 1921–1938 Rabbiner der North London Progressive Synagogue; Herausgeber der Zeitschrift *Zionist Review;* Sekretär der Zionistischen Organisation und stellvertretendes Vorstandsmitglied der Jewish Agency; 1936–1942 Vorsitzender der britischen Sektion des World Jewish Congress; 1942 Auswanderung in die Vereinigten Staaten; Leiter der politischen Abteilung des WJC und zeitweise dessen Vertreter bei den Vereinten Nationen.

Rels, Costa du (1891–1980)
Schriftsteller, Politiker und Diplomat; 1930–1946 Gesandter beim Völkerbund; involviert in die Arbeit des Nansen International Office.

Riegner, Gerhart Moritz (1911–2001)
Jurist und Funktionär, ab 1936 im Büro des World Jewish Congress in Genf tätig; dort 1939–1948 Leiter der Geschäftsstelle; sendete zusammen mit Richard Lichtheim die ersten Berichte über die nationalsozialistische Vernichtungspolitik an die Alliierten; an zahlreichen Rettungsaktionen von Jüdinnen und Juden während des Zweiten Weltkriegs beteiligt.

Roosevelt, Franklin Delano (1882–1945)
Politiker; 1933–1945 32. Präsident der Vereinigten Staaten von Amerika und treibende Kraft für den Eintritt der USA in den Zweiten Weltkrieg; veranlasste die massive finanzielle und materielle Unterstützung Großbritanniens und der Sowjetunion.

Rosenberg, Werner (1903–1957)
Verbandsfunktionär; in den 1930er Jahren Mitarbeiter des Hilfsvereins der Deutschen Juden; nach dem Novemberpogrom aus Deutschland geflohen.

Rosenblüth, Martin (1886–1963)
zionistischer Funktionär; 1921–1923 Leiter des Palästinaamts in Wien; 1923–1925 Mitarbeiter des Keren Hayesod, 1929–1933 dessen Geschäftsführer; 1933 Emigration nach London; dort bis 1939 Leiter des Central Bureau for the Settlement of German Jews; 1940 Immigration in die Vereinigten Staaten; dort in verschiedenen Funktionen für die Jewish Agency sowie nach der Staatsgründung für das israelische Finanzministerium tätig.

Rosenthal, J. (?)
in den 1930er Jahren leitender Mitarbeiter der Agudat Jisraël World Organization.

Rothschild, Anthony Gustav de (1887–1961)
Bankier und Philanthrop; Militärdienst in der britischen Armee im Ersten Weltkrieg; 1918–1961 Vorstandsvorsitzender des Bankhauses N M Rothschild & Sons; 1936–1939 im Council for German Jewry und in der Unterstützung deutsch-jüdischer Emigranten und Flüchtlinge engagiert.

Rublee, George (1868–1957)
Jurist; Anwalt in Washington und New York; in den 1910er Jahren innenpolitischer Berater, u. a. für Präsident Woodrow Wilson; in der Zwischenkriegszeit amerikanischer Vertreter auf internationalen Konferenzen, u. a. der Londoner Flottenkonferenz 1930; 1938/39 Direktor des IGCR.

Ruppin, Arthur (1864–1943)
Jurist, Soziologe und zionistischer Funktionär; 1908 Einwanderung nach Palästina; 1908–1916 Leiter des ersten Palästinaamts in Jaffa; gilt als »Vater des zionistischen Siedlungsprojekts« und war maßgeblich an der Gründung Tel Avivs beteiligt; 1921–1927 Vorstandsmitglied der Zionistischen Organisation und 1929–1931 sowie 1933–1935 der Jewish Agency; Mitbegründer und zentraler Akteur von Brit Shalom; 1926 Berufung auf den Lehrstuhl für Soziologie an der Hebräischen Universität; bedeutende wissenschaftliche Arbeiten zur Soziologie der Juden, als deren Begründer er gilt.

Sacher, Harry (1881–1971)
Geschäftsmann, Journalist und Philanthrop; 1905–1909 und 1915–1919 Journalist, u. a. beim *Manchester Guardian*, 1917–1920 Gründer und Herausgeber des zionistischen Wochenjournals *Palestine*; 1920–1930 in Jerusalem als Journalist und Anwalt tätig; in der Zwischenkriegszeit führende Rolle in der Jewish Agency, enge Freundschaft mit Weizmann und Simon Marks, verheiratet mit dessen Schwester; 1931–1962 Direktor des Warenhauskonzerns Marks & Spencer.

Samuel, Herbert Louis (Lord Samuel; 1870–1963)
Politiker und Publizist; 1902–1918 Abgeordneter der liberalen Partei im britischen Unterhaus, bekleidete währenddessen verschiedene Regierungsämter; 1920–1925 High Commissioner for Palestine and Trans-Jordan; Wiederwahl ins Unterhaus 1929–1935; 1931–1935 Vorsitzender der Liberalen Partei, 1944–1955 deren Vorsitzender im Oberhaus; Autor zahlreicher philosophischer und ethischer Schriften; einer der einflussreichsten britisch-jüdischen Politiker der ersten Hälfte des 20. Jahrhunderts.

Samuel, Walter Horace (Lord Bearsted; 1882–1948)
Geschäftsmann, Philanthrop, Kunstmäzen und Sammler; 1921–1946 Vorsitzender von Royal Dutch Shell; diente als britischer Offizier in beiden Weltkriegen; ab 1927 Mitglied im britischen Oberhaus; Ende der 1930er Jahre im Council for German Jewry engagiert.

Schacht, Hjalmar (1877–1970)
Bankier und Politiker; 1923–1930 und 1933–1939 Reichsbankpräsident; 1934–1937 Reichswirtschaftsminister; vom Internationalen Militärtribunal in Nürnberg angeklagt, aber freigesprochen; in den 1950er und 1960er Jahren finanzpolitischer Berater in Afrika, im Nahen Osten und Südamerika.

Schäffer, Hans (1886-1967)
Jurist, Ministerialbeamter und Geschäftsmann; Soldat im Ersten Weltkrieg; 1919-1929 Ministerialbeamter im Reichswirtschaftsministerium; 1929-1932 Staatssekretär im Reichsfinanzministerium, als Finanzexperte Vertreter auf internationalen Reparationskonferenzen; 1932/33 Generaldirektor des Ullstein Verlags; 1933 Emigration nach Schweden; bis 1962 leitender Mitarbeiter eines Zündholzkonzerns.

Schiff, Otto Moritz (1875-1952)
Bankier und Philanthrop; Vorstandsvorsitzender der Londoner Handelsbank Bourke, Schiff & Co; 1927-1948 Präsident der Jews' Temporary Shelter, einer Anlaufstelle für wohnungslose Immigranten; im Ersten Weltkrieg Militärdienst in der britischen Marine; 1933-1945 Vorsitzender des Jewish Refugees Aid Committee, das die Unterstützung insbesondere deutsch-jüdischer Flüchtlinge in Großbritannien organisierte.

Senator, David Werner (1896-1953)
Nationalökonom, Verbands- und Hochschulfunktionär; nach dem Ersten Weltkrieg in der Sozialfürsorge in Berlin tätig; 1924 Einwanderung nach Palästina; 1925-1930 Generalsekretär des JDC in Europa in Paris; 1930-1935 Vertreter der Nichtzionisten im Vorstand der Jewish Agency in Jerusalem, u. a. zuständig für die Einwanderung nach Palästina, danach bis 1945 ohne festes Ressort; 1933-1935 wieder in Berlin, Geschäftsführer des Zentralausschusses für Hilfe und Aufbau sowie Präsidiumsmitglied der Reichsvertretung; Mitglied von Brit Shalom; ab 1937 Verwaltungschef der Hebräischen Universität, von 1949 bis zu seinem Tod deren Vizepräsident.

Shertok (später Sharett), Moshe (1894-1965)
zionistischer Funktionär und Politiker; ab 1933 Leiter der politischen Abteilung der Jewish Agency; 1948-1956 Außenminister sowie 1953-1955 Ministerpräsident Israels.

Shirer, William Lawrence (1904-1993)
Journalist und Historiker; ab 1925 Auslandskorrespondent für amerikanische Zeitungen und Nachrichtenagenturen; 1933-1940 in Berlin; bekannt geworden durch sein *Berliner Tagebuch,* das er nach dem Zweiten Weltkrieg veröffentlichte, sowie eine historische Studie über das nationalsozialistische Deutschland, die er 1960 herausbrachte.

Simpson, Sir John Hope (1868-1961)
Politiker; Kolonialbeamter in Britisch-Indien und Anfang der 1920er Jahre Mitglied des britischen Parlaments; ab 1925 in verschiedenen Untersuchungskommissionen für den Völkerbund und die britische Regierung engagiert, u. a. 1930 in Palästina; 1938/39 erarbeitete er einen umfangreichen Bericht zur Situation von Flüchtlingen für das Royal Institute of International Affairs.

Steinberg, Isaac (1888-1957)
Jurist, Politiker und Publizist; 1917/18 Justizminister Sowjetrusslands, 1923 Ausweisung aus der Sowjetunion; bis 1933 in Deutschland publizistisch und politisch aktiv; 1933 Emigration nach Großbritannien, dort 1935 Mitbegründer der Freeland League for Jewish Territorial Colonisation; 1939-1943 in Australien, wo er die von der Freeland League anvisierte Besiedlung der nördlichen Provinz Kimberley vorantrieb.

Storfer, Berthold (1880-1944)
Bankier und Unternehmer; nach der Annexion Österreichs in der Flüchtlingsarbeit engagiert; Emissär der Israelitischen Kultusgemeinde Wiens auf der Konferenz von Évian; begleitete von der SS organisierte Flüchtlingstransporte; in Auschwitz ermordet.

Sweetser, Arthur (1888-1968)
Journalist und Politiker; Korrespondent für amerikanische Zeitungen im Ersten Weltkrieg; zuerst Mitarbeiter des provisorischen Sekretariats des Völkerbunds und nach dessen Etablierung im Sekretariat, Abteilung Informationen; nach der Gründung der Vereinten Nationen Leiter des Informationsbüros in Washington, D. C.

Tartakower, Arieh (1897-1982)
Historiker, Soziologe und zionistischer Politiker; 1922 Gründer und bis 1939 Vorsitzender der Histadrut in Polen; nach seiner Emigration 1939 in die Vereinigten Staaten prägende Persönlichkeit des Institute of Jewish Affairs des WJC; 1946 Einwanderung nach Israel und 1948-1971 Vorsitzender der Israel-Abteilung des WJC; Autor bedeutender soziologischer Schriften, u. a. Co-Autor der Pionierstudie *The Jewish Refugee*.

Taylor, Myron Charles (1874-1959)
Jurist, Unternehmer und Diplomat; 1925-1938 Vorstandsmitglied von U. S. Steel, ab 1932 Vorstandsvorsitzender; 1938 Sondergesandter Roosevelts auf der Konferenz von Évian und Leiter der amerikanischen Delegation; 1938/39 Vorstandsmitglied des IGCR; 1939-1945 zunächst »persönlicher Gesandter«, ab 1940 offiziell Botschafter beim Heiligen Stuhl in Rom.

Tenenbaum, Joseph (1887-1961)
Mediziner und Verbandsfunktionär; 1929-1936 Vorstandsvorsitzender des American Jewish Congress; 1936-1941 Vorsitzender des Joint Boycott Council.

Thompson, Dorothy (1893-1961)
Journalistin; in den 1920er Jahren Europakorrespondentin für amerikanische Zeitungen, u. a. in Wien; 1927-1934 Korrespondentin der *New York Post* in Berlin, 1934 Ausweisung aus Deutschland; in den 1930er Jahren erreichte sie mit ihrer Kolumne in der *New York Herald Tribune* und ihrer Nachrichtensendung beim Fernsehsender NBC ein Millionenpublikum.

Tijn, Gertrude van (1891-1974)
Verbandsfunktionärin und Philanthropin; ab April 1933 Repräsentantin des JDC in den Niederlanden und Mitglied des Liaison Committee bei der HCR; 1943 verschleppt nach Westerbork und Bergen-Belsen; nach dem Zweiten Weltkrieg tätig für die UNRRA in China und den JDC in Australien.

Traub, Michael (1891-1946)
Verbandsfunktionär; ab 1933 Leiter des Keren Hayesod in Europa und Mitarbeiter der Reichsvertretung; 1939 Emigration in die Vereinigten Staaten.

Turnour, Edward (Lord Winterton; 1883-1962)
Politiker; 1904-1951 konservativer Abgeordneter im britischen Unterhaus, verschiedene Regierungsämter; 1938 Leiter der britischen Delegation auf der Konferenz von Évian; 1938/39 Vorsitzender des IGCR.

Ussishkin, Menachem (1863-1941)
zionistischer Politiker und Ingenieur; 1921-1923 Vorsitzender der Exekutive der Zionistischen Organisation und anschließend bis zu seinem Tod Vorsitzender des Jüdischen Nationalfonds; prägender Politiker der Entwicklung des Jischuw und Mitbegründer der Hebräischen Universität.

Warburg, Felix Moritz (1871-1937)
Bankier und Philanthrop; Mitbegründer des JDC im Jahr 1914 und bis 1932 dessen Vorsitzender.

Warburg, Max Moritz (1867-1946)
Bankier und Philanthrop; 1893-1938 Teilhaber des Bankhauses M. M. Warburg & Co; 1919-1933 Mitglied des Zentralausschusses für Hilfe und Aufbau; 1933-1938 Mitglied der Reichsvertretung; nach der Arisierung des Bankhauses 1938 Emigration in die Vereinigten Staaten.

Warren, Georg Lewis (1890-1981)
Diplomat und Publizist; 1928-1938 Direktor des International Migration Service in Genf und New York; 1938-1944 Mitglied des Advisory Committee on Political Refugees; bis Ende der 1960er Jahre für die amerikanische Regierung in Flüchtlings- und DP-Angelegenheiten tätig, u. a. in der UNRRA.

Weizmann, Chaim (1874-1952)
Chemiker und Politiker; maßgeblich an der Entstehung der Balfour-Deklaration beteiligt; 1920-1931 und 1935-1946 Präsident der Zionistischen Organisation; Leiter der politischen Abteilung der Jewish Agency in London; 1949-1952 erster Staatspräsident Israels.

Welles, Sumner (1892-1961)
Diplomat; 1937-1943 stellvertretender Außenminister der Vereinigten Staaten.

Weltsch, Robert (1891-1982)
Journalist; 1919-1938 Chefredakteur und Mitherausgeber der zionistischen Zeitung *Jüdische Rundschau*; 1938 Emigration nach Palästina; nach dem Zweiten Weltkrieg Übersiedlung nach London; Korrespondent für *Haaretz* und Leiter des dortigen Leo Baeck Institute.

White, Thomas Walter (1888-1957)
Militärpilot und Politiker; 1933-1938 Handels- und Wirtschaftsminister der australischen Regierung.

Wiley, John Cooper (1893–1967)
Diplomat; 1915–1953 im diplomatischen Dienst der Vereinigten Staaten, 1938 Generalkonsul in Wien.

Wischnitzer, Mark (1882–1955)
Historiker, Soziologe und Verbandsfunktionär; 1921–1937 Sekretär im Hilfsverein der Deutschen Juden; 1938 Emigration nach Paris und dort für den JDC tätig; 1940 Flucht in die Dominikanische Republik und 1941 in die Vereinigten Staaten; Autor und Herausgeber zahlreicher Bücher und Schriften zur jüdischen Geschichte, u. a. in den 1920er Jahren vieler Artikel für die *Encyclopaedia Judaica*.

Wise, Jonah Bondi (1881–1959)
Reformrabbiner und Philanthrop; 1925–1959 Rabbiner in der Central Synagogue in New York; 1931–1938 im Vorstand des JDC, den er auf der Konferenz von Évian vertrat; 1939 Vorsitzender des United Jewish Appeal.

Wise, Stephen Samuel (1874–1949)
Reformrabbiner und zionistischer Funktionär; 1921–1925 Vizepräsident des American Jewish Congress und anschließend bis zu seinem Tod dessen Präsident; 1922 Gründung des Institute of Jewish Religion; 1936–1938 Präsident der Zionist Organisation of America; Mitbegründer und 1936–1949 Präsident des World Jewish Congress; 1939–1944 Mitbegründer und Vorsitzender des Emergency Committee for Zionist Affairs.

Wohlthat, Helmuth C. H. (1893–1982)
Finanzbeamter; ab 1934 Leiter der Reichsstelle für Devisenbeschaffung; 1938 Wechsel als Staatssekretär in das Amt des Beauftragten für den Vierjahresplan; im Februar 1939 Verhandlungen mit Rublee vom IGCR über die jüdische Auswanderung aus Deutschland.

Zeeland, Paul van (1893–1973)
Politiker; 1935–1937 Premierminister und 1935/36 Außenminister Belgiens; 1939 Vorsitzender der vom IGCR etablierten Coordinating Foundation.

Zuckermann, Baruch (1887–1970)
zionistischer Funktionär; 1905 Mitbegründer der Poale Zion in den Vereinigten Staaten; 1918 an der Gründung des American Jewish Congress beteiligt; 1925 Einwanderung nach Palästina; 1945 Mitglied im Gründungsrat der Forschungs- und Gedenkstätte Yad Vashem.

Zuckermann, Leo (1908–1985)
Jurist und Politiker; ab 1928 Mitglied der Kommunistischen Partei; 1933 Emigration nach Frankreich; auf der Konferenz von Évian Vertreter des Internationalen Büros für Asyl und Hilfe für politische Flüchtlinge; nach der Besetzung Frankreichs durch die Wehrmacht Flucht nach Mexiko; nach dem Zweiten Weltkrieg Rückkehr nach Deutschland, leitende Funktionen im Staatsapparat der DDR; 1952 erneute Flucht nach Westberlin und Weiterreise über Frankreich nach Mexiko.

Zygielbojm, Smuel (1895–1943)
Politiker und Verbandsfunktionär; ab 1918 Mitglied des Allgemeinen Jüdischen Arbeiterbunds in Polen; mit Beginn des Zweiten Weltkriegs Widerstandsarbeit in Warschau; 1940 Flucht über Belgien und Frankreich in die Vereinigten Staaten; ab 1942 Gesandter des Allgemeinen Jüdischen Arbeiterbunds im polnischen Nationalrat in London.

Abkürzungen

AJA	American Jewish Archives (Cincinnati, Oh.)
CAHJP	The Central Archives for the History of the Jewish People (Jerusalem)
Central Bureau	Central Bureau for the Settlement of German Jews
Congress	World Jewish Congress
Council	Council for German Jewry
CV	Centralverein deutscher Staatsbürger jüdischen Glaubens
CV-Zeitung	Central-Verein-Zeitung
CZA	Central Zionist Archives (Jerusalem)
DP	Displaced Person
EJGK	Enzyklopädie jüdischer Geschichte und Kultur
FDRL	Franklin D. Roosevelt Library (Hyde Park, NY)
HCR	High Commission for Refugees (Jewish and Other) Coming from Germany
HIAS	Hebrew Immigrant Aid Society
HICEM	Zusammenschluss von HIAS, JCA und Emigdirect
IGCR	Intergovernmental Committee on Refugees
IKG	Israelitische Kultusgemeinde Wien
IRO	International Refugee Organization
JA	Jewish Agency for Palestine
JCA	Jewish Colonization Association
JDC	American Jewish Joint Distribution Committee
JDCA	Archives of the American Jewish Joint Distribution Committee (New York)
JEC	Joint Emergency Committee for European Jewish Affairs
JTA	Jewish Telegraphic Agency
LBIJER	Leo Baeck Institute Jerusalem
LBINY	Leo Baeck Institute New York
LMA	London Metropolitan Archives
LONA	League of Nations Archives (Genf)
ORT	Organisation – Rehabilitation – Training: Gesellschaft zur Förderung der handwerklichen und landwirtschaftlichen Berufe unter den Juden in Russland
NZO	New Zionist Organization
RSC	Refugee Settlement Commission
TNA	The National Archives (Kew, Richmond)
UNRRA	United Nations Relief and Rehabilitation Administration
USHMM	United States Holocaust Memorial Museum (Washington, D. C.)
VEJ	Die Verfolgung und Ermordung der europäischen Juden durch das nationalsozialistische Deutschland 1933–1945

WHL	The Wiener Holocaust Library (London)
WJC	World Jewish Congress
YIVO	YIVO Institute for Jewish Research, Archives (New York)
ZVfD	Zionistische Vereinigung für Deutschland

Quellen und Literatur

Archivquellen

American Jewish Archives, Cincinnati, Oh. (AJA)
MS-361 World Jewish Congress Records

Central Archives for the History of the Jewish People, Jerusalem (CAHJP)
JCA/Lon Files of the Jewish Colonization Association, Head Office

Central Zionist Archives, Jerusalem (CZA)
A 107   Ruppin, Arthur
A 140   Adler-Rudel, Salomon
A 255   Bentwich, Norman
F 38   Zionist Organization of America
J 1   General Council (Vaad Leumi) of the Jews of Palestine
KH 4   Keren Hayesod, Head Office, Jerusalem
L 13   Central Bureau for the Settlement of German Jews in Palestine, London
S 7   Departments of the Executive of the World Zionist Organization and the Jewish Agency in Palestine/Israel, Jerusalem, Tel Aviv and Haifa – Central Bureau for the Settlement of German Jews in Palestine
S 25   Departments of the Executive of the World Zionist Organization and the Jewish Agency in Palestine/Israel, Jerusalem, Tel Aviv and Haifa – Political Department
S 46   Departments of the Executive of the World Zionist Organization and the Jewish Agency in Palestine/Israel, Jerusalem, Tel Aviv and Haifa – Office of Yitzhak Gruenbaum
Z 4   The Zionist Organization/The Jewish Agency for Palestine/Israel, Central Office, London

Columbia University, Rare Book & Manuscript Library, New York
NXCP87-A1613, Reminiscences of George Rublee (1951)

Franklin D. Roosevelt Presidential Library and Museum, Hyde Park, N. Y. (FDRL)
John Wiley Papers
Official File 3186 Political Refugees
Myron C. Taylor Papers
President's Personal File 3292 Wise, Rabbi Stephen S.

JDC Archives, New York (JDCA)
New York Office Collection 1933–1944 (wenn nicht anders angegeben)
DORSA

League of Nations Archives, Genf (LONA)
R 5720   International Assistance for Refugees Coming from Germany
R 5722   International Assistance for Refugees Coming from Germany
R 5801   Refugees from Austria
S 543   Nansen International Office for Refugees – Conference at Evian

Leo Baeck Institute Jerusalem (LBIJER)
303   Wilfrid Israel Collection
560   Évian Collection

Leo Baeck Institute New York (LBINY)
AR4473   Solomon Adler-Rudel Collection
AR7183   Max Kreutzberger Collection
AR7185   Robert Weltsch Collection

London Metropolitan Archives (LMA)
ACC/2793   Central British Fund for World Jewish Relief

The National Archives, Kew, Richmond (TNA)
FO 919   Intergovernmental Committee on Political Refugees
T172   Chancellor of the Exchequer's Office: Miscellaneous Papers

The Wiener Holocaust Library, London (WHL)
503   Evian Conference: Records
606   Reichsvertretung der Juden in Deutschland: Correspondence with the Council for German Jewry

United States Holocaust Memorial Museum, Washington D. C. (USHMM)
RG 11.001M.36 Exekutivkomitee des Jüdischen Weltkongresses, Paris

YIVO Institute for Jewish Research, Archives, New York (YIVO)
RG 245.1   HIAS Archive: HIAS Board of Directors & Steering Committee Records
RG 245.4.12   HIAS Archive: HIAS and HICEM Main Offices, New York: Europe
RG 245.4.2   Minutes and Reports of HICEM
RG 245.4.4   HIAS Archive: HIAS and HICEM Main Offices, New York: International Migration Problems
RG 278   Joseph P. Chamberlain
RG 366   Isaac Nachman Steinberg

Gedruckte Quellen

Nachfolgend sind Editionen und alle bis 1945 erschienenen Werke verzeichnet.

Adler-Rudel, Salomon: Das Auswanderungsproblem im Jahre 1938. Ein Briefwechsel mit Hans Schäffer, in: Bulletin des Leo Baeck Instituts 10 (1967), H. 38–39, 159–215.
Arad, Yitzhak/Gutman, Israel/Margaliot, Abraham (Hgg.): Documents on the Holocaust. Selected Sources on the Destruction of the Jews of Germany and Austria, Poland, and the Soviet Union, Lincoln, Nebr./London/Jerusalem, ⁸1999 (zuerst 1978).
Barkow, Ben/Gross, Raphael/Lenarz, Michael (Hgg.): Novemberpogrom 1938. Die Augenzeugenberichte der Wiener Library, London/Frankfurt a. M. 2008.
Bentwich, Norman: The International Problem of Refugees, Geneva 1935.
Ders.: The Refugees from Germany. April 1933 to December 1935, London 1936.
Ders.: Wanderer between Two Worlds, London 1941.
Bernhard, Georg: Die Deutschen Flüchtlinge in Évian. Sonderbericht für die Deutschen Mitteilungen, 15. Juli 1938, in: Bonnesoeur, Frédéric u. a. (Hgg.), Geschlossene Grenzen, 81.
Blanchard, Raoul: The Exchange of Populations between Greece and Turkey, in: Geographical Review 15 (1925), H. 3, 449–456.
Bowman, Isaiah: Limits of Land Settlement. A Report on Present-Day Possibilities, New York 1937.
Breitman, Richard/McDonald Stewart, Barbara/Hochberg, Severin (Hgg.): Advocate for the Doomed. The Diaries and Papers of James G. McDonald 1932–1935, Bd. 1, Bloomington, Ind., 2007.
Dies. (Hgg.): Refugees and Rescue. The Diaries and Papers of James G. McDonald 1935–1945, Bd. 2, Bloomington, Ind., 2009.
Countess Waldeck: The Great New Migration, in: Foreign Affairs 15 (1937), H. 3, 537–546.
Eber, Irene (Hg.): Jewish Refugees in Shanghai 1933–1947. A Selection of Documents, Göttingen 2018.
Fodor, M. W.: Finis Austriæ, in: Foreign Affairs 16 (1938), H. 4, 587–600.
Garner, James Wilford: Questions of State Succession Raised by the German Annexation of Austria, in: The American Journal of International Law 32 (1938), H. 3, 421–438.
Gedye, George E. R.: Als die Bastionen fielen. Die Errichtung der Dollfuß-Diktatur und Hitlers Einmarsch in Wien und den Sudeten. Eine Reportage über die Jahre 1927 bis 1938, übers. aus dem Engl. von Henriette Werner und Walter Hacker, Wien 1981 (zuerst engl. 1939).
Habe, Hans: Die drei Welt-Demokratien bereit zur Flüchtlings-Hilfe, in: Prager Tagblatt, 7. Juli 1938, 1.
Hill, Martin: The League of Nations and the Work of the Refugee Settlement and Financial Reconstruction in Greece, 1922–1930, in: Weltwirtschaftliches Archiv 34 (1931), 265–283.
Hirschberg, Alfred: o. T. (Leitartikel), in: CV-Zeitung, 30. Juni 1938, 1.
H[irschberg], A[lfred]: Gedanken für Evian, in: CV-Zeitung, 9. Juni 1938, 1.
Holborn, Louise W.: The League of Nations and the Refugee Problem, in: The Annals of the American Academy of Political and Social Science 203 (1939), 124–135.

Dies.: The Legal Status of Political Refugees, 1920–1938, in: The American Journal of International Law 32 (1938), H. 4, 680–703.
Jabotinsky, Wladimir Zeev: Neue Zionistische Organisation, Prag 1935.
Ders.: Der Judenstaat, Wien 1938.
Kerenji, Emil (Hg.): Jewish Responses to Persecution, Bd. 4: 1942–1943, Lanham, Md., 2015.
Kirchner, Andrea (Hg.): Von Konstantinopel nach Genf. Quellen zum Wirken Richard Lichtheims, Göttingen 2022.
Kirschmann Streit, Clarence: 32 Nations Gather to Help Refugees, in: The New York Times, 6. Juli 1938, 1.
Ders.: 3 Powers Confirm New Refugee Body, in: The New York Times, 13. Juli 1938, 12.
Ders.: Refugee Meeting Adopts Resolution, in: The New York Times, 15. Juli 1938, 7.
Ders.: Reich Aid Sought for Refugee Plan, in: The New York Times, 26. Juli 1938.
Ders.: Reich Power Felt at Refugee Parley, in: The New York Times, 14. Juli 1938, 15.
Klemperer, Victor: Ich will Zeugnis ablegen bis zum letzten. Tagebücher 1933–1945, Bd. 3: 1937–1939, hg. von Walter Nowojski unter Mitarbeit von Hadwig Klemperer, Berlin ³1999 (zuerst 1995).
Koessler, Maximilian: Enemy Alien Internment. With Special Reference to Great Britain and France, in: Political Science Quarterly 57 (1942), H. 1, 98–127.
Kulka, Otto Dov (Hg.): Deutsches Judentum unter dem Nationalsozialismus, Bd. 1: Dokumente zur Geschichte der Reichsvertretung der deutschen Juden 1933–1939, Tübingen 1997.
L., K.: Der Weg in die Welt, in: Jüdische Rundschau, 29. März 1938, 1 f.
Ladas, Stephen: The Exchange of Minorities. Bulgaria, Greece and Turkey, New York 1932.
Laski, Neville: Jewish Rights and Jewish Wrongs, London 1939.
League of Nations (Hg.): The Settlement of Greek Refugees. Scheme for an International Loan, Protocol and Documents, Genf 1924.
Leontiades, Leonidas: Der griechisch-türkische Bevölkerungsaustausch, in: Zeitschrift für ausländisches öffentliches Recht und Völkerrecht 5 (1935), 546–576.
Macartney, Carlile A.: Refugees, in: Edwin R. Seligman/Alvin Johnson (Hgg.), Encyclopaedia of the Social Sciences, Bd. 13, New York 1934, 200–205.
McDonald, James G.: Letter of Resignation Addressed to the Secretary General of the League of Nations. With an Annex Containing an Analysis of the Measures in Germany Against »Non-Aryans«, and of Their Effects in Creating Refugees, London 1935.
Memorandum of Certain Jewish Organizations Concerned with the Refugees from Germany and Austria, Évian, 6. Juli 1938, in: Tartakower/Grossmann (Hgg.), The Jewish Refugee, 545–555.
Memorandum of the Jewish Agency for Palestine, Évian, 6. Juli 1938, in: Tartakower/Grossmann (Hgg.), The Jewish Refugee, 538–545.
Memorandum of the Jewish Agency for Palestine, Hamilton, Bermuda, April 1943, in: World Jewish Congress, Australian Section (Hg.), The Bermuda Conference on Refugees, 26–30.
Memorandum of the World Jewish Congress, Évian, 6. Juli 1938, in: Tartakower/Grossmann (Hgg.), The Jewish Refugee, 529–537.
Memorandum Submitted to the Officers of the Intergovernmental Committee for Refugees on the Occasion of Its Session in Washington, D. C. by the American Emer-

gency Committee for Palestine Affairs and the United Palestine Appeal, Washington D. C., 17. Oktober 1939, in: Tartakower/Grossmann (Hgg.), The Jewish Refugee, 556–579.

Mexican Delegation to the Secretary-General, March 19th, 1938, in: League of Nations. Official Journal 19 (1938), H. 3–4, 239.

Morgenthau, Henry: I Was Sent to Athens. In Collaboration with French Strother, Garden City, N. Y., 1929.

Nansen, Fridtjof: Extracts from a Report, Genf, 18. November 1922, in: League of Nations (Hg.), The Settlement of Greek Refugees, 8 f.

Nicosia, Francis R. (Hg.): Archives of the Holocaust. An International Collection of Selected Documents, Bd. 3: Central Zionist Archives, Jerusalem 1933–1939, New York/London 1990.

Ders. (Hg.): Dokumente zur Geschichte des deutschen Zionismus 1933–1941, Tübingen 2018.

O. A.: Die Arbeit der zweiten Unterkommission, in: CV-Zeitung, 14. Juli 1938, 4.

O. A.: Aufruf zu neuer Tat, in: Jüdische Rundschau, 8. Juli 1938, 2.

O. A.: Blutiger Zwischenfall in Haifa, in: Jüdische Rundschau, 8. Juli 1938, Palästina-Blatt, 9.

O. A.: Convention Concerning the Status of Refugees Coming from Germany, 10 February 1938, in: League of Nations. Official Journal 19 (1938), H. 3–4, 269–285.

O. A.: Czechoslovakia Bars Entry of Danube Tugboat Refugees, in: JTA, 15. Mai 1938, 3.

O. A.: Czechs Asked to Admit 15 Burgenland Exiles, in: JTA, 9. Mai 1938, 2.

O. A.: 15 Danube Refugees Find Shelter on French Boat, in: JTA, 22. April 1938, 2.

O. A.: Das Echo des Roosevelt-Vorschlags, in: CV-Zeitung, 7. April 1938, 3.

O. A.: Die Flüchtlingskonferenz von Évian, in: Zürcher Illustrierte, 15. Juli 1938.

O. A.: 51 Jews Cast Adrift by Nazis in Mid-Danube, in: JTA, 21. April 1938, 2.

O. A.: Köpfe aus Evian, in: Jüdische Rundschau, 12. Juli 1938, 3.

O. A.: Marcovici-Cleja, Paris Financier, Arrives Today with Plan to Aid Jews, in: JTA, 23. Mai 1938, 7.

O. A.: Der mexikanische Protest und seine Vorgeschichte, in: Dokumentationsarchiv des österreichischen Widerstands (Hg.), Österreicher im Exil. Mexiko 1938–1947, eine Dokumentation, Wien 2002, 31–39.

O. A.: Montevideo Convention on Rights and Duties of States, 26. Dezember 1933, Art. 8, <https://www.jus.uio.no/english/services/library/treaties/01/1-02/rights-duties-states.html> (5. August 2024).

O. A.: Nazism and the Jews – The Austrian Drive – Looking to the Evian Conference, in: The Times, 18. Juni 1938, 15 f.

O. A.: Öffnet die Tore! Zur Konferenz in Evian, in: Jüdische Rundschau, 5. Juli 1938, 1 f.

O. A.: Palästina-Umschau der C. V. Zeitung, in: CV-Zeitung, 14. Juli 1938, 13 f.

O. A.: President Confers on Aid to Refugees, in: The New York Times, 14. April 1938.

O. A.: Refugees on Danube Tug Finally Land; Get Palestine Visas, in: JTA, 14. August 1938, 2.

O. A.: Schwerer Ausbruch des Terrors, in: Jüdische Rundschau, 8. Juli 1938, Palästina-Blatt, 9.

O. A.: Situation of Austria in Relation to the League of Nations, in: League of Nations. Official Journal 19 (1938), H. 3–4, 237 f.

O. A.: Die Spannung hält an, in: Jüdische Rundschau, 12. Juli 1938, Palästina-Blatt, 5.
O. A.: Text of the Final Communique of the Bermuda Conference on Refugees, veröffentlicht in Congress Weekly, 14. Mai 1943, abgedruckt in: World Jewish Congress, Australian Section (Hg.), The Bermuda Conference on Refugees, 31; auch in: Tartakower/Grossmann (Hgg.), The Jewish Refugee, 590.
O. A.: Die »Times« über Evian, in: Jüdische Rundschau, 19. Juli 1938, 1.
O. A.: Unveränderter Terror, in: Jüdische Rundschau, 15. Juli 1938, Palästina-Blatt, 9.
O. A.: Vor der Konferenz in Evian, in: Jüdische Rundschau, 28. Juni 1938, 1.
O. A.: Wandering Jews, in: Time Magazine 31 (1938), H. 18, 18.
O. A.: Das zentrale Problem, in: Jüdische Rundschau, 24. Juni 1938, 1 f.
Recht, Charles: The Right of Asylum, New York 1935.
Roosevelt, Franklin D.: Address to the Intergovernmental Committee on Political Refugees, 17. Oktober 1939, in: Research American Jewish Committee (Hg.), Post-War Migrations. Proposals for an International Agency, with an Introduction by Paul van Zeeland, New York 1943, 19–22.
Rosenbaum, S[himshon].: Der Souveränitätsbegriff. Ein Versuch seiner Revision, Zürich 1932.
Ruppin, Arthur: Briefe, Tagebücher, Erinnerungen. Eine Veröffentlichung des Leo-Baeck-Instituts, hg. von Shlomo Krolik mit einem Nachwort von Alex Bein, Königstein i. Ts. 1985.
Salter, J. A.: Preface (15. Oktober 1924), in: League of Nations (Hg.), The Settlement of Greek Refugees, 3–7.
Shirer, William L.: Berliner Tagebuch. Aufzeichnungen 1934–1941, übers. aus dem Engl. und hg. von Jürgen Schebera, Leipzig/Weimar 1991.
Simpson, John Hope: Die Flüchtlingsfrage – ein Weltproblem!, in: Pariser Tageszeitung, 31. Juli 1938, 2.
Ders.: The Refugee Problem, in: International Affairs 17 (1938), H. 5, 607–628.
Ders.: The Refugee Problem. Report of a Survey, London/New York/Toronto 1939.
Ders.: The Work of the Greek Refugee Settlement Commission. Address given on June 18th, 1929, in: Journal of the Royal Institute of International Affairs 8 (1929), H. 6, 583–604.
Streit, Geōrgios S.: Der Lausanner Vertrag und der griechisch-türkische Bevölkerungsaustausch. Vortrag, gehalten auf Einladung des Instituts für internationales Recht an der Universität Kiel am 13. Februar 1928, Berlin 1929.
Taylor, Myron C.: Bericht an Hull, 20. Juli 1938, in: John Mendelsohn (Hg.), The Holocaust. Selected Documents in Eighteen Volumes, Bd. 5: Jewish Emigration from 1933 to the Evian Conference of 1938, New York, 1982, Doc. 19, 245–264.
Ders.: Luncheon, 19. Oktober 1939, New York o. J. (Jewish Institute of Religion/Hebrew Union College, Library, Cincinnati, Oh.).
Thompson, Dorothy: Refugees. Anarchy or Organisation?, New York 1938.
Dies.: Flüchtlinge – Anarchie oder Organisation? (1938), in: dies., Kassandra spricht. Antifaschistische Publizistik 1932–1942, hg. von Jürgen Schebera, Leipzig/Weimar 1988, 61–88.
Dies.: Refugees. A World Problem, in: Foreign Affairs 16 (1938), H. 3, 375–387.
Die Verfolgung und Ermordung der europäischen Juden durch das nationalsozialistische Deutschland 1933–1945 (VEJ), Bd. 2: Deutsches Reich 1938 – August 1939, bearb. von Susanne Heim, München 2009.

Vogel, Rolf: Ein Stempel hat gefehlt. Dokumente zur Emigration deutscher Juden, München/Zürich 1977.
W.: Dreissig Staaten am runden Tisch, in: CV-Zeitung, 7. Juli 1938, 1 f.
W.: Die erste Etappe, in: CV-Zeitung, 21. Juli 1938, 1.
W.: Evian vor der Beschlussfassung, in: CV-Zeitung, 14. Juli 1938, 1 f.
Walk, Joseph (Hg.): Das Sonderrecht für die Juden im NS-Staat. Eine Sammlung der gesetzlichen Maßnahmen und Richtlinien – Inhalt und Bedeutung, Heidelberg/Karlsruhe 1981.
War Is Not Inevitable. Problems of Peace. Thirteen Series, London 1938.
Weltsch, Robert: Evian-Konferenz eröffnet, in: Jüdische Rundschau, 8. Juli 1938, 1 f.
Ders.: Heute Schluß in Evian, in: Jüdische Rundschau, 15. Juli 1938, 1 f.
Ders.: Noch keine konkreten Ergebnisse, in: Jüdische Rundschau, 12. Juli 1938, 1 f.
Wildt, Michael: Die Judenpolitik des SD 1935 bis 1938. Eine Dokumentation, München 1995.
Wischnitzer, Mark: Kenya, in: CV-Zeitung, 21. Juli 1938, 5.
World Jewish Congress, Australian Section (Hg.), The Bermuda Conference on Refugees. Documents and Essays, o. D. [1943].
Wright, Herbert: The Legality of the Annexation of Austria by Germany, in: American Journal of International Law 38 (1944), H. 4, 621–635.

Forschungsliteratur

Adam, Uwe Dietrich: Judenpolitik im Dritten Reich, Düsseldorf 1972.
Adler-Rudel, Salomon: Die Enttäuschung von Evian, in: Kurt Richard Grossmann, Emigration. Geschichte der Hitler-Flüchtlinge 1933–1945, Frankfurt a. M. 1969, 315–317 (zuerst: August 1968 in Boletín informativo).
Ders.: The Evian Conference on the Refugee Question, in: Leo Baeck Institute Year Book 13 (1968), 235–273.
Ders.: A Chronicle of Rescue Efforts, in: Leo Baeck Institute Year Book 11 (1966), 213–241.
Ders.: Moritz Baron Hirsch. Profile of a Great Philanthropist, in: Leo Baeck Institute Year Book 8 (1963), 29–69.
Ders.: Vor 25 Jahren: Flüchtlings-Konferenz in Évian. Ein Kapitel fehlgeschlagener Hoffnungen, in: MB. Wochenzeitung des Irgun Olej Merkas Europa, 19. Juli 1963, 6 f.
Afoumado, Diane: Indésirables. 1938: La Conférence d'Évian et les réfugiés juifs, Paris 2018.
Almagor, Laura: Beyond Zion. The Jewish Territorialist Movement, Liverpool 2022.
Aly, Götz: Europa gegen die Juden. 1880–1945, Frankfurt a. M. 2017.
Anderl, Gabriele: »Departure from a Sinking World«. Jewish Emigration from Austria between 1933 and 1938, in: Leo Baeck Institute Year Book 66 (2021), 58–78.
Dies.: Die »Zentralstellen für jüdische Auswanderung« in Wien, Berlin und Prag – ein Vergleich, in: Tel Aviver Jahrbuch für deutsche Geschichte 23 (1994), 275–299.
Dies./Rupnow, Dirk: Die Zentralstelle für jüdische Auswanderung als Beraubungsinstitution, Wien/München 2004.
Arendt, Hannah: Elemente und Ursprünge totaler Herrschaft, übers. aus dem Engl. von der Verfasserin, München 1986 (zuerst engl. 1951).

Dies.: Wir Flüchtlinge (1943), in: dies., Zur Zeit. Politische Essays, übers. aus dem Engl. von Eike Geisel, aktualisierte und erweiterte Neuausgabe mit einem Nachwort, hg. von Marie Luise Knott, Hamburg 1999 (zuerst 1986), 7–21.

Auron, Yair: The Banality of Indifference. Zionism & the Armenian Genocide, übers. aus dem Hebr. von Maggue Bar-Tura, aktualisierte und erweiterte Neuausgabe, New Brunswick, N. J./London 2000 (zuerst hebr. 1995).

Bank, Roland: Die Bedeutung der Évian-Konferenz für den Flüchtlingsschutz nach dem Zweiten Weltkrieg, in: Jahrbuch für Antisemitismusforschung 28 (2019), 106–119.

Banken, Roland: Die Verträge von Sèvres 1920 und Lausanne 1923. Eine völkerrechtliche Untersuchung zur Beendigung des Ersten Weltkrieges und zur Auflösung der sogenannten »Orientalischen Frage« durch die Friedensverträge zwischen den alliierten Mächten und der Türkei, Berlin/Münster 2014.

Barkai, Avraham: »Schicksalsjahr 1938«. Kontinuität und Verschärfung der wirtschaftlichen Ausplünderung der deutschen Juden, in: Walter H. Pehle (Hg.), Der Judenpogrom 1938. Von der »Reichskristallnacht« zum Völkermord, Frankfurt a. M. 1988, 94–117.

Ders.: »Wehr dich!«. Der Centralverein deutscher Staatsbürger jüdischen Glaubens (C. V.) 1893–1938, München 2002.

Barth, Arno: »Störfaktoren entfernen«? Minderheitenpolitik als Risikoabwägung im langen Ersten Weltkrieg, Frankfurt a. M. 2021.

Barth, Boris: Europa nach dem Großen Krieg. Die Krise der Demokratie in der Zwischenkriegszeit 1918–1938, Frankfurt a. M./New York 2016.

Bartrop, Paul R.: The Holocaust and Australia. Refugees, Rejection, and Memory, London 2022.

Ders.: The Evian Conference of 1938 and the Jewish Refugee Crisis, Cham 2017.

Ders.: Learning the Lessons of Évian. The Dominions and the Commonwealth, Then and Now, in: Jahrbuch für Antisemitismusforschung 28 (2019), 56–73.

Ders. (Hg.): False Havens. The British Empire and the Holocaust, Lanham, Md., 1995.

Ders.: The Dominions and the Evian Conference, 1938. A Lost Chance or a Golden Opportunity?, in: ders. (Hg.), False Havens, 53–78.

Ders.: Australia and the Holocaust 1933–45, Melbourne 1994.

Bauer, Yehudah: Jews for Sale? Nazi-Jewish Negotiations, 1933–1945, New Haven, Conn./London 1994.

Ders.: Jewish Reactions to the Holocaust, übers. aus dem Hebr. von John Glucker, Tel Aviv 1989.

Ders.: My Brother's Keeper. A History of the American Jewish Joint Distribution Committee 1929–1939, Philadelphia, Pa., 1974.

Ders.: From Diplomacy to Resistance. A History of Jewish Palestine, 1939–1945, übers. aus dem Hebr. von Alton M. Winters, Philadelphia, Pa., 1970.

Bauerkämper, Arnd: Sicherheit und Humanität im Ersten und Zweiten Weltkrieg. Der Umgang mit zivilen Feindstaatenangehörigen im Ausnahmezustand, 2 Bde., Berlin/Boston, Mass., 2021.

Bazarov, Valery: HIAS and HICEM in the System of Jewish Relief Organisations in Europe, 1933–41, in: East European Jewish Affairs 39 (2009), H. 1, 69–78.

Beevor, Antony: Der Zweite Weltkrieg, übers. aus dem Engl. von Helmut Ettinger, München ²2014 (zuerst 2012).

Bein, Alex: Arthur Ruppin. The Man and His Work, in: Leo Baeck Institute Year Book 17 (1972), 117–141.
Beit Zvi, S. B.: Golda Meir on the Evian Conference. Metamorphoses of a Testimony, in: ders., Post-Ugandan Zionism on Trial, Bd. 2, 232–245.
Ders.: Post-Ugandan Zionism on Trial. A Study of the Factors that Caused the Mistakes Made by the Zionist Movement during the Holocaust, 2 Bde., übers. aus dem Hebr. von Ralph Mandel, Tel Aviv 1991 (zuerst hebr. 1977).
Beker, Avi: Diplomacy without Sovereignty. The World Jewish Congress Rescue Activities, in: Selwyn Ilan Troen/Benjamin Pinkus (Hgg.), Organizing Rescue. National Jewish Solidarity in the Modern Period, London 1992, 343–360.
Bemporad, Elissa: JDC in Minsk. The Parameters and Predicaments of Aiding Soviet Jews in the Interwar Years, in: Patt u. a. (Hgg.), The JDC at 100, 41–59.
Ben-Nun, Gilad: From Ad Hoc to Universal. The International Refugee Regime from Fragmentation to Unity 1922–1954, in: Refugee Survey Quarterly 34 (2015), H. 2, 23–44.
Ders./Caestecker, Frank: Modern Refugees as Challengers of Nation-State Sovereignty. From the Historical to the Contemporary, in: Comparativ. Zeitschrift für Globalgeschichte und vergleichende Gesellschaftsforschung 27 (2017), H. 1, 7–17.
Bentwich, Norman: My 77 Years. An Account of my Life and Times, 1883–1960, London 1962.
Ders.: They Found Refuge. An Account of British Jewry's Work for Victims of Nazi Oppression, London 1956.
Benz, Wolfgang/Curio, Claudia/Hammel, Andrea (Hgg.): Die Kindertransporte 1938/39. Rettung und Integration, mit Übers. aus dem Engl. von Claudia Curio und Andrea Nagel, Frankfurt a. M. 2003.
Betts, Paul: Ruin and Renewal. Civilising Europe After the Second World War, London 2020.
Biale, David: Power and Powerlessness in Jewish History, New York 1986.
Bialer, Uri: Israeli Foreign Policy. A People Shall not Dwell Alone, Bloomington, Ind., 2020.
Birnbaum, Pierre: Jewish Destinies. Citizenship, State, and Community in Modern France, New York 2000.
Ders./Katznelson, Ira (Hgg.): Paths of Emancipation. Jews, States, and Citizenship, Princeton, N. J., 1995.
Blakeney, Michael: Australia and the Jewish Refugees, 1933–1948, Sydney 1985.
Ders.: Australia and the Jewish Refugees from Central Europe: Government Policy 1933–1939, in: Leo Baeck Institute Year Book 29 (1984), 103–133.
Blatman, Daniel: For Our Freedom and Yours. The Jewish Labour Bund in Poland 1939–1949, London 2003.
Bloom, Etan: The »Administrative Knight«. Arthur Ruppin and the Rise of Zionist Statistics, in: Tel Aviver Jahrbuch für deutsche Geschichte 35 (2007), 183–203.
Böhler, Jochen: Auftakt zum Vernichtungskrieg. Die Wehrmacht in Polen 1939, Frankfurt a. M. 2006.
Ders.: Civil War in Central Europe, 1918–1921. The Reconstruction of Poland, Oxford 2018.
Bonnesoeur, Frédéric u. a. (Hgg.): Geschlossene Grenzen. Die Internationale Flücht-

lingskonferenz von Évian 1938. Eine Ausstellung des Zentrums für Antisemitismusforschung der Technischen Universität Berlin und der Gedenkstätte Deutscher Widerstand (Ausstellungskatalog), Berlin 2018.

Bon Tempo, Carl J.: The United States and the Forty Years' Crisis, in: Matthew Frank/ Jessica Reinisch (Hgg.), Refugees in Europe, 1919–1959. A Forty Years' Crisis?, London u. a. 2019, 177–194.

Bothe, Alina: Forced over the Border. The Expulsion of Polish Jews from Germany in 1938/39, in: Jahrbuch des Dubnow-Instituts/Dubnow Institute Yearbook 16 (2017), 267–288.

Bouverie, Tim: Mit Hitler reden. Der Weg vom Appeasement zum Zweiten Weltkrieg, übers. aus dem Engl. von Karin Hielscher, Hamburg 2021.

Bradlow, Edna: South African Policy and Jewish Refugee Immigration in the 1930s, in: Bartrop (Hg.), False Havens, 239–252.

Brechtken, Magnus u. a. (Hgg.): Die Nürnberger Gesetze – 80 Jahre danach. Vorgeschichte, Entstehung, Auswirkungen, Göttingen 2017.

Breitman, Richard: Art. »Riegner-Telegramm«, in: EJGK 5 (2014), 219–224.

Ders./Lichtman, Allan J.: FDR and the Jews, Cambridge, Mass./London 2013.

Ders./Kraut, Alan M.: American Refugee Policy and European Jewry, 1933–1945, Bloomington, Ind., 1987.

Brenner, Michael: Geschichte des Zionismus, München 2002.

Broszat, Martin: Der Staat Hitlers. Grundlegung und Entwicklung seiner inneren Verfassung, München 1969.

Browning, Christopher R.: Die Entfesselung der »Endlösung«. Nationalsozialistische Judenpolitik 1939–1942, übers. aus dem Engl. von Klaus-Dieter Schmidt, München 2003.

Burgess, Greg: The League of Nations and the Refugees from Nazi Germany. James G. McDonald and Hitler's Victims, London u. a. 2016.

Burgwyn, H. James: Italian Foreign Policy in the Interwar Period 1918–1940, Westport, Conn./London 1997.

Caestecker, Frank: Alien Policy in Belgium, 1840–1940. The Creation of Guest Workers, Refugees and Illegal Aliens, New York/Oxford 2000.

Ders.: How the Refugees Crisis from Nazi Germany Got (Partly) Solved through International Concertation, in: Comparativ. Zeitschrift für Globalgeschichte und vergleichende Gesellschaftsforschung 27 (2017), H. 1, 39–59.

Ders./Moore, Bob (Hgg.): Refugees from Nazi Germany and the Liberal European States, New York/Oxford 2010.

Čapková, Kateřina/Frankl, Michal: Unsichere Zuflucht. Die Tschechoslowakei und ihre Flüchtlinge aus NS-Deutschland und Österreich 1933–1938, übers. aus dem Tschech. von Kristina Kallert, Wien/Köln/Weimar 2012.

Caron, Vicki: Uneasy Asylum. France and the Jewish Refugee Crisis 1933–1942, Stanford, Calif., 1999.

Cesarani, David: »Endlösung«. Das Schicksal der Juden 1933 bis 1948, übers. aus dem Engl. von Klaus-Dieter Schmidt, Berlin 2016.

Ders.: Adolf Eichmann. Bürokrat und Massenmörder, übers. aus dem Engl. von Klaus-Dieter Schmidt, Berlin 2012.

Chaudhri, Mohammed Ahsen: Origin, Composition and Function of the Sixth Committee, in: Pakistan Horizon 26 (1973), H. 2, 3–15.

Cohen, Michael Joseph: Britain's Moment in Palestine. Retrospect and Perspectives, 1917–1948, London 2014.
Ders.: Secret Diplomacy and Rebellion in Palestine, 1936–1939, in: International Journal of Middle East Studies 8 (1977), H. 3, 379–404.
Ders.: Appeasement in the Middle East. The British White Paper in Palestine, May 1939, in: The Historical Journal 16 (1973), H. 3, 571–596.
Ders.: British Strategy and the Palestine Question 1936–1939, in: Journal of Contemporary History 7 (1972), H. 3, 157–183.
Cornelißen, Christoph: Europa im 20. Jahrhundert, Frankfurt a. M. 2020.
Craig, Gordon A./George, Alexander L.: Zwischen Krieg und Frieden. Konfliktlösung in Geschichte und Gegenwart, übers. aus dem Engl. von Karl Heinz Siber, München 1984.
Curio, Claudia: Were Unaccompanied Child Refugees a Privileged Class of Refugees in the Liberal States of Europe?, in: Caestecker/Moore (Hgg.), Refugees from Nazi Germany and the Liberal European States, 169–189.
Dallek, Robert: Franklin D. Roosevelt and American Foreign Policy, 1932–1945, Oxford u. a. 1981.
Davies, Thomas: NGOs. A New History of Transnational Civil Society, New York 2014.
Ders. (Hg.): Routledge Handbook of NGOs and International Relations, London/New York 2019.
Delbrück, Jost: Nichtregierungsorganisationen. Geschichte – Bedeutung – Rechtsstatus, Trier 2003, 4–7, <https://nbn-resolving.org/urn:nbn:de:0168-ssoar-321699> (5. August 2024).
Delpard, Raphaël: La conférence de la honte. Évian, juillet 1938. Une incroyable page d'histoire enfin révélée, Paris 2015.
Deonna, Emmanuel: Art. »Jüdischer Weltkongress«, in: EJGK 3 (2012), 263–268.
Dillmann, Hans-Ulrich/Heim, Susanne: Fluchtpunkt Karibik. Jüdische Emigranten in der Dominikanischen Republik, Berlin 2009.
Diner, Dan: Ein anderer Krieg. Das jüdische Palästina und der Zweite Weltkrieg 1935–1942, München 2021.
Ders.: Gegenläufige Gedächtnisse. Über Geltung und Wirkung des Holocaust, Göttingen 2007.
Ders.: Das Jahrhundert verstehen. Eine universalhistorische Deutung, München 1999.
Ders.: Art. »Verschwörung«, in: EJGK 6 (2015), 272–277.
Ders.: Point and Plane. On the Geometry of Jewish Political Experience, in: Julia König/Sabine Seichter (Hgg.), Menschenrechte. Demokratie. Geschichte. Transdisziplinäre Herausforderungen an die Pädagogik, Weinheim 2014, 95–104.
Ders.: »Meines Bruders Wächter«. Zur Diplomatie jüdischer Fragen, in: ders., Gedächtniszeiten. Über jüdische und andere Geschichten, München 2003, 113–124.
Ders.: Zweierlei Emanzipation. Westliche Juden und Ostjuden gegenübergestellt, in: ders., Gedächtniszeiten. Über jüdische und andere Geschichten, München 2003, 125–134.
Ders.: Elemente der Subjektwerdung. Jüdische DPs in historischem Kontext, in: Fritz Bauer Institut (Hg.), Überlebt und unterwegs. Jüdische Displaced Persons im Nachkriegsdeutschland, Frankfurt a. M./New York 1997, 229–248.
Ders.: Die Katastrophe vor der Katastrophe. Auswanderung ohne Einwanderung, in: ders./Dirk Blasius (Hgg.), Zerbrochene Geschichte. Leben und Selbstverständnis der Juden in Deutschland, Frankfurt a. M. 1991, 138–160.

Ders.: Bolschewismus ohne Kommunismus – Ben-Gurion und der Holocaust. Zu dem Buch von Dina Porat über Yischuv und Holocaust, in: Babylon. Beiträge zur jüdischen Gegenwart 2 (1987), 127–131.

Diner, Hasia R.: We Remember with Reverence and Love. American Jews and the Myth of Silence after the Holocaust, 1945–1962, New York/London 2009.

Dirks, Gerald E.: Canada's Refugee Policy. Indifference or Opportunism?, Montreal 1977.

Döscher, Hans-Jürgen: »Reichskristallnacht«. Die Novemberpogrome 1938, München ³2000 (zuerst 1988).

Dwork, Debórah/van Pelt, Robert Jan: Flight from the Reich. Refugee Jews, 1933–1946, New York/London 2009.

Encyclopaedia Judaica, hg. von Michael Berenbaum und Fred Skolnik, 22 Bde., Detroit, Mich., ²2007 (zuerst 1972).

Endelman, Todd M.: Art. »Board of Deputies«, in: EJGK 1 (2011), 370–375.

Engel, David: Art. »Morgenthau Commission«, in: EJGK 4 (2013), 241–243.

Ders.: Art. »Hay-Note«, in: EJGK 2 (2012), 558 f.

Enzyklopädie jüdischer Geschichte und Kultur. Im Auftrag der Sächsischen Akademie der Wissenschaften zu Leipzig hg. von Dan Diner, 7 Bde., Stuttgart 2011–2017 (EJGK).

Erbelding, Rebecca: Rescue Board. The Untold Story of America's Efforts to Save the Jews of Europe, New York u. a. 2018.

Essner, Cornelia: Die »Nürnberger Gesetze« oder die Verwaltung des Rassenwahns 1933–1945, Paderborn u. a. 2002.

Estraikh, Gennady: Art. »Joint Distribution Committee«, in: EJGK 3 (2012), 211–214.

Ders.: Jacob Lestschinsky. A Yiddishist Dreamer and Social Scientist, in: Science in Context 20 (2007), H. 2, 215–237.

Faludi, Christian (Hg.): Die »Juni-Aktion« 1938. Eine Dokumentation zur Radikalisierung der Judenverfolgung, Frankfurt a. M./New York 2013.

Feilchenfeld, Werner/Michaelis, Dolf: Haavara-Transfer nach Palästina und Einwanderung deutscher Juden 1933–1939, Tübingen 1972.

Feingold, Henry L.: The Politics of Rescue. The Roosevelt Administration and the Holocaust 1938–1945, New Brunswick, N. J., 1970.

Fiedler, Lutz: Art. »Armenian Atrocities Committee«, in: EJGK 1 (2011), 152–156.

Fink, Carole: The Crisis Years. Britain, Australia, and Jewish Refugees from Nazi Germany, 1938–39, in: dies., Writing 20th Century International History. Explorations and Examples, Göttingen 2017, 31–52.

Dies.: Defending the Rights of Others. The Great Powers, the Jews and International Minority Protection 1878–1938, New York u. a. 2004.

Fisch, Jörg: Das Selbstbestimmungsrecht der Völker. Die Domestizierung einer Illusion, München 2010.

Ders.: Adolf Hitler und das Selbstbestimmungsrecht der Völker, in: Historische Zeitschrift 290 (2010), H. 1, 93–118.

Fraenkel, Daniel: Die Reaktion des deutschen Zionismus auf die nationalsozialistische Verfolgungspolitik, in: Andrea Schatz/Christian Wiese (Hgg.), Janusfiguren. »Jüdische Heimstätte«, Exil und Nation im deutschen Zionismus, Berlin 2006, 303–314.

Fraenkel, Ernst: Der Doppelstaat. Recht und Justiz im »Dritten Reich«, übers. aus dem Engl. von Manuela Schöps in Zusammenarbeit mit dem Autor, Frankfurt a. M. 1984 (zuerst engl. 1941).

Frank, Matthew James: Making Minorities History. Population Transfer in Twentieth-Century Europe, Oxford 2017.
Frankl, Michal: No Man's Land. Refugees, Moving Borders, and Shifting Citizenship in 1938 East-Central Europe, in: Jahrbuch des Dubnow-Instituts/Dubnow Institute Yearbook 16 (2017), 247–266.
Freeden, Herbert: Die jüdische Presse im Dritten Reich, Frankfurt a. M. 1987.
Freidenreich, Harriet Pass: Jewish Politics in Vienna 1918–1938, Bloomington, Ind., 1991.
Friedla, Katharina: Juden in Breslau/Wrocław 1933–1949. Überlebensstrategien, Selbstbehauptung und Verfolgungserfahrungen, Köln/Weimar/Wien 2015.
Friedländer, Saul: Das Dritte Reich und die Juden, 2 Bde., übers. aus dem Engl. von Martin Pfeiffer, Bd. 1: Die Jahre der Verfolgung 1933–1939, München 2000; Bd. 2: Die Jahre der Vernichtung 1939–1945, München ²2006.
Friedman, Saul S.: No Haven for the Oppressed. United States Policy Towards Jewish Refugees 1938–1945, Detroit, Mich., 1973.
Friling, Tuvia: Arrows in the Dark. David-Ben Gurion, the Yishuv Leadership, and Rescue Attempts during the Holocaust, 2 Bde., Madison, Wisc., 2005.
Frings, Paul: Das internationale Flüchtlingsproblem 1919–1950, Frankfurt a. M. 1951.
Fritz, Regina/Hammerstein, Katrin: Antijüdische Gewalt nach dem »Anschluss«. Der März 1938 und seine Folgen für die jüdische Bevölkerung in Österreich, in: Einsicht. Bulletin des Fritz Bauer Instituts 10 (2018), 6–15.
Gallas, Elisabeth/Graf, Philipp/Mecklenburg, Frank (Hgg.), Schwerpunkt »Forced Migration and Flight. New Approaches to the Year 1938«, in: Jahrbuch des Dubnow-Instituts/Dubnow Institute Yearbook 16 (2017), 153–288.
Gallas, Elisabeth/Jost, Martin: Die Genfer Flüchtlingskonvention. Fünf Statements, in: Jüdische Geschichte & Kultur. Magazin des Dubnow-Instituts 3 (2019), 17–21.
Galnoor, Itzhak: The Zionist Debates on Partition (1919–1947), in: Israel Studies 14 (2009), H. 2, 74–87.
Gassert, Philipp: Der unterschätzte Aggressor. Das Deutsche Reich in den internationalen Beziehungen, in: Dietmar Süß/Winfried Süß (Hgg.), Das »Dritte Reich«. Eine Einführung, München 2008, 35–54.
Gatrell, Peter: The Making of the Modern Refugee, Oxford 2013.
Gelber, Yoav: Art. »El-Alamein«, in: EJGK 2 (2012), 211–215.
Genizi, Haim: James G. McDonald. High Commissioner for Refugees, 1933–1935, in: The Wiener Library Bulletin 30 (1977), H. 43–44, 40–52.
Gerlach, Christian: Krieg, Ernährung, Völkermord. Forschungen zur deutschen Vernichtungspolitik im Zweiten Weltkrieg, Hamburg 1998.
Gerwarth, Robert: Die Besiegten. Das blutige Erbe des Ersten Weltkriegs, übers. aus dem Engl. von Alexander Weber, Bonn 2017.
Giladi, Rotem: Jews, Sovereignty, and International Law. Ideology and Ambivalence in Early Israeli Legal Diplomacy, Oxford 2021.
Ders.: Gegenwartsarbeit in the National Home. International Law and the Two Nationalisms of Nathan Feinberg (1895–1988), in: Jahrbuch des Dubnow-Instituts/Dubnow Institute Yearbook 19 (2020/2021), 409–440.
Gold, Hugo: Geschichte der Juden in Wien. Ein Gedenkbuch, Tel Aviv 1966.
Goldmann, Nahum: Mein Leben als deutscher Jude (Bd. 1 der erweiterten und ergänzten Neufassung der Autobiografie »Staatsmann ohne Staat« von 1970), München/Wien 1980.

Ders.: Staatsmann ohne Staat. Autobiographie, Köln/Berlin 1970.
Gottlieb, Moshe R.: American Anti-Nazi Resistance 1933–1941. An Historical Analysis, New York 1982.
Graf, Philipp: Zweierlei Zugehörigkeit. Der jüdische Kommunist Leo Zuckermann und der Holocaust, Göttingen 2024.
Ders.: Die Bernheim-Petition 1933. Jüdische Politik in der Zwischenkriegszeit, Göttingen 2008.
Ders.: »Dem Gesetzentwurf gibt das Zentralsekretariat seine Zustimmung«. Eine neue Sicht auf die Restitutionsfrage in der Sowjetischen Besatzungszone, in: Jahrbuch des Dubnow-Instituts/Dubnow Institute Yearbook 17 (2018), 271–298.
Ders.: Art. »Comité des délégations juives«, in: EJGK 2 (2012), 13–17.
Granick, Jaclyn: The First American Organization in Soviet Russia. JDC and Relief in the Ukraine, 1920–1923, in: Patt u. a. (Hgg.), The JDC at 100, 61–93.
Gross, Raphael: November 1938. Die Katastrophe vor der Katastrophe, München 2013.
Grossmann, Atina: Juden, Deutsche, Alliierte. Begegnungen im besetzten Deutschland, übers. aus dem Engl. von Ulrike Bischoff, Göttingen 2012.
Grossmann, Kurt Richard: Emigration. Geschichte der Hitler-Flüchtlinge 1933–1945, Frankfurt a. M. 1969.
Gruner, Wolf: Öffentliche Wohlfahrt und Judenverfolgung. Wechselwirkungen lokaler und zentraler Politik im NS-Staat (1933–1942), München 2002.
Ders.: Zwangsarbeit und Verfolgung. Österreichische Juden im NS-Staat 1938–45, Innsbruck/Wien/München 2000.
Ders.: Vertreibungen, Annexionen, Massenauswanderungen. Die NS-Judenpolitik und Évian im Jahre 1938, in: Jahrbuch für Antisemitismusforschung 28 (2019), 15–37.
Ders.: »Peregrinations into the Void?« German Jews and their Knowledge About the Armenian Genocide During the Third Reich, in: Central European History 45 (2012), H. 1, 1–26.
Habe, Hans: Ich stelle mich. Meine Lebensgeschichte, durchgesehene und erweiterte Ausgabe, München 1986 (zuerst 1954).
Ders.: Die Mission. Roman, Wien/München/Basel 1965.
Ders.: Eine Zeit bricht zusammen, Genf 1938.
Ders.: Drei über die Grenze. Ein Abenteuer unter deutschen Emigranten, Genf 1937.
Hacohen, Malachi Haim: Jacob & Esau. Jewish European History Between Nation and Empire, Cambridge u. a. 2019.
Haddad, Emma: The Refugee in International Society. Between Sovereigns, Cambridge u. a. 2008.
Haim, Yehoyada: Zionist Attitudes toward Partition, 1937–1938, in: Jewish Social Studies 40 (1978), H. 3–4, 303–320.
Halamish, Aviva: A Dual Race Against Time. Zionist Immigration Policy in the 1930s, Jerusalem 2006 (hebr.).
Handlin, Oscar: A Continuing Task. The American Jewish Joint Distribution Committee, 1914–1964, New York 1964.
Hecht, Dieter J./Lappin-Eppel, Eleonore/Raggam-Blesch, Michaela: Topographie der Shoah. Gedächtnisorte des zerstörten jüdischen Wien, 3. überarbeitete Aufl., Wien 2017 (zuerst 2015).
Dies.: »Anschluss«-Pogrom in Wien, in: dies., Topographie der Shoah, 16–41.

Heim, Susanne: Widersprüchliche Loyalitäten. Die Reaktionen internationaler jüdischer Hilfsorganisationen auf die Situation der deutschen Juden, in: Andrea Löw/Doris L. Bergen/Anna Hájková (Hgg.), Alltag im Holocaust. Jüdisches Leben im Großdeutschen Reich 1941–1945, München 2013, 237–252.
Dies.: International Refugee Policy and Jewish Immigration under the Shadow of National Socialism, in: Caestecker/Moore (Hgg.), Refugees from Nazi Germany and the Liberal European States, 17–47.
Dies.: Projekt »M«. Roosevelts Pläne zur globalen Migrationsregulierung, in: Leidschrift. Historisch Tijdschrift 22 (2007) H. 1, 123–139.
Dies.: »Deutschland muß ihnen ein Land ohne Zukunft sein«. Die Zwangsemigration der Juden 1933 bis 1938, in: Christoph Dieckmann (Hg.), Arbeitsmigration und Flucht, Berlin 1993, 48–81.
Heimat und Exil. Emigration der deutschen Juden nach 1933, hg. von der Stiftung Jüdisches Museum Berlin und der Stiftung Haus der Geschichte der Bundesrepublik Deutschland (Begleitbuch zur Ausstellung), Frankfurt a. M. 2006.
Herbst, Ludolf: Das nationalsozialistische Deutschland 1933–1945. Die Entfesselung der Gewalt: Rassismus und Krieg, Frankfurt a. M. 1996.
Hering, Sabine (Hg.): Jüdische Wohlfahrt im Spiegel von Biographien, 2. durchgesehene und erweiterte Aufl., Frankfurt a. M. 2007 (zuerst 2006).
Herren, Madeleine/Löhr, Isabella: Being International in Times of War. Arthur Sweetser and the Shifting of the League of Nations to the United Nations, in: European Review of History/Revue Européenne d'Histoire 25 (2018), H. 3–4, 535–552.
Hildesheimer, Esriel: Jüdische Selbstverwaltung unter dem NS-Regime. Der Existenzkampf der Reichsvertretung und Reichsvereinigung der Juden in Deutschland, Tübingen 1994.
Hirschon, Renée (Hg.): Crossing the Aegean. An Appraisal of the 1923 Compulsory Population Exchange between Greece and Turkey, New York 2004.
Hochstadt, Steve: Shanghai. A Last Resort for Desperate Jews, in: Caestecker/Moore (Hgg.), Refugees from Nazi Germany and the Liberal European States, 109–121.
Hoffmann, Christhard (Hg.): Preserving the Legacy of German Jewry. A History of the Leo Baeck Institute, 1955–2005, Tübingen 2005.
Hoke, Rudolf: Österreichische und deutsche Rechtsgeschichte, Wien/Köln/Weimar 1992.
Hopp, Andrea/Gosdek, Katja: Die Flüchtlingskonferenz von Évian 1938. Nach dem Roman »Die Mission« von Hans Habe, Leipzig 2019.
James, Robert Rhodes: Victor Cazalet. A Portrait, London 1976.
Jilek, Grit: Nation ohne Territorium. Über die Organisierung der jüdischen Diaspora bei Simon Dubnow, Baden-Baden 2013.
Jones, Sam: Refugee Rhetoric Echoes 1938 Summit Before Holocaust, UN Official Warns, in: The Guardian, 14. Oktober 2015, <https://www.theguardian.com/global-development/2015/oct/14/refugee-rhetoric-echoes-1938-summit-before-holocaust-un-official-warns> (5. August 2024).
Jost, Martin: A Battle against Time. Salomon Adler-Rudel's Commitment at the Évian Conference, in: Jahrbuch des Dubnow-Instituts/Dubnow Institute Yearbook 16 (2017), 221–245.
Ders.: Unentbehrliche »Grundpfeiler«. Die vergessene zweite Reihe zionistischer Funktionäre, in: Mimeo. Blog der Doktorandinnen und Doktoranden am Dubnow-

Institut, 26. März 2023, <https://mimeo.dubnow.de/unentbehrliche-grundpfeiler/> (5. August 2024).
Ders.: Unerwartete Wendung. Australiens Einwanderungspolitik und die Konferenz von Évian 1938, in: Mimeo. Blog der Doktorandinnen und Doktoranden am Dubnow-Institut, 14. Dezember 2021, <https://mimeo.dubnow.de/unerwartete-wendung/> (5. August 2024).
Ders.: Jüdische Diplomatie am Genfer See. Beraten statt entscheiden auf der Konferenz von Évian, in: Mimeo. Blog der Doktorandinnen und Doktoranden am Dubnow-Institut, 24. April 2019, <https://mimeo.dubnow.de/juedische-diplomatie-am-genfer-see/> (5. August 2024).
Judt, Tony: Geschichte Europas von 1945 bis zur Gegenwart, übers. aus dem Engl. von Matthias Fienbork und Hainer Kober, Frankfurt a. M. ²2010 (zuerst 2006).
Jünger, David: Jahre der Ungewissheit. Emigrationspläne deutscher Juden 1933–1938, Göttingen/Bristol, Conn. ²2016 (zuerst 2016).
Ders.: Verzerrte Erinnerung. Die Wirkung des Holocaust auf das Zeugnis von der nationalsozialistischen Judenverfolgung, in: Geschichte und Gesellschaft 47 (2021), H. 3, 412–437.
Ders.: Beyond Flight and Rescue. The Migration Setting of German Jewry before 1938, in: Jahrbuch des Dubnow-Instituts/Dubnow Institute Yearbook 16 (2017), 173–197.
Ders.: Am Scheitelpunkt der Emanzipation. Die Juden Europas und der Berliner Kongress 1878, in: Arndt Engelhardt u. a. (Hgg.), Ein Paradigma der Moderne. Jüdische Geschichte in Schlüsselbegriffen, Göttingen 2016, 17–38.
Ders./Ullrich, Anna: Introduction. German-Jewish Agency in Times of Crisis, 1914–1938, in: Leo Baeck Institute Year Book 66 (2021), 3–5.
Kaplan, Marion: Zuflucht in der Karibik. Die jüdische Flüchtlingssiedlung in der Dominikanischen Republik 1940–1945, übers. aus dem Engl. von Georgia Hanenberg, Göttingen 2010.
Dies.: The Évian Conference and the Americas, in: Jahrbuch für Antisemitismusforschung 28 (2019), 38–55.
Kapralik, Charles J.: Erinnerungen eines Beamten der Wiener Israelitischen Kultusgemeinde 1938/39, in: Bulletin des Leo Baeck Instituts 24 (1981), H. 58, 52–78.
Katz, Jacob: Aus dem Ghetto in die bürgerliche Gesellschaft. Jüdische Emanzipation 1770–1870, Frankfurt a. M. 1986.
Ders.: Jewish Emancipation and Self-Emancipation, Philadelphia, Pa./New York/Jerusalem 1986.
Katz, Shlomo Z.: Public Opinion in Western Europe and the Evian Conference of July 1938, in: Yad Vashem Studies 9 (1973), 105–132.
Kauders, Anthony D.: Agency, Free Will, Self-Constitution. New Concepts for Historians of German-Jewish History between 1914 and 1938?, in: Leo Baeck Institute Year Book 66 (2021), 40–57.
Kaufmann, Kristin: Wege jüdischer Wanderung. »Das zweite transportable Vaterland« des Publizisten Alfred Hirschberg in Brasilien (unveröffentlichte M. A.-Arbeit, Humboldt-Universität zu Berlin, 2020).
Kausch, Christine, Zuflucht auf Zeit. Juden aus Deutschland in den Niederlanden 1933–1945, Göttingen 2024.
Kershaw, Ian: Hitler 1936–1945, übers. aus dem Engl. von Klaus Kochmann, Stuttgart 2000.

Kieffer, Fritz: Judenverfolgung in Deutschland – eine innere Angelegenheit? Internationale Reaktionen auf die Flüchtlingsproblematik 1933–1939, Stuttgart 2002.
Ders.: Die Flüchtlings-Konferenz von Evian 1938, in: Wolfgang Benz (Hg.), Umgang mit Flüchtlingen. Ein humanitäres Problem, München 2006, 27–54.
Kirchhoff, Markus: Art. »Balfour-Deklaration«, in: EJGK 1 (2011), 243–250.
Ders.: Einfluss ohne Macht. Jüdische Diplomatiegeschichte 1815–1878, in: Dan Diner (Hg.), Synchrone Welten. Zeiträume jüdischer Geschichte, Göttingen 2005, 121–146.
Kirchner, Andrea: Emissär der jüdischen Sache. Eine politische Biografie Richard Lichtheims, Göttingen 2023.
Klagsbrun, Francine: Lioness. Golda Meir and the Nation of Israel, New York 2017.
Klein, Shira: Italy's Jews from Emancipation to Fascism, Cambridge u. a. 2018.
Kleveman, Lutz C.: Smyrna in Flammen. Der Untergang der osmanischen Metropole 1922 und seine Folgen für Europa, Berlin 2022.
Klose, Fabian: »In the Cause of Humanity«. Eine Geschichte der humanitären Intervention im langen 19. Jahrhundert, Göttingen 2019.
Knee, Stuart E.: Jewish Non-Zionism in America and Palestine Commitment 1917–1941, in: Jewish Social Studies 39 (1977), H. 3, 209–226.
Koch, Magdalena Veronika: Reaktionen der jüdischen Öffentlichkeit auf die Konferenz von Évian 1938. Am Beispiel zweier deutsch-jüdischer Zeitungen (unveröffentlichte B. A.-Arbeit, Humboldt-Universität zu Berlin, 2022).
Kogon, Eugen: Der SS-Staat. Das System der deutschen Konzentrationslager, München [10]1979 (zuerst 1946).
Königseder, Angelika/Wetzel, Juliane: Lebensmut im Wartesaal. Die jüdischen DPs (Displaced Persons) im Nachkriegsdeutschland, aktualisierte Neuausgabe, Frankfurt a. M. 2004 (zuerst 1994).
Kontogiorgi, Elisabeth: Population Exchange in Greek Macedonia. The Rural Settlement of Refugees 1922–1930, Oxford/New York 2006.
Kopper, Christopher: Hjalmar Schacht. Aufstieg und Fall von Hitlers mächtigstem Bankier, München 2006.
Koselleck, Reinhart: »Erfahrungsraum« und »Erwartungshorizont« – zwei historische Kategorien, in: ders., Vergangene Zukunft. Zur Semantik geschichtlicher Zeiten, Frankfurt a. M. 1979, 349–375.
Kraft, Claudia: Völkermord als delictum iuris gentium. Raphael Lemkins Vorarbeiten für eine Genozidkonvention, in: Jahrbuch des Simon-Dubnow-Instituts/Simon Dubnow Institute Yearbook 4 (2005), 79–98.
Krämer, Andreas: Hitlers Kriegskurs, Appeasement und die »Maikrise« 1938. Entscheidungsstunde im Vorfeld von »Münchener Abkommen« und Zweitem Weltkrieg, Berlin/Boston, Mass., 2014.
Kropat, Wolf-Arno: »Reichskristallnacht«. Der Judenpogrom vom 7. bis 10. November 1938. Urheber, Täter, Hintergründe, Wiesbaden 1997.
Kubowitzki, Leon: Unity in Dispersion. A History of the World Jewish Congress, New York 1948.
Kuchenbecker, Antje: Zionismus ohne Zion. Birobidžan. Idee und Geschichte eines jüdischen Staates in Sowjet-Fernost, Berlin 2000.
Kulischer, Eugene M.: Europe on the Move. War and Population Changes, 1917–47, New York 1948.

Kurz, Nathan A.: Jewish Internationalism and Human Rights after the Holocaust, Cambridge u. a. 2021.

Laffer, Dennis R.: The Evian Conference of July 1938. The Jewish Trail of Tears, in: Gabriele Anderl/Simon Usaty (Hgg.), Schleppen, Schleusen, Helfen. Flucht zwischen Rettung und Ausbeutung, Wien 2016, 94–113.

Ders.: The Jewish Trail of Tears. The Evian Conference in July 1938 (unveröffentlichte M. A.-Arbeit, University of South Florida, Tampa 2011).

Lahav, Pnina: The Only Woman in the Room. Golda Meir and Her Path to Power, Princeton, N. J./Oxford 2022.

Laqueur, Walter: The First News of the Holocaust, New York 1979.

Ders.: A History of Zionism, London 1972.

Leggewie, Claus, »Keiner will sie«. Wer nimmt die deutschen Juden auf? Vor 80 Jahren traf sich die westliche Staatenwelt in Évian, um diese Frage zu klären, in: Die Zeit, 21. Juni 2018, <https://www.zeit.de/2018/26/deutsche-juden-aufnahme-evian-1938> (5. August 2024).

Lehmann, Matthias B.: The Baron. Maurice de Hirsch and the Jewish Nineteenth Century, Stanford, Calif., 2022.

Ders.: Baron Hirsch, the Jewish Colonization Association and the Future of the Jews, in: Jewish Studies Quarterly 27 (2020), H. 1, 73–102.

Levene, Mark: Art. »Anglo-Jewish Association«, in: EJGK 1 (2011), 100–102.

Lingen, Kerstin von: »Crimes against Humanity«. Eine Ideengeschichte der Zivilisierung von Kriegsgewalt 1864–1945, Paderborn 2018.

Livny, Adi: Fighting Partition, Saving Mount Scopus. The Pragmatic Binationalism of D. W. Senator, in: Avriel Bar-Levav/Uzi Rebhun (Hgg.), Textual Transmission in Contemporary Jewish Cultures, Oxford 2020, 225–246.

Loeffler, James: Rooted Cosmopolitans. Jews and Human Rights in the Twentieth Century, New Haven, Conn./London 2018.

Ders.: Becoming Cleopatra. The Forgotten Zionism of Raphael Lemkin, in: Journal of Genocide Research 19 (2017), H. 3, 340–360.

Ders.: »The Famous Trinity of 1917«: Zionist Internationalism in Historical Perspective, in: Jahrbuch des Simon-Dubnow-Instituts/Simon Dubnow Institute Yearbook 15 (2016), 211–238.

London, Louise: Whitehall and the Jews, 1933–1948. British Immigration Policy, Jewish Refugees and the Holocaust, Cambridge 2001.

Longerich, Peter: »Davon haben wir nichts gewusst!« Die Deutschen und die Judenverfolgung 1933–1945, München ²2006 (zuerst 2006).

Ders.: Politik der Vernichtung. Eine Gesamtdarstellung der nationalsozialistischen Judenverfolgung, München/Zürich 1998.

Ludi, Regula: Dwindling Options. Seeking Asylum in Switzerland 1933–1939, in: Caestecker/Moore (Hgg.), Refugees from Nazi Germany and the Liberal European States, 82–102.

MacMillan, Margaret: Die Friedensmacher. Wie der Versailler Vertrag die Welt veränderte, übers. aus dem Engl. von Klaus-Dieter Schmidt, Berlin 2015.

Maga, Timothy P.: America, France, and the European Refugee Problem, 1933–1947, New York 1985.

Mallmann, Klaus-Michael/Cüppers, Martin: »Beseitigung der jüdisch-nationalen Heimstätte in Palästina«. Das Einsatzkommando bei der Panzerarmee Afrika 1942, in: Jürgen Matthäus/Klaus-Michael Mallmann (Hgg.), Deutsche, Juden, Völkermord. Der Holocaust in Geschichte und Gegenwart, Darmstadt 2006, 153–176.

Marrus, Michael R.: Die Unerwünschten. Europäische Flüchtlinge im 20. Jahrhundert, übers. aus dem Engl. von Gero Deckert, Berlin/Göttingen/Hamburg 1999.

Ders.: FDR and the Holocaust. From Blaming to Understanding, Review of Richard Breitman and Allan J. Lichtman, FDR and the Jews, in: Yad Vashem Studies 42 (2014), H. 2, 203–212.

Ders.: Art. »Evian«, in: EJGK 2 (2012), 289–295.

Mashberg, Michael: American Diplomacy and the Jewish Refugee, 1938–1939, in: YIVO Annual of Jewish Social Science, 15 (1974), 339–365.

Ders.: America and the Refugee Crisis. From Evian to the War, March 1938 – September 1939 (unveröffentlichte M. A.-Arbeit, City College of the City University of New York, 1970).

Matthäus, Jürgen: Konzept als Kalkül. Das Judenbild des SD 1934–1939, in: Michael Wildt (Hg.), Nachrichtendienst, politische Elite, Mordeinheit. Der Sicherheitsdienst des Reichsführers SS, Hamburg 2003, 118–143.

Matthews, Tony: How the World Allowed Hitler to Proceed with the Holocaust. Tragedy at Évian, Barnsley 2021.

Mazower, Mark: Dark Continent. Europe's Twentieth Century, London u. a. 1998.

McClure, Marc Eric: Earnest Endeavors. The Life and Public Work of George Rublee, Westport, Conn./London 2003.

McDonald Stewart, Barbara: United States Government Policy on Refugees from Nazism 1933–1940, New York 1982 (unveröffentlichte Diss., Columbia University, New York, 1969).

Meckl, Markus: »Sie kämpften für die Ehre«. Zur symbolischen Bedeutung des Warschauer Ghettoaufstandes, in: Zeitschrift für Geschichtswissenschaft 46 (1998), H. 4, 320–328.

Medoff, Rafael: The Jews Should Keep Quiet. Franklin D. Roosevelt, Rabbi Stephen S. Wise, and the Holocaust, Lincoln, Nebr./Philadelphia, Pa., 2019.

Medzini, Meron: Golda Meir. A Political Biography, Berlin 2017.

Ders.: Golda Meir. A Forty Year Perspective, in: Israel Studies 23 (2018), H. 1, 73–85.

Meier, Axel: »Keine Resignation, sondern Selbsthilfe!« Salomon Adler-Rudel (1894–1975), in: Sabine Hering (Hg.), Jüdische Wohlfahrt im Spiegel von Biographien, Frankfurt a. M. ²2007 (zuerst 2006), 34–45.

Meir, Golda: Mein Leben, übers. aus dem Engl. von Helmut Degner und Hans-Joachim Maass, Hamburg 1975.

Melzer, Emanuel: No Way Out. The Politics of Polish Jewry 1935–1939, Cincinnati, Oh., 1997.

Mendelsohn, Ezra: The Jews of East Central Europe Between the World Wars, Bloomington, Ind., 1987.

Ders.: Zwischen großen Erwartungen und bösem Erwachen. Das Ende der multinationalen Reiche in Ostmittel- und Südosteuropa aus jüdischer Perspektive, in: Dittmar Dahlmann/Anke Hilbrenner (Hgg.), Zwischen großen Erwartungen und bösem Erwachen. Juden, Politik und Antisemitismus in Ost- und Südosteuropa 1918–1945, Paderborn u. a. 2007, 13–30.

Meyer, Beate: Tödliche Gratwanderung. Die Reichsvereinigung der Juden in Deutschland zwischen Hoffnung, Zwang, Selbstbehauptung und Verstrickung (1939–1945), Göttingen 2011.

Meyer, Winfried: Mission Bestseller. Die internationale Flüchtlingskonferenz von Évian in Hans Habes Roman »Die Mission«, in: Jahrbuch für Antisemitismusforschung 28 (2019), 74–105.

Michaelis, Meir: Mussolini and the Jews. German-Italian Relations and the Jewish Question in Italy 1922–1945, Oxford 1978.

Middendorf, Stefanie: Hans Schäffer und die bürokratische Existenz im Finanzkapitalismus, in: Jörg Später/Thomas Zimmer (Hgg.), Lebensläufe im 20. Jahrhundert, Göttingen 2019, 115–135.

Miron, Guy: The Waning of Emancipation. Jewish History, Memory, and the Rise of Fascism in Germany, France, and Hungary, Detroit, Mich., 2011.

Ders.: From Memorial Community to Research Center. The Leo Baeck Institute in Jerusalem, in: Hoffmann (Hg.), Preserving the Legacy of German Jewry, 101–134.

Ders.: Emancipation and Assimilation in the German-Jewish Discourse of the 1930s, in: Leo Baeck Institute Year Book 48 (2003), 165–189.

Mommsen, Hans: Hitler's Reichstag Speech of 30 January 1939, in: History and Memory 9 (1997), H. 1–2, 147–161.

Moses, Siegfried: Zum Gedenken – Martin Rosenblüth, in: Mitteilungsblatt der Hitachduth Olej Germania, 19. Juli 1963, 5.

Morris, Benny: Righteous Victims. A History of the Zionist-Arab Conflict, 1881–2001, New York 2001.

Ders./Ze'evi, Dror: The Thirty-Year Genocide. Turkey's Destruction of Its Christian Minorities, 1894–1924, Cambridge, Mass./London 2019.

Morris-Reich, Amos: Art. »Assimilation«, in: EJGK 1 (2011), 171–176.

Morse, Arthur D.: While Six Million Died. A Chronicle of American Apathy, New York ²1968 (zuerst 1966).

Naimark, Norman M.: Flammender Haß. Ethnische Säuberungen im 20. Jahrhundert, übers. aus dem Engl. von Martin Richter, Frankfurt a. M. 2008.

Nattermann, Ruth: Deutsch-jüdische Geschichtsschreibung nach der Shoah. Die Gründungs- und Frühgeschichte des Leo Baeck Institute, Essen 2004.

Ne'eman Arad, Gulie: America, Its Jews, and the Rise of Nazism, Bloomington, Ind., 2000.

Nesemann, Frank: Jüdische Diplomatie und Minderheitenrecht. Zur Wirkungsgeschichte des Comité des Délégations Juives, 1919–1936, in: Jahrbuch des Simon-Dubnow-Instituts/Simon Dubnow Institute Yearbook 4 (2005), 567–587.

Ders.: Minderheitendiplomatie. Leo Motzkin zwischen Imperien und Nationen, in: Dan Diner (Hg.), Synchrone Welten. Zeiträume jüdischer Geschichte, Göttingen 2005, 147–171.

Newman, Joanna: Nearly the New World. The British West Indies and the Flight from Nazism, 1933–1945, New York/Oxford 2019.

Nicolson, Harold: Dwight Morrow. Finanzmann und Diplomat in U.S.A., übers. aus dem Engl. von Catharina von Mayer, Berlin 1937.

Nicosia, Francis R.: Zionismus und Antisemitismus im Dritten Reich, Göttingen 2012.

Niedhart, Gottfried: Appeasement. Die britische Antwort auf die Krise des Weltreichs und des internationalen Systems vor dem Zweiten Weltkrieg, in: Historische Zeitschrift 226 (1978), H. 1, 67–88.

Nolan, Mary: The Transatlantic Century. Europe and America, 1890–2010, Cambridge u. a. 2012.

Offenberger, Ilana Fritz: The Jews of Nazi Vienna, 1938–1945. Rescue and Destruction, Cham 2017.
O. A.: Art. »Montevideo Convention«, in: Encyclopedia Britannica, <https://www.britannica.com/event/Montevideo-Convention> (5. August 2024).
O. A.: Joseph Perkins Chamberlain, in: Political Science Quarterly 66 (1951), H. 4, 640–642.
Osterloh, Jörg: »Ausschaltung der Juden und des jüdischen Geistes«. Nationalsozialistische Kulturpolitik 1920–1945, Frankfurt a. M./New York 2020.
Ders.: »… die Judenfrage etwas radikaler durch das Jahr 1938 gelöst«. Das Schicksal der Juden im Sudetenland, in: Einsicht. Bulletin des Fritz Bauer Instituts 10 (2018), H. 19, 24–33.
Ders.: Sudetenland, in: Wolf Gruner/Jörg Osterloh (Hgg.), The Greater German Reich and the Jews. Nazi Persecution Policies in the Annexed Territories, übers. aus dem Dt. von Bernhard Heise, New York/Oxford 2015, 68–98.
Özsu, Umut: Formalizing Displacement. International Law and Population Transfers, Oxford 2015.
Patt, Avinoam J.: The Jewish Heroes of Warsaw. The Afterlife of the Revolt, Detroit, Mich., 2021.
Ders.: Finding Home and Homeland. Jewish Youth and Zionism in the Aftermath of the Holocaust, Detroit, Mich., 2009.
Ders. u. a. (Hgg.): The JDC at 100. A Century of Humanitarianism, Detroit, Mich., 2019.
Ders./Berkowitz, Michael (Hgg.), »We Are Here.« New Approaches to Jewish Displaced Persons in Postwar Germany, Detroit, Mich., 2009.
Ders. u. a.: Introduction, in: dies. (Hgg.), The JDC at 100, 1–19.
Paucker, Arnold: Robert Weltsch the Enigmatic Zionist. His Personality and His Position in Jewish Politics, in: Leo Baeck Institute Year Book 54 (2009), 323–332.
Payk, Marcus M.: Frieden durch Recht? Der Aufstieg des modernen Völkerrechts und der Friedensschluss nach dem Ersten Weltkrieg, Berlin/Boston, Mass., 2018.
Payne, Stanley G.: The Spanish Civil War, New York 2012.
Penkower, Monty Noam: Honorable Failures against Nazi Germany. McDonald's Letter of Resignation and the Petition in its Support, in: Modern Judaism. A Journal of Jewish Ideas and Experience 30 (2010), H. 3, 247–298.
Ders.: The Kishinev Pogrom of 1903. A Turning Point in Jewish History, in: Modern Judaism. A Journal of Jewish Ideas and Experience 24 (2004), H. 3, 187–225.
Ders.: Dr. Nahum Goldmann and the Policy of International Jewish Organizations, in: Selwyn Ilan Troen/Benjamin Pinkus (Hgg.), Organizing Rescue. National Jewish Solidarity in the Modern Period, London 1992, 141–153.
Ders.: Jewish Organizations and the Creation of the U.S. War Refugee Board, in: The Annals of the American Academy of Political and Social Science 450 (1980), H. 1, 122–139.
Pfetsch, Frank R.: Internationale Politik, Stuttgart/Berlin/Köln 1994.
Picard, Jacques: Die Schweiz und die Juden 1933–1945. Schweizerischer Antisemitismus, jüdische Abwehr und internationale Migrations- und Flüchtlingspolitik, Zürich 1994.
Pickhan, Gertrud: »Gegen den Strom«. Der Allgemeine Jüdische Arbeiterbund (»Bund«) in Polen 1918–1939, München/Stuttgart 2001.

Polian, Pavel: Deportiert nach Hause. Sowjetische Kriegsgefangene im »Dritten Reich« und ihre Repatriierung, München/Wien 2001.

Porat, Dina: The Blue and the Yellow Stars of David. The Zionist Leadership in Palestine and the Holocaust, 1939-1945, übers. aus dem Hebr., Cambridge, Mass./London 1990.

Pulzer, Peter: Die Entstehung des politischen Antisemitismus in Deutschland und Österreich 1867 bis 1914. Mit einem Forschungsbericht des Autors, Neuausgabe, übers. aus dem Engl. von Jutta und Theodor Knust, Göttingen 2004.

Rabinovici, Doron: Instanzen der Ohnmacht. Wien 1938-1945. Der Weg zum Judenrat, Frankfurt a. M. 2000.

Rabkin, Yakov M.: Im Namen der Thora. Die jüdische Opposition gegen den Zionismus, übers. aus dem Hebr. von Abraham Melzer, Frankfurt a. M. 2020.

Ravitzky, Aviezer: Messianism, Zionism, and Jewish Religious Radicalism, übers. aus dem Hebr., Chicago, Ill., u. a. 1996.

Reinharz, Jehuda: Chaim Weizmann. The Making of a Statesman, New York/Oxford 1993.

Ders.: Chaim Weizmann. The Making of a Zionist Leader, New York/Oxford 1985.

Ders./Golani, Motti: Chaim Weizmann. A Biography, Waltham, Mass., 2024.

Ders./Golani, Motti: Founding Father. Chaim Weizmann, Biography 1922-1952, Tel Aviv 2020 (hebr.).

Ders./Golani, Motti: Chaim Weizmann. The Great Enabler. From the Balfour Declaration to the Establishment of the State of Israel, in: Modern Judaism. A Journal of Jewish Ideas and Experience 40 (2020), H. 1, 108-131.

Ders./Shavit, Yaacov, The Road to September 1939. Polish Jews, Zionists, and the Yishuv on the Eve of World War II, übers. aus dem Hebr. von Michal Sapir, Waltham, Mass., 2018 (zuerst hebr. 2013).

Röder, Werner u. a. (Hgg.), Biographisches Handbuch der deutschsprachigen Emigration nach 1933-1945/International Biographical Dictionary of Central European Emigrés 1933-1945, 3 Bde., Berlin/Boston, Mass., 2016 (Jubiläumsausgabe, Nachdruck).

Rosen, Robert N.: Saving the Jews. Franklin D. Roosevelt and the Holocaust, New York 2006.

Rosenbluth, Martin: Go Forth and Serve. Early Years and Public Life, New York 1961.

Rosenkranz, Herbert: Verfolgung und Selbstbehauptung. Die Juden in Österreich 1938-1945, Wien 1978.

Rosenstock, Werner: Exodus 1933-1939. A Survey of Jewish Emigration from Germany, in: Leo Baeck Institute Year Book (1956), 373-390.

Roth, Markus: Radikalisierung durch Expansion. Die Judenverfolgung in Deutschland zwischen »Anschluss« und Pogromnacht, in: Einsicht. Bulletin des Fritz Bauer Instituts 10 (2018), H. 19, 16-23.

Rubin, Gil S.: The Future of the Jews. Planning for the Postwar Jewish World, 1939-1946 (unveröffentlichte Diss., Columbia University, New York 2017).

Rubinstein, William D./Jolles, Michael/Rubinstein, Hilary L. (Hgg.): The Palgrave Dictionary of Anglo-Jewish History, Basingstoke/London 2011.

Rudin, A. James: Pillar of Fire. A Biography of Rabbi Stephen S. Wise, Lubbock, Tex., 2015.

Safrian, Hans: Eichmann und seine Gehilfen, Frankfurt a. M. 1995.

Sagi, Nana/Lowe, Malcolm: Research Report. Pre-War Reactions to Nazi anti-Jewish Policies in the Jewish Press, in: Yad Vashem Studies 13 (1979), 387–408.
Sallinen, Harri: Intergovernmental Advocates of Refugees. The Refugee Policy of the League of Nations and the International Labour Organization in the 1920s and 1930s (Diss., University of Helsinki 2013).
Sanders, Ronald: Shores of Refuge. A Hundred Years of Jewish Emigration, New York 1988.
Schebera, Jürgen: Einleitung, in: Dorothy Thompson, Kassandra spricht. Antifaschistische Publizistik 1932–1942, hg. von Jürgen Schebera, Leipzig/Weimar 1988, 5–27.
Schechtman, Joseph B.: European Population Transfers 1939–1945, New York 1946.
Scheuermann, Martin: Minderheitenschutz contra Konfliktverhütung? Die Minderheitenpolitik des Völkerbundes in den zwanziger Jahren, Marburg 2000.
Ders.: Jüdische Petitionen vor dem Völkerbund. Der ungarische Numerus-Clausus als Beispiel, in: Jahrbuch des Simon-Dubnow-Instituts/Simon Dubnow Institute Yearbook 4 (2005), 131–150.
Schlecht, Rebecka: »Öffnen sich die Tore?« Die Konferenz von Evian (6.–15. Juli 1938) in der Berichterstattung der C. V.-Zeitung und der Jüdischen Rundschau, in: Susanne Marten-Finnis/Michael Nagel (Hgg.), The Historical German-Jewish Press. Platform, Mouthpiece, Sources/Die historische deutsch-jüdische Presse. Forum, Sprachrohr, Quellenfundus, Bremen 2022, 125–140.
Schlemmer, Thomas/Woller, Hans: Der italienische Faschismus und die Juden 1922 bis 1945, in: Vierteljahrshefte für Zeitgeschichte 53 (2005), H. 2, 165–201.
Schley, Jens: Nachbar Buchenwald. Die Stadt Weimar und ihr Konzentrationslager 1937–1945, Köln/Weimar/Wien 1999.
Ders.: Ein ganz normaler Alltag. Das Konzentrationslager Buchenwald und die Stätten der Weimarer Klassik, in: Publications of the English Goethe Society 84 (2015), H. 3, 268–285.
Schlör, Joachim: Jüdische Migration und Mobilität. Kulturwissenschaftliche Perspektiven, Berlin 2024.
Schneer, Jonathan: The Balfour-Declaration. The Origins of the Arab-Israeli Conflict, New York 2010.
Schönhagen, Jakob: Geschichte der internationalen Flüchtlingspolitik 1945–1975, Göttingen 2023.
Schubert, Günter: Der Fleck auf Uncle Sams weißer Weste. Amerika und die jüdischen Flüchtlinge 1938–1945, Frankfurt a. M. 2003.
Segesser, Daniel Marc/Gessler, Myriam: Raphael Lemkin and the International Debate on the Punishment of War Crimes (1919–1948), in: Journal of Genocide Research 7 (2005), H. 4, 453–468.
Segev, Tom: David Ben Gurion. Ein Staat um jeden Preis, übers. aus dem Hebr. von Ruth Achlama, München 2018.
Ders.: Es war einmal ein Palästina. Juden und Araber vor der Staatsgründung Israels, übers. aus dem Engl. von Doris Gerstner, München 2005.
Ders.: Die siebte Million. Der Holocaust und Israels Politik der Erinnerung, übers. aus dem Hebr. von Jürgen Peter Krause und Maja Ueberle-Pfaff, Reinbek bei Hamburg 1995.
Segev, Zohar: The World Jewish Congress during the Holocaust. Between Activism and Restraint, Berlin/Boston, Mass., 2014.

Ders.: The World Jewish Congress, the League of Nations, and the United Nations, in: Menachem Z. Rosensaft (Hg.), The World Jewish Congress 1936–2016, New York 2017, 101–114, Endnoten: 299–301.

Ders.: Immigration, Politics and Democracy. The World Jewish Congress in Europe, 1936–1939, in: Studies in Ethnicity and Nationalism 17 (2017), H. 2, 209–226.

Shafir, Shlomo: Taylor and McDonald. Two Diverging Views on Zionism and the Emerging Jewish State, in: Jewish Social Studies 39 (1977), H. 4, 323–346.

Shapiro, Leon: The History of ORT. A Jewish Movement for Social Change, New York 1980.

Shavit, Yaacov: Jabotinsky and the Revisionist Movement, 1925–1948, London 1988.

Shepherd, Naomi: A Refuge from Darkness. Wilfrid Israel and the Rescue of the Jews, New York 1984.

Sherman, Ari J.: Island Refuge. Britain and Refugees from the Third Reich 1933–1939, London 1973.

Ders./Shatzkes, Pamela: Otto M. Schiff (1875–1952). Unsung Rescuer, in: Leo Baeck Institute Year Book 54 (2009), 243–271.

Shilo, Bilha: Student or Refugee? Isak Wurman's application to the Hebrew University of Jerusalem, in: Mimeo. Blog der Doktorandinnen und Doktoranden am Dubnow-Institut, 9. September 2019, <https://mimeo.dubnow.de/student-or-refugee/> (5. August 2024).

Shumsky, Dimitry: Beyond the Nation-State. The Zionist Political Imagination from Pinsker to Ben-Gurion, London/New Haven, Conn., 2018.

Ders.: Zweisprachigkeit und binationale Idee. Der Prager Zionismus 1900–1930, Göttingen/Bristol, Conn., 2013.

Ders.: Art. »Gegenwartsarbeit«, in: EJGK 2 (2012), 402–406.

Ders.: Art. »Brit Shalom«, in: EJGK 1 (2011), 422–427.

Silberklang, David: Jewish Politics and Rescue. The Founding of the Council for German Jewry, in: Holocaust and Genocide Studies 7 (1993), H. 3, 333–371.

Sinkoff, Nancy: From Left to Right. Lucy S. Dawidowicz, the New York Intellectuals, and the Politics of Jewish History, Detroit, Mich., 2020.

Sjöberg, Tommie: The Powers and the Persecuted. The Refugee Problem and the Intergovernmental Committee on Refugees (IGCR), 1938–1947, Lund 1991.

Skran, Claudena M.: Historical Development of International Refugee Law, in: The 1951 Convention Relating to the Status of Refugees and Its 1967 Protocol. A Commentary, hg. von Andreas Zimmermann/Jonas Dörschner/Felix Machts, Oxford/New York 2011, 3–36.

Dies.: Refugees in Inter-War Europe. The Emergence of a Regime, Oxford 1995.

Sonder, Ines/Trezib, Joachim: Mit RASSCO siedeln. Transferwege der Deutschen Alija nach Palästina-Erez Israel (1933–1948), Leipzig 2023.

Sorkin, David: Jewish Emancipation. A History Across Five Centuries, Princeton, N. J./Oxford 2019.

Stangneth, Bettina: Eichmann vor Jerusalem. Das unbehelligte Leben eines Massenmörders, Zürich/Hamburg 2011.

Stein, Leonard: The Balfour-Declaration, London 1961.

Steiner, Zara: The Triumph of the Dark. European International History 1933–1939, Oxford/New York 2011.

Dies.: The Lights that Failed. European International History 1919–1933, Oxford/New York 2005.

Steinweis, Alan E.: Kristallnacht 1938. Ein deutscher Pogrom, übers. aus dem Engl. von Karin Schuler, Stuttgart 2011.
Strauss, Herbert A.: Jewish Emigration from Germany. Nazi Policies and Jewish Responses (II), in: Leo Baeck Institute Year Book 26 (1981), 343–409.
Ders.: Jewish Emigration from Germany. Nazi Policies and Jewish Responses (I), in: Leo Baeck Institute Year Book 25 (1980), 313–361.
Tartakower, Arieh: The Making of Jewish Statehood in Palestine, in: Jewish Social Studies 10 (1948), H. 3, 207–222.
Ders./Grossmann, Kurt R.: The Jewish Refugee, New York 1944.
Taylor, Nicole: The Mystery of Lord Marley, in: Jewish Quarterly 52 (2005), H. 2, 65–69.
Thieß, Jochen: Evian 1938. Als die Welt die Juden verriet, Essen 2017.
Thulin, Mirjam: Art. »Shtadlanut«, in: EJGK 5 (2014), 472–477.
Toury, Jacob: Ein Auftakt zur »Endlösung«. Judenaustreibungen über nichtslawische Reichsgrenzen 1933 bis 1939, in: Ursula Büttner (Hg.), Das Unrechtsregime. Internationale Forschung über den Nationalsozialismus, Bd. 2: Verfolgung – Exil – Belasteter Neubeginn, Hamburg 1986, 164–196.
Tucci Carneiro, Maria Luiza: Weltbürger. Brasilien und die jüdischen Flüchtlinge 1933–1948, übers. von Marlen Eckl, Wien/Zürich/Berlin 2014.
Tzahor, Ze'ev: The Histadrut. From Marginal Organization to »State-in-the-Making«, in: Jehuda Reinharz/Anita Shapira (Hgg.), Essential Papers on Zionism, New York/London 1996, 473–508.
Urofsky, Melvin I.: A Voice that Spoke for Justice. The Life and Times of Stephen S. Wise, Albany, N.Y., 1982.
Veidlinger, Jeffrey: Mitten im zivilisierten Europa. Die Pogrome von 1918 bis 1921 und die Vorgeschichte des Holocaust, übers. aus dem Engl. von Martin Richter, München 2022.
Viefhaus, Erwin: Die Minderheitenfrage und die Entstehung der Minderheitenschutzverträge auf der Pariser Friedenskonferenz 1919. Eine Studie zur Geschichte des Nationalitätenproblems im 19. und 20. Jahrhundert, Würzburg 1960.
Villari, Luigi: Italian Foreign Policy under Mussolini, New York 1956.
Voigt, Klaus: Zuflucht auf Widerruf. Exil in Italien 1933–1945, 2 Bde., hier Bd. 1, Stuttgart 1989.
Walk, Joseph: Jüdische Schule und Erziehung im Dritten Reich, Frankfurt a.M. 1991.
Walters, Francis P.: A History of the League of Nations, London/New York/Toronto 1952.
Wandel, Eckhard: Hans Schäffer. Steuermann in wirtschaftlichen und politischen Krisen (1886–1967), Stuttgart 1974.
Wasserstein, Bernard: On the Eve. The Jews of Europe before the Second World War, New York u.a. 2012.
Ders.: Britain and the Jews of Europe 1939–1945, London [2]1999 (zuerst 1979).
Watenpaugh, Keith David: The League of Nations' Rescue of Armenian Genocide Survivors and the Making of Modern Humanitarism, 1920–1927, in: The American Historical Review, 115 (2010), H. 5, 1315–1339.
Wehse, Georg: Between Armenian Praise and Zionist Critique. Henry Morgenthau and the Jews of the Ottoman Empire, in: Sarah M. Ross/Regina Randhofer (Hgg.), Armenian and Jewish Experience between Expulsion and Destruction, Berlin/Boston, Mass., 2022, 159–179.

Weingarten, Ralph: Die Hilfeleistung der westlichen Welt bei der Endlösung der deutschen Judenfrage. Das »Intergovernmental Committee on Political Refugees« (IGC) 1938–1939, Bern/Frankfurt a. M./New York 1981.
Weiss, Yfaat: Verdrängte Nachbarn. Wadi Salib – Haifas enteignete Erinnerung, übers. aus dem Hebr. von Barbara Linner, Hamburg 2012.
Dies.: Deutsche und polnische Juden vor dem Holocaust. Jüdische Identität zwischen Staatsbürgerschaft und Ethnizität 1933–1940, München 2000.
Dies.: Schicksalsgemeinschaft im Wandel. Jüdische Erziehung im nationalsozialistischen Deutschland 1933–1938, Hamburg 1991.
Dies.: Art. »Ha'avara-Abkommen«, in: EJGK 2 (2012), 490–494.
Dies.: Ethnic Cleansing, Property, and Memory. Europe, Israel/Palestine 1944–48, in: dies./Raphael Gross (Hgg.), Jüdische Geschichte als Allgemeine Geschichte, Göttingen 2006, 158–185.
Dies.: Central European Ethnonationalism and Zionist Binationalism, in: Jewish Social Studies 11 (2004), H. 1, 93–117.
Dies.: East European Jewry as a Concept and Ostjuden as a Presence in German Zionism, in: Gal-Ed. On the History and Culture of Polish Jewry 18 (2002), 73–88.
Dies.: Polish and German Jews Between Hitler's Rise to Power and the Outbreak of the Second World War, in: Leo Baeck Institute Year Book 44 (1999), 205–223.
Dies.: Homeland as Shelter or as Refuge. Repatriation in Jewish Context, in: Tel Aviver Jahrbuch für deutsche Geschichte 27 (1998), 195–219.
Dies.: The Transfer Agreement and the Boycott Movement. A Jewish Dilemma on the Eve of the Holocaust, in: Yad Vashem Studies 26 (1998), 129–171.
Dies.: »Wir Westjuden haben jüdisches Stammesbewußtsein, die Ostjuden jüdisches Volksbewußtsein«. Der deutsch-jüdische Blick auf das polnische Judentum in den beiden ersten Jahrzehnten des 20. Jahrhunderts, in: Archiv für Sozialgeschichte 37 (1997), 157–178.
Dies.: Zweierlei Mass. Die Emigration deutscher und polnischer Juden nach 1933, in: Jüdischer Almanach des Leo Baeck Instituts 1998/5758, hg. von Jakob Hessing und Alfred Bodenheimer, Frankfurt a. M. 1997, 100–112.
Dies.: »Ostjuden« in Deutschland als Freiwild. Die nationalsozialistische Außenpolitik zwischen Ideologie und Wirklichkeit, in: Tel Aviver Jahrbuch für deutsche Geschichte 23 (1994), 215–232.
Wendehorst, Stephan: British Jewry, Zionism and the Jewish State, 1936–1956, Oxford/New York 2012.
Wetzel, Juliane: Auswanderung aus Deutschland, in: Die Juden in Deutschland 1933–1945. Leben unter nationalsozialistischer Herrschaft, hg. von Wolfgang Benz, unter Mitarbeit von Volker Dahm u. a., 3., durchgesehene Aufl., München 1993 (zuerst 1988), 412–498.
Wiese, Christian: Das »dämonische Antlitz des Nationalismus«. Robert Weltschs zwiespältige Deutung des Zionismus angesichts von Nationalsozialismus und Shoah, in: Zeitschrift für Geschichtswissenschaft 60 (2012), H. 7–8, 618–645.
Wildt, Michael: Volksgemeinschaft als Selbstermächtigung. Gewalt gegen Juden in der deutschen Provinz 1919 bis 1939, Hamburg 2007.
Wischnitzer, Mark: Visas to Freedom. The History of HIAS, Cleveland, Oh., 1956.
Ders.: To Dwell in Safety. The Story of Jewish Migration since 1800, Philadelphia, Pa., 1948.

Ders.: Die jüdische Wanderung unter der Naziherrschaft 1933–1939, in: Heinz Ganther (Hg.), Die Juden in Deutschland. Ein Almanach 1951/52 und 1958/59, ergänzte und verbesserte Neuaufl., Hamburg 1959, 95–136.
Wittkämper, Gerhard W.: Art. »Internationales Recht«, in: Wichard Woyke (Hg.), Handwörterbuch Internationale Politik, 4. aktualisierte und erweiterte Aufl., Opladen 1990 (zuerst 1977), 283–289.
Wolf, Joachim: Die Genfer Flüchtlingskonvention von 1951. Entstehungsgeschichtliche Bestimmungsgründe und konzeptionelle Substanz im Hinblick auf heutige Migrationsprobleme, in: Die Friedens-Warte 77 (2002), H. 1–2, 97–141.
Wolff, Frank: Global Walls and Global Movement. New Destinations in Jewish Migration, 1918–1939, in: East European Jewish Affairs 44 (2014), H. 2–3, 187–204.
Wünschmann, Kim: Before Auschwitz. Jewish Prisoners in the Prewar Concentration Camps, Cambridge, Mass./London 2015.
Dies./Stibbe, Matthew: Internment Practices during the First and Second World Wars. A Comparison, in: Gabriele Anderl/Linda Erker/Christoph Reinprecht (Hgg.), Internment Refugee Camps. Historical and Contemporary Perspectives, Bielefeld 2023, 29–46.
Wyman, David S.: Das unerwünschte Volk. Amerika und die Vernichtung der europäischen Juden, übers. aus dem Engl. von Karl Heinz Siber, Frankfurt a. M. 1989 (zuerst engl. 1984).
Ders.: Paper Walls. America and the Refugee Crisis 1938–1941, Amherst, Mass., 1968.
Yildirim, Onur: Diplomacy and Displacement. Reconsidering the Turco-Greek Exchange of Populations, 1922–1934, New York/London 2006.
Zahl Gottlieb, Amy: Men of Vision. Anglo-Jewry's Aid to Victims of the Nazi Regime, 1933–1945, London 1998.
Zahra, Tara: The Great Departure. Mass Migration from Eastern Europe and the Making of the Free World, New York/London 2016.
Zipperstein, Steven J.: Pogrom. Kishinev and the Tilt of History, New York 2018.
Zuckerman, Yitzhak: A Surplus of Memory. Chronicle of the Warsaw Ghetto Uprising, Berkeley, Calif./Los Angeles, Calif./Oxford 1993.
Zuckmayer, Carl: Als wär's ein Stück von mir. Horen der Freundschaft, Frankfurt a. M. 1966.

Register

Personenregister

Adler-Rudel, Salomon 9–12, 16–18, 23, 27–29, 82, 91, 106–112, 114, 116–118, 131, 144 f., 147 f., 152, 154, 156–158, 167, 193, 199, 201–204, 213, 222 f., 232, 234–236, 239 f., 242 f., 248–254, 262 f., 272 f., 275 f., 280, 285–288, 290 f., 303–307, 309, 311–313, 315, 317–319, 326
Akzin, Benjamin 123, 153, 176, 180, 235, 319
Alling, Paul Humiston 65, 319
Alperin, Aron 135, 162, 319
Aman, Dudley (Lord Marley) 187, 319
Amery, Leopold Stennet 188
Armstrong, Hamilton Fish 44, 65, 87, 320
Avenol, Joseph 56, 320

Baeck, Leo 311 f., 320
Baerwald, Paul 64–66, 82–87, 103, 106, 129, 138, 155, 243, 249, 283, 288–290, 300, 314, 317, 320
Bakstansky, Lavy 99
Békessy, János, siehe Habe, Hans
Ben-Gurion, David 141, 143, 148, 156, 181, 272 f., 320, 325, 329
Bentwich, Norman 17, 27, 29, 34, 40, 83 f., 87, 90–92, 94, 97, 101, 106, 108–116, 120, 122, 125 f., 128, 131, 134 f., 144–146, 149, 151 f., 154, 156 f., 169, 175, 178 f., 183 f., 187, 190, 193, 196 f., 202, 220, 227, 231, 233 f., 252 f., 274 f., 277, 289 f., 296 f., 311–313, 320
Bérenger, Henry 153, 162 f., 166, 170, 175, 193–197, 228, 230, 243, 246, 256, 268, 284, 320
Bernhard, Georg 136, 154, 162, 178, 190, 320
Bernstein, James 57, 73 f., 150, 153, 321

Beucker Andreae, Willem Cornelius 243, 321
Blum, Léon 60, 70
Blumenfeld, Kurt 107, 118, 321
Bowman, Isaiah 87, 321
Brandt, George Louis 66, 82, 86, 88, 150, 152, 321
Brodetsky, Selig 99, 104, 108, 113, 138, 141, 144, 273, 311, 321
Brotman, Adolph G. 159–161, 163, 166, 172, 175, 188, 190, 192–194, 198, 200–202, 230, 321

Cazalet, Victor 147, 182, 194 f., 228, 321
Cecil, Robert 225, 321
Chamberlain, Arthur Neville 229, 245, 265, 321
Chamberlain, Joseph Perkins 61 f., 64 f., 82 f., 87, 198, 322
Cohen, Robert Waley 265, 276, 322
Costa du Rels, Adolfo 204

D'Avigdor Goldsmid, Osmond (Sir Osmond) 102, 105, 120 f., 138, 145, 147, 151, 153, 322
Daladier, Édouard 60, 70
Deedes, Wyndham 39, 84, 322
Dodds, Harold Willis 300, 322

Eichmann, Adolf 40 f., 73 f., 258, 289 f., 322, 327
Emerson, Herbert 283–285, 289, 293, 295, 297, 307, 309, 311, 322
Eppstein, Paul 168, 195, 274, 289, 312, 322

Feilchenfeld, Werner 107, 118, 142 f., 242, 254 f., 293, 322
Fosdick, Raymond Blaine 61, 323

Goebbels, Joseph 258, 260
Goldmann, Nahum 11f., 17, 27f., 41, 55, 70, 76f., 80, 87, 90, 95–97, 100f., 105, 107, 124, 132f., 136–139, 141, 143f., 148–151, 154, 156, 158, 161f., 167, 175, 178, 180, 182, 184, 188–193, 200–205, 221, 233–236, 242, 252, 254, 256, 259f., 262f., 268, 271–274, 278, 292, 298–300, 307, 313f., 317, 323, 326
Goodman, Harry Aharon 153f., 176, 252, 323
Göring, Hermann 40, 45, 117, 257–259, 261f., 278, 281, 323
Gourevitch, Boris 168, 323
Grünbaum, Yitzhak 273f., 323
Grynszpan, Herschel 260
Guinzburg, Harold 115, 156, 186, 199, 324

Habe, Hans (János Békessy) 17, 37, 175, 324
Hansson, Michael 86, 208, 324
Harrison, Earl Grant 308f., 324
Heydrich, Reinhard 262, 323
Hirsch, Otto 150, 168, 195, 211, 242, 254, 274f., 289, 312, 324
Hirschberg, Alfred 101, 126–128, 146–148, 196, 275, 324
Hitler, Adolf 39, 43, 229, 260, 278f., 281f., 288, 302
Holborn, Louise Wilhelmine 210, 213f., 324
Hope Simpson, John 62
Hull, Cordell 33–35, 44–47, 53, 58, 60f., 63, 182, 324
Hyman, Joseph Charlap 64, 82, 106, 121, 325

Israel, Wilfrid 289, 311f., 325

Jabotinsky, Wladimir Ze'ev 123, 235, 291, 319, 325
Jarblum, Marc 76f., 79, 268, 325
Jaretzki junior, Alfred 27, 164, 198–201, 243, 252f., 259, 277, 317, 325
Jefroykin, Israel 270–273, 307, 325

Kahn, Bernhard 93f., 97, 103, 129, 131, 154, 158, 192f., 199, 240, 244, 296, 325
Kaplan, Elieser 273, 325
Katz, Nathan 27, 64, 86, 91, 130f., 154–156, 199, 239f., 242, 244, 246, 326
Kemal Atatürk, Mustafa 216f., 326
Knöpfmacher, Kate (Kate Knopfmacher) 133, 326
Kreutzberger, Max 89f., 97, 103, 107, 156, 158, 161, 174–177, 182, 190f., 193, 198, 202, 313, 326

Landauer, Georg 27, 45, 71, 89, 107f., 113, 120, 139f., 142, 174, 227, 233f., 249, 273f., 288, 313, 317, 326
Laski, Neville 121, 153, 159f., 188, 265, 326
Lauterbach, Leo 38f., 326
Le Breton, Thomás Alberto 243, 327
Lemkin, Raphael 210f., 327
Leontiades, Leonidas 224
Lestschinsky, Jacob 132–136, 144, 146, 221, 327
Lichtheim, Richard 299, 327, 330
Lobo, Hélio 227, 243, 284, 327
Locker, Berl 105, 108, 142, 179–181, 272f., 311, 327
Lord Bearsted, siehe Samuel, Walter Horace
Lord Marley, siehe Aman, Dudley
Lord Samuel, siehe Samuel, Herbert Louis
Lord Winterton, siehe Turnour, Edward
Löwenherz, Josef 72–74, 120, 168, 258, 327

MacDonald, Malcolm 140, 149, 151, 194, 328
Makins, Roger 195, 228, 276, 328
Marcovici-Cleja, Simon 187f., 328
Marks, Simon 99, 102, 108, 113f., 116, 120, 290, 328, 331
McDonald, James Grover 15, 21, 61–66, 76f., 82, 84, 86f., 92, 139, 149, 151f., 173, 182, 188, 198, 207, 226, 264, 290, 322, 325, 328

Meir, Golda (Golda Meyerson) 191, 313, 329
Messersmith, George Strausser 60, 64f., 68, 80–82, 85, 328
Meyer, Franz 104, 143, 181, 328
Meyerson, Golda, siehe Meir, Golda
Montefiore, Leonard G. 153, 329
Morgenthau, Henry senior 61–63, 65, 216–220, 225, 329
Mussolini, Benito 58, 229

Nansen, Fridtjof 217, 220, 225, 329
Neumann von Héthárs, Heinrich 168, 329
Norman, Montagu 280, 329

Ormerod, Mary 168, 190, 329
Oungre, Edouard 150, 168f., 192f., 195, 206, 213, 285, 288, 329

Paul-Boncour, Joseph 165–167, 189, 329
Pell, Robert Thompson 65f., 81f., 86, 88, 150, 152, 173, 229, 243, 284, 288f., 293f., 330
Perlzweig, Maurice L. 76, 79, 95, 101, 105, 131f., 144, 154, 268, 330

Ribbentrop, Joachim von 257f.
Riegner, Gerhardt M. 16, 299, 330
Roosevelt, Franklin D. 16, 21, 29, 33f., 40, 44f., 47, 50f., 56, 58–66, 77, 81, 84, 92, 94, 106, 131, 134, 149, 151, 170, 204, 216, 239, 265, 290, 294–299, 308, 316, 324, 330, 333
Rosenberg, Alfred 274
Rosenberg, Werner 330
Rosenblüth, Martin Michael 17, 27, 45, 71, 89, 91, 93, 99, 106–108, 113f., 116–118, 120, 122, 128, 132, 138, 142–145, 150, 152, 154, 156, 174, 181, 193f., 234, 242f., 254–256, 273, 289, 293, 313, 330
Rosenthal, J. 153, 330
Rothenberg, Alois 74, 120
Rothschild, Anthony Gustav de 72, 102, 104f., 146, 253, 288
Rothschild, Edmund James de 75

Rublee, George 239f., 243–245, 247, 249, 252, 257, 259f., 264f., 268, 274f., 277–285, 288, 291–293, 311, 314, 331, 335
Ruppin, Arthur 29, 107f., 121, 141–143, 156, 158, 168, 174f., 184, 189–194, 202, 222, 234, 241f., 272, 313, 331

Sacher, Harry 99f., 104f., 113, 331
Samuel, Herbert Louis (Lord Samuel) 74, 75, 102, 120, 122, 138, 151, 153, 197, 265, 314, 331
Samuel, Walter Horace (Lord Bearsted) 72, 102, 104, 120f., 138, 145–147, 151, 197, 265, 283f., 288–290, 331
Schacht, Hjalmar 207, 257f., 276, 278–281, 331
Schäffer, Hans 94, 111, 117, 131, 147, 199, 201, 203, 240, 280f., 332
Schiff, Otto Moritz 72, 75, 102, 104f., 153, 332
Senator, David Werner 107f., 116, 118, 125, 141f., 242, 249, 263f., 273, 276, 288, 307, 313, 315, 326, 332
Sharett, Moshe (Moshe Shertok) 273, 332
Shirer, William Lawrence 37, 332
Shultz, Lillie 133f.
Sir Osmond, siehe D'Avigdor Goldsmid, Osmond
Steinberg, Isaac Nachman 176, 178, 332
Storfer, Berthold 168, 333
Sweetser, Arthur 76f., 85, 333
Szabad, Tsemaḥ 133

Tartakower, Arieh 269, 273, 333
Taylor, Myron Charles 66, 81f., 86–88, 92, 94, 97, 110–112, 122, 130, 144, 146, 148–153, 158, 160, 166f., 170–174, 176, 182, 184, 193–199, 220, 226, 230f., 239–246, 248, 251, 256f., 264, 283f., 290, 293, 308, 333
Tenenbaum, Joseph 291, 333
Thompson, Dorothy 43–45, 77, 80, 87, 220, 333
Tijn, Gertrude van 154, 333
Traub, Michael 168, 133

Turnour, Edward (Lord Winterton) 143 f., 147, 149 f., 153, 172 f., 175, 190, 194, 228, 230 f., 240, 243, 246, 257, 259, 265 f., 276, 278, 283–285, 289, 293–295, 321, 334

Ussishkin, Menachem 141, 156, 334

Warburg, Felix Moritz 103, 105, 314, 325, 334
Warburg, Max Moritz 105, 207, 280, 334
Warren, Georg Lewis 64–66, 82 f., 86, 88, 158, 173, 198, 200, 243, 252, 256, 264, 298, 334
Weizmann, Chaim 19, 95 f., 99, 102, 105, 107 f., 113, 119 f., 123–125, 138–144, 148–152, 156, 158, 167, 181 f., 194, 242, 255, 265, 273, 325, 327 f., 331, 334
Welles, Sumner 60, 334
Weltsch, Robert 9 f., 12, 17, 107, 121, 147, 186 f., 213, 231, 313, 334

White, Thomas Walter 177 f., 184, 334
Wiley, John Cooper 49 f., 57, 335
Wischnitzer, Mark 37, 40, 114, 130, 313 f., 335
Wise, Jonah Bondi 82, 84, 88, 93, 105, 131, 144, 160, 162, 185 f., 195, 199, 213, 226, 234, 257, 283, 335
Wise, Stephen Samuel 34, 61–63, 68, 70, 82, 87, 100–102, 105 f., 133, 138 f., 144–146, 148 f., 158, 182, 191 f., 200, 204, 233 f., 254, 256, 290 f., 298, 300, 323, 335
Wohlthat, Helmuth 281 f., 288 f., 296, 335

Zeeland, Paul van 295, 335
Zuckermann, Baruch 58, 136, 267, 335
Zuckermann, Leo 168, 335
Zuckmayer, Carl 38
Zygielbojm, Smuel 304, 336

Orts- und Sachregister

Abessinienkrieg 43, 125, 212, 229 f.
Advisory Committee on Political Refugees 29, 36, 60, 65–67, 80–83, 85–88, 94, 106, 109, 115, 132, 139, 148, 155, 198, 234, 254, 275, 290, 322, 328, 334
Affidavit 57
Agro-Joint, siehe American Jewish Joint Distribution Committee (JDC)
Agudat Jisraël World Organization 153, 161, 176 f., 214, 252, 323, 330
Allgemeiner Jüdischer Arbeiterbund 100, 304, 336
Alliance israélite universelle 145
American Jewish Congress 34, 54 f., 63, 70, 101, 105, 144, 297, 333, 335
American Jewish Joint Distribution Committee (JDC) (Agro-Joint) 9, 18, 26 f., 29 f., 35, 42, 52, 56 f., 61, 63–66, 68, 71–74, 82, 84, 90–93, 95, 102–106, 111 f., 115, 121, 129–131, 135, 138 f., 144 f., 147, 154, 161 f., 166, 185 f., 189, 192, 194, 198 f., 213, 233 f., 239, 242, 244, 248–250, 252–254, 261, 265, 267 f., 271, 274, 278, 290, 295 f., 298 f., 308 f., 313, 319 f., 324–326, 332–335
Amerika, siehe Vereinigte Staaten von Amerika
Amsterdam 38, 132, 155, 296
Anglo-Jewish Association 103, 126, 153, 322 f., 326, 329
Annexion Österreichs (»Anschluss« Österreichs) 16, 30, 33–41, 48 f., 51, 53, 55, 69 f., 72 f., 109, 112, 229, 314, 329, 333
Appeasementpolitik 15, 31, 79, 226, 278, 288, 301, 321
Argentinien 33, 194, 243, 328
Armenian Atrocities Committee 63
Atlantik 69, 105, 290, 295, 298, 300
Aufstand im Warschauer Ghetto 303 f.
Außenministerium der Vereinigten Staaten, siehe State Department
Australien 16, 21, 33, 42, 176, 178, 231, 253, 285, 298, 332 f.

Balfour-Deklaration 99, 121, 188, 334
Bank of England 216, 219, 225, 280, 329
Belgien 14, 33, 42, 47f., 177, 180, 265, 293, 296, 298, 306, 312, 335f.
Berlin 8-10, 23, 37, 40, 49, 60, 71, 73, 127, 131, 143, 150, 168, 179, 195, 211, 222, 236, 250, 253, 257, 265, 281f., 295, 312, 319f., 322, 324, 326-328, 332f., 335
Bermuda-Konferenz 32, 299-304, 306f.
Bernheim-Petition 224
Biltmore-Programm 301
Birobidschan 187, 319
Board of Deputies of British Jews 103, 121, 126, 153, 159, 214, 233, 321-323
Bolivien 33, 76, 204
Boykott gegen Deutschland (Boykottbewegung) 101, 235, 254, 256, 269f., 291, 314
Brasilien 33, 195, 243, 287
Bratislava 67
Britisches Mandatsgebiet Palästina, siehe Palästina
Brüssel 86
Burgenland 41, 67

Central Bureau for the Settlement of German Jews (Central Bureau) 29, 45, 89, 93, 106f., 118, 120f., 123-125, 143, 150, 156, 181, 255, 273, 326, 330
Centralverein deutscher Staatsbürger jüdischen Glaubens (CV; Jüdischer Central-Verein) 126, 324
Central-Verein-Zeitung (CV-Zeitung) 101, 126f., 184, 188, 192, 212, 214, 227, 234, 236, 260, 275, 324
Chile 33, 195, 232
Chișinău, siehe Kischinjow
Columbia University 61, 322
Comité voor Bijzondere Joodsche Belangen 154-156
- Comité voor Joodsche Vluchtelingen 155f.
Committee for the Defense of the Rights of Jews in Central and Eastern Europe 168, 323

Convention Concerning the Status of Refugees Coming from Germany (Konvention betreffend den Status von Flüchtlingen aus Deutschland), siehe Völkerbund
Coordinating Foundation 290f., 294f., 335
Costa Rica 33, 177
Council for German Jewry (Council; Council for Jewish Refugees) 9, 26, 29, 39f., 72-76, 82, 84, 89-94, 98f., 101-108, 110-116, 120f., 128-132, 138, 144-146, 149-154, 156, 161, 176, 179, 183-185, 189, 192-194, 198-201, 207, 214f., 221f., 232-234, 248, 252-254, 263-266, 274, 276, 278, 286, 288-290, 295, 307, 313, 319f., 322, 331

Dänemark 33, 48, 180
Den Haag 86, 324, 327
Diaspora 19, 26, 41, 54, 95, 100-102, 114, 128, 136, 144, 196, 271, 292
Displaced Persons (DP) 18, 308f., 316, 324, 334
Dominican Republic Settlement Association 299
Dominikanische Republik 33, 246, 275, 335
Donau 67f., 70

Ecuador 33
El-Alamein 301
Erster Weltkrieg 25, 28, 30f., 37, 43, 45, 48, 50, 54, 60, 63f., 157, 183, 205, 209f., 216, 224, 230, 248, 276, 316, 327, 329, 331-333

Federation of Polish Jews in America 105
Florenz 87, 92, 110, 112, 220
Foreign Affairs (Zeitschrift) 43f., 220, 320
Foreign Office (Außenministerium Großbritanniens) 104, 108, 146, 148, 197, 276, 328
Frankfurt am Main 71, 320

Frankreich 14f., 21, 29, 31, 33, 36, 42f., 47–49, 56, 60, 68, 70, 76, 79, 105, 121, 137, 151, 153, 159, 162, 167, 173, 175, 177–179, 194, 199, 206, 209, 225, 228–232, 242, 254, 280, 283–285, 288, 293–296, 298, 306, 312, 320f., 327, 335f.
Freeland League for Jewish Territorial Colonisation 29, 176, 182, 189, 223, 231, 332

Geheime Staatspolizei (Gestapo) 179, 314
Genf 8f., 11, 16, 37, 48f., 55, 60, 70, 76, 79, 85f., 90, 96, 100, 124, 133, 144, 156, 158f., 163, 206, 229, 327, 330, 334
Genozid an den Armeniern, siehe Völkermord an den Armeniern
German Jewish Aid Committee 102, 153, 214, 290
Good Neighbor Policy 212, 231
Greek Refugee Settlement Commission, siehe Refugee Settlement Commission
Großbritannien 19, 21f., 29, 31–33, 36, 42f., 48f., 51, 56, 59, 69, 72, 74–76, 78f., 88, 92, 94f., 99, 104f., 107, 115, 119, 122, 124f., 128f., 140f., 147–149, 151, 159, 167, 169, 172–174, 177f., 180–182, 184, 192, 194f., 197, 199, 202, 206, 209, 217, 222, 225, 228–232, 242, 245, 254f., 266, 271f., 275–278, 280–283, 285–287, 289, 293–296, 300–302, 327, 330, 332
Guatemala 33, 170

Haaretz (Zeitung) 89, 162, 334
Ha'avara-Abkommen 84, 101, 118, 120, 143, 234, 255f., 291, 322, 326
Hachscharah 187, 232
Haifa 142, 158, 181
Haiti 33, 247
Hamburg 50, 293
Hamilton (Bermuda) 300
Harrison-Report 309
Hebräische Universität Jerusalem 92, 272, 320f., 331f., 334

Hebrew Immigrant Aid Society (HIAS) (Hebrew Sheltering and Immigrant Aid Society) 27, 214
HICEM (Zusammenschluss von HIAS, JCA und Emigdirect) 29, 58, 75f., 153f., 161, 185, 195, 295, 329
High Commission for Palestine and Trans-Jordan (High Commissioner for Palestine and Trans-Jordan), siehe Völkerbund
High Commission for Refugees Coming from Germany (HCR) (High Commissioner for Refugees Coming from Germany), siehe Völkerbund
Hilfsverein der deutschen Juden 74, 131, 168, 274, 289, 295, 325, 330, 335
Histadrut 191, 320, 329, 333
Hitachduth Olej Germania 89, 321, 326
Hoher Kommissar für Australien 285
Holocaust (Vernichtung der europäischen Juden) 11f., 17–21, 24, 26, 29, 32, 41, 45, 223, 282, 297–299, 301–306, 308f., 313–317, 323, 326, 330
Honduras 33, 323
Hotel
– Ambassadeurs 162
– Royal 160, 162, 164, 172, 186, 198
– Splendide 162
Hugenotten 232

Intergovernmental Committee on Refugees (IGCR) 11f., 16f., 22, 29–32, 85, 88, 162f., 166, 168, 170, 196f., 201–210, 212–215, 222f., 227–230, 232–237, 239–244, 246–254, 256–259, 262–268, 274–279, 281–285, 288–299, 301–303, 307–309, 312, 314–317, 319f., 322, 324, 330f., 333–335
International Labor Organization 86f.
International Refugee Organization (IRO) 309, 316
Internationales Büro für Asyl und Hilfe für politische Flüchtlinge 168
Internationales Komitee vom Roten Kreuz 163, 217, 263
Israel 17–19, 28, 191, 309, 313, 319f., 322f., 325, 328–330, 332–334

Israelitische Kultusgemeinde Wien
  (IKG) 39 f., 72 f., 168, 258, 327, 333
Italien 33, 42 f., 58, 63, 87, 125, 209, 212,
  225, 230, 321

Jaffa 141, 331
JDC, siehe American Jewish Joint
  Distribution Committee
Jerusalem 8 f., 29, 89, 92, 98, 107, 113,
  123, 139, 141, 143, 148, 203, 263, 272,
  319–321, 323, 326, 331 f.
Jewish Agency for Palestine (JA) 9, 11,
  19 f., 23, 26 f., 29 f., 84, 89, 91–95, 99 f.,
  106–108, 113 f., 116, 118 f., 123–126,
  128, 138 f., 141–144, 148, 152, 156,
  161 f., 166, 168 f., 174 f., 179–182,
  184 f., 187, 189, 191 f., 199 f., 215,
  234 f., 248, 252, 254–256, 271–274,
  276, 279, 287, 291 f., 296, 299–301,
  311, 313, 319 f., 322 f., 325–327,
  330–332, 334
Jewish Colonization Association
  (JCA) 52, 102, 138, 214, 322, 329
Jewish Institute of Religion, New
  York 63
Jischuw 19, 23, 25, 54, 65, 92, 95, 100,
  116, 118–120, 123–126, 128, 141, 144,
  168, 191, 233, 235, 255, 273, 287, 293,
  301 f., 305, 313, 334
Joint Emergency Committee for European
  Jewish Affairs (JEC) 300 f., 303
Judenvermögensabgabe (»Sühneleistung«)
  262, 270, 288
Jüdische Rundschau (Zeitung) 9, 36, 147,
  231, 260
Jüdischer Central-Verein, siehe
  Centralverein deutscher Staatsbürger
  jüdischen Glaubens

Kanada 21, 33
Keren Hayesod 107, 118, 255, 321, 330,
  333
Kindertransporte 266 f., 286, 311
Kischinjow (Chișinău) 59
Kolumbien 33, 195
Kommunistische Internationale
  (Komintern) 168

Königsberg 40
Konvention betreffend den Status
  von Flüchtlingen aus Deutschland
  (Convention Concerning the Status
  of Refugees Coming from Germany),
  siehe Völkerbund
Konvention von Montevideo über Rechte
  und Pflichten der Staaten 212
Konzentrationslager (KZ) 42, 71, 211,
  261, 265, 275, 290
– Buchenwald 250, 261
– Dachau 261
– Mauthausen 312, 324
– Sachsenhausen 261
– Theresienstadt 320, 322
Kuba 33, 170, 177, 293, 328

Letter of Resignation 15, 87, 149
Liaison Committee, siehe Völkerbund
Łódź 135
London 8–10, 29, 38, 45, 55, 61, 67, 72,
  74, 84, 86, 88–90, 98 f., 101 f., 107,
  109, 112, 120, 123, 126, 131 f., 140 f.,
  143 f., 147 f., 150, 158, 176, 183, 190,
  192 f., 198, 200 f., 206, 210, 219, 225,
  228, 230, 234, 236, 239 f., 242 f., 247,
  252, 257, 265, 271, 273, 275 f., 278,
  288 f., 293, 298 f., 304, 311–313, 320,
  322–327, 330–332, 334, 336

Magdeburg 71
Mandatsgebiet Palästina, siehe Palästina
Marseille 158
Megali Idea 216
Mexiko 33, 53, 56, 177, 326, 328, 335
Morgenthau Commission 63
Moskauer Deklaration 49
Münchner Abkommen (Münchner
  Konferenz) 257, 271, 288

Nansen-Flüchtlinge (Nansen-Pass) 48, 210
Nansen International Office for Refugees,
  siehe Völkerbund
National Coordinating Committee for
  Refugees and Emigrants Coming
  from Germany 61, 322
Near East Relief 217

Neuseeland 33
New York 8f., 29, 34, 55, 57, 63f., 90,
  92f., 98, 103, 106, 109, 115, 129–131,
  133, 139, 144–146, 153, 192, 198, 213,
  226, 239, 243, 249, 254, 268, 283, 288,
  295f., 301, 320, 322, 325–331, 334f.
New York Times (Zeitung) 60, 204, 207,
  246, 304
New Zionist Organization (NZO) 26f.,
  123, 153, 176, 180, 235, 319, 325
Nicaragua 33, 177
Niederlande 14, 33, 42, 47f., 111, 154f.,
  206, 243, 265, 280, 283, 293, 312, 333
Norwegen 33, 48, 86, 167, 175
Novemberpogrome (9. November) 30,
  32, 40, 239, 263, 268, 270f., 274–277,
  279, 285f., 288, 293, 307, 314f., 317,
  324, 330
NSDAP 250
Nürnberger Rassengesetze (Nürnberger
  Gesetze) 13, 78, 171

Oberschlesien 224
Oktoberrevolution (bolschewistische
  Revolution) 14, 69
ORT (Organisation – Rehabilitation –
  Training) 187, 327
Osmanisches Reich 48, 63, 216

Palästina (britisches Mandatsgebiet
  Palästina) 14, 19f., 25, 40, 54, 63,
  68, 75, 83f., 87, 89, 92, 95, 99–101,
  106–108, 112–114, 116–119, 121–126,
  128, 131, 137, 139–143, 147, 149–151,
  153, 158, 169, 174, 179–182, 187,
  190–194, 215, 221, 228, 233–235, 255,
  268f., 271f., 274, 286f., 291–293, 296,
  298, 301f., 305, 311–314, 319–322,
  326–332, 334f.
Palästinaamt (Palästinabüro) 107, 117,
  141, 168, 296, 326, 330f.
Palestine Post (Zeitung) 157
Panama 33
Panzerarmee Afrika 301
Paraguay 33
Paris 9, 55, 57, 64, 70, 86, 88, 112, 129,
  132–135, 144, 148–150, 158, 187, 230,
  260, 275, 284, 295, 298, 320, 324–326,
  330, 332, 335
Pariser Friedenskonferenz 28, 31, 45f.,
  95, 168, 216, 224
Pariser Haynt (Zeitung) 132, 135, 162, 319
Peel-Kommission (Peel-Plan,
  Teilungsplan der Peel-Kommission,
  Peel-Bericht) 89, 119, 215, 271
Peru 33, 177, 254
Pogrom von Kischinjow 269
Polen 18, 25, 41, 43, 80, 100, 103,
  112–114, 129f., 136f., 143, 174, 207f.,
  216, 224, 260, 267, 269, 299, 306, 325,
  327, 329, 333, 336
»Polenaktion« 260
polnische Exilregierung (polnischer
  Nationalrat in London) 304, 336
Prag 157, 288, 322
Prager Tagblatt (Zeitung) 67, 324

Rechovot 99
Refugee Settlement Commission (RSC)
  (Greek Refugee Settlement Commission) 205, 214–216, 218f., 222f., 233,
  248, 317, 329
Reichsvertretung der Juden in Deutschland (Reichsvereinigung der Juden
  in Deutschland) 10, 26, 30, 72, 104,
  106f., 150, 168, 185, 195f., 254, 266,
  274, 289, 311–313, 319f., 322, 324,
  326, 328, 332–334
Reichszentrale für jüdische
  Auswanderung 262, 282
Research Centre for a Solution of the
  Jewish Problem 187
Rheinlandbesetzung 230
Rockefeller Foundation 61f., 322f.
Rotes Kreuz, siehe Internationales
  Komitee vom Roten Kreuz
Royal Dutch Shell 102, 331
Royal Institute of International Affairs,
  London 61, 183–185, 328, 332
Rublee-Wohlthat-Memorandum (Rublee-
  Wohlthat-Abkommen) 277f., 281,
  285, 288, 292f.
Rumänien 43, 59, 76, 80, 114, 130, 150,
  174, 208

Russland (Sowjetrussland) 130, 187, 327, 332

Saarland, Saargebiet 58, 210
São Paulo 275, 324
Schanghai 43, 287
Schutzstaffel (SS) 40, 241, 260, 333
Schweden 33, 312, 332
Schweiz 33, 37, 42, 60, 111, 163, 246, 259, 323
Shtadlanut (Shtadlan) 28, 95, 104
Sicherheitsdienst der SS (SD) 40, 71, 179, 241, 258, 260–262, 314
Smyrna 216 f., 222
Society of Friends (Quäker) 168, 329
Sosúa 299
Sowjetrussland, siehe Russland
Sowjetunion 79, 187, 299, 306, 330, 332
Spanischer Bürgerkrieg 43, 209, 229 f.
Stalingrad 300
State Department (Außenministerium der Vereinigten Staaten) 44, 57, 64 f., 68, 80 f., 84, 86, 88, 104, 130, 144, 151, 158, 182, 247, 256 f., 264, 296, 300, 319, 321, 328, 330
Sturmabteilung (SA) 258
Stuttgart 50, 71, 324
Südafrika 33
Sudetenkrise 229, 255
Sudetenland 241, 257, 283
»Sühneleistung«, siehe Judenvermögensabgabe

Teilungsplan der Peel-Kommission, siehe Peel-Kommission
Tel Aviv 89, 107, 118, 123, 323, 331
The Times (Zeitung) 45, 67, 228

Union der Zionisten-Revisionisten 112, 123, 143, 235, 327
United Nations High Commission for Refugees (UNHCR), siehe Vereinte Nationen (United Nations)
United Nations Relief and Rehabilitation Administration (UNRRA), siehe Vereinte Nationen (United Nations)
Uruguay 33, 195

USA, siehe Vereinigte Staaten von Amerika

Venezuela 33, 177, 195, 232
Vereinigte Staaten von Amerika (USA, Amerika) 16, 20–22, 31–36, 38 f., 41 f., 45 f., 49–53, 57 f., 60, 63, 65 f., 68–70, 73, 76, 79–83, 85, 90, 93 f., 101, 104 f., 109, 112, 115, 130, 135, 149–152, 157, 159, 162–164, 170–172, 177–179, 182, 184, 188, 190, 194 f., 198 f., 201–204, 206, 208–210, 212 f., 226–232, 236, 239, 242–244, 246 f., 249, 253 f., 257, 265, 267, 280 f., 283 f., 287, 289–291, 293–296, 299–303, 308, 316, 320, 323–325, 327, 329 f., 333–336
Vereinte Nationen (United Nations) 28, 301, 309, 324, 327, 330, 333
– United Nations High Commission for Refugees (UNHCR) 32, 309, 317
– United Nations Relief and Rehabilitation Administration (UNRRA) 308 f., 316 f., 333 f.
Vernichtung der europäischen Juden, siehe Holocaust
Verordnung über die Anmeldung des Vermögens von Juden 117, 221, 280
Vertrag von
– Lausanne 218, 220 f., 223–225
– Neuilly-sur-Seine 224
– von Saint-Germain 55 f.
– Versailles 55
Völkerbund 11, 15, 22, 26, 28 f., 31, 34–37, 41, 43–46, 48, 51–56, 59 f., 62, 69, 76–81, 86–88, 90, 93, 100, 106, 111 f., 130, 156, 159, 162, 167, 171 f., 204, 206–211, 214, 216 f., 219, 222, 225, 229, 283, 309, 316, 320 f., 323 f., 328–330, 332 f.
– Dreierkomitee für Flüchtlingsfragen 76 f., 204
– Generalversammlung 51, 76
– High Commission for Palestine and Trans-Jordan (High Commissioner for Palestine and Trans-Jordan) 74 f., 331

- High Commission for Refugees Coming from Germany (HCR) (High Commissioner for Refugees Coming from Germany) 15, 21f., 26, 29, 32, 40, 44, 46, 48, 51f., 61, 63f., 77f., 84, 86f., 90, 92, 139, 153–155, 167, 171, 204, 206–208, 217, 222, 230, 266, 283, 285, 309, 316f., 320, 322, 325f., 333
- Konvention betreffend den Status von Flüchtlingen aus Deutschland (Convention Concerning the Status of Refugees Coming from Germany 15, 29, 47–49, 51, 56, 60, 69, 77, 86f., 90f., 155, 173, 180, 210f.
- Liaison Committee 29, 64, 86, 90–94, 98, 105, 109, 111, 130, 153–155, 167, 180, 199, 252, 326, 333
- Nansen International Office for Refugees 44, 86f., 324, 330
- Völkerbundrat (Ratstagung) 41, 51, 56, 76f., 79

Völkermord an den Armeniern (Genozid an den Armeniern) 14, 63, 216f., 222f., 329

Wagner-Rogers Bill 267
War Refugee Board 308f., 316
Warschau 58, 136, 299, 303f., 336
Washington, D.C. 36, 57, 60, 80f., 115, 234, 257, 283, 294, 296, 298f., 321, 328, 331, 333
Wehrmacht 39, 230, 258, 288, 299, 335
Weimar 107, 250, 322, 324
Weißbuch von 1922 (Churchill-Weißbuch) 119
Weißbuch von 1939 286f., 292f., 296–298, 301
Weltwirtschaftskrise 13, 118, 281
Wien 9, 16, 29, 35, 37–41, 43, 45, 49f., 52f., 56–59, 61, 67f., 71–73, 77, 110, 112, 120, 132, 168, 179, 195, 211, 223, 226, 241, 253, 258, 262, 289, 319, 322, 327–330, 333, 335
Woodhead-Kommission 89, 119, 124f., 140, 151, 158, 192, 255, 271
World Jewish Congress (WJC) 9, 11, 26–29, 34f., 38f., 41, 48f., 52–56, 58, 61, 66, 69f., 72f., 76–80, 91–96, 100f., 105, 113, 129, 131–138, 144f. 147–150, 156, 161–163, 166, 169, 174, 182, 184, 188–190, 192, 199, 210, 214f., 220f., 223, 234f., 248, 250, 252–256, 259, 267–270, 276, 278f., 291f., 299–301, 313f., 320, 323, 325–327, 330, 333, 335
World Zionist Organization 39, 95, 99, 123, 273, 311, 321, 323, 325, 327, 330f., 334
- Zionistenkongress
  - XVI., 1929 (Zürich) 95
  - XVIII., 1933 (Prag) 291
  - XX., 1937 (Zürich) 114, 119, 162

Young-Plan 66

Zentralstelle für jüdische Auswanderung 241, 258
Zentralvereinigung der Deutschen Emigration 91, 154
Zionist Organization of America 63, 75
Zionistische Rundschau (Zeitung) 73
Zionistische Vereinigung für Deutschland (ZVfD) 104, 107, 143, 181, 312, 319, 321, 326, 328
Zionistischer Landesverband in Österreich 40f.
Zweiter Japanisch-Chinesischer Krieg
- Schlacht um Schanghai (1937) 43
Zweiter Weltkrieg 11f., 17, 19, 21–24, 27f., 30–32, 97, 177, 188, 308, 313, 316, 320–325, 328, 330f.